NOVA GAZETA RENANA

Karl Marx

NOVA GAZETA RENANA

Organização, tradução,
introdução e notas de
Lívia Cotrim

1ª edição

EXPRESSÃO POPULAR

São Paulo - 2020

Copyright © 2020, by Editora Expressão Popular

Traduzido de MEW – *Marx-Engels Werke*, Bände 5 e 6, Berlin: Dietz Verlag, 1959; e da reprodução facsimilar dos jornais originais, *Neue Rheinische Zeitung*, 1848-1849, Bände 1 e 2, Glashütten im Taunus: Verlag Detlev Auvermann KG, 1973.

Revisão: Dulcineia Pavan, Lia Urbini e Aline Piva
Projeto gráfico e diagramação: Zap Design
Impressão e acabamento: Paym
Capa: Rafael Stédile

Dados Internacionais de Catalogação-na-Publicação (CIP)

M392n Marx, Karl, 1818-1883
Nova Gazeta Renana /Karl Marx ; organização, tradução, introdução e notas de Lívia Cotrim. – 1.ed. — São Paulo : Expressão Popular, 2020.
600 p.

ISBN 978-65-5891-000-8.
ISBN 978-65-5891-003-9 (obra completa)

1. Nova Gazeta Renana (Jornal). 2. Marx, Karl, 1818, 1883. 3. Engels, Friedrich, 1820-1895. 4. Filosofia. 5. Ciência Política. 6. Marxismo. 7. Cotrim, Lívia, 1958-2019. I. Título.

CDU 335
CDD 335.4

Bibliotecária: Eliane M. S. Jovanovich - CRB 9/1250

Esta publicação foi realizada pela Fundação Rosa Luxemburgo com fundos do Ministério Federal para a Cooperação Econômica e de Desenvolvimento da Alemanha (BMZ)

Todos os direitos reservados.
Nenhuma parte desse livro pode ser utilizada ou reproduzida sem a autorização da editora.

1ª edição: dezembro de 2020

EDITORA EXPRESSÃO POPULAR
Rua Abolição, 201 – Bela Vista
CEP 01319-010 – São Paulo – SP
Tel: (11) 3112-0941 / 3105-9500
livraria@expressaopopular.com.br
www.expressaopopular.com.br
 ed.expressaopopular
 editoraexpressaopopular

Sumário

Nota editorial 15
Nota introdutória 17
Vera Cotrim e Ana Cotrim
A arma da crítica: política e emancipação humana na *Nova Gazeta Renana* 21
Lívia Cotrim

NOVA GAZETA RENANA

Carta a Etienne Cabet – Declaração contra a sociedade democrática alemã em paris 73
    Fins de março de 1848. Fonte: Manuscrito.
Carta ao redator do jornal *L'Alba* 75
    Fins de maio de 1848. Traduzido do italiano. (*L'Alba*, n. 258, 29/6/1848)
[Declaração do comitê de redação da *Nova Gazeta Renana*] 77
    NGR, n. 1, 1/6/1848
Hüser 78
    NGR, n. 1, 1/6/1848
O Partido Democrático 79
    NGR, n. 2, 2/6/1848
A declaração de Camphausen na sessão de 30 de maio 81
    NGR, n. 3, 3/6/1848
Questões de vida e morte 85
    NGR, n. 4, 4/6/1848
O ministério Camphausen 88
    NGR, n. 4, 4/6/1848
A reação 89
    NGR, n. 6, 6/6/1848
Comité de *Sûreté Générale* 90
    NGR, n. 6, 6/6/1848
Programa do Partido Democrata Radical e da esquerda em Frankfurt 92
    NGR, n. 7, 7/6/1848
A questão da mensagem 96
    NGR, n. 8, 8/6/1848
O escudo da dinastia 98
    NGR, n. 10, 10/6/1848
Declaração de incompetência das Assembleias de Frankfurt e Berlim 100
    NGR, n. 12/13, 13/6/1848

A Assembleia Ententista de 15 de junho 101
NGR, n. 18, 18/6/1848

Posição dos partidos em Colônia 103
NGR, n. 18, 18/6/1848

A prisão de Valdenaire – Sebaldt.. 104
NGR, n. 19, 19/6/1848

A emenda Stupp 106
NGR, n. 21, 21/6/1848

Queda do ministério Camphausen 109
NGR, n. 23, 23/6/1848

O Gabinete Hansemann.. 111
NGR, n. 24, 24/6/1848

A *Nova Gazeta de Berlim* sobre os Cartistas 113
NGR, n. 24, 24/6/1848

Ameaça da *Gazeta de Gervinus* 115
NGR, n. 25, 25/6/1848

O Memorial de Remissão de Patow 117
NGR, n. 25, 25/6/1848

[Notícias de Paris]...119
NGR, n. 25, 25/6/1848, suplemento extra

Notícias de Paris 120
NGR, n. 26, 26/6/1848, suplemento extra

Notícias de Paris 121
NGR, n. 27, 27/6/1848

O *Northern Star* sobre a *Nova Gazeta Renana* 122
NGR, n. 27, 27/6/1848

A Revolução de Junho 123
NGR, n. 29, 29/6/1848

Marrast e Thiers... 127
NGR, n. 33, 3/7/1848

Prisões.. 129
NGR, n. 34, 4/7/1848

Prisões.. 130
NGR, n. 35, 5/7/1848

Inquérito judicial contra a *Nova Gazeta Renana* 133
NGR, n. 37, 7/7/1848

O Ministério de Ação 136
NGR, n. 39, 9/7/1848

A crise ministerial 137
NGR, n. 40, 10/7/1848

Inquérito judicial contra a *Nova Gazeta Renana* 138
NGR, n. 41, 11/7/1848

A política externa alemã e os últimos acontecimentos em Praga 141
NGR, n. 42, 12/7/1848

O senhor Forstmann sobre o crédito público... 145
NGR, n. 44, 14/7/1848

Projeto de lei de imprensa prussiano 148
NGR, n. 50, 20/7/1848

O projeto de lei da Guarda Cívica 151
NGR, n. 51, 21/7/1848
NGR, n. 52, 22/7/1848 155
NGR, n. 54, 24/7/1848 156

O turinense *Concórdia* 159
NGR, N. 55, 25/7/1848

O projeto de lei sobre o empréstimo compulsório e sua Exposição de Motivos 160
NGR, n. 56, 26/7/1848
NGR, n. 60, 30/7/1848 163

Projeto de lei sobre a revogação dos encargos feudais 168
NGR, n. 60, 30/7/1848

O comunicado russo 173
NGR, n. 64, 3/8/1848

Bakunin 180
NGR, n. 64, 3/8/1948

O ministério Hansemann e o projeto de código penal velho-prussiano 181
NGR, n. 65, 4/8/1848

A *Gazeta de Colônia* sobre o empréstimo compulsório 183
NGR, n. 65, 4/8/1848

Dr. Gottschalk 185
NGR, n. 66, 5/8/1848

O discurso de Proudhon contra Thiers 187
NGR, n. 66, 5/8/1848

A Bélgica, "Estado-modelo" 190
NGR, n. 68, 7/8/1848

A cidadania do império alemão e a polícia prussiana 193
NGR, n. 73, 12/8/1848

Tentativa de expulsar Schapper 195
NGR, n. 80, 19/8/1948

Geiger e Schapper 198
NGR, n. 84, 24/8/1848

O conflito entre Marx e a suditania prussiana 200
NGR, n. 94, 5/9/1848

A crise e a contrarrevolução 203
NGR, n. 100, 12/9/1848
NGR, n. 101, 13/9/1848 204
NGR, n. 102, 14/9/1848 205
NGR, n. 104, 16/9/1848 208

A liberdade de deliberação em Berlim 209
NGR, n. 105, 17/9/1848

O ministério da contrarrevolução 212
NGR, n. 110, 23/9 /1848

[Contrarrevolução em Colônia] 213
NGR, n. 112, 25/9 /1848

[O Comitê de Salvação Pública de Colônia] 214
NGR, n. 112, 25/9/1948, suplemento

[O procurador público Hecker questiona os que participaram do comício em Worringen] 215
    NGR, n. 112, 25/9/1948, suplemento
[Estado de sítio em Colônia] 216
    NGR, n. 113, 27/9 /1848
[Tentativa de prender Moll] 217
    NGR, n. 113, 27/9 /1848
[Declaração da Redação sobre a republicação da *Nova Gazeta Renana*] 218
    NGR, n. 114, 12/10 /1848
Revolução em Viena 219
    NGR, n. 114, 12/10/1848
As últimas notícias do "Estado-modelo" 221
    NGR, n. 114, 12/10/1948, suplemento
A "Revolução de Colônia" 224
    NGR, n. 115, 13/10/1848
O ministério Pfuel 228
    NGR, n. 116, 14/10/1848
O discurso de Thiers sobre um Banco Hipotecário Geral com curso obrigatório 229
    NGR, n. 116, 14/10/1848
A *Gazeta da Agência Geral dos Correios de Frankfurt* e a Revolução de Viena 233
    NGR, n. 120, 19/10/1848
Resposta do rei da Prússia à delegação da Assembleia Nacional 235
    NGR, n. 120, 19/10/1848
Resposta de Frederico Guilherme IV à delegação da Guarda Cívica 236
    NGR, n. 121, 20/10/1848
A mediação anglo-francesa na Itália 238
    NGR, n. 123, 22/10/1848
O "Estado constitucional modelo" 240
    NGR, n. 123, 22/10/1848
O *Réforme* sobre a insurreição de junho 242
    NGR, n. 123, 22/10/1848
O procurador público "Hecker" e a *Nova Gazeta Renana* 244
    NGR, n. 129, 29/10/1848
"Conclamação do Congresso Democrático ao povo alemão" 248
    NGR, n. 133, 3/11/1848
O parisiense *Réforme* sobre a situação francesa 251
    NGR, n. 133, 3/11/1848
[A Revolução de Viena e a *Gazeta de Colônia*] 254
    NGR, n. 133, 3/11/1848, segundo suplemento
As últimas notícias de Viena, Berlim e Paris 256
    NGR, n. 135, 5/11/1848
Nossa burguesia e o dr. Nückel 258
    NGR, n. 135, 5/11/1848
Notícias de Viena 259
    NGR, n. 135, 5/11/1848, segunda edição
Vitória da contrarrevolução em Viena 260
    NGR, n. 136, 7/11/1848

A crise em Berlim 263
    NGR, n. 138, 9/11/1848

A contrarrevolução em Berlim 265
    NGR, n. 141, 12/11/1848
    NGR, n. 141, 12/11/1848, 2ª edição 267
    NGR, n. 142, 14/11/1848 269

[Cavaignac e a Revolução de Junho] 271
    NGR, n. 142, 14/11/1848, 2ª edição

Convocação do Comitê Distrital Renano dos Democratas 272
    NGR, n. 143, 15/11/1848

O ministério é acusado 273
    NGR, n. 143, 15/11/1848, suplemento extra

Declaração 275
    NGR, n. 145, 17/11/1848

Confissões de uma bela alma 276
    NGR, n. 145, 17/11/1848

A *Gazeta de Colônia* 281
    NGR, n. 145, 17/11/1848

Nenhum imposto mais!!! 282
    NGR, n. 145, 17/11/1848, suplemento extraordinário

Um despacho de Eichmann 283
    NGR, n. 147, 19/11/1848

[Conclamação do Comitê Distrital Renano dos Democratas à negação dos impostos] 285
    NGR, n. 147, 19/11/1848, 2ª edição

O Conselho Municipal 286
    NGR, n. 148, 21/11/1848

[Conclamação aos democratas da Renânia] 287
    NGR, n. 148, 21/11/1848, 2ª edição

Sobre a proclamação do ministério Brandenburg-Manteuffel relativa à negação dos impostos 288
    NGR, n. 149, 22/11/1848

A procuradoria geral e a *Nova Gazeta Renana* 289
    NGR, n. 149, 22/11/1848

A promotoria pública em Berlim e Colônia 290
    NGR, n. 149, 22/11/1848

A Assembleia de Frankfurt 291
    NGR, n. 150, 23/11/1848

[Estado de sítio por toda parte] 293
    NGR, n. 150, 23/11/1848

Manteuffel e o poder central 294
    NGR, n. 153, 26/11/1848

Drigalski, o legislador, cidadão e comunista 295
    NGR, n. 153, 26/11/1848

[Três processos públicos contra a *Nova Gazeta Renana*] 300
    NGR, n. 153, 26/11/1848, 2ª edição

Relatório do Comitê de Frankfurt sobre os assuntos austríacos 302
    NGR, n. 154, 28/11/1848

Novidades 307
    NGR, n. 155, 29/11/1848

[Cartas abertas] 308
    NGR, n. 155, 29/11/1848 , suplemento extra

O órgão de Manteuffel e Johann – A Renânia e o rei da Prússia 309
    NGR, n. 156, 30/11/1848

O movimento revolucionário na Itália 310
    NGR, n. 156, 30/11/1848

Vileza dos professores alemães 314
    NGR, n. 156, 30/11/1848

O senhor Raumer ainda vive 316
    NGR, n. 162, 7/12/1848

[A dissolução da Assembleia Nacional] 317
    NGR, n. 162, 7/12/1848, suplemento extra

O golpe de Estado da contrarrevolução 318
    NGR, n. 163, 8/12/1848

A burguesia e a contrarrevolução 319
    NGR, n. 165, 10/12/1848
    NGR, n. 169, 15/12/1848 322
    NGR, n. 170, 16/12/1848 325
    NGR, n. 183, 31/12/1848 329

Novo aliado da contrarrevolução 339
    NGR, n. 166, 12/12/1848

As calúnias da *Nova Gazeta Renana* 342
    NGR, n. 168, 14/12/1848

Destituição de Drigalski 343
    NGR, n. 172, 19/12/1948, suplemento

O processo contra Gottschalk e camaradas 344
    NGR, n. 175, 22/12/1848
    NGR, n. 176, 23/12/1848 348

A contrarrevolução prussiana e a magistratura prussiana 352
    NGR, n. 177, 24/12/1848

Refutação 358
    NGR, n. 179, 27/12/1848

A nova "Santa Aliança" 359
    NGR, n. 183, 31/12/1848

O movimento revolucionário 360
    NGR, n. 184, 1/1/1849

Um documento burguês 363
    NGR, n. 187, 5/1/1849

O orçamento dos Estados Unidos e o germano-cristão 367
    NGR, n. 189, 7/1/1849

Uma felicitação de ano novo 371
    NGR, n. 190, 9/1/1849

Montesquieu LVI 376
    NGR, n. 201, 21/1/1849
    NGR, n. 202, 22/1/1849 383

A *Gazeta Nacional berlinense* aos eleitores primários..388
    NGR, n. 205, 26/1/1849
    NGR, n. 207, 28/1/1849, segunda edição..392
Situação em Paris...397
    NGR, n. 209, 31/1/1849
[A situação em Paris]...400
    NGR, n. 209, 31/1/1849, suplemento extraordinário
A *Gazeta de Colônia* sobre as eleições...401
    NGR, n. 210, 1/2/1849
Camphausen...404
    NGR, n. 213, 4/2/1849
O processo da negação dos impostos 407
    NGR, N. 218, 10/2/1849
O processo político..409
    NGR, n. 218, 10/2/1849
[A divisão do trabalho na *Gazeta de Colônia*] 410
    NGR, n. 219, 11/2/1849, segunda edição
Lassalle..415
    NGR, n. 219, 11/2/1849
O primeiro processo de imprensa contra a *Nova Gazeta Renana* 418
    NGR, n. 221, 14/2/1849
A administração financeira prussiana sob Bodelschwingh e consortes 428
    NGR, n. 224, 17/2/1849
Saedt..436
    NGR, n. 225, 18/2/1849
Três estrelas *versus* triângulo..438
    NGR, n. 225, 18/02/1849
Stein...439
    NGR, n. 225, 18/2/1849
A proclamação da República em Roma 441
    NGR, n. 228, 22/2/1849
Outra contribuição sobre a administração financeira velho-prussiana....................442
    NGR, n. 229, 23/2/1849
Uma denúncia..444
    NGR, n. 229, 23/2/1849
O processo contra o Comitê Distrital Renano dos Democratas...............................446
    NGR, n. 231, 25/2/1849
    NGR, n. 232, 27/2/1849 450
A fala do trono...460
    NGR, n. 234, 1/3/1849
    NGR, n. 235, 2/3/1849 460
Lassalle 465
    NGR, n. 237, 4/3/1849
Os processos contra Lassale 467
    NGR, n. 238, 6/3/1849
A situação do comércio..470
    NGR, n. 239, 7/3/1849

O juramento dos soldados ingleses 475
NGR, n. 241, 9/3/1849

Ruge 477
NGR, n. 242, 10/3/1849

A Associação de Março 479
NGR, n. 243, 11/3/1849

Viena e Frankfurt 481
NGR, n. 244, 13/3/1849

[Três novos projetos de lei] 484
NGR, n. 244, 13/3/1849, suplemento extraordinário

Provocações governamentais 488
NGR, n. 245, 14/3/1849

O plano de reforma geral dos Hohenzollern 490
NGR, n. 246, 15/3/1849

Censura 494
NGR, n. 246, 15/3/1849

Os bilhões 496
NGR, n. 247, 16/3/1849

A Associação de Março de Frankfurt e a *Nova Gazeta Renana* 500
NGR, n. 248, 17/3/1849

[O 18 de março] 502
NGR, n. 249, 18/3/1849, segunda edição

[A *Nova Gazeta Prussiana* sobre o 18 de março] 503
NGR, n. 249, 18/3/1849, segunda edição

O projeto de lei de imprensa de Hohenzollern 504
NGR, n. 252, 22/3/1849
NGR, n. 253, 23/3/1849 507

A política externa francesa 510
NGR, n. 263, 4/4/1849

Trabalho assalariado e capital 512
NGR, n. 264, 5/4/1849
NGR, n. 265, 6/4/1849 516
NGR, n. 266, 7/4/1849 521
NGR, n. 267, 8/4/1849 524
NGR, n. 269, 11/4/1849 529

[Decisões parlamentares são desconsideradas – Os espiões de Manteuffel] ... 535
NGR, n. 273, 15/4/1849, segunda edição

Declaração 536
NGR, n. 273, 15/4/1849, segunda edição

As façanhas da casa Hohenzollern 537
NGR, n. 294, 10/5/1849

A nova Constituição prussiana 541
NGR, n. 297, 13/5/1849

A lei sanguinária em Düsseldorf 543
NGR, n. 297, 13/5/1849

O levante em Berg 544
NGR, n. 297, 13/5/1849

Vileza venal da *Gazeta de Colônia* 545
    NGR, n. 297, 13/5/1849, segunda edição
A *Gazeta da Cruz* 546
    NGR, n. 299, 16/5/1849
A nova Carta-Lei Marcial 547
    NGR, n. 299, 16/5/1849
    NGR, n. 300, 17/5/1849 549
[Novo pontapé prussiano na Assembleia de Frankfurt] 553
    NGR, n. 299, 16/5/1849, suplemento extraordinário
Aos trabalhadores de Colônia 554
    NGR, n. 301, 19/5/1849
[A supressão da *Nova Gazeta Renana* pela lei marcial] 555
    NGR, n. 301, 19/5/1849
["Ao meu povo"] 558
    NGR, n. 301, 19/5/1849

ANEXOS
Reivindicações do Partido Comunista na Alemanha 563
Salário 565
Nomes 584

Nota editorial

A teoria social desenvolvida por Karl Marx (1818-1883) e Friedrich Engels (1820-1895) na segunda metade do século XIX tem como um dos seus principais objetivos compreender a estrutura e a dinâmica do modo de produção capitalista em seus aspectos econômicos, sociais, culturais e políticos. É importante resgatar também que esta análise da sociedade burguesa esteve sempre acompanhada de uma perspectiva revolucionária, cujo fim último era a destruição da ordem estabelecida, baseada na exploração da força de trabalho, e a construção de uma sociedade fundada na livre associação entre os seres humanos. Tal princípio está resumido na famosa 11ª tese sobre Feuerbach: "Os filósofos apenas *interpretaram* o mundo de diferentes maneiras; o que importa é transformá-lo".

Desde então, a práxis, o pensamento e a vida desses dois revolucionários têm inspirado o conjunto da classe trabalhadora em suas lutas de resistência ao capitalismo que, no entanto, segue vigente e aprofundando sua dominação mundial. Na atual conjuntura, a lógica destrutiva do capitalismo, além de concentrar cada vez mais riqueza na mão de pouquíssimas pessoas e impor à maioria condições cada vez piores de vida, produziu também a pandemia do coronavírus que em fins de 2020 já ceifou a vida de milhões de pessoas ao redor do mundo. No Brasil, em especial, vivemos uma época de uma franca ofensiva reacionária por parte da direita e da extrema direita, chegando aos limites do negacionismo da ciência e do terraplanismo.

Nesse sentido, a batalha das ideias é algo que se faz cada vez mais necessário e urgente para conseguirmos avançar na nossa organização como classe e na construção de um projeto de sociedade das trabalhadoras e trabalhadores. A Editora Expressão Popular tem se dedicado a essa tarefa há 21 anos e desde 2019 tem estreitado laços e firmado parcerias com Associações de Docentes do Ensino Superior para viabilizar a edição e reedição de obras clássicas do pensamento da classe trabalhadora. Além disso, em 2020, a Expressão Popular também estabeleceu uma parceria com o Andes-SN, aprovada em seu congresso nacional, para a edição de 12 títulos que recuperam não só a crítica à ordem estabelecida como também a perspectiva revolucionária.

Esta edição da *Nova Gazeta Renana* é mais uma dessas iniciativas em que estão envolvidas, além da Editora, as seções sindicais da Universidade Federal do Estado do Rio de Janeiro (Adunirio), Universidade Federal de Pelotas (Adufpel), Universidade Federal Fluminense (Aduff), o Sindicato dos Docentes das Universidades Federais do Ceará (Adufc) e a Fundação Rosa Luxemburgo, que tem tido uma contribuição ímpar na recuperação do pensamento de Marx e Engels. Com isso, procuramos fazer a teoria social destes revolucionários, bem como a prática decorrente dela, presente ao conjunto da militância brasileira, a estudiosas e estudiosos e a pesquisadoras e pesquisadores.

Os textos que compõem este volume foram originalmente escritos para o jornal *Nova Gazeta Renana*, editado na Alemanha durante os anos de 1848-1849 por alguns membros da Liga dos Comunistas. Temos plasmadas nessas páginas as análises de K. Marx e F. Engels desenvolvidas no calor da hora sobre as revoluções de 1848-1849 que tomaram a Europa, consistindo assim em uma expressão da atuação prática desses dois revolucionários. Estes escritos, apesar de terem um forte traço conjuntural, nos fornecem elementos para compreender a dinâmica da luta de classes na sociedade burguesa a partir daquilo que o professor Florestan Fernandes denominava ótica comunista.

Foram muitas as envolvidas e envolvidos para que essa obra viesse à luz. Gostaríamos de agradecer aos familiares de Lívia Cotrim, falecida precocemente no ano de 2019, Ana, Vera e Ivan, que gentil e solidariamente nos cederam os direitos de publicação deste monumental trabalho de tradução fruto de estudos e pesquisas de Lívia por mais de 15 anos. Esperamos, com isso, manter viva a contribuição desta estudiosa e militante que dedicou sua vida ao trabalho com as obras de Marx e Engels.

Essa edição é também uma maneira de comemorarmos o bicentenário de nascimento de Friedrich Engels, militante fundamental para o desenvolvimento dessa teoria que nos permite compreender a estrutura e a dinâmica da sociedade burguesa e que nos dá elementos para nos fortalecermos na luta contra ela e pela construção de uma sociedade sem classes. Para nós, a melhor forma de homenagear este revolucionário é manter vivo o seu legado e a chama da transformação.

Editora Expressão Popular
Diretorias da Adufc, Aduff, Adufop, Adufpel e Adunirio
Novembro de 2020.

Nota introdutória

VERA COTRIM E ANA COTRIM

I

O conjunto dos materiais aqui reunidos constitui a totalidade dos artigos escritos por Karl Marx e Friedrich Engels para a *Nova Gazeta Renana*, e inclui aqueles acerca dos quais não foi possível identificar se procediam do punho de Marx ou de Engels. No volume I, encontram-se os artigos de Marx e aqueles que não exibem autoria; no volume II, os de Engels. Como fonte original para a tradução, foi utilizada a edição Marx-Engels Werke (MEW), Bände 5 e 6 (Dietz Verlag Berlin, 1959).[1] A tradutora valeu-se também da publicação facsimilar (Glaushüttem im Taunus: Verlag Detlev Auvermann KG, 1973), em que foram encontrados textos que não estavam presentes na MEW.[2] As notas de rodapé foram baseadas na edição alemã e nas traduções parciais inglesa e francesa, disponíveis no sítio marxists.org.

É a Lívia Cotrim que devemos esta tradução completa e inédita dos artigos de Marx e Engels da *Nova Gazeta Renana*. A esta tarefa, a pesquisadora dedicou-se durante mais de uma década e meia. O projeto teve início com a sua tese de doutoramento, *Marx: Po-*

---

[1] Os títulos dos artigos que aparecem sem colchetes foram conferidos por Marx e Engels e constam na edição original. Os títulos dos artigos que aparecem entre colchetes foram conferidos pelos editores da MEW. Podem ser continuações de textos iniciados em edições anteriores ou publicados sem título pelos autores. Na *Nova Gazeta Renana*, com frequência, os escritos são precedidos apenas pelo nome do país ou região de que tratam.

[2] São os seguintes: [Notícias de Paris], n. 25, 25/6/1848, suplemento extra; "Bakunin", n. 64, 3/8/1848 (K. Marx); "O ministério Hansemann e o projeto de código penal velho-prussiano", n. 65, 4/8/1848; "Dr. Gottschalk, n. 66, 5/8/1848; "Tentativa de expulsar Schapper", n. 80, 19/8/1848; "Geiger e Schapper", n. 84, 24/8/1848; [Contrarrevolução em Colônia], n. 112, 25/9/1848; [O comitê de salvação pública de Colônia], n. 112, 25/9/1848, suplemento; [O procurador público Hecker questiona os que participaram do comício em Worringen], n. 112, 25/9/1848, suplemento; [Tentativa de prender Moll], n. 113, 27/9/1848; "As últimas notícias do 'Estado-modelo'", n. 114, 12/10/1848, suplemento; "O discurso de Thiers sobre um banco hipotecário geral com curso obrigatório", n. 116, 14/10/1848 (K. Marx); "Nossa burguesia e o Dr. Nuckel", n. 135, 5/11/1848 (K. Marx); "Notícias de Viena", n. 135, 5/11/1848, segunda edição (K. Marx); [Cartas abertas], n. 155, 29/11/1848, suplemento extra (K. Marx); "Destituição de Drigalski", n. 172, 19/12/1848, suplemento (K. Marx); "Três estrelas *versus* triângulo", n. 225, 18/02/1849 (K. Marx); "Os processos contra Lassale", n. 238, 6/03/1849 (K. Marx); e [Decisões parlamentares são desconsideradas – os espiões de Manteuffel], n. 273, 15/04/1849, segunda edição (K. Marx).

lítica e emancipação humana – 1848-1871,³ que trazia como anexo a tradução dos artigos de Marx, junto àqueles cuja redação pode ser atribuída tanto a Marx como a Engels. Enriquecidos por um estudo introdutório, estes artigos foram lançados em 2010, pela Editora da PUC-SP, em um volume que se esgotou rapidamente.

Nos anos seguintes, dando continuidade a esse projeto, Lívia Cotrim traduziu o conjunto dos artigos de Engels, além de diversos outros de Marx ou sem assinatura posteriormente encontrados, finalizando esse gigantesco trabalho em fevereiro de 2019. Paralelamente à tradução, ela procedeu ao estudo dos artigos de Engels, legando-nos alguns escritos sobre o tema, bem como um texto inacabado, mas bastante desenvolvido, que estava preparando para compor a Introdução ao segundo volume. A esta tarefa se dedicava no último período de sua vida e, literalmente, até a véspera de seu falecimento. É esse texto que apresentamos como Introdução à seção de Engels, com pequenas modificações e acréscimos extraídos de outros materiais da autora, a fim de dar-lhe a forma que, supomos, ela gostaria que tivesse.

Antes da referida publicação dos artigos de Marx pela Educ, foram lançadas no Brasil duas pequenas seleções da *Nova Gazeta Renana*: os quatro artigos que compõem *A burguesia e a contrarrevolução* foram publicados pela Editora Ensaio em 1987, com reedição em 1989, em tradução de José Chasin, Márcia Valéria M. de Aguiar e Maria Dolores Prades, e foram incorporados com revisão da tradutora na presente edição; e uma seleção de dezoito artigos publicada pela revista *Margem*, n. 16 (São Paulo: Educ, 2003), com tradução de Lívia Cotrim. Como é sabido, ela participou desde os anos 1980 da constituição da Editora Ensaio e teve parte em todas as suas publicações, seja na seleção de textos, revisão dos materiais, formação de equipes de tradução ou negociação de diretos autorais. Assim, a presença e divulgação da *Nova Gazeta Renana* no Brasil passa, desde o primeiro texto editado até a presente tradução integral, pelo trabalho de Lívia Cotrim. Além disso, seus estudos, tanto sua tese como artigos publicados, constituem a maior e mais profunda contribuição para a recepção desses textos no país.

Lívia Cotrim certamente gostaria que fossem mencionadas ao menos duas colaborações fundamentais: de José Chasin, estudioso que trouxe à tona o estatuto ontológico do ideário marxiano, em que se insere o caráter ontonegativo do Estado e da política; e de Márcia Valéria M. de Aguiar, sua irmã e principal interlocução no campo da tradução, a quem recorria para sanar dúvidas, que ofereceu um olhar externo aos textos e foi cotradutora dos seguintes artigos aqui contidos: "A declaração de Camphausen na sessão de 30 de maio", "Questões de vida e morte", "Queda do ministério Camphausen" e "Projeto de lei sobre a revogação dos encargos feudais".

Vale observar, ainda, que esta é a primeira edição completa dos textos de Marx e Engels da *Nova Gazeta Renana* em uma língua latina. Coletâneas existem em diversas

---

[3] Tese apresentada no Programa de Estudos Pós-Graduados em Ciências Sociais da PUC-SP, em 2007.

línguas, mas nenhuma edição completa. Trata-se, portanto, de uma realização inédita e de valor inestimável para os estudos de Marx e Engels não apenas no Brasil, mas também na América Latina e em todos os países lusófonos.

II

A decisão de Lívia Cotrim de publicar os textos de Marx e Engels em dois volumes separados orientou-se pela consideração de que esses revolucionários apresentam aportes distintos ao pensamento humano, a despeito de terem compartilhado durante toda a vida um projeto original de compreensão e transformação do mundo. Embora tenham sido escritos em diferentes momentos, os dois textos introdutórios apresentam um encadeamento. Na Introdução aos textos de Marx, a autora busca explicitar a revolução teórica que sua obra significou, e que os artigos da *Nova Gazeta Renana* desenvolvem a partir do exame dos processos reais das lutas de classe de 1848-1849 na Europa. No texto que introduz o volume de Engels, a autora procura tanto destacar as suas contribuições específicas à análise do mesmo processo, como indicar os limites de sua apreensão relativa à originalidade filosófica de Marx.

Lemos na Introdução ao volume I, "A arma da crítica: política e emancipação humana na *Nova Gazeta Renana*", que Marx aborda esse tema em três ocasiões, todas motivadas por eventos críticos das lutas de classes. Inicialmente, em 1844, com a revolta dos tecelões da Silésia; depois, em 1848-1849, com as lutas proletárias na França e na Alemanha – as Jornadas de Junho –, sendo essa a única vez que Marx participou ativamente da prática revolucionária, por meio deste jornal; e, por fim, em 1871, com a Comuna de Paris. Assim, além de preciosa fonte histórica, os artigos da *Nova Gazeta Renana* constituem um documento da atuação prática de Marx.

Desde que se dedica a examinar a natureza da política a partir de conflitos reais, emerge a originalidade da posição marxiana: pela primeira vez na história do pensamento, a forma *política* de organização deixa de ser considerada definitiva da sociabilidade e passa, ao contrário, a aparecer como expressão da *alienação* que caracteriza toda sociedade dividida em classes. Em Marx, a política é vista como uma forma histórica das relações humanas, forma necessária de organização das sociedades que têm na divisão social do trabalho sua contradição central. Essa nova concepção é elaborada a partir da crítica seminal ao pensamento de Hegel, processo em que a apropriação do caráter histórico e dialético do ser humano se dá mediante a ruptura com o idealismo. Lívia Cotrim apresenta o movimento de constituição desse pensamento, tanto em seus delineamentos iniciais quanto em seus desdobramentos fundados nas revoluções de 1848-1849 e expostos no conjunto de artigos ora publicados.

Na Introdução ao volume II, "A democracia de nosso tempo é o comunismo: revolução, nacionalidade e contrarrevolução na *Nova Gazeta Renana*", a autora aborda as ideias de Engels em dois campos. Começa por apontar o tratamento dos grandes temas da ontologia, como história, natureza, necessidade, dialética, método, conforme aparecem especialmente em sua obra tardia, com a finalidade de examinar em que medida se deu a sua compreensão da revolução teórica realizada por Marx. Lívia Cotrim apresenta os limites dessa compreensão, que talvez possam ser sintetizados como deslizes de cunho idealista que alteram o sentido ontológico apontado por Marx, e indica sua gênese na falta de um acerto de contas com a filosofia hegeliana.

Em seguida, aprecia o conjunto das análises de Engels sobre o momento em foco, em que a leitura dos acontecimentos era imediatamente uma tomada de posição na luta de classes, mostrando que, aí, aqueles limites que tendiam a impor uma lógica aos objetos não se manifestam. Ao contrário, Engels demonstra abertura aos processos reais e desvenda o conjunto de contradições e potencialidades das lutas proletárias. Assim, se na teorização mais abstrata de temas da esfera ontológica ele apresenta limites, no campo político, tanto teórico quanto prático, sua análise é permeada desde o início pela clareza quanto à negatividade da política e a necessidade de sua superação.

Para além do interesse que por si mesmos devem suscitar o pensamento de Marx e Engels, sua participação ativa nas lutas de classe, bem como a história desse momento fulcral para a consciência política do proletariado, os temas analisados na *Nova Gazeta Renana* são de uma atualidade flagrante. Basta observar que os textos aqui publicados examinam a natureza do Estado, a diferença entre o Estado bonapartista e o Estado democrático, a aliança de classes, a criminalização da classe trabalhadora, a violência de Estado, o papel contrarrevolucionário da esquerda burguesa, o lumpemproletariado, a questão das particularidades nacionais e do internacionalismo, o chamado "etapismo" no desenvolvimento histórico, entre outros.

Embora estejam vivendo o primeiro movimento em que a classe trabalhadora se distingue da burguesia prática e conscientemente, os problemas tratados permanecem atuais. Marx e Engels desvendam a vitória que essa separação significa para a classe trabalhadora: a consciência de que seus interesses são diversos e opostos aos da burguesia. Vemos hoje que os movimentos, partidos e intelectuais ligados à classe trabalhadora retrocederam, ao menos em suas manifestações hegemônicas, com relação a essa descoberta. Perdeu-se a revolução teórica de Marx, de modo que a crítica ontológica ao Estado, à política e a necessidade da luta metapolítica se colocam novamente em pauta.

A arma da crítica: política e emancipação humana na *Nova Gazeta Renana*

Lívia Cotrim

A importância da *Nova Gazeta Renana*, diário editado entre 1 de junho de 1848 e 19 de maio de 1849, dificilmente poderá ser sobrestimada, bastando dizer que foi o principal instrumento de ação política de Marx nas revoluções que então se desencadearam. Além de ser uma rica fonte histórica, especialmente sobre os processos alemão e francês, encontramos, nas análises do evolver da revolução e da contrarrevolução, o desdobramento e o enriquecimento das posições marxianas acerca da política, pelo acompanhamento das transformações das classes e suas inter-relações.

Entretanto, diante do ineditismo quase completo[1] desses materiais no Brasil, vale lembrar que Marx se debruçou especificamente sobre a política em três ocasiões: a primeira em 1844, quando, iniciada já a viragem ontológica que dá origem a seu pensamento próprio, aborda a insurreição dos tecelões silesianos; a última, motivada pela revolução que instaura a Comuna de Paris, em 1871; e, entre ambas, a que ora nos ocupa, delimitada pelas revoluções de 1848 e seus desdobramentos imediatos (cf. Chasin, 1989). Destes, são bem mais divulgados os materiais que examinam o processo francês e seu desaguadouro, o golpe de Estado de Luís Bonaparte, enquanto o vasto manancial composto pelos artigos da *Nova Gazeta Renana* tem sido relegado, senão ao esquecimento, ao menos ao segundo plano.[2] Não é muito diversa a situação quanto aos estudos sobre esse material, igualmente raros.[3]

A situação em que a *Nova Gazeta Renana* é editada é excepcional, já que as revoluções de 1848 foram as únicas, até o momento, de caráter efetivamente europeu.[4] As eclosões

---

[1] Excetua-se a edição dos quatro artigos que compõem *A burguesia e a contra-revolução*, pela Editora Ensaio, em 1987, com reedição em 1989 (tradução de J. Chasin, Márcia V. M. Aguiar e M. Dolores Prades, reproduzida neste volume), e uma pequena seleção de cerca de uma dúzia de artigos publicada pela revista *Margem*, n.16, São Paulo, Educ, 2003 (tradução de Lívia Cotrim).

[2] Assim como também vem ocorrendo, diga-se de passagem, com as *Glosas críticas ao artigo "O rei da Prússia e a reforma social"*, de 1844, e com os *Materiais preparatórios* para a redação de *A guerra civil na França*, de 1871.

[3] Destaca-se o estudo pioneiro de Fernando Claudín, *Marx, Engels y la revolución de 1848* (Madri: Siglo Veintiuno, 1985).

[4] Em 1848, eclodem insurreições na França, Prússia, Itália, Polônia, além da presença do movimento cartista na Inglaterra. Logo após a vitória – marcada pela instituição da república – da insurreição parisiense de fevereiro,

revolucionárias posteriores ou se deram fora daquele continente ou, quando no seu âmbito, foram localizadas, como a Comuna de Paris. E foi em 1848, especificamente nas Jornadas de Junho parisienses, que o proletariado se afirmou como classe revolucionária independente ou, em outros termos, afirmou-se praticamente a prospectiva de superação do capital pela potência do trabalho.[5]

A excepcionalidade da situação abarca também a posição de Marx. Embora tenha dedicado sua vida a combater o capital, em 1848 teve ocasião, pela única vez, de participar diretamente num combate revolucionário. Nos anos seguintes, e em que pese sua atividade na Associação Internacional dos Trabalhadores, não voltaram a ocorrer eventos da mesma amplitude; e, durante a Comuna de Paris, já na Inglaterra, não teve oportunidade de se envolver diretamente.

Os artigos da *Nova Gazeta Renana* patenteiam a configuração adulta do pensamento marxiano (cf. Chasin, 1989), em particular a crítica da politicidade, examinada num momento crucial, no qual, nas palavras de Marx, a luta de classes desenvolveu-se sob formas políticas gigantescas; nessas condições, a maturação histórica alcançada e o tensionamento próprio dos períodos de crise iluminam e ressaltam os relevos, as tramas e as conexões que a conformam. Em vez de uma nova teoria política, sob cuja ótica fossem observadas as situações concretas, divisamos o exame da "lógica da coisa", resultando na reprodução das determinações processuais constitutivas do existente, o que inclui a investigação da gênese, da necessidade e das transformações da politicidade mesma e das concepções a respeito dela, principalmente sob a forma das ilusões alimentadas pelos expoentes das várias classes em luta.

Apresentada no âmbito da explicação de acontecimentos específicos, essa crítica acompanha, em seu andamento cotidiano, as ações humanas que perfazem determinações e nexos, surpreendidos no ato de sua constituição e apanhados em seu significado essencial, especialmente os desdobramentos relativos à miséria alemã.

---

sucedem-se as explosões revolucionárias: em 13 de março, a insurreição de Viena depõe Metternich; em 14 de abril é proclamada a Constituição em Roma; em 17 de março triunfa a revolução em Veneza, instaurando-se a república; em 15 de março, inicia-se a revolução nacional húngara; em 18 de março, a insurreição do povo de Berlim obriga Frederico Guilherme IV a uma série de concessões; em 22 de março triunfa a insurreição de Milão contra as tropas de ocupação austríacas; em 23 de março eclode a guerra dos italianos contra o jugo austríaco. Quase todos os pequenos Estados alemães e italianos tornam-se constitucionais; os levantes camponeses multiplicam-se em diversas regiões alemãs contra as sobrevivências feudais. Na Inglaterra, está no auge uma nova mobilização de massas pela Carta; há grandes manifestações em Londres e Glasgow; a direção cartista decide organizar uma grande marcha a Westminster em 10 de abril para apresentar a terceira petição. Em todos esses processos, movimentos de massa abalam a ordem existente, mobilizando diferentes classes da sociedade contra a velha ordem, ainda que o objetivo e o sentido deles não tenha sido unívoco; cada qual buscava responder a problemas específicos distintos, de modo que as situações resultantes ao final do processo também não foram idênticas. Ver Claudín, 1985.

[5] A diversidade de perspectivas e de setores da população mobilizados não permite qualificar o conjunto das insurreições de 1848 como revoluções proletárias, e menos ainda considerar que em todas o proletariado, para não falar de outras frações da classe trabalhadora, tivesse consciência da contraposição entre trabalho e capital. Mas, apesar disso, foram movimentos interligados pelo questionamento da ordem existente, e que de fato ameaçaram pôr em xeque seus pilares.

I. A crítica ontológica da politicidade

A crítica ontológica da politicidade, que se destaca sob vários aspectos nos artigos da *Nova Gazeta Renana*, foi a primeira das três em que se apoia a elaboração do pensamento próprio de Marx, iniciado, segundo seu próprio testemunho, em meados de 1843.[6]

No "Prefácio" a *Para a crítica da Economia Política*, de 1859, visando a oferecer "algumas indicações sobre a sequência dos meus próprios estudos da economia política" (1973, p. 27), Marx refere os pontos de inflexão significativos daquele período; a ultrapassagem da filosofia política, em especial, e da filosofia especulativa, em geral, para alcançar a necessidade de proceder à crítica ontológica da economia política, de cujos primeiros passos dão testemunho a redação dos *Cadernos de Paris* e dos *Manuscritos Econômico-Filosóficos*.

Pontuando seu percurso intelectual, remete à atividade jornalística na *Gazeta Renana*,[7] no decorrer da qual surgiram as dúvidas que o fizeram rever sua concepção anterior, relativas aos "interesses materiais", mais precisamente a questões relacionadas à objetivação das relações capitalistas na Alemanha, cujo caráter tardio resumiu sob a denominação "miséria alemã" (Marx, 1973, p. 27-28).

O debate sobre os interesses materiais põe à prova a posição então assumida por ele, ainda circunscrita pela democracia, se bem que radical, e pela determinação ontopositiva da politicidade, atada a uma filosofia da autoconsciência, redundando no julgamento de que a instauração do Estado político pleno, ainda inexistente numa Alemanha sequer unificada, seria necessária e suficiente para a resolução dos problemas socioeconômicos em tela (cf. Eidt, 2001). O exame das conexões entre o Estado e os interesses materiais, entre consciência e atividade, entre filosofia e mundo, obriga o pensador alemão a questionar a conformação do mundo pressuposta por aquela concepção.

Retirando-se, pouco antes do fechamento da *Gazeta Renana*, para o "gabinete de estudos" em Kreuznach, inicia, em meados de 1843, o processo de ultrapassagem de sua concepção juvenil e conquista de uma nova posição, posta a público no ano seguinte: "O primeiro trabalho que empreendi para esclarecer as dúvidas que me assaltavam foi uma revisão crítica da *Filosofia do Direito*,[8] de Hegel, trabalho cuja introdução apareceu

---

[6] A gênese do pensamento marxiano foi amplamente examinada por J. Chasin, que, arrimado na análise imanente de um conjunto de textos – dos artigos publicados na *Gazeta Renana* à *Miséria da Filosofia* –, atestou a inconsistência da onipresente teoria do "amálgama originário" entre os materiais empíricos da economia política clássica, o pensamento político do socialismo francês e o método filosófico hegeliano, e desvendou o modo específico como Marx faceou a prática, a filosofia e a ciência de seu tempo: a crítica ontológica. As linhas que se seguem valem-se das descobertas chasinianas. Conforme J. Chasin, *Marx – estatuto ontológico e resolução metodológica* (São Paulo: Boitempo, 2009) (originalmente publicado em F. Teixeira, *Pensando com Marx*. São Paulo: Ensaio, 1994).

[7] Jornal vinculado a representantes da burguesia liberal renana em luta contra o absolutismo prussiano, fechado em 1 de abril de 1843 por decreto deste último, no qual Marx participa como articulista desde abril de 1842 e, desde outubro desse ano, como redator-chefe.

[8] Como se sabe, a *Crítica de Kreuznach*, ou *Crítica da Filosofia do Direito de Hegel*, restou inacabada. É, entretanto, o documento primígeno da viragem ontológica levada a efeito por Marx.

nos *Deutsch-Französische Jahrbücher*, publicados em Paris, em 1844". Chegara, então, à conclusão de que

> [...] as relações jurídicas – assim como as formas de Estado – não podem ser compreendidas por si mesmas, nem pela dita evolução geral do espírito humano, inserindo-se ao contrário nas relações materiais de existência de que Hegel, à semelhança dos ingleses e franceses do século XVIII, compreende o conjunto pela designação de 'sociedade civil'; por seu lado, a anatomia da sociedade civil deve ser procurada na economia política. (Marx, 1973, p. 28)

Marx atesta, assim, a importância crucial da crítica da politicidade na configuração de sua posição própria, o momento em que a alcançou e o estatuto ontológico dessa transição, relativa à apreensão do modo de existência das relações jurídicas e das formas de Estado. É o que se confirma em seguida, na "conclusão geral" a que chegou nos estudos da economia política, iniciados em Paris e continuados em Bruxelas, e na qual se destaca a afirmação de que "O modo de produção da vida material condiciona o desenvolvimento da vida social, política e intelectual em geral. Não é a consciência dos homens que determina o seu ser; é o seu ser social que, inversamente, determina a sua consciência" (Marx, 1973, p. 28-29).

Na *Crítica da Filosofia do Direito de Hegel – Introdução*, atestando o vínculo entre a crítica da política e a da especulação, a obra hegeliana é reconhecida como expressão máxima da filosofia política alemã e recusada junto ao Estado moderno, do qual é o "pensamento abstrato e exuberante", podendo sê-lo porque o próprio Estado faz abstração do homem real, vale dizer, acolhe os indivíduos já despojados das relações e qualificações concretas que os especificam, reduzindo-os ao coágulo supostamente natural, nucleado pela propriedade privada, que os iguala. Afirmando que "*o homem é o ser supremo para o homem*", o que leva ao "*imperativo categórico de derrubar todas as relações* nas quais o homem é um ser abandonado e desprezível", deixando também claro que "o homem *é o mundo dos homens*, o Estado, a sociedade" (Marx, 1977, p. 8 e 1), Marx distingue entre a revolução política e a revolução radical; a primeira é determinada como a emancipação de uma parte da sociedade civil que instaura sua dominação, podendo ocorrer apenas se essa parte for reconhecida como representante geral da sociedade, encarnando em si a "potência da libertação", em contraposição a outra parcela que concentre "todos os defeitos e limites da sociedade". Assim, a revolução política não é uma possibilidade universal assentada em alguma suposta condição inerente aos indivíduos singulares (a razão ou a vontade), mas depende das condições concretas de existência das classes. Onde ela é possível, restringe-se a uma mediação para a revolução radical, a emancipação humana geral, a afirmação e construção do ser humano-societário.[9] Marx desloca a politicidade

---

[9] Vale destacar que esse télos não se põe nem como postulação extraída da suposta natureza humana de indivíduos isolados, nem como dever-ser abstratamente contraposto ao existente, mas sim como possibilidade objetiva, como potencialidade presente na entificação social real.

"para os contornos de uma entificação transitória a ser ultrapassada", recusando-lhe "a altura e a centralidade que ostenta ao longo de quase toda a história do pensamento ocidental" (Chasin, 2009, p. 61).

O sujeito da emancipação humana geral, em vez de uma classe cujas condições particulares de existência devem ser generalizadas como eixo da vida social, é identificado como uma categoria social de "cadeias radicais", "uma classe da sociedade civil que não é uma classe da sociedade civil", pois representa a dissolução dela, e cujas condições de existência, por isso mesmo, não podem ser generalizadas; "que é, numa palavra, a *perda total* do homem", porquanto despojada, no ato mesmo de as realizar, de todas as coisas e relações que a tornam humana, e "só pode, portanto, recuperar a si mesma pela *recuperação* total do homem" (Marx, 1977, p. 13). Passagem cuja eloquência evidencia que "a *revolução radical ou emancipação global* passa a ser [...] o complexo entificador [...] da efetiva e autêntica realização do homem, e não mais uma forma qualquer de Estado ou de prática política" (Chasin, 2009, p. 62-63), além de desautorizar a impropriedade de tratar o proletariado como "classe universal".

Redigida pouco antes e também publicada no número único dos *Anais franco-alemães*, *Sobre a questão judaica*, nucleada pela crítica do Estado como tal, desdobra o caráter limitado, parcial, da emancipação política: "O limite da emancipação política aparece imediatamente no fato de que *o Estado* pode se libertar de um constrangimento sem que o homem se liberte *realmente* dele; de o Estado conseguir ser um Estado *livre* sem que o homem seja um *homem livre*" (Marx, 1987a, p. 468). Esse limite não constitui um defeito, mas a determinação essencial da política. O Estado universaliza-se libertando-se de constrangimentos – propriedade privada, educação, profissão – que, no entanto, se mantêm na vida material, de sorte que, "longe de abolir essas diferenças *efetivas*, o Estado descansa sobre essas premissas, só se apreende como *Estado político* e só faz valer sua *universalidade* em oposição a tais elementos" (Marx, 1987a, p. 469). Assim, o Estado político consuma sua separação da sociedade civil, configura-se como expressão da "vida genérica do homem em oposição à sua vida material". Marx reconhece tanto a importância quanto o alcance limitado da emancipação política: "Sem dúvida, a emancipação política representa um grande progresso. Porém, não constitui a forma final da emancipação humana, ainda que seja a última forma da emancipação humana *dentro* da ordem do mundo atual" (Marx, 1987a, p. 471). A emancipação política vincula-se indissoluvelmente à (des)ordem humano-societária regida pelo capital, pois à liberdade política do cidadão abstrato, destituído de suas condições concretas de vida, corresponde, na sociedade civil, a liberdade do homem egoísta, "do homem enquanto mônada isolada e autossuficiente", do "direito do interesse pessoal. Essa liberdade individual e sua aplicação constituem o fundamento da sociedade civil" (Marx, 1987a, p. 478-479). Na sequência de sua análise, afirma que "A *constituição do Estado político* e a dissolução da sociedade civil em *indivíduos* independentes – cuja relação é regida pelo Direito, ao passo que as relações entre homens dos estamentos e dos grêmios era regida pelo *privilégio* – são levadas a cabo em *um só e mesmo ato*". Por isso, a revolução política considera "a sociedade civil, o mundo das necessidades, o trabalho, os interesses particulares e o Direito privado como *base de sua própria existência*, como premissa inquestionável, que subsiste inteiramente, portanto, como sua *base natural*" (Marx, 1987a, p. 481).

Noutro texto do mesmo ano – as *Glosas críticas ao artigo "O rei da Prússia e a reforma social"*, polemizando com Arnold Rüge acerca da insurreição dos tecelões da Silésia –, Marx destaca a incapacidade do Estado não só de resolver como mesmo de entender o pauperismo, impotência que não é um defeito, mas sim "a lei natural da administração", de sua atividade organizativa, determinada pela sociedade civil sobre a qual se ergue, de sorte que eliminar essa impotência exigiria extirpar seu chão social, portanto, suprimir a si próprio:

> O Estado não pode superar a contradição entre a disposição e a boa vontade da administração, de um lado, e os seus meios e poderes, de outro, exceto se abolir a si próprio, já que descansa sobre esta contradição. Descansa sobre a contradição entre a *vida pública* e a *vida privada*, e sobre a contradição entre os *interesses gerais* e os *interesses particulares*. Por esta razão, a *administração* deve limitar-se a uma atividade *formal* e *negativa*, pois sua ação termina no mesmo ponto onde começam a vida civil e seu trabalho. De fato, diante das consequências que emergem da natureza a-social dessa vida civil, dessa propriedade privada, desse comércio, dessa indústria, da mútua pilhagem entre os vários grupos na vida civil, fica claro que a *lei natural* da administração é a *impotência*. (Marx, 1987b, p. 513)

Marx adensa a crítica da politicidade expondo a determinação e os limites da "*racionalidade* política, oferecendo assim o que podemos chamar de *crítica da razão política*" (Chasin, 2000, p. 155), demarcando-a como aquela que "pensa *dentro* dos limites da política" e, por isso mesmo, é incapaz de compreender a raiz dos males sociais:

> Quanto mais desenvolvido e generalizado se acha o entendimento político de um povo, mais o proletariado desperdiça suas energias – pelo menos no início do movimento – em revoltas irrefletidas, estéreis, que são afogadas em sangue. Ao pensar sob forma política, divisa o fundamento de todos os males na *vontade* e os meios para os remediar na *força* e na *derrubada* de uma *determinada* forma de governo. Temos a prova disso nas primeiras explosões do proletariado *francês*. [...] O entendimento político lhes ocultava as raízes da penúria social, falsificava a compreensão de sua verdadeira finalidade; *o entendimento político enganava*, pois, o seu *instinto social*. (Marx, 1987b, p. 518-519)

Afirmação contundente, largamente desconsiderada, joga nova luz sobre os objetivos e meios das lutas dos trabalhadores do último século e empuxa à ultrapassagem do entendimento político, sob pena de prosseguir desperdiçando energias. As *Glosas críticas* de 1844 trazem outra determinação basilar: a de que o Estado resulta da fragilidade social, emerge, não das melhores qualidades humanas, mas daquilo que a sociedade civil tem de mais negativo: "Com efeito, esta vileza, esta escravidão da sociedade civil é o fundamento do Estado moderno, assim como a sociedade civil da escravidão era o fundamento natural do Estado da Antiguidade. A existência do Estado é inseparável da existência da escravidão". (Marx, 1987b, p. 520)

Existindo graças à presença dos males sociais, é impotente para corrigi-los, e desaparece junto com eles. É o que evidencia o elo existente entre os atos políticos, forma de atuação própria do mundo do capital, e a revolução social, que, visando a suprimir tal mundo, deve agir nele para o ultrapassar:

> Toda revolução dissolve a *velha sociedade*, assim considerada é uma revolução *social*. Toda revolução derruba o *antigo poder*, neste sentido é uma revolução *política*. [...] E sem *revolução* não pode o *socialismo* se realizar. Este necessita do ato *político* na medida em que tem necessidade de *destruir* e *dissolver*. Porém, ali onde começa sua *atividade organizadora*, ali onde se manifesta seu *fim em si*, sua *alma*, o socialismo despeja seu invólucro *político*.[10] (Marx, 1987b, p. 520)

Tendo por horizonte o socialismo, há um efetivo lugar e papel, não para uma revolução política, mas para o ato político nos quadros de uma revolução social; mas este é somente o de destruição e dissolução do antigo poder. O reordenamento de todo o modo de vida, a construção de uma nova forma de interatividade entre os indivíduos não se efetiva por atos políticos ou pela mediação da esfera da politicidade: não somente o antigo poder, mas o poder em geral deve ser dissolvido.

Esses textos demonstram a radicalidade da ruptura efetivada por Marx em relação a todo o pensamento político anterior, marcado pela determinação ontopositiva da politicidade, que atribui poder resolutivo a essa esfera e entende-a como inerente à existência humano-societária dos homens, "tanto que conduz à indissociabilidade entre política e sociedade, a ponto de tornar quase impossível, até para a simples *imaginação*, um formato social que independa de qualquer forma de poder político" (Chasin, 2009, p. 64). Em sua nova posição, apreende a determinação ontonegativa da politicidade: a política não é inerente ao ser social, nem essencial à existência humana dos homens; não nasce das qualidades, mas das dificuldades, constrangimentos ou males sociais, e sua necessidade é historicamente delimitada pelo período, ainda que longo, da *pré-história* da humanidade.

Longe de ser resolutiva, a politicidade é parte do problema a ser resolvido. A emancipação política funda-se na e expressa a cisão objetiva, decorrente de relações de produção assentadas na divisão social do trabalho e na propriedade privada, de cada indivíduo em homem (burguês) de vida privada e cidadão de vida pública, o primeiro despojado de sua condição genérica, social, e assim naturalizado, o segundo defraudado de suas qualidades individuais; esse divórcio entre indivíduo e gênero, essa cesura entre os indivíduos autoprodutores e as forças sociais, genéricas, por eles produzidas, transformam-nas em força política a eles contraposta. Força política é, pois, coágulo de forças sociais, genéricas, usurpadas de seus produtores e concentradas. A emancipação humana, ao contrário,

---

[10] Os constrangimentos que formam a premissa do Estado político – trabalho, divisão do trabalho, troca, propriedade privada etc. – são examinados nos *Manuscritos Econômico-Filosóficos*, também de 1844.

supõe a superação desta ordem societária em seu conjunto, a superação do capital, das condições materiais de vida fundadas na divisão social do trabalho e da entificação política da vida genérica:

> Só quando o real homem individual reincorpora a si o cidadão abstrato; quando, como indivíduo, em seu trabalho individual e em suas relações individuais se converte em *ser genérico*; e quando reconhece e organiza suas *próprias forças* como forças *sociais*, de maneira a nunca mais afastar de si força social sob a forma de força política, só então é levada a cabo a emancipação humana. (Marx, 1987a, p. 484)

Esta é "construção da mundaneidade humana a partir da lógica inerente ao humano, ou seja, do *ser social*, cuja natureza própria ou 'segredo ontológico' é a *autoconstituição*" (Chasin, 2000, 151). O desvelamento desse segredo, frise-se, é o pressuposto incontornável do argumento marxiano, e sua desconsideração abre campo para (des)entendê-lo como uma antropologia.

No já citado *Prefácio* de 1859, Marx dá conta dos anos que transcorreram entre 1844 e 1848, referindo outros textos nos quais foram expostos os desdobramentos de sua nova posição. Alude ao manuscrito d'*A ideologia alemã*, abandonado, na frase célebre, "à crítica roedora dos ratos" (Marx, 1973, p. 30), sendo publicado somente décadas depois da morte dos autores (mesmo destino da *Crítica da Filosofia do Direito de Hegel* e dos *Manuscritos Econômico-Filosóficos*). No mesmo ano, publica *A sagrada família. Crítica da crítica crítica*, escrita em conjunto com Engels, e redige as *Teses ad Feuerbach*, que evidenciam a instauração do novo materialismo. Dos "trabalhos dispersos desta época", menciona o *Manifesto do Partido Comunista* e o *Discurso sobre o livre-câmbio*. Completam o elenco a *Miséria da Filosofia*, de 1847, em que "[o]s pontos decisivos das nossas concepções foram cientificamente esboçados pela primeira vez, ainda que de forma polêmica", e "uma dissertação sobre o *Trabalho assalariado*", cuja impressão "foi interrompida pela Revolução de Fevereiro" (Marx, 1973, p. 30).

Não cabe aqui, nem seria possível, abordar todos esses trabalhos; remeteremos somente a poucas passagens das *Teses ad Feuerbach* e d'*A ideologia alemã*.

O primeiro passo de sua crítica da política – o reconhecimento de que o Estado é determinado pela sociedade civil – é também um passo na crítica da especulação, cujo fundamento – a ideia como produtora do mundo sensível – fora refutado já na *Crítica da Filosofia do Direito de Hegel*. Reconhecida a prioridade deste, o mundo humano – objetividade e subjetividade, sujeito e objeto – é determinado como atividade sensível.

A primeira das *Teses ad Feuerbach*, refutando o idealismo e o velho materialismo, indica como problema central de ambos a desconsideração da atividade sensível: o velho materialismo, Feuerbach incluso, tem por "principal defeito" só apreender a sensibilidade "sob a forma de *objeto ou de intuição*, mas não como *atividade humana sensível*, como *práxis*, não subjetivamente", enquanto o idealismo, ainda que desenvolva o "aspecto *ativo*", "desconhece a atividade real, sensível, como tal". A objetividade, o mundo sensível, é, portanto, identificado como atividade sensível. O mesmo ocorre com o sujeito, a subjetividade: enquanto no materialismo feuerbachiano e no idealismo a atividade humana é entendida somente como atividade abstrata, teórica, como atividade do pensamento, Marx a afirma como "atividade *objetiva*" (Marx, 1986, p. 11). De sorte que tanto sujeito como objeto são determinados como atividade sensível: o primeiro, por sua atividade prática consciente, é capaz de dar aos objetos sensíveis forma nova, presente anteriormente em sua subjetividade;[11] o segundo, na medida das suas potencialidades, é reconfigurado por aquela atividade, passando, pois, a ser objetivação, corporificação dela.

Arrimadas nesta, a *IX* e a *X Teses*[12] afirmam que o velho materialismo, desconsiderando a atividade prática, não pode ultrapassar o patamar da sociedade civil, já que é incapaz de apreender a história, vale dizer, o processo de autoconstituição humana, e, assim, naturaliza a sociedade civil e os indivíduos singulares (ou apreende sua essência como "generalidade interna, muda" – *VI Tese*). O novo materialismo, ao contrário, partindo do pressuposto da atividade prática sensível, dos homens como autoprodutores, pode visualizar a extinção da sociedade civil – do modo atual de realização dessa atividade produtora – e sua substituição pela "sociedade humana ou humanidade social". A "atividade 'revolucionária', 'prático-crítica'", referida ao final da *I Tese*, ou a "práxis revolucionária", na *III Tese*, capaz de mudar simultaneamente as circunstâncias e os homens, remetem a esta transformação radical, em que todo o modo de ser, todo o modo da atividade é transfigurado; remetem, portanto, à revolução social, pois a revolução política fora já delimitada como aquela que deixa em pé a sociedade civil.

A primazia da atividade sensível na produção do mundo humano – objetiva e subjetivamente – também se faz presente n'*A ideologia alemã*. Basta remeter à passagem profícua:

> Os pressupostos de que partimos não são arbitrários, nem dogmas. São pressupostos reais, de que não se pode fazer abstração a não ser na imaginação. São os indivíduos reais, sua ação e suas condições materiais de vida, tanto aquelas por eles já encontradas, como as produzidas por sua própria ação. (Marx e Engels, 1986, p. 26)

Os pressupostos são o mundo existente, constituído por indivíduos reais, que atuam num mundo material determinado, o que reafirma o reconhecimento pré-teórico, não mediado por qualquer forma de arrumação prévia da subjetividade, e sim ontoprático da realidade do mundo: o "universo da prática ou da vida vivida em sua qualidade de confirmação da dupla certeza da existência do mundo e dos homens" (Chasin *apud* Vais-

---

[11] Como componente da atividade vital própria do homem – atividade consciente –, ou seja, enquanto predicado de um ser sensível vivo, portanto ativo, a consciência é tanto receptiva (capaz de apanhar e reproduzir mentalmente as características objetivas do mundo sensível, inclusive as dos homens – indivíduos e sociedade) quanto projetiva.

[12] Diz a IX: "O extremo a que chega o materialismo intuitivo, isto é, o materialismo que não apreende a sensibilidade como atividade prática, é a intuição dos indivíduos singulares e da sociedade civil". E a X: "O ponto de vista do velho materialismo é a sociedade civil; o ponto de vista do novo é a sociedade humana ou a humanidade social" (Marx, 1986, p. 14).

man, 2001, p. V). Considerando que o "primeiro fato a constatar é, pois, a organização corporal destes indivíduos e, por meio disto, sua relação dada com o resto da natureza", Marx reconhece os homens como seres naturais, que entretanto se distinguem dos restantes "tão logo começam a *produzir* seus meios de vida, passo este que é condicionado por sua organização corporal. Produzindo seus meios de vida, os homens produzem, indiretamente, sua própria vida material" (Marx e Engels, 1986, p. 27). O determinante na diferenciação é o modo específico da atividade, agora autoprodutora.[13] Enquanto "determinada forma de atividade dos indivíduos", o modo de produção é

> [...] determinada forma de manifestar sua vida, determinado *modo de vida* dos mesmos. Tal como os indivíduos manifestam sua vida, assim são eles. O que os indivíduos são coincide, portanto, com sua produção, tanto com *o que* produzem, como com o modo *como* produzem. (Marx e Engels, 1986, p. 27-28)

Indivíduos atuando praticamente no mundo manifestam sua vida produzindo-a objetiva e subjetivamente, produzindo suas capacidades e as condições materiais em que estas se efetivam. O reconhecimento desses pressupostos permite entender que "A estrutura social e o Estado nascem constantemente do processo de vida de indivíduos determinados".

Mediando pelas várias determinações e resultados do trabalho, Marx chega ao tratamento da divisão social do trabalho, que se torna "realmente divisão apenas a partir do momento em que surge uma divisão entre o trabalho material e o espiritual", isto é, quando essas atividades passam a caber a indivíduos diferentes. Trata-se da cisão da atividade especificamente humana – a separação entre os dois momentos da atividade que dá forma aos homens e seu mundo: o momento da elaboração e projeção subjetiva dessa forma, e o de sua efetivação; é a cisão dos próprios indivíduos, que se manifestará dos mais diversos modos. Com a cisão entre os dois momentos da atividade humana, "[o] poder social, isto é, a força produtiva multiplicada que nasce da cooperação de vários indivíduos exigida pela divisão do trabalho, aparece a estes indivíduos, porque sua cooperação não é voluntária, mas natural, não como seu próprio poder unificado, mas como uma força estranha situada fora deles" (Marx e Engels, 1986, p. 49). A divisão social do trabalho, fundamento da propriedade privada, determina também a contradição entre o interesse do indivíduo singular e o interesse coletivo de todos os indivíduos relacionados entre os quais o trabalho está dividido (Marx e Engels, 1986, p. 44 a 47), e assim

> [...] o interesse coletivo toma, na qualidade de *Estado*, uma forma autônoma, separada dos reais interesses particulares e gerais e, ao mesmo tempo, na qualidade de uma coletividade ilusória, mas sempre sobre a base real dos laços existentes em cada conglomerado familiar e tribal [...] e sobretudo [...] baseada nas classes, já condicionadas pela divisão do trabalho, que se isolam em cada um destes conglomerados humanos e entre as quais há uma que domina todas as outras. (Marx e Engels, 1986, p. 48)

---

[13] Determinação já presente nos *Manuscritos Econômico-Filosóficos* de 1844.

O Estado, assim, origina-se da divisão social do trabalho, em especial da contradição entre interesse particular e coletivo que dela resulta, e é a encarnação autonomizada desse interesse coletivo; é, portanto, a corporificação do poder social dos indivíduos, previamente separado deles.[14]

A determinação da fragilidade societária de onde emerge o Estado avança com a descoberta de que o baixo desenvolvimento das capacidades produtivas está na origem da divisão social do trabalho. Expondo os "pressupostos práticos" necessários para superá-la, Marx destaca a existência da

> [...] massa da humanidade como massa totalmente 'destituída de propriedade'; e que se encontre, ao mesmo tempo, em contradição com um mundo de riquezas e de cultura existente de fato – coisas que pressupõem, em ambos os casos, um grande incremento da força produtiva, ou seja, um alto grau de seu desenvolvimento; sem esse pressuposto, "apenas generalizar-se-ia novamente a escassez e, portanto, com a *carência*, recomeçaria novamente a luta pelo necessário e toda a imundície anterior seria restabelecida. (Marx e Engels, 1986, p. 50)

O capital e o Estado moderno que lhe corresponde são as expressões máximas dessa cisão entre as capacidades humanas e os indivíduos produtores, e criam as condições de sua ultrapassagem: "A superação da propriedade privada, portanto, só se torna possível com a grande indústria" (Marx e Engels, 1986, p. 102). Marx esboça uma história do Estado mencionando o desenvolvimento da propriedade:

> [...] até chegar ao capital moderno, condicionado pela grande indústria e pela concorrência universal, isto é, até chegar à propriedade privada pura, que se despojou de toda aparência de comunidade e que excluiu toda influência do Estado sobre o desenvolvimento da propriedade. A esta propriedade privada moderna corresponde o Estado moderno. (Marx e Engels, 1986, p. 96-97)

A constituição plena da sociedade civil[15] e do Estado decorre da completa separação entre vida privada e vida pública, entre indivíduo e sociedade ou entre indivíduo e gênero. Cindidas do conjunto dos indivíduos e coaguladas sob a forma de Estado, as forças sociais são apropriadas, evidentemente, por outros homens:

> [...] o Estado adquire uma existência particular, ao lado e fora da sociedade civil; mas este Estado não é mais do que a forma de organização que os burgueses necessariamente adotam, tanto no interior como no exterior, para a garantia recíproca de sua propriedade e de seus interesses. (Marx e Engels, 1986, p. 98)

---

[14] Reconhece-se facilmente a mesma posição assumida em *Sobre a questão judaica* e nas *Glosas críticas* de 1844: o Estado como usurpação de forças sociais.

[15] "A expressão 'sociedade civil' aparece no século XVIII, quando as relações de propriedade já se tinham desprendido da comunidade antiga e medieval. A sociedade civil, como tal, desenvolve-se apenas com a burguesia" (Marx e Engels, 1986, p. 53).

No interior da sociedade de classes e na presença da dominação de classe, as instituições sociais assumem forma política:

> Como o Estado é a forma na qual os indivíduos de uma classe dominante fazem valer seus interesses comuns e na qual se resume toda a sociedade civil de uma época, segue-se que todas as instituições comuns são mediadas pelo Estado e adquirem por meio dele uma forma política. (Marx e Engels, 1986, p. 98)

Extintas as categorias que conformam esse período histórico bem determinado – divisão social do trabalho, propriedade privada, classes e sua dominação, Estado – extingue-se também a correspondente forma política impressa às instituições comuns.

Sob a grande indústria regida pelo capital,

> [...] as forças produtivas aparecem como inteiramente independentes e separadas dos indivíduos, como um mundo próprio ao lado destes, o que tem seu fundamento no fato de que os indivíduos, que são as forças daquele mundo, existem fragmentados e em oposição mútua, ao passo que, por outro lado, essas forças só são forças reais no intercâmbio e na relação desses indivíduos.

Atente-se para a afirmação de Marx de que o fundamento da situação é a fragmentação dos indivíduos, que de fato é dupla: a divisão social do trabalho tanto cinde internamente cada um quanto os opõe. "Em nenhum período precedente as forças produtivas tinham adquirido esta forma indiferente para o intercâmbio entre os indivíduos *enquanto* indivíduos, porque seu próprio intercâmbio era ainda limitado". A abstração que caracteriza os indivíduos pela perda do conteúdo de sua vida – de suas forças produtivas – permite que se relacionem enquanto indivíduos à medida que destrói a identificação de cada um com uma única atividade, com uma única capacidade:

> De outro lado, enfrenta-se com estas forças produtivas a maioria dos indivíduos, dos quais estas forças se destacaram e que, portanto, despojados de todo conteúdo real da vida, tornaram-se indivíduos abstratos; mas que, por isso mesmo, só então são colocados em condições de relacionar-se uns com os outros *enquanto indivíduos*. (Marx e Engels, 1986, p. 104)

À concretude limitada que caracterizava os homens em períodos históricos anteriores sucede a infinitude abstrata: a possibilidade, posta sob forma extremamente contraditória e não realizada, de cada um, enquanto indivíduo, ser genérico.[16]

A efetivação dessa possibilidade depende da superação da atual forma social assumida pelos indivíduos e suas forças produtivas no sentido da revolução social, do comunismo ou da emancipação humana geral: "As coisas, portanto, foram tão longe que os indivíduos devem se apropriar da totalidade existente de forças produtivas, não só para alcançar a autoatividade, mas tão somente para assegurar sua existência". Desdobrando a afirmação

---

[16] Essa argumentação, ainda que menos desenvolvida, aproxima-se da que Marx apresentará mais de uma década depois nos *Grundrisse*.

sintética da *III Tese ad Feuerbach*, e apontando para a autossupressão da classe trabalhadora, Marx mostra que essa apropriação é triplamente condicionada: "pelo objeto a ser apropriado [...] deve necessariamente apresentar um caráter universal correspondente às forças produtivas e ao intercâmbio"; pelos "indivíduos apropriadores. Apenas os proletários da época atual, inteiramente excluídos de toda autoatividade, estão em condições de impor sua autoatividade completa"; e "pelo modo como deve ser realizada": por meio de uma

> [...] união universal, e por meio de uma revolução que, de um lado, derrube o poder do modo de produção e de intercâmbio anterior e da estrutura social, e que desenvolva, de outro lado, o caráter universal e a energia do proletariado necessária para a realização da apropriação; e na qual, além disso, o proletariado despoja-se de tudo o que nele ainda resta de sua anterior posição na sociedade. (Marx e Engels, 1986, p. 105-106)

Essa necessária apropriação pelos indivíduos da totalidade das forças produtivas é "o desenvolvimento de uma totalidade de capacidades nos próprios indivíduos", de tal modo que possa ser subsumida a cada um "uma massa de instrumentos de produção [...] e a propriedade a todos". E, finalmente:

> A transformação do trabalho em autoatividade corresponde à transformação do limitado intercâmbio anterior em intercâmbio entre indivíduos enquanto tais. Com a apropriação das forças produtivas totais pelos indivíduos unidos, termina a propriedade privada.[17] (Marx e Engels, 1986, p. 104-107)

O quadro esboçado por Marx corresponde ao fim da Pré-História da Humanidade pelo alcance da autodeterminação de indivíduos sociais ou de indivíduos livres voluntariamente associados. Evidentemente, suprimida a propriedade privada pela supressão da divisão social do trabalho que a gerou, o Estado deixa de ter qualquer sustentação ou função.

A ideologia alemã traz ainda observações acerca da relação entre indivíduo e classe,[18] principalmente no âmbito da constituição da burguesia.

Afirmando que a divisão em classes "repousa diretamente na divisão do trabalho e nos instrumentos de produção", Marx mostra como indivíduos inseridos em deter-

---

[17] Diga-se de passagem que este é o sentido efetivo de uma passagem anterior da mesma obra: "Com efeito, desde o instante em que o trabalho começa a ser distribuído, cada um dispõe de uma esfera de atividade exclusiva e determinada, que lhe é imposta e da qual não pode sair; o homem é caçador, pescador, pastor ou crítico, e aí deve permanecer se não quiser perder seus meios de vida – ao passo que na sociedade comunista, onde cada um não tem uma esfera de atividade exclusiva, mas pode aperfeiçoar-se no ramo que lhe apraz, a sociedade regula a produção geral, dando-me assim a possibilidade de hoje fazer tal coisa, amanhã outra, caçar pela manhã, pescar à tarde, criar animais ao anoitecer, criticar após o jantar, segundo meu desejo, sem jamais tornar-se caçador, pescador, pastor ou crítico" (Marx e Engels, 1986, p. 47).

[18] Assim como ocorre com sociedade civil e Estado, também o termo classe cobra em Marx dois sentidos. O mais geral remete aos grupos constituídos pela divisão social do trabalho (atividade, meios e produtos do trabalho) em qualquer sociedade que a apresente. O segundo, mais específico, remete apenas à configuração assumida por tais grupos na sociedade moderna, determinada pelo aprofundamento da divisão social do trabalho, de que resultou a propriedade privada pura e o Estado moderno.

minadas relações sociais, ao transformarem sua atividade, geram outras capacidades produtivas e outras relações de produção, alterando suas condições gerais de vida e assim produzindo outra classe, à qual, entretanto, os indivíduos passam em seguida a subsumir-se:

> A própria burguesia só se desenvolve paulatinamente dentro de suas condições; ramifica-se, por sua vez, em diferentes frações, de acordo com a divisão do trabalho, e acaba por absorver em si todas as classes possuidoras pré-existentes (ao mesmo tempo em que transforma numa nova classe – o proletariado – a maioria da classe não-possuidora que existia anteriormente e uma parte das classes até então possuidoras), na medida em que toda propriedade é transformada em capital comercial ou industrial.

A classe, gerada pela ação dos indivíduos fundada na divisão social do trabalho,

> [...] autonomiza-se em face dos indivíduos, de sorte que estes últimos encontram suas condições de vida pré-estabelecidas e têm, assim, sua posição na vida e seu desenvolvimento pessoal determinados pela classe; tornam-se subsumidos a ela. Trata-se do mesmo fenômeno que o da subsunção dos indivíduos isolados à divisão do trabalho, e tal fenômeno não pode ser suprimido se não se supera a propriedade privada e o próprio trabalho. (Marx e Engels, 1986, p. 83-84)

A abordagem marxiana das classes funda-se no entendimento de um traço essencial da sociedade capitalista: a consumação da separação entre trabalho e meios de trabalho acarreta também a ruptura com as distintas formas de subordinação do indivíduo a uma comunidade previamente estabelecida. Nessa sua nova forma de ser, os indivíduos subordinam-se às classes, mas de tal modo que não é reconhecida de antemão a identidade de interesses entre os indivíduos. Esse reconhecimento ocorre no âmbito da vida prática, pelo contato mútuo que essa nova forma de atividade propicia, exige e amplia constantemente. A universalização dos laços entre os homens, produzindo interesses comuns, é a condição para que a consciência apreenda sua existência, e o desenvolvimento do capital cria essa história mundial ao expandir planetariamente sua regência:

> As condições econômicas transformaram primeiro a massa da população do país em trabalhadores. O domínio do capital criou para essa massa uma situação comum, interesses comuns. Assim, pois, essa massa já é uma classe relativamente ao capital, mas ainda não é uma classe para si. Na luta [...] essa massa se une, constituindo-se uma classe em si. Os interesses que defende convertem-se em interesses de classe. (Marx, 1976, p. 164)

A subordinação à classe limita o desenvolvimento individual. O proletariado pode ser o sujeito da revolução radical porque suas condições determinadas de vida lhe possibilitam romper essa subordinação à classe, suprimindo-a ao suprimir a divisão social do trabalho. Uma passagem da *Miséria da Filosofia* reconfirma essa posição. Logo depois de afirmar que "a luta de classe contra classe é uma luta política", diz Marx:

[...]após a derrocada da velha sociedade, sobrevirá nova dominação de classe, traduzida em novo poder político? Não. [...] No transcurso de seu desenvolvimento, a classe operária substituirá a antiga sociedade civil por uma associação que exclua as classes e seu antagonismo; e não existirá já um poder político propriamente dito. (Marx, 1976, p. 164-165)

Esses elementos do pensamento marxiano, assim como as posições práticas que assumiu, jogam nova luz na temática do partido, particularmente esclarecem a inexistência, tanto nos textos anteriores à fundação da *Nova Gazeta Renana* como em todos os seus artigos, de algo semelhante a uma "questão do partido".

Marx utiliza o termo partido em duas acepções distintas, porém não antagônicas. Na mais abrangente delas, o partido é identificado com uma classe e seus interesses específicos: "organização do proletariado como classe e, portanto, em partido político". A classe operária, em luta com outras classes, funciona diante delas como "partido político", e aquelas por sua vez atuam como "partidos" diante da classe operária. Trata-se, portanto, da concepção de partido-classe ou classe-partido, como se evidencia numa carta de Marx a Freiligrath, em que afirma ter-se esforçado por "dissipar o equívoco quanto ao 'partido', como se essa palavra significasse para mim uma Liga [dos Comunistas] desaparecida há oito anos ou uma redação do jornal dissolvido há doze [referência à *Nova Gazeta Renana*]. Por partido eu entendia o grande sentido histórico que a palavra contém" (Marx, 1974, p. 258). Nessa acepção, o termo partido exprime, pois, a própria divisão de classes e as respectivas posições. Na acepção mais restrita, partido indica uma agremiação particular, vinculada efetiva ou nominalmente a uma classe, da qual Marx destaca sempre a análise que apresenta da realidade, as propostas e a atuação prática, independentemente da especificidade de sua organização.

Em síntese, a necessidade do Estado e da política em geral é histórica, não perene, tanto quanto a das relações sociais materiais que os geram: as classes sociais, a divisão social do trabalho e o baixo desenvolvimento das forças produtivas, vale dizer, das capacidades do indivíduo social.

A determinação ontonegativa da politicidade é a reprodução intelectual dessa condição efetiva das instituições e relações políticas, e a consequente identificação, enquanto alternativa gestada pela ampliação das capacidades produtivas sob a regência do capital, de uma revolução que as liquide ao suprimir todo o modo de vida atual. A atuação, ainda que referida às instituições políticas, deve buscar suas raízes sociais e reconfigurá-las: deve ser metapolítica.[19] Uma revolução dessa ordem exige alteração nos modos, meios e objetivos da luta, que não pode mais se restringir à esfera ou à lógica da política, tendente a reproduzir a si mesma e à sociedade da qual brota e se alimenta, nem a seus instrumentos, entre os quais as organizações partidárias; destruído o poder político do

---

[19] Expressão cunhada por Chasin.

capital, e com ele todo o poder político, tornam-se também obsoletos os instrumentos utilizados para chegar a esse resultado.

II. A eclosão das revoluções de 1848 e a fundação da *Nova Gazeta Renana*

Ao lado da intensa produção teórica, Marx dedica-se a buscar novas formas de atuação prática, tendo em vista a esperada eclosão de movimentos revolucionários. Desse esforço resultam a transformação da Liga dos Justos em Liga dos Comunistas e a fundação da *Nova Gazeta Renana*.

De acordo com Claudín, desde fins de 1845, Marx e Engels buscam estabelecer relações regulares de informação e discussão com membros destacados do movimento socialista e comunista de diversos países europeus, principalmente Alemanha, França e Inglaterra. Em Bruxelas – onde Marx passara a residir, depois de sua expulsão da França graças a suas atividades na imprensa parisiense –, organizam um Comitê Comunista de Correspondência, e propõem àqueles com quem têm contato que constituam órgãos análogos com a finalidade de criar um núcleo comunista internacional.

O resultado desse esforço na Alemanha é escasso: parcos correspondentes em alguns poucos centros. Fora da Alemanha, só se organizam comitês de correspondência em Paris e Londres. Por meio deste último se iniciará a relação com os dirigentes da Liga dos Justos e se abrirá o difícil e acidentado processo de discussão que conduzirá à Liga dos Comunistas.[20]

No segundo congresso da Liga dos Comunistas, iniciado em 29 de novembro de 1847, ao qual Marx compareceu representando Bruxelas, foram aprovados seus novos Estatutos, que estabelecem o objetivo[21] e alteram o funcionamento da Liga,[22] liquidando qualquer veleidade conspirativa e convertendo-a em uma sociedade exclusivamente de propaganda. Marx é encarregado de redigir o *Manifesto do Partido Comunista*.

Os dados oferecidos por Claudín dão conta da fragilidade da Liga: às vésperas das revoluções de 1848 contava com 400 membros entre Alemanha (100, espalhados em 30 comunas), França e Inglaterra. A debilidade acentuava-se ainda pelas constantes lutas internas, já que continuavam importantes as influências de Weitling e do "socialismo verdadeiro".

---

[20] Destacam-se o debate com Weitling e a circular contra Kriege. O combate de Marx ao "socialismo verdadeiro" é atestado n'*A ideologia alemã*. Para a história da Liga dos Comunistas, ver Fernando Claudín (1985) e Bert Andreas, *La Liga de los Comunistas* (México: Cultura Popular, 1977). As observações aqui reproduzidas foram extraídas dessas publicações.

[21] Seu primeiro artigo diz: "O objetivo da Liga é a derrubada da burguesia, a dominação do proletariado, a liquidação da velha sociedade burguesa, baseada no antagonismo de classes, e a fundação de uma nova sociedade sem classes e sem propriedade privada".

[22] O comitê central torna-se responsável diante do congresso, é obrigado a informar trimestralmente os organismos inferiores e, sobretudo, nenhum membro pode ser expulso senão por decisão do congresso; os comitês eram eleitos e revogáveis a qualquer momento.

Assim que se difunde o triunfo da Revolução de Fevereiro em Paris, o Comitê Central da Liga transfere seus poderes ao grupo de Bruxelas, e este decide, em 3 de março, trasladar a direção para a capital francesa, formando ali um novo comitê central. Este, presidido por Marx, atua em Paris até 6 de abril, quando Marx e Engels, assim como K. Schapper e J. Moll, mudam-se para Colônia. Em fins de março, a Liga elaborara sua plataforma política diante da já iniciada revolução alemã, as *Reivindicações do Partido Comunista da Alemanha*. Em abril e maio, cartas dos membros do Comitê Central refletem o impulso do movimento operário recém-nascido, e ao mesmo tempo a quase inexistência da Liga dos Comunistas.

Diante dessa fragilidade, Marx, Engels e mais alguns, com a oposição de outros, decidem renunciar ao plano de desenvolver a Liga. No verão de 1848, Marx liquidou o Comitê Central que presidia e não voltou a se ocupar da Liga, a não ser para se opor a sua reorganização em fevereiro de 1849, até que regressou a Londres no verão desse ano. A Liga deixou de existir na Alemanha; mantiveram-se somente as comunas de emigração, em particular a de Londres. Na ausência de documentos do período em que Marx e Engels expliquem as razões dessas decisões, resta recorrer a manifestações posteriores de ambos. Em 1860, Marx dirá que a atividade da Liga na Alemanha se interrompeu por si mesma, pois haviam surgido vias mais efetivas para a realização de seus objetivos, centradas, vale lembrar, na propaganda. Em 1885, Engels explica que a Liga era uma alavanca demasiado débil para impulsionar o movimento das massas; três quartos de seus filiados, ao voltarem para Alemanha, haviam se dispersado e perdido contato com a organização. Além disso, as condições de cada pequeno Estado alemão eram muito diferentes entre si, de modo que a Liga só poderia dar instruções gerais, e estas poderiam ser passadas pela imprensa; e reitera que, desde que haviam cessado as causas que faziam necessária uma Liga secreta, esta perdera sua significação (cf. Claudín, 1985, p. 89-90).

O modo como Marx trata a Liga dos Comunistas – seja ao acentuar seu papel propagandístico, seja ao avaliar sua capacidade enquanto instrumento do movimento dos trabalhadores ou do partido no sentido histórico do termo, incentivando sua ampliação ou deixando-a de lado e mesmo contribuindo ativamente para sua dissolução – demonstra a ausência da inversão, hoje comum, que superpõe o instrumento aos que o utilizam e aos objetivos, bem como a convicção de que, enquanto instrumento, a organização deve adequar-se às condições da luta, que se modificam constantemente.

A debilidade da burguesia alemã e do movimento operário determinaram a decisão de atuar na ala esquerda do partido democrata, ingressando na Associação Democrática de Colônia, e editar a *Nova Gazeta Renana* como "órgão da democracia", não do partido comunista. Também essa decisão salienta a prioridade do objetivo, apreendido pela análise das alternativas e possibilidades reais, o que permitiu evitar tanto a subordinação à burguesia ou ao partido democrático quanto o isolamento e a inação.

Toda a atividade de Marx nos anos anteriores aponta para sua preocupação com o combate teórico, sintetizada na opinião externada em reunião do Comitê de Correspondência de Bruxelas:

> Em particular, dirigir-se na Alemanha aos operários sem possuir ideias rigorosamente científicas e uma doutrina concreta equivaleria a levar a cabo um jogo desonesto e inútil, uma propaganda em que estaria suposto, de um lado, um entusiasmo apoteótico e, doutro, simples imbecis escutando de boca aberta. (Chasin, 1989, p. 19)

Essa posição patenteia-se no modo como é concebida a *Nova Gazeta Renana*.

Tratava-se de criar um periódico que alcançasse ampla difusão entre os trabalhadores, tendo por objetivo desenvolver e difundir "ideias rigorosamente científicas e uma doutrina concreta", portanto, participar da luta revolucionária com a "arma da crítica", esforçando-se para transformá-la em "poder material" por sua assunção pelo povo. A exigência primordial é a precisa apreensão da realidade, a clareza acerca dos objetivos a atingir e o consequente estabelecimento dos passos a serem dados em cada momento, de acordo com o curso do desenvolvimento. Isso vedava concessões a supostos interesses de defesa ou fortalecimento do partido, como se lê no editorial do segundo número da *Nova Gazeta Renana*:

> Espera-se geralmente de todo novo órgão da opinião pública: entusiasmo pelo partido cujos princípios professa, confiança incondicional na sua força, contínua disposição, seja para recobrir os princípios com a força efetiva, seja para embelezar com o brilho dos princípios a fraqueza efetiva. Não corresponderemos a esta exigência. Não procuraremos dourar derrotas sofridas com ilusões enganosas. [...] Importa-nos que o partido democrático tome consciência de sua situação. (n. 2, 2/6/1848)[23]

O jornal se apresenta como um órgão da opinião pública, vinculado a determinados princípios e a um partido, pois "apenas da *luta* dos partidos pode resultar a felicidade do novo tempo, não de compromissos aparentemente sagazes, de uma hipócrita aliança entre opiniões, interesses e fins antagônicos". Entretanto, a *NGR* não se propõe a fazer o que "geralmente se espera": a apologia desse partido; sua tarefa é esclarecer tanto a situação da qual aquele partido deve tomar consciência quanto seus princípios, apontar suas fragilidades e equívocos, bem como indicar caminhos: "Exigimos do partido democrático que tome consciência de sua posição" (n. 2, 2/6/1848). A mesma orientação se evidencia nas relações com o povo: aderindo à perspectiva e interesses deste, por isso mesmo a *NGR* não se dispõe a assumir suas ilusões ou contemporizar com elas; ao contrário, explicita as debilidades, hesitações e erros do movimento revolucionário, evidenciando suas determinações sociais e as responsabilidades particulares.

---

[23] Todas as passagens referidas com número e data são de artigos de Marx para a *Nova Gazeta Renana*, publicados neste volume. Todos os destaques são do original. Esta encontra-se no artigo "O Partido Democrático".

Recusando-se a ser "uma folha 'parlamentar'", a *NGR* reivindica que os interesses e objetivos do povo norteiem a ação parlamentar, e não o inverso: "Clamamos aos senhores de Frankfurt que aderissem ao povo, jamais clamamos ao povo que aderisse aos senhores de Frankfurt". Essa posição converge com a de que "para a *Nova Gazeta Renana* as lutas políticas são somente as formas aparenciais das colisões sociais" (n. 129, 29/10/1848),[24] apontando para a estreiteza da luta e da razão políticas e para a correlata necessidade de que a representação popular extrapole aqueles limites levando a essa esfera a perspectiva social, com isso alargando os horizontes e o efeito prático de sua ação, em vez de restringir os do povo.

Marx entende que "O primeiro dever da imprensa é agora *solapar todos os fundamentos da situação política existente*" (n. 221, 14/2/1849).[25] Esse dever, que preside o jornal durante toda sua breve existência, tem por finalidade a revolução social, como se lê no último número da *NGR*. Denunciando o "ardil policial" pretextado para expulsá-lo da Prússia e fechar o jornal, Marx afirma que "As últimas edições da *N[ova] G[azeta] R[enana]* não se diferenciam nem por uma vírgula, em tendência e linguagem, de suas primeiras 'amostras'", e essa tendência fora explicitada: "Para os obtusos que não viram, em toda a nossa avaliação e apresentação do movimento europeu, o fio '*vermelho*' entretecido – não lhes falamos com palavras francas, inconfundíveis?" – ao que se seguem citações de diversos artigos em que a revolução social é claramente proclamada, pois o jornal sempre considerara supérfluo ocultar sua posição: "Não lestes nosso artigo sobre a *Revolução de Junho*, e *a alma da Revolução de Junho não era a alma de nosso jornal*?" (n. 301, 19/5/1849).[26] A "alma da Revolução de Junho", a alma da *Nova Gazeta Renana*, o télos que parametra as proposições marxianas, não é a revolução política, cuja impossibilidade na Alemanha o jornal demonstrara, como Marx também lembra com outra citação, e sim a revolução do trabalho contra o capital, a revolução social.

III. A alma da Revolução de Junho

O exame da Revolução de Junho, expondo sua alma, reconfirma a determinação ontonegativa da politicidade.

Da insurreição de fevereiro às Jornadas de Junho, o embate entre as classes desnudou o antagonismo irredutível entre a perspectiva omniabrangente do trabalho e a realidade asfixiante da dominação do capital, e os limites da esfera da politicidade para a resolução dos problemas sociais. A posição do proletariado parisiense balizará as reações da burguesia, tanto em Paris quanto nas demais regiões em que a revolução ainda estava em desenvolvimento, demonstrando a consciência dessa classe acerca do perigo que corria a ordem do capital, para além das formas políticas específicas que tomava ou pudesse tomar.

---

[24] "O procurador público 'Hecker' e a *Nova Gazeta Renana*".
[25] "O primeiro processo de imprensa contra a *Nova Gazeta Renana*". *Discurso de defesa de Karl Marx*.
[26] "[A supressão da *Nova Gazeta Renana* pela Lei Marcial]".

Por isso, Marx afirma que "a *Revolução de Junho* é o *centro* em torno do qual giram a revolução e a contrarrevolução europeias". Esse significado, que passara desapercebido a "todos os jornais europeus, de formatos grandes ou pequenos" (n. 142, 14/11/1848, 2ª ed.),[27] foi apanhado desde as primeiras notícias a seu respeito, assim como o elo com as demais insurreições europeias, como mostra um curto texto de 27 de junho:

> [...] a insurreição desenvolvendo-se em direção à maior revolução que já ocorreu, à revolução do proletariado contra a burguesia [...]. A burguesia francesa ousou o que jamais o rei francês ousaria: ela selou sua própria sorte. Com este segundo ato da Revolução Francesa começa agora a tragédia europeia. (n. 27, 27/6/1848)[28]

As Jornadas de Junho são extensamente examinadas por Marx em artigo publicado em 29 daquele mês, portanto, logo após sua derrota. Nele explicitam-se algumas determinações fundamentais, com destaque para a distinção entre a revolução burguesa e a proletária, obtida pelo cotejo de junho com fevereiro e com todas as revoluções anteriores.

De curtíssima duração e afogada em sangue, a Revolução de Junho afirma praticamente a perspectiva do trabalho e a possibilidade de uma "sociedade humana ou humanidade social", em contraposição à "sociedade civil", à regência do capital, e o proletariado industrial trava sua primeira batalha como sujeito dessa transformação radical e sofre sua primeira derrota. É por esta que Marx inicia.

Em junho, os trabalhadores "Foram *batidos*, mas seus opositores foram *vencidos*". O esmagamento dos insurretos mostra-se bem menos unívoco do que pareceria a uma visada superficial. Qual foi exatamente a vitória alcançada pelos trabalhadores, e quem são seus opositores vencidos? A resposta a essas perguntas manifesta a originalidade daquela revolução: "O triunfo momentâneo da força bruta foi comprado com o aniquilamento de todas as mistificações e ilusões da Revolução de Fevereiro", bem como com a decomposição do partido republicano e a cisão da França em duas: "a nação dos proprietários e a nação dos trabalhadores" (n. 29, 29/6/1848).[29] A vitória alcançada consiste, pois, em desanuviarem-se as contradições, em demarcarem-se nitidamente as relações sociais e as posições das classes; revelam-se os opositores da classe trabalhadora – os proprietários –, com o que se dissipam as "ilusões" e "mistificações" de fevereiro.

A importância dessa dissipação é reafirmada meses depois:

> O fruto principal do movimento revolucionário de 1848 não foi o que os povos ganharam, mas sim o que perderam – a *perda de suas ilusões*. Junho, novembro, dezembro de 1848, eis os marcos gigantescos da desmistificação e desencantamento da razão do povo europeu. (n. 177, 24/12/1848)[30]

---

[27] "[Cavaignac e a Revolução de Junho]".
[28] "Notícias de Paris".
[29] "A Revolução de Junho".
[30] "A contrarrevolução prussiana e a magistratura prussiana".

Para explicar que ilusões eram essas, cuja desaparição é tão fundamental, Marx retorna à Revolução de Fevereiro. Nela, aliados aos republicanos burgueses, aos democratas pequeno-burgueses e às oposições dinásticas, os trabalhadores haviam derrubado a monarquia e proclamado a república. Mas o que eles odiavam em Luís Filipe "não era Luís Filipe, mas sim a dominação coroada de uma classe, o capital no trono" (n. 29, 29/6/1848). Derrubada a monarquia, julgaram haver derrubado a própria dominação do capital: "A Revolução de Fevereiro *suprimira* a monarquia constitucional efetivamente e a dominação da burguesia na ideia" (n. 169, 15/12/1848).[31] Ou seja, em fevereiro, os trabalhadores aspiravam a uma transformação radical nas relações sociais; movidos por suas condições objetivas de existência, agiram na direção de sua potencialidade mais ampla, mas, sem consciência clara dessas próprias condições, objetivos e potencialidade, viram na forma do Estado o alvo a atingir. A forma monárquica, marcada por restringir o acesso à vida política aos proprietários, aparece aos trabalhadores como a própria dominação de classes; a república, por seu lado, acompanhada das liberdades de manifestação e organização e do sufrágio universal, abole aqueles privilégios de classe no plano político, no plano que aparenta ser decisivo para a resolução da vida. A república aparece, assim, aos trabalhadores como a abolição da dominação burguesa. A ilusão a que Marx se refere é, pois, a ilusão de que uma mudança na forma do Estado, ainda que significativa, pudesse transformar as relações sociais, especificamente eliminar delas as classes e a dominação de classe.

> A *Revolução de Fevereiro* foi a *bela* revolução, a revolução da simpatia geral, porque os antagonismos que eclodiram nela contra a realeza, *não desenvolvidos*, dormitavam [...] porque a luta social que constituía seu fundamento alcançara apenas uma existência etérea, a existência de uma frase, da palavra. (n. 29, 29/6/1848)

A Revolução de Fevereiro foi, pois, uma "revolução política com alma social" (conforme a expressão marxiana em *Glosas críticas*); mas sua "alma social" estava ainda velada e adstringida pelo contorno político da revolução, ao qual a burguesia pretendia limitá-la. A ilusão dos trabalhadores é parte componente da latência das contradições entre as classes; a intenção deles revela o antagonismo, e o modo como buscam realizá-la exibe a incompreensão efetiva dele e, portanto, das formas de o resolver. A ilusão constituída pela crença nas supostas capacidades resolutivas e instauradoras da politicidade envolve o desconhecimento dos fundamentos das contradições entre capital e trabalho, indicando que o proletariado não alcançara ainda sua independência em relação à burguesia, já que sua compreensão das relações e contradições sociais e de sua posição e metas não ultrapassava o limite máximo do pensamento burguês.

Superar essas ilusões é necessidade essencial. Mas as ideias das classes são geradas por suas condições materiais de vida, a consciência é determinada pelo ser, "e o ser dos

---

[31] "A burguesia e a contrarrevolução", artigo publicado em partes nos números 165, 169, 170 e 183 da *Nova Gazeta Renana*.

homens é seu processo de vida real" (*A ideologia alemã*). Instituída após a insurreição de fevereiro, a república evidenciará praticamente seu conteúdo. A abolição política da propriedade e do domínio de uma classe – pela eliminação do sufrágio censitário e consequente acesso de todos ao Estado – permitirá visualizar sua permanência e suas raízes sociais, bem como a própria república como outra forma do mesmo domínio.

As ilusões, assim, começam a ser desfeitas logo após a vitória.

> Sob o *governo provisório* era de bom tom, mais ainda, era uma *necessidade*, era política e entusiasmo ao mesmo tempo, pregar aos generosos trabalhadores, os quais, como se imprimiu em milhares de cartazes oficiais, 'se dispuseram a três meses de miséria a serviço da república', que a Revolução de Fevereiro fora feita *em seu próprio interesse* e que na Revolução de Fevereiro se tratara sobretudo dos *interesses dos trabalhadores*. Desde a *abertura* da Assembleia Nacional – tornamo-nos prosaicos. Tratava-se agora somente – como disse o ministro Trélat – de *reconduzir o trabalho às suas antigas condições*. (n. 29, 29/6/1848)

A continuidade das classes e da dominação burguesa evidencia-se logo que vêm ao primeiro plano problemas da sociedade civil: a crise industrial que vinha se arrastando, com a consequente piora nas condições de vida. "Reconduzir o trabalho às suas antigas condições" significava refluir sua movimentação e reconduzi-lo à crise industrial. A transação da Assembleia Nacional francesa significara anular fevereiro para os trabalhadores; mas ela não podia conter a crise industrial, e tomou medidas sobre a base das velhas relações: os trabalhadores de 17 a 22 anos foram postos na rua ou convocados para o Exército, os estrangeiros foram deportados, e aos parisienses adultos restou a caridade nas oficinas militarmente organizadas, desde que não participassem de assembleias. A república, recém-emersa de uma revolução na qual haviam tomado parte todas as classes contra o velho Estado, não foi capaz sequer de amenizar as dificuldades geradas pela crise; evidentemente, menos ainda seria capaz de abolir a forma social de que a crise é componente. O modo de produção e intercâmbio desvela-se como o fundamento da existência da burguesia e dos trabalhadores, da dominação da primeira e escravidão dos segundos, do antagonismo entre ambos e das ideias que expressam (cf. n. 133, 3/11/1848, "O parisiense *Réforme* sobre a situação francesa").

Pela boca de Trélat, a burguesia questionava os operários se haviam feito a Revolução de Fevereiro para si mesmos ou para ela; o proletariado respondeu com a insurreição de junho. Nela, a "fraternidade das classes antagônicas, [...] esta *Fraternité* proclamada em fevereiro", encontrou sua "expressão prosaica": a "guerra civil em sua figura mais terrível, a guerra do trabalho contra o capital" (n. 29, 29/6/1848). A fraternidade havia durado enquanto o interesse da burguesia se vinculara ao do proletariado. Em fevereiro, tal vínculo ainda existia, de modo que se aliaram os pedantes da velha tradição revolucionária de 1793, os socialistas fazedores de sistema, os republicanos, as oposições dinásticas, os legitimistas. O interesse comum fora a instauração da república; uma vez proclamada, esta exibe simultaneamente os limites da política e a raiz da dominação burguesa.

Por isso, enquanto a Revolução de Fevereiro fora a *"bela* revolução",

> A *Revolução de Junho* é a revolução *odiosa*, a revolução repulsiva, porque o fato ocupou o lugar da frase, porque a república desnudou a própria cabeça do monstro, ao derrubar-lhe a coroa protetora e dissimuladora. (n. 29, 29/6/1848)

Esse desvelamento dissipou as ilusões até então nutridas pelos trabalhadores. A instituição da república no lugar da monarquia não fora em vão; sua importância residiu em ter trazido à luz do dia as posições das classes, e em ter facilitado a eclosão de seu antagonismo.

Diante da Revolução de Junho, altera-se o comportamento daqueles que se haviam aliado ao proletariado em fevereiro, contribuindo também para o aclaramento dos vínculos classistas. Os republicanos burgueses do jornal *Le National,* os democratas pequeno-burgueses do *La Réforme*[32] e a juventude burguesa abandonam o povo; os estudantes de medicina recusam-se a socorrer os operários feridos, pois, explicita Marx, eles caíram em prol de si mesmos, não da monarquia ou da burguesia. Nenhum dos membros da Assembleia Nacional francesa se levanta em favor dos trabalhadores; ficam inicialmente atordoados, uns por perderem suas ilusões, outros por não entenderem como o povo ousava representar seus próprios interesses. Depois do atordoamento, veio a fúria: a ANF amaldiçoa os trabalhadores.

O monstro cuja cabeça a república desnudara, e que se constituía no efetivo inimigo da classe trabalhadora, era o capital e sua persona, a burguesia, na pessoa dos proprietários do capital diretamente contrapostos ao trabalho na sociedade civil, e na de seus representantes políticos, intelectuais e jornalísticos. A república evidenciou a cisão da nação francesa em duas: a do capital e a do trabalho, obrigando a que essa divisão se manifestasse em todos os âmbitos da sociedade. Assim, "o despotismo burguês, muito longe de ter sido vencido pela Revolução de Fevereiro, foi consumado" com a queda da Coroa, que o encobria, e "o domínio do capital emergiu de modo puro" (n. 133, 3/11/1848).

Trazer à tona, no nível das aparências mais imediatas, esse antagonismo constitutivo da sociedade burguesa significou torná-lo apreensível aos trabalhadores em sua experiência cotidiana, dissipando-lhes aquelas ilusões. Ao mesmo tempo, dissipam-se as fantasias que também a burguesia ou ao menos seus representantes políticos e jornalísticos entretinham a respeito de sua própria sociedade e condições de dominação.

Diante da Revolução de Junho, o grito de batalha do capital foi *Ordem!* Mas de que ordem se trata?

> Nenhuma das inúmeras revoluções da burguesia francesa desde 1789 foi um atentado à *ordem*, pois deixaram subsistir a dominação de classe, a escravidão do trabalhador,

---

[32] Marx analisa as concepções expressas por esse jornal, órgão do partido de Ledru-Rolin e Louis Blanc, mostrando que, mesmo quando, em outubro de 1848, graças ao avanço da reação, é levado à reflexão, não consegue desvencilhar-se das ilusões de fevereiro (cf. n. 123, 22/10/1848, "A *Réforme* sobre a insurreição de junho").

a *ordem burguesa*, por mais que a forma política dessa dominação e dessa escravidão mudasse. Junho atentou contra essa *ordem*. Ai de junho! (n. 29, 29/6/1848)

A passagem é claríssima, mas mesmo assim vale insistir. A Revolução de Junho se *distingue* "das inúmeras revoluções da burguesia francesa desde 1789": enquanto todas essas transformaram a forma política da dominação e da escravidão, da ordem burguesa, as Jornadas de Junho atacaram a própria dominação de uma classe e escravidão de outra, atentaram "contra essa *ordem*"; em outras palavras, em junho, os trabalhadores fizeram uma revolução contra as relações sociais materiais das quais e sobre as quais se ergue, para as manter, o Estado. Nesse sentido, a Revolução de Junho vai além das anteriores. Fevereiro levara o velho tipo de revolução ao seu limite mais largo, à instituição do Estado político pleno – a república. Junho inaugura uma revolução de outra qualidade, voltada para outros fins. À revolução política sucede a revolução social.

Por atentarem contra a ordem do capital, os insurretos de junho, em favor dos quais nenhum de seus aliados de fevereiro ousou se levantar, enfrentaram sozinhos "toda a burguesia e a soldadesca unidas", com o que as "últimas ilusões do povo" foram dissipadas (n. 29, 29/6/1848). A despeito de os trabalhadores terem sido esmagados com fúria brutal, seus opositores é que foram *vencidos*. A derrota das forças do capital é determinada exatamente pela perda das ilusões dos trabalhadores, pela desmistificação da política.

O texto marxiano ilumina a existência de dois tipos de revolução, diversos em tudo: a revolução política e a revolução social. A distinção que salta antes à vista é que a primeira, por mais significativa que possa ser, caracteriza-se por uma parcialidade bem definida: altera a forma do Estado, a forma da dominação de classe, sem extinguir a dominação mesma, deixando intocados os fundamentos materiais dela. A segunda destrói esses fundamentos e os substitui por outros, eliminando, por isso mesmo, seus complementos políticos. Mostrando que a melhor forma de Estado, eliminando nessa âmbito as classes, é aquela em que a burguesia exerce seu despotismo de modo puro, na qual por isso mesmo se expõem os pilares desse despotismo, bem como que a Revolução de Junho tornou-se "odiosa" por tê-los atacado, Marx explicita que a luta do proletariado contra a ordem abarca também o Estado em geral.

Atentando para o uso marxiano das expressões, apreende-se outra diferença essencial: revolução social é explícita e especificamente entendida como revolução do trabalho contra o capital, enquanto revolução política designa apenas revoluções burguesas. De fato, Marx não se vale desses termos para designar qualquer outro processo de transformação. Do mesmo modo, os sujeitos históricos das revoluções política e social são aclarados como, respectivamente, a burguesia ou a classe detentora do capital, trabalho morto separado dos homens, e os trabalhadores ou a classe portadora do trabalho vivo.

É preciso ressaltar essa identificação entre revolução política e revolução burguesa, tendo a burguesia por sujeito histórico, e entre revolução social e revolução do trabalho contra o capital, tendo o proletariado por sujeito histórico; ou, melhor dito: a determinação da revolução burguesa como revolução política e da revolução do trabalho como revolução social. A realização de uma revolução implica que uma parte da sociedade visualize a destruição desta, no todo ou em parte, e a criação de outra nova. Supõe, pois, que a capacidade de agir com prévia ideação tenha se expandido para tomar como seu objeto o conjunto das relações sociais. A possibilidade de fazer uma revolução é resultado da expansão da potencialidade humana de autodeterminação.[33] Mas também aqui a contraditoriedade do mundo regido pelo capital se manifesta: este abre e simultaneamente obstaculiza os caminhos da autodeterminação, gerando as condições materiais que a embasam sob forma social que é seu oposto – a subordinação dos homens ao produto alienado da exteriorização da própria vida.[34] Da perspectiva do capital, não é possível realizar mais do que rearranjos a partir de sua própria ordem, razão pela qual as revoluções burguesas não podem ultrapassar o horizonte da política, vale dizer, não podem ultrapassar o horizonte máximo da transformação das formas políticas de sua dominação. Para a burguesia, a revolução política é limite máximo. É da perspectiva do trabalho que a atualização da potencialidade da autodeterminação permite e demanda destruir essa forma social, pois é ela que restringe essa sua potência; para o proletariado, assim, a revolução política é totalmente insuficiente, sendo resolutiva somente a revolução social, isto é, a destruição dos fundamentos materiais da sociedade atual, a liquidação do antagonismo entre capital e trabalho pela abolição dessa forma social assumida pelos homens em suas relações mútuas e pelos produtos de suas atividades.

IV. A miséria alemã

Enquanto na França emergia a potência do trabalho, na Alemanha, o horizonte era a objetivação do capitalismo, para cujo caminho particular Marx atentara desde muito cedo, preocupado em apanhar a "lógica da coisa", os modos de ser específicos.

A dilucidação da miséria alemã ilumina o estatuto ontológico do pensamento marxiano e o modo como efetiva suas pesquisas, descrito posteriormente como a "passagem do abstrato ao concreto", a fim de reproduzir no pensamento a "síntese de múltiplas determinações" que o caracteriza.[35] As determinações são extraídas do curso histórico das lutas de classes, das posições e decisões assumidas pelos homens. Conforme procede a

---

[33] Mais tarde, Marx exporá, nos *Grundrisse*, os fundamentos da conquista dessa possibilidade: a capacidade alcançada de produzir os pressupostos do próprio trabalho – salto imenso na direção de efetivar a autodeterminação. É o que permite pôr teleologicamente uma nova sociedade. Se desde sempre os homens produziram suas relações sociais, fizeram-no sobre bases não geradas por eles mesmos – bases ainda naturais, em maior ou menor medida. A partir daquele salto, a produção das relações sociais pode ser apreendida como tal, como produto humano, por se realizar sobre bases humanamente criadas – não mais naturais – e portanto pode ser pré-ideada.

[34] Ver, a esse respeito, Mônica Costa, "A exteriorização da vida nos *Manuscritos Econômico-Filosóficos* de 1844", *in*: *Ensaios Ad Hominem 1 – T. IV: Dossiê Marx*. (Santo André: Ad Hominem, 2001).

[35] Conforme a análise da "resolução metodológica" marxiana, a teoria das abstrações, *in*: J. Chasin, 2009, p. 89-137.

esse exame, Marx trabalha com diferentes níveis de abstração e concretude, evidenciando o sentido dos acontecimentos singulares pelos seus laços mútuos.

A distinção entre o caminho europeu e a miséria alemã reconfirma que as diversas formas do Estado não são alternativas passíveis de escolha fundada na vontade, o que decorre de não ter a política caráter determinativo ou poder resolutivo, embora detenha uma efetiva capacidade de atuação, conservadora.

Já na *Crítica da Filosofia do Direito de Hegel – Introdução*, afirmando a obsolescência do Estado moderno e a necessidade de o superar, junto à sociedade que lhe serve de fundamento, Marx reconhece que na Alemanha nem um tal Estado, nem a sociedade que o sustenta estão ainda plenamente presentes. Esse anacronismo é o traço mais visível de sua especificidade: "Porém, a Alemanha não galgou simultaneamente com os povos modernos as fases intermediárias da emancipação política. Não chegou sequer, praticamente, às fases que teoricamente superou". Não deixou, entretanto, de incorporar parcelas da modernidade, em especial as mais gravosas: "Não obstante [...] compartilhou os *sofrimentos* deste mesmo desenvolvimento, sem partilhar de seus benefícios nem de sua satisfação parcial" (Marx, 1977, p. 9).

O atraso envolve também uma incongruência interna, "uma surda pressão mútua de todas as esferas sociais, umas sobre as outras; um desajuste geral e inerte" (Marx, 1977, p. 4), de sorte que "os *governos alemães* [...] são forçados a combinar os *defeitos civilizados do mundo dos Estados modernos*, cujas vantagens não possuímos, com os *defeitos bárbaros do Ancien Régime*, que possuímos em sua totalidade" (Marx, 1977, p. 10).

O atraso e o "desajuste geral" se enraízam nas relações de produção e intercâmbio e se evidenciam na forma das lutas de classes: "cada classe, tão logo começa a lutar contra a classe que está por cima dela, se vê emaranhada na luta com aquela que está por baixo". Mesclam-se batalhas que, em outros povos, deram-se em momentos distintos: a do período de unificação nacional e centralização política, a posteriormente travada contra o absolutismo e, ao mesmo tempo, o combate efetivamente contemporâneo, pois o proletariado já se levanta contra a burguesia.

Por decorrência, enquanto nos "povos modernos" – Inglaterra e França – o *Ancien Régime* conhecera "sua *tragédia*", na Alemanha representa "agora sua *comédia*":

> Trágica, realmente, foi a história do *Ancien Régime* enquanto era o poder preexistente do mundo, e a liberdade, por outro lado, uma ideia pessoal; numa palavra, enquanto acreditou e viu-se obrigado a acreditar em sua legitimação. Enquanto o *Ancien Régime*, como ordem do mundo existente, lutava contra um mundo que apenas começava a nascer, cometeu de sua parte um erro histórico, não um erro pessoal. Por isso foi trágica sua queda. (Marx, 1977, p. 4-5)

É fundamental reter, primeiro, que se trata da luta entre dois mundos, não somente entre duas formas de Estado; segundo, o momento em que se dá a luta da velha ordem social nos povos modernos: quando outra mal "começava a nascer", portanto, era de fato nova. Na Alemanha, ao contrário, a queda do *Ancien Régime* é uma comédia porque o mundo contra o qual pretende se afirmar "já está coberto de pó no sótão dos trastes velhos dos povos modernos".

De sorte que o esforço para alcançar a situação moderna é ele mesmo anacrônico, pois a modernidade já está posta em questão, e a batalha contra ela não mais se trava no âmbito restrito da emancipação política e sim no da emancipação social: "A classe média nem sequer se atreve a conceber o pensamento da emancipação, a partir de seu próprio ponto de vista, e já o desenvolvimento das condições sociais, como também o progresso da teoria política, declaram que tal ponto de vista ficou antiquado ou, pelo menos, problemático" (Marx, 1977, p. 12).

A impossibilidade de uma "revolução parcial", "*meramente* política", também decorria da ausência de um sujeito que a pudesse realizar: "uma determinada classe que parte de sua *situação especial* e empreende a emancipação geral da sociedade". A burguesia alemã não tinha qualquer das qualidades necessárias; sem "grandeza de alma", "genialidade" nem "intrepidez revolucionária", apenas se orgulhava de "ser a representante geral da mediocridade filisteia de todas as outras classes". Por conseguinte, só era possível a "revolução *radical*", a "emancipação *humana geral*", que ataca "os pilares do edifício" deixados em pé pela revolução política: "A Alemanha, como a ausência do presente político constituído em um mundo próprio, não poderá derrubar as barreiras especificamente alemãs, sem derrubar a barreira geral do presente político" (Marx, 1977, p. 9-10).

A insurreição de 1848 eclode em Berlim quatro anos após a publicação desse texto, estimulada pela tempestade que rebentara em Paris um mês antes. Nela combatem as três forças, ou partidos, que Marx identificara no texto de 1844: os absolutistas feudais – os grandes proprietários de terras de origem feudal (*junkers*), detentores dos principais postos no Exército, magistratura e burocracia, cujos corpos a eles se submetem, e cujo principal representante político é a Coroa; a burguesia, em suas várias frações, tendo à frente a industrial, com representação, antes do 18 de março, na Dieta Unificada, e, depois, na Assembleia Nacional prussiana, na Assembleia de Frankfurt e nos ministérios Camphausen e Hansemann; e o povo, composto por proletários, pequenos burgueses urbanos e camponeses, representado pelo partido democrático, presente também naquelas assembleias. A revolução visava a supressão das relações feudais remanescentes em todos os âmbitos da vida, desde as relações materiais de produção e intercâmbio até as correspondentes formas políticas. Para ser vitoriosa, não poderia, entretanto, limitar-se ao escopo de uma revolução burguesa clássica.[36] Seu sujeito fora o povo, já que a burguesia, embora interessada em alargar os caminhos de sua atuação, especialmente econômica, não se dispunha a fazê-lo revolucionariamente. Ao contrário, "teria transformado com muito prazer a *monarquia feudal* em uma *monarquia burguesa* pelo caminho amistoso", subju-

---

[36] Ver as "Reivindicações do Partido Comunista", que espelham esse entendimento, propondo medidas estritamente burguesas e outras que extrapolam tal escopo e abrem caminho para uma futura revolução comunista.

gando o povo e conciliando com o partido feudal e com a Coroa (n. 141, 12/11/1848);[37] essa linha marcara a atuação dos que "formavam a *oposição liberal* na Dieta Unificada"[38] (n. 165, 10/12/1848), e tinham por finalidade transformar a Constituição pelos meios legais disponíveis.

O "desenvolvimento da sociedade burguesa na Prússia", isto é, "o desenvolvimento da indústria, do comércio e da agricultura", havia destruído a "base material" das "antigas diferenças de classes" e do Estado absolutista (n. 165, 10/12/1848), ao afetar a grande propriedade fundiária, que "foi, de fato, o fundamento da *sociedade feudal*, medieval", defendida pela Dieta. Na "*moderna sociedade burguesa, nossa* sociedade",

> [...] a propriedade fundiária [...] tornou-se dependente do comércio e da indústria [de sorte que] hoje em dia a agricultura é explorada industrialmente, e os velhos senhores feudais decaíram a fabricantes [...] a pessoas que comercializam com produtos industriais [...]. Por mais que se apeguem a seus velhos preconceitos, na prática se tornaram burgueses. (n. 231, 25/2/1849)[39]

A nobreza se aburguesara e o Estado absolutista tornara-se um entrave para a sociedade moderna. Assim, a burguesia precisava reivindicar "sua parte no domínio político, desde logo pelos seus interesses materiais", que não mais deviam ficar nas mãos de uma "burocracia ultrapassada, tão ignorante quanto arrogante". Para "conquistar uma posição política correspondente à sua posição social", precisou reivindicar "os direitos e as liberdades a que aspirava para si [...] sob a razão social dos *direitos e liberdades do povo*" (n. 165, 10/12/1848). Camphausen, Hansemann e os demais representantes da burguesia pretendiam adequar o Estado a seus próprios interesses. E buscavam fazê-lo trocando crédito ao rei por aqueles direitos e espaços, pois "assim como os barões feudais, os reis pela graça de Deus sempre trocaram seus privilégios por dinheiro vivo" (n. 165, 10/12/1848).

A Revolução de Março obriga Frederico Guilherme IV a algumas concessões, e constitui-se um ministério responsável, encabeçado por Camphausen e composto por outros representantes da burguesia prussiana. Atropelada em sua tentativa de transitar da monarquia absoluta para a constitucional por uma conciliação pelo alto, esta não quer nem pode satisfazer as condições a que seu domínio ficara ligado – isto é, a defesa dos interesses do povo, que se batera por ela, pois estes coincidiam com os seus apenas na oposição abstratamente formulada ao absolutismo, enquanto divergiam na rede de

---

[37] "A contrarrevolução em Berlim". Artigo publicado em partes, que abrange os números 141, 141 2ª edição e 142.

[38] A Dieta Unificada, instituição de organização estamental, excluía as classes que formavam o povo e obedecia a normas de convocação, funcionamento e atribuições diretamente vinculadas ao absolutismo, isto é, ao alvo da Revolução de Março, "dirigida igualmente contra a *monarquia absoluta* [...] e contra a *representação estamental*" (n. 231, 25/2/1849, "O processo contra o comitê distrital renano dos democratas". *Discurso de defesa de Karl Marx*). Alguns dos membros dessa oposição liberal, como Camphausen e Hansemann, haviam feito parte da *Gazeta Renana*, de que Marx fora redator-chefe, entre 1842-1843.

[39] "O processo contra o comitê distrital renano dos democratas". *Discurso de Defesa de Karl* Marx, publicado em partes, abrangendo os números 231 e 232.

condições a que cada parte o vinculava. A burguesia, assim, persiste na finalidade de transformar a Constituição por meios legais, convocando novamente a velha Dieta Unificada e assinalando-lhe a tarefa de promulgar a lei que regeria a eleição de uma Assembleia Constituinte (além de aprovar um empréstimo para a Coroa). Justifica essa convocação de um órgão contra o qual o povo se insurgira em 18 de março afirmando que a revolução não eliminara o "terreno do direito" e defendendo "que se passasse à nova Constituição a partir da Constituição existente" (n. 3, 3/6/1848).[40] Eis o núcleo da "teoria ententista":[41] a proposta e justificativa de conciliação entre velho e novo, para "salvar o 'terreno do Direito', ou seja, para defraudar, antes de tudo, a revolução dos *honneurs* que lhe cabiam" (n. 165, 10/12/1848), em vez da ruptura e destruição do primeiro. Essa teoria expressava o débil resultado da Revolução de Março, que não submetera o rei ao povo, mas somente obrigara a Coroa a conciliar com a burguesia, e seu *"segredo"* consiste em que a Coroa e a burguesia "Servem-se reciprocamente de para-raios da revolução" (n. 165, 10/12/1848).

Como resultado da "conciliação do governo com a *Dieta Unificada*", permitiu-se que aquele instituto estamental promulgasse as leis de 6 e 8 de abril, regulamentando eleições indiretas para a Assembleia Nacional prussiana (ANP), convocada para a tarefa de passar "à nova Constituição a partir da Constituição existente", para o que deveria se entender com a Coroa (razão pela qual Marx a designa por Assembleia Ententista). A teoria ententista nega, pois, a Revolução de Março, anula o *"título jurídico* do povo revolucionário" e conquista "o *terreno do Direito* da burguesia conservadora" (n. 170, 16/12/1848), que não passa do velho Direito preexistente, o Direito que expressava e garantia a situação contra a qual o povo se insurgira.

Marx critica Camphausen "desde o início, por não ter agido ditatorialmente, por não ter destruído e removido imediatamente os restos das velhas instituições" (n. 102, 14/9/1848),[42] permitindo que se recuperem do abalo que haviam sofrido. Essa posição conciliadora e reacionária envolve a ilusão de que o Estado feudal e as classes que o sustentam "se tinham posto sem reservas à sua disposição", uma vez que assumira formalmente os postos mais elevados da máquina política. Essa ilusão sustentou-se com a cumplicidade das "forças do velho Estado" nas "chicanas, frequentemente sangrentas, da Guarda Cívica contra o proletariado desarmado" e demais formas de repressão. Pois a burguesia se convencera de que para negociar com a Coroa submissa só havia "um único obstáculo – o *povo* e a *revolução*". Deixando-se iludir, permitiu o fortalecimento da contrarrevolução, que logo "sente-se suficientemente forte para se livrar da importuna máscara" liberal-burguesa com que se acobertara, máscara cuja feição era o ministério Camphausen (n. 170, 16/12/1848).

---

[40] "A declaração de Camphausen na sessão de 30 de maio".

[41] Segue-se aqui, para traduzir os termos *Vereinbarungstheorie* (teoria ententista) e *Vereinbarungsversammlung* (Assembleia Ententista), a solução adotada por J. Chasin em *A burguesia e a contra-revolução*, que verte *Vereibarung* por *entente*, e parece "a mais apropriada para traduzir a carga crítica e irônica pretendida por Marx".

[42] "A crise e a contrarrevolução". Artigo publicado em partes, abrangendo os números 100, 101, 102 e 104.

A característica central desse ministério fora ser o primeiro ministério depois da Revolução de Março, sentindo "todo o desconforto dessa posição" (n. 169, 15/12/1848) – a de se ver como representante do povo. Camphausen foi ministro da conciliação entre a Coroa e a burguesia para trair o povo, e se demitiu – em 20 de junho de 1848 – quando isso pôde ser posto em prática.

A negação da revolução, a defesa da teoria ententista e do terreno do Direito são os meios pelos quais cumpriu "a tarefa da *mediação* e da *transição*" para o ministério Hansemann, ainda constituído por representantes da burguesia. O segredo desse ministério reside em ter sido "o *segundo* ministério *depois* da Revolução de Março", um ministério saído da Assembleia Ententista – e não diretamente da revolução; não precisando mais, como Camphausen, "dissimular o representante da burguesia sob o ditador popular", podia passar "ao período da subjugação *ativa* do povo" sob o domínio da burguesia "em compromisso com a Coroa" (n. 170, 16/12/1848). Ou seja, "devia transformar a *resistência passiva* contra o povo em ataque *ativo* ao povo, um *ministério de ação*" (n. 183, 31/12/1848).

O programa da burguesia incluía a "liberação da propriedade dos vínculos que paralisam seu *uso vantajoso* em grande parte da monarquia, reorganização do sistema judiciário, reforma da legislação fiscal, em particular a *abolição* das isenções de impostos" e o "fortalecimento do *poder estatal*, necessário à tutela da *liberdade conquistada* contra a reação e contra a anarquia e para o *restabelecimento da confiança perdida*" (Hansemann, apud n. 183, 31/12/1848). A maior parte das medidas propostas contra os interesses feudais não chegou a se efetivar, ao contrário da "*reação* contra a chamada anarquia, isto é, contra o movimento revolucionário", pois, assim como "a *Revolução de Fevereiro* era os bastidores do ministério de mediação", a derrota da "*Revolução de Junho* era os bastidores do Ministério de Ação" (n. 183, 31/12/1848). Coerentemente, o ministério Hansemann "afirma-se [...] apenas como ministério de polícia" (n. 34, 4/7/1848),[43] realizando diversas prisões de lideranças populares e permitindo o fortalecimento da "velha polícia prussiana, o judiciário, a burocracia, o Exército". Tal como Camphausen, Hansemann fortaleceu os velhos aparatos estatais porque "acreditava que, estando estes a *soldo*, também estavam a *serviço* da burguesia" (n. 183, 31/12/1848).

Entre as propostas referentes às relações econômicas, apenas se realizaram o aumento de imposto sobre o açúcar de beterraba e a aguardente e um empréstimo compulsório. Ambas apareceram para o povo "como simples expedientes financeiros para encher os cofres do 'poder estatal' fortalecido" (n. 183, 31/12/1848); o aumento de imposto indignou tanto os proprietários fundiários feudais quanto os burgueses, e, para a classe operária, significava somente aumento de preço de um gênero alimentício básico.

Desse modo, "o ministério burguês foi capaz de exasperar contra si na mesma medida o proletariado urbano, a democracia burguesa e os feudais". Restava, entretanto, a "classe camponesa subjugada pelo feudalismo". Classe proprietária, diferentemente dos

---

[43] "Prisões".

trabalhadores assalariados, para os camponeses o combate à feudalidade vincula-se à defesa da propriedade, razão pela qual sempre foram os aliados principais da burguesia. Tal aliança exigiria a revogação dos encargos feudais em vigor na Alemanha, reivindicação central da Revolução de Março. Entretanto, um "Egoísmo miserável, medroso e mesquinho cegava a burguesia prussiana a tal ponto que ela afastou de si seu *aliado necessário*" (n. 183, 31/12/1848).

Ainda sob Camphausen, em 20 de junho, o deputado Patow apresentara um memorial segundo o qual "a maioria dessas obrigações, e precisamente as *mais pesadas* entre elas, subsistiriam por toda a eternidade" (n. 25, 25/6/1848).[44] Já sob o ministério Hansemann, em 10 de julho, o ministro da Agricultura, Gierke, envia à Assembleia Ententista um projeto de lei de revogação dos encargos feudais, cujo sentido geral é o mesmo.

À primeira vista, o projeto de Gierke "suprime de uma só penada a Idade Média inteira, e tudo grátis, é claro!" Mas essa impressão se desvanece com o exame da *Exposição de Motivos*, segundo a qual, "na realidade, *nenhuma* obrigação feudal pode ser abolida sem indenização". Como resultado da proposta, "os encargos mais pesados, os mais disseminados, os mais essenciais *subsistem* ou, onde já foram suprimidos de fato pelos camponeses, serão *restabelecidos*". Dessa forma, a revolução é anulada no campo. São preservados os interesses mais essenciais da nobreza e fraudados os dos camponeses e da revolução: "A revolução no campo consistia na abolição efetiva de todos os encargos feudais" (n. 60, 30/7/1848).[45]

Em sua argumentação, Gierke procura conectar as necessidades modernas ao Direito feudal, com resultados inconsistentes, sem dúvida, mas que expressam o princípio da teoria ententista: passar para o novo conservando o velho. Pela mesma razão, recusa-se a revisar contratos anteriores de resgate de alguns dos encargos, nos quais "os camponeses foram terrivelmente prejudicados, em benefício da nobreza, por comissões corruptas". Gierke argumenta que a revisão seria "um atentado ao direito de propriedade que abalaria todos os princípios jurídicos". A recusa, explica Marx, decorre de que,

> [...] por meio destes contratos, as relações feudais de propriedade são convertidas em relações burguesas, porque [Gierke] não pode, portanto, revisá-los sem ao mesmo tempo violar formalmente a propriedade burguesa. E a propriedade burguesa é naturalmente tão sagrada e inviolável quanto a propriedade feudal é atacável. (n. 60, 30/7/1848)

A análise marxiana demonstra, assim, que os encargos, em vez de abolidos, foram transformados em relações capitalistas, às custas dos interesses do campesinato, cujas condições de vida se agravam.

Numa atitude composta de reacionarismo, ilusão e covardia, a burguesia empurrou os camponeses "para trás da situação de fato que haviam conquistado depois de março" (n. 183, 31/12/1848). Realiza-se, assim, a conciliação com os *junkers*: o restabelecimento da

---

[44] "O memorial de remissão de Patow".
[45] "Projeto de lei sobre a revogação dos encargos feudais".

corveia mantém formas de exploração ainda feudais, enquanto a não revisão dos contratos de resgate permite prosseguir com a transformação da propriedade feudal em burguesa:

> O projeto sobre a supressão das obrigações feudais [...] era o subproduto miserabilíssimo do desejo burguês mais impotente de suprimir os privilégios feudais [...] e do medo burguês de atacar de modo revolucionário qualquer tipo de propriedade (n. 183, 31/12/1848).

As relações burguesas de propriedade territorial são alcançadas por um caminho que resguarda "direitos" dos *junkers* e espolia o campesinato – o desenvolvimento do capitalismo se dá da forma simultaneamente mais lenta e mais danosa para essa classe.

Em resumo, "A burguesia alemã de 1848 traiu sem qualquer decoro os camponeses, *seus aliados mais naturais*, a carne de sua carne, e sem os quais ela é impotente ante a nobreza" (n. 60, 30/7/1848). Também o ministério Hansemann, buscando a contrarrevolução burguesa, possibilita a contrarrevolução feudal.

Em 11 de setembro, Hansemann renuncia, sucedendo-o, em 21 de setembro, o ministério Pfuel, por sua vez substituído, em 8 de novembro, pelo ministério Brandenburg, um ministério da velha Prússia, contrarrevolucionário.

O processo de conciliação é assim rompido pelo partido feudal, que se recusa a se submeter à burguesia; e pela Coroa, que vê "seu chão verdadeiro e natural" (n. 141, 12/11/1848) na sociedade feudal, não na burguesa. A renúncia de Hansemann deveu-se a que "foi simplesmente enganado, como representou sobretudo a burguesia enganada" (n. 183, 31/12/1848), ao supor que a feudalidade se aliara subordinadamente. As classes sociais feudais e seus representantes políticos aceitam o esmagamento do povo, mas não a eliminação das bases de sua própria dominação. As formas da monarquia são formas políticas de sociedades específicas, de modo que a transformação política configurada pela passagem a uma monarquia constitucional burguesa exigiria a transformação das relações socioeconômicas. A burguesia não poderia assumir o poder político sob aquela forma sem entrar em choque com o partido feudal. Assumindo posição conciliadora, fez somente "meia revolução", à qual a monarquia respondeu com uma "completa contrarrevolução", cuja expressão foi o ministério Brandenburg (n. 141, 12/11/1848).

Com ele, a burguesia perde o Poder Executivo, restando-lhe somente o Legislativo, isto é, sua representação majoritária na ANP. Pretextos relativos à suposta falta de liberdade de reunião justificarão a transferência dela para a cidade de Brandenburg, distante do foco revolucionário, e sua subsequente liquidação. Assim, graças a sua própria posição reacionária, a burguesia perde os espaços que havia conquistado.

Em 5 de dezembro de 1848, "uma Constituição outorgada foi anunciada sem mais pela 'Altíssima Majestade'" (n. 162, 7/12/1848),[46] com a qual a Coroa atribui a si mesma novos privilégios, incluindo o de dissolver as futuras Câmaras Legislativas indefinidamente, decretar leis, substituir essa Constituição por outra ou simplesmente abandoná-la.

---

[46] "[A dissolução da Assembleia Nacional]".

A Constituição outorgada atende e garante os interesses da burocracia, da nobreza e dos latifundiários. Para a burocracia, são resguardados os salários e a supremacia sobre o povo. Para a nobreza e os latifundiários, mantém-se a legalidade feudal, a exclusividade no acesso aos postos mais altos do Exército e do funcionalismo público, e o recebimento de verbas públicas a títulos variados, as "esmolas do tesouro público". Já os interesses da burguesia industrial são contraditados por ordenamentos que obstaculizam a expansão e acumulação de capital: o "sistema de tutela burocrática"; a "utilização dos impostos para manter o poder estatal como um poder opressor, autônomo e sagrado diante da indústria, do comércio e da agricultura, em vez de *rebaixá-lo* a *ferramenta* profana da sociedade civil"; o código industrial, que "procura *regredir para a corporação* sob o pretexto de *avançar para a associação*", código contraposto ao desenvolvimento da divisão do trabalho, à introdução de novas máquinas e à concorrência, assentado na forma corporativa feudal e defendendo os artesãos, o pequeno capital etc., ou seja, uma forma de "organização industrial contraposta aos modernos meios de produção e que a indústria moderna desmanchou no ar" (n. 202, 22/1/1849).[47]

Esse momento marca o fim do processo revolucionário, a derrota da revolução burguesa, e portanto também do povo – camponeses e trabalhadores. Atualiza-se a "miséria alemã", cujas características são sintetizadas pelo contraste com a história francesa e inglesa. Marx afirma que "não se deve confundir a *revolução prussiana* de *março* nem com a revolução *inglesa* de 1648, nem com a Revolução *Francesa* de 1789" (n. 169, 15/12/1848), embora as três revoluções tenham em comum seu caráter burguês.

O exame das posições das classes traz à tona as diferenças: "Nas duas revoluções a burguesia era a classe que *efetivamente* estava na ponta do movimento", cujos interesses eram os mais avançados, em contraste tanto com seus inimigos como com seus aliados – os primeiros são classes assentadas em condições de existência mais retrógradas e os segundos não têm interesses próprios independentes:

> *O proletariado e as frações das classes médias não pertencentes à burguesia* ou não tinham ainda interesses distintos dos da burguesia, ou ainda não formavam classes ou frações de classe desenvolvidas de modo independente. Por conseguinte, onde elas se opuseram à burguesia, como, por exemplo, de 1793 a 1794 na França, não lutaram a não ser pela imposição dos interesses da burguesia, embora não *ao modo* da burguesia. (n. 169, 5/12/1848)

Gestadas nessas condições, as revoluções de 1648 e 1789 transcenderam os lugares em que ocorreram, "foram revoluções de tipo *europeu*", não tanto por sua localização geográfica quanto por seu alcance histórico-universal, já que "exprimiam ainda mais as necessidades do mundo de então, do que das partes do mundo onde tinham ocorrido, Inglaterra e França" (n. 169, 5/12/1848). Essas necessidades mundiais ligavam-se ao historicamente novo:

---

[47] "Montesquieu LVI". Artigo publicado em duas partes, nos números 201 e 202.

> Não foram o triunfo de uma *determinada* classe da sociedade sobre a *velha ordem política*; foram a *proclamação da ordem política para a nova sociedade europeia*. Nelas triunfou a burguesia; *mas o triunfo da burguesia* foi então *o triunfo de uma nova ordem social*. (n. 169, 5/12/1848)

A ordem do capital não significou o triunfo de uma classe sobre a velha ordem política, mas "a proclamação da ordem política para a nova sociedade europeia". Assim, embora as revoluções de 1648 e 1789 tenham visado de imediato a política, a transformação nessa esfera resultou da e expressou a ocorrida na ordem social. Foram revoluções políticas, possíveis apenas porque a ordem social a que correspondiam era o novo.

Em contraste, "Não houve nada disso na revolução *prussiana* de março". Toda a situação tornara-se outra: a ordem social burguesa não mais era *nova*, não mais configurava o maior avanço possível: a Revolução de Fevereiro em Paris proclamara essa obsolescência ao *suprimir* "a dominação da burguesia na ideia". Apesar da supressão apenas ideal, o proletariado já se contava entre os inimigos daquela classe. Num quadro em que a necessidade mundial é suprimir o domínio burguês, a "ambição do 1848 berlinense consistia em formar um anacronismo", pois pretendia "*criar* a monarquia constitucional na ideia e a dominação da burguesia na efetividade", configurando-se como o "retardado eco débil de uma revolução europeia num país atrasado". Em termos contundentes: "Não se tratava da instauração de uma nova sociedade, mas do renascimento berlinense da sociedade morta em Paris". Por isso, "sua luz era a luz de um cadáver social de há muito decomposto" (n. 169, 5/12/1848).

Exatamente porque o sujeito (a burguesia) e a meta (a ordem burguesa) são os mesmos, enquanto as condições históricas gerais se alteraram profundamente, o sentido da Revolução de Março de 1848 difere do das revoluções inglesa e francesa. Anacrônica, ainda que se houvesse consumado e alcançado a vitória, garantindo o triunfo do capitalismo, não daria lugar a uma sociedade nova, apenas novo fôlego a uma sociedade envelhecida. Esse anacronismo é uma das razões de sua derrota, pois a burguesia já "não era, como a burguesia francesa de 1789, a classe que, em frente aos representantes da antiga sociedade, da monarquia e da nobreza, encarnava *toda* a sociedade moderna", pois seus aliados haviam mudado. Embora, enquanto pequeno proprietário, o campesinato fosse ainda um aliado, seu interesse de varrer os *junkers* era compartilhado com o proletariado, e os interesses dessa classe já se haviam alargado.

Graças ao desenvolvimento do capitalismo e à inter-relação entre os vários lugares de sua objetivação, quando finalmente se dispôs a fazer valer seus interesses a burguesia prussiana se tornara "uma espécie de *casta*, tanto hostil à Coroa como ao povo", "disposta desde o início a trair o povo e ao compromisso com o representante coroado da velha sociedade, pois ela mesma já pertencia à velha sociedade", representava "interesses renovados no interior de uma sociedade envelhecida" (n. 169, 5/12/1848).

O projeto de lei de abolição dos encargos feudais patenteia essa condição, oferecendo "a prova mais concludente de que a revolução alemã de 1848 é apenas a *paródia da*

Revolução Francesa de 1789" (n. 60, 30/7/1848), por não ser uma revolução, por não transformar radicalmente as relações sociais existentes. Enquanto, em 1789, "em um dia o povo francês deu cabo dos encargos feudais", em 1848 "os encargos feudais deram cabo do povo alemão" (n. 60, 30/7/1848).

Marx adita a cegueira da burguesia prussiana a seus interesses e perspectivas mais amplos: "A burguesia prussiana estava tão atrapalhada com seus interesses *mais estreitos* e imediatos que ela própria desperdiçou este aliado e fez dele um instrumento nas mãos da contrarrevolução feudal" (n. 183, 31/12/1848). Essa estreiteza de vistas coaduna-se bem com sua condição de representante do velho e com seu regionalismo.

Também no que se refere à contrarrevolução o contraste é agudo. Na França, a burguesia fez sua própria contrarrevolução, ou seja, só "passou para a *vanguarda* da contrarrevolução" (com a repressão às Jornadas de Junho) "depois de ter derrubado todos os obstáculos que havia no caminho da dominação de sua própria classe", enquanto na Alemanha "ela se encontra rebaixada à *caudatária* da monarquia absoluta e do feudalismo" e "fez a contrarrevolução de seus próprios déspotas" sem ter "ao menos garantido as condições vitais básicas de sua própria liberdade civil e dominação". Na França, a burguesia "venceu para humilhar o povo", enquanto a burguesia alemã expõe sua "miséria ignominiosa" humilhando-se "para que o povo não vencesse" (n. 136, 7/11/1848).[48] Notamos que a particularidade alemã só passa a ser iluminada pelo contraste com a França de 1848 quando se trata da contrarrevolução, pois a revolução gaulesa daquele ano já fora a revolução do trabalho. Contrarrevolucionária sem ter sido revolucionária, a burguesia alemã não tem por meta garantir suas condições de vida e dominação, varrer as que a entravam, mas simplesmente derrotar o povo, embora à custa de sua própria derrota. Submetendo-se a seus déspotas para que o povo não vença, reafirma sua miséria, que, gestada em seu percurso anterior, atualiza-se e aprofunda com as opções assumidas. Os processos de 1848 foram cruciais para o "ser e ir sendo" da burguesia e da forma particular de capitalismo alemão. Naquele momento, além da via conciliatória, também o caminho revolucionário estava aberto, mas não já aos moldes clássicos:

> A história da burguesia prussiana, como em geral da burguesia alemã de março a dezembro, demonstra que na Alemanha uma *revolução* puramente *burguesa* e a fundação do *domínio burguês*, sob a forma da *monarquia constitucional*, são impossíveis; que apenas são possíveis a contrarrevolução feudal absolutista ou a *revolução social-republicana*. (n. 183, 31/12/1848)

É nesse quadro que a unidade nacional se põe como revolução das classes populares. Entretanto, sua defesa não se confunde com qualquer tipo de nacionalismo. A unificação interessava ao povo por trazer consigo um mais rápido e menos opressivo desenvolvimento

---

[48] "Vitória da contrarrevolução em Viena".

das forças produtivas e formas políticas menos ditatoriais, facultando o desenvolvimento e a organização do proletariado com vista à supressão do capital.

Reconfirma-se que a revolução política, além de restrita, nem sempre é possível, e não o era na Alemanha. Uma vez que a transformação meramente política sobre a base da manutenção de formas sociais adversas não era factível, a contrarrevolução na qual a burguesia se envolve tem por resultado a perda de seu próprio poder.

A estreiteza da burguesia prussiana torna-a tanto mais feroz para com os movimentos populares. Além da prisão de lideranças e do cerceamento de manifestações de rua, assembleias etc., e da imprensa, a repressão desencadeada contra os trabalhadores atingiu o controle policialesco do exercício do trabalho, como evidencia a *Carta do trabalhador*. No exame deste documento, Marx recorre à comparação com a Inglaterra. A *Carta do trabalhador* nada deixa a desejar em relação às *workhouses* inglesas, nas quais se "aliam de maneira verdadeiramente refinada a caridade à *vingança*"; nelas, os trabalhadores obrigados a recorrer à caridade burguesa são mal alimentados, submetidos a uma "simulação de trabalho improdutiva, repugnante, embotadora do espírito e do corpo", e "são privados de tudo o que se concede aos criminosos comuns, convívio com mulher e filhos, entretenimento, fala – tudo" (n. 187, 5/1/1849).[49] Essa "caridade feroz", prossegue Marx, não tem nem pode ter por objetivo resolver o problema da miséria, um dos produtos autênticos do capitalismo, pois nele, mesmo nos "períodos de febril superprodução, em que a demanda por braços mal pode ser atendida", "os braços devem ser obtidos tão barato quanto possível", enquanto nos períodos de recuo comercial "apenas com esforço a metade do Exército de trabalhadores pode ser empregada, com metade do salário" (n. 187, 5/1/1849).[50] Ela se baseia em razões práticas: de um lado, evitar o transtorno da ordem que ocorreria "se todos os *paupers* da Grã-Bretanha fossem subitamente arremessados à rua"; de outro, "manter à disposição um Exército de reserva", ao mesmo tempo transformando os operários em "máquina[s] sem vontade, sem resistência, sem exigências, sem necessidades" (n. 187, 5/1/1849).

À burguesia britânica, politicamente arrogante, submetendo o mundo todo à "energia comercial", é contraposta à burguesia prussiana, prostrada em "humildade e melancolia cristãs [...] diante do trono, do altar, do Exército, da burocracia e do feudalismo, movimentando ninharias" e humilhando o "espírito de invenção na indústria com o apego virtuoso e moralista ao ramerrão tradicional e semigremial". Entretanto, apesar dessa mesquinhez, a relação com a classe trabalhadora não é menos brutal; a burguesia prussiana,

> [...] como *classe nacional*, nunca alcançou e nunca alcançará nada considerável, por falta de coragem, inteligência e energia. Ela não existe nacionalmente, só existe sob forma *provincial, municipal, local, privada*, e *nessa* forma enfrentou a classe trabalhadora ainda mais insolentemente do que a burguesia inglesa. (n. 187, 5/1/1849)

---

[49] "Um documento burguês".
[50] A análise das relações econômicas entre capital e trabalho é desenvolvida em "Trabalho assalariado e capital", nos números 264 a 269 da *Nova Gazeta Renana*, publicados neste volume.

Insolência agravada pela condição do burguês alemão de "*servo do mundo inteiro*", tornando o trabalhador alemão "o *servo de um servo*" (n. 187, 5/1/1849).

A necessidade de oprimir violentamente os trabalhadores é tanto maior para a estreita burguesia prussiana; mesquinha, não poderia ser generosa com a classe operária, embora a construção de seu domínio dependesse de tê-la como aliada; sua própria pequenez barra esse caminho e tal barragem reforça e reproduz suas limitações.

Gestados no interior da miséria alemã, o povo e o partido democrático não estiveram isentos de responsabilidade pelo desfecho negativo da revolução.

O povo, força vital da Revolução de Março, recentemente formado com o desenvolvimento das relações burguesas na Prússia, compunha-se dos "pequenos burgueses que flutuam à beira da ruína", dos "camponeses, oprimidos aqui por hipotecas e agiotagem, ali por obrigações feudais", e dos "proletários, que definham ao mesmo tempo sob a fúria regulamentadora de nossos burocratas e sob a fúria de lucros de nossos burgueses" (n. 210, 1º/2/1849).[51] Enquanto a burguesia limitava-se a perspectivar a monarquia constitucional, ao povo interessava alcançar a república democrática:

> [...] poderiam encontrar uma forma de Estado melhor do que a república democrática para a representação de seus interesses? Não são exatamente estas classes as mais radicais, as mais democráticas de toda a sociedade? Não é exatamente o proletariado a específica classe *vermelha*? (n. 210, 1/2/1849)

O partido democrático é criticado por Marx desde os primeiros números da *Nova Gazeta Renana* por suas ilusões e insuficiências, que não chega a superar; não compreende o caráter contrarrevolucionário da burguesia alemã, não discerne a miséria alemã.

Essa fragilidade patenteia-se no Manifesto do Partido Democrata Radical, que compartilha com o da Esquerda (da Assembleia Nacional Constituinte de Frankfurt) equívocos relativos à questão central da revolução alemã de 1848: a unidade nacional.

Ambos os Manifestos

> [...] concordam que se deve deixar a cargo 'unicamente da Assembleia Nacional a elaboração da Constituição alemã' e em excluir a intervenção do governo. Ambos concordam em deixar para os Estados autônomos, 'sem prejuízo da proclamação dos direitos do povo pela Assembleia Nacional', a escolha de sua forma de governo, seja a monarquia constitucional, seja a república. Finalmente, ambos concordam em converter a Alemanha num Estado federativo ou numa confederação. (n. 7, 7/6/1848)[52]

O Partido Radical é superior à esquerda porque "exprime a natureza *revolucionária* da Assembleia Nacional. Reivindica a correspondente atividade revolucionária"; mas a falta de clareza a respeito dos problemas envolvidos evidencia sua debilidade:

---

[51] "A *Gazeta de Colônia* sobre as eleições".
[52] "Programa do Partido Democrata Radical e da esquerda em Frankfurt".

> É incompreensível como o chamado Partido Democrata Radical pode proclamar como Constituição definitiva da Alemanha uma federação de monarquias constitucionais, pequenos principados e republiquetas, uma confederação de elementos tão heterogêneos com um governo republicano à frente. (n. 7, 7/6/1848)

A convivência entre um governo central de uma Alemanha unificada e governos autônomos era evidentemente uma impossibilidade. Essa posição recua da luta que "o governo central alemão eleito pela Assembleia Nacional" deveria travar contra o governo existente, da "luta contra os governos autônomos", na qual "ou desaparece o governo central junto com a unidade alemã, ou os governos autônomos com seus principados e republiquetas locais". Embora não fazendo a "utópica exigência de que seja proclamada *a priori* uma *república alemã una e indivisível*", a *NGR* exige "do Partido Democrata Radical que não confunda o ponto de partida da luta e do movimento revolucionários com seu ponto de chegada" (n. 7, 7/6/1848), a república una e indivisível, resultado da eliminação dos governos autônomos.

A unidade alemã só poderia ser "resultado de um movimento no qual os conflitos internos e a guerra com o leste desempenharão papéis igualmente decisivos". Podendo nascer apenas como resultado de um processo de lutas, a

> [...] organização definitiva não pode ser decretada. Ela *coincide* com o movimento que temos de percorrer. Eis por que também não se trata de realizar esta ou aquela opinião, esta ou aquela ideia política; trata-se de entender o curso do desenvolvimento. A Assembleia Nacional tem apenas de dar os passos práticos possíveis no momento. (n. 7, 7/6/1848)

Assim como a respeito do comunismo, Marx já destacava, n'*A ideologia alemã*, que a classe trabalhadora não tem um ideal a implantar, também aqui, acerca de um objetivo limitado aos contornos do mundo burguês – a unificação alemã –, não se trata de realizar uma ideia política, isto é, não se trata de formular abstratamente uma organização e buscar implantá-la. Nos dois casos, a "organização definitiva" decorrerá do andamento mesmo das lutas.

O Partido Democrata Radical é criticado pela incompreensão tanto do objetivo a ser atingido quanto dos passos que devem ser dados. Dela deriva a "sua ideia de querer tomar como modelo para a Constituição alemã a *federação norte-americana*" (n. 7, 7/6/1848), ideia que trata a forma política como autônoma e dependente apenas da vontade, desconsiderando a situação particular da Alemanha. Nesta, diferentemente dos EUA, "a luta entre a centralização e a forma federativa é a luta entre a civilização moderna e o feudalismo". Diante disso, tomar os EUA como parâmetro é totalmente irreal. Pois, mesmo pensando somente na "barbárie moderna" em contraposição à "barbárie medieval", a centralização, a transformação da Alemanha em *um* país, seria fundamental: "Mesmo de um ponto de vista estritamente burguês, uma sólida unidade alemã é a primeira condição para escapar da atual miséria e criar a riqueza nacional". Mas a questão é mais ampla: "E como poderiam ser resolvidas as modernas tarefas sociais em um território estilhaçado em 39 pequenos Estados?" (n. 7, 7/6/1848). Em outras palavras, a unidade alemã – que só poderia ser forjada em oposição aos governos autônomos – é necessária também se a visada é ultrapassar a modernidade. O Manifesto radical, ficando aquém até mesmo das carências desta, evidentemente, não apreende as de sua superação.

O artigo finaliza com a observação irônica de que

> O redator do Programa Democrático, de resto, não necessita abordar as secundárias relações materiais econômicas. Ele se atém, em sua argumentação, ao conceito de federação. A *federação* é uma *união* de *parceiros livres e iguais*. *Portanto*, a Alemanha deve ser um *Estado federativo*. (n. 7, 7/6/1848)

O politicismo e a especulação – a autonomização da política e dos conceitos –, a correspondente desconsideração das relações materiais econômicas, dos modos reais de existência, embasam a defesa de uma ideia, a tentativa de a realizar apoiada somente em seu conceito.[53] Em contraste, a *NGR* insiste na exigência de apreender a especificidade das relações materiais econômicas e com ela os passos necessários e possíveis para atingir um objetivo que expresse uma alternativa inscrita na efetividade.

A posição especulativa, assumida mesmo pela ala mais radical da oposição alemã, mostra sua estreiteza e suas consequências negativas quando incide sobre uma questão prática. A afirmação de conceitos abstratos substitui a apreensão da realidade, difundindo a confusão e levando à inação. Defendendo a sustentação racional das ações práticas, Marx não a confunde com a defesa de uma "opinião", conceito ou "ideia política", mas exige clareza sobre o que se pretende atingir e suas condições de possibilidade. A lucidez sobre o ponto de chegada orienta os "passos práticos possíveis" em cada momento, iluminados pela apreensão do "curso do desenvolvimento". A configuração final do objetivo a ser alcançado não resulta nem da aplicação de um conceito, nem de um suposto andamento histórico autônomo em relação aos homens, mas "*coincide* com o movimento que percorremos", é produto da atuação efetiva, com toda a riqueza de determinações das novas relações que vão sendo estabelecidas.

A permanência das ilusões e fragilidades patenteia-se no Manifesto do Segundo Congresso Democrático (reunido em Berlim em fins de outubro), que "substitui a falta de energia revolucionária por uma lamúria de pregador, por trás da qual se oculta a mais enfática pobreza de pensamento e paixão" (n. 133, 3/11/1848). O documento revela a incompreensão da Revolução de Março e seus desdobramentos. Por consequência, pretendendo defender a Revolução de Viena, propõe um apelo "ao sentimento de dever do '*governo alemão*'", exibindo uma "inacreditável" posição "infantil e conservadora", pois o governo em questão é o ministério contrarrevolucionário Brandenburg. O povo é exortado a exigir "com vontade forte e constante de vosso governo que se submeta a

---

[53] Como foi visto, a crítica marxiana à politicidade é também crítica à especulação, uma vez que ambas atribuem força determinativa à esfera da idealidade, teórica ou prática; vale lembrar que, em *A ideologia alemã*, Marx refere-se mais de uma vez ao Estado como o "reflexo prático-idealista" da sociedade civil.

vossa maioria e salve a questão alemã e a questão da liberdade em Viena". Os democratas não atinam para seu próprio papel nem para o sentido real do governo alemão; continuam acreditando que basta declarar princípios para os realizar, pior, que basta exortar o governo para que este os cumpra. Em vez de "revelar francamente sua [do governo] conspiração com Olmütz e Petersburgo", limita-se a uma "fraseologia humanista" que "ultrapassa as fronteiras da Alemanha, ultrapassa toda fronteira geográfica em direção ao cosmopolita e nebuloso reino dos 'corações nobres' em geral". "Meras frases indeterminadas", pobreza de pensamento e falta de energia revolucionária impedem o partido democrático de compreender que o único modo de o povo alemão ajudar Viena é "a derrota da contrarrevolução em sua própria casa" (n. 133, 3/11/1848).

Representante do povo, o partido democrático não está à altura de sua posição. Marx expressa a expectativa de que, "apesar da 'Conclamação do Congresso Democrático', o povo desperte de sua letargia" (n. 133, 3/11/1848) e assuma atitude mais decidida, indicando que pode e se deve subtrair às limitações de sua representação política e ultrapassá-la. Esses apelos não encontram eco, de sorte que, com a dissolução da Assembleia Nacional de Berlim, marco de sua derrota final, o povo "expia aquilo de que se tornou culpado em março e ainda em abril e maio por generosidade, ou mais exatamente por estupidez, e por último pela assim chamada 'resistência passiva'" (n. 163, 8/12/1848).[54]

V. 1848: revolução internacional

As especificidades das revoluções e contrarrevoluções de 1848 compõem seu caráter internacional, determinado centralmente pela mudança na configuração das classes e suas inter-relações, em particular da burguesia e proletariado.

Salientando que "a *Revolução de Junho* é *o centro* em torno do qual giram a revolução e a contrarrevolução europeias" (n. 142, 14/11/1848, 2ª edição), Marx indica os traços que compõem esse caráter europeu. A revolução "percorre um *ciclo*. Começou na Itália, em Paris assumiu um caráter europeu, Viena foi o primeiro eco da Revolução de Fevereiro, Berlim, o eco da Revolução de Viena". E a contrarrevolução fizera o mesmo percurso: "Na Itália, em Nápoles [...] assestou seu primeiro golpe, em Paris – as Jornadas de Junho – assumiu um caráter europeu, Viena foi o primeiro eco da contrarrevolução de junho, em Berlim ela se consumou e se comprometeu" (n. 141, 12/11/1848, 2ª edição).

Em junho, a ousadia dos trabalhadores parisienses expôs universalmente a condição revolucionária dessa classe, transformando o sentido do termo revolução, que passa a significar superação do capital. A derrota dos trabalhadores, das forças da revolução social, transforma a burguesia, classe que havia sido até então a portadora do novo, na ponta de lança da contrarrevolução. O triunfo da burguesia francesa, enquanto triunfo da contrarrevolução, favoreceu a aproximação das burguesias de outras regiões às classes feudais ainda presentes, fortalecendo-as; em Nápoles, Viena e Berlim, a vitória coube aos

---

[54] "O golpe de Estado da contrarrevolução".

inimigos mais conservadores da burguesia, mas com a cumplicidade desta, para quem o esmagamento dos trabalhadores superpôs-se à luta contra o feudalismo e pela conquista do poder político.

Destacando "quatro grandes datas da contrarrevolução europeia", Marx desdobra esse quadro e traz à luz novas determinações: "Em *Londres, a 10 de abril,* não foi vencido somente o poder revolucionário dos cartistas, mas sobretudo também *foi vencida a propaganda revolucionária da vitória de fevereiro*", de sorte que "a vitória da 'ordem' em 10 de abril [...] deu por toda parte à contrarrevolução um novo apoio". Em Paris, a 15 de maio, a inundação revolucionária foi barrada "em seu próprio ponto de irrupção". "A revolução, vencida em seu centro, devia naturalmente sucumbir na periferia", ou seja, na Prússia e nos pequenos Estados alemães. Também em Paris, de 23 a 26 de junho, o "fascínio da invencibilidade da insurreição armada" foi quebrado. Enfrentaram-se, de um lado, "40 mil indisciplinados trabalhadores armados, sem canhões e obuses e sem abastecimento de munição", e de outro "um Exército organizado de 120 mil velhos soldados e 150 mil guardas nacionais, apoiados pela melhor e mais numerosa artilharia e abundantemente providos de munição". Foi uma vitória inglória da contrarrevolução e que custou muito sangue. Mas "os 300 mil [homens] de Cavaignac não venceram somente os 40 mil trabalhadores, eles venceram, sem o saber, a revolução europeia". Sobreveio em seguida uma reação impetuosa, resultando na *queda de Milão*, em 6 de agosto, que prenuncia a de toda a Itália (Roma e Piemonte) e permite "a ressurreição do centro de gravidade da contrarrevolução europeia, a ressurreição da Áustria", cujo partido reacionário se reergue e se alia aos eslavos de Jellachich. Este e Windschgrätz triunfam em Viena, em 1 de novembro (n. 156, 30/11/1848).[55]

Vimos que Marx reconhece as revoluções de 1648 e 1789 como de tipo europeu por expressarem as necessidades do mundo de então, não só as dos seus países de origem. No mesmo sentido, as revoluções e contrarrevoluções de 1848 tornam-se europeias não apenas por seu desencadeamento quase simultâneo ou pelo influxo dos acontecimentos de uma região sobre as demais, mas por tocarem na necessidade da época, qual seja, a abolição da sociedade burguesa, embora a instauração desta fosse a meta imediata da maior parte dos movimentos. As Jornadas de Junho transfiguram a revolução e a contrarrevolução em europeias por se efetivarem como revolução social, como revolução do trabalho contra o capital. Por esse mesmo motivo, a contrarrevolução adquire caráter europeu ao reprimir os trabalhadores parisienses, levando a todo o continente a defesa da ordem. Evidenciou-se que toda insurreição, ainda que por objetivos imediatos circunscritos ao mundo do capital, trazia em si a potencialidade de ultrapassar essas fronteiras. A batalha entre capital e trabalho torna-se o centro significativo de toda revolução, configurando-se também a unidade internacional da burguesia, como demonstra o papel desempenhado

---

[55] "O movimento revolucionário na Itália".

pela burguesia alemã na derrota da revolução em Viena[56] e pela burguesia francesa na derrota da insurgência napolitana.[57]

Aquela batalha baliza também a avaliação das lutas por libertação nacional. Marx as defende quando favorecem o trabalho (Polônia e Irlanda, por exemplo), combatendo os povos que, em busca de autonomia, aliam-se à contrarrevolução (como croatas e tchecos). A libertação nacional importa somente se redunda em eliminação das relações sociais pré-modernas e dos obstáculos ao desenvolvimento das forças produtivas e à instauração das liberdades políticas que facilitam a explicitação das contradições e o aprendizado revolucionário do proletariado.

A vitória da burguesia francesa em junho redundou na opressão das nacionalidades cuja emancipação tinha esse sentido, foi "a vitória do Oriente sobre o Ocidente, a derrota da civilização pela barbárie" (n. 184, 1º/1/1849),[58] ou seja, a vitória dos obstáculos à expansão do capital, das vias mais opressivas econômica e politicamente. O que torna a sociabilidade do capital – a civilização – superior à barbárie é o desenvolvimento das forças produtivas, e este foi desfavorecido pela vitória de uma contrarrevolução ainda feudal ou semifeudal, fortalecida por burguesias temerosas das possibilidades revolucionárias do trabalho.

Nesse sentido, são essenciais as observações sobre a posição da Inglaterra. Marx considera que

> [a]s relações da indústria e do comércio no interior de cada nação são regidas por seu intercâmbio com outras nações, são condicionadas por sua relação com o mercado mundial. Mas a Inglaterra domina o mercado mundial, e a burguesia domina a Inglaterra (n. 184, 1/1/1849)

exibindo desenvolvimento industrial e comercial mais amplo do que o de qualquer região continental. Ali não se tratava nem de estabelecer relações socioeconômicas capitalistas nem de alçar a burguesia ao poder político; ao passo que no continente (com exceção da França), tratava-se de as estabelecer ou defender contra restos feudais. O desenvolvimento mais pleno das relações burguesas põe a luta de classes em outro patamar – basta lembrar que a Inglaterra é o único país, à época, em que quase metade da

---

[56] A burguesia berlinense, junto à vienense, aplaude a sangrenta defesa da "ordem" pelos croatas: "A *camarilha berlinense*, embriagada do sangue de Viena, ofuscada pelas colunas de fumaça dos subúrbios ardentes, atordoada pela gritaria da vitória dos croatas e heiduques, deixou cair o véu" (n. 135, 5/11/1848, "As últimas notícias de Viena, Berlim e Paris"). "A 'Assembleia Nacional alemã' e seu 'poder central' traíram Viena. Quem eles representavam? Sobretudo a *burguesia*. A vitória da 'ordem e liberdade croatas' em Viena dependeu da vitória da república 'honesta' em Paris. Quem venceu nas Jornadas de Junho? A *burguesia*. Com a vitória em Paris, a contrarrevolução europeia começou a comemorar sua orgia" (n. 136, 7/11/1848).

[57] Diante do levante italiano, e contrariando as afirmações de libertação dos povos pela França, os republicanos franceses deixaram acontecer "as cenas inauditas" de repressão aos revolucionários italianos em Nápoles, Messina etc.; oficiais franceses "brindaram alegremente" com oficiais napolitanos "ao *rei de Nápoles*, ao *tigre idiota* Ferdinando, sobre os escombros ainda fumegantes de Messina" (n. 123, 22/10/1848, "A mediação anglo-francesa na Itália").

[58] "O movimento revolucionário".

população é composta por trabalhadores assalariados urbanos – e a torna o bastião da contrarrevolução burguesa (não feudal ou absolutista, como ocorria, por exemplo, com a Rússia tsarista). Ali não chegara a se desencadear uma revolução, pois graças a "seu próprio desenvolvimento autônomo", a Inglaterra "não aceita a revolução do continente", nem "necessita dos vacilantes governos provisórios continentais"; ao contrário, "quando sua hora chegar, *ditará a revolução ao continente*" (n. 156, 30/11/1848).

A derrota dos trabalhadores franceses trouxera a derrota da classe que os abatera, a burguesia republicana francesa, das nacionalidades que tinham tentado se emancipar, da classe média onde ela se unira ao povo contra o feudalismo, do Ocidente pelo Oriente, da civilização pela barbárie. Donde "A derrubada da burguesia na França, o triunfo da classe trabalhadora francesa, a emancipação da classe trabalhadora em geral é, portanto, a senha para a libertação europeia". No entanto, o país em que "os conflitos de classe assumiram sua forma mais característica e cínica – *a Inglaterra* parece ser o rochedo no qual se quebram as ondas revolucionárias". Dado seu domínio sobre o mercado mundial, "uma transformação das relações político-econômicas em qualquer país do continente europeu, no continente europeu inteiro sem a Inglaterra é uma tempestade num copo d'água" (n. 184, 1/1/1849).

Continua Marx:

> E a velha Inglaterra só será derrubada por uma *guerra mundial*, único evento que pode oferecer ao partido cartista, o partido organizado dos trabalhadores ingleses, as condições para uma insurreição bem-sucedida contra seu poderoso opressor. Os cartistas à cabeça do governo inglês – só neste momento a revolução social passa do reino da utopia para o reino da realidade. (n. 184, 1/1/1849)

Na condição de nação burguesa mais desenvolvida, dominadora do mercado mundial, a Inglaterra ditará ao continente sua revolução, cujo caráter só poderá ser social.

Determinado pelas relações reais entre os homens, o internacionalismo da revolução social deve atingir o país central, economicamente dominante, sob pena de sucumbir inevitavelmente. Apesar de tudo isso, no entanto, Marx não visualiza o início do processo revolucionário na Inglaterra; a libertação da Europa estava condicionada à vitória dos trabalhadores franceses.

Na França, a burguesia já assumira o poder, as relações capitalistas estavam postas, mas com menor expansão industrial (mantendo os trabalhadores minoritários em sua população) e sem domínio no mercado mundial. Todavia, a luta de classes assumia formas sempre agudas, e o primeiro a perder suas ilusões e a se erguer contra o capital fora o proletariado francês. Essa radicalidade possibilitaria sua vitória, e "a guerra europeia é a primeira consequência da revolução vitoriosa dos trabalhadores na França". Por isso, conclui Marx, "Insurreição revolucionária da classe trabalhadora francesa, guerra mundial – eis o sumário de 1849" (n. 184, 1/1/1849).

Marx indica, assim, que os lugares do desencadeamento e da efetivação da revolução social podem ser distintos: ela poderia se desencadear na França, mas só se consumaria na Inglaterra; o enlace entre um e outro momento seria a decorrente guerra europeia, envolvendo a Inglaterra (graças a sua posição de bastião da contrarrevolução) e abrindo ao proletariado inglês a possibilidade de se insurgir e derrotar ali o capital.

Se nos anos anteriores Marx já concluíra que a abolição do capital só se poderia efetivar no plano mundial, e valendo-se de forças produtivas amplamente desenvolvidas, confirma agora essa posição, diante do curso revolucionário, com maior riqueza de mediações; a vitória da insurreição no país em que a luta de classes é mais aguda pode estimular sua irrupção naquele que detenha as melhores condições para viabilizar a superação do capital; caso isso não ocorra, nos termos incisivos de Marx, não há qualquer possibilidade de que a revolução "saia da utopia".

VI. Necessidade e limites históricos do Estado

Os artigos da *NGR*, voltados para a análise das "formas políticas colossais" (n. 264, 5/4/1849)[59] em que se desenvolveram as lutas de classes em 1848-1849, remetem das questões mais imediatas e tangíveis para as determinações mais gerais e de fundo da politicidade. Examinando as formas presentes do Estado burguês e os caminhos de sua instauração, são identificadas as determinações comuns que guarda com as demais formas de Estado e os limites deste.

Duas observações acerca dos impostos trazem esclarecimentos importantes; Marx lembra que "o direito de conceder ou negar impostos" transformou-se, "nos Estados modernos [...] num controle da sociedade burguesa sobre o comitê administrativo de seus interesses gerais, o governo" (n. 232, 27/2/1849).[60] E, mais adiante, assegura que a disputa em torno dos impostos é a batalha entre o poder pago, o Estado, e o poder pagante, a sociedade civil. O Estado é pago pela sociedade civil para exercer seu poder como "comitê administrativo" dos interesses gerais da burguesia; esta controla-o conservando em suas mãos a possibilidade de manter ou cortar o fluxo que o sustenta. Marx consigna, assim, duas determinações complementares: o Estado moderno é instrumento da burguesia, é o "comitê administrativo" dos interesses comuns ao conjunto dos burgueses que a constituem e tem uma existência separada da sociedade civil.

A análise das revoluções burguesas de tipo europeu – 1648 e 1789 – expõe essa mesma relação. Elas tiveram por alvo imediato a politicidade e a transformaram, mas essa alteração resulta e expressa a ocorrida na ordem social. A burguesia assumiu o poder de um Estado que ela mesma criara, de seu Estado, adequado para sua ordem social.

O exame marxiano do caminho conciliatório pelo qual a burguesia prussiana almeja alcançar o poder oferece outros elementos. Os anos imediatamente anteriores à insurreição de março haviam assistido ao "desenvolvimento da sociedade burguesa na Prússia", isto

---

[59] "Trabalho assalariado e capital", artigo publicado em partes nos números 264, 265, 266, 267 e 269 da *Nova Gazeta Renana*.
[60] "O processo contra o comitê distrital renano dos democratas", artigo publicado em partes nos números 231 e 232.

é, "o desenvolvimento da indústria, do comércio e da agricultura", processo que destruiu a "base material" das "antigas diferenças de classes" e do Estado absolutista. A nobreza se aburguesara – produzia em grande escala para a troca – e "o Estado absolutista, cuja base social havia desaparecido sob seus pés, como por encanto, com o curso do desenvolvimento, tornara-se um entrave para a nova sociedade burguesa, com seu modo de produção modificado e suas necessidades alteradas" (n. 165, 10/12/1848).

Haurindo forças e modelando seus contornos pelos da base material que o determina, o Estado, entretanto, não se transforma automaticamente com as mudanças daquela – caso contrário não se tornaria um obstáculo, nem a burguesia precisaria lutar para exercer o domínio político.

A necessidade de criar uma outra instituição distinta da ordem socioeconômica, a par da existência apartada de ambas e da ausência de autonomia ou capacidade determinativa do Estado, indica que o capital, como outras formações sociais anteriores, é incapaz de autossustentação, não supre, em seu próprio âmbito, as necessidades de sua manutenção, necessitando de um instrumento outro, separado de si, que o complete. Essa dupla determinação assenta no caráter da sociedade civil, na fragmentação que lhe é constitutiva; o Estado é instrumento necessário para a conservação de sociedades cindidas pela divisão social do trabalho.

Na condição de instrumento de sustentação de uma sociabilidade incapaz de fazê-lo por si mesma, e por isso separado da sociedade civil, o Estado possui operacionalidade, sempre conservadora, de acordo com o feitio forjado pela sociedade civil que o determina e que deve defender. Como em qualquer outro ramo da divisão social do trabalho, seus membros desenvolvem também interesses próprios, ligados à existência daquele determinado Estado, por consequência, interesses fundamentalmente conservadores. Marx insiste nisso, criticando a burguesia alemã por não destruir o corpo efetivo do Estado absolutista, não expulsar da magistratura, burocracia e Exército os antigos ocupantes e mostrando a tenacidade com que esse Estado busca manter ou reconstituir as velhas condições sociais, as velhas formas de produção e intercâmbio em que se enraizava, e, assim, o domínio da velha classe. Para destruir o "anel de ferro" que o Estado forma com a sociedade civil, era preciso uma "ditadura enérgica" após a revolução, a fim de desmontar não somente a "ponta política" mas remover "imediatamente os restos das velhas instituições" (n. 102, 14/9/1848), que não se submetem ao novo poder e o debilitam.

No mesmo sentido, assevera que "só há um meio para *encurtar*, simplificar, concentrar as terríveis dores da agonia da velha sociedade e as sangrentas dores do parto da nova sociedade, apenas *um meio – o terrorismo revolucionário*" (n. 136, 7/11/1848),[61] e, em outra ocasião, adverte para a existência de um período intermediário entre a primeira vitória da revolução e a consolidação das novas relações sociais, de um tempo de transição, no decorrer do qual vigora a anarquia, a violência, a arbitrariedade "que destrói

---

[61] "Vitória da contrarrevolução em Viena".

sem consideração uma situação apodrecida e seus carcomidos pilares legais" (n. 207, 28/1/1849, 2ª ed.).⁶² Período de anarquia, violência e arbitrariedade, "ditadura enérgica" e "terrorismo revolucionário" são denominações distintas, formas diversas de expressar a mesma necessidade: desmantelar de imediato as velhas instituições, particularmente as políticas, para que a nova sociedade possa ser erguida.

O lugar e a importância da política, assim como seus limites, no que se refere a suas potencialidades instrumentais e a sua necessidade em geral, expressa-se na consideração de que as lutas políticas são figuras ou "formas aparenciais das colisões sociais". O que não significa desprezá-las, mas sim reconduzi-las a seu verdadeiro sentido e dimensão:

> O profundo precipício que se abriu diante de nós [...] pode nos fazer presumir que as lutas pela forma do Estado sejam vazias de conteúdo, ilusórias, vãs? Só espíritos fracos, covardes, podem levantar a questão. As colisões que resultam das condições da própria sociedade burguesa devem ser enfrentadas, não podem ser fantasticamente eliminadas. A melhor forma de Estado é aquela em que os antagonismos sociais não são esbatidos, não são agrilhoados pela força, ou seja, artificialmente, isto é, só aparentemente. A melhor forma de Estado é aquela que os leva à luta aberta, e, com ela, à resolução. (n. 29, 29/6/1848)

As diversas formas de Estado não são, pois, indiferentes aos trabalhadores; interessa-lhes aquela que permita levar os antagonismos sociais à luta aberta, à revolução: a república democrática.

É esse mesmo critério – as condições que oferecem para levar os antagonismos à luta aberta – que baliza a posição da burguesia diante das diversas formas de Estado.

Na revolução parisiense, a ação proletária obrigou a instituir a república, levando todas as classes à boca de cena, obrigando-as a se exporem e a seus interesses e demonstrando que a eliminação política das classes não significa sua abolição real; ao contrário, evidenciou-se o fato da dominação de classe e suas raízes sociais: "a república desnudou a própria cabeça do monstro, ao derrubar-lhe a coroa protetora e dissimuladora" (n. 29, 29/6/1848).

A burguesia aspirara à república enquanto prevaleciam as ilusões sobre a fraternidade entre as classes, enquanto a conquista da forma pura de seu domínio contava com o apoio do povo. Mas quando ela contribui para desatar o antagonismo com o proletariado, expondo a vacuidade daquelas declamações, a burguesia volta a almejar uma forma de Estado que não explicite sua condição de classe dominante, preservando-a e deixando margem para a conservação daquelas ilusões no povo. Recai, assim, no monarquismo, isto é, "anseia por voltar ao período em que dominava sem ser responsável por sua dominação; quando um poder aparente se interpunha entre ela e o povo, agia por ela e igualmente lhe servia de cobertura" e funcionava como bode expiatório e para-raios contra o povo, ao mesmo tempo em que este podia ser usado como para-raios contra o rei (n. 133, 3/11/1848). A república democrática só interessa à burguesia enquanto o

---

⁶² "A *Gazeta Nacional* berlinense aos eleitores primários", artigo publicado em partes nos números 205 e 207 da *Nova gazeta Renana*.

antagonismo social se mantiver latente; uma vez desenvolvido e explicitado, afigura-se-lhe mais adequada a velha monarquia, em que um "poder aparente" mantinha à distância o povo, que se batia, então, contra uma forma de Estado, e não contra o domínio burguês.

Marx afirma, pois, que a burguesia francesa está disposta, após junho, a abrir mão não de seu poder, mas da forma direta de exercê-lo, preferindo a intermediação de prepostos – o rei, na monarquia (forma de fato já impossível na França, como Marx demonstrará mais tarde), ou outro, como já se afigurava com Luís Napoleão, entendido como "a urna oca em que os camponeses franceses depositaram sua entrada no movimento social-revolucionário e os trabalhadores franceses, seu voto de condenação a todos os líderes da época passada" (n. 184, 1/1/1849). Também na Alemanha a burguesia recusa-se, com diferentes consequências, a garantir condições que permitiriam "levar os antagonismos à luta aberta".

De sorte que as características que tornam a república a melhor forma de Estado para o proletariado tornam-na a pior forma de Estado para a burguesia, sempre que as lutas de classe se agudizam. Enquanto isso não ocorre, é possível manter a ilusão de um poder sem dominação. Ocultar as raízes e os conteúdos sociais do Estado é fundamental para a continuidade do domínio do capital, donde o politicismo que limita o pensamento daquela classe.

Para o proletariado, ao contrário, admitir a república como a melhor forma de Estado não obriga a aceitar suas mistificações, entre as quais Marx destaca o sufrágio universal e a vontade da maioria que ele promove. Vejamos.

O periódico *Gazeta Nacional* afirmara que "o sufrágio universal nos deve desvendar qual é a vontade, não de um estamento ou classe singular, mas de todo o povo"; Marx rejeita o uso do termo "povo" para indiferenciar ou ignorar as classes e suas contradições e mostra que "todo o povo" consiste de "estamentos e classes singulares", de sorte que "a vontade de todo o povo" consiste das "vontades" singulares e mutuamente contraditórias de "estamentos e classes singulares", portanto exatamente da vontade que a *Gazeta Nacional* apresenta como a direta contraposição da "vontade de todo o povo". Para a *GN*, "existe *uma* vontade de todo o povo [...] uma vontade única, determinada [...] a vontade da maioria"; no entanto, explica Marx, a vontade da maioria é "a vontade que resulta dos interesses, da posição social, das condições de existência da maioria. Portanto, para ter uma única e mesma vontade, os membros da maioria devem ter os mesmos interesses, a mesma posição social, as mesmas condições de existência, ou estar ainda provisoriamente encadeados a seus interesses, a sua posição social, a suas condições de existência"; nesse sentido, "a vontade do povo, a vontade da maioria, é a vontade [...] de *uma única classe* e daquelas outras classes e frações de classe que são socialmente, isto é, industrial e comercialmente, subordinadas àquela classe dominante" (n. 205, 26/1/1849).

Defendendo o sufrágio universal, Marx explicita um dos mecanismos políticos da dominação – a manifestação de todas as classes garantindo o poder daquela que domina economicamente. A igual participação política de todos, além de não eliminar a dominação de classe, impede que a classe subordinada ascenda ao poder, não porque obstaculize a expressão de sua vontade, mas porque sua vontade é a da classe dominante: "A vontade de todo o povo é a vontade de uma classe dominante? Certamente, e o próprio sufrágio universal é a agulha magnética que, embora só após diversas oscilações, finalmente aponta para a classe chamada a dominar" (n. 205, 26/1/1849). A chave explicativa está na passagem anterior: a subordinação social (industrial e comercial) a uma classe implica a subordinação da vontade; esta brota das condições de existência, que são as condições daquela dominação e subordinação. A alquimia que metamorfoseia as "'vontades' singulares e mutuamente contraditórias de 'estamentos e classes singulares'" numa vontade única "de todo o povo" (não uma qualquer, mas a da classe dominante) é realizada na esfera da politicidade, ao exprimi-las politicamente, vale dizer, como vontade de cidadãos abstratos, despojados de suas condições de existência.

Essa lógica da politicidade – aqui apanhada neste que é um ato (o sufrágio universal) constitutivo de sua expressão mais acabada e fundado em categoria típica dessa esfera (a vontade) – resulta da e expressa a separação entre Estado e sociedade civil, graças à cisão interna desta última, da qual o Estado se mostra como esfera complementar, de sorte que é incapaz de a transfigurar.

Todas as características da politicidade, inclusive de sua forma mais alta e perfeita, levam o selo dessa limitação, nenhuma é apresentada como necessidade ou conquista permanente, de sorte que a luta do proletariado contra a ordem é também imediatamente uma batalha contra o Estado em geral.

Tal como os limites, também a necessidade da forma política se esclarece com o pleno desenvolvimento do Estado burguês. Na sociedade feudal, graças à estreiteza da divisão social do trabalho e ao desenvolvimento limitado das classes, a separação entre Estado e sociedade civil é ainda bastante restrita: o Estado se identifica diretamente com um estamento particular, posto enquanto tal como expressão do todo.

Na sociedade moderna "ainda há *classes*, mas não mais *estamentos*" (n. 232, 27/2/1849), e a república, com o sufrágio universal e as demais liberdades, a um tempo abole politicamente as classes e identifica a vontade de todos com a vontade da classe dominante. Desaparece a identificação direta com uma classe em particular, e o Estado emerge como Estado de todos. Completa-se sua separação da sociedade civil, e o domínio de classe realiza-se não mais pela exclusividade de acesso à vida política, mas, ao contrário, pelo envolvimento e submissão de todas as classes à lógica dessa esfera, submissão possível graças à existente na sociedade civil, em que todas as classes se subordinam a condições de produção e intercâmbio que são as condições de dominação da burguesia, e assim identificam sua vontade à dela. Com a república, o Estado alcança a plenitude separando-se da sociedade civil, deixando de se identificar imediatamente com um segmento dela. Esse caráter agora mais universal, mais geral do Estado corresponde à forma que tomam as classes na sociedade moderna, determinada pela troca como relação social fundamental.

A necessidade transitória da forma política vem assim à tona, e a aparência política assumida pela lutas sociais explica-se: separados os instrumentos de poder da vida privada, a luta pela imposição deste ou daquele interesse se dá no âmbito que encarna o poder de imposição; é uma luta pela posse dos instrumentos desse poder, é uma luta pelo poder. O desmascaramento da ficção de um Estado não classista exibe os limites dessa luta pelo poder e a importância da perda das ilusões politicistas e especulativas, da crítica ontológica da politicidade, que chega à sua determinação ontonegativa, isto é, à percepção de que essa esfera é o resultado historicamente necessário e transitório do escasso desenvolvimento das forças produtivas e da base contraditória sobre a qual este vem se efetivando, e expressa a carência das capacidades que atualizem a potencialidade mais especificamente humana, a da autodeterminação, da autoconstrução de si.[63] A luta revolucionária – a revolução social contra o capital, contra toda a ordem existente – é por isso necessariamente metapolítica.

Referências bibliográficas

CHASIN, José. "Marx no Tempo da *Nova Gazeta Renana*". Prefácio a K. MARX, *A Burguesia e a Contra-Revolução*. São Paulo: Ensaio, 1989.

_____. "A Determinação Ontonegativa da Politicidade". In: *Ensaios Ad Hominem 1 – T. III: Política*. Santo André: Ad Hominem, 2000.

_____. *Marx – Estatuto Ontológico e Resolução Metodológica*. São Paulo: Boitempo, 2009.

CLAUDÍN, Fernando. *Marx, Engels y la Revolución de 1848*. Madri: Siglo Veintiuno, 1985.

EIDT, Celso. "A Razão como Tribunal da Crítica: Marx e a *Gazeta Renana*". *Ensaios Ad Hominem 1 – T. IV: Dossiê Marx*. Santo André: Ad Hominem, 2001.

MARX, Karl. *Contribuição para a crítica da Economia* Política. Tradução de Maria Helena Barreiro Alves. Lisboa: Editorial Estampa, 1973.

_____. *Miséria da Filosofia*. São Paulo, Grijalbo, 1976.

_____. "Crítica da Filosofia do Direito de Hegel. Introdução". In: *Temas de Ciências Humanas* n. 2. Tradução de José Carlos Bruni e Raul Mateos Castell. São Paulo: Grijalbo, 1977.

_____. Carta a Freiligrath de 29 de fevereiro de 1860. In: MARX, K. E ENGELS, F. *Sobre a Literatura e a Arte*. Tradução de Albino Lima. Lisboa: Estampa, 1974 (4ª edição).

_____. Teses ad Feuerbach, in: Marx, K. e Engels, F. *A ideologia alemã (Feuerbach)*. Tradução de José Carlos Bruni e Marco Aurélio Nogueira. São Paulo: Hucitec, 1986.

_____. "Sobre La Cuestión Judía". In: *Escritos de juventud*. Tradução de Wenceslao Roces. México: Fondo de Cultura Económica, 1987a.

_____. "Glosas Críticas al Articulo 'El Rey de Prusia y La Reforma Social. Por un Prusiano'". In: *Escritos de Juventud*. Tradução de Wenceslao Roces. México: Fondo de Cultura Económica, 1987b.

MARX, K. & ENGELS, F. *A ideologia alemã (Feuerbach)*. Tradução de José Carlos Bruni e Marco Aurélio Nogueira. São Paulo: Hucitec, 1986.

VAISMAN, Ester. "Dossiê Marx: Itinerário de um Grupo de Pesquisa". In: *Ensaios Ad Hominem 1 – T. IV: Dossiê Marx*, Santo André: Ad Hominem, 2001.

---

[63] Ver, a esse respeito, J. Chasin, *Ensaios Ad Hominem 1 – T. III: Política*, em especial "O futuro ausente" e "A determinação ontonegativa da politicidade".

Nova Gazeta Renana

Fac-símile da última edição da *Nova Gazeta Renana: orgão da democracia*, em 19/5/1849, impressa em letras vermelhas.

Carta a Etienne Cabet – Declaração contra a sociedade democrática alemã em Paris[1]

Fins de março de 1848. Fonte: Manuscrito.

K. Marx, F. Engels

Cidadão Cabet,

Pedimos-lhe a gentileza de reproduzir a declaração anexa no próximo número do *Populaire*.[2] Trata-se de não deixar recair sobre o partido comunista qualquer responsabilidade por um empreendimento e um procedimento que já reacenderam novamente os velhos preconceitos nacionais e reacionários de uma parte da nação alemã contra o povo francês. A Liga dos Trabalhadores Alemães – uma união de diversas associações operárias em todos os países da Europa, à qual também pertencem os líderes do cartismo inglês, os srs. Harney e Jones – reúne somente comunistas e declara-se publicamente comunista; a assim chamada Sociedade Democrática Alemã em Paris é essencialmente anticomunista, já que declara não reconhecer o antagonismo e a luta entre o proletariado e a classe burguesa. Trata-se aqui, portanto, de uma providência, de uma declaração no interesse do partido comunista, razão pela qual também contamos com sua colaboração. (Esta carta é estritamente confidencial)

Saudações fraternais,
F. Engels
K. Marx

---

[1] A carta de Marx e Engels a Etienne Cabet e a Declaração contra a Sociedade Democrática Alemã foram publicadas pela MEW segundo a fotocópia do manuscrito disponibilizada ao Instituto de Marxismo-Leninismo de Moscou pelo Museu Histórico de Montreuil (França, Departamento do Sena). Como ambas provêm da pena de Engels, pode-se concluir que foram redigidas em fins de março de 1848, depois da chegada deste a Paris. Nessa época, Marx, Engels e outros líderes do Comitê Central da Liga dos Comunistas opuseram-se ao plano aventureiro da Sociedade Democrática Alemã, cujos líderes Herwegh e Bornstedt pretendiam, com ajuda de uma legião armada organizada na França, instituir a república na Alemanha. Por iniciativa dos líderes da Liga dos Comunistas, no início de março de 1848 foi fundado em Paris o Clube dos Trabalhadores Alemães, cujo estatuto foi elaborado por Marx, por meio do qual pretendia-se reunir em Paris os trabalhadores alemães emigrantes e organizar o retorno individual deles à pátria.

[2] *Le Populaire de 1841* – órgão de propaganda do comunismo utópico pacífico icariano; foi publicado de 1841 a 1852 em Paris, e até 1848 seu redator foi Etienne Cabet; com esse título, o jornal distinguia-se do semanário radical *Populaire*, que Cabet editara de 1833 a 1835.

O Comitê abaixo-assinado considera seu dever esclarecer a todas as delegações da *Liga dos Trabalhadores Alemães* nos diversos países europeus que não tomou parte de nenhum modo nas medidas, notificações e proclamações que solicitam dos cidadãos franceses roupas, dinheiro e armas. Em Paris, a *Liga* mantém relações apenas com o *Clube dos Trabalhadores Alemães* e nada tem em comum com a sociedade que em Paris se denomina Sociedade Democrática Alemã, dirigida pelos senhores Herwegh e von Bornstedt.

O Comitê Central da Liga dos Trabalhadores Alemães
(assinado) K. Marx, K. Schapper, H. Bauer, F. Engels, J. Moll, W. Wolff.

Carta ao redator do jornal *L'Alba*[1]

Fins de maio de 1848. Traduzido do italiano. (*L'Alba*, n. 258, 29/6/1848)

K. Marx

Prezado Senhor!

Com o título *Nova Gazeta Renana* e sob direção do sr. Karl Marx, será publicado aqui em Colônia, a partir de 1 de junho deste ano, um novo diário. Esse jornal defenderá entre nós, no norte da Europa, os mesmos princípios democráticos que o *L'Alba* representa na Itália. Não pode, pois, haver nenhuma dúvida quanto à posição que assumiremos a respeito da questão italiano-austríaca atualmente em curso. Defenderemos a causa da independência italiana e combateremos até a morte o despotismo austríaco na Itália, tanto quanto na Alemanha e na Polônia. Estendemos fraternalmente a mão ao povo italiano e pretendemos mostrar-lhe que a nação alemã repudia sob todas as formas a política de opressão que entre vocês foi conduzida pelas mesmas pessoas que também entre nós sempre combateram a liberdade.

Faremos o possível para promover a união e o bom entendimento entre as duas grandes e livres nações, que um sistema de governo infame fez até agora acreditarem que fossem inimigas. Por essa razão, reivindicamos que a brutal soldadesca austríaca saia imediatamente da Itália e que o povo italiano, sem nenhuma tutela, possa eleger uma forma de governo que corresponda à sua vontade.

Para que nos seja possível acompanhar a situação italiana e para oferecer-lhe a oportunidade de julgar a sinceridade de nossas promessas, propomos-lhe um intercâmbio de nossos jornais; nós lhe remeteríamos a *Nova Gazeta Renana* e o senhor nos remeteria o *L'Alba* diariamente. Esperamos que lhe seja possível aceitar esta proposta e solicitamos iniciar o envio do *L'Alba* tão rápido quanto possível, para que possamos utilizá-lo já em nosso primeiro número.

---

[1] A carta de Marx foi publicada no *L'Alba* em 29 de junho de 1848, com as seguintes observações introdutórias da redação: "Publicamos a seguinte carta, que recebemos de Colônia, para mostrar os sentimentos que os alemães honrados nutrem pelos italianos e quão ardorosamente desejam atar laços fraternais entre os povos italiano e alemão, jogados um contra o outro pelos déspotas europeus". *L'Alba* – jornal democrático italiano, publicado de 1847 a 1849 em Florença, sob a redação de Lafarina.

Se o senhor quiser nos enviar outras informações, pedimos-lhe que o faça e lhe asseguramos que tudo o que possa servir à causa da democracia em um ou outro país encontrará sempre entre nós a maior atenção.

Saudações fraternais!

A redação da *Nova Gazeta Renana*
O redator, dr. Karl Marx

[Declaração do comitê de redação da *Nova Gazeta Renana*]

NGR, n. 1, 1/6/1848

A publicação da *NGR* fora fixada originariamente para 1 de julho.
Os acordos com os correspondentes etc. estariam acertados nesta data.

Entretanto, uma vez que com o procedimento reiteradamente insolente da reação são iminentes às Leis de Setembro[1] alemãs, quisemos aproveitar cada dia livre e iniciamos a publicação já em 1 de junho. Nossos leitores nos desculparão se, nos primeiros dias, ainda não oferecermos material abundante em informações e correspondentes variados, para o que nossas amplas relações nos capacitam. Em poucos dias poderemos satisfazer todas essas exigências.

Comitê de Redação: Karl Marx, Redator-chefe
Redatores: Heinrich Bürgers, Ernst Dronke, Friedrich Engels, Georg Weerth, Ferdinand Wolff, Wilhelm Wolff

---

[1] Promulgadas pelo governo francês em setembro de 1835 a pretexto do atentado sofrido em 28 de julho pelo rei Luís Filipe, essas leis restringiram a atividade dos tribunais e introduziram medidas severas contra a imprensa: aumento das cauções, prisão e multas para autores de publicações contrárias à propriedade e à ordem.

Hüser

NGR, n. 1, 1/6/1848

Colônia, 31 de maio. O sr. Hüser, de Mogúncia, com ajuda dos velhos "regulamentos de fortaleza" e leis federais apodrecidas, encontrou um novo método para tornar os prussianos e os outros alemães ainda mais escravos do que eram antes de 22 de maio de 1815.[1] Aconselhamos ao sr. Hüser registrar a patente de sua nova invenção, seria certamente muito lucrativa. Assim, segundo esse método, enviam-se dois ou mais soldados bêbados, os quais naturalmente começam por sua própria conta a brigar com cidadãos. O poder público intervém e prende os soldados; isso basta para que o comando de qualquer fortaleza possa declarar a cidade em estado de sítio, confiscar todas as armas e abandonar os moradores à mercê da soldadesca brutal. Note-se que na Alemanha este plano é especialmente lucrativo, uma vez que há aqui mais fortalezas contra o interior do que contra o exterior; deve se tornar extremamente lucrativo porque qualquer comandante de praça pago pelo povo, um Hüser, um Roth von Schreckenstein e nomes feudais semelhantes, pode ousar mais do que o próprio rei ou imperador, porque pode suprimir a liberdade de imprensa, porque pode, por exemplo, proibir a população de Mogúncia, que não é prussiana, de expressar sua antipatia ao rei da Prússia e ao sistema político prussiano.

O projeto do sr. Hüser é somente uma parte do grande plano da reação berlinense, que aspira a desarmar tão depressa quanto possível todas as milícias cívicas, especialmente no Reno, e pouco a pouco aniquilar no nascedouro todo armamento do povo, e a entregar-nos indefesos às mãos do Exército, composto em sua maior parte de estrangeiros, facilmente sublevável ou já sublevado contra nós. Foi o que ocorreu em Aquisgrana, em Tréveris, em Mannheim, na Mogúncia, e poderá acontecer também em outros lugares.

---

[1] Em 22 de maio de 1815 o rei da Prússia, em meio à chamada guerra de libertação contra a França napoleônica, prometeu assembleias estamentais provisórias, um órgão de representação geral da Prússia e uma Constituição. No entanto, a lei de 5 de junho de 1823 instituiu somente Dietas Provinciais, com restritas funções consultivas.

O Partido Democrático[1]

NGR, n. 2, 2/6/1848

K. Marx, H. Bürgers

Colônia, 1 de junho. Espera-se geralmente de todo novo órgão da opinião pública: entusiasmo pelo partido cujos princípios professa, confiança incondicional na sua força, contínua disposição, seja para recobrir os princípios com a força efetiva, seja para embelezar com o brilho dos princípios a fraqueza efetiva. Não corresponderemos a esta exigência. Não procuraremos dourar derrotas sofridas com ilusões enganosas. O partido democrático sofreu derrotas; os princípios que proclamou no momento de seu triunfo são postos em questão, o terreno que efetivamente conquistou é-lhe disputado palmo a palmo; já perdeu muito, e em breve se perguntará sobre o que ainda lhe resta.

Importa-nos que o partido democrático tome consciência de sua situação. Perguntarão por que nos voltamos para um partido, por que não temos em vista preferencialmente o objetivo dos esforços democráticos, o bem-estar do povo, a felicidade de todos sem distinção.

Tal é o direito e o hábito da luta, e apenas da *luta* dos partidos pode resultar a felicidade do novo tempo, não de compromissos aparentemente sagazes, de uma hipócrita aliança entre opiniões, interesses e fins antagônicos.

Exigimos do partido democrático que tome consciência de sua posição. Esta reivindicação emana das experiências dos últimos meses. O partido democrático abandonou-se demasiado ao delírio da primeira vitória. Embriagado na alegria de poder, enfim, por uma vez, expressar clara e abertamente seu princípio, imaginou que necessitaria apenas declará-lo para assegurar-se imediatamente de sua realização. Após sua primeira vitória, não foi mais além dessa declaração e das concessões que estavam diretamente ligadas a ela. Mas, enquanto era generoso com suas ideias e abraçava como irmãos todos os que não ousavam desafiá-lo imediatamente, os outros, aos quais o poder fora deixado ou cedido, agiam. E sua atividade não foi desprezível. Retendo seu princípio, que deixavam transparecer apenas na medida em que era dirigido contra o antigo estado de coisas

---

[1] Artigo escrito originalmente por Heinrich Bürgers, do qual Marx eliminou cerca de metade e reelaborou o restante. Ver a carta de Marx a Lassale de 15 de setembro de 1860.

derrubado pela revolução; limitando cautelosamente o movimento onde o interesse do novo estatuto jurídico em formação e o restabelecimento da ordem externa podiam servir como pretexto; fazendo aos amigos da antiga ordem aparentes concessões para assim estar seguro deles para a execução de seus planos; construindo, então, gradualmente os elementos básicos de seu próprio sistema político, conseguiram conquistar uma posição intermediária entre o partido democrático e os absolutistas, avançando de um lado, recuando de outro, ao mesmo tempo progressistas – contra o absolutismo – e reacionários – contra a democracia.

Tal é o partido da prudente e moderada burguesia, pelo qual o partido do povo, na sua primeira embriaguez, deixou-se enganar, até que, desdenhosamente repelido, denunciado como agitador e responsabilizado por todas as possíveis tendências condenáveis, abriu enfim os olhos e apercebeu-se de que, no fundo, nada havia alcançado senão o que os senhores da sociedade burguesa consideram compatível com seus interesses bem compreendidos. Posto em contradição consigo mesmo por uma lei eleitoral antidemocrática, derrotado nas eleições, encontra-se perante uma dupla representação, a cujo respeito é difícil dizer qual das duas se opõe mais resolutamente à suas reivindicações. Com isso, sem dúvida, esfumou-se seu entusiasmo e tomou seu lugar o sóbrio entendimento de que uma poderosa reação alcançara o poder e, coisa estranha, antes mesmo de ter de fato procedido a uma ação no sentido da revolução.

Tudo isso é tão indubitável quanto seria perigoso se agora o partido democrático se deixasse levar pelo amargo sentimento da primeira derrota, pela qual é parcialmente responsável, e regressasse àquele funesto idealismo, infelizmente tão familiar ao caráter alemão, em virtude do qual um princípio que não pode ser imediatamente posto em prática é transferido ao futuro distante e abandonado, no presente, à elaboração inofensiva dos "pensadores".

Precisamos nos prevenir diretamente contra aqueles amigos hipócritas que, com efeito, se dizem de acordo com o princípio, mas duvidam da possibilidade de sua realização, porque o mundo não está maduro para ele; não pensaram de modo algum em torná-lo maduro, preferindo, nesta perversa existência terrestre, compartilhar do destino geral da perversidade. Se são estes os criptorrepublicanos que o conselheiro áulico Gervinus tanto teme, concordamos com ele de coração: Estas pessoas são perigosas.[2]

---

[2] *As pessoas são perigosas* – citação de *Júlio César*, de Shakespeare, Ato I, cena 2.

A declaração de Camphausen na sessão de 30 de maio

NGR, n. 3, 3/6/1848

K. Marx

Colônia, 2 de junho. *Post et non propter*,[1] ou seja, o sr. *Camphausen* tornou-se primeiro-ministro[2] não *por meio* da Revolução de Março, mas sim *depois* da Revolução de Março. O significado desta posterioridade de seu ministério foi revelado pelo sr. Camphausen de maneira solene e transcendente, com aquela, por assim dizer, grave corporeidade que oculta as carências da alma,[3] a 30 de maio de 1848 à Assembleia de Berlim, resultante do acordo entre ele e os eleitores indiretos.[4]

"O ministério formado a 29 de março", diz o *pensador amigo da história*,[5] "reuniu-se logo *depois* de um acontecimento cujo significado não desconhecia nem desconhece".

A afirmação do sr. Camphausen, de que *não* formara o ministério *antes* do 29 de março, comprova-se nos números dos últimos meses da *Gazeta do Estado Prussiano*.[6] E pode-se seguramente supor que uma data tenha grande "significado", especialmente para o sr. Camphausen, quando constitui ao menos o ponto de partida cronológico de sua ascensão. Que consolo para os combatentes mortos nas barricadas que seus frios

---

[1] Depois e não por meio.
[2] Em 29 de março de 1848, um novo ministério substituiu o governo do conde Arnim-Boitzenburg, formado em 19 de março de 1848. O primeiro-ministro era o banqueiro renano Ludolf Camphausen, presidente da Câmara de Comércio de Colônia e chefe dos liberais renanos antes da revolução. O ministro das Finanças era David Justus Hansemann, um dos representantes da grande burguesia renana, que, na primeira Dieta Unificada, de 1847, apresentara-se como líder da oposição liberal.
[3] Do romance de Laurence Sterne *The Life and Opinions of Tristram Shandy, Gentleman* [*A vida e as opiniões de Tristram Shandy*], v. 1, cap. 11.
[4] A *Assembleia Nacional prussiana* foi convocada no dia 22 de maio de 1848 para "entender-se com a Coroa" sobre uma Constituição, de acordo com a lei eleitoral aprovada em 8 de abril de 1848 pela segunda Dieta Unificada. Essa lei previa o sufrágio universal, mas pelo sistema de eleição indireta em duas etapas. A maioria dos deputados eleitos representava a burguesia e os burocratas prussianos.
[5] *Pensador amigo da história* – designação irônica de Marx e Engels para Camphausen, aludindo ao subtítulo da obra então muito conhecida *História geral do início do conhecimento histórico até nossa época. Elaborado por Karl von Rotteck para os pensadores amigos da história*, Friburgo im Breisgau, 1834.
[6] *Gazeta Geral do Estado Prussiano* – fundada em Berlim em 1819, foi até abril de 1848 o órgão semioficial do governo; de maio de 1848 a julho de 1851 foi publicada sob o título de *Diário Oficial Prussiano* como órgão oficial do governo.

cadáveres figurem como marcos, como indicadores apontados para o ministério de 29 de março! *Quelle gloire!*[7]

Numa palavra: depois da Revolução de Março, formou-se um ministério Camphausen. Este mesmo ministério Camphausen reconhece o *"grande significado"* da Revolução de Março; ao menos, não o *desconhece*. A revolução mesma é bagatela, mas seu *significado*! Ela *significa*, justamente, o ministério Camphausen, ao menos *post festum*.

"Este acontecimento" – a formação do ministério Camphausen ou a Revolução de Março? – "é uma das causas mais essenciais que contribuem para a transformação de nossa Constituição *interna*."

Isso deve significar que a Revolução de Março é uma "causa essencial, que contribui" para a formação do ministério de 29 de março, ou seja, para o ministério Camphausen. Ou isso deveria meramente significar: a revolução prussiana de março revolucionou a Prússia? Em todo caso, uma tão solene tautologia é presumível num *"pensador amigo da história"*.

"Encontramo-nos no umbral da mesma" (a saber, da transformação de nossas relações políticas internas), "e o caminho *diante* de nós é longo, o governo o reconhece".

Numa palavra: o ministério Camphausen reconhece que tem ainda um longo caminho *diante* de si, isto é, promete-se uma *longa* duração. Breve é a arte, isto é, a revolução, e longa é a vida,[8] isto é, o ministério que a sucedeu. De mais a mais, isso é evidente. Ou interpretam-se de outra maneira as palavras de Camphausen? Certamente, não pretenderemos do *pensador amigo da história* a trivial explicação de que os povos que se encontram no umbral de uma nova época histórica, no umbral estão, e de que o caminho que cada época tem *diante* de si é tão longo quanto o *futuro*.

Tal é a *primeira* parte do laborioso, grave, formal, sólido e fino discurso do primeiro-ministro Camphausen. Resume-se em três frases: *Depois* da Revolução de Março, o ministério Camphausen. Grande significado do ministério Camphausen. Longo caminho *diante* do ministério Camphausen!

Agora, a *segunda* parte.

> Mas, de maneira alguma compreendemos a situação assim (explica doutoralmente o sr. Camphausen), como se tivesse se produzido, por meio desse acontecimento (a Revolução de Março) uma completa reviravolta, como se toda a constituição de nosso Estado tivesse sido derrubada, como se todo o existente tivesse cessado de existir juridicamente, como se todas as situações precisassem ser de novo juridicamente fundadas. Ao contrário. No momento de sua reunião, o ministério concordou em considerar como uma questão vital que a Dieta Unificada[9] antes convocada se reunisse efetivamente, apesar das petições

---

[7] Que glória!

[8] Citação modificada do *Fausto*, de Goethe, Primeira Parte, "Noite"; ali se diz: "Die Kunst ist lang, und Kurz ist unser Leben" – "Longa é a arte e nossa vida é curta". Belo Horizonte, Itatiaia, 1987, p. 47. Trad. de Jenny Klabin Segall.

[9] A Dieta Unificada, de composição estamental, reunia as oito Dietas Provinciais. Foi instituída em 1847 por Frederico Guilherme IV, com funções restritas a sancionar novos impostos, discutir projetos de lei enviados

em contrário recebidas, e que se passasse à nova Constituição a partir da Constituição existente, com os meios legais que ela oferecia, sem cortar o laço que liga o velho ao novo. Este caminho incontestavelmente certo foi seguido, a lei eleitoral foi submetida à Dieta Unificada e, com sua aprovação, foi promulgada. Mais tarde, procurou-se induzir o governo a modificar a lei de moto próprio, especialmente a converter o sistema eleitoral indireto no direto. O governo não cedeu a isto. O governo não exerceu nenhuma ditadura; não pôde exercê-la, não *quis* exercê-la. A lei eleitoral foi aplicada de fato tal como existia de Direito. Sobre a base desta lei eleitoral foram eleitos os eleitores e os deputados. Sobre a base desta lei eleitoral, os senhores estão aqui, com plenos poderes para entender-se com a Coroa sobre uma Constituição que se espera duradoura para o futuro.

Um reino por uma doutrina![10] Uma *doutrina* por um reino!

Primeiro vem o "acontecimento", título envergonhado da *revolução*. Depois vem a doutrina e logra o "acontecimento".

O "acontecimento" ilegal faz do sr. Camphausen um primeiro-ministro *responsável*, uma figura que não tinha nenhum lugar, nenhum sentido no passado, na Constituição então existente. Por um *salto mortale*, saltamos por sobre o velho e encontramos, por sorte, um ministro responsável; mas o ministro responsável encontra, por mais sorte ainda, uma doutrina. Com o primeiro sopro de vida de um *primeiro-ministro responsável*, a monarquia constitucional morrera, decompusera-se. Entre suas vítimas, encontrava-se na primeira fileira a defunta "*Dieta Unificada*", esta repugnante mistura de delírio gótico com mentira moderna.[11] A "Dieta Unificada" era a "fiel amada", a besta de carga da monarquia absoluta. Assim como a república alemã só pode festejar seu advento sobre o cadáver do sr. Venedey, o ministério responsável só pode festejar o seu sobre o cadáver da "fiel amada". O ministro responsável procura agora o cadáver esquecido ou evoca o *espectro* da fiel amada "Unificada", o qual efetivamente aparece, mas desgraçadamente cambaleando suspenso no ar, executando as mais extravagantes cabriolas, já que não encontra mais nenhum *terreno* sob seus pés, pois o antigo *terreno do Direito e da confiança* fora tragado pelo terremoto do "acontecimento". O mestre feiticeiro comunica ao espectro que o chamara para liquidar seu legado e poder portar-se como seu leal herdeiro. O espectro não poderia jamais apreciar suficientemente este obsequioso comportamento, pois na vida comum não se permite que os mortos firmem testamento postumamente. Sumamente lisonjeado, o espectro aquiesce como um pagode a tudo o

---

pelo rei e encaminhar-lhe petições. As Dietas Provinciais instituídas na Prússia em 1823 reuniam representantes da nobreza, das cidades e dos conselhos. As eleições para a Dieta eram censitárias, excluindo a maior parte da população. As Dietas eram convocadas pelo rei; sua competência limitava-se às questões da economia local e da administração provincial. No âmbito político tinham somente restritas funções consultivas. Os presidentes das Dietas Provinciais traziam o título de marechal da Dieta.

[10] Citação modificada de *Ricardo III*, de Shakespeare, Ato 5, cena 4; ali se diz: "Um cavalo, um cavalo! Meu reino por um cavalo!". *In*: Shakespeare, *Teatro Completo – Dramas Históricos*. Rio de Janeiro Ediouro. Trad. de Carlos Alberto Nunes.

[11] Heine, *Alemanha. Um conto de inverno*, cap. XVII.

que o feiticeiro ordena, faz uma reverência à saída e desaparece. A lei da eleição indireta é seu testamento póstumo.

O embuste doutrinário pelo qual o sr. Camphausen, "a partir da Constituição existente, passou, com os meios legais que ela oferecia, à nova Constituição" efetuou-se da seguinte maneira:

Um acontecimento ilegal faz do sr. Camphausen um primeiro-ministro responsável, um *ministro constitucional* – uma pessoa *ilegal* no sentido da "velha" "Constituição existente". O ministro constitucional faz, de modo ilegal, da *inconstitucional, estamental* fiel amada "Unificada" uma Assembleia *Constituinte*. A fiel amada "Unificada" faz, de modo ilegal, a lei da eleição indireta. A lei da eleição indireta faz a Câmara de Berlim, e a Câmara de Berlim faz a Constituição, e a Constituição faz todas as Câmaras seguintes para todo o sempre.

Assim, o ganso torna-se ovo e o ovo, ganso. Mas, no grasnido salvador do Capitólio[12] o povo reconhecerá, em breve, que os ovos dourados de Leda, que pôs na revolução, foram surrupiados. O próprio deputado *Milde* não parece ser o filho de Leda, o Castor que resplandece ao longe.[13]

---

[12] No ano 390 a.C. os gauleses ocuparam a cidade de Roma, com exceção do Capitólio, cujos defensores, segundo a tradição, quando de um ataque-surpresa noturno dos inimigos, foram acordados a tempo pelo grasnido dos gansos do templo de Juno.

[13] De acordo com o mito grego, Castor e seu irmão Pólux, filhos da soberana espartana Leda e de Zeus, nasceram de um ovo. *Castor* é também o nome de uma estrela da constelação de Gêmeos.

Questões de vida e morte

NGR, n. 4, 4/6/1848

Colônia, 3 de junho. Os tempos mudam, nós mudamos com eles. Eis um provérbio sobre o qual nossos ministros, os senhores Camphausen e Hansemann, teriam muito que dizer. Outrora, quando ainda se sentavam como modestos deputados nos bancos escolares de uma Dieta, o que não precisaram tolerar dos comissários governamentais e dos marechais! Na Dieta Provincial Renana, como foram refreados, qual ginasianos, por Sua Alteza, o Catedrático Solms-Lich! E mesmo quando foram transferidos para o colégio, na Dieta Unificada, permitiram-lhes, é certo, alguns exercícios de eloquência, mas como o seu mestre-escola, sr. Adolf von Rochow, regia-os ainda com a batuta que lhe fora entregue pelo Altíssimo! Com que humildade precisaram suportar a impertinência de um Bodelschwingh, com que devoção admirar o alemão tartamudeante de um Boyen, que limitada inteligência de súditos[1] foram obrigados a aparentar, diante da crassa ignorância de um Duesberg!

Agora isto mudou. O 18 de março pôs um fim a toda essa aprendizagem política, e os alunos da Dieta declararam-se diplomados. O sr. Camphausen e o sr. Hansemann tornaram-se ministros e sentiram, encantados, toda a sua grandeza de "homens necessários".

Todos os que se relacionaram com eles puderam sentir quão "necessários" creem ser, como se tornaram arrogantes desde que se livraram da escola.

De imediato, puseram-se a restabelecer provisoriamente a velha sala de aula, a Dieta Unificada. Aqui deveria ser concluído o grande ato de transição do colégio burocrático à universidade constitucional, a solene exposição, para o povo prussiano, de seu certificado de admissão na faculdade, com todas as devidas formalidades.

O povo, em incontáveis memoriais e petições, declarou nada querer com a Dieta Unificada.

O sr. Camphausen replicou (veja-se, por exemplo, a sessão da Constituinte de 30 de maio)[2] que a convocação da Dieta era uma *questão vital* para o ministério, e ponto final.

---

[1] Conhecida expressão do ministro prussiano do Interior, von Rochow.
[2] Ver "A declaração de Camphausen na sessão de 30 de maio".

A Dieta reuniu-se,³ uma Assembleia abatida, contrita e desesperada do mundo, de Deus e de si mesma. Fora-lhe dado a entender que devia meramente aceitar a nova lei eleitoral, mas o sr. Camphausen exigia dela não apenas uma lei formal e eleições indiretas, mas 25 milhões em moeda sonante. Os senadores confundem-se, põem em dúvida sua competência, balbuciam objeções incoerentes; mas de nada adianta, o sr. Camphausen já decidiu, e se o dinheiro não for concedido, se o "voto de confiança" for recusado, o sr. Camphausen vai para Colônia e abandona a monarquia prussiana a seu destino. A este pensamento, um suor frio inunda a fronte dos senhores da Dieta, toda resistência cessa e, com um sorriso contrafeito, aprovam o voto de confiança. Vê-se onde e como foram votados esses 25 milhões que têm curso no etéreo reino dos sonhos.⁴

As eleições indiretas são proclamadas. Desaba contra elas uma tempestade de mensagens, petições e representações. Os srs. ministros respondem: o ministério mantém-se e cai com as eleições indiretas. Com isto, restabelece-se a calma, e ambas as partes podem ir dormir.

A Assembleia Ententista⁵ se reúne. O sr. Camphausen propôs que se apresentasse uma mensagem em resposta à sua fala do trono. O deputado Duncker deve fazer a proposta. Trava-se a discussão. Manifesta-se uma viva oposição à mensagem. O sr. Hansemann se aborrece com o palavrório confuso e interminável da desajeitada Assembleia, que se tornou insuportável para seu ritmo parlamentar, e declara laconicamente: Podemos poupar tudo isto; ou a mensagem é aprovada, e então está tudo bem, ou não é, e então o ministério renuncia. Não obstante, a discussão perdura, e o próprio sr. Camphausen apresenta-se à tribuna para reafirmar que a questão da mensagem é uma questão vital para o ministério. Finalmente, como isto de nada vale, o sr. Auerswald apresenta-se também e reitera, pela terceira vez, que o ministério mantém-se e cai com a mensagem. Agora a Assembleia está suficientemente convencida e vota, naturalmente, a favor da mensagem.

E assim, em dois meses, nossos ministros "responsáveis" chegaram a essa experiência e segurança na condução de uma Assembleia que o sr. Duchâtel, que certamente não era desprezível, adquiriu somente depois de muitos anos de contatos íntimos com a penúltima Câmara de Deputados francesa. Também o sr. Duchâtel, em último caso, quando a esquerda o aborrecia com suas longas tiradas, costumava declarar: A Câmara é livre, pode votar contra ou a favor, mas se votar contra, renunciamos – e a covarde maioria, para quem o sr. Duchâtel era o homem "mais necessário" do mundo, agrupava-se em torno de seu comandante ameaçado, como um rebanho de carneiros sob a trovoada. O sr. Duchâtel era um francês leviano e fez este jogo por muito tempo, até que seus com-

---

3 A segunda Dieta Unificada foi convocada em 2 de abril de 1848. Em 8 de abril, além da lei eleitoral já mencionada, aprovou um empréstimo de 25 milhões de táleres, que a primeira Dieta Unificada havia negado. Em seguida, em 10 de abril de 1848, foi dissolvida.
4 *No etéreo reino dos sonhos* – Heine, *Alemanha. Um conto de inverno*, cap. VII, verso 23.
5 Para a tradução de *Vereinbarungstheorie* como teoria ententista e *Vereinbarungsversammlung* como Assembleia Ententista, ver n. 41 da Introdução.

patriotas se aborreceram. O sr. Camphausen é um político alemão habilidoso e calmo, saberá até onde pode ir.

Decerto, quando se está tão seguro dos seus quanto o sr. Camphausen de seus ententistas, economiza-se por esse método tempo e argumentos. A palavra da oposição é praticamente cassada quando se faz de cada ponto uma questão vital para o ministério. Por isso, esse método convém, o mais das vezes, para homens resolutos, que sabem de uma vez por todas o que querem e para os quais todo palavrório longo e inútil se torna insuportável – para homens como Duchâtel e Hansemann. Mas para homens de discussão, que preferem, "num grande debate, manifestar e trocar seus pontos de vista, tanto sobre o passado e o presente, como sobre o futuro" (Camphausen, sessão de 31 de maio), para homens que se apoiam sobre o terreno dos princípios e perscrutam os acontecimentos cotidianos com o olhar aguçado dos filósofos, para os espíritos superiores como Guizot e Camphausen, esse expedientezinho pedestre não pode convir de forma alguma, como nosso primeiro-ministro verá na sua prática. Que ele o abandone ao seu Duchâtel-Hansemann e mantenha-se na esfera mais elevada, na qual o observamos com tanto prazer.

O ministério Camphausen

NGR, n. 4, 4/6/1848

K. Marx

Colônia, 3 de junho. É sabido que a Assembleia Nacional francesa de 1789 foi precedida de uma Assembleia de Notáveis, uma assembleia de composição *estamental* como a Dieta Unificada prussiana. No decreto pelo qual convocava a Assembleia Nacional, o ministro Necker referia-se ao desejo, expresso pelos notáveis, de convocar os Estados Gerais. O ministro Necker teve uma vantagem significativa sobre o ministro Camphausen. Ele não precisou esperar a Tomada da Bastilha e a queda da monarquia absoluta para ulteriormente atar, com uma doutrina, o velho ao novo, a fim de laboriosamente manter a *aparência* de que a França chegara à nova Assembleia Constituinte através dos meios legais da antiga Constituição. Teve ainda outra vantagem. Era ministro da França, e não ministro da Alsácia-Lorena, ao passo que o sr. Camphausen não é ministro da Alemanha, mas da Prússia. E com todas estas vantagens, o ministro Necker não conseguiu transformar um movimento revolucionário numa tranquila reforma. As grandes doenças não se curam com essência de rosas.[1] O sr. Camphausen conseguirá menos ainda mudar o caráter do movimento por meio de uma teoria artificial, que traça uma linha reta entre seu ministério e as antigas condições da monarquia prussiana. A Revolução de Março, o movimento revolucionário alemão em geral, não se deixam transformar, mediante um artifício qualquer, em *incidentes* mais ou menos importantes. Luís Filipe foi escolhido rei de França *porque* era Bourbon? Foi escolhido *apesar de ser* Bourbon? Lembramos que essa questão dividiu os partidos logo depois da Revolução de Julho.[2] O que demonstrava esta questão? Que a revolução fora posta em questão, que o interesse da revolução não era o interesse da classe que chegara ao poder e de seus representantes políticos.

A declaração do sr. Camphausen, de que seu ministério veio ao mundo não *por meio* da Revolução de Março, mas sim *depois* da Revolução de Março, tem esse mesmo significado.

---

[1] Heine, *Alemanha. Um conto de inverno*, cap. XXXI.
[2] Quando, em 1830, discutiu-se se o novo rei devia adotar o nome de Felipe VII ou de Luís Filipe, Dupin, o Velho (1783-1865), declarou que "o duque de Orléans fora chamado ao trono não *porque*, mas *apesar de* ser um Bourbon".

A reação

NGR, n. 6, 6/6/1848

Colônia, 5 de junho. Os mortos cavalgam depressa.[1] O sr. Camphausen negou a revolução, e a reação ousa propor à Assembleia Ententista estigmatizá-la como um tumulto. Um deputado propôs-lhe, em 3 de junho, a moção de erguer um monumento aos soldados mortos em 18 de março.

---

[1] Da balada *Lenore*, de Gottfried August Bürger.

Comité de *Sûreté Générale*

NGR, n. 6, 6/6/1848

Colônia, 5 de junho. Berlim tem agora seu *Comité de Sûreté Générale*, tal como Paris em 1793.[1] Com a única diferença de que o comitê parisiense era revolucionário e o berlinense é reacionário. De acordo com um edital publicado em Berlim, as "autoridades encarregadas da manutenção da ordem" consideraram necessário "unir-se num esforço coletivo". Por isso, nomearam um Comitê de Segurança, que estabeleceu sua sede na Oberwallstrasse. Eis a composição deste novo organismo: 1. presidente: o diretor do ministério do Interior, Puttkamer; 2. o comandante Aschoff, ex-comandante-em-chefe da Guarda Cívica; 3. o chefe de polícia, Minutoli; 4. o promotor Temme; 5. o burgomestre Naunym e dois vereadores; 6. o presidente do Conselho Municipal e três conselheiros; 7. cinco oficiais e dois homens da Guarda Cívica.

Este comitê

> deverá, sobretudo, tomar conhecimento do que fira ou ameace ferir a ordem pública, e submeter os fatos a uma avaliação geral e pormenorizada. Excluindo velhos e insignificantes meios e formas e evitando desnecessárias trocas de correspondência, estipulará as providências apropriadas e induzirá as diversas esferas da administração a uma rápida e enérgica execução das disposições necessárias. Somente por meio de um tal esforço coletivo poderão ser alcançadas a rapidez e segurança, associadas à necessária cautela, na marcha dos negócios, frequentemente muito difícil sob as circunstâncias da época atual. Mas sobretudo a Guarda Cívica, que tomou para si a proteção da cidade, será posta em condições *de, se necessário, dar a devida ênfase às decisões tomadas pela autoridade a seu conselho*. Com total confiança na participação e colaboração de todos os moradores e especialmente da honrada [!] classe dos operários *e* [!] trabalhadores, os deputados, *livres de todo partidarismo e aspirações*, iniciam seu penoso trabalho e esperam desempenhá-lo pelo bem-estar de todos, de preferência pelo pacífico caminho da conciliação.

A linguagem untuosa, insinuante, humildemente suplicante já permite suspeitar que aqui foi constituído um centro para a atividade reacionária contra o povo revolucionário de Berlim. A composição desse comitê eleva essa suspeita à certeza. Aí está, primeiro, o sr.

---

[1] O *Comité de Sûreté Générale* de Paris foi formado em 1792 pela Convenção para defender a república dos ataques da contrarrevolução.

Puttkamer, o mesmo que se tornara conhecido como chefe de polícia por suas expulsões. Como sob a monarquia burocrática: nenhuma alta repartição pública sem ao menos *um* Puttkamer. Depois, o sr. Aschoff, que graças à sua brutalidade física e a suas intrigas reacionárias tornou-se tão odiado pela Guarda Cívica que ela decidiu afastá-lo. Ele agora se demitiu de seu posto. Em seguida o sr. Minutoli, que salvou a pátria na Posnânia em 1846, descobrindo a conspiração dos poloneses,[2] e que recentemente ameaçou expulsar os tipógrafos quando entraram em greve contra diferenças salariais. Depois, representantes de duas corporações que se tornaram extremamente reacionárias, o governo municipal e o Conselho Municipal, e finalmente, entre os oficiais da Guarda Cívica, o arquirreacionário major Blesson. Esperamos que o povo berlinense não se deixe tutelar de modo algum por esse comitê da reação arbitrariamente constituído.

Aliás, o comitê já iniciou sua atividade reacionária, intimando a suspender a passeata popular ao túmulo dos combatentes mortos de março, anunciada para ontem (domingo), porque era uma manifestação, e manifestações são sempre prejudiciais.

---

[2] Em fevereiro de 1846 foi preparada na Polônia uma insurreição com vistas à libertação nacional do país e liderada por democratas revolucionários (Dombrowski, entre outros). Entretanto, graças à traição da nobreza e à prisão dos líderes pela polícia prussiana, a insurreição foi estilhaçada e ocorreram somente levantes isolados. Só em Cracóvia, submetida desde 1815 ao controle conjunto da Áustria, Rússia e Prússia, os insurretos conseguiram chegar à vitória em 22 de fevereiro e criar um governo nacional, que publicou um manifesto sobre a supressão das obrigações feudais. A insurreição de Cracóvia foi reprimida no início de março de 1846 por tropas austríacas, prussianas e russas. Em novembro do mesmo ano, estes Estados subscreveram o tratado de anexação da Cracóvia ao império austríaco, quebrando o tratado de Viena de 1815, que a garantia como cidade livre.

Programa do Partido Democrata Radical e da esquerda em Frankfurt

NGR, n. 7, 7/6/1848

Colônia, 6 de junho. Ontem, demos a conhecer a nossos leitores o Manifesto do Partido Democrata Radical na Assembleia Nacional Constituinte de Frankfurt. Sob a rubrica Frankfurt, publicamos hoje o Manifesto da Esquerda.[1] À primeira vista, os dois manifestos parecem diferenciar-se apenas formalmente, como se o Partido Democrata Radical tivesse um redator desajeitado e a esquerda, um redator hábil. Entretanto, numa leitura mais rigorosa, salientam-se algumas distinções essenciais. O manifesto radical exige uma Assembleia Nacional escolhida por meio de "eleições diretas e não censitárias" e o da esquerda, por meio de "eleição livre e universal". A *eleição livre e universal* elimina o voto censitário, mas de modo nenhum o método *indireto*. E, em todo o caso, qual a finalidade dessa expressão indeterminada e ambígua?

Deparamo-nos, mais uma vez, com esta grande amplitude e flexibilidade das reivindicações da esquerda, em contraste com as reivindicações do partido radical. A esquerda exige "um Poder Executivo central eleito *pela* Assembleia Nacional por período determinado e responsável diante dela". Não esclarece se esse poder central deve provir *do interior da Assembleia Nacional*, como o manifesto radical determina claramente.

Finalmente, o manifesto da esquerda reivindica a imediata afirmação, proclamação e garantia dos direitos fundamentais do povo alemão contra todo tipo de usurpação pelos governos autônomos. O manifesto radical não se contenta com isto. Declara que: "a Assembleia concentra agora todos os poderes políticos do conjunto do Estado e deve *imediatamente* pôr em ação os vários poderes e instituições políticas que estão sob sua jurisdição e dirigir a política interna e externa do conjunto do Estado".

Os dois manifestos concordam que se deve deixar a cargo "unicamente da Assembleia Nacional a elaboração da Constituição alemã" e em excluir a intervenção do governo. Ambos concordam em deixar para os Estados autônomos, "sem prejuízo da proclamação dos direitos do povo pela Assembleia Nacional", a escolha de sua forma de governo, seja a

---

[1] A esquerda da Assembleia Nacional de Frankfurt dividia-se em duas frações. Um dos líderes da esquerda era Robert Blum. À extrema-esquerda, conhecida como Partido Democrata Radical, pertenciam, entre outros, os deputados Arnold Rüge, Zitz, Simons, Schloffel, von Trützchler.

monarquia constitucional, seja a república. Finalmente, ambos concordam em converter a Alemanha num Estado federativo ou numa confederação.

O manifesto radical ao menos exprime a natureza *revolucionária* da Assembleia Nacional. Reivindica a correspondente atividade revolucionária. A mera existência de uma Assembleia Nacional *Constituinte* não significa que *não existe* mais Constituição? Mas, se não existe mais Constituição, não existe mais governo. Se não existe mais governo, a própria Assembleia Nacional deve governar. Seu primeiro ato deveria ser um decreto em sete palavras: *"A Dieta Federal está para sempre dissolvida".*

Uma Assembleia Nacional Constituinte deve ser, sobretudo, uma Assembleia *ativa*, revolucionariamente ativa. A Assembleia de Frankfurt faz primários exercícios parlamentares e deixa o governo agir. Admitindo que este dócil concílio, depois de madura reflexão, chegue a inventar a melhor ordem do dia e a melhor Constituição, para que serve a melhor ordem do dia e a melhor Constituição se, entretanto, o governo põe as baionetas na ordem do dia?

A Assembleia Nacional Alemã, abstraindo que nasceu de uma eleição *indireta*, padece de uma doença tipicamente alemã. Está instalada em Frankfurt am Main, e Frankfurt am Main é apenas um ponto central ideal, como corresponde à até agora ideal, isto é, imaginária unidade alemã. Frankfurt am Main tampouco é uma grande cidade, com uma numerosa população revolucionária que sustente a Assembleia Nacional, em parte defendendo-a, em parte impulsionando-a para diante. Pela primeira vez na história mundial uma Assembleia Constituinte de uma grande nação instala-se em uma cidade pequena. Isto é resultado do desenvolvimento anterior da Alemanha. Enquanto as Assembleias Nacionais francesa e inglesa instalaram-se em um terreno explosivo – Paris e Londres – a Assembleia Nacional Alemã deve congratular-se por ter encontrado um terreno *neutro*, um terreno neutro onde, com a mais tranquila paz de espírito, pode meditar sobre a melhor Constituição e a melhor ordem do dia. No entanto, a situação da Alemanha naquele momento oferecia-lhe a oportunidade de superar sua infeliz situação material. Ela precisaria apenas opor-se ditatorialmente, em toda parte, às usurpações reacionárias do governo caduco para conquistar um poder na opinião pública contra o qual se despedaçariam todas as baionetas e fuzis. Em vez disso, abandonou Mogúncia, sob suas vistas, ao arbítrio da soldadesca, e alemães de outras regiões[2] às chicanas dos filisteus de Frankfurt. Entediou o povo alemão, em vez de arrebatá-lo consigo ou deixar-se arrebatar por ele. De fato, existe para ela um *público* que, por enquanto, ainda assiste com bom humor aos burlescos movimentos do redivivo espectro do Sagrado Império Romano-Germânico, mas não existe para ela um *povo* que na vida dela tenha encontrado sua própria vida. Longe de ser o órgão central do movimento revolucionário, não foi até agora sequer seu eco.

---

[2] Trata-se de Esselen, Pelz e Löwenstein, expulsos de Frankfurt. Inexistindo a nacionalidade alemã, os três expulsos, não sendo de Frankfurt, eram considerados estrangeiros.

Se a Assembleia Nacional constituir um poder central a partir de seu interior, pouca positividade haverá que esperar deste governo provisório, tanto pela atual composição da Assembleia como por ter deixado passar em vão o momento favorável. Se não constituir um poder central, terá assinado sua própria abdicação e será estilhaçada aos quatro ventos pelo menor sopro revolucionário.

O programa da esquerda, como o do grupo radical, tem o mérito de compreender essa necessidade. Ambos proclamam com Heine:

> Pensando bem,
> não precisamos de nenhum imperador,[3]

e a dificuldade em decidir *"quem* deve ser o imperador", os vários bons argumentos em favor de um imperador eleito e os igualmente bons argumentos em favor de um imperador hereditário coagirão também a maioria conservadora da Assembleia a cortar o nó górdio não escolhendo *nenhum imperador.*

É incompreensível como o chamado Partido Democrata Radical pode proclamar como Constituição definitiva da Alemanha uma federação de monarquias constitucionais, pequenos principados e republiquetas, uma confederação de elementos tão heterogêneos com um governo republicano à frente – pois não tem outro significado o comitê central aceito pela esquerda.

Sem dúvida, o governo central alemão eleito pela Assembleia Nacional precisa primeiro erguer-se *ao lado* do governo ainda existente de fato. Mas com sua existência já começa sua luta contra os governos autônomos, e, nesta luta, ou desaparece o governo central junto à unidade alemã, ou os governos autônomos com seus principados ou republiquetas locais.

Não fazemos a utópica exigência de que seja proclamada *a priori* uma *república alemã una e indivisível,* mas exigimos do Partido Democrata Radical que não confunda o ponto de partida da luta e do movimento revolucionários com seu ponto de chegada. A unidade alemã, assim como a Constituição alemã, só pode advir como resultado de um movimento no qual os conflitos internos e a guerra com o leste desempenharão papéis igualmente decisivos. A organização definitiva não pode ser decretada. Ela *coincide* com o movimento que temos de percorrer. Eis por que também não se trata de realizar esta ou aquela opinião, esta ou aquela ideia política; trata-se de entender o curso do desenvolvimento. A Assembleia Nacional tem apenas de dar os passos práticos possíveis no momento.

Por mais que o redator do Manifesto Democrático nos assegure que "todo homem se alegra ao desembaraçar-se de sua confusão", nada mais confuso que sua ideia de querer tomar como modelo para a Constituição alemã a *federação norte-americana*!

---

[3] Heine, *Alemanha. Um conto de inverno,* cap. XVI, versos 95/96. [Bedenk'ich die Sache ganz genau/So brauchen wir gar keinen Kaiser.]

Os Estados Unidos da América do Norte, abstraindo que são todos organizados homogeneamente, estendem-se sobre uma superfície tão grande quanto a Europa civilizada. Somente uma federação *europeia* poderia ser-lhes análoga. E, para que a Alemanha se una a outros países em uma federação, precisa antes se tornar *um* país. Na Alemanha, a luta entre a centralização e a forma federativa é a luta entre a civilização moderna e o feudalismo. A Alemanha decaiu a um feudalismo aburguesado no mesmo momento em que se constituíam no Ocidente as grandes monarquias, e também foi excluída do mercado mundial no mesmo momento em que este se abria para a Europa ocidental. Empobreceu, enquanto os outros enriqueceram. Ruralizou-se, enquanto os outros se urbanizaram. Mesmo se a Rússia não batesse à porta da Alemanha, as circunstâncias econômicas nacionais por si sós teriam conduzido a uma rigorosa centralização. Mesmo de um ponto de vista estritamente burguês, uma sólida unidade alemã é a primeira condição para escapar da atual miséria e criar a riqueza nacional. E como poderiam ser resolvidas as modernas tarefas sociais em um território estilhaçado em 39 pequenos Estados? O redator do Programa Democrático, de resto, não necessita abordar as secundárias relações materiais econômicas. Ele se atém, em sua argumentação, ao conceito de federação. A *federação* é uma *união* de *parceiros livres e iguais*. *Portanto*, a Alemanha deve ser um *Estado federativo*. Não poderiam também os alemães federar-se em *um* grande Estado, sem pecar contra o conceito de uma união de parceiros livres e iguais?

A questão da mensagem

NGR, n. 8, 8/6/1848

Colônia, 7 de junho. A Assembleia de Berlim decidiu, pois, enviar uma mensagem ao rei, para dar ao *ministério* a oportunidade de exprimir sua opinião, de justificar sua gestão até agora. Não deve ser uma mensagem de agradecimento ao velho estilo da Dieta, nem um testemunho de respeito: de acordo com a declaração do Altíssimo, Sua Majestade oferece a seus "responsáveis" apenas a "mais conveniente" e a "melhor" ocasião para "harmonizar" os princípios da maioria com os do ministério.

Se, pois, desse modo, a pessoa do rei é um mero meio de troca – remetemos novamente às próprias palavras do primeiro-ministro –, um símbolo de valor, que apenas medeia a própria transação, ela não é de modo algum indiferente à forma da negociação. Por esse meio, os representantes da vontade do povo são, primeiro, postos em relação direta com a Coroa, e pode-se com facilidade deduzir daí, já no próprio debate sobre a mensagem, um reconhecimento da teoria ententista, uma renúncia à soberania do povo. Mas, em segundo lugar, não podemos falar ao respeitável chefe de Estado como se nos dirigíssemos diretamente aos ministros. Será preciso expressar-se com grande discrição, mais insinuar do que tudo dizer abertamente, e então ainda dependerá da decisão do ministério considerar, ou não, uma leve repreensão compatível com sua continuidade. Mas os pontos difíceis, nos quais os antagonismos assumem contornos mais ásperos, provavelmente não serão de modo algum tocados ou o serão apenas superficialmente. O medo de uma ruptura prematura com a Coroa, que talvez fosse acompanhada de graves consequências, será aqui facilmente suscitado e encontrará um pretexto na asserção de que não se quer antecipar a posterior discussão pormenorizada sobre questões específicas.

Assim, o sincero respeito seja pela pessoa do monarca, seja pelos princípios monárquicos em geral, bem com o receio de ir longe demais, o medo de tendências anárquicas oferecerão ao ministério vantagens inestimáveis no debate sobre a mensagem, e o sr. Camphausen pode com razão considerar esta oportunidade como a "mais conveniente", a "melhor" para alcançar uma forte maioria.

Pode-se perguntar, no entanto, se os representantes do povo estão dispostos a assumir essa posição dependente e submissa. A Assembleia Constituinte já cedeu muito não pedindo contas de moto próprio aos ministros acerca do exercício de seu governo até agora; esta deveria ter sido sua primeira tarefa, pois supostamente ela foi convocada tão cedo justamente para que as disposições do governo se apoiassem na vontade indireta do povo. Decerto agora, *depois* que se reuniu, ela parece estar aqui apenas "para entender-se com a Coroa sobre uma Constituição que se espera duradoura".

Mas em vez de proclamar desde o princípio sua verdadeira missão por meio de um tal procedimento, a Assembleia tolerou a humilhação de precisar ser coagida pelos ministros a aceitar um relatório de prestação de contas. É notável que nem um único de seus membros tenha oposto à moção para constituir uma Comissão da Mensagem a exigência de que o ministério deveria, *sem* uma "oportunidade" especial, pura e simplesmente apresentar-se à Câmara a fim de responder pelo desempenho de suas funções até o momento. E, entretanto, esse era o único argumento convincente contra uma mensagem; em relação a todos os outros motivos, os ministros tinham toda a razão.

O escudo da dinastia

NGR, n. 10, 10/6/1848

Colônia, 9 de junho. Como informam os jornais alemães, no dia 6 deste mês o sr. Camphausen abriu seu transbordante coração para seus ententistas. Ele pronunciou

> um discurso não tanto brilhante quanto, na verdade, *emanado do mais fundo do coração*, que lembra Paulo quando disse: 'Ainda que eu falasse a língua dos homens e dos anjos, e não tivesse amor, eu seria como o bronze que soa!' Sua palavra transbordava daquela emoção sagrada que chamamos amor [...], falava entusiasticamente para entusiastas, o aplauso parecia não ter fim [...], e foi necessária uma longa pausa, para se entregarem a toda a sua impressão e incorporá-la.[1]

E quem era o herói desse discurso emanado do fundo do coração, pleno de amor? Quem era o tema que entusiasmou tanto o sr. Camphausen, de quê ele falou entusiasticamente para entusiastas? Quem era o Enéas dessa *Eneida*[2] de 6 de junho?

Quem mais, senão o *príncipe da Prússia*!

Lê-se em seguida, na ata estenográfica, como o poético presidente do conselho descreve os caminhos do moderno filho de Anquises; como ele, quando chegou o dia "em que a sagrada Ílio caiu./Príamo também e o povo do rei perito em lança",[3] como ele, quando da queda da aristocrática Troia *junker*, depois de longa odisseia por mar e terra, finalmente viera dar na praia da moderna Cartago e fora acolhido amistosamente pela rainha Dido; como se saíra melhor que Enéas I, já que encontrara um Camphausen, que restabeleceu Troia da melhor maneira possível e redescobriu novamente o sagrado "terreno do direito"; como Camphausen finalmente fizera retornar seu Enéas aos seus

---

[1] *Gazeta de Colônia*, n. 161 de 9 de junho de 1848. Diário publicado desde 1802 em Colônia. Durante os anos 1830 e início dos anos 1840, defendeu a Igreja Católica contra o protestantismo, dominante na Prússia; em 1848/1849 refletiu a política da burguesia liberal prussiana e conduziu uma luta contínua e encarniçada contra a *Nova Gazeta Renana*.

[2] Enéas – segundo a mitologia grega, um dos defensores de Troia, filho de Anquises e da deusa Afrodite. Depois da tomada de Troia pelos gregos, ele escapou e alcançou a costa da Itália. O poema *A Eneida*, de Virgílio, narra o périplo de Enéas.

[3] Da epopeia *Ilíada*, de Homero.

penates e como agora novamente a alegria reina no átrio de Troia.[4] É preciso ler tudo isso e mais inúmeros adornos poéticos para sentir o que significa um entusiasmado falar para entusiastas.

Toda esta epopeia, aliás, apenas serviu de pretexto ao sr. Camphausen para um ditirambo a respeito dele mesmo e de seu ministério.

> Sim – exclama ele –, acreditamos que corresponde ao espírito da Carta Constitucional que *nós* nos puséssemos no lugar de uma alta personalidade, que *nós* nos apresentássemos como a personalidade contra a qual toda agressão era dirigida [...]. E assim aconteceu. Nós nos colocamos como um escudo diante da dinastia e atraímos para nós todos os perigos e ataques!

Que elogio para a "alta personalidade", que elogio para a "dinastia"! Sem o sr. Camphausen e seus seis paladinos, a dinastia estaria perdida. Quão forte dinastia, quão "profundamente enraizada no povo" deve o sr. Camphausen considerar a casa Hohenzollern para falar assim! Deveras, se o sr. Camphausen tivesse falado menos "entusiasticamente para entusiastas", estivesse ele menos "transbordante daquela emoção sagrada que chamamos amor" ou se tivesse ao menos deixado falar seu Hansemann, que se contenta com o "bronze que soa", teria sido melhor para a dinastia!

"Todavia, meus senhores, eu não digo isso com orgulho desafiador, mas com a humildade que nasce da consciência de que a alta missão que está posta para os senhores e para nós só poderá ser resolvida quando o espírito da *moderação* e da *conciliação* descer sobre esta Assembleia, quando encontrarmos, junto de vossa justiça, também vossa indulgência!"

O sr. Camphausen tem razão em solicitar para si moderação e indulgência de uma Assembleia que carece ela mesma da moderação e indulgência do público!

---

[4] O príncipe da Prússia, irmão de Frederico Guilherme IV e um dos líderes da reacionária camarilha da corte, fugiu para a Inglaterra durante as batalhas de março. Seu palácio foi declarado propriedade estatal. No entanto, já no início de maio, o governo Camphausen defendeu seu retorno, apesar dos protestos da população berlinense indignada. Em 8 de junho, o "príncipe da metralhadora" apareceu como deputado pelo distrito de Wirsitz na Assembleia Nacional prussiana. Após a morte de seu irmão, tornou-se rei da Prússia e foi coroado imperador da Alemanha em 18 de janeiro de 1871, sob o nome de Guilherme I.

Declaração de incompetência das Assembleias de Frankfurt e Berlim

NGR, n. 12/13, 13/6/1848

Colônia, 11 de junho. *As duas Assembleias, a de Frankfurt e a de Berlim, lavraram solenemente sua declaração de incompetência. Uma, por seu voto na questão do Schleswig--Holstein, reconheceu a Dieta Federal como a instância superior.*[1] *A outra, com sua decisão em favor da ordem do dia contra a moção do deputado Berends,*[2] *não apenas renega a revolução, como confessa expressamente ter sido convocada somente para o acordo sobre a Constituição, e reconhece, assim, o princípio fundamental do projeto de Constituição apresentado pelo ministro Camphausen. As duas Assembleias mostraram seu justo valor. As duas são – incompetentes.*

---

[1] Em 9 de junho de 1848 a Assembleia Nacional de Frankfurt rejeitou a proposta de que lhe caberia a competência para a ratificação do futuro tratado de paz com a Dinamarca, deixando à Dieta Federal total liberdade de ação.

[2] O deputado Berends, da esquerda da Assembleia Nacional prussiana, apresentara a seguinte moção: "A Assembleia declara, em reconhecimento da revolução, que os combatentes de 18 e 19 de março prestaram relevantes serviços à Pátria". Depois de longo debate, que durou vários dias, a moção foi rejeitada por 196 votos a 177, decisão pela qual a Assembleia negava a revolução.

A Assembleia Ententista de 15 de junho

NGR, n. 18, 18/6/1848

Colônia, 17 de junho. Nós lhes dizíamos há alguns dias: vocês negam a existência da revolução.

Ela demonstrará sua existência por meio de uma segunda revolução.

Os acontecimentos de 14 de junho[1] são apenas as primeiras centelhas dessa segunda revolução, e o ministério Camphausen já está em plena decomposição. A Assembleia Ententista depositou um voto de confiança no povo de Berlim pondo-se sob sua proteção.[2] Eis o reconhecimento ulterior dos combatentes de março. A Assembleia retomou das mãos dos ministros a obra constitucional e procura se "entender" com o povo, nomeando uma comissão para examinar todas as petições e mensagens relativas à Constituição. Eis a ulterior cassação de sua declaração de incompetência.[3] Ela promete iniciar os trabalhos da Constituição por uma ação, pela supressão dos últimos fundamentos da velha estrutura – as relações feudais que pesam sobre o campo. Eis a promessa de uma noite de 4 de agosto.[4]

Em uma palavra, em 15 de junho a Assembleia Ententista negou seu próprio passado, como em 9 de junho negara o passado do povo. Ela viveu seu 21 de março.[5]

---

[1] Indignados com a negação da Revolução de Março pela Assembleia Nacional prussiana, os trabalhadores e artesãos de Berlim tomaram de assalto o arsenal, para armar o povo e defender as conquistas da revolução. Mas os reforços militares convocados, em conjunto com setores da Guarda Cívica, conseguiram rapidamente expulsar e desarmar o povo. O líder do ataque ao arsenal, o capitão von Natzmer, que ordenara aos soldados a retirada do arsenal, e seu primeiro-tenente, Techow, foram mais tarde condenados por uma corte marcial a pesadas penas de prisão.

[2] A resolução tomada em 15 de junho de 1848 dizia que a Assembleia "não necessita da proteção das Forças Armadas e se põe sob a proteção da população de Berlim".

[3] Ver "Declaração de incompetência das Assembleias de Frankfurt e Berlim".

[4] Na noite de 4 de agosto de 1789 a Assembleia Nacional francesa, sob a pressão do crescente movimento camponês, anunciou solenemente a supressão de uma série de obrigações feudais, que já haviam sido eliminadas na prática pelos camponeses sublevados. A lei promulgada logo depois, no entanto, só abolia sem indenização as obrigações pessoais. As obrigações feudais só foram suprimidas sem indenização, durante a ditadura jacobina, pela lei de 17 de julho de 1793.

[5] Amedrontado com os combates de barricadas em Berlim, Frederico Guilherme IV dirigiu-se "Ao meu povo e à nação alemã" prometendo criar uma representação estamental, outorgar uma Constituição, introduzir a responsabilidade dos ministros, processos judiciais públicos e orais, júris etc. Em uma representação cômica,

Mas a Bastilha ainda não foi tomada.

Entretanto, aproxima-se do Oriente um apóstolo da revolução, irresistível, incontrolável. Ele já está diante das portas de Thorn. É o *tsar*. *O tsar salvará a revolução alemã, centralizando-a.*

---

cavalgou por Berlim com a bandeira negro-rubro-dourada e anunciou que a Prússia devia ser absorvida pela Alemanha, que pretendia salvar a unidade e a liberdade alemãs e se pôr à frente de uma Alemanha constitucional.

Posição dos partidos em Colônia

NGR, n. 18, 18/6/1848

Colônia, 16 de junho. Tivemos aqui há alguns dias uma eleição complementar que demonstrou do modo mais contundente o quanto mudou a posição dos partidos desde as eleições gerais.[1]

O sr. intendente geral de polícia, Müller, suplente em Frankfurt, foi eleito em Gummersbach deputado por Berlim.

Três candidatos disputavam a eleição. O partido católico propusera o sr. *Pellmann*, o constitucionalista (a Associação Cívica),[2] o sr. *Fay*, advogado, e o democrático sr. *Schneider II*, advogado e presidente da Associação Democrática (Stollwerk).[3]

Na primeira votação (140 eleitores), o sr. Fay obteve 29 votos, o sr. Pellmann, 34, e o sr. Schneider, 52. Os votos restantes foram dispersos.

Na segunda votação (139 votos), o sr. Fay obteve 14 votos, o sr. Pellmann, 59, e o sr. Schneider, 64. O partido democrático mantinha, portanto, uma crescente maioria.

Na terceira votação (138 votos), por fim, o sr. Fay não obteve *nenhum* voto. O sr. Schneider obteve 55 e o sr. Pellmann, 75 votos. Os senhores da Associação Cívica deram, pois, os seus votos ao candidato católico, por medo dos democratas de Stollwerk.

Estas votações demonstram o quanto a opinião pública mudou aqui. Nas eleições gerais, os democratas eram minoria em toda parte. Nesta eleição complementar, o partido democrático era de longe o mais forte entre os três partidos em luta; só pôde ser derrotado por uma coalizão antinatural dos outros dois partidos. Não censuramos o partido católico por aceitar esta coalizão. Apenas salientamos o fato de que os *constitucionalistas* desapareceram.

---

[1] O artigo compara os resultados da eleição complementar de 14 de junho de 1848 em Colônia para a Assembleia Nacional de Frankfurt com os da eleição ocorrida em 10 de maio para aquela Assembleia.

[2] Organização da burguesia liberal moderada, criada na Prússia depois da Revolução de Março, que se propunha a preservar a "legalidade" e a "ordem" no contexto da monarquia constitucional e combater a "anarquia", isto é, o movimento revolucionário-democrático.

[3] A Associação Democrática de Colônia, cujas assembleias ocorriam no Café de Franz Stollwerk, foi fundada em abril de 1848. Faziam parte dela pequeno-burgueses e trabalhadores. Marx e Engels filiaram-se a ela, e Marx participou de sua direção. Em abril de 1849, Marx e seus seguidores desligaram-se dela.

A prisão de Valdenaire – Sebaldt

NGR, n. 19, 19/6/1848

Colônia. Como se sabe, a Assembleia Ententista de Berlim protelou a moção Wencelius relativa à detenção de *Victor Valdenaire*, o deputado do distrito de Tréveris. E por qual razão! Porque não há nenhuma *lei* sobre a imunidade dos representantes do povo nos arquivos da velha legislação prussiana, e, naturalmente, tampouco representantes do povo no velho quarto de despejo da história prussiana. Nada mais fácil do que, sobre esta base, aniquilar *a posteriori* todas as conquistas da revolução no interesse do tesouro público! As evidentes reivindicações, necessidades e direitos da revolução naturalmente não são sancionadas por uma legislação cujos fundamentos foram pelos ares justamente graças a essa revolução. Desde o momento em que existem representantes do povo prussiano, existe a *imunidade* dos representantes do povo prussiano. Ou a sobrevivência de toda a Assembleia Ententista deve depender do capricho de um chefe de polícia ou de um tribunal? Mas qual! *Zweiffel, Reichensperger* e os demais juristas renanos, que transformam toda questão política numa querela de procedimento e que não poderiam deixar passar o caso Valdenaire sem ostentar um mesquinho sofisma e um imenso servilismo, estão inteiramente a salvo dessa eventualidade.

A propósito, uma pergunta ao sr. Reichensperger II: acaso o sr. Reichensperger não está destinado a tomar posse da *presidência* da *Câmara em Colônia* após a aposentadoria do sr. Schauberg, que deve se iniciar em 1 de julho de 1848?

Valdenaire foi detido quando acabara de entrar na diligência para *Merzig*, onde deveria ocorrer a eleição do *deputado para a Assembleia de Frankfurt*. Valdenaire tinha assegurada a imensa maioria dos votos. Que meio mais cômodo para frustrar uma eleição indesejada do que prender o candidato? E o governo, para ser consequente, não convoca seu substituto *Gräff*, apesar da reclamação deste, e assim deixa sem representação uma malvista população de 60 mil almas. Aconselhamos o sr. Gräff a dirigir-se a Berlim de moto próprio.

Finalmente, não podemos caracterizar melhor a situação em Tréveris do que pela seguinte reprodução de uma *advertência* do poderosíssimo sr. *Sebaldt*, real conselheiro provincial e prefeito de Tréveris.

Advertência

Por algumas tardes seguidas, ajuntamentos insolitamente numerosos de pessoas em praças públicas e ruas da cidade geraram em muitos atemorizados a crença na iminência de manifestações ilegais. Não faço parte dos atemorizados e vejo com simpatia o livre trânsito nas ruas. No entanto, se, contra as previsões, ocorrer a algumas mentes imaturas abusar desse trânsito para cometer patifarias ou troças ofensivas, devo instar a melhor parte do público a se separar imediatamente desses elementos, pois graves perturbações da ordem serão seriamente combatidas, e lamentaria muito se, no caso de um conflito, viesse a ser prejudicado o imprudente, em vez do culpado.

Tréveris, 16 de junho de 1848
O real conselheiro provincial e prefeito
Conselheiro de Estado *Sebaldt*

Quão gentilmente o elevado homem escreve, quão patriarcalmente!

"Ele vê com simpatia o livre trânsito nas ruas." Simpatias agradáveis, as do sr. Sebaldt!

Medrosos temem uma manifestação. O ditador de Tréveris tem a virtude de não ser medroso. Mas precisa mostrar sua onipotência, precisa transformar o fantasma dos atemorizados numa *presunção oficial*, para poder ameaçar uma desordem *séria* com *seriedade* contrária.

Quão surpreendentemente o grande homem combina a seriedade e a gentileza! Sob a proteção dessa séria, mas gentil, *providência*, os *melhores* de Tréveris podem dormir tranquilos.

A emenda Stupp

NGR, n. 21, 21/6/1848

Colônia, 20 de junho. O sr. *Stupp*, de *Colônia*, propôs uma emenda à lei sobre a *imunidade dos deputados* que não foi discutida na Assembleia Ententista, mas que pode não ser desprovida de interesse aos seus concidadãos de Colônia. Não queremos privá-los do raro prazer proporcionado por essa obra de arte legislativa.

Emenda do Deputado Stupp
§1. "A nenhum membro da Assembleia se poderá, sob qualquer forma, pedir contas por seus votos ou por suas palavras ou opiniões expressas na sua condição de deputado."
Emenda: "Eliminar o termo '*palavras*' na terceira linha."
Fundamentação: "É suficiente que os deputados possam expressar livremente sua *opinião*. Sob a expressão '*palavras*' podem ser subsumidos também ultrajes, que autorizam o ofendido a abrir *uma ação civil*. Manter os deputados ao abrigo de tais ações parece-me contraditório com a reputação e a honra da Assembleia".

É suficiente que o deputado não expresse *absolutamente nenhuma opinião*, mas tamborile e vote. Então, por que não eliminar também a "*opinião*", já que as opiniões devem ser expressas em "palavras" e podem mesmo ser expressas em palavras "ultrajantes", já que sob a expressão "opiniões" podem ser "subsumidas" também opiniões ultrajantes?

§2 "Nenhum membro da Assembleia, durante a sua duração e sem sua autorização, poderá ser responsabilizado ou preso por uma ação sujeita a sanção legal, exceto se for preso ou em flagrante ou nas 24 horas seguintes. Idêntica autorização é necessária para uma prisão por dívidas."
Emenda: "eliminação da última frase: 'Idêntica autorização é necessária para uma prisão por dívidas'".
Fundamentação: "Há ali uma *intervenção nos direitos privados do cidadão*, e ratificá-la me parece grave. Por maior que possa ser o interesse da Assembleia em ter em seu seio quaisquer deputados, julgo, entretanto, preponderante o respeito ao *direito privado*".

> Mas deve-se considerar especialmente que estamos promulgando esta lei não para o futuro, isto é, não para os membros de uma Câmara futura, mas sim *para nós*.

Pressupondo que existam atualmente entre nós membros que receiem uma prisão por dívidas, causaria certamente uma péssima impressão aos nossos eleitores se pretendêssemos nos proteger contra a perseguição *legal* de nossos credores por meio de uma lei deliberada por nós mesmos.

Ou antes, ao contrário! Causa ao sr. Stupp uma péssima impressão que os eleitores tenham enviado "entre nós" membros que poderiam ser presos por dívidas. Que sorte para *Mirabeau* e *Fox* não terem vivido sob a legislação Stupp! Uma única dificuldade deixa o sr. Stupp perplexo por um momento, qual seja, "o interesse da Assembleia em ter em seu seio quaisquer deputados". O *interesse do povo* – mas quem quer falar nisso? Trata-se apenas do interesse de uma "sociedade fechada" que quer ter alguém em seu meio, enquanto o credor quer prender esse alguém lá fora. Colisão entre dois interesses importantes! O sr. Stupp poderia dar à sua emenda uma redação concisa: indivíduos endividados só podem ser nomeados representantes do povo com a autorização de seus respectivos credores. Eles podem ser, a qualquer tempo, intimados por seus credores. E em última instância a Assembleia e o governo são submetidos à suprema decisão dos *credores do Estado*.

Segunda *emenda* ao §2:

"Nenhum membro da Assembleia pode, sem a permissão desta, durante a duração de suas sessões, ser *ex-officio* perseguido ou preso por uma ação criminosa, salvo se a prisão se efetuar em flagrante delito".

Fundamentação: "A palavra 'Assembleia', na primeira linha, é tomada no sentido de corporação, por isso a expressão 'sua duração' parece não convir e a alterei para 'duração de suas sessões'.

Em vez de 'ação sujeita a sanção legal', 'ação criminosa' parece mais adequado.

Sou da opinião de que não deveríamos excluir *ações civis* contra atos criminosos, pois assim permitimos uma intervenção nos *direitos privados*. Daí o aditamento 'ex-officio'.

Se o aditamento 'ou nas 24 horas seguintes etc.' permanece, o juiz poderá prender qualquer deputado no prazo de 24 horas, por qualquer delito".

O projeto de lei assegura a imunidade dos deputados ao longo da duração da Assembleia, a emenda do sr. Stupp ao longo da "duração das sessões", isto é, durante 6, no máximo 12 horas por dia. E que fundamentação sagaz! Da *duração de uma sessão* pode-se falar, mas não da *duração de uma corporação*?

O sr. Stupp não quer permitir que os deputados sejam perseguidos ou presos *ex-officio*. Ele se permite, portanto, uma intervenção no *direito criminal*. Mas *contra* as *ações civis*! Nenhuma intervenção no direito civil. Viva o direito civil! O que não convém ao Estado deve convir ao homem privado! A ação civil acima de tudo! A ação civil é a ideia fixa do sr. Stupp. O direito civil é Moisés e os profetas! Prestemos juramento ao direito civil, especialmente às ações civis! Respeitai, ó povo, o santíssimo!

Não há nenhuma intervenção do direito privado no direito público, mas há "grave" intervenção do direito público no direito privado. Para que precisamos ainda de uma Constituição, se temos o *Code Civil*[1] e tribunais e advogados civis?

§3 "Todo processo penal contra um membro da Assembleia e toda prisão serão suspensos enquanto durar a sessão, se a Assembleia assim exigir."

Para o §3 é proposta a seguinte redação emendada: "Todo processo criminal contra um membro da Assembleia e toda prisão dele decorrente, se não teve lugar por força de uma *sentença judicial*, devem ser imediatamente suspensos, contanto que a Assembleia assim delibere."

Fundamentação: "Não é a intenção libertar do cárcere aqueles deputados já condenados à prisão por uma sentença judicial".

"Se a emenda for aprovada, valerá igualmente para aqueles que estão presos por dívidas".

Poderia a Assembleia nutrir a traiçoeiríssima intenção de enfraquecer a "força de uma sentença judicial" ou porventura chamar ao seu regaço um homem "detido" por dívidas? O sr. Stupp treme diante deste atentado às ações civis e à força de uma sentença judicial. Todas as questões relativas à soberania do povo foram agora solucionadas. O sr. Stupp proclamou a *soberania das ações civis e do direito civil*. Que barbárie, arrancar tal homem da práxis do Direito Civil e arremessá-lo à esfera *subalterna* do Poder Legislativo! O povo soberano perpetrou esta "grave" intervenção no "Direito privado". Por isso o sr. Stupp intenta uma ação civil contra a soberania do povo e o Direito público.

Mas o imperador Nicolau pode retornar calmamente. Na primeira violação da fronteira prussiana, o deputado Stupp se lhe oporá, com a "ação civil" numa das mãos e a "sentença judicial" na outra. Pois, demonstra ele com a devida solenidade: a guerra, o que é a guerra? Uma grave intervenção no Direito privado! Uma grave intervenção no Direito privado!

---

[1] *Code Civil des Français* – código civil francês de 1804, reformulado em 1807 como *Code Napoléon*. Foi introduzido pela França nas regiões conquistadas do oeste e sudoeste da Alemanha. Na Renânia, continuou em vigor mesmo depois da união com a Prússia. O *Code Napoléon* mantinha no essencial as conquistas da Revolução Francesa e se fundava sobre o terreno da igualdade civil formal.

Queda do ministério Camphausen[1]

NGR, n. 23, 23/6/1848

K. Marx

Colônia, 22 de junho.

> Tão belo brilha ainda o sol,
> Mas um dia há de se pôr,[2]

e também o sol de 30 de março, tinto do sangue ardente dos poloneses,[3] se pôs.

O ministério Camphausen vestira a contrarrevolução com sua roupagem liberal-burguesa. A contrarrevolução sente-se suficientemente forte para livrar-se da importuna máscara.

Um insustentável ministério qualquer, de centro-esquerda, pode possivelmente suceder por alguns dias o ministério de 30 de março. Seu verdadeiro sucessor é o *ministério do príncipe da Prússia*. Cabe a Camphausen a honra de ter dado ao partido absolutista feudal esse seu chefe natural e, a si próprio, seu sucessor.

Para que mimar ainda por mais tempo os tutores burgueses?

Não estão os russos na fronteira oriental e as tropas prussianas na ocidental? Os poloneses não foram conquistados para a propaganda russa com granadas e a pedra infernal?

Não foram tomadas todas as providências para reproduzir o bombardeio de Praga em quase todas as cidades renanas?

Na guerra dinamarquesa, na polonesa, nos inúmeros pequenos conflitos entre a tropa e o povo, o Exército não teve todo o tempo para se transformar numa soldadesca brutal?

A burguesia não está farta da revolução? E não se eleva no meio do mar o rochedo sobre o qual a contrarrevolução construirá sua igreja, a *Inglaterra*?

O ministério Camphausen procura apanhar ainda alguns centavos de popularidade, provocar a compaixão pública pela garantia de que se retira da cena do Estado como

---

[1] Depois do ataque ao arsenal, renunciaram em 17 de junho de 1848 os ministros von Kanitz, conde Schwerin e barão von Arnim, e em 20 de junho todo o ministério Camphausen.

[2] Ferdinand Raimund, *A Moça do Mundo das Fadas ou O Camponês Milionário*, Ato 11, cena 6. (*Scheint die Sonne noch so schön/Einmal muss sie untergehn!*).

[3] Em 30 de março de 1848, o ministério Camphausen, formado no dia anterior, iniciou suas atividades; em seu período de governo ocorreu a repressão sangrenta da insurreição na Posnânia.

logrado. E, seguramente, é um enganador enganado. A serviço da grande burguesia, teve de procurar privar a revolução de seus frutos democráticos; em luta contra a democracia, teve de se aliar ao partido aristocrático e tornar-se o instrumento de seus apetites contrarrevolucionários. Este se sente suficientemente fortalecido para desembaraçar-se de seu protetor. *O senhor Camphausen semeou a reação no sentido da grande burguesia e colheu-a no sentido do partido feudal.* Tal era a boa intenção do homem, tal o seu triste destino. Um centavo de popularidade[4] para o homem desiludido.

Um centavo de popularidade!

> Tão belo brilha ainda o sol,
> Mas um dia há de se pôr.

Mas no *leste* ele renascerá.

---

[4] Heine, *Alemanha. Um conto de inverno*, cap. XXIV, verso 83 (*Einen Pfennig Popularität!*).

O Gabinete Hansemann[1]

NGR, n. 24, 24/6/1848

Colônia, 23 de junho. Nova viragem da crise ministerial em Berlim! Nosso *Hansemann* foi incumbido de constituir um gabinete e, junto às ruínas do velho ministério, com *Patow, Bornemann, Schleinitz* e *Schreckenstein*, cairá comovido nos braços da centro-esquerda. O sr. *Rodbertus* deve participar da nova combinação; ele é o mediador que conquista a misericórdia e o perdão da centro-esquerda aos destroços arrependidos do ministério Camphausen.

Graças à misericórdia do sr. Rodbertus, nosso Duchâtel prussiano vê seu mais belo desejo coroado: será *premier*. Os louros de Camphausen não o deixavam dormir; agora finalmente ele terá a oportunidade de mostrar do que é capaz se puder abrir livremente suas asas. Agora poderemos admirar em toda a glória seus colossais planos financeiros, seus imensos projetos para a supressão de toda carência e toda miséria – planos nos quais ele se refletiu tão grandiosamente para seus deputados. Só agora ele está em condições de consagrar ao Estado toda a plenitude daqueles talentos desenvolvidos antes, na ferrovia e em outras posições, tão brilhantemente e com tanto sucesso. E já agora choverão votos de confiança.

O sr. Hansemann sobrepujou seu modelo – graças à abnegação de Rodbertus ele será *premier*, o que Duchâtel nunca foi. Mas o advertimos de que Duchâtel tinha seus motivos para conservar-se sempre, aparentemente, em segundo plano. Duchâtel sabia que os círculos mais ou menos cultos do país necessitam, tanto dentro quanto fora da Câmara, de um bem-falante cavaleiro do "grande debate", um Guizot ou um Camphausen, que em qualquer circunstância acalme as consciências e arrebate os corações dos ouvintes com argumentos precisos, desenvolvimentos filosóficos, teorias de estadista e outras frases vazias. Duchâtel não invejava a seus ideólogos faladores a aura de primeiro-ministro; para ele, o brilho fácil não tinha valor, importava-lhe o verdadeiro poder prático, e ele

---

[1] Ao governo Camphausen seguiu-se na Prússia, de 26 de junho a 21 de setembro de 1848, o *governo Auerswald-Hansemann*, o assim chamado "Ministério de Ação". Auerswald era o primeiro-ministro e Hansemann, a verdadeira cabeça do gabinete, continuou ministro das Finanças. Representantes da direita, como Milde e Gierke, compunham o ministério, ao lado de alguns ex-ministros. Karl Rodbertus também o integrou, mas logo depois renunciou.

sabia: onde *ele* estivesse, ali estaria o verdadeiro poder. O sr. Hansemann quer procurá-lo em outro lugar; ele é quem sabe. Mas, repetimos, o cargo de primeiro-ministro não é o lugar natural de Duchâtel.

No entanto, um sentimento doloroso nos assalta quando lembramos o quão rapidamente o sr. Hansemann será precipitado de suas alturas vertiginosas. Pois antes de o gabinete Hansemann se constituir, antes de chegar a gozar por um instante sua existência, mergulhou no precipício.

"O carrasco está à porta";[2] a reação e os russos batem à porta, e antes de o galo cantar três vezes o gabinete Hansemann terá caído, apesar de Rodbertus e apesar da centro-esquerda. E aí, adeus ao cargo de primeiro-ministro, adeus planos financeiros e grandes projetos para a supressão da miséria; o abismo os engolirá a todos, e feliz do sr. Hansemann se puder voltar à sua modesta lareira burguesa e meditar que a vida é sonho.[3]

---

[2] Heine, *Cavaleiro Olaf*, cap. II (*Der Henker steht vor der Türe*).
[3] *A vida é sonho* – título de uma peça do dramaturgo espanhol Calderón de la Barca.

A *Nova Gazeta de Berlim* sobre os Cartistas[1]

NGR, n. 24, 24/6/1848

Colônia, 23 de junho. A *Nova Gazeta de Berlim*[2] nos relata em seu n. 1 toda sorte de coisas maravilhosas sobre a Inglaterra. É bonito ser original; a *Nova Gazeta de Berlim* tem ao menos o mérito de apresentar as situações inglesas de um modo inteiramente novo. Primeiro diz: "O'Connor, que parece ser, de fato, um homem sem espírito nem caráter, carece aqui totalmente de prestígio".

Não nos cabe decidir se O'Connor tem tanto espírito e caráter quanto a *Nova Gazeta de Berlim*. O descendente do antigo rei irlandês, o dirigente do proletariado da Grã-Bretanha não poderia se igualar nessas prerrogativas à culta berlinense; mas no que se refere ao prestígio, ó berlinense culta, você tem toda a razão. O'Connor, como todos os revolucionários, tem péssima reputação; ele jamais soube granjear a consideração de todos os beatos, enquanto você já a conquistou com seu primeiro número. Em seguida, diz a berlinense: "O'Connell disse que ele (ou seja, O'Connor) tem de fato energia, mas nenhuma lógica". Isto é mesmo magnífico. O abençoado Dan[3] era um homem muito honrado; a lógica de sua energia consistia em que ele extraía anualmente uma renda de trinta mil libras esterlinas da bolsa de seus camponeses pobres; a lógica da agitação de O'Connor só acarretou ao famigerado cartista a venda de todos os seus bens. "O sr. Jones, o segundo dirigente dos cartistas da fração extrema, que no momento é procurado pela justiça e não é encontrado em parte alguma, não consegue nem encontrar quem pague sua fiança de mil libras esterlinas". Esta é a terceira novidade da extremamente culta berlinense; nestas três linhas profere três extremas ridicularias. Primeiro, não se pode falar em fiança enquanto a justiça ainda está à procura de alguém. Segundo, o sr. Ernest Jones acha-se já há 14 dias em Newgate,[4] e sem dúvida a culta berlinense só foi

---

[1] Representantes do movimento revolucionário dos trabalhadores ingleses nos anos de 1836 a 1848, que lutavam pela efetivação da Carta do Povo (*Peoples Charter*), cujas reivindicações voltavam-se para a democratização da ordem política inglesa. Ver F. Engels, *A situação da classe trabalhadora na Inglaterra*. São Paulo: Boitempo, 2008.
[2] Diário reacionário, publicado em Berlim de junho a outubro de 1848.
[3] Daniel O'Connell.
[4] Prisão de Londres.

convidada para o chá por alguma outra colega extremamente culta e instruída quando há pouco toda a imprensa burguesa inglesa manifestou sua brutal alegria pela prisão de Jones. Terceiro, por fim, o sr. Jones certamente encontrou alguém que se dispôs prazerosamente a pagar mil libras esterlinas por ele, a saber, aquele mesmo O'Connor sem espírito e sem caráter, que no entanto foi recusado pela justiça, pois, como membro do parlamento, não pode oferecer fiança.

A berlinense conclui alegando que, nas pequenas cidades do interior, os cartistas muitas vezes brigam uns com os outros. Cara berlinense, se você tivesse lido ao menos um jornal inglês! Você teria descoberto que os cartistas sempre tiveram mais prazer em brigar com a polícia do que entre si.

Recomendamos a *Nova Gazeta de Berlim*, tão plena de espírito e caráter, à especial atenção de nossos leitores.

Ameaça da *Gazeta de Gervinus*[1]

NGR, n. 25, 25/6/1848

Colônia, 24 de junho. "Se o prestígio da Assembleia de Frankfurt e suas determinações constitucionais contiverem a França, não haverá *nenhum problema*, a Prússia restabelecerá seu prestígio desde suas províncias orientais e *nesse caso talvez não devesse temer* uma *perda momentânea de sua província do Reno*."

Quão diplomaticamente escreve o correspondente berlinense da gazeta dos professores! A Prússia restabelecerá "seu prestígio" *desde* "suas províncias orientais". Onde será restabelecido seu prestígio? *Nas* províncias orientais? De jeito nenhum, *desde as* províncias orientais. Na Renânia? Menos ainda. Pois para este *restabelecimento* de sua autoridade conta com "*uma perda momentânea da província do Reno*", isto é, uma perda momentânea de seu "prestígio" na Renânia.

Portanto, em *Berlim* e em *Breslau*.

E por que ela não restabelecerá o prestígio que, assim parece, foi perdido em Berlim e Breslau *com* suas províncias orientais, por que o fará *desde* suas províncias orientais?

A *Rússia* não é a *província oriental* prussiana; antes ao contrário, a Prússia é a *província ocidental* russa. Mas *da* província oriental prussiana, de braços dados com os bravos pomeranos, os russos marcharão sobre *Sodoma* e *Gomorra* e restabelecerão o "*prestígio*" *da Prússia*, isto é, da dinastia prussiana, da monarquia absoluta. Este "prestígio" foi perdido desde o dia em que o absolutismo foi obrigado a imiscuir um "*pedaço de papel escrito*",[2] manchado de sangue plebeu, entre si e *seu* povo, e a corte foi coagida a se pôr sob a proteção e a fiscalização de burgueses comerciantes de cereais e lã.[3]

Portanto, o amigo, o salvador, vem do leste; para que guarnecer militarmente a fronteira desse lado? Do oeste vem o inimigo, no oeste devem, pois, ser concentradas

---

[1] Nome pelo qual também era conhecida a *Gazeta Alemã*.
[2] Referência à fala do trono de Frederico Guilherme IV na abertura da primeira Dieta Unificada em 11 de abril de 1847. Nesse discurso o rei prussiano declarou que "séculos e uma sabedoria tradicional inigualada, e não nenhum *pedaço de papel*" haviam feito a Constituição da Prússia e que "nem agora nem jamais admitirei que entre nosso Deus no céu e esta terra se interponha um *papel escrito* como se fosse uma segunda providência [...]".
[3] Alusão a Camphausen, que em anos anteriores comerciara gordura e cereais, e a Hansemann, que se iniciara nos negócios como comerciante de lã.

as tropas. Um ingênuo correspondente berlinense da *Gazeta de Colônia* não entende o heroísmo de *Pfuel*, o bravo amigo da Polônia, que aceitou uma missão em Petrogrado sem ter atrás de si uma escolta de 100 mil homens. *Pfuel* viajou *sem receio* a Petrogrado! *Pfuel em Petrogrado*! *Pfuel* não teme ultrapassar a fronteira russa, e o público alemão cria fábulas sobre tropas russas na fronteira alemã! O correspondente da *Gazeta de Colônia* se compadece do público alemão. Mas voltemos à nossa gazeta de professores!

Assim como os russos, desde o leste, se apressarão a ajudar a dinastia prussiana, os franceses se apressarão a ajudar o povo alemão a partir do oeste. E a "Assembleia de Frankfurt" pode continuar calmamente debatendo sobre a melhor ordem do dia e as melhores "determinações constitucionais". O correspondente da *Gazeta de Gervinus* dissimula esta opinião sob uma flor de retórica: "que a Assembleia de Frankfurt e suas decisões constitucionais" manterão a França "sob controle". A Prússia *perderá* a Renânia. Mas, por que deveria *temer* essa perda? Ela será apenas "momentânea". O patriotismo alemão marchará mais uma vez sob o comando russo contra a Babilônia gaulesa e "o *prestígio prussiano*" será duradouramente restabelecido também na Renânia e em toda a Alemanha do Sul. Presságio da inocência santa![4]

Se a Prússia não "*receia uma perda momentânea da província do Reno*", a Renânia receia menos ainda uma perda "*permanente*" do domínio prussiano. Se os prussianos se aliam aos russos, os alemães se aliarão aos franceses e, unidos a eles, conduzirão a guerra do Ocidente contra o Oriente, da civilização contra a barbárie, da república contra a autocracia.

Nós queremos a unidade alemã, mas somente com o estilhaçamento das grandes monarquias alemãs os elementos para esta unidade poderão ser decantados. Somente na tempestade da guerra e da revolução poderão ser amalgamados. Mas o constitucionalismo desaparece por si mesmo assim que *os acontecimentos* pronunciarem a *palavra de ordem*: *autocracia ou república*. Mas, gritam-nos indignados os burgueses constitucionalistas, quem convidou os russos à Alemanha? Quem mais senão os democratas? Abaixo os democratas! – E eles têm razão!

Se nós mesmos tivéssemos implantado entre nós o sistema russo, teríamos poupado aos russos o esforço de implantá-lo, e a nós – os *custos da guerra*.

---

[4] Goethe, *Fausto*, Primeira Parte, "Jardim de Marta". Belo Horizonte, Itatiaia, 1987, p. 160. Trad. de Jenny Klabin Segall (*Du ahnungsvoller Engel Du!*).

O Memorial de Remissão de Patow

NGR, n. 25, 25/6/1848

Colônia, 24 de junho. Na sessão ententista do dia 20 deste mês, aquela sessão fatídica em que o sol de Camphausen se pôs e o caos ministerial se instalou, o sr. Patow apresentou um memorial sobre os princípios fundamentais a partir dos quais pensa regulamentar a eliminação da feudalidade no campo.

Lendo esse memorial, não entendemos por que não rebentou há mais tempo uma guerra camponesa nas províncias da velha Prússia. Que trapalhada de tributos, prestações, encargos, que confusão de nomes medievais, um mais absurdo que o outro! Vassalagem, falecimento, mão-morta, mortalha, dízimo do gado, pagamento por proteção, renda de Walpurgis, tributo da abelha, renda da cera, direito do prado, dízimos, laudêmio, rendas adicionais, tudo isso ainda existia até os dias de hoje no "Estado mais bem administrado do mundo" e continuaria existindo para toda a eternidade se os franceses não tivessem feito a Revolução de Fevereiro!

Sim, a maioria dessas obrigações, e precisamente as mais pesadas entre elas, subsistiriam por toda a eternidade se dependesse dos desejos do sr. Patow! Precisamente por isso o sr. Patow foi designado para este departamento, para poupar tanto quanto possível os *junkers* provincianos da Marca, da Pomerânia e da Silésia, e para despojar os camponeses tanto quanto possível dos frutos da revolução!

A revolução berlinense tornara impossíveis para o futuro todas essas relações feudais. Os camponeses, como é natural, revogaram-nas imediatamente na prática. O governo nada mais tinha a fazer senão legalizar a supressão de todas as obrigações feudais, já realizada na prática pela vontade do povo.

Mas antes de a aristocracia decidir-se por um 4 de agosto, seus castelos precisariam arder. O governo, representado aqui por um aristocrata, declarou-se pela aristocracia; apresentou à Assembleia um memorial no qual os ententistas são agora convidados a trair também a revolução camponesa, que eclodira em março por toda a Alemanha, em favor da aristocracia. O governo é responsável pelas consequências que advirão da aplicação dos princípios de Patow ao campo.

Com efeito, o sr. Patow quer que os camponeses paguem indenização pela supressão de todas as obrigações feudais, mesmo do laudêmio. Devem ser suprimidas sem indenização apenas as obrigações decorrentes da submissão hereditária, da velha legislação sobre impostos e da jurisdição patrimonial,[1] ou as que não têm valor para os senhores feudais (quanta magnanimidade!), isto é, essencialmente as obrigações que constituem a mais ínfima parte do conjunto dos encargos feudais.

Em contraposição, são definitivas todas aquelas remissões feudais já estabelecidas por acordos ou sentença judicial. Isto é: os camponeses que remiram suas obrigações sob as leis reacionárias e favoráveis à nobreza decretadas desde 1816, e especialmente desde 1840, e nesse processo vêm sendo roubados em sua propriedade em favor dos senhores feudais, primeiro pela lei e depois por funcionários corruptos, estes não recebem qualquer indenização.

Devem ser criados institutos de crédito[2] para jogar poeira nos olhos dos camponeses.

Se dependesse da vontade do sr. Patow, assim como as obrigações feudais não foram suprimidas sob as velhas leis de 1807,[3] tampouco seriam eliminadas sob suas leis.

O título correto para a proposta do sr. Patow é: Memorial para a manutenção das obrigações feudais por toda a eternidade mediante sua remissão.

O governo provoca uma guerra camponesa. Talvez a Prússia não deva "recear" também uma "perda momentânea" da Silésia.[4]

---

[1] *Jurisdição patrimonial* – o direito feudal dos proprietários de julgar seus camponeses e os punir, direito limitado na Alemanha a partir de 1848 e suprimido em 1877.

[2] O *Memorial de Remissão* de Patow previa a fundação de institutos de crédito para a realização da supressão dos encargos dos camponeses em condições extremamente favoráveis para os proprietários. Como o camponês não dispunha da quantia da indenização, qual seja, 18 vezes a importância das obrigações correntes, estes institutos de crédito estatais deviam disponibilizá-la na forma de um título de crédito, com uma taxa de juros de 4%. A amortização dos títulos de crédito pelos camponeses era prevista para 41 anos, enquanto os proprietários receberiam à vista.

[3] Nos anos 1807 a 1811, os ministros Stein e Hardenberg iniciaram uma reforma agrária na Prússia, porque, depois da destruição do Exército prussiano por Napoleão em Jena e Auerstedt (1806), "o governo prussiano começou a desconfiar de que não se poderia vencer os filhos de camponeses proprietários livres com os filhos de camponeses servos da gleba" (Engels). O edito de 9 de outubro de 1807 e a ordem ministerial de 28 de outubro de 1807 suprimiam a servidão, mas mantinham os tributos e corveias. A nobreza não cumpriu nem esta reforma parcial. Na iminência da guerra entre a França e a Rússia, o governo prussiano procurou novamente assegurar-se dos camponeses e promulgou, em 14 de setembro de 1811, um edito que prometia a supressão das obrigações feudais no prazo de dois anos, sob a condição de que cedessem aos proprietários a metade de suas terras ou pagassem uma quantia correspondente. Depois da vitória sobre Napoleão, foi quebrada a promessa e só em 1845 os camponeses obtiveram o direito de suprimir o tributo em dinheiro e sobre os grãos contra o pagamento de uma soma de 25 vezes o valor corrente.

[4] Ver "Ameaça da *Gazeta de Gervinus*".

[Notícias de Paris]

NGR, n. 25, 25/6/1848, suplemento extra

Colônia, 24 de junho, 10 horas da noite. As cartas de Paris de 23 de junho não chegaram. Um mensageiro que passou por aqui conta que, quando partira, havia eclodido em Paris a luta entre o povo e a Guarda Nacional, e que a alguma distância de Paris ouviu um forte canhoneio.

Notícias de Paris

NGR, n. 26, 26/6/1848, suplemento extra

Colônia, 25 de junho, 10 horas da noite. As cartas de Paris novamente não chegaram; os jornais de Paris que chegaram hoje são do dia 23 e, pelo correio regular, deveriam ter sido entregues já ontem à noite. As únicas fontes à nossa disposição nestas circunstâncias são os relatos confusos e contraditórios das folhas belgas e nosso próprio conhecimento de Paris. Procuramos, a partir disso, oferecer a nossos leitores um quadro o mais fiel possível da insurreição de 23 de junho.

Não há tempo para comentários mais amplos. Amanhã publicaremos nosso parecer pormenorizado, bem como um relato mais detalhado da sessão da Câmara parisiense de 23 de junho.

Notícias de Paris

NGR, n. 27, 27/6/1848

Colônia, 26 de junho. As notícias recém-chegadas de Paris ocuparam tanto espaço que fomos obrigados a excluir todos os artigos argumentativos.

Por isso, apenas algumas palavras a nossos leitores. *A abdicação de Ledru-Rollin e de Lamartine*, bem como a de seus ministros, a *ditadura militar de Cavaignac* transplantada da Argélia para Paris, *Marrast como ditador civil, Paris mergulhada em sangue, a insurreição* desenvolvendo-se em direção à *maior revolução que já ocorreu*, à *revolução do proletariado contra a burguesia* – eis nossas mais recentes notícias de Paris. Para os contornos gigantescos dessa *Revolução de Junho* não bastam três dias como para a *Revolução de Julho* e a *Revolução de Fevereiro*, mas a *vitória do povo é mais indubitável do que nunca*. A *burguesia francesa ousou o que jamais o rei francês ousaria: ela selou sua própria sorte*. Com este *segundo ato da Revolução Francesa*, começa agora a *tragédia europeia*.

O *Northern Star* sobre a *Nova Gazeta Renana*

NGR, n. 27, 27/6/1848

O *Northern Star*,[1] jornal dos cartistas ingleses redigido por Feargus O'Connor, G. Julian Harney e Ernest Jones, traz em seu último número um reconhecimento do modo como a *Nova Gazeta Renana* concebe o movimento popular inglês e representa a democracia em geral.

Agradecemos aos redatores do *Northern Star* pela maneira fraterna e verdadeiramente democrática com que mencionaram nosso jornal. Igualmente lhes asseguramos que o revolucionário *Northern Star* é a única folha inglesa cujo reconhecimento nos importa.

---

[1] Semanário inglês, órgão dos cartistas; foi publicado de 1837 a 1852, primeiro em Leeds e, desde novembro de 1844, em Londres. Feargus Edward O'Connor foi seu fundador e redator; nos anos 1840 foi redigido por George Julian Harney. Engels colaborou neste jornal de setembro de 1845 a março de 1848. Em uma nota de 24 de junho de 1848, o *The Northern Star* escreveu: "A *Nova Gazeta Renana*, que se denominou 'Órgão da Democracia', é redigida com rara maestria e se distingue por incomum ousadia; nós os saudamos como dignos, talentosos e corajosos camaradas na luta decisiva contra todo tipo de tirania e injustiça".

A Revolução de Junho

NGR, n. 29, 29/6/1848

K. Marx

Os trabalhadores parisienses foram esmagados pela superioridade numérica, não foram abatidos por ela. Foram batidos, mas seus opositores foram vencidos. O triunfo momentâneo da força bruta foi comprado com o aniquilamento de todas as mistificações e ilusões da Revolução de Fevereiro, com a decomposição de todo o velho partido republicano, com a cisão da nação francesa em duas nações, a nação dos proprietários e a nação dos trabalhadores. A república tricolor traz somente uma cor, a cor dos caídos, a cor do sangue. Ela se tornou república vermelha.

Nenhuma reputação republicana, seja do *National*,[1] seja da *Réforme*,[2] ao lado do povo! Sem outro líder, sem outro meio além da insurreição mesma, o povo resistiu a toda a burguesia e à soldadesca unidas por mais tempo do que jamais uma dinastia francesa, munida de todo o aparato militar, resistira a uma fração da burguesia unida com o povo. Para que as últimas ilusões do povo fossem dissipadas, para que se rompesse totalmente com o passado, foi preciso que os ingredientes poéticos habituais do levante francês – a entusiástica juventude burguesa, os alunos da *école polytechnique*, o chapéu de três bicos – também ficassem do lado do opressor. Foi preciso que os estudantes da faculdade de medicina recusassem aos plebeus feridos a ajuda da ciência. A ciência não existe para o plebeu que perpetrou o crime indizível, indescritível de, por uma vez, cair nas trincheiras por sua própria existência, e não por Luís Filipe ou pelo sr. Marrast.

O último resíduo oficial da Revolução de Fevereiro, a Comissão Executiva,[3] diluiu-se como uma fantasmagoria diante da gravidade dos acontecimentos. Os fogos de artifício de Lamartine transformaram-se nos foguetes incendiários de Cavaignac.

---

[1] Em torno do jornal francês *Le National,* fundado em 1830 por Thiers e outros, reuniam-se republicanos burgueses moderados, liderados por Armand Marrast; apoiava-se na burguesia industrial e numa parcela de intelectuais liberais. Publicado diariamente de 1830 a 1851 em Paris.

[2] O jornal francês *La Réforme* agrupava democratas e republicanos pequeno-burgueses, com Ledru-Rollin à frente; também se vincularam a ele socialistas pequeno-burgueses, sob a direção de Louis Blanc. Publicado diariamente de 1843 a 1850 em Paris.

[3] Governo da república francesa, instituído em 10 de maio de 1848 pela Assembleia Constituinte em substituição ao governo provisório, que renunciara. Existiu até 24 de junho de 1848, início da ditadura militar de Cavaignac.

A *Fraternité*, a fraternidade das classes antagônicas, uma das quais explora a outra, esta *Fraternité* proclamada em fevereiro, escrita com grandes letras maiúsculas na testa de Paris, em todas as prisões, em todas as casernas – sua expressão verdadeira, não falsificada, sua expressão prosaica é a guerra civil, a guerra civil em sua figura mais terrível, a guerra do trabalho contra o capital. Esta fraternidade chamejava diante de todas as janelas de Paris na noite de 25 de junho e iluminava a Paris da burguesia, enquanto a Paris do proletariado queimava, sangrava, agonizava.

A fraternidade durou enquanto o interesse da burguesia esteve irmanado ao interesse do proletariado. Pedantes da velha tradição revolucionária de 1793, socialistas fazedores de sistemas que mendigavam à burguesia em favor do povo e aos quais era permitido pronunciar longas prédicas e se comprometerem enquanto o leão proletário precisasse ser embalado, republicanos que reivindicavam toda a velha ordem burguesa com exceção da cabeça coroada, oposições dinásticas[4] às quais o acaso impingiu, em vez de uma troca de ministros, a queda de uma dinastia, legitimistas[5] que não queriam tirar a libré, mas sim mudar seu corte – eis os aliados com os quais o povo fez seu fevereiro. O que ele odiava instintivamente em Luís Filipe não era Luís Filipe, mas sim a dominação coroada de uma classe, o capital no trono. Mas, generoso como sempre, julgou ter aniquilado seu inimigo uma vez que derrubara o inimigo de seu inimigo, o inimigo comum.

A Revolução de Fevereiro foi a bela revolução, a revolução da simpatia geral, porque os antagonismos que eclodiram nela contra a realeza, não desenvolvidos, dormitavam em comum acordo um ao lado do outro, porque a luta social que constituía seu fundamento alcançara apenas uma existência etérea, a existência de uma frase, da palavra. A Revolução de Junho é a revolução odiosa, a revolução repulsiva, porque o fato ocupou o lugar da frase, porque a república desnudou a própria cabeça do monstro, ao lhe derrubar a coroa protetora e dissimuladora.

Ordem! foi o brado de guerra de Guizot! Ordem!, gritou Sébastiani, o Guizotin, quando Varsóvia se tornou russa. Ordem! grita Cavaignac, o eco brutal da Assembleia Nacional francesa e da burguesia republicana.

Ordem! trovejavam suas metralhas, enquanto estraçalhavam o corpo do proletariado.

Nenhuma das inúmeras revoluções da burguesia francesa desde 1789 foi um atentado à ordem, pois deixaram subsistir a dominação de classe, a escravidão do trabalhador, a ordem burguesa, por mais que a forma política dessa dominação e dessa escravidão mudasse. Junho atentou contra esta ordem. Ai de junho!

---

[4] Grupo dirigido por Odilon Barrot na Câmara dos Deputados francesa durante a monarquia de julho, cujos membros expressavam as concepções políticas dos círculos liberais da burguesia industrial e comercial e defendiam a realização de uma reforma eleitoral moderada; viam nela um meio de prevenir a revolução e preservar a dinastia Orléans. Promoveram a campanha de banquetes que, contrariando suas expectativas, desembocou na revolução.

[5] Partidários da "legítima" dinastia dos Bourbon, no poder na França de 1589 a 1793 e durante a Restauração, de 1814 a 1830; representavam os interesses dos grandes proprietários hereditários de terras.

Sob o governo provisório, era de bom tom – mais ainda, era uma necessidade, era política e entusiasmo ao mesmo tempo – pregar aos generosos trabalhadores, os quais, como se imprimiu em milhares de cartazes oficiais, "se dispuseram a três meses de miséria a serviço da república", que a Revolução de Fevereiro fora feita em seu próprio interesse e que na Revolução de Fevereiro se tratara sobretudo dos interesses dos trabalhadores. Desde a abertura da Assembleia Nacional, tornamo-nos prosaicos. Tratava-se agora somente – como disse o ministro Trélat – de reconduzir o trabalho às suas antigas condições. Portanto, os trabalhadores se bateram em fevereiro para serem atirados em uma crise industrial.

A transação da Assembleia Nacional consiste em anular fevereiro, ao menos para os trabalhadores, e devolvê-los às antigas relações. Mas mesmo isso não ocorreu, porque não está nas mãos de uma assembleia, tampouco nas de um rei, bradar a uma crise industrial de caráter universal: pare aqui! A Assembleia Nacional, em seu zelo brutal para acabar com a fraseologia rabugenta de fevereiro, não tomou sequer aquelas medidas que eram possíveis sobre o solo das velhas relações. Os trabalhadores parisienses de 17 a 25 anos, empurra-os para o Exército ou os atira na rua; os estrangeiros, desterra-os para Sologne sem pagar-lhes nem mesmo a quantia relativa ao banimento; aos parisienses adultos, assegura provisoriamente uma esmola nas oficinas organizadas militarmente, sob a condição de não participarem de nenhuma assembleia popular, isto é, sob a condição de renunciarem a ser republicanos. Não bastava a retórica sentimental posterior a fevereiro, nem a legislação brutal posterior ao 15 de maio.[6] Era preciso decidir factualmente, praticamente. Vocês, canalhas, fizeram a Revolução de Fevereiro para vocês ou para nós? A burguesia apresentou assim a questão que junho deveria responder – com metralhas e barricadas.

E, no entanto, toda a Assembleia Nacional é tomada pelo estupor, como disse um representante do povo[7] em 25 de junho. Ela ficou atordoada quando pergunta e resposta afogaram em sangue as ruas de Paris, atordoados, uns, porque suas ilusões se desfizeram em fumo de pólvora, outros porque não entendem como o povo pôde ousar representar autonomamente seus próprios interesses. Dinheiro russo, dinheiro inglês, a nobreza bonapartista, a flor-de-lis,[8] amuletos de toda sorte deviam mediar sua compreensão desse estranho acontecimento. Mas ambas as partes da Assembleia sentem que um imenso abismo as separa do povo. Nenhuma ousa levantar-se em favor do povo.

---

[6] Indignados com a quebra das promessas de melhoria de suas condições de vida, os trabalhadores parisienses invadiram a Assembleia Nacional, reivindicando diversas medidas sociais (empregos, impostos especiais para os ricos etc.). Uma vez que a Assembleia Nacional não estava disposta a atender suas reivindicações, declararam-na dissolvida e formaram um governo provisório, de que faziam parte, entre outros, Barbès, Blanqui, Albert, Blanc, Proudhon, Cabet. Depois do fracasso dessa ação e da prisão de seus líderes, o governo tomou uma série de medidas reacionárias, como a reorganização das Oficinas Nacionais, a proibição de reuniões e o fechamento de uma série de clubes democráticos.

[7] Ducoux.

[8] Brasão da casa real dos Bourbons.

Assim que o estupor passou, rompeu a fúria, e com razão a maioria vaiou aqueles pobres utópicos e hipócritas que praticavam o anacronismo de ainda trazer nos lábios a palavra *Fraternité*, fraternidade. Tratava-se já da revogação dessa palavra e das ilusões que seu regaço ambíguo escondia. Quando La Rochejaquelein, o legitimista, o entusiasta cavalheiresco, clamou contra a infâmia com a qual se exclamava *Vae victis!* Ai dos vencidos!,[9] a maioria da Assembleia desatou em uma dança de São Guido, como se tivesse sido picada por tarântulas. Lançou gritos de Maldição! aos trabalhadores, para dissimular que o "vencido" não era outro senão ela mesma. Agora, ou a Assembleia ou a república devia perecer. Eis porque uivou convulsivamente: Viva a República![10]

O profundo precipício que se abriu diante de nós pode enganar os democratas, pode nos fazer presumir que as lutas pela forma do Estado sejam vazias de conteúdo, ilusórias, vãs?

Só espíritos fracos, covardes, podem levantar a questão. As colisões que resultam das condições da própria sociedade burguesa devem ser enfrentadas, não podem ser fantasticamente eliminadas. A melhor forma de Estado é aquela em que os antagonismos sociais não são esbatidos, não são agrilhoados pela força, ou seja, artificialmente, isto é, só aparentemente. A melhor forma de Estado é aquela que os leva à luta aberta, e com ela à resolução.

Perguntarão se não temos nenhuma lágrima, nenhum suspiro, nenhuma palavra para os sacrificados, aqueles que caíram diante da sanha do povo, para a Guarda Nacional, a Guarda Móvel, a Guarda Republicana, as tropas de linha.

O Estado assistirá suas viúvas e órfãos, decretos os glorificarão, préstitos solenes sepultarão seus restos na terra, a imprensa oficial os declarará imortais, a reação europeia os homenageará de leste a oeste.

Mas os plebeus, dilacerados pela fome, insultados pela imprensa, abandonados pelos médicos, injuriados pelo Bom Ladrão, incendiários, escravos de galés, suas mulheres e filhos precipitados em uma miséria ainda mais infinita, seus melhores sobreviventes deportados para além-mar – cingir-lhes a coroa de louro na testa ameaçadora e sombria, este é o privilégio, este é o *direito da imprensa democrática*.

---

[9] Grito de Brennus quando da tomada e destruição de Roma pelos gauleses (390 a.C.).
[10] Sessão da Assembleia Nacional francesa de 25 de junho de 1848 (ver "*Compte rendu des séances de l'Assemblée Nationale*", T. 2, Paris, 1849).

Marrast e Thiers

NGR, n. 33, 3/7/1848

Temos chamado constantemente a atenção dos leitores da *Nova Gazeta Renana* para as intrigas do partido do *National*, encarnado em Marrast. Examinamos os meandros pelos quais esse partido se esforça por alcançar a ditadura. Indicamos ao mesmo tempo como uma ditadura Marrast provoca uma ditadura Thiers.

Alguns fatos demonstram concludentemente o quanto o partido do *National*, graças a sua vitória, já sucumbiu ao partido de Thiers,[1] agora intimamente amalgamado com a oposição dinástica.

A nomeação de Carnot, um homem do *National*, como ministro causou um fragor de tempestade na Assembleia Nacional. A candidatura de Marie para a presidência da Assembleia Nacional tinha por rival a candidatura de Dufaure e só foi aprovada, como dizem os *Débats*, porque era considerado "o homem mais sábio e moderado da velha Comissão Executiva", isto é, porque fizera a maioria das concessões ao velho partido dinástico, porque projetara a lei sobre ajuntamentos, essa continuação das Leis de Setembro, a apresentara e defendera na Assembleia Nacional. O fato é que a presidência da Assembleia Nacional seria sorteada entre "Marrast" e "Thiers".

Mas isto não basta à "oposição dinástica". Uma das primeiras leis que ela prepara é uma lei sobre o Conselho Municipal, uma lei dirigida diretamente contra a ditadura e a influência de Marrast, *maire* de Paris. E ele cairá.

Em poucos dias toda a Assembleia Nacional vai se dilacerar. A reação continuará até a exclusão do partido do *National* de todo o exercício do poder. "República" e "oposição dinástica" estarão novamente contrapostas, mas a república não mais vencerá sob as condições de fevereiro.

---

[1] Grupo da burguesia monarquista francesa, designado pelo nome de seu mais conhecido líder, partidário da dinastia Orléans, adversário dos republicanos burgueses e pequeno-burgueses. Antes de fevereiro de 1848, defendia uma monarquia com instituições republicanas, e, depois, uma república com instituições monárquicas. O porta-voz desse partido era o jornal *Le Constitutionnel*, publicado em Paris de 1815 a 1870; depois do golpe de Estado de Luís Bonaparte, em 1851, tornou-se bonapartista.

O povo não vai mais se entusiasmar. Não vai mais "enfiar no saco" a vingança, como diz Caussidière, e não mais "lançará às águas do Estige" o "sentimento de rancor".² *Qui vivra verra.*³

---

² Do discurso de Caussidière de 27 de junho de 1848 na Assembleia Nacional francesa (ver "*Compte rendu des séances de l'Assemblée Nationale*", T. 2, Paris, 1849).
³ Quem viver, verá.

Prisões

NGR, n. 34, 4/7/1848

Colônia, 3 de julho. O Ministério de Ação afirma-se até agora apenas como ministério de polícia. Sua primeira ação foi a prisão dos senhores Monecke e Fernbach em Berlim. A segunda foi a do bombardeiro[1] Funk em Saarlouis. Agora, a "ação" começa a se fazer valer também aqui em Colônia. Hoje de manhã, o dr. Gottschalk e o tenente reformado Anneke foram presos. Como nos faltam informações mais precisas sobre os motivos e o modo da prisão, reservamos nosso julgamento.

Os trabalhadores serão suficientemente inteligentes para não se deixarem induzir a um tumulto por nenhuma provocação.

---

[1] Na Prússia, a última função do suboficial na Artilharia.

Prisões

NGR, n. 35, 5/7/1848

Colônia, 4 de julho. Prometemos ontem a nossos leitores voltar à prisão dos senhores dr. Gottschalk e Anneke. Até agora só nos chegaram às mãos detalhes mais precisos sobre a prisão de Anneke.

De manhã entre seis e sete horas, seis ou sete gendarmes entraram no apartamento de Anneke, já no vestíbulo maltrataram a empregada e subiram furtivamente as escadas. Três ficaram na antessala, quatro entraram no quarto onde Anneke e sua mulher, em estado avançado de gravidez, dormiam. Desses quatro pilares da justiça, um estava meio vacilante, a essa hora da manhã já pleno de "espírito", da água da verdadeira vida, a aguardente.

Anneke perguntou o que queriam. – Ele devia acompanhá-los!, foi a lacônica resposta. Anneke pediu-lhes que ao menos poupassem sua mulher doente e fossem para a antessala. Os senhores da *Sagrada Hermandad*[1] declararam não poder sair do quarto, pressionaram Anneke a se vestir rapidamente e não lhe permitiram sequer falar com sua mulher. Na antessala, essa pressão transformou-se em violência, durante a qual um dos gendarmes reduziu a cacos a porta de vidro. Anneke foi empurrado escada abaixo. Quatro gendarmes levaram-no para a nova casa de detenção, três ficaram com a sra. Anneke, para vigiá-la até a chegada do procurador público.

Segundo a prescrição legal, pelo menos um funcionário da polícia judicial – delegado de polícia ou outro – deve assistir à prisão. Para que essa formalidade, uma vez que o povo tem duas Assembleias, uma em Berlim e outra em Frankfurt, para representar seus direitos?

Dali a uma meia hora chegaram o senhor procurador público Hecker e o juiz de instrução Geiger para proceder à busca na casa.

---

[1] Liga de cidades espanholas fundada em fins do século XV com a colaboração de autoridades monárquicas, que procuravam explorar a luta da burguesia contra os grandes senhores feudais no interesse do absolutismo. Desde meados do século XVI, as Forças Armadas da *Sagrada Hermandad* exerceram funções policiais. Em sentido figurado e irônico, designou-se mais tarde a polícia como "*Sagrada Hermandad*".

A sra. Anneke queixou-se de que o procurador público deixara a prisão aos gendarmes brutais, irrefreados pela ausência de um magistrado. O sr. Hecker declara que não dera nenhuma ordem para brutalidades. Como se o sr. Hecker pudesse ordenar brutalidades!

Sra. Anneke: Ao que parece, os gendarmes foram enviados sozinhos para que ninguém se responsabilizasse por sua brutalidade. Além disso, a prisão não ocorreu na forma legal, pois nenhum gendarme apresentou uma ordem de prisão, um deles apenas tirou do bolso um papelucho e não permitiu que Anneke o lesse.

Sr. Hecker: "Os gendarmes receberam ordem judicial para fazer a prisão". E a ordem do juiz não se submete à ordem da lei? O procurador público e o juiz de instrução confiscaram grande quantidade de papéis, panfletos, incluindo todas as pastas da sra. Anneke etc. O sr. juiz de instrução Geiger, diga-se de passagem, foi designado para intendente geral de polícia.

À tarde, Anneke foi interrogado por uma meia hora. O motivo de sua prisão teria sido um discurso subversivo pronunciado na última assembleia popular no Gurzenich.[2] O artigo 102 do *Code Pénal*[3] trata dos discursos públicos que exortam diretamente à complôs contra o imperador e sua família ou que visam a perturbar a paz pública por meio de guerra civil, pelo uso ilegal da Força Armada, por vandalismo público ou pilhagem. O código não reconhece o delito prussiano "incitar a descontentamento". Na falta do Landrecht prussiano,[4] por enquanto o artigo 102 vai sendo aplicado a todos os casos em que sua aplicação é uma impossibilidade jurídica.

A prisão foi acompanhada da exibição de uma grande força militar – desde as quatro horas, recolhimento das tropas à caserna. Padeiros e artesãos puderam entrar, mas não sair novamente. Em torno das seis horas, os hussardos marcharam de Deutz para Colônia e cavalgaram por toda a cidade. A nova casa de detenção foi guarnecida por 300 homens. Para hoje foram anunciadas quatro novas prisões, de Jansen, Kalker, Esser e um quarto. Testemunhas oculares nos asseguraram que o cartaz de Jansen, no qual ele exortava os trabalhadores à calma, foi rasgado ontem à noite pela polícia. Isso ocorreu no interesse da ordem? Ou procurava-se um pretexto para pôr em prática, na boa cidade de Colônia, os planos há muito preparados?

---

[2] Antigo salão de festas em Colônia, que servia como local de reunião; ali foi realizada, em 25 de junho de 1848, uma assembleia da Associação dos Trabalhadores de Colônia, na qual se debateu a criação de uma Comissão de Unidade, constituída de representantes das três organizações democráticas de Colônia, quais sejam, a Sociedade Democrática, a Associação dos Trabalhadores e a Associação de Trabalhadores e Empregadores.

[3] Código penal adotado na França em 1810 e introduzido nas regiões Oeste e Sudoeste da Alemanha conquistadas sob Napoleão I; na Renânia, vigorava mesmo depois de sua anexação à Prússia em 1815, assim como o *Code Civil*. O governo prussiano tentou reintroduzir nessa província o *Landrecht*, a fim de restabelecer na Renânia os privilégios feudais da nobreza (o morgado) e o código penal, a legislação matrimonial prussianos etc. As medidas tomadas nessa direção, que provocaram uma oposição decidida, foram revogadas depois da Revolução de Março pelos decretos de 15 de abril de 1848.

[4] O *Allgemeine Landrecht für die Preussischen Staaten von 1794* era uma súmula do Direito Civil, comercial, de troca, marítimo e de segurança, além do Direito Penal, religioso, público e administrativo; ele consolidava o caráter reacionário da Prússia feudal no âmbito jurídico e vigorou em grande parte até a introdução do Código Civil em 1900.

O sr. procurador-geral Zweiffel deve ter anteriormente consultado o Tribunal Regional Superior de Arnsberg sobre se ele devia prender Anneke por causa de sua anterior condenação[5] e transportá-lo para Jülich. A anistia real parece ter ficado no caminho dessa boa intenção. O assunto foi para o ministério.

O sr. procurador-geral Zweiffel parece ter declarado, além disso, que no prazo de oito dias porá um fim ao 19 de Março, aos clubes e à liberdade de imprensa, e outras degenerações do malfadado ano de 1848 em Colônia sobre o Reno. O sr. Zweiffel não faz parte dos céticos.

O sr. Zweiffel reúne, talvez, o Poder Executivo ao Legislativo? Os lauréis do procurador-geral devem cobrir as fraquezas do representante do povo? Mais uma vez examinaremos nossas mui amadas atas estenográficas e delinearemos para o público um quadro verdadeiro da atividade do representante do povo e procurador-geral Zweiffel.

Eis, portanto, as ações do Ministério de Ação, do ministério da centro-esquerda, do ministério de transição para um ministério da velha nobreza, da velha burocracia, da velha Prússia. Assim que o sr. Hansemann cumprir sua tarefa transitória, será demitido.

Mas a esquerda de Berlim precisa entender que o velho poder pode tranquilamente lhe conceder pequenas vitórias parlamentares e grandes projetos de Constituição desde que, nesse meio tempo, ele se apodere de todas as posições realmente decisivas. Pode tranquilamente reconhecer a Revolução de 19 de Março na Câmara, desde que seja desarmada fora da Câmara.

Em uma bela manhã, a esquerda poderá se dar conta de que suas vitórias parlamentares e sua derrota efetiva coincidem. O desenvolvimento alemão talvez precise desse contraste.

O Ministério de Ação reconhece a revolução em princípio, para consumar a contrarrevolução na prática.

---

[5] Anneke foi preso em 3 de março de 1848, junto com Gottschalk e Willich, por organizar assembleias de massas em Colônia. Foram acusados de "incitar à rebelião e fundar uma associação ilegal". Graças à anistia real, foram libertados da prisão em 21 de março de 1848.

Inquérito judicial contra a *Nova Gazeta Renana*

NGR, n. 37, 7/7/1848

K. Marx

Colônia, 6 de julho. Acabamos de receber a seguinte réplica ao artigo publicado na *[Nova] Gazeta Renana* de ontem, datado de "Colônia, 4 de julho", referente à prisão dos senhores dr. Gottschalk e Anneke.

> Declaro ser uma inverdade que, às queixas da sra. Anneke sobre a prisão de seu marido, efetuada sem a presença de um magistrado, eu tenha respondido: eu não dei *nenhuma ordem para brutalidades*.
>
> Ao contrário, apenas disse que lamentava caso os gendarmes tivessem se comportado inconvenientemente.
>
> Declaro ainda ser uma inverdade que eu tenha utilizado a expressão: os gendarmes receberam *ordem judicial* para fazer a prisão, apenas observei que a prisão só fora efetuada em virtude de uma ordem de comparecimento do juiz de instrução. De acordo com a lei, tais mandados são executados por oficiais de diligência ou agentes da Força Armada. A presença de um funcionário da polícia judicial não está prescrita em lugar algum. As calúnias e ofensas contidas no artigo contra o sr. procurador-geral Zweiffel e os gendarmes que efetuaram a prisão serão apreciadas no inquérito judicial que será instruído por esse motivo.
>
> Colônia, 5 de julho de 1848
O procurador público
Hecker

Nossos prezados leitores deduzem disso que a *Nova G[azeta] Ren[ana]* ganhou um novo e promissor colaborador – o Parquet.

Erramos em um ponto jurídico. Para efetuar uma prisão não é necessário um "funcionário da polícia judicial", e sim apenas um agente do poder público. Com que cuidadosas garantias o *Code* cerca a segurança pessoal!

De resto, agora como antes continua ilegal os senhores gendarmes não apresentarem sua ordem de prisão. Continua ilegal que eles, como nos foi assegurado posteriormente, tenham vasculhado a correspondência mesmo antes da presença do sr. Hecker e dos senhores seus acompanhantes. Mas sobretudo permanecem ilegais as brutalidades que o sr. Hecker lamentou. Admira ver um inquérito judicial infligido não contra os senhores gendarmes, mas contra o jornal que denunciou os abusos dos senhores gendarmes.

A ofensa só poderia se aplicar a um dos senhores gendarmes, sobre quem foi assegurado que em hora matutina "vacilava" por motivos mais ou menos espirituais ou espirituosos. Mas se a investigação, como não duvidamos nem por um momento, expuser com exatidão os fatos – as brutalidades cometidas pelos senhores agentes do poder público –, então acreditamos ter apenas salientado cuidadosamente, com toda a imparcialidade que convém à imprensa, a única "circunstância atenuante", no próprio interesse dos senhores por nós acusados. E o Parquet transformou a informação altruísta da única circunstância atenuante em uma "ofensa"!

E agora a ofensa ou calúnia contra o sr. procurador-geral Zweiffel!

Nós simplesmente relatamos e, como consta no próprio relato, relatamos boatos, boatos que nos chegaram de uma fonte confiável. Mas a imprensa tem não só o direito, tem o dever de fiscalizar rigorosamente os senhores representantes do povo. Referimos também que a atividade parlamentar do sr. Zweiffel até o momento não torna improvável aquela declaração impopular atribuída a ele – e pretende-se privar a imprensa do direito de julgar a atividade de um representante do povo? Para que então a imprensa?

Ou a imprensa não tem o direito de encontrar no representante do povo Zweiffel muito do procurador-geral, e no procurador-geral muito do representante do povo? Para que então os debates sobre a incompatibilidade na Bélgica, na França etc.?

No que diz respeito aos usos constitucionais, vemos como o *Constitutionnel*, o *Siècle*,[1] a *Presse*,[2] sob Luís Filipe, julgavam a atividade parlamentar dos senhores Hébert, Plougoulm etc., numa época em que esses senhores ocupavam os mais altos postos do Parquet e eram, ao mesmo tempo, deputados. Lemos nos jornais belgas, e até mesmo nos estritamente constitucionalistas, no *Observateur*,[3] no *Politique*,[4] no *Emancipation*,[5] como eles, há apenas um ano, julgavam a atividade parlamentar do sr. Bavay, quando o sr. Bavay reunia em sua pessoa o deputado e o procurador-geral.

E o que já era permitido sob o ministério Guizot, sob o ministério Rogier, não deve ser permitido na monarquia de mais amplos fundamentos democráticos? Um direito não contestado por nenhum ministério da Restauração francesa se tornará um não direito sob o Ministério de Ação, que reconhece em princípio a revolução?

De resto, o público convenceu-se, graças a nosso suplemento extra de hoje de manhã, quão corretamente julgamos a marcha dos acontecimentos. Rodbertus foi demitido do ministério e Ladenberg foi admitido. O ministério de centro-esquerda transformou-se,

---

[1] Diário publicado de 1836 a 1939 em Paris; nos anos 1840, expressou as convicções de uma parte da pequena burguesia, que se limitava à reivindicação de reformas constitucionais moderadas.
[2] Diário editado em Paris desde 1836, apoiou em 1848/1849 os republicanos burgueses, e mais tarde os bonapartistas. De 1836 a 1857 seu redator foi Émile de Girardin.
[3] Abreviação do nome do diário belga *L'Observateur Belge*, publicado de 1835 a 1860. Nos anos 1840, foi o órgão dos liberais burgueses.
[4] Diário belga publicado em Bruxelas em 1847 e 1848, órgão dos constitucionalistas.
[5] Diário belga fundado em Bruxelas em 1830.

em poucos dias, em um decidido ministério reacionário, velho-prussiano. A direita ousou um golpe de Estado, a esquerda recuou ameaçadoramente.[6]

E não é palpável que as recentes ações em Colônia faziam parte do grande plano de campanha do Ministério de Ação?

Acabamos de ser informados de que foi impedida a entrada da *Nova Gazeta Renana* na casa de detenção. O regulamento penitenciário autoriza essa proibição? Ou os acusados políticos são condenados à pena de ler exclusivamente a *Gazeta de Colônia*?

---

[6] Ao término da sessão de 4 de julho de 1848, a Assembleia Nacional prussiana decidiu conceder plenos poderes à Comissão para a Investigação dos Acontecimentos na Posnânia, derrotando o ministério Auerswald-Hansemann. Os representantes da ala direita tentaram, contra as regras parlamentares, impor uma nova votação da proposta de limitar os plenos poderes da comissão. Em protesto, os deputados da ala esquerda deixaram a sala de sessões. A direita aproveitou-se disso e aprovou a proposta de negar à comissão o direito de ir à Posnânia e interrogar testemunhas e especialistas no próprio local. Desse modo, a decisão original da Assembleia foi ilegalmente anulada. Para o debate sobre a comissão para a Posnânia na Assembleia Nacional prussiana, ver "Os programas do Partido Radical Democrata e da esquerda de Frankfurt", "Debates ententistas" e "Debates ententistas em Berlim".

O Ministério de Ação

NGR, n. 39, 9/7/1848

K. Marx

Colônia, 7 de julho. Temos uma nova crise ministerial. O ministério Camphausen foi derrubado, o ministério Hansemann desabou. O Ministério de Ação subsistiu por 8 dias, apesar de todas as mezinhas caseiras, emplastros, processos contra a imprensa, prisões, apesar do atrevimento petulante com que a burocracia reergueu sua cabeça de atas empoeiradas e da vingança mesquinha e brutal tramada por seu destronamento. No início da última sessão da Assembleia Ententista, o "Ministério de Ação", síntese da mais pura mediocridade, estava ainda suficientemente confuso para se acreditar inabalável.

No final da sessão, estava totalmente destroçado. Esta transcendente sessão convenceu o primeiro-ministro, von Auerswald, de que devia apresentar sua demissão; também o ministro von Schreckenstein não queria permanecer por mais tempo como moleque de recados de Hansemann, e, assim, ontem o ministério inteiro dirigiu-se ao rei em Sans-souci. O que foi acertado lá ficaremos sabendo até amanhã.

Nosso correspondente berlinense afirma em um pós-escrito: "Acaba de propagar-se o boato de que Vincke, Pinder, Mevissen foram convidados urgentemente para ajudar na formação de um novo ministério". Se o boato se confirmar, teremos chegado então, finalmente, de um ministério de mediação, através do Ministério de Ação, a um ministério da contrarrevolução. Finalmente! O curtíssimo tempo de vida desta contrarrevolução ministerial seria suficiente para mostrar ao povo, em todo seu tamanho natural, o anão que, ao menor vento de reação, ergue novamente a cabecinha.

A crise ministerial

NGR, n. 40, 10/7/1848

K. Marx

Colônia, 9 de julho. O ministério Hansemann, com grande teimosia, protelou sua dissolução por alguns dias. O ministro das Finanças, particularmente, parece patriótico demais para querer entregar a mãos inábeis a administração do Tesouro público. Do ponto de vista parlamentar, o ministério está liquidado, e, no entanto, ainda existe de fato. Parece que em Sanssouci deliberou-se mais uma vez pela tentativa de prolongar sua vida. A própria Assembleia Ententista, a ponto de dar o golpe mortal no ministério a qualquer momento, logo em seguida sobressalta-se de novo, assusta-se de seu próprio desejo, e a maioria parece pressentir que, se o ministério Hansemann ainda não é o ministério de seus sonhos, um ministério de seus sonhos é ao mesmo tempo um ministério da crise e da decisão. Daí suas fraquezas, suas inconsequências, suas invectivas petulantes que se transformam subitamente em arrependimento. E o Ministério de Ação aceita com serenidade imperturbável, quase cínica, essa vida emprestada, posta em questão a cada momento, humilhada, alimentada pela esmola dos fracos.

Duchâtel! Duchâtel! O inevitável naufrágio desse ministério, apenas penosamente adiado por alguns dias, será tão inglório quanto sua existência. Em nosso número de hoje, nosso correspondente em Berlim traz aos leitores outra contribuição para a avaliação dessa existência. Podemos descrever em uma palavra a sessão ententista de 7 de julho. A Assembleia troça[1] do ministério Hansemann, dá-se o prazer de derrotá-lo a meias, ele baixa a cabeça meio sorridente, meio rancoroso, mas na despedida a alta assembleia grita-lhe: "Não leve a mal!", e o estoico triunvirato Hansemann-Kühlwetter-Milde murmura de volta: *Pas si bête! Pas si bête!*[2]

---

[1] Trocadilho intraduzível com o verbo *hänseln* (troçar) e o nome do ministro Hansemann.
[2] Não [somos] tão idiotas!

Inquérito judicial contra a *Nova Gazeta Renana*

NGR, n. 41, 11/7/1848

K. Marx

Colônia, 10 de julho. Ontem, 11 tipógrafos de nosso jornal e o sr. Clouth foram citados para comparecer como testemunhas na terça-feira, 11 de julho, perante o Tribunal de Instrução. Trata-se ainda de descobrir o autor do artigo incriminado.[1] Nós nos lembramos de que, nos tempos da velha *Gazeta Renana*, nos tempos da censura e do ministério Arnim, quando se quis encontrar o remetente do famoso "projeto de lei matrimonial"[2] não se procedeu nem a busca domiciliar, nem a interrogatório dos tipógrafos e do proprietário da tipografia. É verdade que nesse meio-tempo vivemos uma revolução, que teve a infelicidade de ser reconhecida pelo sr. Hansemann.

É preciso voltar mais uma vez à "réplica" de 5 de julho do sr. procurador público Hecker.[3]

Nesta réplica, o sr. Hecker nos acusa de mentir a respeito de uma ou outra declaração atribuída a ele. Agora talvez tenhamos em mãos os meios para retificar a retificação, mas quem nos garante que, nesta luta desigual, não se responderá com o §222 ou com o §367 do Código Penal?

A réplica do sr. Hecker termina com as seguintes palavras: "As calúnias e ofensas contidas no artigo (datado de Colônia, 4 de julho) contra o sr. procurador-geral Zweiffel e os gendarmes que efetuaram a prisão serão apreciadas no inquérito judicial que será instruído por esse motivo".

Apreciadas! As cores negro-rubro-dourada foram "apreciadas" nos "inquéritos judiciais" instruídos sob o ministério Kamptz?[4]

Consultemos o Código Penal. Lemos no §367:

---

[1] Ver "Prisões".

[2] Em 20 de outubro de 1842, a *Gazeta Renana* publicou o projeto extremamente reacionário de uma lei de divórcio cuja preparação fora mantida em estrito sigilo no círculo governamental, ocasionando, assim, uma ampla discussão pública em diversos jornais. Essa publicação e a decidida recusa da *Gazeta Renana* de nomear a pessoa que o enviara foram algumas das causas de sua proibição.

[3] Ver "Inquérito judicial contra a *Nova Gazeta Renana*".

[4] Kamptz, membro da Comissão Central Imediata de Mogúncia, foi um dos organizadores dos processos iniciados em 1819 contra os assim chamados demagogos – os representantes da oposição burguesa. As cores negro-rubro-dourada haviam se tornado um símbolo do movimento pela unidade nacional na Alemanha.

> É culpado do crime de calúnia quem, em lugar público ou em um documento autêntico e público, ou em um escrito, impresso ou não, que tenha sido afixado, vendido ou distribuído, acuse alguém de fatos tais que, se fossem verdadeiros, exporiam o suposto culpado a um processo numa corte criminal ou policial ou ainda apenas ao desprezo ou ao ódio dos cidadãos.

§370: "Se for provado como verdadeiro, de modo legal, o fato constitutivo do objeto da acusação, o autor da acusação estará livre de qualquer punição. Será considerada como prova legal somente aquela que resultar de uma sentença ou de qualquer outro documento autêntico".

Para esclarecer este parágrafo, acrescentemos ainda o §368:

> Por consequência, o autor da acusação *não poderá alegar em sua defesa que levantará a prova dela*; tampouco pode alegar como *motivo de desculpa* que as *peças de evidência ou os fatos* sejam *notórios*, ou que as acusações que deram causa ao processo tenham sido transcritas ou excertadas de jornais estrangeiros ou *outros impressos*.

A época do imperador, com todo seu refinado despotismo, transparece neste parágrafo.

De acordo com o entendimento humano ordinário, alguém é caluniado quando é acusado de fatos fictícios; mas no entendimento extraordinário do Código Penal, alguém é caluniado quando é censurado por fatos verdadeiros, fatos que podem ser provados, mas apenas de uma maneira excepcional, apenas por meio de uma sentença, por meio de um documento oficial. Que milagrosa a força das sentenças e documentos oficiais! Apenas fatos julgados, documentados oficialmente são verdadeiros, são fatos reais. Alguma vez um Código Penal caluniou tão gravemente o mais ordinário entendimento humano? Alguma vez a burocracia levantou uma semelhante muralha chinesa entre si e a opinião pública? Protegidos sob a couraça deste parágrafo, funcionários e deputados são tão imunes quanto os reis constitucionais. Estes senhores podem cometer tantos fatos "que os exponham ao ódio e ao desprezo dos cidadãos" quantos quiserem, mas estes fatos não podem ser declarados, escritos, impressos, sob pena de perda dos direitos civis, acrescida da indefectível prisão e multa. Viva a liberdade de imprensa e de expressão atenuada pelos parágrafos 367, 368 e 370! Alguém é ilegalmente encarcerado. A imprensa denuncia a ilegalidade. Resultado: A denúncia é "apreciada" em um "inquérito judicial" por "calúnia" do honrado funcionário que cometeu a ilegalidade, a não ser que tenha ocorrido um milagre e, sobre a ilegalidade que ele cometeu hoje, já ontem uma sentença tenha sido lavrada.

Não é de admirar que os juristas renanos, e, entre eles, o representante do povo, Zweiffel, votem contra uma Comissão Polonesa com absolutos plenos poderes! De seu ponto de vista, os poloneses devem ser sentenciados à perda de seus direitos civis, acrescida da prisão e multa de rigor, por "calúnia" contra Colomb, Steinäcker, Hirschfeld, Schleinitz, soldados pomeranos e gendarmes velho-prussianos. Assim, a peculiar pacificação da Posnânia seria mais gloriosamente coroada.

E que contradição remeter a estes parágrafos do Código Penal para tachar de calúnia o boato da ameaça de acabar com "o 19 de Março, os clubes e a liberdade de imprensa"!

Como se a aplicação dos parágrafos 367, 368, 370 a discursos e escritos políticos não fosse a eliminação definitiva do 19 de Março, dos clubes e da liberdade de imprensa! O que é um clube sem liberdade de expressão? E o que é a liberdade de expressão com os parágrafos 367, 368 e 370 do Código Penal? E o que é o 19 de Março sem clubes e liberdade de expressão? Liberdade de expressão e de imprensa suprimidos pela ação, não é isso uma prova convincente de que a calúnia só pode mentir sobre o intuito dessa ação? Poupai-vos de assinar a mensagem[5] redigida ontem no Gurzenich. O Parquet "apreciará" vossa mensagem instaurando um "inquérito judicial" por "calúnia" a Hansemann-Auerswald, ou apenas os ministros podem ser caluniados impunemente, caluniados no sentido do Código Penal francês, esse códice da escravidão política plasmado em estilo lapidar? Nós temos ministros responsáveis e gendarmes irresponsáveis?

Portanto, não apenas o artigo incriminado pode ser apreciado pela aplicação dos parágrafos sobre a "calúnia no sentido jurídico", a calúnia no sentido de uma ficção despótica, ultrajante para o bom senso. Também podem ser assim apreciadas pura e simplesmente as conquistas da Revolução de Março. Eis o alto patamar alcançado pela contrarrevolução, eis a ousadia com que a burocracia saca e consegue fazer valer contra a nova vida política as armas que ainda se encontram no arsenal da velha legislação. Essa utilização do artigo sobre a calúnia contra ataques aos representantes do povo não é um meio magnífico para subtrair esses senhores à crítica e a imprensa, ao júri?

Passemos da acusação de calúnia para a acusação de ofensa. Aqui deparamo-nos com o §222, que assim reza:

"Se uma ou mais autoridades da esfera administrativa ou jurídica, *no exercício de seus deveres oficiais* ou *em razão desse exercício*, sofrerem qualquer ofensa por palavras que objetivem atacar sua honra ou sua delicadeza, aquele que assim as ofendeu será punido com um mês a dois anos de prisão".

Quando o artigo da *Nova Gazeta Renana* foi publicado, o sr. Zweiffel atuava como *representante do povo* em Berlim, e de modo algum como *autoridade da esfera jurídica em Colônia*. Uma vez que ele não exercia nenhuma função oficial, era de fato impossível injuriá-lo no exercício de suas funções oficiais ou em razão desse exercício. A honra e a delicadeza dos senhores gendarmes, por sua vez, só estariam sob a proteção desse artigo se tivessem sido injuriados por palavras (*par parole*). Mas nós *escrevemos*, não *falamos*, e *par écrit* não é *par parole*.[6] O que resta, portanto? A moral é que se deve falar com mais prudência dos últimos gendarmes do que dos primeiros príncipes, e em especial não se atrever a melindrar os extremamente suscetíveis senhores do Parquet. Chamamos mais uma vez a atenção do público para o fato de que em diversos lugares simultaneamente, em Colônia, em Dusseldorf, em Coblença, tiveram início os mesmos processos. Maravilhoso método do acaso!

---

[5] Ver "Prisões".
[6] Por escrito, e não oralmente.

A política externa alemã e os últimos acontecimentos em Praga

NGR, n. 42, 12/7/1848

Colônia, 11 de julho. Apesar da patriótica gritaria e rufar de tambores de quase toda a imprensa alemã, desde o primeiro momento a *Nova Gazeta Renana* abraçou o partido dos poloneses na Polônia, dos italianos na Itália, dos tchecos na Boêmia. Desde o primeiro momento desmascaramos a política maquiavélica que, vacilando em seus alicerces no interior da Alemanha, procurava tolher as energias democráticas, desviar de si as atenções, cavar um sumidouro para a ardente lava revolucionária, forjar a arma da opressão interna, provocando um mesquinho ódio xenófobo contrário ao caráter cosmopolita dos alemães e formando, nas guerras nacionais de inaudito horror, de barbárie inominável, uma soldadesca como a Guerra dos Trinta Anos mal havia entremostrado.

No mesmo momento em que lutavam contra seu governo pela liberdade interna, os alemães, sob o comando desse mesmo governo, tomavam parte numa cruzada contra a liberdade da Polônia, da Boêmia, da Itália. Que conluio profundo! Que paradoxo histórico! Estando em efervescência revolucionária, a Alemanha desafogava-se no exterior com uma guerra de restauração, numa campanha a favor do fortalecimento do velho poder, contra o qual ela acabara de fazer a revolução. Apenas a guerra contra a Rússia é uma guerra da Alemanha revolucionária, uma guerra na qual pode lavar os pecados do passado, na qual pode se entusiasmar, na qual pode vencer seus próprios autocratas, na qual, como convém a um povo que se livra dos grilhões de longa e indolente escravidão, compra a difusão da civilização com o sacrifício de seus filhos e se torna livre no interior libertando no exterior. Quanto mais a luz da publicidade revelar os acontecimentos recentes em seus ásperos contornos, tanto mais os fatos confirmarão nosso entendimento sobre as guerras nacionais com as quais a Alemanha desonrou sua nova era. Como contribuição para esse esclarecimento, segue o relato, apesar de atrasado, de um Alemão em Praga:

Praga, 24 de junho de 1848 (atrasado)

A *Gazeta Geral Alemã*[1] de 22 deste mês traz um artigo sobre a Assembleia alemã realizada em 18 deste mês em Aussig, na qual foram feitos discursos que demonstravam

---

[1] Nome adotado pela *Gazeta Geral de Leipzig*, fundada em 1837, depois de ter sido proibida na Prússia em 1843. Existiu até 1879.

um tal desconhecimento de nossos últimos acontecimentos e, em parte, para falar com indulgência, uma tal disposição para bombardear nossa imprensa independente com acusações ultrajantes, que este escritor considerou seu dever esclarecer esses equívocos tanto quanto é possível agora, e opor a integridade da verdade às leviandades e perfídias. É surpreendente que homens como "o fundador da Liga pela Defesa dos Interesses Alemães no Leste" declare perante toda uma assembleia: "Enquanto perdurar a luta em Praga, não se pode falar em perdão, e se nos tornamos vitoriosos, ele poderá ser usado no futuro". Que vitória obtiveram então os alemães, que conspiração foi então destruída? Certamente, jamais poderá ter uma visão clara da situação daqui quem confia no correspondente da *Gazeta Geral Alemã*, ao que parece sempre informado só muito superficialmente, nas patéticas frases de um "pequeno devorador de franceses e poloneses", ou nos artigos do pérfido *Diário de Frankfurt*, que procurou instigar alemão contra boêmio, tal como, nos acontecimentos em Baden, procurou instigar alemão contra alemão. Parece dominar por toda parte na Alemanha a opinião de que a luta nas ruas de Praga teve em vista apenas a repressão do elemento alemão e a fundação de uma república eslava. Sobre a última nem vale a pena falar, pois a ideia é ingênua demais; mas, quanto à primeira, durante a luta nas barricadas não se observou o menor vestígio de uma rivalidade entre nacionalidades; alemães e tchecos mantiveram-se lado a lado prontos para a defesa e eu mesmo solicitei frequentemente a um orador, que falava tcheco, que repetisse seu discurso em alemão, o que ele sempre fez sem a menor observação. Ouve-se objetar que a revolução teria eclodido muito cedo, com dois dias de antecedência, e que apesar de tudo deveria haver uma certa organização e ao menos alguma provisão de munição; no entanto, não havia qualquer vestígio disso. As barricadas erguiam-se do chão, ao acaso, onde se reunissem de 10 a 12 homens; de resto, teria sido impossível levantar mais barricadas, pois nas menores vielas havia três ou quatro delas. A munição fora permutada mutuamente nas ruas e era em grande medida escassa. Nem se falava em comando supremo ou em qualquer comando; os defensores mantinham-se no lugar onde haviam sido atacados e disparavam sem direção, sem comando, das casas e barricadas. A ideia de uma conspiração não poderia, portanto, encontrar fundamento em uma resistência assim sem direção, desorganizada, a menos que tenha sido sugerida por alguma declaração oficial ou publicação do resultado de uma investigação; no entanto, o governo parece não considerar isto conveniente, pois não transpira do palácio nada que pudesse esclarecer Praga sobre suas sangrentas Jornadas de Junho. Os membros de Swornost presos foram novamente libertados, com exceção de alguns; outros presos também o serão, apenas o conde Buquoy, Villani e alguns outros ainda estão na prisão, e uma bela manhã poderemos talvez ler em um cartaz nos muros de Praga que tudo não passou de um mal-entendido. As operações do general comandante tampouco sugerem uma proteção dos alemães contra os tchecos; pois, em vez de atrair a população alemã esclarecendo-lhe os fatos, tomar as barricadas e proteger a vida e a propriedade dos habitantes "fiéis" da cidade, desocupou a cidade velha, marchou sobre a margem esquerda do Moldau e atirou sobre tchecos e alemães indistintamente, pois as bombas e projéteis que explodiram na cidade velha não poderiam visar somente tchecos, elas arrasavam sem olhar a insígnias. A partir de que, portanto, seria razoável inferir uma conspiração eslava, se o governo até agora não quis ou não pôde proporcionar qualquer esclarecimento?

O dr. Göschen, cidadão de Leipzig, redigiu uma mensagem de agradecimento ao príncipe von Windischgrätz, à qual, no entanto, o general já não deve atribuir excessiva importância como expressão da opinião do povo. O cidadão Göschen é um dos liberais prudentes, que rapidamente se tornaram liberais depois das jornadas de fevereiro; ele é o proponente de um voto de confiança ao ministério saxão referente à lei eleitoral, enquanto toda a Saxônia lançava um brado de desaprovação, pois um sexto de seus moradores, e mesmo uma parte das cabeças mais qualificadas, perdera seu primeiro direito de cidadãos, seu direito de voto; ele é um dos que, na Associação Alemã, pronunciou-se resolutamente contra a participação de alemães não saxões na eleição na Saxônia e – vejam que hipocrisia! – pouco depois, em nome de seu clube, prometeu à Associação dos cidadãos alemães não saxões residentes na Saxônia completa cooperação na eleição de um deputado deles para Frankfurt; em resumo, para caracterizá-lo com uma palavra, ele é o fundador da União Alemã. Este homem dirigiu uma mensagem de gratidão ao general austríaco e agradeceu-lhe pela proteção dispensada a toda a pátria alemã. Creio ter mostrado que os acontecimentos passados ainda não evidenciaram plenamente se, e em que medida, o príncipe von Windischgrätz serviu a pátria alemã; só o resultado da investigação o mostrará. Preferimos, por isso, deixar a critério da história o julgamento "da elevada coragem, da energia audaz e da firme perseverança" do general; e quanto à expressão "assassinato vil", referente à morte da princesa, queremos apenas mencionar que não está de modo algum provado que aquele projétil estivesse destinado à princesa, que merecia a consideração unânime de toda Praga; se este for o caso, o assassino não escapará de seu castigo, e a dor do príncipe não foi certamente maior do que a daquela mãe que viu sua filha de 19 anos, também uma vítima inocente, com a cabeça esmagada. Estou totalmente de acordo com o cidadão Göschen a respeito da expressão da mensagem: "bravos grupos, que tão corajosamente lutam sob vossa direção", pois se ele tivesse visto, como eu vi na segunda-feira ao meio-dia na rua Zeltner, com que ímpeto guerreiro estes "bravos grupos" se lançaram sobre a multidão indefesa, ele teria considerado sua expressão demasiado tímida. Eu mesmo devo confessar, por mais que isso fira minha vaidade militar, que, estando como um tranquilo passeante entre um grupo de mulheres e crianças próximo do templo, pus-me em fuga diante de trinta a quarenta destes granadeiros reais e imperiais, e tão completamente que tive de deixar toda a minha bagagem, isto é, meu chapéu, nas mãos dos vencedores, pois considerei supérfluo esperar até que os golpes que atingiam a multidão atrás de mim também me surpreendessem; mas tive, entretanto, a oportunidade de observar que seis horas mais tarde, na barricada da rua Zeltner, esses mesmos granadeiros reais e imperiais atiraram durante uma meia hora, com metralhas e seis-libras, sobre a barricada guarnecida com no máximo vinte homens – mas não a tomaram até que, em torno da meia-noite, fosse abandonada por seus defensores. Não houve luta corpo a corpo, salvo em casos isolados, quando a superioridade de forças estava com os granadeiros. A julgar pela devastação das casas, trincheiras e novas alamedas foram em sua maior parte varridas pela artilharia, e deixo em suspenso a questão de se era preciso um grande desprezo pela morte para limpar uma rua larga, com tiros de metralha, de uma centena de defensores mal-armados.

Quanto ao último discurso do sr. dr. Stradal, de Teplitz, de acordo com o qual "os jornais de Praga atuavam em favor de objetivos estrangeiros", presumivelmente russos, declaro em nome da imprensa independente de Praga que essa afirmação se deve ou a uma excessiva ignorância ou a uma infame calúnia, cuja absurdidade foi e será suficientemente comprovada pela atitude de nossos jornais. A imprensa livre de Praga jamais defendeu outra perspectiva além da preservação da independência da Boêmia e igualdade de direitos para ambas as nacionalidades. Mas ela sabe muito bem que a reação alemã, assim como na Posnânia, assim como na Itália, procura provocar um estreito nacionalismo, em parte para esmagar a revolução no interior da Alemanha, em parte para preparar a soldadesca para a guerra civil.

O senhor Forstmann sobre o crédito público

NGR, n. 44, 14/7/1848

Colônia, 13 de julho. Na sessão ententista do dia 7 deste mês, o sr. *Forstmann* deu cabo de todas as dúvidas da inescrupulosa esquerda sobre o caráter inabalável do crédito público prussiano com o seguinte argumento triunfal: "Por favor, digam se a confiança nas finanças prussianas caiu a zero, se na Bolsa de ontem um título público de 3,5%, com um desconto de 5,5%, estava cotado a 72%".

Vê-se que o sr. Forstmann é tão especulador da Bolsa quanto economista. Se estivesse correto o pressuposto do sr. Forstmann, de que o preço dos títulos públicos é sempre inversamente proporcional ao preço do dinheiro, a cotação dos títulos prussianos de 3,5% estaria com certeza especialmente favorável. Eles deveriam, então, com 5,5 % de desconto, estar cotados não a 72, mas somente a $63\,^7/_{11}$. Mas quem disse ao sr. Forstmann que essa relação inversa existe, não na média de 5 a 10 anos, mas num momento particular de estagnação dos negócios? De que depende o preço do dinheiro? Da relação diária entre a procura e a oferta, da falta ou excesso de dinheiro existente no momento. De que depende a falta ou excesso de dinheiro? Grosso modo, da situação da indústria num período determinado, da estagnação ou da prosperidade do comércio.

De que depende o preço dos títulos públicos? Igualmente da relação entre a procura e a oferta em cada momento. Mas de que depende essa relação? De inúmeras e, especialmente na Alemanha, extremamente complexas relações.

Na França, Inglaterra, Espanha, e em geral nos países em que os títulos públicos chegam ao *mercado mundial*, o crédito público é o momento decisivo. Na Prússia e nos pequenos Estados alemães, cujos papéis só têm curso nas pequenas Bolsas locais, o crédito público só decide em segunda instância. Aqui, a grande massa dos títulos públicos não é usada para especulação, mas para aplicação segura de capital, para assegurar uma renda fixa. Só uma parte mínima chega às Bolsas e ao comércio. A quase totalidade da dívida pública está nas mãos de pequenos rentistas, viúvas e órfãos, conselhos de tutores etc. A queda da cotação pela redução do crédito público é mais um motivo para essa categoria de credores do Estado não vender seus fundos; a renda mal lhes chega para sua sobrevivência. Se os vendem com forte perda, arruínam-se. A diminuta quantidade de títulos que circula em algumas pequenas Bolsas locais não pode naturalmente ser exposta à imensa e veloz oscilação entre oferta e procura, entre queda e subida, tal como a enorme massa dos papéis franceses, espanhóis etc., que servem principalmente à especulação e são negociados em grandes lotes em todos os maiores mercados de capitais do mundo.

Por isso, só raramente na Prússia os capitalistas se veem forçados, por falta de dinheiro, a vender a qualquer preço seus fundos e desse modo pressionar para baixo a cotação, enquanto em Paris, Amsterdã etc. trata-se de fenômeno cotidiano que, em especial depois da Revolução de Fevereiro, influenciou muito mais a queda extraordinariamente rápida dos títulos públicos franceses do que o reduzido crédito público.

Daí deriva que na Prússia as compras fictícias (*marchés à terme*)[1] sejam proibidas, enquanto em Paris, Amsterdã etc. constituem a maior parte das operações da Bolsa.

Essa posição comercial inteiramente diversa entre os mercados de capital locais prussianos e os títulos franceses, ingleses, espanhóis etc. negociados no mercado mundial explica que a cotação dos papéis prussianos não reflita as pequenas complicações políticas de seu Estado, como é o caso com os papéis franceses etc.; que o crédito público nem de longe exerça a influência decisiva e rápida na cotação dos fundos prussianos como na dos papéis de outros Estados.

Na mesma medida em que a Prússia e os pequenos Estados alemães passarem a participar das oscilações da política europeia, em que a dominação da burguesia se desenvolver, na mesma medida também os títulos públicos, exatamente como a propriedade da terra, perderão esse caráter patriarcal, inalienável, entrarão na circulação, se tornarão artigos de comércio comuns, frequentemente trocados, e talvez até mesmo possam reivindicar uma modesta existência no mercado mundial.

Seguem-se desses fatos:

Primeiro. Não se nega que, *na média de um longo período* e mantendo-se inalterado o crédito público, a cotação dos títulos públicos em geral sobe na mesma relação em que a taxa de juros cai e vice-versa.

Segundo. Na França, Inglaterra etc., essa relação prevalece mesmo em períodos curtos, porque lá os especuladores detêm a maior parte dos títulos públicos e porque ocorrem frequentes vendas forçadas por falta de dinheiro, as quais regulam diariamente a relação entre cotação e taxa de juros. Por isso, lá, a relação muitas vezes prevalece de fato mesmo num momento particular.

Terceiro. Na Prússia, ao contrário, esta relação só existe na média de longos períodos, porque a massa de títulos públicos disponível é diminuta e as operações de Bolsa são limitadas; porque as vendas por falta de dinheiro, que efetivamente regulam essa relação, só raramente acontecem; porque nessas Bolsas locais a cotação dos fundos é determinada, em primeira instância, por influências locais, mas o preço do dinheiro é determinado pela influência do mercado mundial.

---

[1] Negócio em que se acerta o preço para pagamento e entrega em data futura. O elemento especulativo resulta das diferentes taxas de câmbio e preços, com os quais contam comprador e vendedor para obtenção de lucro.

Quarto. Se, portanto, o sr. Forstmann quer deduzir o crédito público prussiano da relação entre o preço do dinheiro e a cotação dos títulos públicos, demonstra um total desconhecimento dessas relações. A cotação de 72 para os papéis de 3,5%, com desconto de 5,5%, não demonstra *nada a favor*, e o empréstimo compulsório demonstra *tudo contra* o crédito público prussiano.

Projeto de lei de imprensa prussiano[1]

NGR, n. 50, 20/7/1848

K. Marx

Colônia, 19 de julho. Havíamos pensado que hoje poderíamos divertir outra vez nossos leitores com os debates ententistas, e especialmente apresentar-lhes um brilhante discurso do deputado Baumstark, mas os acontecimentos nos impedem.

A caridade começa em casa. Quando a existência da imprensa está ameaçada, deixa-se de lado até mesmo o deputado Baumstark.

O sr. Hansemann apresentou à Assembleia Ententista uma lei de imprensa provisória. O zelo paternal do sr. Hansemann para com a imprensa exige consideração imediata.

Outrora, o *Code Napoléon* foi embelezado com os mais edificantes títulos do Landrecht. Agora, depois da revolução, isso mudou; agora, abrilhanta-se o Landrecht com as mais perfumadas flores do *Code* e das Leis de Setembro. Naturalmente Duchâtel não é nenhum Bodelschwingh.

Já divulgamos há alguns dias as disposições principais desse projeto de lei de imprensa. Mal nos foi dada a oportunidade de demonstrar, graças a um processo por calúnia,[2] que os artigos 367 e 368 do *Code Pénal* estão em flagrante contradição com a liberdade de imprensa, e já o sr. Hansemann propõe não apenas estendê-los a toda a monarquia, como agravá-los triplamente. Reencontramos no novo projeto tudo aquilo que, pela experiência prática, já se nos tornara tão caro e precioso.

Encontramos a proibição, sob pena de três meses até três anos de prisão, de acusar alguém por um fato que seja legalmente passível de punição ou somente o "expor ao desprezo público"; encontramos a proibição de comprovar a verdade dos fatos, a não ser por meio de "documento legal conclusivo"; em resumo, reencontramos os mais clássicos monumentos do despotismo napoleônico sobre a imprensa.

De fato, o sr. Hansemann cumpriu sua promessa de estender às velhas províncias as vantagens da legislação renana!

---

[1] O "projeto de uma lei de imprensa provisória" foi publicado na *Gazeta de Colônia*, n. 201, de 19 de julho de 1848, primeiro suplemento. As disposições principais desse projeto foram publicadas também na *Nova Gazeta Renana*, n. 47, de 17 de julho de 1848.

[2] Ver "Inquérito judicial contra a *Nova Gazeta Renana*".

Estas disposições são coroadas pelo §10 do projeto de lei: caso a calúnia se volte contra um *funcionário do Estado* em relação a suas funções públicas, a pena ordinária pode ser *aumentada em 50%*.

O artigo 222 do Código Penal pune com prisão de um mês a dois anos a *ofensa por palavras* (*outrage par parole*) a um funcionário no exercício ou por ocasião (*à l'occasion*) do exercício de suas funções. Apesar do empenho benevolente do Parquet, até agora este artigo não fora aplicado à imprensa, e por bons motivos. Para corrigir esta inconveniência, o sr. Hansemann o transformou no supracitado §10. Primeiro, o "por ocasião" foi transformado no mais cômodo "*em relação* a suas funções públicas"; segundo, o importuno *par parole* foi transformado em *par écrit*; terceiro, a pena foi triplicada.

A partir do dia em que esta lei entrar em vigor, os funcionários prussianos poderão dormir tranquilos. Se o sr. Pfuel queimar as mãos e orelhas dos poloneses com pedra infernal e a imprensa publicar isto – de quatro meses e meio a quatro anos e meio de prisão! Se cidadãos forem atirados à prisão por engano, apesar de se saber que não deveriam ser eles os detidos, e a imprensa divulgar isso – de quatro meses e meio a quatro anos e meio de prisão! Se os conselheiros provinciais se transformarem em *Kommis-Voyageurs*[3] reacionários e coletores de assinaturas para a mensagem real, e a imprensa denunciar esses senhores – de quatro meses e meio a quatro anos e meio de prisão!

A partir do dia em que esta lei entrar em vigor, os funcionários poderão cometer impunemente qualquer arbitrariedade, qualquer tirania, qualquer ilegalidade; poderão tranquilamente espancar e mandar espancar, e prender sem interrogatório; o único controle eficaz, a imprensa, terá se tornado ineficaz. No dia em que esta lei entrar em vigor, a burocracia poderá celebrar uma festa: ela se tornará mais poderosa, livre e forte do que era antes de março.

De fato, o que resta da liberdade de imprensa quando não se pode expor ao desprezo público aquilo que merece o desprezo público?

De acordo com as leis atuais, a imprensa podia ao menos apresentar fatos como provas de suas alegações e acusações gerais. Agora isso não será mais possível. Ela não poderá mais *noticiar*, poderá somente *fazer frases* genéricas, a fim de que os bem-intencionados, desde o sr. Hansemann até os cidadãos cervejeiros, tenham o direito de dizer que a imprensa só *xinga*, não *prova* nada! Justamente por isso ela foi proibida de provar.

A propósito, sugerimos ao sr. Hansemann um adendo ao seu simpático projeto. Ele poderia declarar passível de punição expor os senhores funcionários não somente ao desprezo público, como também à galhofa pública. Caso contrário, esta lacuna poderia ser dolorosamente sentida.

Não vamos abordar em detalhes os parágrafos que tratam de obscenidade, os regulamentos de confiscação etc. Eles excedem a nata das leis de imprensa de Luís Filipe e da Restauração. Apenas uma disposição: de acordo com o §21, o promotor público

---

[3] Caixeiros-viajantes.

não apenas pode requerer a apreensão de impressos prontos, como pode confiscar até os *manuscritos recém-entregues para impressão,* se o conteúdo constituir um delito ou crime passível de processo *ex-offício*! Que vasto campo para procuradores filantrópicos! Que diversão agradável, ir a qualquer momento à redação de um jornal e fazer uma perícia no "manuscrito entregue para impressão", pois é bem possível que constitua um crime ou delito!

Ao lado disso, quão burlesca soa a solene gravidade daquele parágrafo do projeto de Constituição[4] e dos "direitos fundamentais do povo alemão" que diz: A censura jamais poderá ser restabelecida!

---

[4] "Projeto de uma Lei Constitucional para o Estado Prussiano", de 20 de maio de 1848.

O projeto de lei da Guarda Cívica

NGR, n. 51, 21/7/1848

Colônia, 20 de julho. *A Guarda Cívica está dissolvida*, eis o *parágrafo principal* do projeto de lei sobre a organização da Guarda Cívica,[1] embora ele só apareça ao final deste projeto, no §121, sob forma discreta: "Para configurar a Guarda Cívica de acordo com o disposto nesta lei, todos os corpos armados atualmente pertencentes à Guarda Cívica ou existentes junto a ela são dissolvidos."

Os corpos não diretamente pertencentes à Guarda Cívica foram dissolvidos sem maiores cerimônias. A dissolução da própria Guarda Cívica só poderia ser consumada sob a aparência de sua reorganização.

A compostura legislativa obrigava a acolher no §1 o clichê constitucional: "A Guarda Cívica tem a *função de proteger a liberdade constitucional* e a ordem legal".

Mas, para estar à altura da "*natureza dessa função*", a Guarda Cívica não pode nem pensar nos negócios públicos nem falar neles, nem debater ou deliberar sobre eles (§1), nem se reunir, nem andar armada (§6), nem em geral dar qualquer sinal de vida, a não ser com permissão da autoridade superior. Não é a Guarda Cívica que "protege" a Constituição ante as autoridades, mas sim as autoridades que protegem a Constituição ante a Guarda Cívica. Ela deve, portanto (§4), "obedecer" cegamente as "requisições das autoridades" e renunciar a toda intromissão "nas funções das autoridades comunitárias, administrativas ou legais", bem como a todo eventual raciocínio. Se ela se "recusar" à obediência passiva, o sr. chefe do distrito pode "*dispensar seus serviços*" por quatro semanas (§4). Se ela provocar o altíssimo descontentamento, um "decreto real" pode "dispensar seus serviços" por "seis meses", ou mesmo determinar sua "dissolução", à qual só após seis meses deve seguir-se uma reconfiguração (§3). "Deve", portanto (§2), "existir uma Guarda Cívica em cada comunidade do reino", ao menos enquanto o senhor chefe do distrito ou o rei não sejam levados a decretar o contrário em cada comunidade. Se os negócios públicos não são da "competência" da Guarda Cívica, já a Guarda Cívica, ao contrário, é "da competência do ministro do Interior", isto é, do *ministro da polícia*, que é naturalmente

---

[1] O "Projeto de Lei para a Organização da Guarda Cívica", de 6 de julho de 1848, foi remetido à Assembleia Nacional prussiana em 7 de julho. A lei entrou em vigor em 12 de outubro de 1848.

seu superior, e, "de acordo com a natureza de sua função", é o fiel cavaleiro da "liberdade constitucional" (§5). Enquanto a Guarda Cívica não receber ordens dos senhores chefes de distrito e dos demais senhores funcionários para "proteger a liberdade constitucional", isto é, para cumprir o parecer dos senhores superiores, ou seja, enquanto não receber ordem para *entrar na ativa*, sua missão específica consiste em cumprir um *regulamento de serviço* redigido por um *coronel* real. O regulamento de serviço é sua *Magna Charta*,[2] para cuja proteção e execução ela, por assim dizer, foi formada. Viva o *regulamento de serviço*! A incorporação[3] na Guarda Cívica oferece, finalmente, a todo prussiano "entre 24 anos completos e 50 incompletos" a oportunidade de prestar o seguinte *juramento*:

"Juro fidelidade e obediência ao rei, à Constituição e às leis do reino."

Pobre Constituição! Quão encolhida, quão envergonhada, com quanta resignação burguesa, com que atitude subalterna ela aí está, entre o rei e as leis. Primeiro vem o juramento monárquico, o juramento dos fiéis amados, depois vem o juramento constitucional, e por fim vem um juramento que não tem absolutamente nenhum sentido, a não ser o legitimista, segundo o qual, ao lado das leis provenientes da Constituição, há ainda outras leis, derivadas da autoridade real. E assim o bom cidadão pertence dos pés à cabeça à "competência do ministério do Interior.

O bravo homem recebeu as armas e a farda sob a condição de previamente renunciar aos seus principais direitos políticos, o direito de associação etc. Sua missão, proteger a "liberdade constitucional", resolve-se, segundo a "natureza de sua função", em executar cegamente as ordens das autoridades superiores, em trocar a liberdade civil usual, admitida mesmo sob a monarquia absoluta, pela obediência passiva, abúlica e desinteressada do soldado. Como diz o sr. Schneider na Assembleia Ententista, bela escola para educar os republicanos do futuro! Em que se transformou nosso *cidadão*? Algo intermediário entre um gendarme prussiano e um policial inglês. Mas o *regulamento de serviço* e a consciência de cumprir ordens consolam-no de todos os seus prejuízos. Em vez do Exército se dissolver no povo, não é mais original o povo se dissolver no Exército?

É um espetáculo verdadeiramente bizarro essa *transformação de frases constitucionais em fatos prussianos*.

Se o prussianismo deve se resignar a se tornar constitucional, também o constitucionalismo deve se resignar a se tornar prussiano. Pobre constitucionalismo! Bravos alemães! Por quanto tempo se lamentaram de que não se cumpria a *"mais sagrada"* promessa! Em breve conhecerão somente um medo, o medo de que se cumpra a sagrada promessa! O povo será punido *par où il a péché*.[4] Vocês exigiram *liberdade de imprensa*? Então serão *punidos* com a liberdade de imprensa e receberão uma censura sem censores, uma censura por meio do Parquet, uma censura por meio de uma lei que considera estar na "natureza da função" da

---

[2] Lei fundamental do Estado inglês de 1215.
[3] Alistamento.
[4] Por onde pecou.

imprensa ocupar-se com tudo, menos com as autoridades, as indefectíveis autoridades, uma censura com prisões e multas. Como o cervo brame por água fresca, vocês devem bramir pelo bom, velho, arquirrenegado, arqui-incompreendido censor, o último romano, sob cuja ascética previdência vocês levavam uma vida tão cômoda e sem perigo.

Vocês exigiram *milícia popular*? Devem receber um *regulamento de serviço*. Devem ser postos à disposição das autoridades, prestar o serviço militar e educar-se na obediência passiva até seus olhos se encherem de lágrimas.

A argúcia prussiana pressentiu que toda nova instituição constitucional oferece a interessantíssima oportunidade para novas leis punitivas, novos regulamentos, nova medida disciplinar, novo controle, novas chicanas e nova burocracia. Ainda mais reivindicações constitucionais! Ainda mais reivindicações constitucionais!, clama o Ministério de Ação. Para cada reivindicação temos uma ação.

Reivindicação: todo cidadão deve ser armado para proteger a "liberdade constitucional".

Resposta: Todo cidadão está, de agora em diante, sob a competência do ministério do Interior.

Seria mais fácil reconhecer os gregos sob as formas dos animais em que Circe os transformou do que as instituições constitucionais sob as formas fantásticas nas quais o *prussianismo* e seu *Ministério de Ação* as transfigurou.

Depois da *reorganização prussiana da Polônia*, a reorganização prussiana da Guarda Cívica!

NGR, n. 52, 22/7/1848

Colônia, 21 de julho. Vimos que as "disposições gerais" do projeto de lei sobre a *Guarda Cívica* consistem no seguinte: a Guarda Cívica cessou de existir. Abordaremos, ainda brevemente, algumas outras passagens do projeto, a fim de destilar o espírito do "Ministério de Ação", e também aqui precisamos ser seletivos com a matéria-prima da pseudoinstituição. Uma grande quantidade de parágrafos supõe o novo sistema municipal e distrital, uma nova divisão administrativa da monarquia etc., inúmeras criaturas que, como é sabido, levam ainda uma vida oculta no regaço prenhe de segredos do Ministério de Ação. Por que, pois, o Ministério de Ação antecipou seu projeto de lei sobre a reorganização da Guarda Cívica ao prometido projeto de lei sobre a organização municipal e distrital etc.?

Na parte III encontramos duas listas de serviço, a lista de serviço dos membros honestos da Guarda Cívica e a lista de serviço dos membros subvencionados por recursos públicos (§14 [e §16]). Entre os subvencionados por recursos públicos não estão incluídos, naturalmente, o Exército dos funcionários públicos. Sabe-se que, na Prússia, eles constituem a verdadeira classe produtiva. Como os escravos na antiga Roma, os pobres são "convocados para o serviço público apenas em casos extraordinários". Se os pobres, graças à sua dependência civil, são tão pouco aptos a defender a "liberdade constitucional" como os *lazzaroni* em Nápoles, merecem ocupar uma posição subordinada neste novo instituto da obediência passiva?

Mas, abstraindo dos pobres, encontramos uma outra importante diferenciação entre os alistados na Guarda Cívica: *solventes e insolventes*.

Antes, ainda uma observação. Pelo §53, deve "a Guarda Cívica, em todo o país, usar um uniforme igual e simples, que será determinado pelo rei. O uniforme não deve ser confeccionado de modo a dar azo à confusão com o do Exército".

Claro! A roupa deve ser feita de tal modo que o Exército confronte a Guarda Cívica e a Guarda Cívica confronte o povo, e que em situações como ataques, fuzilamentos e outras manobras militares semelhantes não possa ocorrer nenhum engano. Mas o uniforme *de serviço como tal* é tão imprescindível quanto a lista *de serviço* e o regulamento *de serviço*. A *libré* da liberdade é justamente o uniforme *de serviço*. Esta *libré* permite aumentar substancialmene os custos do equipamento de um homem da Guarda Cívica, e estes custos elevados dão a bem-vinda oportunidade de cavar um imenso abismo entre os *burgueses* da Guarda Cívica e os *proletários* da Guarda Cívica.

Lê-se:

> §57: Cada membro da Guarda Cívica deve arcar *com os próprios custos* do uniforme, onde seja requerido, do distintivo e das armas. O município é obrigado, no entanto, a providenciar estes objetos à sua própria custa na quantidade necessária para o equipamento *daquela parte da tropa efetivamente em serviço que não possa suportar os custos com seus próprios recursos*.
>
> §59: O município conserva o direito de propriedade sobre os itens do equipamento providenciados por ele e, *fora do período de uso em serviço, pode guardá-los em local específico*.

Portanto, todos aqueles que não podem se equipar militarmente dos pés à cabeça – e trata-se da grande maioria da população prussiana, da totalidade dos trabalhadores, de uma grande parte da classe média – *todos* estes são legalmente *desarmados* "fora do período de uso em serviço", enquanto a *burguesia* da Guarda Cívica mantém a propriedade das armas e uniformes. Como esta mesma burguesia, na forma do "município", "pode guardar em local específico" a totalidade dos "itens do equipamento providenciados" por ela, mantém não somente a propriedade de suas próprias armas, mas além disso mantém a propriedade das armas do proletariado da Guarda Cívica, e se ocorrerem confrontos políticos que lhe sejam antipáticos, ela *"pode"* e *"irá"* recusar a entrega das armas mesmo para *"uso em serviço"*. Assim, o privilégio político do capital é restabelecido em sua forma mais simples, porém mais eficaz e mais decisiva. O capital detém o privilégio das armas em face dos menos abastados, assim como os barões feudais medievais em face de seus servos.

Para que o privilégio atue em toda sua exclusividade, de acordo com o §56, "nos Estados e cidades com menos de 5 mil habitantes é suficiente o armamento dos homens da Guarda Cívica com lanças ou baionetas, e para este tipo de armamento, em vez do uniforme, é necessário somente um *distintivo* determinado pelo coronel".

Em todas as cidades *acima* de 5 mil habitantes o *uniforme* deve elevar o *censo*, que efetivamente assenta na propriedade a aptidão para o serviço militar, e, com ele, o número de proletários da Guarda Cívica. Como o uniforme e as armas deste proletariado, isto é, da maior parte da população, são somente *emprestados*, assim o *direito de defesa* é-lhe somente *emprestado*, sua existência como homem armado é apenas uma existência emprestada, e – *beati possidentes*, afortunados os proprietários! O incômodo moral que um casaco emprestado causa a um indivíduo, e ainda por cima um casaco emprestado que, como entre soldados, passa sucessivamente de um corpo para outro – este incômodo moral é naturalmente o primeiro requisito para os romanos convocados a "proteger a liberdade constitucional". Mas, em contrapartida, vai crescer o arrogante amor-próprio da Guarda Cívica *solvente*, e o que se quer mais?

E mesmo estas condições, que tornam ilusório o direito de defesa para a maior parte da população, são ainda submetidas, no interesse da parte proprietária, do capital privilegiado, a novas e ainda mais restritivas condições.

A saber, o município precisa manter em estoque apenas os itens de equipamento suficientes para a parte da tropa insolvente "efetivamente em serviço". Segundo o §15, procede-se com esta parte "efetivamente em serviço" da seguinte maneira:

> Em todos os municípios nos quais o número total dos homens aptos para o serviço corrente ultrapassar a vigésima parte da população, a representação municipal tem o direito de limitar a tropa efetivamente em serviço a esta parte da população. Caso faça uso desta atribuição, deve estabelecer uma alternância no serviço, de modo que chegue a vez, um por um, a todos os homens aptos para o serviço corrente. É permitido, no entanto, em cada alternância, substituir não mais do que um terço de cada vez; também devem ser convocadas simultaneamente todas as gerações, na proporção do número disponível de guardas civis.

Pode-se avaliar, assim, para que diminuta parcela do proletariado da Guarda Cívica e da população total o município deve *efetivamente* providenciar os itens de equipamento.

Em nosso artigo de ontem, vimos o *Ministério de Ação* reorganizar o instituto constitucional da Guarda Cívica no sentido do velho Estado prussiano, do Estado burocrático. Hoje vemo-lo no ponto culminante de sua missão, vemo-lo moldar este instituto da Guarda Cívica no sentido da Revolução de Julho, no sentido de Luís Filipe, no sentido da época que coroava o capital e homenageava

> Com tambores e trombetas
> Seu jovem esplendor.[1]

Uma palavra sobre o ministério Hansemann-Kühlwetter-Milde. Há alguns dias, o senhor Kühlwetter promulgou uma circular a todos os chefes de distrito contra as intrigas da reação. De onde proveio este fenômeno?

---

[1] Heine, "Idílio na montanha", poema de *A viagem a Harz* (*Mit Pauken und Trompeten/seiner jungen Herrlichkeit*).

O Ministério de Ação quer fundar o domínio da burguesia concluindo ao mesmo tempo um compromisso com a velha polícia e o velho Estado feudal. Nessa tarefa dúplice e plena de contradições, vê a todo momento o domínio ainda a ser fundado da burguesia e sua própria existência sobrepujados pela reação no sentido absolutista, feudal – e sucumbirá a ela. A burguesia não pode lutar por seu próprio domínio sem se aliar provisoriamente a todo o povo, sem, por isso, apresentar-se como mais ou menos democrática.

Mas pretender unir a época da restauração à época de julho, levar a burguesia, ainda em luta contra o absolutismo, o feudalismo, os *junkers*, o domínio dos soldados e dos burocratas, a já excluir, já subjugar e pôr de lado o povo – isto é a quadratura do círculo, é um problema histórico diante do qual mesmo um Ministério de Ação, mesmo um triunvirato Hansemann-Kühlwetter- Milde fracassará.

NGR, n. 54, 24/7/1848

Colônia, 23 de julho. A parte do *projeto de lei da Guarda Cívica* sobre a *"Escolha e Nomeação dos Chefes"* é um verdadeiro *labirinto de métodos de escolha*. Vamos brincar de Ariadne e dar ao moderno Teseu – a muito louvável Guarda Cívica – o fio que deverá conduzi-lo pelo labirinto. Mas o moderno Teseu será tão ingrato quanto o antigo e, depois de ter matado o Minotauro, deixará traiçoeiramente sua Ariadne – a imprensa – presa nos penhascos de Naxos.

Enumeremos os diferentes corredores do labirinto.

Corredor I. Eleição direta. §42. "Os chefes da Guarda Cívica até o capitão, inclusive, serão eleitos pelos milicianos civis *efetivamente em serviço*."

Corredor lateral. "Os milicianos efetivamente em serviço" constituem somente uma pequena parte da tropa efetivamente "apta para o serviço militar". Comparem com o §15 e nosso artigo de anteontem.

A eleição "direta" é, portanto, apenas aparentemente uma eleição direta.

Corredor II. Eleição indireta. §48. "O comandante do batalhão será eleito pela maioria absoluta de votos dos capitães, comandantes de pelotão e cabos das respectivas companhias."

Corredor III. Combinação de eleição indireta com nomeação real. §49. "O *coronel* será nomeado pelo rei a partir de uma lista de três candidatos, eleitos pelos comandantes dos respectivos batalhões até o comandante de pelotão, inclusive."

Corredor IV. Combinação de eleição indireta com nomeação pelos senhores comandantes-em-chefe. §50. "Os ajudantes de campo serão nomeados pelos respectivos comandantes-em-chefe entre os comandantes de pelotão, o amanuense de batalhão entre os cabos, o tambor do batalhão entre os tambores."

Corredor V. Nomeação direta por vias burocráticas. §50. "O sargento e o amanuense da companhia serão nomeados pelo capitão, o primeiro-sargento e o amanuense do esquadrão pelo capitão de cavalaria, o cabo pelo comandante do pelotão."

Se, pois, estes métodos de escolha começam com uma falsa eleição direta, terminam com a autêntica eliminação de toda eleição, com o arbítrio dos senhores capitães, comandantes de cavalaria e comandantes de pelotão. *Finis coronat opus*.[1] Não falta graça e agudeza a este labirinto.

Os cristais precipitados deste complicado processo químico, desde o brilhante coronel até o modesto cabo, são fixados por seis anos. §51. "As eleições e nomeações dos comandantes realizam-se a cada seis anos." Depois de tais precauções, não se compreende por que, nas "disposições gerais", o Ministério de Ação considerou necessária a falta de tato de jogar na cara da Guarda Cívica: de um instituto político deveis ser reorganizada como um instituto puramente policial e como uma escola *velho-prussiana* de *adestramento*. Para que roubar as ilusões!

A nomeação *real* é claramente uma canonização, uma vez que, à parte "*Tribunais da Guarda Cívica*", não menciona nenhum tribunal para o "*coronel*", mas expressamente apenas tribunais para *comandantes* e inferiores. Como poderia um coronel real cometer um crime?

Em contraposição, a mera existência como homem armado é uma *profanação* do cidadão, pois para espoliar a *liberdade pessoal* do homem armado e aprisioná-lo por 24 horas basta uma palavra de seu chefe, uma palavra do infalível coronel real ou até mesmo do primeiro sujeito que aparecer que tenha sido nomeado sargento pelo capitão ou cabo pelo senhor comandante de pelotão.

"§81: Todo superior pode repreender seus *subordinados* em serviço; pode até mesmo *ordenar sua prisão imediata e encarceramento por 24 horas*, se o subordinado for culpado de embriaguez em serviço ou outra grave *violação do serviço semelhante*."

Naturalmente o senhor superior decide o que é uma grave violação do serviço *semelhante*, e o *subordinado* deve cumprir ordens.

Se, portanto, já desde o início deste projeto o cidadão adquiriu a maturidade necessária à "natureza de sua função", a "proteção da liberdade constitucional", deixando de ser o que, segundo Aristóteles, é a determinação do homem – um "*Zoon politikon*", um "animal político" –, ele só consuma sua vocação entregando sua liberdade civil ao arbítrio de um coronel ou de um cabo.

O "*Ministério de Ação*" parece ser devotado a representações tipicamente místico-orientais, uma espécie de *culto a Moloch*. Para proteger a "liberdade constitucional" dos chefes de distrito, burgomestres, superintendentes e delegados de polícia, inspetores de polícia, funcionários da promotoria pública, presidentes ou diretores de tribunal, juízes de instrução, juízes de paz, alcaides, ministros, clérigos, pessoal militar na ativa, funcionários da fronteira, alfândega, impostos, da guarda florestal e dos correios, diretores e carcereiros de todos os presídios, funcionários executivos da segurança e pessoas de menos de 25 ou mais de 50 anos – as únicas pessoas que, segundo os §§9, 10 e 11 não fazem parte da Guarda Cívica –, para proteger a "liberdade constitucional" dessa elite da nação, todo o

---

[1] O final coroa a obra.

restante da nação deve permitir a morte de sua liberdade constitucional, e mesmo de sua liberdade pessoal, em um sangrento sacrifício da vida no altar da pátria. *Pends toi, Figaro! Tu n'aurais pas inventé cela!*[2]

Não é preciso mencionar que a seção acerca das punições é elaborada com voluptuosa minúcia. Segundo a "natureza de sua função", todo o instituto deve ser uma punição para o desejo dos muito louváveis cidadãos de ter uma Constituição e uma Guarda Cívica. Apenas observaremos ainda que, além dos casos de infração legalmente determinados, o *regulamento de serviço*, a *Magna Charta* da Guarda Cívica, projetada pelo *coronel real* com a assistência do major e a aprovação da apócrifa "representação distrital", dá ensejo a um novo mostruário de punições (ver §82 e seguintes). É desnecessário dizer que *multas* podem substituir penas de prisão, de sorte que a diferença entre os guardas nacionais *solventes* e os *insolventes*, a diferença inventada pelo "Ministério de Ação" entre a *burguesia* e o *proletariado* da Guarda Cívica, goza de uma sanção criminal.

Obrigado a renunciar a incluir na Constituição a *jurisdição de exceção*, o Ministério de Ação contrabandeia-a novamente para a Guarda Cívica. Todas as faltas disciplinares dos guardas civis e cabos estão sob a jurisdição do tribunal da companhia, constituído de dois comandantes de pelotão, dois cabos e três guardas civis (§87). Todas as faltas disciplinares dos "comandantes de companhia pertencentes ao batalhão, desde os comandantes de pelotão até os majores, inclusive", estão sob a jurisdição do tribunal de batalhão, constituído de dois capitães, dois comandantes de pelotão e três cabos (§88). Os majores gozam de jurisdição de exceção especial, pois, dispõe o mesmo §88, "referindo-se o inquérito a um major, passam a ser membros do tribunal de batalhão dois majores". O senhor coronel, finalmente, como já dissemos, está *isento* de qualquer tribunal.

O excelente projeto de lei termina com o seguinte parágrafo:

"(§123): As determinações sobre a colaboração da Guarda Cívica na defesa da pátria em caso de guerra, assim como sobre o armamento, equipamento e abastecimento necessários, ficam reservadas à lei sobre a organização do Exército."

Em outras palavras: *A Landwehr continua existindo ao lado da Guarda Cívica reorganizada.*

O *Ministério de Ação* não merece ser autuado só por esse projeto de lei e por seu projeto de armistício com a Dinamarca?[3]

---

[2] Enforca-te, Fígaro! Tu não terias inventado essa! – citação modificada de Beaumarchais, *La folle journée, ou le mariage de Figaro* (*O dia louco, ou O casamento de Fígaro*), Ato V, cena 8.

[3] Em junho de 1848, em Malmö (Suécia), plenipotenciários dinamarqueses e prussianos negociaram um armistício. Chegou-se a um tratado, aprovado em 8 de julho pelo rei da Prússia, mas não subscrito pelo comandante general Wrangel em função das condições extremamente desfavoráveis para o lado prussiano-alemão. O verdadeiro armistício só foi concluído em 26 de agosto de 1848.

O turinense *Concórdia*

NGR, N. 55, 25/7/1848

Colônia, 23 de julho. Recentemente nos referimos ao jornal *L'Alba*, publicado em Florença, ao qual estendemos fraternalmente a mão por sobre os Alpes. Era de se esperar que um outro jornal, *La Concórdia*,[1] em Turim, uma folha de cor oposta, também fizesse declarações opostas, se bem que de modo algum hostis. Em um número antigo, *La Concórdia* considerava que a *Nova Gazeta Renana* toma qualquer partido para o qual tenha sido *"pressionada"*. Em favor desta invenção desprovida de sentido, ela se vale de nossa avaliação dos acontecimentos de Praga, nossa simpatia em favor do partido democrático contra os reacionários Windischgrätz e companhia. Talvez o jornal turinense tenha nesse meio tempo alcançado maior clareza sobre o assim chamado movimento *tcheco*.

Ultimamente, no entanto, *La Concórdia* viu-se levada a tratar de um artigo mais ou menos doutrinário da *Nuova Gazzeta Renana*. Ela leu em nossa folha o programa para o Congresso dos Trabalhadores[2] convocado para Berlim, e os oito pontos a serem discutidos pelos trabalhadores causaram-lhe considerável alvoroço.

Depois de traduzi-lo na íntegra, fielmente, começa uma espécie de crítica com as seguintes palavras:

"Nestas propostas há muito de verdadeiro e justo, porém a *Concórdia* cometeria uma traição à sua missão se não erguesse sua voz contra os erros dos socialistas."

De nossa parte, erguemo-nos contra o "erro" da *Concórdia*, que consiste em tomar por *nosso próprio* programa aquele apresentado pela referida comissão para o Congresso dos Trabalhadores e apenas divulgado por nós. Não obstante, estamos dispostos a travar com a *Concórdia* uma discussão sobre economia política, tão logo seu programa apresente algo mais do que algumas conhecidas generalizações filantrópicas e batidos dogmas do livre comércio.

---

[1] Jornal italiano liberal, publicado em 1848/1849 em Turim.
[2] O Congresso dos Trabalhadores, que se reuniu de 23 de agosto a 3 de setembro em Berlim, foi convocado por um conjunto de organizações operárias. O programa do congresso, elaborado sob a influência de Stefan Born, estabelecia limitadas reivindicações corporativas, desviando os trabalhadores da luta revolucionária. Esse programa foi publicado pela *Nova Gazeta Renana*, n. 31, de 1 de julho de 1848, sem comentários, na correspondência de Berlim.

O projeto de lei sobre o empréstimo compulsório e sua Exposição de Motivos[1]

NGR, n. 56, 26/7/1848

Colônia, 25 de julho. Um notório vigarista do bairro de St. Giles, em Londres, compareceu ao tribunal criminal. Fora acusado de haver aliviado a bolsa de um notório avarento da City em 2 mil libras esterlinas.

> Meus senhores jurados (começou o acusado), não vou exigir sua paciência por muito tempo. Minha defesa é de natureza político-econômica, e vai usar economicamente as palavras. Eu tomei 2 mil libras esterlinas do sr. Cripps. Nada mais certo do que isso. Mas eu tomei de um indivíduo privado para dar ao público. Onde foram parar as 2 mil libras esterlinas? Será que as conservei egoisticamente comigo? Vasculhem minha bolsa. Se os senhores encontrarem um pence, vendo-lhes minha alma por um *farthing*[2]. As 2 mil libras esterlinas, os senhores as encontrarão com o alfaiate, o *shopkeeper*,[3] no restaurante etc. Portanto, o que eu fiz? '*Pus em circulação*'somas *que permaneciam inúteis, que apenas por meio de um empréstimo compulsório*' poderiam ser arrancadas do túmulo da avareza. Fui um agente da circulação, e a circulação é a primeira condição da riqueza nacional. Meus senhores, os senhores são ingleses! Os senhores são economistas! Não vão condenar um benfeitor da nação!

O economista de St. Giles está em Vandiemensland,[4] e tem a oportunidade de refletir sobre a cega ingratidão de seus compatriotas.

Mas ele não viveu em vão. Seus princípios formam a base do *empréstimo compulsório de Hansemann*.

> A legitimidade do empréstimo compulsório (diz Hansemann na *Exposição de Motivos* a esta medida) repousa no pressuposto fundamentado e seguro de que uma grande parte do dinheiro vivo em mãos de indivíduos privados permanece *inútil em quantias menores ou maiores*, e *somente por meio de um empréstimo compulsório pode ser posta em circulação*.

---

[1] O "Projeto de lei relativo à instituição de um empréstimo compulsório", de 10 de julho de 1848, e sua Exposição de Motivos, foram apresentados em 12 de julho de 1848 à Assembleia Nacional prussiana.
[2] Centavo.
[3] Comerciante.
[4] Hoje, Tasmânia; de 1803 até 1854, colônia penal britânica.

Quando vocês *consomem* um capital, põem-no em circulação. Se vocês não o põem em circulação, o Estado o *consumirá*, para pô-lo em circulação.

Um fabricante de algodão emprega, por exemplo, 100 trabalhadores. Paga diariamente a cada um deles 9 *groschen*[5] de prata. Portanto, diariamente migram 900 *groschen* de prata, ou seja, 30 táleres, de seu bolso para o bolso dos trabalhadores, e do bolso dos trabalhadores para o bolso do *epicier*,[6] do locatário, do sapateiro, do alfaiate etc. Essa migração dos 30 táleres é sua *circulação*. A partir do momento em que o fabricante só pode vender seu tecido de algodão com prejuízo ou não pode vendê-lo de maneira nenhuma, para de produzi-lo, para de empregar trabalhadores, e com o estancamento da produção cessa a migração dos 30 táleres, cessa a *circulação*. Restabeleceremos a circulação à força! grita Hansemann. Por que o fabricante deixa seu dinheiro permanecer *inútil*? Por que não o faz circular? Quando o tempo está bom, muita gente circula ao ar livre. Hansemann impele as pessoas para o ar livre, obriga-as a circular, para restabelecer o bom tempo. Grande meteorologista!

A crise ministerial e comercial saqueia os juros ao capital da sociedade civil.

O Estado ajuda a sociedade civil a se reerguer tirando-lhe também o capital.

O judeu *Pinto*, o célebre especulador da Bolsa do século XVIII, recomendava a especulação na Bolsa em seu livro sobre a *Circulação*.[7] A especulação nada produz, mas promove a circulação, a migração da riqueza de um bolso para outro. Hansemann transforma o Tesouro público em uma roleta por onde os bens dos cidadãos circulam. Hansemann-Pinto!

Na "*Exposição de Motivos*" da "lei sobre o empréstimo compulsório" Hansemann esbarra, entretanto, em uma grande dificuldade. Por que o *empréstimo voluntário* não rendeu as quantias necessárias?

É bem conhecida a "confiança incondicional" de que goza o atual governo. É bem conhecido o ardente patriotismo da grande burguesia, que só se queixa de que alguns agitadores não se atrevem a compartilhar sua dedicada confiança. São bem conhecidas as mensagens de lealdade de todas as províncias. E "apesar de tudo e todos".[8] Hansemann foi obrigado transformar o poético empréstimo voluntário no prosaico empréstimo compulsório!

No distrito de Düsseldorf, por exemplo, os nobres contribuíram com 4 mil táleres e os oficiais com 900 táleres – e onde reina maior confiança do que entre os nobres e oficiais do distrito de Düsseldorf? Sobre as contribuições dos príncipes da casa real nem há o que dizer.

Deixemos que o sr. Hansemann nos esclareça esse fenômeno.

---

[5] Subdivisão da unidade monetária da Áustria.
[6] Merceeiro.
[7] Isaac Pinto, *Traité de la Circulation et du Crédit* (Tratado sobre a circulação e o crédito), Amsterdã, 1771.
[8] Do poema de Freiligrath, *Apesar de tudo*.

As contribuições *voluntárias* foram, até agora, muito parcas. Isto deve ser atribuído *menos à falta de confiança* em nossas condições do que à *incerteza* sobre a *necessidade real* do Estado, acreditando-se poder esperar para ver *se e em que medida se recorrerá à capacidade monetária do povo*. Nesta *circunstância* funda-se a esperança de que cada um contribuirá *voluntariamente* de acordo com sua capacidade logo que a *obrigação de contribuir* lhe for apresentada como uma *necessidade imperiosa*.

O Estado, em grandes apuros, apelou para o patriotismo. Solicitou gentilmente ao patriotismo que depositasse no altar da pátria 15 milhões de táleres, e além do mais não como um presente, mas somente como *empréstimo* voluntário. Temos a mais alta confiança no Estado, mas mantemo-nos surdos ao seu grito de socorro! Encontramo-nos infelizmente em tal "*incerteza*" quanto à "*real necessidade* do Estado" que, com grande sofrimento espiritual, decidimos não lhe dar *absolutamente nada*. Temos mesmo a mais alta confiança na autoridade estatal, e a honrada autoridade estatal alega que o Estado necessita de 15 milhões. Mesmo com confiança, não acreditamos na garantia da autoridade estatal, e na verdade consideramos sua gritaria por 15 milhões como uma mera brincadeira.

É conhecida a história daquele bravo sujeito da *Pensilvânia* que não emprestava a seus amigos nem um dólar. Ele tinha uma tal confiança em suas bem-reguladas vidas, dava ao estabelecimento deles um tal crédito que, até a hora de sua morte, nunca obteve a "certeza" de que eles tivessem "real necessidade" de um dólar. Em suas veementes exigências enxergava apenas meios de testar sua confiança, e a confiança do homem era inabalável.

A autoridade estatal prussiana encontrou todo o Estado habitado por pensilvanianos. Mas o sr. Hansemann ainda explica o estranho fenômeno político-econômico por uma outra "*circunstância*" peculiar.

O povo não contribuiu "porque acreditava poder esperar para ver *se e em que medida se recorrerá à sua capacidade monetária*". Em outras palavras: ninguém pagou voluntariamente porque cada um esperava para ver *se e em que medida* seria *obrigado* a pagar. Quão prudente patriotismo! Quão abstrusa confiança! Nesta "*circunstância*", pois, em que atrás do empréstimo voluntário de vivos olhos azuis está agora o empréstimo forçado hipocondríaco e de olhar sombrio, "funda" o sr. Hansemann "a *esperança* de que cada um contribuirá *voluntariamente* de acordo com sua capacidade". Pelo menos o cético inveterado deve ter perdido a incerteza e adquirido a convicção de que a autoridade estatal está realmente falando a sério sobre sua necessidade de dinheiro, e toda a desgraça consistia, como já vimos, nesta embaraçosa incerteza. Se vocês não derem, ser-lhes-á tomado, e isso não incomodará nem a vocês nem a nós. Esperamos, portanto, que vossa confiança renuncie a sua forma excêntrica e, em vez de frases malsonantes, expresse-se em táleres bem-sonantes. *Est-ce clair*?[9]

---

[9] Está claro?

Porém, quanto mais o sr. Hansemann fundava *"esperanças"* nesta *"circunstância"*, tanto mais o ânimo ponderado de seus *pensilvanianos* o contaminava, e ele se viu obrigado a procurar *estimulantes* ainda mais fortes para a confiança. A confiança de fato existe, mas não quer se manifestar. É preciso um *estimulante* para que aflore de seu Estado latente.

"Mas a fim de gerar um impulso ainda mais forte" (do que a expectativa do empréstimo compulsório) "para a participação voluntária, [o] §1 projetou a taxa de juros do empréstimo em 3 ⅓ % e deu um prazo" (até primeiro de outubro) "até o qual empréstimos voluntários ainda deverão ser aceitos a 5%."

Portanto, o sr. Hansemann oferece um *prêmio* de 1 ⅔ % para o empréstimo voluntário, e agora o patriotismo estará totalmente disponível, as bolsas vão se abrir, e a torrente dourada da confiança fluirá para o Erário público.

O sr. Hansemann considera naturalmente "justo" pagar à gente grada 1 ⅔ % a mais do que aos pequenos, de quem só à força é possível tomar o indispensável. Como penalidade por sua situação patrimonial menos confortável, terão ainda por cima de arcar com os *custos do recurso*.

Assim se cumpre a sentença bíblica. A quem tem, será dado. De quem não tem, será tomado.

NGR, n. 60, 30/7/1848

Colônia, 29 de julho. Assim como outrora Peel para o imposto dos cereais, também Hansemann-Pinto descobriu uma "escala flexível"[10] para o patriotismo involuntário.

"Em relação à porcentagem para a contribuição obrigatória", diz nosso Hansemann em sua Exposição de Motivos, "foi adotada uma escala progressiva, pois notoriamente a capacidade de obter dinheiro aumenta em proporção *aritmética* com o montante do patrimônio."

Com o patrimônio, aumenta a capacidade de obter dinheiro. Em outras palavras: na medida em que se pode dispor de mais dinheiro, pode-se dispor de mais dinheiro. Até aqui, nada mais certo. Mas que a capacidade de obter dinheiro aumente apenas em proporção *aritmética*, mesmo que os diferentes montantes de patrimônio estejam em proporção *geométrica* – eis uma descoberta de Hansemann que certamente lhe trará grande glória na posteridade, como a Malthus a afirmação de que os meios de subsistência crescem somente em proporção aritmética, enquanto a população aumenta em proporção geométrica.

Desse modo, se, por exemplo, diferentes montantes de patrimônio se relacionam uns aos outros como

---

[10] *Sliding-scale* – sistema utilizado na Inglaterra para fixação dos impostos sobre cereais durante a vigência das Leis dos Cereais, pelo qual o imposto alfandegário caía quando o preço do cereal subia no mercado interno, e aumentava quando o preço caía.

> 1, 2, 4, 8, 16, 32, 64, 128, 256, 512,
>
> de acordo com a descoberta do sr. Hansemann, a capacidade de obter dinheiro cresce como
>
> 1, 2, 3, 4, 5, 6, 7, 8, 9, 10.

Portanto, apesar do aparente crescimento da contribuição obrigatória, a capacidade de obter dinheiro, segundo nosso economista, mingua na mesma medida em que o patrimônio cresce.

Numa novela de Cervantes[11] encontramos o maior financista espanhol no manicômio. O homem tinha descoberto que a dívida pública espanhola seria eliminada assim que

> a Corte aprovasse a lei segundo a qual todos os vassalos de Sua Majestade, dos 14 aos 60 anos, fossem obrigados a passar a pão e água um dia por mês, e um dia escolhido e determinado à vontade por eles. Mas a despesa que seria feita nesse dia com frutas, legumes, carnes, peixes, vinhos, ovos e leguminosas deveria ser convertida em dinheiro e entregue a Sua Majestade, sem suprimir um óbolo, sob pena de perjúrio.

Hansemann abreviou o processo. Ele convidou todos os seus espanhóis que tenham um rendimento anual de 400 táleres a encontrar um dia por ano no qual possam prescindir de 20 táleres. Convidou os pequenos, conforme a escala flexível, a privar-se de qualquer consumo por aproximadamente 40 dias. Se entre agosto e setembro eles não encontrarem os 20 táleres, um oficial de justiça os visitará com as palavras: Procurem, e encontrarão.

Prossigamos com a *"Exposição de Motivos"* que o Necker prussiano nos confiou.

> Todo rendimento (nos ensina), provindo de negócios no mais amplo sentido da palavra, portanto sem considerar se será pago imposto por ele, como o rendimento dos médicos, advogados, só pode ser tomado em consideração *após a dedução das despesas*, incluindo as relativas a juros a pagar por dívidas, *pois só desta maneira será encontrado o rendimento líquido*. Pela *mesma razão, o capital de giro do negócio* deve ser excluído desta exigência, *contanto que* a quota de empréstimo calculada a partir do *rendimento exceda aquela calculada a partir do capital de giro*.

Nous marchons de surprise en surprise.[12] O *rendimento* só pode ser tomado em consideração *após a dedução do capital de giro*, pois o empréstimo forçado não pode ou deve ser outra coisa do que a forma extraordinária de um *imposto de renda*. E as despesas não fazem parte do rendimento do industrial, assim como o tronco e a raiz da árvore não fazem parte de seus frutos. *Por esta razão*, isto é, porque somente o rendimento deve ser tributado e não o capital de giro, será tributado exatamente o capital de giro e não o rendimento, se a primeira forma parecer mais lucrativa ao fisco. Para o sr. Hansemann, portanto, é totalmente indiferente "de que maneira o rendimento *líquido* é encontrado". O que ele procura é "de que maneira o *maior* rendimento" para o fisco "é encontrado".

---

[11] Cervantes, *Novelas exemplares*, "Diálogo dos cães".
[12] Caminhamos de surpresa em surpresa.

O sr. Hansemann, ao lançar mão do próprio capital de giro, iguala-se ao selvagem que abate a árvore para se apropriar de seus frutos.

"Se, portanto" (artigo 9 do projeto de lei), "a cota de empréstimo calculada a partir do capital de giro do negócio elevar-se acima do décuplo da quantia do rendimento, vale a primeira forma de taxação", e portanto "se recorrerá" ao próprio "capital de giro do negócio".

Assim, sempre que preferir, o fisco pode basear suas exigências no patrimônio em vez de no rendimento.

O povo exige inspecionar o misterioso Tesouro público prussiano. O Ministério de Ação responde a essa exigência indiscreta reservando-se o direito de examinar detalhadamente o conjunto dos livros contábeis e fazer um inventário dos bens de todos os seus sócios. A era constitucional começa, na Prússia, não com o controle do patrimônio do Estado pelo povo, mas com o controle do patrimônio do povo pelo Estado, para assim escancarar as portas para a ingerência descarada da burocracia no tráfico burguês e nas relações privadas. Na Bélgica, o Estado recorreu igualmente a um empréstimo compulsório, mas informou-se no registro de impostos e nos livros de hipotecas, em documentos disponíveis ao público. O Ministério de Ação, ao contrário, levou o espartanismo do Exército prussiano para a economia política prussiana.

Em sua "Exposição de Motivos", Hansemann procura, de fato, acalmar o cidadão com toda sorte de palavras brandas e perspectivas amistosas.

"A distribuição do empréstimo", murmura-lhe, "tem por fundamento a *autoavaliação*." Toda "hostilidade" será evitada.

> Será exigida *apenas* uma declaração *sumária* da parte individual do patrimônio [...]. A Comissão Distrital criada para *fiscalizar a autoavaliação* deve exortar, por uma advertência *amistosa*, à contribuição adequada e, se essa via não obtiver êxito, só então avaliará a quantia. Contra essa decisão há o *recurso* a uma Comissão Regional etc.

Autoavaliação! Apenas uma declaração *sumária* da parte individual do patrimônio! Advertência amistosa! Recurso!

> Diga, o que mais você quer?[13]

Comecemos logo pelo final, pelo *recurso*.

O artigo 16 determina: "A cobrança ocorre, *sem consideração ao recurso interposto*, no prazo estipulado, ressalvada a restituição no caso em que o recurso for considerado legítimo."

Portanto, primeiro a *execução* apesar do recurso, depois a legitimação apesar da execução!

E ainda há mais!

---

[13] *Sage, was willst du mehr?* – Citação modificada do poema de Heine "Você tem diamantes e pérolas", do ciclo *O retorno*.

Os "custos" decorrentes do recurso "recairão sobre o recorrente se seu recurso for rejeitado no todo *ou em parte*, e serão obrigatoriamente cobrados por execução" (artigo 19). Quem conhece a impossibilidade econômica de uma avaliação patrimonial exata percebe à primeira vista que o recurso *sempre* pode ser rejeitado *em parte*, portanto o prejuízo é sempre do recorrente. Independente, pois, de como o recurso seja impetrado, uma multa será sua sombra inseparável. Todo respeito ao recurso!

Do recurso, do final, voltemos ao começo, à *autoavaliação*.

O sr. Hansemann parece não temer que seus espartanos se superestimem.

De acordo com o artigo 13, "a autoinformação" daquele que é obrigado a contribuir constitui "o *fundamento* do empréstimo obrigatório". A arquitetônica do sr. Hansemann é arranjada de tal modo que do fundamento de sua estrutura não é possível de modo nenhum inferir o perfil que terá.

Ou melhor, a "autoinformação", que, na forma de uma "declaração", "deve ser entregue a funcionários determinados pelo sr. ministro das Finanças ou, à sua ordem, pelo governo do distrito" – este fundamento é ainda mais profundamente assentado. Segundo o artigo 14, "para fiscalizar as declarações entregues, se reunirão uma ou mais comissões, cujo presidente, assim como seus membros, pelo menos em número de *cinco, são nomeados pelo ministro das Finanças ou por autoridades por ele incumbidas*". A *nomeação* pelo ministro das Finanças ou pelas autoridades incumbidas por ele constitui, pois, o verdadeiro *fundamento* da fiscalização.

Caso a autoavaliação divirja do "*parecer*" desta Comissão distrital ou estatal nomeada pelo ministro das Finanças, o "autoavaliador" será convidado a se *explicar* (artigo 15). Ele pode, então, entregar ou não entregar uma declaração, tudo depende de ser considerada "*suficiente*" pela comissão nomeada pelo ministro das Finanças. Se não for suficiente, "a Comissão estipula a contribuição segundo *sua própria avaliação* e a *comunica* ao contribuinte".

Primeiro o contribuinte avalia a si mesmo e comunica o resultado ao funcionário. Agora o funcionário avalia e comunica o resultado ao contribuinte. Onde foi parar a autoavaliação? O fundamento afundou. Mas enquanto a autoavaliação só oferecia a oportunidade para uma severa "fiscalização" do devedor, a heteroavaliação transmuda-se imediatamente em execução. O artigo 16 determina especificamente: "As negociações das Comissões Distritais (Municipais) são entregues ao governo distrital, que em seguida elabora *imediatamente* as listas das quotas de empréstimo e recolhe à respectiva caixa – se necessário por via de execução – de acordo com as [...] normas vigentes estabelecidas para os impostos."

Já vimos que, com os recursos, nem tudo são "rosas". A via do recurso oculta ainda outros espinhos.

Primeiro. A Comissão Regional, que avalia os recursos, é formada por deputados que, de acordo com a lei de 8 de abril de 1848, foram escolhidos por eleitores eleitos etc.

Mas, em face do empréstimo compulsório, todo o Estado divide-se em dois campos hostis, o campo dos recalcitrantes e o campo dos bem-intencionados, contra cuja contribuição efetuada ou oferecida não são levantadas objeções pela Comissão Distrital. Os deputados só podem ser escolhidos no campo dos bem-intencionados (artigo 17).

Segundo. Na presidência é empossado o comissário nomeado pelo ministro das Finanças, e ao qual, para relator, pode ser agregado um funcionário (artigo 18).

Terceiro. A Comissão Regional é competente para *ordenar* a avaliação especial do *patrimônio ou rendimento* e para este fim *estabelecer inventários* ou *verificar os livros contábeis*. Se esse meio não bastar, pode ser exigida garantia do recorrente, sob palavra de honra (artigo 19).

Portanto, quem não se submeter sem hesitar à "avaliação" do funcionário nomeado pelo ministro das Finanças deve, como penalidade, abrir o conjunto de suas relações patrimoniais para dois burocratas e 15 eventuais concorrentes. Trilha espinhosa, a do recurso! Portanto Hansemann apenas escarnece de seu público quando diz, na Exposição de Motivos:

"A distribuição do empréstimo tem por fundamento a autoavaliação. Mas para não torná-la *de maneira nenhuma hostil*, é *exigida somente uma informação sumária da parte individual do patrimônio.*"

No projeto do ministro da Ação não falta nem sequer a pena por "perjúrio" do fazedor de projetos de Cervantes.

Em vez de se aborrecer com seus simulacros de motivos, nosso Hansemann teria feito melhor dizendo como o homem na comédia:

"Como quereis que eu pague velhas dívidas e faça dívidas novas, *se não me emprestais dinheiro?*"[14]

Mas neste momento em que a Prússia, a serviço de seus interesses particulares, procura cometer uma traição à Alemanha e se rebelar contra o poder central, é *dever de todo patriota* não contribuir voluntariamente nem com um centavo para o empréstimo compulsório. A Prússia só pode ser coagida a se submeter à Alemanha por meio de um resoluto corte dos meios de subsistência.

---

[14] Cervantes, *Novelas exemplares*, "Diálogo dos cães".

Projeto de lei sobre a revogação dos encargos feudais[1]

NGR, n. 60, 30/7/1848

K. MARX

Colônia, 29 de julho. Se alguma vez um renano pôde esquecer o que deve à "dominação estrangeira", à "opressão do tirano corso",[2] que leia o projeto de lei sobre a revogação sem indenização dos diferentes encargos e tributos que o senhor Hansemann, no ano da graça de 1848, envia "à consideração" de seus ententistas. Suserania, tributos alodiais, tributos sobre falecimento, direito de mão morta, mortalha, pagamento por proteção, direito de justiça, tributo de três coisas, tributo de criação, tributo do selo, tributo do prado, dízimo sobre as abelhas etc. – quão estranhos, quão bárbaros soam estes nomes absurdos a nossos ouvidos civilizados pela destruição franco-revolucionária do feudalismo, e pelo *Code Napoléon*![3] Quão incompreensível é para nós toda esta miscelânea de prestações e tributos medievais, este gabinete de história natural das velharias carcomidas da época antediluviana!

E contudo, patriota alemão, descalça-te, pois pisas um solo sagrado! Estas barbaridades são os escombros da glória germano-cristã, são os últimos elos de uma corrente que perpassa a história e te une à grandeza de teus pais, remontando às florestas dos cheruscos![4] Este ar confinado, este lodo feudal, reencontrados aqui em sua clássica pureza, são os produtos mais originais de nossa pátria e aquele que for um verdadeiro alemão deve exclamar com o poeta:

> É este sim o ar de minha pátria!
> Minha face ardente o sentiu!
> E este barro dos grandes caminhos,
> É a crosta de minha pátria![5]

---

[1] O "Projeto de Lei de revogação sem indenização de diversos encargos e tributos feudais" foi enviado à Assembleia Nacional prussiana em 10 de julho de 1848; seus Motivos foram expostos na sessão de 18 de julho de 1848.

[2] Na Renânia, as relações feudais foram suprimidas durante o domínio de Napoleão I, e não foram restabelecidas depois de 1815. No restante da Prússia, ao contrário, foram conservadas, no essencial, até 1848.

[3] Código Napoleônico.

[4] Cheruscos: antigo povo franco da Germânia, cujo chefe mais notável foi Armínio, muitas vezes vencedor dos romanos.

[5] Heine, *Alemanha. Um conto de inverno*, cap. VIII, versos 9 a 12 (*Das ist ja meine Heimatluft!/Die glühende Wange empfand es!/Und dieser Landstrassenkot, er ist/Der Dreck meines Vaterlandes!*).

Percorrendo este projeto de lei, parece à primeira vista que nosso ministro da Agricultura, sr. Gierke, sob as ordens do sr. Hansemann, faz um grande "gesto audacioso",[6] que suprime de uma só penada a Idade Média inteira, e tudo grátis, é claro!

Se, em contrapartida, examinamos a *Exposição de Motivos* do projeto, vemos que inicia demonstrando que, na realidade, *nenhuma* obrigação feudal pode ser abolida sem indenização – portanto, com uma afirmação audaciosa, em contradição direta com o "gesto audacioso".

Entre estas duas audácias, a timidez prática do sr. ministro manobra com prudência e precaução. À esquerda, o "bem público" e as "exigências do espírito do tempo", à direita, os "direitos bem adquiridos dos proprietários senhoriais", ao centro "o louvável pensamento de um desenvolvimento mais livre da vida rural", encarnado no pudico embaraço do sr. Gierke – que conjunto!

Basta. O sr. Gierke reconhece plenamente que os encargos feudais em geral só podem ser abolidos mediante uma indenização. Assim, os encargos mais pesados, os mais disseminados, os mais essenciais *subsistem* ou, onde já foram suprimidos de fato pelos camponeses, serão *restabelecidos*.

Mas, observa o sr. Gierke,

> se, não obstante, relações particulares cujo fundamento intrínseco for insuficiente, ou cuja continuidade for incompatível com as exigências do espírito do tempo e do bem público, forem revogadas *sem indenização*, que os atingidos saibam reconhecer que fazem alguns sacrifícios não somente em prol da prosperidade geral como também em prol de seus próprios interesses bem compreendidos, a fim de que as relações entre os que têm direitos e os que têm deveres resultem pacíficas e cordiais, e sobretudo para preservar à propriedade fundiária sua posição no Estado, conveniente ao bem de todos.

A revolução no campo consistia na abolição efetiva de todos os encargos feudais. O Ministério de Ação, que reconhece a revolução, reconhece-a no campo destruindo-a sub-repticiamente. Restaurar completamente o antigo *status quo* é impossível; os camponeses assassinariam imediatamente seus senhores feudais, como o próprio sr. Gierke reconhece. Portanto, revoga-se uma pomposa lista de encargos feudais insignificantes e pouco disseminados, e restabelece-se a principal obrigação feudal, que se resume na simples palavra *corveia*.

Com a abolição de todos estes direitos, a nobreza não sacrifica nem 50 mil táleres por ano e salva vários milhões. E ainda, espera o ministro, também se reconciliará com os camponeses, e no futuro, nas eleições para a Câmara, obterá inclusive seus votos. De fato, o negócio seria bom, se o sr. Gierke não cometesse erros de cálculo!

---

[6] A expressão *"um gesto audacioso"* fora utilizada primeiramente, nos debates da Assembleia Nacional de Frankfurt, pelo deputado Mathy e pelo presidente Gagern, a propósito da instituição de um poder central, e rapidamente se tornou popular.

Desse modo, as objeções dos camponeses seriam afastadas, bem como as da nobreza, na medida em que avaliasse corretamente sua situação. Resta ainda a Câmara, os escrúpulos de chicaneiros legalistas e radicais. A diferença entre os encargos que podem e os que não podem ser abolidos – que não é outra senão a existente entre os encargos completamente sem valor e os muito valiosos – deve, por amor da Câmara, receber uma aparência de fundamentação jurídica e econômica. O sr. Gierke tem de mostrar que os encargos a abolir: 1) têm um fundamento intrínseco insuficiente, 2) estão em contradição com o bem público, 3) com as exigências do espírito do tempo e 4) que sua revogação, no fundo, não é uma violação do direito de propriedade, não é uma expropriação sem indenização.

Para demonstrar a insuficiente fundamentação destes tributos e prestações, o sr. Gierke mergulha nas regiões mais sombrias do Direito feudal. Todo "o desenvolvimento, inicialmente muito lento, dos Estados alemães desde um milênio" é evocado por ele. Mas, em que isto ajuda o sr. Gierke? Quanto mais se aprofunda, quanto mais revolve o lodo bolorento do Direito feudal, tanto mais este lhe demonstra uma fundamentação não insuficiente, mas muito sólida, do ponto de vista feudal, dos encargos em questão; o infeliz ministro não faz senão expor-se à hilaridade geral quando se esfalfa para extrair, do Direito feudal, oráculos de Direito Civil moderno, e para fazer pensar e julgar o barão feudal do século XII como o burguês do século XIX.

O sr. Gierke herdou, felizmente, o princípio do sr. von Patow: abolir sem indenização tudo o que seja emanação da suserania e da servidão, mas todo o restante apenas sob resgate. Mas o sr. Gierke acha que é necessária grande dose de sagacidade para demonstrar-lhe que todos os encargos a serem abolidos são igualmente, em geral, "emanações da suserania feudal"?

Não é preciso acrescentar que o sr. Gierke, para ser consequente, introduz clandestinamente conceitos jurídicos modernos entre as disposições jurídicas feudais; e, em caso de extrema necessidade, é sempre a estes conceitos que apela. No entanto, se o sr. Gierke mede alguns destes encargos segundo as figuras do Direito moderno, é incompreensível por que o mesmo não ocorre com todos. Mas nesse caso, certamente, as corveias passariam por maus bocados diante da liberdade do indivíduo e da propriedade.

Contudo, o sr. Gierke alcança resultados ainda piores com suas diferenciações quando invoca o argumento do bem público e as exigências do espírito do tempo. Entretanto, é evidente por si mesmo: se estes encargos insignificantes são um obstáculo ao bem público e contradizem as exigências do espírito do tempo, tanto mais o serão as corveias, prestações, laudêmios etc. Ou o sr. Gierke considera extemporâneo o direito de depenar os *gansos* dos camponeses (§1, n. 14), mas contemporâneo o direito de depenar os *próprios camponeses*?

Segue-se a demonstração de que a revogação em causa não viola o direito de propriedade. Naturalmente, a prova desta gritante falsidade tem de ser fictícia, e, com efeito, só pode ser apresentada demonstrando-se à nobreza que estes direitos são desprovidos de valor para ela, o que só aproximadamente pode ser demonstrado. O sr. Gierke faz então, com o maior zelo, o cômputo de todas as 18 seções do primeiro parágrafo, sem perceber que, na mesma medida em que consegue demonstrar o desvalor dos *encargos* em questão, prova também *o desvalor de seu projeto de lei*. Bravo sr. Gierke! Quanto nos custa arrancá-lo de sua doce ilusão e aniquilar seu diagrama arquimédico-feudal!

Mas ainda há uma dificuldade! Quando do anterior resgate dos encargos que agora devem ser abolidos, e como em todo resgate, os camponeses foram terrivelmente prejudicados, em benefício da nobreza, por comissões corruptas. Eles reclamam agora a revisão de todos os contratos de resgate firmados sob o antigo governo, e têm toda razão!

Mas o sr. Gierke não pode admiti-lo. A isto "se opõem direitos e leis formais", que se opõem sobretudo a todo progresso, já que cada nova lei revoga uma antiga e um velho Direito formal. "As consequências disto são seguramente previsíveis: proporcionar vantagens aos submissos por uma via contrária aos princípios jurídicos de todos os tempos" (as revoluções também contradizem os princípios jurídicos de todos os tempos), "*traria incalculáveis calamidades* a uma enorme parcela dos proprietários fundiários do Estado, e portanto [!] ao próprio Estado"! E então o sr. Gierke demonstra, com uma seriedade comovente, que um tal procedimento

> põe em questão e abala toda a situação jurídica da propriedade fundiária, o que, associado aos inúmeros processos e custos, infligiria à propriedade fundiária, fundamento essencial da prosperidade da nação, uma ferida da qual ela dificilmente se recuperaria; que é um atentado aos princípios jurídicos da validade dos contratos, um ataque contra as relações contratuais indiscutíveis, em consequência do qual toda a confiança na estabilidade do Direito Civil seria abalada e, assim, todas as relações comerciais seriam, ameaçadoramente, postas em perigo!!!

Portanto, o sr. Gierke vê aí um atentado ao direito de propriedade que abalaria todos os princípios jurídicos. E por que a abolição sem indenização dos encargos em questão não é um atentado? Aqui não se trata somente de relações contratuais indiscutíveis, como de um direito incontestável, irrecusavelmente aplicado desde um tempo imemorial, enquanto os contratos questionados no pedido de revisão não são de modo algum incontestáveis, já que os subornos e os abusos são notórios e, em muitos casos, demonstráveis.

É impossível negar: por muito insignificantes que sejam os encargos abolidos, o sr. Gierke, abolindo-os, proporciona "aos submissos vantagens por uma via contrária aos princípios jurídicos de todos os tempos", à qual "se opõem diretamente a lei e o Direito formal"; ele "desorganiza toda a situação jurídica da propriedade fundiária", ataca, na raiz, direitos "indiscutíveis".

De fato, sr. Gierke, valeu a pena cometer tão graves pecados para atingir um resultado tão *pauvre*?[7]

Certamente *o sr. Gierke ataca a propriedade* – é inegável –, mas não a propriedade moderna, burguesa, e sim a feudal. Ele *reforça* a propriedade burguesa, que se ergue

---

[7] Pobre.

sobre as ruínas da propriedade feudal, destruindo a propriedade feudal. E é somente por isso que não quer revisar os contratos de resgate, porque, por meio destes contratos, as relações feudais de propriedade são convertidas em relações burguesas, porque não pode, portanto, revisá-los sem ao mesmo tempo violar formalmente a propriedade burguesa. E a propriedade burguesa é naturalmente tão sagrada e inviolável quanto a propriedade feudal é atacável e, segundo as necessidades e a coragem dos senhores ministros, violável.

Qual é, em síntese, o curto sentido desta longa lei?

É a prova mais concludente de que a revolução alemã de 1848 é apenas a *paródia da Revolução Francesa de 1789*.

Em 4 de agosto de 1789, três semanas após a tomada da Bastilha, em *um* dia o povo francês deu cabo dos encargos feudais.

Em 11 de julho de 1848, quatro meses após as barricadas de março, os encargos feudais deram cabo do povo alemão, *teste Gierke cum Hansemanno*.[8]

A burguesia francesa de 1789 não abandonou um só instante seus aliados, os camponeses. Ela sabia que a base de sua dominação era a destruição do feudalismo no campo, a criação de uma classe de camponeses livres e proprietários.

A burguesia alemã de 1848 traiu sem qualquer decoro os camponeses, *seus aliados mais naturais*, a carne de sua carne, e sem os quais ela é impotente ante a nobreza.

A persistência, a sanção dos direitos feudais sob a forma de um (ilusório) resgate, eis afinal o resultado da revolução alemã de 1848. Eis o parco resultado de tanta agitação!

---

[8] Testemunhado por Gierke e Hansemann.

O comunicado russo

NGR, n. 64, 3/8/1848

Colônia, 1 de agosto. A diplomacia russa invadiu a Alemanha, não com um Exército mas, provisoriamente, com um comunicado, na forma de uma circular a todas as legações russas. Este comunicado encontrou sua primeira pousada no órgão oficial da administração imperial alemã em Frankfurt,[1] e logo encontrou recepção amistosa também em outras folhas oficiais e não oficiais. É insólito que o sr. Nesselrode, o ministro russo do Exterior, mova a diplomacia desta maneira, publicamente; mais uma razão pela qual esta movimentação merece uma averiguação detalhada.

Nos bons tempos anteriores a 1848, a censura alemã não permitia que nenhuma palavra malvista pelo governo russo fosse impressa, mesmo sob a rubrica Grécia ou Turquia.

Infelizmente, desde os maus dias de março esse recurso confortável não está disponível. Por conseguinte, Nesselrode tornou-se publicista.

Segundo ele, foi a "imprensa alemã, cujo ódio pela Rússia pareceu suspenso por um momento", que produziu "os mais infundados comentários e hipóteses" em relação às "medidas de segurança" russas na fronteira. A esse início suave e respeitoso segue-se um reforço, que diz: "A imprensa alemã dissemina diariamente os mais grosseiros boatos, as mais malévolas calúnias contra nós". Mas rapidamente vem o discurso sobre "declamações furiosas", "loucuras" e "pérfida má-fé".

No próximo processo contra a imprensa, um procurador público alemão pode tomar o comunicado russo como documento legítimo para fundamentar seu requisitório.

E por que atacar a imprensa alemã, especialmente a "democrática", e destruí-la onde possível? Porque ela desconhece as "disposições tão benévolas quanto altruístas", as "intenções francamente pacíficas" do imperador russo!

"Pois quando a Alemanha teve de se queixar de nós?", pergunta Nesselrode em nome de seu país.

---

[1] Trata-se do *Jornal da Agência Geral dos Correios de Frankfurt*, publicado em Frankfurt am Main de 1617 a 1866. Durante a Revolução de 1848/1849 foi o órgão do poder central provisório – do regente e do ministério imperial. Publicou a circular de Nesselrode em 28 de julho de 1848.

Durante todo o tempo em que subsistiu no continente o domínio opressor de um conquistador, a Rússia derramou seu sangue *para apoiar* a Alemanha na *preservação de sua integridade e independência*. O território russo fora há muito libertado, e a Rússia continuou a acompanhar seus aliados alemães por todos os campos de batalha da Europa e a ajudá-los.

Apesar de seus inúmeros e bem-pagos agentes, a Rússia caiu numa terrível armadilha, se julga despertar simpatias em 1848 por meio da lembrança da assim chamada guerra de libertação. E a Rússia teria derramado seu sangue por nós, alemães?

Abstraindo totalmente que a Rússia, antes de 1812, "apoiou" a "integridade e independência" da Alemanha por meio de pactos públicos e tratados secretos com Napoleão,[2] mais tarde ela se indenizou suficientemente de sua assim chamada ajuda por meio do roubo e da pilhagem. A ajuda foi dada aos príncipes aliados a ela; a assistência, apesar da Proclamação Kalisch,[3] foi oferecida aos representantes do absolutismo "pela graça de Deus" contra um governante nascido da revolução. A Santa Aliança[4] e suas obras profanas, os congressos-bandidos de Karlsbad, Laibach, Verona[5] etc., as perseguições teuto-russas contra toda palavra liberal, toda a política desde 1815, dirigida pela Rússia, gravaram em nós, certamente, uma profunda gratidão. A casa Romanoff e seus diplomatas podem ficar despreocupados – nunca esqueceremos *essa* dívida. No que se refere à ajuda

---

[2] Em 25 de junho de 1807, Napoleão e o tsar Alexandre I reuniram-se pela primeira vez em um barco no Niémen. Este encontro, que não teve testemunhas, deu início às negociações de paz (desde 1806 a Rússia participava na coalizão contra Napoleão) e à conclusão de um pacto entre França e Rússia. No tratado de paz de Tilsit, o tsar aderia ao sistema continental, e, com seu consentimento, Napoleão obteve uma grande parte da monarquia prussiana; outra parte, com 186 mil habitantes, foi concedida à Rússia. No encontro em Erfurt, de 17 de setembro a 14 de outubro de 1808 a aliança entre Napoleão e o tsar foi renovada.

[3] Trata-se de um "Manifesto aos Alemães", escrito na cidade de Kalisch em 13 (25) de março de 1813, após a derrota do Exército napoleônico na Rússia, em 1812. O tsar russo e o rei prussiano exortavam os alemães à luta contra Napoleão e lhes prometiam liberdade e independência.

[4] Pacto dos poderes contrarrevolucionários contra todos os movimentos progressistas na Europa. Foi criada por iniciativa do tsar Alexandre I em 26 de setembro de 1815, em decorrência do Congresso de Viena. Inicialmente composta por Rússia, Áustria e Prússia, incluiu quase todos os Estados europeus. Os monarcas se obrigavam a se apoiar mutuamente na repressão a revoluções, onde quer que irrompessem.

[5] O Congresso de Karlsbad (1819) tomou medidas contra as universidades, como a proibição da Burschenschaft (liga patriótica dos estudantes alemães), a demissão de professores progressistas e a censura. No Congresso de Troppau (1820), discutiu-se a supressão das revoltas liberais na Suécia e na Espanha. No Congresso de Laibach (1821), foi proclamado oficialmente o princípio da ingerência dos poderes da Santa Aliança nos assuntos internos de outros Estados. Com base nessa decisão, em fevereiro de 1821, 60 mil austríacos ultrapassaram a fronteira e restabeleceram em Nápoles a ordem absolutista derrubada em julho de 1820 por uma revolução burguesa. A Áustria desempenhou esse mesmo papel de polícia em Turim, onde os partidários do movimento liberal e nacional estavam em guerra civil desde 10 de março de 1821 com os labregos do rei da Sardenha, Viktor Emanuel, e depois de cerca de um mês foram derrotados com a ajuda das tropas austríacas. Em 5 de fevereiro de 1831 irrompeu em Modena e na Romagna (parte do Estado do Vaticano) uma insurreição, sob a liderança dos Carbonários. Em fins de março de 1831 este movimento, que se dirigia contra o poder secular do papa e o domínio estrangeiro da Áustria e pretendia fundar a unidade italiana, foi abatido pelas tropas austríacas e papistas. O Congresso de Verona (1822) decidiu, por iniciativa da Áustria, a intervenção na Espanha, para reprimir ali o movimento popular e restabelecer a monarquia absolutista. A França assumiu a realização da decisão e em 1823 invadiu a Espanha com um Exército de 100 mil homens. O governo liberal, que havia introduzido uma série de reformas, foi derrubado, sendo instituído um inaudito domínio de terror.

russa nos anos 1814 e 1815, ela nos inspira um sentimento muito diferente do que o de gratidão por qualquer auxílio pago com subsídios ingleses.

Para bons entendedores, as razões são evidentes. Se vitorioso na Alemanha, Napoleão eliminaria pelo menos três dúzias de amados pais da pátria com sua conhecida fórmula enérgica. A legislação e a administração francesas teriam criado um sólido fundamento para a unidade alemã e nos poupado uma ignomínia de 33 anos e a tirania de uma Dieta Federal naturalmente muito louvada pelo sr. Nesselrode. Com um par de decretos napoleônicos teria sido totalmente aniquilado todo o caos medieval, todas as corveias e dízimos, todas as isenções e privilégios, toda a economia feudal e o patriarcalismo, com os quais ainda temos de esbarrar nos quatro cantos de nossa pátria. O restante da Alemanha estaria então há muito no mesmo estágio que a margem esquerda do Reno havia alcançado logo depois da primeira Revolução Francesa; agora não teríamos nem Grandes ucranianos nem uma Vendeia pomerana, e não precisaríamos mais respirar o ar sufocante do pântano "histórico" e "germano-cristão".

Mas a Rússia é generosa. Mesmo se não lhe dirigimos nenhum agradecimento, seu imperador conserva com relação a nós, antes como depois, suas velhas "disposições tão benevolentes quanto altruístas". Sim, "não obstante as humilhações e provocações, não é possível alterar nossas" (da Rússia) "disposições".

Essas disposições manifestam-se provisoriamente num "sistema passivo e vigilante", no qual a Rússia alcançou incontestavelmente um grande virtuosismo. Consiste em esperar até que lhe pareça chegar o momento oportuno. Não obstante a intensa movimentação de tropas que vem ocorrendo na Rússia desde março, o sr. Nesselrode é suficientemente ingênuo para nos dizer que as tropas russas continuam "imóveis em seus acantonamentos". Apesar do clássico: "Agora, meus senhores, a cavalo!",[6] apesar de o ministro da polícia em Varsóvia, Abramowicz, ter confidencialmente destilado fel contra o povo alemão, apesar, ou melhor, por causa do comunicado ameaçador e eficaz de Petrogrado, o governo russo está e permanece animado de disposições de "paz e reconciliação". A Rússia continua "francamente pacífica e defensiva". Na circular de Nesselrode a Rússia é a própria paciência e a inocência piedosa, de muitos modos ofendida e desafiada.

Eis alguns dos crimes da Alemanha contra a Rússia citados no comunicado: 1º "ânimo hostil" e 2º "febre de transformação em toda a Alemanha". Diante de tantas boas intenções do tsar, um ânimo "hostil"! Que humilhante para o coração paternal de nosso querido cunhado! E ainda por cima esta maldita doença – "febre de transformação"! Este horror ocupa de fato o primeiro lugar, apesar de estar aqui em segundo. A Rússia nos presenteia de tempos em tempos com outra doença – com o cólera. Que seja! Só que essa "febre de transformação" não somente é contagiosa como assume uma tal intensidade maligna que as autoridades superiores serão muito facilmente forçadas a uma viagem

---

[6] Segundo o testemunho de um contemporâneo, ao receber a notícia da Revolução de Fevereiro de 1848 na França, Nicolau I dirigiu-se aos oficiais presentes ao baile da corte com a exclamação: "Selem os cavalos, meus senhores! Na França a república está chamando!".

apressada para a Inglaterra.⁷ A "febre de transformação alemã" foi talvez um dos motivos que desaconselharam a invasão russa em março e abril? 3º crime: o Pré-Parlamento de Frankfurt apresentou a guerra contra a Rússia como uma necessidade atual. Esse crime, repetido em clubes e jornais, é tão mais imperdoável quanto, segundo as determinações da Santa Aliança e dos posteriores acordos entre Rússia, Áustria e Prússia, nós, alemães, deveríamos derramar nosso sangue somente no interesse dos príncipes, e não em nosso próprio interesse. 4º Prometeu, na Alemanha, restabelecer a velha Polônia em suas reais fronteiras de 1772.⁸ Que sejam chibatados e depois enviados à Sibéria! Mas não, quando Nesselrode escreveu a circular ele ainda não conhecia a votação do parlamento de Frankfurt sobre a questão da anexação da Posnânia. O parlamento expiou nossa culpa, e um indulgente sorriso de perdão paira agora nos lábios do tsar. 5º crime da Alemanha: "Sua deplorável guerra contra uma monarquia nórdica".⁹ Por tal atrevimento, em respeito ao êxito do ameaçador Comunicado Russo, à apressada retirada do Exército alemão, ordenada de Potsdam, e em consideração à Declaração do enviado prussiano em Copenhagen sobre os motivos e objetivo da guerra, a Alemanha mereceria ser punida mais brandamente do que seria admissível sem essas circunstâncias. 6º "Defesa pública de uma aliança ofensiva e defensiva entre Alemanha e França". Finalmente, 7º "a acolhida dada aos refugiados poloneses, sua viagem gratuita por trem e a insurreição na Posnânia".

Se os diplomatas e as pessoas competentes não emprestassem a linguagem "para ocultar seus pensamentos", Nesselrode e o cunhado Nicolau nos abraçariam jubilosamente e agradeceriam calorosamente por tantos poloneses da França, Inglaterra, Bélgica etc. terem sido atraídos para a Posnânia e transportados para lá com todas as facilidades, a fim de terem as cabeças raspadas, serem mortos com metralhas e granadas, estigmatizados com a pedra infernal, trucidados etc. e, em contrapartida, para serem exterminados em Cracóvia tão totalmente quanto possível por um bombardeio traiçoeiro.

E diante destes sete pecados capitais da Alemanha, a Rússia permaneceu não obstante na defensiva, não procedeu a nenhum ataque? Assim é, e justamente por isso o diplomata russo convida o mundo a admirar o pacifismo e a moderação de seu tsar.

Segundo o sr. Nesselrode, a norma de procedimento do imperador russo, "da qual ele até agora não se afastou em nenhum momento", é a de

> não intervir de nenhum modo nos assuntos internos dos países que pretendam transformar sua organização, e sim deixar os povos plenamente livres para implementar, sem nenhum obstáculo de sua parte, os experimentos políticos e sociais que quiserem empreender, e não atacar nenhum poder que não tivesse atacado a ele próprio; mas, em contrapartida, decididamente repelir toda restrição a sua própria segurança interna e zelar para que a eventual destruição ou modificação do equilíbrio territorial em qualquer ponto não aconteça às custas de nossos legítimos interesses.

---

⁷ Alusão à fuga do príncipe da Prússia para a Inglaterra.
⁸ No ano de 1772 ocorreu a primeira divisão da Polônia entre a Prússia, a Áustria e a Rússia.
⁹ Trata-se da guerra prussiano-dinamarquesa pelo Schleswig-Holstein.

O Comunicado russo esqueceu de aduzir o exemplo mais elucidativo. Depois da Revolução de Julho, o imperador concentrou um Exército na fronteira ocidental, para, com seus fiéis aliados na Alemanha, demonstrar praticamente aos franceses como ele tencionava "deixar os povos plenamente livres para implementar seus experimentos políticos e sociais". Não foi culpa sua que suas normas de procedimento tenham sido perturbadas, e sim da revolução polonesa de 1830,[10] que mudou a direção de seus planos. Observamos o mesmo procedimento logo em seguida em relação a Espanha e Portugal, como comprova seu apoio aberto e secreto a dom Carlos e dom Miguel. Quando o rei da Prússia, em fins de 1842, pretendeu outorgar uma espécie de Constituição estamental com fundamentos "históricos" confortáveis, a qual desempenhou um tão admirável papel nas Patentes de 1847,[11] foi sabidamente Nicolau que não o admitiu de modo algum e por muitos anos privou a nós, "germano-cristãos", da alegria da Carta Régia. Ele o fez, como diz Nesselrode, porque a Rússia jamais se imiscui na organização interna de um país. Nem é preciso mencionar a Cracóvia. Lembremo-nos apenas da mais recente prova da "norma de procedimento" imperial: os valáquios derrubam o velho governo e põem provisoriamente em seu lugar um novo. Eles querem modificar todo o velho sistema e se organizar segundo o exemplo dos povos civilizados. "Para deixá-los plenamente livres para implementar o experimento político e social", um corpo de Exército russo entra no país.[12]

---

[10] Em 29 de novembro de 1830, irrompeu em Varsóvia uma insurreição contra o domínio tsarista, à qual se juntaram muitos camponeses esperando alcançar, com a liberdade nacional, também a social e econômica. A direção da insurreição ficou nas mãos da nobreza, que não pensava em libertar os camponeses e dar-lhes terras, mas somente fazer valer seus direitos em face do tsar. A ala que permaneceu democrática, sob a liderança do historiador Joachim Lelewel, era fraca demais para se impor. "A insurreição de 1830 não foi nem uma revolução nacional (ela excluía três quartos da Polônia) nem uma revolução social ou política; ela não modificou em nada a situação do povo no interior; foi uma revolução conservadora" (Engels). A insurreição foi derrotada pelas tropas russas; em 7 de setembro de 1831 Varsóvia caiu. Graças à insurreição, o Exército tsarista foi detido na Polônia, dificultando a pretendida intervenção contra a Revolução de 1830 na França e de 1830-1831 na Bélgica.

[11] Trata-se da "patente referente às instituições corporativas", a "ordenança sobre a Dieta Unificada" e a "ordenança sobre a convocação periódica dos Estados-gerais Unificados e suas atribuições", todos de 3 de fevereiro de 1847. Nesses decretos, o rei apelava para as leis sobre a representação estamental, promulgadas na Prússia dos anos 20 aos 40 do século XIX, entre elas ao "Decreto sobre a constituição de uma representação estamental da monarquia prussiana", de 21 de junho de 1842, sobre cujo fundamento o rei convocou, em 19 de agosto, todas as Dietas Provinciais para 18 de outubro de 1842 em Berlim. Esta convocação foi apresentada expressamente como um desenvolvimento das instituições estamentais e um elemento da unidade política, apesar da estreita limitação das atribuições dessa assembleia. Mas mesmo por esse passo tímido e insuficiente para uma representação central, o rei prussiano foi advertido pelos governos russo e austríaco.

[12] Em junho de 1848, na Valáquia (Bucareste), depois da fuga do príncipe Bibesko, foi constituído um governo provisório pelas forças liberais visando realizar reformas burguesas e uma Constituição de acordo com o modelo europeu, bem como um acordo com a Turquia. Em consequência disso, em 10 de outubro um corpo de Exército russo atravessou o Pruth, e o governo tsarista persuadiu a Turquia a enviar tropas para a repressão daquele movimento. No decorrer de setembro, tropas turcas ocuparam a Valáquia e em Bucareste houve um acerto de contas sangrento com a população. Num manifesto publicado pelo Comissário de governo turco, Fuad Effendi, foi preconizada a fundação de uma "ordem legal" e a "liquidação de todos os resultados da revolução".

A partir disso, qualquer um poderia adivinhar a aplicação dessa "regra de procedimento" à Alemanha. No entanto, o Comunicado russo nos economiza essa conclusão própria. Diz ele: "Enquanto a *Confederação*, qualquer que seja a *nova forma* que se lhe dê, não violar os Estados vizinhos e não pretender ampliar à força seus limites territoriais, nem fazer valer sua legítima competência para além dos *marcos* que os *tratados* lhe prescrevem, o imperador também *respeitará* sua independência *interna*".

A segunda passagem sobre esse assunto diz claramente:

> Se a Alemanha efetivamente conseguir resolver o problema de sua organização sem prejuízo para sua paz interna, sem que a nova forma impressa à sua nacionalidade ponha em perigo a paz dos outros Estados, nós a felicitaremos sinceramente por isso, pelos mesmos motivos pelos quais a felicitávamos firme e unanimemente sob sua antiga forma política.

Do modo ainda mais claro e indubitável ressoa, entretanto, a passagem seguinte, na qual a Circular fala dos constantes esforços da Rússia para aconselhar e conservar a harmonia e a unidade da Alemanha:

> *Certamente não aquela unidade material, com a qual hoje sonha uma democracia com mania de nivelação e engrandecimento,* e que, se lhe fosse possível realizar suas teorias ambiciosas como ela as concebeu, mais cedo ou mais tarde infalivelmente empurraria a Alemanha para o estado de guerra com todos os Estados vizinhos – mas sim a *unidade moral,* a honesta concordância dos pontos de vista e objetivos em todas as questões políticas que a *Confederação Alemã* negociara com o exterior. Nossa política aspirou apenas a *preservar esta unidade,* a ligar mais estreitamente os laços que unem entre si os governos alemães. O que quisemos àquela época, continuamos querendo ainda hoje.

Como podemos ver na passagem acima, o governo russo nos permite, com satisfação, a unidade *moral* da Alemanha, mas de modo algum a unidade *material*, de modo algum suplantar a atual economia confederativa por um poder central não meramente aparente, mas real e seriamente capaz de impor-se, fundado na soberania do povo! Quanta generosidade!

"O que nós quisemos em todos os tempos" (antes de fevereiro de 1848), "queremos também ainda hoje."

Esta é a única frase do comunicado russo que certamente ninguém questionará. Observamos, entretanto, ao sr. Nesselrode que querer e realizar são duas coisas bem diferentes.

Agora os alemães sabem exatamente o que têm a esperar da Rússia. Enquanto perdurar o velho sistema, pintado com novas e modernas cores, ou se voltarem obedientemente aos trilhos russos e "históricos" aqueles que, na "embriaguez e exaltação do momento", se tiverem afastado deles – a Rússia permanecerá "francamente pacífica".

As relações internas na Rússia, a violência do cólera, as insurreições parciais em distritos isolados, a revolução tramada em Petrogrado, mas ainda impedida a tempo, o complô na cidadela de Varsóvia, o terreno vulcânico no reino da Polônia – todas essas circunstâncias certamente contribuíram para as tão benevolentes quanto "altruístas disposições" do tsar em face da Alemanha.

Todavia, não há dúvida de que o curso atual dos acontecimentos na própria Alemanha foi de longe a mais poderosa influência sobre o "sistema passivo e vigilante" do governo russo.

Poderia Nicolau em pessoa se ocupar melhor de seus negócios, realizar seus objetivos mais rapidamente do que vem sendo feito até hoje em Berlim-Potsdam, em Innsbruck, Viena e Praga, em Frankfurt como em Hannover e quase em todos os outros recantos familiares de nossa pátria novamente satisfeita com a unidade moral russa? Pfuel (da pedra infernal), Colomb e o general-granada na Posnânia,[13] assim como Windischgrätz em Praga não trabalharam de tal modo que o coração do tsar deve estar transbordando de alegria? Windischgrätz não recebeu das mãos do jovem sr. Meyendorf uma brilhante carta laudatória de Nicolau sobre Potsdam? E acaso os senhores Hansemann-Milde--Schreckenstein em Berlim, Radowitz, Schmerling e Lichnowski em Frankfurt deixaram ainda algo a desejar para a Rússia? A *trivialidade e baixeza* do parlamento de Frankfurt não deve ser um bálsamo suavizante para muitas dores do passado recente? Sob tais relações, a diplomacia russa não precisa de nenhuma tropa invasora na Alemanha. Basta-lhe, com toda razão, o "sistema passivo e vigilante" e – o comunicado aqui discutido!

---

[13] Alexander Adolf von Hirschfeld.

Bakunin

NGR, n. 64, 3/8/1948

K. Marx

No n. 36 deste jornal, comunicamos um rumor que circulava em Paris, segundo o qual George Sand estaria de posse de papéis que apontavam o refugiado russo Bakunin como agente do tsar Nicolau.[1] Comunicamos esse rumor tal como nos chegou por dois correspondentes que não conheciam um ao outro. Cumprimos, desse modo, o dever da imprensa, de observar atentamente as personalidades públicas, e ao mesmo tempo demos ao sr. Bakunin a oportunidade de silenciar uma suspeita que era, com efeito, lançada sobre ele em determinados círculos parisienses. Publicamos também voluntariamente, antes que o sr. Bakunin nos solicitasse por escrito, a contradeclaração do sr. Bakunin e sua carta a mme. George Sand, a partir da *Gazeta Geral do Oder*.[2] Divulgamos agora, em tradução literal, uma carta dirigida por George Sand à redação da *Nova G[azeta] R[enana]*, com a qual este assunto é plenamente resolvido:

> Sr. Redator! Com a data de Paris, 3 de julho, o sr. publicou em seu jornal o seguinte artigo (segue-se a tradução da mencionada correspondência). – Os fatos comunicados por seu correspondente são totalmente falsos e não têm nem sequer a menor aparência de verdade. Jamais possuí a menor prova da insinuação que o sr. procura imputar ao sr. Bakunin, que foi banido da França pelo rei destronado. Portanto, jamais fui autorizada a pôr sequer minimamente em dúvida a lealdade de seu caráter e a sinceridade de suas opiniões.
>
> Sua etc.
George Sand
P.S. Apelo a sua honra e a sua consciência para publicar imediatamente essa carta em seu jornal.
La Châtre (Dept. Indre), 20 de julho de 1848.

---

[1] "Bakunin", *Nova Gazeta Renana* n. 36, 7 de julho de 1848.

[2] "Bakunin. Declaração", *Nova Gazeta Renana* n. 46 (suplemento), 16 de julho de 1848. *Gazeta Geral do Oder*: diário publicado de 1846 a março de 1849, órgão dos círculos católicos de oposição; em março de 1849, mudou de tendência e passou a chamar-se *Nova Gazeta do Oder* e, como órgão da burguesia democrática alemã, foi publicada até 1855. Em 1855, Marx foi correspondente deste jornal em Londres.

O ministério Hansemann e o projeto de código penal velho-prussiano

NGR, n. 65, 4/8/1848

Colônia, 3 de agosto. Já o dissemos várias vezes: o ministério Hansemann torna-se de todos os modos o panegirista do ministério Bodelschwingh; depois do reconhecimento da revolução, o reconhecimento da velha economia prussiana, eis o curso do mundo![1] Mas que o sr. Hansemann alcançaria *tal* virtuosismo de elogiar até mesmo *aquelas* ações dos srs. Bodelschwingh, Savigny e consortes que ele havia combatido encarniçadamente em sua época de deputado renano à Dieta provincial – eis um triunfo com o qual a camarilha de Potsdam com certeza não contava. Mas vejam! Leiam o seguinte artigo no último *Diário Oficial Prus[siano]*:

> *Berlim*, 1 de agosto. A última edição do jornal do ministério da Justiça publica, em sua 'parte não oficial', dados estatísticos sobre a pena de morte, bem como um apanhado das sentenças de morte promulgadas e confirmadas entre os anos 1826 e 1843, inclusive, exceto as pronunciadas nos assim chamados inquéritos sobre os demagogos. Para realizar o trabalho foram utilizadas as atas do ministério da Justiça e, dada a importância da matéria, deveria chamar especialmente a atenção. De acordo com o levantamento, no período considerado foram:
> 1) Na Renânia: 189 sentenças de morte pronunciadas, seis confirmadas.
> 2) Nas outras províncias: 237 sentenças de morte pronunciadas, 94 confirmadas.
> No total, 426 sentenças de morte pronunciadas, 100 confirmadas, das quais, entretanto, quatro não foram consumadas, em decorrência da fuga ou morte dos criminosos.
> Se o projeto do novo Código Penal de 1847 estivesse em vigor durante aquele período, então seriam:
> – Na Renânia, apenas 53 sentenças de morte pronunciadas, cinco confirmadas.
> – Nas outras províncias, só 134 sentenças de morte pronunciadas, 76 confirmadas.
> No total, 187 sentenças de morte pronunciadas, 81 confirmadas, pressupondo que, para a confirmação, fossem adotados os mesmos princípios atuais. Portanto, a pena de morte não teria sido pronunciada contra 237 dos criminosos condenados à morte de acordo com a lei existente, e não teria sido consumada contra 19 dos criminosos executados.
> De acordo com o levantamento, ocorrem por ano, em média,

---

[1] *Eis o curso do mundo* – Goethe, *Fausto*, primeira parte, "Jardim".

1) Na Renânia: 10 9/18 sentenças de morte pronunciadas e 6/18 confirmadas,
2) Nas outras províncias: 13 decididas e 5 4/13 confirmadas.
Mas, caso a lei já estivesse em vigor naquela época, teriam sido por ano, em média,
1) Na Renânia, apenas 2 17/18 sentenças de morte pronunciadas e 5/18 confirmadas,
2) Nas outras províncias, apenas 7 7/18 decididas e 4 4/18 confirmadas.

Como é admirável a indulgência, a excelência, a glória do projeto de código penal real-prussiano de 1847! Em 18 anos, talvez deixasse de ser consumada, na Renânia, uma sentença de morte inteira! Quanta vantagem!

Mas os inúmeros acusados que teriam sido privados de um júri, julgados e encarcerados por juízes reais; os ultrajantes castigos corporais que teriam sido executados aqui no Reno com o velho porrete prussiano, aqui, onde há 14 anos nos libertamos do porrete; as atas imundas devido aos crimes contra a moral, não reconhecidos pelo *Code*, novamente evocados pela pervertida fantasia hemorroidal dos cavaleiros do Landrecht; a mais inexorável confusão conceitual jurídica; e finalmente os inúmeros processos políticos decorrentes das regulamentações despóticas e pérfidas dessa inadmissível colagem – em uma palavra, a *prussianização* de toda a Renânia; os renegados renanos em Berlim acreditam mesmo que esqueceríamos tudo isso por causa de *uma* cabeça caída?

É evidente: o sr. Hansemann, por intermédio de seu agente na área da justiça, o sr. Märker, pretende realizar aquilo em que Bodelschwingh falhou; quer colocar em vigor de fato o tão profundamente odiado projeto de código penal velho-prussiano.

Ao mesmo tempo, ficamos sabendo que o júri deverá ser instituído somente em Berlim, e mesmo aí apenas a título de experiência.

Portanto: em vez da introdução do Direito renano na velha Prússia, a introdução do velho Direito prussiano na Renânia – eis o grande resultado, a grandiosa conquista da Revolução de Março! *Rien que ça.*[2]

---

[2] Nada além disso.

A *Gazeta de Colônia* sobre o empréstimo compulsório

NGR, n. 65, 4/8/1848

Colônia, 3 de agosto. O número 215 da *Gazeta de Colônia* traz o seguinte apelo ao patriotismo renano:

> Como acabamos de saber seguramente, aqui na cidade de Colônia foram recolhidos, até hoje, para o empréstimo voluntário, 210 mil táleres, parte pago em dinheiro, parte em subscrições. Espera-se que aqueles que ainda não colaboraram com este empréstimo público reconhecerão e cumprirão seu dever como cidadãos nos próximos dez dias, *inclusive porque* sua própria vantagem lhes aconselhará que é melhor emprestar seu dinheiro *antes* de 10 de agosto a 5%, do que depois dessa data a 3⅓%. É especialmente necessário que os moradores da região que até agora ainda não contribuíram na correta proporção com aquele empréstimo não percam esse prazo. *Onde faltarem o patriotismo e o correto bom senso, deverá entrar em cena a coação.*

O enorme prêmio de 1 ⅔% é oferecido ao patriotismo do contribuinte, e "apesar de tudo e todos",[1] o patriotismo persiste em seu estado latente! *C'est inconcevable.*[2] 1 ⅔% de diferença! Pode o patriotismo resistir a tal argumento sonante de 1 ⅔%?

É nosso dever esclarecer este fenômeno maravilhoso aos caros colegas.

Com que o Estado prussiano pagará não 5, mas somente 3 ⅓%? Com novos impostos. E se os impostos ordinários não bastarem, como é previsível, com um novo empréstimo compulsório. E como pagará o empréstimo compulsório n. 2? Com um empréstimo compulsório n. 3. E como pagará o empréstimo compulsório n. 3? Com a *bancarrota*. O patriotismo impõe, portanto, obstruir o caminho escolhido pelo regime prussiano de todas as maneiras possíveis, não com táleres, mas com protestos.

Além disso, a Prússia já se diverte com uma dívida extra de 10 milhões de táleres para a guerra dos hunos na Posnânia. Quinze milhões de táleres de empréstimo voluntário seriam, portanto, somente uma lei de indenidade[3] para as intrigas do gabinete

---

[1] Heine, H. *Alemanha. Um conto de inverno*, cap. VIII (*Trotz alledem und alledem.*).
[2] É inconcebível.
[3] Lei de indenidade – na vida parlamentar (especialmente na Inglaterra), a dispensa de responsabilidade por parte do ministério por um ato para o qual ele solicita aprovação posterior do parlamento.

secreto de Potsdam,[4] que dirigiu as ordens do débil gabinete de Berlim em relação a essa guerra no interesse dos russos e da reação. A contrarrevolução *junker* é suficientemente condescendente para se dirigir à bolsa burguesa e camponesa, que posteriormente deverá saldar suas ações heróicas. E os desapiedados "moradores da região" resistem a semelhante condescendência? Além disso, o "Ministério de Ação" exige dinheiro para o *negócio da Konstabler*, e vocês não têm o "bom senso" de abençoar a *Konstablerei* traduzida do inglês para o prussiano? O "Ministério de Ação" quer amordaçá-los, e vocês negam o dinheiro para a aquisição da mordaça? Esquisita falta de bom senso!

O Ministério de Ação precisa de dinheiro para impor o interesse particular da Uckermark contra a unidade alemã. E os moradores do distrito de Colônia estão suficientemente cegos para não querer arcar com os custos da defesa da nacionalidade uckermark-pomerana, apesar do prêmio de 1 $\frac{2}{3}$%? Onde foi parar o patriotismo?

Nossos colegas patriotas que ameaçam com "*execução*" apenas esqueceram, em seu zelo, que o empréstimo compulsório ainda não foi votado pela Assembleia Ententista, e que projetos ministeriais têm a mesma força legal que o editorial da *Gazeta de Colônia*.

---

[4] Referência à claque reacionária (os irmãos Gerlach, Radowitz e outros) que cercavam o rei prussiano Frederico Guilherme IV.

Dr. Gottschalk

NGR, n. 66, 5/8/1848

O dr. Gottschalk publicou seus três primeiros interrogatórios na *Gazeta da Associação dos Trabalhadores de Colônia*. Como punição, os que o vigiavam até então foram afastados, e lhe foi designado um novo carcereiro, na pessoa do vigia Schröder. "Este", diz o jornal local dos trabalhadores, "não queria assumir sua função sem um inventário preciso, e assim o dr. Gottschalk e sua cela foram mais uma vez revistados, à maneira da alfândega. Embora não tenha sido encontrado absolutamente nada suspeito, ele é vigiado ainda mais estreitamente do que antes." Processo *público* é uma pura ilusão na Renânia enquanto for acompanhado do *"processo inquisitorial espanhol"*.[1]

Para apreciar a prisão de Gottschalk, leia-se a *Gazeta de Gervinus*. A contundente intervenção do Parket, diz ela, *restabeleceu novamente a confiança*. Em contrapartida, as festividades que se aproximam[2] afastam os frívolos cidadãos de Colônia de toda política. E estes mesmos coloneses, a quem o governo oferece Gottschalk e a festa da catedral, esses mesmos coloneses mal-agradecidos, clama a *Gazeta de Gervinus*, esquecem todos esses benefícios do governo prussiano assim que este balbucia a primeira palavra sobre um empréstimo compulsório!

A prisão de Gottschalk e Anneke, os processos de imprensa etc. restabeleceram a *confiança*. A confiança no Estado é o fundamento do *crédito público*. Portanto, emprestem dinheiro ao governo prussiano, muito dinheiro, e ele irá trancafiar ainda mais pessoas, abrir ainda mais processos de imprensa, fabricar ainda mais confiança. Mais prisões, mais processos de imprensa, mais reação por parte do governo. Mas, em honesta retribuição – prestem bem atenção –, mais dinheiro, sempre mais dinheiro por parte dos cidadãos!

---

[1] Processos inquisitoriais: uma forma de processos criminais sob o absolutismo, que possibilitava poderes extremamente amplos para julgar, que combinava as funções de promotor e juiz, e o uso de tortura para obter provas. Os processos inquisitoriais tornaram-se particularmente notórios nos tribunais da igreja católica e especialmente na Santa Inquisição, que examinava crimes de heresia.

[2] Celebração do 600º aniversário da Catedral de Colônia, em agosto de 1848.

Aconselhamos o governo prussiano, em sua carência financeira, a buscar refúgio em um dos meios consagrados por Luís XIV e Luís XV. Eles vendiam *Lettres de cachet*! *Lettres de cachet*! *Lettres de cachet*[3] para o restabelecimento da confiança e para locupletar o tesouro público!

---

[3] Mandados de prisão assinados pelo rei da França na época da monarquia absolutista. Qualquer pessoa podia ser aprisionada sem investigação ou processos.

O discurso de Proudhon contra Thiers

NGR, n. 66, 5/8/1848

Paris, 3 de agosto. Anteontem só pudemos oferecer fragmentos do discurso de Proudhon. Agora o discutiremos meticulosamente.[1] O sr. Proudhon começa por esclarecer que a Revolução de Fevereiro nada mais foi do que a irrupção do socialismo, que tentou fazer-se valer em todos os acontecimentos seguintes, em todas as fases seguintes desta revolução. "Vocês pretendem ter acabado com o socialismo: pois bem, vejam; eu quero lhes oferecer ajuda. O êxito do socialismo não depende de forma alguma de um único homem; a luta atual não é de modo algum uma luta entre mim e o sr. Thiers, mas entre o trabalho e os privilégios." Em vez disso, o sr. Proudhon prova que o sr. Thiers atacou e difamou apenas sua vida privada. "Se permanecemos neste terreno, digo então ao sr. Thiers: confessemos ambos! Reconhecei vossos pecados, eu reconhecerei os meus!" A questão central era a revolução; o comitê financeiro tomou a revolução por um acontecimento fortuito, por uma surpresa; ele, Proudhon, tomou-a a sério. Em 1793, a propriedade pagou sua dívida para com a república, pagando o imposto de um terço. A Revolução de 1848 deveria manter-se em uma "relação de proporcionalidade". Em 1793, os inimigos eram o despotismo e o estrangeiro; em 1848, o inimigo é o pauperismo. "O que é este *droit au travail*", o direito ao trabalho?

> Se a demanda por trabalho fosse maior do que a oferta, não seria preciso nenhuma promessa da parte do Estado. Mas não é este o caso; o consumo diminuiu muito; as lojas estão cheias de mercadorias, e os pobres, nus! E entretanto, que país é mais inclinado a consumir do que a França? Se nos dessem 100 milhões em vez de 10, isto é, 75 Fr(ancos) por cabeça e por dia, saberíamos muito bem consumi-los.
> (Risos no auditório.) – A taxa de juros seria uma causa de fundo da ruína do povo. A instituição de um Banco Nacional com dois bilhões, que emprestasse seu dinheiro sem juros e concedesse o uso gratuito do solo e das casas, facultaria vantagens ilimitadas. (Interrupção violenta.)
> Se cumpríssemos *isso* (risadas), se o fetichismo do dinheiro fosse substituído pelo realismo do consumo (novas risadas), haveria a garantia do trabalho. Suprimi o imposto sobre os instrumentos de trabalho e sereis salvos. Aqueles que dizem o contrário, chamem-se

---

[1] Discurso de Proudhon na sessão da Assembleia Nacional francesa de 31 de julho de 1848.

girondinos ou *montagnards*, não são socialistas, não são republicanos (oh!, oh!) [...] Ou a propriedade derrubará a república ou a república derruba a propriedade.

(Gritam: Chega!) O sr. Proudhon envolve-se em longos desdobramentos sobre o significado dos juros e como a taxa de juros poderia ser reduzida a zero. Enquanto discursa deste ponto de vista econômico, o sr. Proudhon é débil, embora, nesta Câmara burguesa, provoque infindável escândalo. Mas quando ele, excitado por esse mesmo escândalo, assume o ponto de vista proletário, é como se a Câmara caísse em convulsões nervosas.

Meus senhores, meu modo de pensar é diferente do vosso; eu assumo um ponto de vista diferente do vosso! A liquidação da velha sociedade teve início em 24 de fevereiro entre a burguesia e a classe trabalhadora. Esta liquidação se consumará por um caminho violento ou pacífico. Tudo depende do bom senso da burguesia, de sua maior ou menor resistência.

O sr. Proudhon passa agora à elucidação de suas ideias "sobre a abolição da propriedade". Ele quer abolir a propriedade não de uma só vez, mas gradualmente, e por isso disse em seu jornal[2] que a *renda da terra é um presente gratuito do solo* que o Estado poderia gradualmente recolher. "Por conseguinte, por um lado eu teria revelado à burguesia o significado da Revolução de Fevereiro, eu teria notificado a propriedade para que ela se preparasse para a liquidação, e teria responsabilizado os proprietários por sua recusa."

Gritaria de todos os lados: Como, responsabilizado?

"Penso que, se os proprietários não quiserem liquidar voluntariamente, então *nós* clamaremos pela liquidação."

Muitas vozes: *Nós*, quem?

Outras vozes: Levem-no para o hospício de Charenton. (Tremenda agitação; uma verdadeira tempestade com trovões e vendaval.)

"Quando digo *nós*, identifico *a mim* com o proletariado, e *os senhores* com a burguesia!"

O sr. Proudhon envereda em seguida por um detalhamento de seu sistema de impostos e se torna novamente "científico". Essa "ciência", que sempre foi o lado mais débil de Proudhon, torna-se aqui nesta Câmara tola seu lado forte, uma vez que lhe empresta a ousadia de combater, com sua pura e exclusiva "ciência", a impura ciência financeira do sr. Thiers. O sr. Thiers comprovou seu discernimento prático-financeiro. Sob sua gestão o tesouro público minguou, enquanto seu patrimônio privado cresceu.

Como a Câmara dá pouca atenção às análises seguintes de Proudhon, ele declara francamente que falará por pelo menos mais três-quartos de hora. Como então a maior parte da Câmara se dispunha a preparar-se para ir embora, ele passou diretamente ao ataque à propriedade. "Por meio somente da Revolução de Fevereiro os senhores suprimiram a propriedade!" É preciso dizer que o horror tomava conta das pessoas em seus assentos cada vez que Proudhon pronunciava uma palavra contra a propriedade. "Reconhecendo na Constituição o direito ao trabalho, os senhores declararam reconhecer a supressão da

---

[2] De abril a agosto de 1848 foi publicado em Paris, sob a redação de Proudhon, o jornal *Le Représentant du Peuple*. A passagem citada está incluída no editorial de Proudhon do número 96, de 8 de julho de 1848.

propriedade." La Rochejaquelein pergunta se se tem o direito de roubar. Outros deputados não querem deixar o sr. Proudhon continuar.

> Os senhores não podem negar as consequências dos *faits accomplis* (fatos consumados). Se devedores e arrendatários ainda pagam, fazem-no porque assim o querem. (Tremenda zoeira. O presidente chama o orador à ordem: todos são obrigados a pagar suas dívidas.) Eu não digo que a obrigação de pagar dívidas foi abolida, mas aqueles que querem defendê-la aqui negam a revolução [...].
>
> O que nós somos aqui – representantes? Nada! Simplesmente nada; o poder que nos conferiu poder carecia de princípios, de fundamento. Toda nossa autoridade é violência, arbitrariedade, o poder dos mais fortes. (Nova irrupção da tempestade.) O direito de voto universal é um acaso, e para que mesmo ele alcance um significado é necessário que uma organização o preceda. O que nos rege não é a lei, não é o direito; é a violência, a necessidade, a providência [...]. O 16 de abril, o 15 de maio, o 23, 24 e 25 de junho são fatos, nada além de fatos, que se legitimam na história. Hoje podemos fazer tudo o que quisermos; somos os mais fortes. Por isso não falemos de insurretos; insurretos são aqueles que não têm outro direito senão o dos mais fortes, mas não querem que este direito vigore para os outros. Eu sei que minha moção não será aprovada. Mas os senhores estão numa situação em que só podem evitar a morte aprovando minha moção. Trata-se da questão do crédito, da questão do trabalho! A confiança nunca mais voltará – não, é impossível que ela retorne [...]. (Que horror!) Podem insistir em dizer que querem estabelecer uma república honesta, moderada: o capital não ousará aparecer numa república que precisa fazer manifestações a favor dos trabalhadores. Por isso, enquanto o capital nos aguarda para nos liquidar, nós aguardamos o capital para o liquidar. O 24 de fevereiro estabeleceu o direito ao trabalho. Se os senhores cancelarem este direito da Constituição, estabelecerão o direito à insurreição.
>
> Ponham-se para sempre ao abrigo das baionetas, prolonguem para sempre o estado de sítio: o capital ainda assim terá medo, e o socialismo tem os olhos voltados para ele.

Os leitores da *Gazeta de Colônia* conhecem o sr. Proudhon de há muito. O sr. Proudhon que, como está dito na ordem do dia, atacou a moral, a religião, a família e a propriedade, era, há não muito tempo, o elogiado herói da *Gazeta de Colônia*. O "assim chamado sistema econômico" de Proudhon foi pormenorizadamente elogiado em artigos de correspondentes de Paris, em folhetos e em longos ensaios. Todas as reformas sociais deveriam basear-se na determinação do valor de Proudhon. Como a *Gazeta de Colônia* chegou a essa perigosa familiaridade não cabe tratar aqui. Mas que estranho! Ela, que antes via em Proudhon um salvador, agora não encontra suficientes palavras injuriosas para designar a ele e a seu "partido mentiroso" como os solapadores da sociedade. O sr. Proudhon não é mais o sr. Proudhon?

O que nós atacávamos no sr. Proudhon era a "ciência utópica" com a qual pretendia conciliar o antagonismo entre capital e trabalho, entre proletariado e burguesia. Voltaremos a isso. Todo seu sistema bancário, toda sua troca de produtos nada mais é do que uma ilusão pequeno-burguesa. Agora, quando ele é obrigado a passar à realização dessa pálida ilusão, apresentar-se democraticamente contra toda a Câmara burguesa e diante dela expô-la bruscamente, ela grita que houve um ataque à moral e à propriedade.

A Bélgica, "Estado-modelo"

NGR, n. 68, 7/8/1848

K. Marx

Colônia, 6 de agosto. Lancemos novamente um olhar à Bélgica, ao nosso *"Estado-modelo"* constitucional, ao Eldorado monárquico com os mais amplos fundamentos *democráticos*, à universidade dos diplomatas berlinenses e orgulho da *Gazeta de Colônia*.

Examinemos primeiro as condições econômicas, das quais a elogiadíssima constituição política compõe somente a moldura dourada.

O *"Moniteur"*[1] belga – a Bélgica tem o seu *Moniteur* – dá as seguintes informações sobre o maior vassalo de Leopoldo, o *pauperismo*.

Na província de		é amparado		
	Luxemburgo	é amparado	1 habitante em	69
	Namur		1	17
	Antuérpia		1	16
	Liege		1	7
	Limburg		1	7
	Hainaut		1	6
	Flandres Oriental		1	5
	Brabante		1	4
	Flandres Ocidental		1	3

Este crescimento do pauperismo acarreta, como consequência necessária, um futuro crescimento do pauperismo. Todos os indivíduos que têm condições de manter uma vida independente perdem a estabilidade burguesa graças ao imposto assistencial, com o qual os sobrecarregam os concidadãos pobres, e mergulham no abismo da beneficência oficial. O pauperismo gera o pauperismo em proporção crescente. Mas na mesma medida em que o pauperismo aumenta, aumenta a *criminalidade*, e a própria fonte de vida da nação, a *juventude*, se desmoraliza.

Os anos 1845, 1846 e 1847 apresentam a este respeito tristes documentos.[2]

Número de rapazes e moças abaixo de 18 anos que estão legalmente detidos:

---

[1] *Le Moniteur Belge* – diário belga, fundado em Bruxelas em 1831 como órgão oficial.
[2] As informações sobre a criminalidade juvenil na Bélgica foram extraídas de *Mémoire sur l'organization des écoles de reforme* (Memorial sobre a Organização dos Reformatórios), de Edouard Ducpetiaux, publicado em Bruxelas em 1848.

	1845	1846	1847
Rapazes	2.146	4.607	7.283
Moças	429	1.279	2.069
Total	2.575	5.886	9.352
Total geral			17.813

Portanto, desde 1845, a cada ano há aproximadamente o dobro de delinquentes juvenis *abaixo* de 18 anos. Nesta proporção, em 1850 a Bélgica teria 74.816 criminosos juvenis, e em 1855, 2.393.312, isto é, mais do que o número de jovens abaixo de 18 anos, e mais da metade de sua população. Em 1856, toda a Bélgica estaria na prisão, incluídas as crianças não nascidas. A monarquia pode desejar uma base democrática *mais ampla?* No cárcere reina a – *igualdade*.

Os peritos da economia política usaram inutilmente suas duas pílulas de Morrison,[3] o mercado livre de um lado, a proteção alfandegária de outro. Em Flandres, o pauperismo nasceu sob o sistema de livre comércio, cresceu e se fortaleceu sob a proteção alfandegária contra o fio e o tecido de linho estrangeiros.

Enquanto o pauperismo e a criminalidade aumentam no seio do proletariado, esgotam-se as fontes de rendimento da burguesia, como demonstra a recém-lançada tabela comparativa do comércio exterior belga dos primeiros semestres de 1846, 1847 e 1848.

Com exceção das fábricas de armas e pregos, que foram excepcionalmente favorecidas pelas circunstâncias da época, das fábricas de tecido, que mantêm sua velha celebridade, e da fabricação de zinco, insignificante na comparação com a produção total, o conjunto da indústria belga está arruinada ou estagnada.

Com poucas exceções, mostra-se uma considerável diminuição da *exportação* dos produtos das minas belgas e da metalurgia.

Apresentemos alguns exemplos:

	1º Semestre de 1847	2º Semestre de 1848
Carvão (toneladas)	869.000	549.000
Ferro gusa	56.000	35.000
Artigos de ferro	463	172
Ferro, trilhos ferroviários	3.489	13
Ferros forjados processados	556	434
Pregos	3.210	3.618
Total	932.718	588.237

A diminuição total destes três artigos atinge, portanto, no primeiro semestre de 1848, 344.481 toneladas, pouco mais de um terço.

Vejamos a indústria do linho.

	1º Semestre 1846	1º Semestre 1847	1º Semestre 1848
Fio de linho	1.017.000	623.000	306.000
Tecido de linho	1.483.000	1.230.000	681.000
Total	2.500.000	1.853.000	987.000

---

[3] Um purgante então conhecido.

A diminuição do semestre de 1847 comparado com o de 1846 atingiu 657 mil kg, a de 1848 comparado com 1846 atinge 1,613 milhão de kg, ou 64%.[4]

A exportação de livros, artigos de cristal, vidraças diminuiu imensamente; prejuízos também na exportação de linho cru e cardado, estopa, cortiça, tabaco manufaturado.

O pauperismo crescente, a inaudita confiscação da juventude pela criminalidade, a ruína sistemática da indústria belga constituem os fundamentos materiais para as alegrias constitucionais, tais como: o jornal ministerial *Independence*, como ele não se cansa de proclamar, conta com mais de 4 mil assinantes. O velho *Mellinet*, o único general que salvou a honra da Bélgica, é mantido na prisão, e em alguns dias deve comparecer diante do júri em Antuérpia. O advogado *Rolin*, de Gent,[5] que no interesse da família de Orange conspirou contra Leopoldo e no interesse de Leopoldo de Coburg conspirou contra seus posteriores aliados, os liberais belgas – Rolin, o apóstata duplo, obteve a pasta das Obras Públicas.

O ex-trapeiro, *fransquillon*,[6] barão e ministro da Guerra Cha-a-azal brande seu grande sabre e salva o equilíbrio europeu. O *Observateur* ampliou o programa das Festas de Setembro[7] com uma nova diversão, com uma procissão – um *Ommeganck General*[8] – em honra do *Doudou* de Mons, do *Houplala* de Antuérpia e do *Manequim Pisse*[9] de Bruxelas. Eis a santíssima gravidade do *Observateur*, do jornal do grande *Verhaegen*. Finalmente, o que compensa largamente o sofrimento da Bélgica é ela ter-se elevado à universidade dos Montesquieu berlinenses – os Stupps, os Grimms, os Hansemanns, os Baumstarks – e gozar a admiração da *Gazeta de Colônia*. Feliz Bélgica!

---

[4] As informações sobre a exportação belga foram extraídas do jornal *Le Moniteur Belge*, n. 213, de 31 de julho de 1848.
[5] Estado da Bélgica.
[6] Na Bélgica, denominação dos partidários de tudo o que fosse francês.
[7] Em setembro, os belgas comemoram sua independência, conquistada em 1830.
[8] Desfile realizado com pompas especiais.
[9] *Doudou de Mons*: personagem popular. É o dragão vencido por São Jorge. É também o nome da procissão anual e das festas que lembram esse acontecimento. É ainda um canto valão. Essa procissão traz de fato oficialmente o nome de procissão do carro de ouro. É, finalmente, uma estatueta em bronze que permanece oculta durante todo o ano até a procissão. *Houplala de Antuérpia*: quando os espanhóis foram expulsos de Flandres, a população pegou o último soldado inimigo e o arremessou ao ar numerosas vezes em um pano esticado, gritando de cada vez: "Op! Sin-jorken!" (*op!*: ao ar; *sinjor*: senhor, pronunciado à flamenca; *ken*: sufixo diminutivo indicativo de desprezo) O "Op Sinjorken" tornou-se um dos personagens principais do folclore. Até hoje, a quermesse de Antuérpia inclui uma encenação simbólica na qual o "Sinjorken" é substituído por uma boneca. Quando lançam a boneca, os participantes gritam: Houp-la-la! Houp-la-la! *Mannequim Pisse*: respeitamos a grafia de Marx. Esta estátua, emblema de Bruxelas, é em geral designada pelo nome de Manneken Pis.

A cidadania do império alemão e a polícia prussiana

NGR, n. 73, 12/8/1848

Colônia, 11 de agosto. Sabe-se como o Exército prussiano homenageou, em 6 de agosto, a unidade alemã.[1] A *polícia prussiana* não pode ficar atrás do Exército prussiano. Para ela, nunca houve mais *estrangeiros alemães* ou *alemães estrangeiros* na Prússia do que desde que se reuniram em Frankfurt uma Assembleia Nacional Alemã indivisível, um regente alemão e um ministério alemão.

O sr. *Geiger*, intendente geral de polícia em exercício, parece ter recebido ordens especiais para expurgar Colônia de *estrangeiros* alemães, e só tolerar *súditos* prussianos entre os muros do velho reino. Se ele proceder consequentemente, quem conservará o direito de nacionalidade senão a polícia, o Exército, a burocracia e os nativos? O próprio sr. Geiger não será esquecido entre estes "*últimos moicanos*".

Em outra ocasião[2] informaremos sobre o conflito entre o redator-chefe da *Nova Gazeta Renana, Karl Marx*, e a suditania prussiana. Hoje trata-se do colaborador e revisor da *Nova Gazeta Renana* – o sr. *Karl Schapper*.

O sr. Schapper recebeu um convite para se apresentar hoje de manhã ao delegado de polícia de seu distrito. O sr. delegado de polícia notificou-o de que, segundo um decreto do sr. Geiger, ele, como estrangeiro, deveria abandonar Colônia e o Estado prussiano ainda pela manhã. O sr. comissário informou-o ao mesmo tempo que, por cortesia, prorrogara o prazo por oito dias.

O sr. Schapper não somente é alemão, como, além disso, é de *Nassau* e detém um passaporte de Nassau *in optima forma*.[3] O sr. Schapper mora em Colônia com sua mulher e três filhos. Seu crime consiste em ser membro da Sociedade Democrática e da Associação dos Trabalhadores e revisor da *Nova Gazeta Renana* – ou seja, três crimes de uma vez.

---

[1] De acordo com uma ordem do ministro da Guerra do império, Peucker, de 16 de julho de 1848, em 6 de agosto as tropas de todos os Estados alemães deveriam, em uma parada solene, prestar juramento ao regente imperial, arquiduque Johann. Frederico Guilherme IV, que alimentava ele mesmo pretensões ao Comando Geral das Forças Armadas da Confederação Alemã, proibiu na Prússia essa parada militar.

[2] Ver "O conflito entre Marx e a suditania prussiana".

[3] Na melhor forma.

"*Todo alemão tem a cidadania universal alemã*" – diz o primeiro parágrafo, já votado, da Constituição alemã.⁴ O sr. Geiger parece entendê-lo no sentido de que todo alemão tem o direito de ser expulso dos 37 Estados alemães. Ao lado da legislação da Assembleia Nacional, a legislação Geiger!

Mas damos um conselho ao sr. *Hansemann*, ministro da Ação: contra os deputados ele pode usar métodos policiais tanto quanto quiser, mas com a imprensa não se brinca. Ela pode abrir o livro do passado burguês e –

> Se o sr. conde gosta de dançar,
> Basta dizer,
> Eu o farei dançar!⁵ –

pode ainda ameaçar muitos *Geiger* com seus *violinos*.⁶

---

4 Os "Direitos Fundamentais do Povo Alemão" foram elaborados pela Assembleia Nacional de Frankfurt como parte da Constituição. O artigo I, §1, sobre o Direito Civil do império alemão, foi aprovado na sessão de 21 de julho de 1848 com a seguinte redação: "Todo alemão tem a cidadania do império alemão. Os direitos que lhe cabem por força desta podem ser exercidos em *qualquer Estado alemão*".
5 Mozart, *O casamento de Fígaro*, Ópera Cômica em 4 Atos, texto de Lorenzo da Ponte, Ato I, Cavatina (Fígaro) (*Si Monsieur le Comte aime la danse,/Qu'il le dise,/Je le ferai danser*).
6 Jogo de palavras: Geiger – intendente de polícia em exercício em Colônia; violino – derivado da palavra francesa "violon", que significa tanto "Geige" (violino, em alemão) quanto prisão, delegacia de polícia.

Tentativa de expulsar Schapper

NGR, n. 80, 19/8/1948

Colônia, 18 de agosto. *"Exigimos a cidadania alemã universal e plena liberdade de ir e vir em toda a pátria alemã!"*
Assim falou Sua Majestade Frederico Guilherme IV em seu edito de 18 de março. Mas o rei propõe e o sr. Geiger dispõe. O sr. Geiger, superintendente de polícia em exercício de Colônia, insiste em expulsar o sr. Karl Schapper, sob o pretexto de que o sr. Schapper seria cidadão de Nassau e além disso alemão *in partibus infidelium*.[1]
Ontem um sargento de polícia invadiu o quarto da sra. Schapper e lá deixou a seguinte carta, que reproduzimos literalmente, sem qualquer alteração. O que aparece como incorreção talvez seja apenas um protesto *prussiano* contra a gramática *alemã*.

> Sr. Schapper,
> Foi-me conferida a missão de que o informasse de que o senhor superintendente de polícia continua a insistir que o senhor deve deixar a cidade, mas se o senhor tiver algo contra a lei, deveria impetrar de imediato um recurso junto ao sr. superintendente de polícia, a ser enviado a ele imediatamente.
>
> Colônia, 17/8/1848.
> Quetting
> Sargento de Polícia.

O sr. Schapper dirigiu sem demora a seguinte nota ao delegado de polícia:

> Ilustríssimo sr.,
> Em 11 deste mês me foi notificado que, conforme a decisão do sr. superintendente de polícia Geiger, eu deveria deixar a cidade de Colônia no prazo de oito dias. Já então registrei um protesto contra isso. Agora o sr. me comunicou, por intermédio de um sargento de polícia, que a mencionada ordem de expulsão permanece válida, mas que eu poderia impetrar recurso contra ela. Faço-o por meio desta, e invoco as seguintes razões:

---

[1] Literalmente: no país dos infiéis – acréscimo ao título de bispos católicos indicados para dioceses puramente nominais em países não cristãos.

1) Já em 18 de março de 1848, o dia *anterior* à Revolução de Março, o rei da Prússia promulgou um edito que exigia cidadania alemã universal e liberdade de ir e vir em todos os Estados alemães. O que o rei da Prússia exige para cidadãos prussianos não pode ser negado por nenhuma autoridade prussiana aos cidadãos de outros Estados alemães na Prússia. Ou o edito de 18 de março não significa absolutamente nada, ou ele implica a abolição de todas as anteriores deliberações de expulsão contra cidadãos alemães não prussianos.

2) Em 21 de julho deste ano, a Assembleia Nacional de Frankfurt adotou o §2, Art. 1 dos Direitos Fundamentais alemães em uma redação que proíbe expressamente expulsar quaisquer alemães de cidades ou Estados alemães. Ele diz:

Todo alemão tem o direito de *permanecer e assentar domicílio*, adquirir propriedades etc. etc [...] exercer qualquer atividade para sobreviver [...] *em qualquer parte do território do império*.

As condições para permanecer e assentar domicílio serão estabelecidas pela autoridade imperial para toda a Alemanha [...] por uma lei sobre domicílio. Até a promulgação dessas leis imperiais, todo alemão exercerá em cada Estado alemão os mencionados direitos *sob as mesmas condições em que são exercidos pelos membros do Estado em questão*.

Não é permitido a nenhum Estado alemão estabelecer qualquer diferença, relativamente ao Direito Civil, Penal ou Processual, entre seus membros e os membros de outro Estado alemão que prejudique os últimos como estrangeiros'.

Segundo esse parágrafo, até a promulgação das referidas leis imperiais me assiste o direito de permanecer e assentar domicílio, bem como de exercer a atividade de revisor, em Colônia, uma região situada no território do império alemão, sob as mesmas condições dos membros do Estado prussiano. Mas membros do Estado prussiano só podem ser expulsos de Colônia, segundo as leis em vigor, se não tiverem qualquer meio de subsistência. Até agora ainda não fui acusado de não os ter, e poderia provar o contrário a qualquer momento, pois meu salário como revisor da *Nova Gazeta Renana* é suficiente para manter decentemente a mim e a minha família.

E não cabe a objeção de que o referido parágrafo dos Direitos Fundamentais ainda não estaria promulgado. Tem sido a prática das autoridades administrativas em todos os Estados constitucionais suspender a execução de prescrições como o direito de expulsão e outras limitações semelhantes à liberdade pessoal quando a decisão de suspender uma dessas prescrições foi tomada pela assembleia legislativa competente e resta apenas sua promulgação formal.

Trata-se aqui, pois, de uma resolução da Assembleia Nacional que suspende o poder de expulsar, e de um edito real que reconhece de antemão essa decisão. Por conseguinte, acredito estar plenamente em meu direito quando declaro: 'que protesto contra a ordem de expulsão, que jamais me foi comunicada por escrito e acompanhada da declaração dos motivos, como uma ilegalidade, e só recuarei pela força'.

Solicito-lhe, ilustríssimo senhor, a gentileza de fazer chegar esse protesto às autoridades apropriadas e de me enviar a resposta rapidamente, pois, em caso de desconsideração, vou de imediato interpor recurso junto ao real chefe do distrito ou ao ministério do Interior e, em última instância, à Assembleia Nacional Constituinte de Berlim e à Assembleia Nacional Alemã em Frankfurt.

Colônia, 17 de agosto de 1848.
(assin.) *Karl Schapper*

A pedra fundamental da "catedral da unidade alemã", na qual nosso grande arquiteto político deixou escoar durante três dias seguidos seu discurso solene, é – a expulsão *de Colônia* sobre o Reno de um *cidadão de Nassau*.

Geiger e Schapper

NGR, n. 84, 24/8/1848

Colônia, 22 de agosto. Por determinação do sr. superintendente de polícia em exercício, Geiger (de Coblença), foi transmitida ao sr. Schapper a ordem de abandonar Colônia porque ele não seria um súdito prussiano, mas um cidadão de Nassau. A Associação de Trabalhadores, da qual o sr. Schapper é membro ativo, considerou-se obrigada a tomar para si esta causa e protestar contra a arbitrária expulsão do sr. Schapper. Na sexta-feira passada, o protesto foi enviado ao sr. Dolleschall, na ausência do sr. Geiger. Como o sr. Dolleschall declarou desconhecer o assunto, a comissão organizada para entregar o protesto foi remarcada para a terça-feira seguinte, 22 de agosto, para poder falar com o próprio sr. Geiger. Hoje, o sr. Geiger recebeu os enviados com a declaração de que o assunto não dependia mais dele, mas que, em decorrência de um artigo na *Nova Gazeta Renana*[1] o ministério se dirigira a ele, Geiger, demandando um relatório detalhado sobre o tema. O relatório fora enviado hoje; por consequência, não dependia mais dele efetivar ou revogar a expulsão do sr. Schapper. Um membro da comissão acreditava ter entendido o sr. Geiger dizer que a expulsão do sr. Schapper emanara do ministério, ao que o sr. Geiger assegurou à comissão, por sua mais sagrada palavra de honra, que fora *ele* que tomara a iniciativa dessa medida. Invocou primeiro seus conhecimentos especializados da lei, pois fora anteriormente juiz de instrução; mas este não teria sido o único motivo: "acredito ter agido não somente como superintendente da polícia em exercício, mas também conforme à razão; agi como *eu mesmo*". Ele sabia muito bem, acrescentou, que a *Nova Gazeta Renana* reproduziria todas as suas palavras e as interpretaria a seu próprio modo, mas isso lhe era indiferente: "agi como *eu mesmo*". Outro membro da comissão observou-lhe que se o sr. Geiger agira como *si mesmo*, esse *eu* não era outro senão o *eu* do superintendente de polícia em exercício, e esse *eu* poderia certamente estar conforme à razão. Mas a Associação dos Trabalhadores tinha do mesmo modo um eu, que era o eu de 6 mil trabalhadores, e esse eu era tão válido quanto o eu do sr. Geiger e era igualmente conforme à razão. A Associação dos Trabalhadores protestava contra uma medida contrária a todas as leis existentes e à Assembleia Nacional de Frankfurt.

---

[1] Ver "A cidadania alemã e a polícia prussiana".

O primeiro membro da comissão reivindicou que o sr. Geiger ao menos revogasse a medida; o sr. Geiger se recusou, e assegurou à comissão que, de sua parte, o sr. Schapper poderia permanecer em Colônia sem ser incomodado até a resposta do ministro. Foi igualmente negado qualquer esclarecimento sobre os termos em que o relatório do sr. Geiger fora redigido. O sr. Geiger tomou decisões diferentes das do sr. Gagern, e um cidadão de Nassau não é um cidadão alemão, ao qual assiste o direito de se estabelecer em qualquer das 34 pátrias alemãs?

O conflito entre Marx e a suditania prussiana[1]

NGR, n. 94, 5/9/1848

K. Marx

Colônia, 4 de setembro. Como já mencionamos anteriormente,[2] o redator-chefe da *Nova Gazeta Renana*, Karl Marx, está envolvido num conflito com a suditania prussiana. Este caso é uma nova demonstração do modo pelo qual se procuram escamotear as promessas de março. O seguinte documento que Marx remeteu ao ministro do Interior, sr. Kühlwetter, mostra o andamento da questão:

> Sr. ministro!
> Dirijo-me ao senhor para interpor recurso contra uma decisão do governo monárquico local que me concerne pessoalmente.
> Em 1843, deixei minha terra natal, a Prússia renana, para me instalar temporariamente em Paris. – Em 1844, vim a saber que, por causa de meus escritos, a Administração Real de Coblença enviara para as autoridades competentes da polícia de fronteira uma ordem de prisão contra mim. Esta notícia foi publicada também nos jornais censurados de Berlim. – Desse momento em diante, eu me considerei um refugiado político. Mais tarde – em janeiro de 1845 –, por iniciativa direta do governo prussiano de então, fui expulso da França e me estabeleci na Bélgica. – Como também aqui o governo prussiano requereu minha expulsão ao ministério belga, vi-me finalmente obrigado a pedir meu desligamento do Estado prussiano. – Precisei valer-me desse meio para me esquivar de tais perseguições. – A melhor prova de que reclamei permissão para emigrar apenas em legítima defesa é que nunca me tornei cidadão de nenhum outro Estado, apesar de ter-me sido oferecida a cidadania francesa, depois da Revolução de Fevereiro, por membros do governo provisório.
> Depois da Revolução de Março, voltei à minha terra natal e solicitei minha cidadania em Colônia no mês de abril, a qual me foi concedida sem demora pelo Conselho Municipal

---

[1] Ao chegar em Colônia, em 11 da abril de 1848, Marx solicitou ao Conselho Municipal de Colônia a cidadania prussiana, e a obteve. Mas a decisão dependia da aprovação das autoridades monárquicas locais que, em agosto, a recusaram. Essa recusa causou indignação nos círculos democráticos da cidade. A Sociedade Democrática de Colônia enviou uma delegação reivindicando revogar as medidas policiais contra Marx. Como resposta ao protesto de Marx junto ao ministro do Interior prussiano, Kühlwetter, este endossou, em 12 de setembro de 1848, a resolução do Governo Provincial de Colônia. Em maio de 1849 o governo prussiano a utilizou para "privar" Marx "do direito de hospitalidade, que ele tão vergonhosamente ofendeu", e expulsá-lo da Prússia.

[2] Ver "A cidadania do império alemão e a polícia prussiana".

local. – De acordo com a lei de 31 de dezembro de 1842, o caso foi enviado ao governo real para homologação. Agora recebi do chefe de polícia local em exercício, o sr. Geiger, um ofício com o seguinte conteúdo:

'Comunico a Vossa Excelência que o governo real, em função de vossas atuais condições, não fez uso a vosso favor de sua atribuição, conferida pelo §5 da lei de 31 de dezembro de 1842, de conceder a um estrangeiro a condição de súdito prussiano, razão pela qual o senhor, agora como antes, será considerado um estrangeiro. (§§15 e 16 da lei citada.)
Colônia, 3 de agosto de 1848.
O chefe de polícia em exercício
(ass.) Geiger.
Ao
Sr. dr. Marx
N. 2678. Bem-nascido aqui'.

Considero a decisão do governo real ilegal, nomeadamente pelos seguintes motivos:

Segundo as resoluções federais de 30 de março deste ano,[3] são eleitores e elegíveis para a Assembleia Nacional Alemã também os refugiados políticos, se houverem retornado para a Alemanha e declarado querer reassumir seus direitos de cidadão.

A decisão do Pré-Parlamento, que embora não tenha força de lei é parâmetro para as prospectivas e promessas feitas ao povo alemão logo após a revolução, concede o direito de voto ativo e passivo até mesmo para aqueles refugiados políticos que se tornaram cidadãos estrangeiros, mas queiram reassumir sua cidadania alemã.

Mas, em todo caso, a resolução federal e o sistema eleitoral do ministério Camphausen, baseado nela, são legalmente válidos na Prússia.

Como eu, por meio de minha requisição para obter o direito de fixar residência em Colônia, declarei de modo bastante claro querer reassumir minha cidadania alemã, é certo que seria eleitor e elegível para a Assembleia Nacional Alemã, portanto, ao menos possuiria a cidadania do império.

Mas se possuo o mais alto direito que um alemão pode ter, tanto menos ainda poderia ser-me negado o título menor da cidadania *prussiana*.

O governo real em Colônia refere-se à lei de 31 de dezembro[4] de 1842. Também esta lei, em conjunto com a citada resolução federal, depõe a meu favor.

De acordo com o §15, 1 e 3, perde-se a condição de prussiano por proposta do súdito ou por permanência de 10 anos no estrangeiro. – Muitos refugiados políticos que estiveram mais de 10 anos no estrangeiro voltaram para sua terra natal depois da revolução, portanto, de acordo com o §15 da citada lei, haviam perdido tanto quanto eu a condição

---

[3] Em 30 de março de 1848, a Dieta Federal tomou uma resolução estipulando que cada 70 mil eleitores deveriam enviar um representante para a Assembleia Nacional; em 7 de abril de 1848, por proposta da Comissão dos Dezessete, a Dieta Federal aprovou que cada 50 mil eleitores designariam um deputado, e "os exilados políticos, caso tenham voltado para a Alemanha e reassumido sua cidadania, são eleitores e elegíveis". (ver *Atas da Assembleia da Confederação Alemã de 1848,* Frankfurt am Main).

[4] Na *Nova Gazeta Renana*, consta incorretamente março.

de prussianos. – Alguns dentre eles, por exemplo o sr. J. Venedey, têm até assento na Assembleia Nacional Alemã. – As "autoridades" prussianas "da polícia de fronteira" (§5 da lei) poderiam, portanto, se quisessem, negar também a esses legisladores alemães a cidadania prussiana!

Finalmente, considero totalmente impróprio que o governo real local, ou o sr. chefe de polícia em exercício Geiger, lance mão, na comunicação que me foi dirigida, da palavra "súdito", quando tanto o anterior quanto o atual ministério baniram esta designação de todos os seus documentos oficiais e, no lugar dela, falam somente de cidadãos. – É igualmente impróprio, mesmo abstraindo de minha cidadania prussiana, designar a mim, um cidadão do império alemão, como "estrangeiro".

Além disso, se o governo real nega-me a homologação da cidadania prussiana "em função de minhas atuais condições", não pode se tratar de minhas condições materiais, pois, mesmo de acordo com a letra da lei de 31 de dezembro de 1842, somente o Conselho Municipal de Colônia poderia decidir sobre isto, e decidiu a meu favor. – Só pode se tratar de minha atividade como redator-chefe da *Nova Gazeta Renana*, o que significa: em função de minhas convicções democráticas e de minha conduta de oposição ao governo existente. – Mas mesmo se ao governo distrital local ou ainda ao ministério do Interior em Berlim coubesse a competência – o que eu nego – de me recusar a cidadania prussiana neste caso específico, submetido à resolução federal de 30 de março –, tais argumentos tendenciosos só poderiam ser utilizados no velho Estado policial, mas de modo algum na Prússia revolucionada e por seu governo responsável.

Por fim, devo observar que o sr. chefe de polícia Müller, a quem declarei que não poderia trazer minha família de Tréveris para Colônia na incerteza, assegurou-me que minha renaturalização não encontraria qualquer obstáculo.

Por todos esses motivos solicito que o senhor, sr. ministro, instrua o real governo distrital local a reconhecer o direito de permanência a mim concedido pelo Conselho Municipal local, e portanto a me conferir novamente a condição de prussiano.

Receba, sr. ministro, meus mais elevados protestos de consideração.
Colônia, 22 de agosto de 1848.

Karl Marx

A crise e a contrarrevolução[1]

NGR, n. 100, 12/9/1848

K. Marx

Colônia, 11 de setembro. Quem quer que leia nossos correspondentes de Berlim, adiante, poderá julgar o quão exatamente previmos o desenvolvimento da crise ministerial. Os velhos ministros renunciam; o plano do ministério de se manter por meio da dissolução da Assembleia Ententista, por meio de leis marciais e canhões, parece não ter alcançado o beneplácito da camarilha. Os *junkers* da Uckermark ardem de desejo de um conflito com o povo, da repetição das cenas do junho parisiense nas ruas de Berlim; mas eles não vão se bater pelo ministério Hansemann, e sim pelo *ministério do príncipe da Prússia*. Serão convocados *Radowitz, Vincke* e outras semelhantes figuras dignas de confiança, estranhas à Assembleia de Berlim, independentes dela; a nata da cavalaria prussiana e westfaliana, associada, para salvar as aparências, com alguns filisteus burgueses da extrema-direita, com um Beckerath e consortes, a quem se podem confiar as prosaicas operações comerciais do Estado – eis o ministério do príncipe da Prússia, com que tencionam nos presentear. Enquanto isso, lançam centenas de boatos, talvez mandem chamar Waldeck ou Rodbertus, desorientam a opinião pública, e nesse meio tempo fazem seus preparativos militares e, quando for a hora, aparecerão publicamente.

Caminhamos para uma luta decisiva. As crises simultâneas em Frankfurt e Berlim, as últimas resoluções das duas assembleias, obrigam a contrarrevolução a travar sua batalha final. Se em Berlim ousarem esmagar sob os pés o princípio constitucional da maioria, se puserem diante dos 219 votos da maioria o dobro de canhões, se ousarem, não somente em Berlim, mas também em Frankfurt, escarnecer a maioria com um ministério impossível para as duas assembleias – *se provocarem, pois, a guerra civil entre a Prússia e a Alemanha, os democratas sabem o que têm de fazer.*

---

[1] O segundo, terceiro e quarto artigos dessa série traziam, na *Nova Gazeta Renana*, o título "A Crise".

Colônia, 12 de setembro. Enquanto talvez ainda hoje ao meio dia nos chegue a notícia da configuração definitiva do novo ministério imperial, como informamos ontem e foi confirmado também por outras fontes, prossegue a crise ministerial em Berlim. Essa crise só pode ser solucionada por duas vias:

Ou um ministério Waldeck, reconhecimento da autoridade da Assembleia Nacional Alemã, reconhecimento da soberania do povo;

Ou um ministério Radowitz-Vincke, dissolução da Assembleia de Berlim, negação das conquistas revolucionárias, constitucionalismo de fachada ou mesmo – a Dieta Unificada.

Não nos enganemos: o conflito que irrompeu em Berlim não é um conflito entre os ententistas e os ministros, é um conflito entre a Assembleia, que pela primeira vez se apresenta como *Constituinte*, e a *Coroa*.

Terão coragem de dissolver a Assembleia, ou não? Tudo depende disso. Mas a Coroa tem o direito de dissolver a Assembleia?

É certo que, nos Estados constitucionais, em caso de conflito, a Coroa tem o direito de dissolver a Câmara Legislativa convocada sobre a base da Constituição e de apelar ao povo por meio de novas eleições.

A Assembleia de Berlim é uma Câmara constitucional, legislativa?

Não. Ela foi convocada para "entender-se com a Coroa sobre a Constituição prussiana", sobre a base não de uma Constituição, mas de uma *revolução*. Não recebeu de modo algum seu mandato da Coroa ou de seus ministros responsáveis, mas sim apenas de seus eleitores e de si mesma. A Assembleia era soberana como a legítima expressão da revolução, e o mandato que o sr. Camphausen, junto com a Dieta Unificada, outorgou-lhe na lei eleitoral de 8 de abril não passava de um *voto piedoso*, sobre o qual a Assembleia tinha de deliberar.

No início, a Assembleia acolheu em maior ou menor medida a teoria ententista. Ela viu como, desse modo, foi lograda pelos ministros e pela camarilha. Finalmente, realizou um ato de soberania – por um momento, apresentou-se como Assembleia Constituinte, não mais como Assembleia Ententista.

Como assembleia soberana da *Prússia*, estava em seu pleno direito.

Mas uma assembleia soberana não é dissolúvel por ninguém, não se submete às ordens de ninguém.

No entanto, mesmo como mera Assembleia Ententista, mesmo de acordo com a própria teoria do sr. Camphausen, ela está *em posição de igualdade* com a Coroa. Ambas as partes *celebraram* um acordo nacional, ambas as partes têm a mesma cota de soberania, esta é a teoria de 8 de abril, a teoria Camphausen-Hansemann, portanto a teoria *oficial* reconhecida pela própria Coroa.

Se a Assembleia está em *posição de igualdade* em face da Coroa, *a Coroa não tem nenhum direito de dissolver a Assembleia.*

Caso contrário, consequentemente, a Assembleia teria do mesmo modo o *direito de depor o rei*.

A dissolução da Assembleia seria, pois, um *golpe de Estado*. E o 29 de julho de 1830 e o 24 de fevereiro de 1848 mostraram como se responde a um golpe de Estado.

Dir-se-á que a Coroa poderia, sim, apelar novamente aos mesmos eleitores. Mas quem não sabe que *hoje* os eleitores elegeriam uma Assembleia totalmente diferente, uma Assembleia que trataria a Coroa com muito menos cerimônias?

É evidente: após a dissolução desta Assembleia só é possível o apelo a *eleitores muito diferentes* dos de 8 de abril, não é mais possível nenhuma outra eleição, a não ser a que será proposta sob a tirania do sabre.

Portanto, não tenhamos ilusões:

Se a Assembleia vencer, se impuser o ministério da esquerda, o poder da Coroa *ao lado* da Assembleia se romperá, o rei será apenas o servidor pago do povo, e estaremos novamente na manhã de 19 de março – caso o ministério Waldeck não nos traia, como tantos antes dele.

Se a Coroa vencer, se impuser o ministério do príncipe da Prússia, a Assembleia será dissolvida, o direito de associação suprimido, a imprensa amordaçada, uma lei eleitoral censitária decretada, talvez até mesmo, como dissemos, a Dieta Unificada evocada mais uma vez – tudo sob a proteção da ditadura militar, dos canhões e das baionetas.

A vitória de uma das partes dependerá da atitude do povo, especialmente da atitude do partido democrático. Os democratas têm de optar.

Estamos em 25 de julho. Ousar-se-á decretar as ordenanças que estão sendo preparadas em Potsdam? O povo será provocado a dar o salto de 26 de julho a 24 de fevereiro em *um* dia?[2]

Boa vontade com certeza não falta, mas a coragem, a coragem!

NGR, n. 102, 14/9/1848

Colônia, 13 de setembro. A crise em Berlim avançou mais um passo: *o conflito com a Coroa*, que ainda ontem só podia ser designado como inevitável, *aconteceu de fato*.

Nossos leitores encontram logo adiante a resposta do rei ao pedido de renúncia dos ministros.[3] Com esta carta, a própria Coroa vem para o primeiro plano, toma partido a favor dos ministros, contrapõe-se à Assembleia.

---

[2] Em 26 de julho de 1830 foram publicadas as ordenanças reais que, na França, suprimiam a liberdade de imprensa, declaravam dissolvida a Câmara e alteravam a lei eleitoral reduzindo os eleitores em três quartos. Essas medidas extraordinárias do governo de Carlos X foram o estopim da revolução burguesa de 1830, que, em 29 de julho, suprimiu o domínio dos Bourbon.

[3] Em sua mensagem de 10 de setembro de 1848, Frederico Guilherme IV, concordando com a opinião dos ministros, declarou que a resolução da Assembleia Nacional prussiana de 7 de setembro de 1848 representava

Vai mais longe ainda: constitui um ministério estranho à Assembleia, convoca *Beckerath*, que em Frankfurt senta-se à extrema-direita e que em Berlim, como o mundo inteiro sabe por antecedência, jamais poderá contar com uma maioria.

O ofício do rei é endossado pelo sr. *Auerswald*. O sr. Auerswald devia se responsabilizar por ter, assim, empurrado a Coroa à sua frente para cobrir sua ignominiosa retirada, por ter procurado se esconder, em face da Câmara, atrás do princípio constitucional ao mesmo tempo em que esmagava sob os pés o princípio constitucional, *comprometendo a Coroa e incitando à república*!

O princípio constitucional!, gritam os ministros. O princípio constitucional!, grita a direita. O princípio constitucional!, geme o eco surdo da *Gazeta de Colônia*.

"O princípio constitucional!" Esses senhores são, pois, suficientemente tolos para acreditar que se possa desviar o povo alemão da tempestade de 1848, do colapso cada dia mais iminente de todas as instituições históricas tradicionais, com a carcomida divisão dos poderes de Montesquieu-Delolme, com frases desgastadas e ficções há muito desmascaradas?

"O princípio constitucional!" Mas os mesmos senhores que querem salvar o princípio constitucional a qualquer custo deveriam antes de mais nada reconhecer que em uma situação provisória ele só pode ser salvo com energia!

"O princípio constitucional!" Mas o voto da Assembleia de Berlim, as colisões entre Potsdam e Frankfurt, os distúrbios, as tentativas da reação, as provocações da soldadesca não mostraram há muito que, apesar de todas as frases, ainda *estamos sobre o terreno revolucionário*, que a ficção de que já estávamos no terreno da monarquia constitucional *constituída* não leva a nada além de colisões, as quais já agora conduziram o "princípio constitucional" à beira do abismo?

Toda situação política provisória posterior a uma revolução exige uma ditadura, e ademais uma ditadura enérgica. Criticamos Camphausen desde o início por não ter agido ditatorialmente, por não ter destruído e removido imediatamente os restos das velhas instituições. Assim, enquanto o sr. Camphausen se embalava no sonho constitucional, o partido vencido fortalecia suas posições na burocracia e no Exército, e ousava mesmo, aqui e acolá, a luta aberta. A Assembleia fora convocada para se entender sobre a Constituição. Ela ocupava posição de igualdade ao lado da Coroa. Dois poderes em pé de igualdade em um governo provisório! Precisamente a divisão dos poderes com que o sr. Camphausen procurava "salvar a liberdade", precisamente essa divisão dos poderes devia, em um governo provisório, levar a colisões. Atrás da Coroa se escondia a camarilha contrarrevolucionária da nobreza, dos militares, da burocracia. Atrás da maioria da Assembleia postava-se a burguesia. O ministério procurava conciliar. Débil demais para defender decididamente os interesses da burguesia e dos camponeses e destruir, de um

---

uma violação do "princípio da monarquia constitucional", e aceitou a renúncia do ministério Auerswald-Hansemann.

só golpe, o poder da nobreza, da burocracia e dos líderes militares, desajeitado demais para não ferir sempre a burguesia com suas medidas financeiras, só conseguiu se tornar impossível para todos os partidos e provocar exatamente a colisão que pretendia evitar.

Em toda situação não constituída, o decisivo não é este ou aquele princípio, mas sim apenas a *salut public*, o bem público. O ministério só poderia evitar a colisão da Assembleia com a Coroa se reconhecesse o princípio do bem público, mesmo correndo o risco de colidir ele próprio com a Coroa. Mas preferiu manter-se "possível" em Potsdam. Contra a democracia, nunca vacilou em tomar medidas em prol do bem público (*mesures de salut public*), medidas ditatoriais. Ou que outra coisa foi a utilização das velhas leis sobre crimes políticos, mesmo quando o sr. Märker já havia reconhecido que esses parágrafos do Landrecht deveriam ser suprimidos? Que outra coisa foram as prisões em massa em todas as partes do império?

Mas em oposição à contrarrevolução o ministério guardou-se bem de tomar providências em prol do bem público!

E justamente dessa tibieza do ministério em face da contrarrevolução, que se tornava dia a dia mais ameaçadora, proveio a necessidade, para a Assembleia, de *ditar ela mesma* medidas em prol do bem público. Sendo a Coroa, representada pelos ministros, débil demais, a Assembleia mesma devia tomar providências. E o fez com a resolução de 9 de agosto. Mas fê-lo de forma ainda muito suave, dando aos ministros apenas uma advertência. Os ministros não fizeram caso.

Mas, também, como eles poderiam tê-la assumido? A resolução de 9 de agosto esmaga sob os pés o princípio constitucional, é uma usurpação do Poder Legislativo contra o Executivo, destrói a divisão e o controle mútuo dos poderes, tão necessários no interesse da liberdade, transforma a Assembleia Ententista na *Convenção Nacional*!

E seguiu-se um fogo cerrado de ameaças, um apelo atroador ao medo dos pequeno-burgueses, uma larga perspectiva de governo do terror com guilhotina, impostos progressivos, confisco e bandeira vermelha.

A Assembleia de Berlim, uma Convenção! Que ironia!

Mas esses senhores não estão totalmente equivocados. Se o governo continuar como até agora, não demorará muito para termos uma Convenção – não apenas para a Prússia, mas para toda a Alemanha –, uma Convenção que será obrigada a reprimir com todos os meios a guerra civil de nossos vinte vendeanos e a inevitável guerra russa. Neste momento, no entanto, temos apenas a paródia da Constituinte!

Mas como os senhores ministros que apelam ao princípio constitucional mantiveram este princípio?

Em 9 de agosto, deixaram a Assembleia se dispersar calmamente, na boa crença de que os ministros cumpririam a resolução. Nem pensaram em comunicar sua negativa à Assembleia, e muito menos em renunciar a seus cargos.

Refletiram durante um mês inteiro e, finalmente, ameaçados por várias interpelações, notificaram laconicamente à Assembleia: era evidente que não cumpririam a resolução.

Quando em seguida a Assembleia ordenou aos ministros que cumprissem a resolução, eles se entrincheiraram atrás da Coroa, provocaram um rompimento entre a Coroa e a Assembleia e incitaram assim à república.

E esses senhores ainda falam do princípio constitucional!

Em resumo:

A inevitável colisão entre dois poderes em posição de igualdade em um governo provisório aconteceu. O ministério não soube conduzir de modo suficientemente enérgico o governo, deixou de tomar as necessárias medidas em prol do bem público. A Assembleia não fez mais do que sua obrigação ao intimar o ministério a cumprir seu dever. O ministério tomou isto por uma violação à Coroa, e ainda a comprometeu no momento de sua demissão. A Coroa e a Assembleia se contrapõem uma à outra. A "conciliação" levou à divisão, ao conflito. Caberá talvez às armas decidir.

Quem tiver mais coragem e consequência vencerá.

NGR, n. 104, 16/9/1848

Colônia, 15 de setembro. A crise ministerial entrou outra vez em um novo estágio; não graças à chegada e aos inúteis esforços do impossível sr. Beckerath, mas sim graças à *revolta militar em Potsdam e Nauen*.[4] O conflito entre democracia e aristocracia irrompeu no *próprio seio da Guarda*: os soldados viram na resolução da Assembleia do dia 7 sua libertação da tirania dos oficiais, enviaram-lhe mensagens de agradecimento, deram-lhe um Viva!

Assim a espada foi arrancada das mãos da contrarrevolução. Agora ninguém ousará dissolver a Assembleia, e se isso não for feito só restará ceder, cumprir a resolução da Assembleia e convocar um ministério Waldeck.

Talvez a revolta dos soldados de Potsdam nos tenha economizado uma revolução.

---

[4] Em 13 de setembro, os soldados do 1º e 2º Regimentos da Guarda em Potsdam revoltaram-se contra seus oficiais. O motivo principal foi o embargo, pelos oficiais, de uma mensagem de agradecimento ao deputado Stein e à Assembleia Nacional prussiana pela resolução de 7 de setembro. Os soldados chegaram a construir barricadas. Em Nauen, os couraceiros da guarda ali estacionados recusaram-se, em 10 de setembro, a atacar os cidadãos por ordem de seus oficiais.

A liberdade de deliberação em Berlim

NGR, n. 105, 17/9/1848

Colônia, 16 de setembro. Desde o início da crise, a imprensa contrarrevolucionária tem alegado continuamente que a Assembleia de Berlim não delibera livremente. Em particular, o arquiconhecido correspondente G da *Gazeta de Colônia*, que mantém sua função apenas "interinamente, até a nomeação de seu sucessor",[1] mencionou com inconfundível medo os "8 a 10 mil sujeitos fortes" que em Kastanienwäldchen[2] apoiaram "moralmente" seus amigos da esquerda. A *Gazeta de Voss*,[3] a de *Spener*[4] e outros jornais levantaram um coro de lamentações semelhante, e o sr. Reichensperger até mesmo propôs diretamente, no dia 7 deste mês, tranferir a Assembleia de Berlim (para Charlottenburg, talvez?).

A *Gazeta Mercantil de Berlim* traz um longo artigo em que procura refutar essa acusação. Afirma que, considerando a anterior atitude vacilante da Assembleia, não é de modo algum inconsistente a grande maioria apoiar a esquerda. É evidente

> que a votação do dia 7, mesmo da parte daqueles que antes votavam sempre com os ministros, pôde ocorrer *sem contradição* com sua atitude anterior, e que, considerada do ponto de vista de cada um, está em perfeita harmonia com sua atitude anterior [...] [Aqueles que vieram do centro] tinham vivido numa ilusão; tinham *imaginado* que os ministros fossem executantes da vontade do povo; haviam tomado os esforços dos ministros para estabelecer a paz e a ordem como uma expressão de sua – da maioria dos membros – própria vontade, e não haviam *notado* que os ministros só podiam aprovar a vontade do povo quando ela não contradizia a vontade da coroa, mas não quando se opunha a esta.

---

[1] Referência à resposta de Frederico Guilherme IV de 10 de setembro de 1848 ao pedido de demissão dos ministros. Aceitando-o, o rei propôs-lhes que se mantivessem em seus cargos até a nomeação de um novo ministério.

[2] A academia de canto situada no Kastanienwäldchen era o local de reunião da Assembleia Nacional de Berlim.

[3] *Gazeta de Voss* – diário berliniense, assim chamado de acordo com o nome de seu antigo proprietário, Christian Friedrich Voss, e desde 1785 publicado com o nome de *Gazeta berlinense para assuntos políticos e especializados privilegiada pelo rei*. Nos anos 1840, adotou uma postura liberal moderada.

[4] *Gazeta de Spener* – assim era chamado, de acordo com o nome de seu editor, o diário *Notícias berlinenses de assuntos políticos e especializados*, publicado em Berlim de 1740 a 1874. Durante a Revolução de 1848/1849, assumiu uma postura monárquica-constitucional.

Assim a G[azeta]M[ercantil] "esclarece" o impressionante fenômeno da súbita mudança de tantos membros pelas representações e ilusões desses indivíduos. Não se poderia apresentar as coisas de modo mais inocente.

Ela admite, todavia, que houve intimidação. Mas, acredita, "se as influências externas atuaram de algum modo, foi contrabalançando parcialmente a influência das miragens e tentações ministeriais artificiais, e assim tornaram possível a muitos membros débeis e dependentes seguir... os *instintos de sobrevivência naturais*".

São evidentes os motivos que levaram a *Gazeta Mercantil* a assim justificar moralmente para o público os oscilantes membros do centro: o artigo foi escrito mais para esses próprios senhores do centro do que para o público. Para nós, que temos o privilégio de falar sem reservas e que apoiamos os representantes de um partido apenas enquanto e na medida em que ele se comporta *revolucionariamente* – para nós esses motivos não existem.

Por que não devemos dizê-lo? No dia 7 deste mês o centro deixou-se intimidar pelas massas populares; se esse medo tinha ou não fundamento, deixemos em suspenso.

O direito das massas populares democráticas de influir moralmente, por sua presença, na atitude de uma Assembleia Constituinte é um antigo direito popular revolucionário, de que desde as revoluções inglesa e francesa não se pode prescindir em épocas turbulentas. A história deve a este direito quase todas as medidas enérgicas de tais assembleias. Quando os que se apoiam no "terreno do Direito", quando os medrosos e filisteus amigos da "liberdade de deliberação" gemem contra ele, não têm nenhum outro motivo além de não quererem de modo algum uma resolução enérgica.

"Liberdade de deliberação!" Não há frase mais oca do que esta. A "liberdade de deliberação" é, por um lado, afetada pela liberdade de imprensa, pela liberdade de associação e de palavra, pelo direito do armamento popular. É afetada pelo poder público existente, que está nas mãos da coroa e de seus ministros: pelo Exército, a polícia, os magistrados considerados independentes, mas de fato dependentes de qualquer promoção e de qualquer mudança política.

A liberdade de deliberação é, em qualquer época, uma frase que significa apenas independência de todas as influências não reconhecidas pela lei. As influências reconhecidas, suborno, promoção, interesses privados, medo de uma dissolução da Câmara etc., tornam de fato as reuniões deveras "livres". Mas, em épocas de revolução, essa frase é totalmente sem sentido. Quando dois poderes, dois partidos armados se contrapõem, quando a luta pode rebentar a qualquer momento, os deputados só têm uma alternativa:

Ou se põem *sob a proteção do povo* e então aceitam de tempos em tempos uma pequena lição;

Ou se põem *sob a proteção da coroa*, mudam para uma cidadezinha qualquer, deliberam sob a proteção das baionetas e dos canhões ou mesmo do estado de sítio – e então nada terão a objetar se a coroa e as baionetas lhes prescreverem suas resoluções.

Intimidação pelo povo desarmado ou intimidação pela soldadesca armada – a Assembleia deve escolher.

A Constituinte francesa transferiu-se de Versalhes para Paris. Está perfeitamente de acordo com o inteiro caráter da revolução alemã que a Assembleia Ententista se transfira de Berlim para Charlottenburg.

O ministério da contrarrevolução[1]

NGR, n. 110, 23/9 /1848

Colônia, 22 de setembro. Pois bem! O ministério do príncipe da Prússia está concluído, a contrarrevolução vai arriscar sua última e decisiva batalha.

Leia-se seguinte carta de um deputado:

> *Berlim*, 20 de setembro, 10 h. da noite. Neste momento temos a certeza de que um *ministério* inteiramente *contrarrevolucionário* se efetivou, a saber (egue-se a lista dos ministros, tal como a publicamos ontem segundo a edição extra da *Gazeta Mercantil*). Também será lida na sessão de amanhã uma mensagem real, na qual se *perspectiva a dissolução da Assembleia*. Decorrerá daí uma *declaração de permanência*, que provavelmente terá como consequência uma nova e muito sangrenta *revolução*. Todos os partidos da Assembleia Nacional estão em reunião permanente nos locais de costume. O povo está muito agitado. Wrangel passou hoje as tropas em revista. Tudo está em questão!

Pois bem! A coroa submeteu-se à proteção dos Grandes da Uckermark, e os Grandes da Uckermark opõem-se ao movimento revolucionário de 1848. Os dom Quixote da Pomerânia profunda, os velhos soldados, os proprietários de terras endividados terão finalmente a oportunidade de lavar suas lâminas enferrujadas no sangue dos agitadores. A guarda coroada com a fama barata do Schleswig deve liderar a batalha decisiva contra a revolução que violou os direitos da coroa, que quer proibir os oficiais de conspirarem secretamente e que, com a mão implacável das medidas financeiras de Hansemann, pretende fazer um assustador "gesto audacioso" na bolsa, aliás já flácida, dos *junker* da Marca. A guarda vai se vingar da vergonha do 18 de março, vai dissolver a Assembleia de Berlim, e os senhores oficiais vão sapatear sobre os cadáveres dos revolucionários.

Vamos! Avante com Deus, pelo rei e pela Pátria![2]

---

[1] De acordo com o decreto de Frederico Guilherme IV, de 21 de setembro de 1848, o ministério Pfuel foi constituído com a seguinte composição: von Pfuel, primeiro-ministro; Eichmann, ministro do Interior; von Bonin, ministro das Finanças; conde von Dönhoff, ministro do Exterior; Müller, ministro da Justiça.

[2] O decreto de Frederico Guilherme III, de 17 de março de 1813, sobre a organização da Landwehr diz: "Todo homem da Landwehr deve ser identificado por uma cruz de metal branco com a inscrição: 'Com Deus, pelo rei e pela Pátria'".

[Contrarrevolução em Colônia]

NGR, n. 112, 25/9 /1848

Colônia, 25 de setembro. Mal chegou ao Reno a notícia oficial da formação do ministério contrarrevolucionário, e repentinamente o Parquet local desenvolveu não somente um colossal apetite por prisões, como um zelo por ações que não havia nem no velho Estado policial.

Esta manhã começou a campanha contrarrevolucionária. Os heróis dela foram vitoriosos em alguns pontos, em outros foram derrotados – um destino que mesmo grandes comandantes encontraram. Pensou-se em apresentar como botim matutino algumas dúzias de democratas coloneses e alegrar com essa notícia o café da manhã dos resmungões locais. Só que uma parte do botim foi arrebatada desses senhores. Assim, *Wachter*, capitão da 9ª companhia da Guarda Cívica, foi arrancado pelo povo das mãos da *Sagrada Hermandad*. Seis guardiões da lei invadiram a casa de nosso concidadão *Moll*. A multidão que rapidamente se reuniu em torno da casa e sua atitude ameaçadora compeliram dois desses senhores a buscar refúgio no sótão, e um terceiro no porão. Por infelicidade, a casa tinha somente uma saída. Moll cedeu ao desejo dos aterrorizados e pediu ao povo que permitisse a retirada em segurança da forte brigada de seis homens.

Em contrapartida, *Becker* e *Schapper* foram levados à prisão nas primeiras horas da manhã. Há informações de que, além de Bürger, muitos outros redatores de nosso jornal também estão nas listas de proscrição e de que houve tentativas de detê-los.

Se esses senhores continuam avançando com a execução de seus planos, logo será um mistério como nosso jornal poderá ser redigido. No entanto, acreditamos poder assegurar que todas as manobras dirigidas contra nós se mostrarão no essencial infrutíferas e nosso jornal continuará, antes como depois, sendo enviado regularmente a nossos leitores. Trata-se somente de saber quem perderá primeiro o senso de humor: os senhores do Parquet ou os redatores da *N[ova] G[azeta] R[enana]*.

Acrescentamos que agora mesmo gendarmes etc. dirigem-se a Mülheim para também ali punir com detenção e prisão diversos democratas odiados.

[O Comitê de Salvação Pública de Colônia]

NGR, n. 112, 25/9/1948, suplemento

Colônia, 23 de setembro. Como já foi divulgado nesse jornal, o Comitê de Salvação Pública anunciou às autoridades locais que se atribuiu a missão de 1. colaborar com a preservação da paz; 2. Zelar pelas conquistas da revolução. O sr. von Wittgenstein transmitiu literalmente essa notificação ao procurador público Hecker, com a requisição oficial de investigar se haveria algo passível de punição nessa missão do Comitê de Salvação Pública!

Pobre sr. Hecker! Sobrecarregado com deveres oficiais, tem agora ainda de suprir a capacidade de julgamento dos funcionários administrativos!

[O procurador público Hecker questiona os que participaram do comício em Worringen]

NGR, n. 112, 25/9/1948, suplemento

Colônia, 24 de setembro. O procurador público Hecker é o homem mais atormentado de Colônia. Já há muitos dias ele se esforça em apurar, inquirindo pessoalmente testemunhas, quais pecados contra o Espírito Santo do código penal foram cometidos na assembleia popular em Worringen.[1] Até agora, parece que os resultados de sua pesquisa foram extremamente limitados, 1. porque não aconteceu nada ilegal, 2. porque dificilmente as testemunhas ainda saberiam o que cada um disse e especialmente em que contexto o disse. Ad 2, preferiríamos remeter o sr. Hecker ao bando de policiais disfarçados e *mouchards*[2] estenógrafos que rodeavam o prado. Mas certamente não será de admirar se vários desses pilares do Estado nada souberem informar. Um, em particular, ao meio-dia já estava tão bêbado que ia em lágrimas de uma mesa a outra da taverna, aceitando agradecido as bebidas que lhe ofereciam e contando "em confiança" que de fato estava ali como espião, mas que de resto era um bom homem.

---

[1] A assembleia pública em Worringen (próximo de Colônia), na qual estiveram presentes camponeses dos povoados vizinhos, além da população da cidade, foi convocada pelas organizações democráticas e de trabalhadores para 17 de setembro de 1848. Ela desempenhou um papel importante na mobilização das massas para a luta contra a contrarrevolução. A assembleia reconheceu o Comitê de Salvação Pública em Colônia, adotou uma mensagem apoiando o protesto dos círculos democráticos contra o armistício entre a Prússia e a Dinamarca e se declarou a favor de uma república social democrática na Alemanha.

[2] Informantes.

[Estado de sítio em Colônia]¹

NGR, n. 113, 27/9 /1848

Colônia, 26 de setembro. Suprimimos também hoje a sinopse. Apressamo-nos em imprimir o jornal. Ouvimos de fonte segura que dentro de uma a duas horas a cidade deverá ser declarada em estado de sítio, a Guarda Cívica dissolvida e desarmada, a *Nova Gazeta Renana*, a *Nova Gazeta de Colônia*,² a *Gazeta dos Trabalhadores*³ e a *Sentinela do Reno*⁴ deverão ser suspensas, cortes marciais deverão ser nomeadas e todos os direitos conquistados em março suprimidos. Diz-se que a Guarda Cívica não está disposta a se deixar desarmar.

---

1. Em 26 de setembro de 1848 foi imposto o estado de sítio em Colônia, "em defesa da pessoa e da propriedade". Uma ordem do Comando Militar proibiu a realização de assembleias e a atividade de todas as associações com "objetivos políticos e sociais"; a Guarda Cívica foi dissolvida e devia entregar as armas, cortes marciais foram instituídas e foi interditada a publicação da *Nova Gazeta Renana* e de outros jornais democratas. O estado de sítio foi levantado em 2 de outubro, mas a *Nova Gazeta Renana* só voltou a ser publicada em 12 de outubro, por falta de fundos e porque Engels e Dronke haviam saído de Colônia sob ameaça de prisão.
2. *Nova Gazeta de Colônia para burgueses, camponeses e soldados* – jornal revolucionário-democrático, editado em Colônia por Anneke e Beust de 10 de setembro de 1848 a 14 de junho de 1849. O jornal propunha dedicar-se à propaganda revolucionária, em forma compreensível para os trabalhadores na cidade e no campo, assim como no Exército.
3. A *Gazeta da Associação dos Trabalhadores de Colônia* foi publicada de abril a julho de 1848 sob a redação de Gottschalk, e depois até outubro de 1848 sob Moll e Schapper. Nesse período, foram editados 40 números. Depois disso, o subtítulo "Liberdade, Fraternidade, Trabalho" se tornou o nome do jornal. Sob este título foram publicados ainda, de outubro de 1848 a junho de 1849, mais 23 números. O jornal noticiava as atividades das Associações dos Trabalhadores de Colônia e da Renânia.
4. A *Sentinela do Reno* – jornal democrático, publicado em Colônia em 1848/1849 sob a redação de Kramer. Publicava notícias sobre as assembleias da Associação Democrática de Colônia.

[Tentativa de prender Moll]

NGR, n. 113, 27/9 /1848

Colônia, 11 hs da manhã. Hoje de manhã, um destacamento de 29º Regimento foi enviado a Kranz para efetuar a prisão de Moll. Os soldados foram repelidos e, com ajuda dos trabalhadores, Moll felizmente escapou.

[Declaração da Redação sobre a republicação da *Nova Gazeta Renana*]

NGR, n. 114, 12/10 /1848

Graças ao interesse manifestado, particularmente em Colônia, pela manutenção da *Nova Gazeta Renana*, conseguimos superar as dificuldades financeiras provocadas pelo estado de sítio e voltar a publicá-la. O Comitê de Redação permanece o mesmo. *Ferdinand Freiligrath* é seu novo integrante.

K. Marx
Redator-chefe da *Nova Gazeta Renana*

Revolução em Viena

NGR, n. 114, 12/10/1848

K. Marx

Colônia, 11 de outubro. Em seu *primeiro* número (de 1 de junho), a *Nova Gazeta Renana* noticiou uma revolução em Viena (de 25 de maio). Hoje, em nossa *primeira* edição depois da interrupção provocada pelo estado de sítio em Colônia, trazemos a notícia da Revolução de Viena de 6 e 7 de outubro, incomparavelmente mais importante. O relato pormenorizado dos acontecimentos de Viena obrigou-nos a deixar de lado hoje todos os artigos analíticos. Diremos apenas algumas palavras, e mesmo essas sobre a Revolução de Viena. Nossos leitores poderão deduzir dos relatos do correspondente vienense[1] que essa revolução está na iminência de fracassar ou ao menos ser paralisada pela desconfiança da burguesia em relação à classe trabalhadora. Mas como também se sabe, sua repercussão na Hungria, na Itália e na Alemanha frustrou todo o plano de batalha da contrarrevolução. A fuga do imperador e dos deputados tchecos[2] obriga a burguesia vienense a continuar a luta, se não quiser capitular incondicionalmente. A Assembleia de Frankfurt, que há pouco se ocupou em presentear a nós, alemães,

> um presídio nacional
> e um chicote coletivo[3]

foi desagradavelmente despertada em sobressalto pelos acontecimentos de Viena, e o ministério de Berlim perdeu a confiança no remédio universal, o *estado de sítio*. Como a revolução, o estado de sítio deu a volta ao mundo. Tentou-se primeiro aplicar o experimento em grande escala, em todo um reino, na Hungria. Esta tentativa provocou a revolução em Viena, em vez da contrarrevolução na Hungria. O estado de sítio não vai mais se recuperar dessa derrota. O estado de sítio está comprometido para sempre. É uma ironia do destino que, simultaneamente com Jellachich, *Cavaignac*, o herói ocidental do estado de sítio, tenha se tornado alvo do ataque de todas as frações que ele havia salvo

---

[1] Eduard von Müller-Tellering.
[2] Em 7 de outubro de 1848 o imperador austríaco fugiu para Olmütz. A maioria dos deputados tchecos da Dieta Federal austríaca, que pertencia ao partido nacional-liberal tcheco, deixou Viena e fugiu para Praga.
[3] Heine, H. *Der Tannhäuser*, cap. 3.

com metralhas em junho. Só pela resoluta conversão à revolução ele ainda pode se tornar possível por algum tempo.

Depois das mais recentes notícias de Viena, aduzimos ainda algumas correspondências de 5 de outubro, porque são um eco das esperanças e temores vienenses em relação ao destino da Hungria.

As últimas notícias do "Estado-modelo"

NGR, n. 114, 12/10/1948, suplemento

Bruxelas, 8 de outubro. *La Nation* abre seu número de ontem com o seguinte artigo sobre dois dos redatores da *Nova Gazeta Renana*, os srs. Friedrich Engels e Ernst Dronke:

> As expulsões sucedem-se uma à outra e infelizmente assemelham-se muito. Enquanto ainda esperamos algumas palavras de esclarecimento sobre a expulsão do sr. Adam, uma medida semelhante atinge dois cidadãos alemães que foram insensatos o bastante para se entregar à proteção que a Constituição belga garante a todos os estrangeiros. Sim, essa proteção existe no texto da Constituição; ela brilhou mesmo poucos dias antes em uma das fachadas daquele charmoso pequeno monumento constitucional, com o qual foi decorado o pátio do Palácio da Nação; mas assim que a embriaguez das festas nacionais[1] passou, os liberais que nos governam apressaram-se a enfiar novamente no bolso os *slogans* que galantemente regalaram à curiosidade da cidade e das províncias. Bruxelas voltou ao normal e a polícia cumpre tão bem como antes a bela missão de compensar com suas maneiras brutais a generosidade de nossas imprudentes teorias constitucionais.
>
> Os srs. Engels e Dronke estavam em nossa cidade há alguns dias. Ambos redatores de um jornal democrático, a *Nova Gazeta Renana*, deixaram Colônia para escapar às consequências de uma ordem de prisão, decorrente de alguns discursos pronunciados em assembleias públicas. Eles procuraram a Bélgica, não para abusar dessa hospitalidade belga, que pode ser tão valiosa por sua raridade, não, mas apenas para aguardar pelo dinheiro necessário para continuar sua viagem a Paris. Os infelizes acontecimentos que se sucederam em Colônia *depois de sua viagem* reforçaram suas intenções. O governo prussiano tem tido sorte desde que, seguindo o exemplo belga, adentrou a larga via constitucional – depois de ter encontrado um general[2] que decretou, *à la* Cavaignac, o estado de sítio e a suspensão dos jornais, pôde encontrar também um procurador-geral[3] que se comprometeu a aplicar o conceito de cumplicidade moral *à la* Hébert e *à la* de Bavay. Mas os senhores Engels e Dronke se esqueceram de que se os viajantes põem, a polícia dispõe.

---

[1] Trata-se das festividades realizadas em setembro de 1848 para marcar o 18º aniversário da revolução belga de 1830.
[2] Imperador.
[3] Zweiffel.

Mal foi conhecida sua chegada a Bruxelas, anteontem, e já apareceu em seu hotel um comissário com seu séquito. Eles estavam jantando. O comissário os conduziu à administração municipal e de lá para a prisão de Petits-Carmes, de onde, após algumas horas, foram transportados, num carro-cela, para a estação sul da ferrovia. Para isso os policiais haviam apenas feito uso de seus poderes em relação a 'vagabundos', e, de fato, nossos refugiados ainda não estavam de posse dos papéis regulares. É verdade que levavam consigo um salvo-conduto das autoridades de Colônia, que provava que eram membros da Guarda Cívica daquela cidade; graças a sua estada em Bruxelas antes do mês de março, tinham também amigos que poderiam comprovar sua identidade – mas a polícia, *já muito bem informada sobre eles*, preferiu tratá-los como vagabundos antes que fosse possível obter as provas em contrário.

Se isso é obstinação, ao menos não é de modo algum uma obstinação cega.

Considerando como as expulsões vêm acontecendo, acreditamos que provavelmente esse artigo terá continuidade nos próximos números, a não ser que os amigos da liberdade em todos os países se convençam de que é melhor: 'em suas jornadas pelo mundo, não passar por aqui em nenhuma circunstância'.

Isto mostra que o governo belga aprende cada vez mais a reconhecer sua posição. Gradualmente os belgas se tornarão os servidores da polícia de todos os seus vizinhos e jubilosamente receberão os cumprimentos por sua atitude pacífica e devotada.

Mas apesar de tudo há algo de muito ridículo no bom policial belga. Mesmo o sério *Times* só reconhece zombeteiramente a solicitude belga. Recentemente, ele aconselhou que a nação belga, quando tiver suprimido todos os clubes, se converta em um único grande clube, precisamente com o lema: *"Ne risquez rien!"*[4]

É evidente que a imprensa belga oficial, em seu cretinismo, reimprimiu essa lisonja e a saudou jubilosamente. De resto, é bem compreensível que o governo belga tenha tratado tão brutalmente dois redatores da *Nova Gazeta Renana*, considerando que a *NGR*, já em seu primeiro número, corretamente ridicularizou as ilusões sobre o Estado-modelo belga.

A própria imprensa belga nos revela como o governo belga procura, entretanto, perpetuar essas ilusões. O *Messager de Gand*[5] noticia literalmente o seguinte:

> Sabemos hoje de que consiste essa Alemanha que nutre tão grande admiração por nós. Essa Alemanha consiste no sr. *Wolfers*, de Louvain, que o sr. Rogier paga para redigir na *Gazeta de Colônia* artigos entusiasmados sobre a Bélgica. Uma vez que se buscam todos os meios para economizar, parece-nos que bem poderíamos suprimir o orçamento da admiração que pagamos a todos os jornalistas da Europa. Em Bruxelas, nas províncias, em Paris, em Londres, sim, mesmo em Bucareste, compramos muito caro os elogios. Essa economia poderia resultar numa soma nada desprezível. Em Londres, por exemplo, o belga que redige a admiração pela Bélgica no *Times* e no *Daily News*[6] deve ser pago

---

[4] Nada arriscar!
[5] *Le Messager de Gand et des Pays-Bas*: diário publicado em Gent desde 1930; era subsidiado pelos holandeses partidários da casa de Orange e pela burguesia flamenga associada àqueles; em 1848, apoiou as reivindicações dos trabalhadores.
[6] Na *Nova Gazeta Renana*: *New England*.

com 80 mil francos de nossa embaixada. Assim que a Prince Ligne for instalada, teremos que pagar também pela admiração de um jornalista romano.

Não são encantadoras essas revelações? Mas ainda não é tudo. *La Nation* traz em seu número de 10 de outubro a seguinte notinha: "Observamos frequentemente que as 'correspondências privadas' do *Indépendance*, datadas de Frankfurt e Berlim, se parecem como duas gotas d'água suja aos artigos da *Gazeta de Colônia* (colaborador Wolfers). Mas o referido jornal não é publicado aos domingos; também o *Indépendance* não tem qualquer 'correspondência privada' às segundas".

Não precisamos acrescentar muito mais. Em agradecimento pelo fato de o *Indépendance* copiar suas notícias alemãs da *Gazeta de Colônia*, a *Gazeta de Colônia*, por sua vez, extrai suas posições sobre a Bélgica e a França do *Indépendance*.

Mas, como é sabido, o *Indépendance* é o órgão do mesmo sr. Rogier, que compra por dinheiro a admiração pela Bélgica, que condenou à morte[7] os patriotas belgas de 1830 e o octagenário general Mellinet, e que faz conduzir refugiados políticos à fronteira em carros-cela.

---

[7] Ver "As condenações à morte na Antuérpia".

A "Revolução de Colônia"

NGR, n. 115, 13/10/1848

K. Marx

Colônia, 12 de outubro. A "Revolução de Colônia" de 25 de setembro foi uma festa de carnaval, conta-nos a *Gazeta de Colônia*, e a *Gazeta de Colônia* tem razão. Em 26 de setembro, o "Comando Militar de Colônia" representou Cavaignac. E a *Gazeta de Colônia* admira a sabedoria e a moderação do "Comando Militar de Colônia". Mas, quem é mais burlesco – os trabalhadores, que em 25 de setembro se exercitavam nas barricadas, ou Cavaignac, que em 26 de setembro, com a mais solene gravidade, declarou o estado de sítio, suspendeu os jornais, desarmou a Guarda Cívica, proibiu as associações?

Pobre *Gazeta de Colônia*! O Cavaignac da "Revolução de Colônia" não pode ser nem uma polegada maior do que a própria "Revolução de Colônia". Pobre *Gazeta de Colônia*! Deve levar a "revolução" na brincadeira, e deve levar a sério o "Cavaignac" dessa revolução jocosa. Tema penoso, ingrato, paradoxal!

Sobre a legitimidade do comando militar, não gastaremos nem uma palavra. D'Ester esgotou esse assunto.[1] Aliás, consideramos o comando militar um instrumento subordinado. Os verdadeiros poetas dessa extravagante tragédia foram os "*cidadãos bem-intencionados*", os *Dumonts* e consortes. Não espanta, portanto, que o sr. Dumont divulgue em seu jornal a mensagem contra d'Ester, Borchardt e Kyll.[2] O que eles tinham de defender, esses "bem-intencionados", não era a ação do comando militar, era sua própria ação.

O evento de Colônia peregrinou pelo Saara da imprensa alemã na forma que lhe deu o *Journal des Débats* de Colônia. Motivo suficiente para voltarmos a ele.

---

[1] O deputado da Assembleia Nacional prussiana, D'Ester, exigiu do governo, na sessão de 29 de setembro de 1848, que suspendesse o estado de sítio em Colônia e responsabilizasse o Comando Militar por suas ações ilegais.

[2] Em 2 de outubro de 1848, alguns burgueses contrarrevolucionários de Colônia (Stupp, Ammon e outros) dirigiram à Assembleia Nacional prussiana uma mensagem na qual declaravam que a moção de D'Ester, apoiada pelos deputados da Renânia, Borchardt e Kyll, havia "suscitado uma indignação geral, enquanto as medidas militares haviam encontrado a plena aprovação dos cidadãos". Mas a *Gazeta de Colônia* precisou admitir que, ao mesmo tempo, foi divulgada uma mensagem dos cidadãos de Colônia que apoiava a moção do deputado D'Ester.

Moll, um dos mais queridos dirigentes da Associação dos Trabalhadores,[3] poderia ser preso. Schapper e Becker já estavam presos. Escolheu-se para a execução dessa medida uma *segunda-feira*, um dia em que notoriamente a maior parte dos trabalhadores está desempregada. Sabia-se, pois, de antemão que as prisões causariam uma grande agitação entre eles e a provocação poderia levar até a uma resistência violenta. Estranha coincidência, essas prisões terem ocorrido justo numa segunda-feira! A agitação era tão mais fácil de prever quanto, por ocasião da ordenança de Stein para o Exército, depois da proclamação de Wrangel[4] e da nomeação de Pfuel para primeiro-ministro, era esperado para qualquer momento um golpe decisivo, contrarrevolucionário, portanto, uma revolução em Berlim. Por essa razão, os trabalhadores consideraram as prisões não como uma medida jurídica, mas *política*. Na procuradoria, eles só viam um órgão contrarrevolucionário. Acreditavam que se pretendia privá-los de seus líderes às vésperas de acontecimentos decisivos. Decidiram tirar Moll da prisão a qualquer preço. E entregaram o campo de batalha assim que alcançaram seu objetivo. As barricadas só foram construídas quando os trabalhadores reunidos no Velho Mercado descobriram que os militares chegavam de todos os lados

---

[3] A Associação dos Trabalhadores de Colônia foi fundada em 13 de abril de 1848 por Gottschalk, membro da Comuna de Colônia da Liga dos Comunistas. A Associação, que em meados de abril contava aproximadamente com 300 membros, no início de maio já crescera para 5 mil membros, cuja maioria eram trabalhadores e artesãos. À cabeça da Associação havia um presidente e um comitê, cujos membros vinham de ofícios diversos. Seu órgão de imprensa era a *Gazeta da Associação dos Trabalhadores de Colônia*. Depois da prisão de Gottschalk, Moll foi eleito presidente em 6 de julho, e ocupou esse cargo até os acontecimentos de setembro em Colônia, quando, em função de sua prisão iminente, foi obrigado a emigrar. Em 16 de outubro de 1848, Marx aceitou assumir a presidência, e foi sucedido, em 28 de fevereiro de 1849, por Schapper, que desempenhou essa função até o fim de maio. A maioria dos líderes da Associação dos Trabalhadores (Gottschalk, Anneke, Schapper, Moll, Lessner, Jansen, Röser, Nothjung, Bedorf) eram membros da Liga dos Comunistas. Em seu período inicial, ela esteve sob a influência de Gottschalk, isto é, do socialismo "verdadeiro". Sob a influência de Marx e Engels, ocorreu, em fins de junho de 1848, uma reviravolta em suas atividades. Foi desenvolvido um amplo trabalho de agitação, inclusive entre os camponeses. Foram organizadas nos arredores de Colônia associações democráticas e de trabalhadores, para difusão de literatura revolucionária e das "Reivindicações do Partido Comunista na Alemanha". A Associação manteve estreitas relações com outras organizações de trabalhadores da Renânia e da Westfália. No inverno de 1848/1849, Gottschalk e seguidores desencadearam uma luta em favor da divisão da Associação. Com o objetivo de fortalecê-la, Marx, Schapper e outros implementaram, em janeiro e fevereiro de 1849, sua reorganização. Em 25 de fevereiro foi estabelecido um novo estatuto, no qual foi definida como tarefa principal "a formação política, social e científica de seus membros, pela aquisição de livros, jornais, folhetos e por conferências e discussões científicas". Em abril de 1849, o Comitê da Associação dos Trabalhadores tomou a resolução de discutir, em suas sessões, o "Trabalho Assalariado e Capital", de Marx, publicado na *Nova Gazeta Renana*. Na primavera de 1849, Marx e seus adeptos romperam organizacionalmente com a democracia pequeno-burguesa, sem rejeitar ações conjuntas de resistência à contrarrevolução. Em 16 de abril de 1849, a Associação dos Trabalhadores de Colônia decidiu desligar-se da Sociedade Democrática da Alemanha e aderir à União dos Trabalhadores Alemães em Leipzig. Depois que a publicação da *Nova Gazeta Renana* foi suspensa e Marx, Schapper e outros líderes da Associação dos Trabalhadores saíram de Colônia, aquela perdeu cada vez mais seu caráter político e tornou-se progressivamente uma simples associação cultural.

[4] A ordenança para o Exército promulgada em 17 de setembro de 1848 por Wrangel, general-comandante do distrito militar de Brandenburg, mostrava que os militares prussianos pretendiam passar ao ataque aberto às conquistas da revolução. Wrangel acentuou que era sua tarefa conservar "a tranquilidade pública", ameaçou os "elementos que querem incitar à ilegalidade", e intimou os soldados a se reunirem firmemente em torno de seus oficiais e do rei.

para o ataque. Eles não foram atacados; portanto, também não tiveram que se defender. Além do mais, foram informados de que de Berlim não chegava absolutamente nenhuma notícia importante. Portanto, recuaram, depois de terem esperado em vão pelo inimigo durante grande parte da noite.

Nada mais risível, pois, do que a acusação de covardia feita aos trabalhadores de Colônia.

Mas ainda lhes foram feitas outras acusações para justificar o estado de sítio e apresentar o evento de Colônia como uma pequena Revolução de Junho. O plano real dos trabalhadores seria a pilhagem da boa cidade de Colônia. Essa acusação baseia-se no suposto saque de *uma* loja de tecidos. Como se toda cidade não tivesse seu contingente de ladrões, que naturalmente se aproveitam dos dias de agitação pública. Ou entende-se por pilhagem o saque de lojas de armas? Então que o Parquet de Colônia seja enviado a Berlim para instruir o processo contra a Revolução de Março. Sem a pilhagem das lojas de armas talvez nunca tivéssemos tido a satisfação de ver o sr. Hansemann transformado em diretor de banco, e o sr. Müller, em secretário de Estado.

É o que basta sobre os trabalhadores de Colônia. Tratemos dos assim chamados *democratas*. O que tem a lhes censurar a *Gazeta de Colônia*, a *Gazeta Alemã*, a *Gazeta Geral de Augsburg* e seja lá como se chamem os outros jornais "bem-intencionados"?

Os heroicos Brügemanns, Bassermanns etc. exigiam sangue, e os democratas moloides, por *covardia*, não derramaram nenhum sangue.

O fato é simplesmente este: os democratas declararam aos trabalhadores em Kranz (no Velho Mercado), no Salão de Ferro e nas barricadas que não queriam um "*putsch*" em nenhuma circunstância. Mas, nesse momento, em que nenhuma grande questão impelia o conjunto da população à luta e por isso qualquer levante deveria fracassar, este seria ainda mais insensato, uma vez que em alguns dias poderiam ter lugar acontecimentos importantíssimos, e os trabalhadores poderiam ser postos fora de combate *antes* do dia de decisivo. Se o ministério em Berlim ousasse uma contrarrevolução, teria chegado para o povo o dia de ousar uma revolução. O inquérito judicial confirmará nossa asserção. Os senhores da *Gazeta de Colônia* teriam feito melhor se, em vez de ficar diante das barricadas na "escuridão da noite", com "braços cruzados e olhar sombrio" e "meditar sobre o futuro de seu povo",[5] arengassem das barricadas às massas cegas com suas palavras de sabedoria. Para que serve a sabedoria *post festum*?

A boa imprensa tratou pior ainda a Guarda Cívica, por ocasião dos acontecimentos de Colônia. Diferenciemos. Que a Guarda Cívica tenha se recusado a se rebaixar a criada abúlica da polícia – era seu dever. Que tenha entregue voluntariamente as armas, só pode ser desculpável por uma circunstância: sua parcela liberal sabia que sua parcela não liberal agarraria jubilosamente a oportunidade para se despojar das armas. Mas a resistência parcial teria sido inútil.

---

[5] Do artigo "As Barricadas em Colônia", publicado em 30 de setembro de 1848 na *Gazeta de Colônia*, n. 268.

A "Revolução de Colônia" alcançou *um* resultado. Revelou a existência de uma falange de mais de 2 mil santos, cujas "*forte* virtude e moral solvente"[6] só podem levar uma "vida livre" sob o estado de sítio. Talvez algum dia se encontre ocasião para escrever a "*acta santorum*"[7] – as biografias desses santos. Nossos leitores descobrirão então como foram adquiridos os "tesouros" que nem "traça nem ferrugem" devoram, e aprenderão de que modo foi conquistado o plano de fundo econômico da "boa opinião".

---

[6] Do romance *Anno 1829*, de Heine.
[7] Coletânea de lendas sacras católicas iniciada por Jean Bolland e continuada por jesuítas.

O ministério Pfuel

NGR, n. 116, 14/10/1848

K. Marx

Colônia, 13 de outubro. Quando o ministério *Camphausen* caiu, dissemos:

> O ministério Camphausen vestira a contrarrevolução com sua roupagem liberal-burguesa. A contrarrevolução sente-se suficientemente forte para livrar-se da importuna máscara. Um insustentável ministério qualquer, de *centro-esquerda* (Hansemann), pode possivelmente suceder por alguns dias o ministério de 30 de março. Seu verdadeiro sucessor é o *ministério do príncipe da Prússia* (N[ova] G[azeta] R[enana], n. 23, de 23 de junho).

E realmente ao ministério *Hansemann* sucedeu o ministério *Pfuel* (de *Neufchâtel*).[1]

O ministério Pfuel maneja as frases constitucionais como o poder central em Frankfurt maneja a "unidade alemã". Se compararmos o *corpus delicti*, o verdadeiro corpo desse ministério, com seu eco, suas declarações constitucionais, seus abrandamentos, mediações, conciliações na Assembleia de Berlim, só podemos dizer sobre ele *uma* palavra, a palavra de Falstaff: "Quão sujeitos estamos os velhos ao vício da mentira!"[2]

Ao ministério Pfuel só pode suceder um *ministério da revolução*.

---

[1] Neuchâtel (ou Neufchâtel) – designação francesa para o cantão suíço Neuenburg, formado do antigo principado Neuenburg e Valendis. Por decisão do Congresso de Viena, Neuchâtel foi adjudicado ao rei da Prússia e admitido como 21º cantão da Confederação Helvética. Em 1831, uma tentativa dos republicanos de alcançar, por meio de uma insurreição, alterações na Constituição e a separação da Prússia foi reprimida com grande violência pelo plenipotenciário do rei prussiano, general comandante von Pfuel. Depois disso, Pfuel foi nomeado governador de Neuchâtel. Imediatamente após a Revolução de Fevereiro de 1848, irrompeu novamente uma insurreição republicana. Foi constituído um governo provisório, Neuchâtel foi declarada república, e pôs-se um fim, na prática, ao domínio da Prússia. Em 1857, o rei prussiano teve de renunciar oficialmente a suas pretensões a Neuchâtel.

[2] Shakespeare, *rei Henrique IV*, segunda parte, Ato 3, Cena 2. Trad. de Carlos Alberto Nunes (Ediouro).

O discurso de Thiers sobre um Banco Hipotecário Geral com curso obrigatório

NGR, n. 116, 14/10/1848

K. Marx

O sr. Thiers vem publicando no *Constitucional* uma brochura sobre a *"propriedade"*.[1] Nos aprofundaremos mais nesta clássica trivialidade escrita assim que for publicada na íntegra. O sr. Thiers interrompeu-a subitamente. Por ora, basta-nos observar que os "grandes" jornais *belgas*, o *Observateur* e o *Indépendance*, apaixonaram-se pelo texto do sr. Thiers. Hoje acompanharemos por um momento o discurso sobre os bônus hipotecários[2] pronunciado pelo sr. Thiers em 10 de outubro na Assembleia Nacional francesa, um discurso que, segundo o belga *Indépendance*, desferiu um "golpe mortal" no papel-moeda. Mas, como diz o *Indépendance*, o sr. Thiers também é um orador que trata com a mesma mestria as questões políticas, as financeiras, as sociais.

Este discurso só nos interessa porque mostra a tática dos cavaleiros do velho estado de coisas, uma tática que eles opõem com razão aos D. Quixotes do novo estado de coisas.

Exija uma reforma parcial nas condições industriais e comerciais, como o sr. Turck,[3] a quem Thiers responde, e lhe serão opostas a concatenação e interação do conjunto da organização. Exija a transformação do conjunto da organização, e será considerado destrutivo, revolucionário, inescrupuloso, utópico, desdenhoso das reformas *parciais*. Resultado: Deixe tudo como está.

O sr. Turck, por exemplo, quer facilitar aos camponeses o aproveitamento de sua propriedade por meio de um Banco Hipotecário oficial. Quer pôr a propriedade deles em circulação sem que ela precise passar pelas mãos dos agiotas. Na França, especificamente, como em geral nos países em que domina o parcelamento, o domínio dos senhores feudais e as obrigações feudais dos camponeses se transformaram em domínio dos capitalistas e em dívidas hipotecárias burguesas.

O que responde, primeiramente, o sr. Thiers?

---

[1] O trabalho de Thiers apareceu no jornal *Le Constitutionnel* de setembro a outubro de 1848 e, mais tarde, como brochura separada sob o título *De la proprieté* (*Sobre a Propriedade*), Paris, 1848.
[2] O discurso de Thiers, no qual ele respondeu à proposta do deputado Turck de fundação de um Banco Hipotecário, foi pronunciado na sessão da Assembleia Nacional francesa de 10 de outubro de 1848 e impresso em "*Compte rendu des séances de l'Assemblée Nationale*", T. 4, Paris, 1849.
[3] Na *Nova Gazeta Renana*, grafado sempre incorretamente: Türk.

Se o senhor quer ajudar os camponeses através de um estabelecimento de crédito oficial, prejudicará os pequenos negociantes. Não se pode ajudar um sem prejudicar o outro.

Sendo assim, devemos transformar *todo o sistema de crédito*?

De jeito nenhum! Isto é uma utopia. Portanto o sr. Turck está despachado.

O pequeno negociante com o qual o sr. Thiers tão ternamente se preocupa é o *grande* Banco de França.

A concorrência de títulos para dois bilhões de hipotecas iria arruinar-lhe o monopólio e os dividendos e talvez ainda *something more*.[4] Por trás do argumento do sr. Thiers oculta-se, portanto – Rothschild.

Vamos a um outro argumento do sr. Thiers. A proposta das hipotecas, diz o sr. Thiers, não interessa de modo algum à *agricultura* mesma.

Que a propriedade da terra só sob circunstâncias muito difíceis seja posta em circulação, que só penosamente seja aproveitada, que os capitais por assim dizer fujam, tudo isto, observa o sr. Thiers, está na "*natureza*". Ela gera, de fato, apenas um pequeno lucro. Mas, em contrapartida, o sr. Thiers não pode negar que é da "natureza" da moderna organização industrial que toda indústria, portanto também a agricultura, só prospere se seus produtos e instrumentos puderem ser facilmente realizados, levados à troca, movimentados. Com a terra isto não acontece. *Portanto*, seguir-se-ia a conclusão: no interior das condições civilizadas existentes, a *agricultura* não pode prosperar. Por isso, é preciso transformar as condições existentes, e a proposta do sr. Turck é uma pequena, ainda que inconsequente, investida na direção de uma tal transformação. De jeito nenhum! grita o sr. Thiers. A "natureza", isto é, as relações sociais atuais condenam a agricultura às suas condições atuais. As relações sociais atuais são "*natureza*", portanto inalteráveis. A alegação de sua inalterabilidade é naturalmente a evidência mais concludente contra qualquer proposta de transformação. Se a "monarquia" é natureza, qualquer tentativa republicana é uma insubordinação contra a natureza. De acordo com o sr. Thiers, é igualmente evidente que a propriedade da terra renda sempre *naturalmente* o mesmo pequeno lucro, sejam os capitais adiantados aos proprietários de terras pelo Estado a 3%, ou pelos agiotas a 10%. Também isto é "natureza".

Mas, identificando um ao outro o lucro industrial e a renda gerada pela agricultura, o sr. Thiers levanta também uma alegação que contradiz diretamente as atuais relações sociais que ele chama de "natureza".

Enquanto o lucro industrial em geral cai continuamente, aumenta continuamente a renda da terra, isto é, o valor da terra. O sr. Thiers tinha, pois, de esclarecer o fenômeno de que os camponeses, apesar disso, empobrecem continuamente. Naturalmente, ele não trata desse assunto.

Ademais, é de uma superficialidade deveras peculiar o que Thiers diz sobre a *diferença* entre a agricultura francesa e a inglesa.

---

[4] Algo mais.

Toda a diferença, ensina Thiers, consiste no *imposto territorial*. Nós pagamos um imposto territorial muito alto, e os ingleses não pagam nenhum. Abstraindo a imprecisão da última afirmativa, o sr. Thiers bem sabe que, na Inglaterra, recaem sobre a agricultura o imposto dos pobres e muitos outros impostos inexistentes na França. O argumento do sr. Thiers é usado com sentido inverso pelos partidários ingleses da pequena agricultura. Vocês sabem, dizem eles, por que o grão inglês é mais caro do que o francês? Porque nós pagamos *renda da terra*, e uma renda da terra alta, o que os franceses não fazem, já que, em geral, não são parcelários, mas pequenos proprietários. Portanto, viva a pequena propriedade!

É próprio de toda a descarada trivialidade de Thiers que a concentração inglesa dos instrumentos de trabalho, da terra, graças à qual a utilização da maquinaria e a divisão do trabalho em larga escala se tornam possíveis na agricultura, a interação da indústria inglesa e do comércio inglês com a agricultura, que todas essas relações plurirramificadas se resolvam na insignificante frase: os ingleses não pagam *nenhum imposto territorial*.

À opinião do sr. Thiers de que na França a atual prática hipotecária é indiferente para a agricultura, opomos a opinião do maior químico agrônomo francês. *Dombasle* demonstrou detalhadamente que, se a atual forma hipotecária continuar se desenvolvendo na França conforme "*a natureza*", a agricultura francesa se tornará impossível.[5]

Que insolente banalidade afirmar que as relações de propriedade da terra são indiferentes para a agricultura, em outras palavras, que as relações sociais no interior das quais se produz são indiferentes para a produção!

Não é preciso, aliás, nenhuma análise mais ampla para entender que o sr. Thiers, pretendendo conservar o crédito para os grandes capitalistas, não possa conceder crédito algum aos pequenos. O crédito dos grandes capitalistas é justamente a perda de crédito dos pequenos. Negamos, certamente, que seja possível ajudar os pequenos proprietários de terra, no interior do atual sistema, por meio de alguma mágica financeira. Mas Thiers precisava afirmar isso, pois considera o mundo atual o melhor dos mundos.

Apenas mais uma observação sobre esta parte do discurso de Thiers: ao falar contra a mobilização da propriedade da terra e, em contrapartida, exaltar as relações inglesas, ele esquece que na Inglaterra a agricultura tem no mais alto grau a vantagem de ser explorada industrialmente, e de que a renda da terra, isto é, a propriedade da terra, é um título da Bolsa móvel, transferível como qualquer outro. Agricultura industrial, isto é, exploração da agricultura ao modo da grande indústria requer, por sua vez, mobilização, facilidade de intercâmbio mercantil da propriedade da terra.

A segunda parte do discurso do sr. Thiers consiste em ataques ao *papel-moeda* em geral. Rotula a emissão de papel-moeda em geral de *fabricação de moeda falsa*. Ele nos revela a grande verdade de que, quando se lança no mercado uma grande massa de meios

---

[5] C.-J.-A. Mathieu de Dombasle, *Annales agricoles de Roville, ou mélanges d'agriculture, d'économie rurale et de législation agricole* [*Anais Agrícolas de Roville, ou diversos materiais sobre agricultura, economia rural e legislação agrícola*], Paris, 1824-1837.

de circulação, isto é, de dinheiro, desvaloriza-se o próprio dinheiro, portanto, comete-se dupla fraude, contra os indivíduos privados e contra o Estado. Seria este especialmente o caso dos bancos hipotecários.

Todas essas descobertas podem ser encontradas nos piores catecismos da economia política.

Diferenciemos. É claro que não aumentamos a produção, portanto a verdadeira riqueza, quando aumentamos arbitrariamente o dinheiro, seja de papel ou metal. Assim, no jogo de cartas, não dobramos nossa mão quando dobramos as fichas.

No entanto, é igualmente claro que, quando o desenvolvimento da produção é tolhido por falta de fichas, de meios de troca, de dinheiro, todo aumento dos meios de troca, toda diminuição da dificuldade de obter meios de troca é simultaneamente um *aumento da produção*. As letras de câmbio, os bancos etc. devem seu surgimento a essas necessidades da produção. Nesse sentido, a agricultura pode melhorar por meio dos bancos hipotecários.

Mas o sr. Thiers não luta de fato pelo dinheiro-metal contra o papel-moeda. Ele mesmo jogou demais na Bolsa para ser favorável aos preconceitos dos velhos mercantilistas. O que ele combate é a regulação do crédito pela sociedade representada no Estado contra a regulação do crédito pelo monopólio. A proposta de Turck de um banco hipotecário cujos papéis tivessem curso obrigatório era justamente a tentativa de uma regulação do crédito no interesse geral da sociedade, por menos significativa que fosse esta proposta isolada.

A *Gazeta da Agência Geral dos Correios de Frankfurt* e a Revolução de Viena

NGR, n. 120, 19/10/1848

K. Marx

Colônia, 18 de outubro.

Um destino peculiar domina a Alemanha. Quando acreditamos que havíamos chegado ao ponto em que é permitido lançar-se ao trabalho de reconstrução da pátria comum, quando *erguemos, por isso, os olhos ao céu em agradecimento*, as nuvens de tempestade que ainda cercam continuamente a Europa irrompem em novas pancadas violentas e fazem *estremecer as mãos* que se haviam consagrado à obra de constituição da Alemanha. Há pouco vivenciamos novamente uma tal explosão em *Viena*.

Assim se lamenta a *Gazeta da Agência Geral dos Correios de Frankfurt*, o *Moniteur* da decomposição do reino. Esta brava folha, cujo último redator[1] brilha na lista das criaturas pagas por Guizot, tomou por um momento sua posição *au sérieux*.[2] O poder central com sua moldura parlamentar, o Concílio de Frankfurt,[3] aparece-lhe como um poder sério. Em vez de transmitir diretamente suas ordens contrarrevolucionárias a seus súditos, os 38 governos da Alemanha permitem que o poder central de Frankfurt lhes dê a ordem de cumprir suas próprias decisões. Tudo ia pelo melhor caminho, como em sua época, a Comissão Imediata de Mogúncia.[4] O poder central podia imaginar que era um poder, e seu *Moniteur* podia imaginar que era um *Moniteur*. "Pois dávamos graças a Deus", entoava ele, "erguíamos as mãos para o céu".

E então "vivenciamos" uma explosão em Viena. As "*mãos*" de nossos Licurgos "*tremeram*", apesar do Exército de elmos pontudos,[5] que são também outros tantos para-raios

---

[1] Karl Peter Berly.

[2] A sério.

[3] Designação de Marx para a Assembleia Nacional de Frankfurt.

[4] A Comissão Imediata de Mogúncia foi fundada por resolução da Conferência dos Estados Alemães, em Karlsbad, em 1819, para investigar "conspirações demagógicas", isto é, para reprimir o movimento revolucionário na Alemanha. A Comissão de Mogúncia, cujos membros eram nomeados pelos governos isolados dos Estados alemães, podia imediatamente (daí seu nome) e independentemente da Dieta Federal, realizar investigações e prisões em todos os Estados da Confederação Alemã.

[5] Infantaria prussiana, que usava um elmo com uma longa ponta de metal.

da revolução, apesar do decreto que transforma a crítica das pessoas e *Gesta*[6] rubro-negro-douradas em caso criminal,[7] apesar das palavras enérgicas das gigantescas figuras Schmerling, Mohl e Gagern. De novo ruge o monstro revolucionário – e "*trememos*" em Frankfurt. A *Gazeta da Agência Geral dos Correios de Frankfurt* despertou assustada de sua prece de agradecimento. – Ela afronta tragicamente a fatalidade férrea.

Em Paris, o partido de Thiers vitorioso; em Berlim, o ministério Pfuel com Wrangel em todas as províncias; em Frankfurt, uma Gerdarmaria central; em toda a Alemanha, estado de sítio mais ou menos velado; a Itália pacificada pelo indulgente Ferdinando e Radetzky; Jellachich comandante da Hungria depois do aniquilamento dos magiares, proclamando em Viena junto a Windischgrätz a "liberdade e ordem croata"; em Bucareste, a revolução afogada em sangue; os principados do Danúbio agraciados com o beneplácito do regime russo; na Inglaterra, todos os dirigentes dos cartistas presos e deportados; a Irlanda esfomeada demais para poder se movimentar – diga, o que você quer mais?[8]

A Revolução de Viena ainda não venceu. Mas seu primeiro clarão bastou para iluminar aos olhos da Europa todas as posições da contrarrevolução e assim tornar inevitável uma luta universal de vida e morte.

A contrarrevolução ainda não foi aniquilada, mas se tornou *ridícula*. No herói *Jellachich* todos os seus heróis se transformaram em figuras cômicas, e na proclamação de *Fuad Effendi* depois do banho de sangue de Bucareste todas as proclamações dos amigos da "liberdade e ordem constitucional" foram parodiadas até a morte, desde as proclamações do parlamento até a menor mensagem.

Amanhã trataremos detalhadamente da situação particular de Viena e da situação austríaca em geral.

---

[6] Atos.

[7] Trata-se da "lei relativa à proteção da Assembleia Constituinte do império e dos funcionários do poder central", adotada pela Assembleia Nacional de Frankfurt em 9 de outubro de 1848, segundo a qual ofensas aos deputados da Assembleia Nacional ou aos funcionários do poder central eram punidas com prisão.

[8] Citação modificada do poema de Heine "Você tem diamantes e pérolas", do ciclo *O Retorno*.

Resposta do rei da Prússia à delegação da Assembleia Nacional

NGR, n. 120, 19/10/1848

K. Marx

Colônia, 18 de outubro. O rei é ao menos consequente. Sua Majestade não se contradiz. Disse ele à delegação da Assembleia Nacional de Frankfurt, por ocasião da solenidade comemorativa da construção da catedral de Colônia:

> Entendo muito bem o significado de sua assembleia, meus senhores. Compreendo muito bem quão importante é sua Assembleia! – a voz de Sua Majestade tomou aqui um tom muito sério, cortante – Mas não se esqueçam também de que ainda há príncipes na Alemanha – aqui Sua Majestade levou a mão ao coração e falou com ênfase extraordinária – e não se esqueçam de que eu sou um deles!

A delegação da Assembleia de Berlim também obteve uma resposta semelhante quando fez, em 15 de outubro, uma visita de congratulação a Sua Majestade no Palácio Bellevue. O rei disse:

> Estamos a ponto de construir uma estrutura que deve perdurar por séculos. Mas, meus senhores, peço sua atenção. Nós possuímos ainda uma autoridade tradicional *pela graça de Deus* – estas palavras foram ditas pelo rei com grande ênfase – certamente invejada por muitos, e que ainda está investida de plenos poderes. É ela o único e exclusivo fundamento sobre o qual qualquer edifício pode ser construído, se ele deve perdurar tanto quanto eu indiquei.

O rei é consequente. Ele teria sido sempre consequente se as jornadas de março não tivessem, por infelicidade, empurrado um funesto pedaço de papel entre Sua Majestade e o povo.

Nesse momento Sua Majestade parece acreditar novamente, como antes das jornadas de março, nos "*pés de ferro*"[1] do eslavismo. O povo de Viena talvez seja o feiticeiro que transformará o ferro em barro.

---

[1] Alusão à passagem bíblica: "Suas pernas eram de ferro, seus pés eram em parte de ferro e em parte de barro" (Daniel, capítulo 2, 33).

Resposta de Frederico Guilherme IV à delegação da Guarda Cívica

NGR, n. 121, 20/10/1848

K. Marx

Colônia, 18 de outubro. *Frederico Guilherme IV* respondeu às congratulações de *Rimpler*, comandante da Guarda Cívica de Berlim, por ocasião do 15 de outubro: "Sei que um povo valente e heroico é também *fiel*. Mas não se esqueça de *que o senhor recebe de mim as armas*, e eu exijo que o senhor cumpra o dever de defender a ordem, a lei e a liberdade."

Os reis constitucionais são *irresponsáveis* sob a condição de serem *inimputáveis* – no sentido constitucional, é claro. Suas ações, suas palavras, suas opiniões não pertencem a eles mesmos, pertencem aos *ministros responsáveis*.

Hansemann, por exemplo, fez o rei dizer, por ocasião de sua retirada, que o cumprimento da ordenança de Stein para o Exército era inconciliável com a monarquia constitucional. *Pfuel* cumpriu-a – no sentido parlamentar, é claro. Hansemann ficou comprometido – no sentido constitucional. O rei mesmo não se havia contradito, porque ele nada dissera – sempre no sentido constitucional.

Assim a supracitada declaração do rei nada mais é do que uma declaração *ministerial*, e como tal está sujeita à crítica.

Se *Pfuel* afirmasse que o rei criou a Guarda Cívica por sua livre iniciativa, ele afirmaria que o rei é o *instigador* da *Revolução de Março*, o que não tem sentido – mesmo no sentido constitucional.

Deixemos isso de lado.

Depois de Deus haver criado o mundo e os reis pela graça de Deus, ele entregou as pequenas indústrias aos homens. Até mesmo "*armas*" e uniformes de tenentes são fabricados de modo profano, e o modo profano de fabricação não cria do nada, como a indústria celeste. Necessita de matérias-primas, de instrumentos de trabalho, de salários, simples coisas que se resumem sob o singelo nome de *custos de produção*. O Estado cobre estes custos de produção por meio dos *impostos*, e os impostos são angariados pelo *trabalho nacional*. No sentido *econômico* permanece, portanto, um enigma como qualquer rei pode *dar* qualquer coisa a qualquer povo. Primeiro o povo precisa produzir armas e dar as armas ao rei, para poder receber armas do rei. O rei sempre pode dar apenas o que lhe foi dado. *Isto no sentido econômico*. Mas os reis *constitucionais* nasceram exatamente no momento em que foi descoberta a pista deste *segredo econômico*. As razões iniciais para a queda dos reis pela graça de Deus foram sempre, por isso – *questões de imposto*. Assim também na Prússia. Até mesmo as mercadorias *imateriais*, os privilégios, que eram *dados* aos povos pelos reis, não apenas foram anteriormente dados aos reis pelos povos, como estes sempre tiveram de pagar a devolução *em espécie* – em sangue e em moeda sonante. Se acompanhássemos, por exemplo, a história *inglesa* desde o século XI, poderíamos calcular com bastante precisão quantos crânios despedaçados e quantas libras esterlinas custou cada privilégio constitucional. Parece-nos que o sr. Pfuel quer voltar aos bons tempos da *tabela econômica de Davenant*.[1] Nesta tabela sobre a produção inglesa consta, entre outras coisas:

§1. *Trabalhadores produtivos*: reis, oficiais, lordes, padres etc.
§2. *Trabalhadores improdutivos*: marinheiros, camponeses, tecelões, fiandeiros etc.

Segundo esta tabela, o §1 produz e o §2 recebe. Neste sentido diz o sr. Pfuel que o rei dá.

A declaração de Pfuel mostra o que se pode esperar em Berlim do herói da "ordem e liberdade croata".[2]

Os últimos acontecimentos em Berlim lembram os conflitos vienenses entre a Guarda Cívica e o povo em 23 de agosto, igualmente provocados pela camarilha. *A este 23 de agosto seguiu-se um 5 de outubro.*

---

[1] Do livro *An Essay upon the Probable Methods of making a People Gainers in the Ballance of Trade*, de Charles Davenant, mas publicado anonimamente em Londres, 1700.

[2] Jellachich.

A mediação anglo-francesa na Itália

NGR, n. 123, 22/10/1848

K. Marx

Colônia, 21 de outubro. A *mediação anglo-francesa na Itália foi abandonada*. A caveira da diplomacia ri zombeteiramente depois de toda revolução e especialmente depois da reação que se segue a toda revolução. A diplomacia oculta-se em seus ossuários perfumados assim que soa o estrondo de uma nova revolução. A *Revolução de Viena* varreu a diplomacia anglo-francesa.

Palmerston reconheceu sua impotência, *Bastide* reconheceu a sua. Como eles declaram, a Revolução de Viena pôs um fim à maçante correspondência desses senhores. Bastide comunicou esse fato oficialmente ao enviado sardo, o marquês *Ricci*.

À indagação deste último, "se a França, sob circunstâncias determinadas, pegaria em armas a favor da Sardenha", o republicano *farouche*[1] Bastide (do "*National*") fez uma, duas, três mesuras, e cantou:

> Confiai em mim e ajudai a vós mesmo
> Assim Deus também vos ajudará.[2]

A França se atém ao princípio da *não intervenção*, ao mesmo princípio que *Bastide* e os demais senhores do "*National*" se empenharam em combater por anos a fio, nos tempos de Guizot.

Nesta questão *italiana,* a "*honette*" república francesa ter-se-ia mortalmente ferido, se não se tivesse elevado acima de toda vergonha desde as Jornadas de Junho, prenhes de presságios.

Rien pour la gloire!,[3] dizem os amigos do comércio sob todas as circunstâncias. *Rien pour la gloire*! é o lema da república virtuosa, moderada, decente, legalista, honesta, em uma palavra – da república burguesa. *Rien pour la gloire*!

---

[1] Furioso.
[2] Heine, H. *Alemanha. Um conto de Inverno*, cap. XII, versos 51-52 (*Vertraut an mich und helft euch selbst/So wird auch Gott euch helfen*).
[3] Nada pela glória!

Lamartine foi a autoimagem da república burguesa, a representação exuberante, fantástica, sonhadora que ela fez de si mesma, seu sonho de seu próprio esplendor. O que não se pode imaginar! Como Éolo desencadeava todos os ventos desde sua bolsa, assim Lamartine desencadeava todos os espíritos do ar, todas as frases da república burguesa e as soprava para o leste e o oeste, palavras sobre a fraternidade entre todos os povos, sobre a emancipação iminente de todos os povos pela França, sobre o sacrifício da França em prol de todos os povos.

Ele não fez – *nada*.

Cavaignac encarregou-se da ação correspondente a suas frases, e Bastide foi seu instrumento para o exterior.

Permitiram calmamente que as cenas inauditas em Nápoles, as cenas inauditas em Messina, as cenas inauditas em Milão acontecessem diante de seus olhos. E para que não restasse a menor dúvida de que na "*honesta*" república domina a mesma *classe*, e portanto também a mesma política externa que dominava sob a monarquia constitucional, sob Cavaignac assim como sob Luís Filipe, nas lutas entre nações recorreu-se ao mesmo velho e eternamente novo meio, à *entente cordiale*[4] com a Inglaterra, com a Inglaterra de Palmerston, com a Inglaterra da burguesia contrarrevolucionária.

Mas a história não poderia esquecer o *climax*, o ápice. Foi preciso que um redator do *National*, *Bastide*, apertasse convulsivamente a mão da Inglaterra. E a *entente cordiale* era o trunfo principal que o pobre anglófobo *National* jogara durante toda sua vida contra Guizot.

Na lápide da "honesta" república ler-se-á: *Bastide-Palmerston*.

Mas mesmo a *entente cordiale* de Guizot foi ultrapassada pelos "honestos" republicanos. Os oficiais da frota francesa foram recebidos pelos oficiais napolitanos com um banquete – e brindaram alegremente ao *rei de Nápoles*, ao *tigre idiota* Ferdinando, sobre os escombros ainda fumegantes de Messina. Mas sobre suas cabeças flutuavam os vapores das frases de *Lamartine*.

---

[4] Expressão utilizada especificamente para designar as boas relações entre França e Inglaterra nos anos da monarquia de julho (1830-1848).

O "Estado constitucional modelo"

NGR, n. 123, 22/10/1848

K. Marx

Colônia, 21 de outubro. Voltamos sempre, e sempre com renovada satisfação, ao nosso *"Estado constitucional modelo"*, à Bélgica.

Em um número anterior de nosso jornal, provamos que o *"maior vassalo de Leopoldo"* é *"o pauperismo"*. Demonstramos que se a *criminalidade*, mesmo apenas entre os jovens rapazes e moças de menos de 18 anos, continuasse evoluindo espontaneamente na mesma proporção verificada entre os anos 1845-1847, "em 1856 toda a Bélgica estaria na prisão, inclusive as crianças não nascidas". No mesmo artigo provamos que, com o crescimento do pauperismo e dos crimes, as fontes de renda industrial belgas secariam no mesmo ritmo (n. 68 da *N[ova] G[azeta] R[enana]*).[5]

Hoje examinaremos as condições *financeiras* do *"Estado-Modelo"*.

	Francos
Orçamento ordinário de 1848	119.000.000
Primeiro empréstimo compulsório	12.000.000
Segundo empréstimo compulsório	25.000.000
Bilhetes de banco com curso obrigatório	12.000.000
Total:	168.000.000
Bilhetes de banco com curso obrigatório adicionais, com garantia do Estado	40.000.000
Total geral	208.000.000

A Bélgica, conta-nos Rogier, ergue-se como um rochedo batido pela tempestade mundial, mas não abalado. Ergue-se sobre as rochas primordiais de suas amplas instituições. Os 208 milhões de Fr[ancos] são a tradução prosaica da força milagrosa destas instituições-modelo. A Bélgica constitucional não submerge graças ao desenvolvimento revolucionário. Ela afunda vergonhosamente na – *bancarrota*.

O ministério belga *liberal*, o ministério Rogier, como todos os ministérios liberais, não passa de um ministério dos capitalistas, dos banqueiros, da alta burguesia. Logo veremos como ele, apesar do pauperismo crescente e da indústria cadente, não despreza

---

[5] Ver "A Bélgica, 'Estado-modelo'".

os meios mais refinados para explorar continuamente todo o povo em favor dos barões das finanças.

O segundo empréstimo mencionado no quadro acima foi arrancado à Câmara fundamentalmente sob a garantia de que se poderia resgatar as *obrigações do tesouro*. Estas obrigações do tesouro foram emitidas sob o ministério católico *De Theux*, pelo ministro das Finanças *Malou*. Estas obrigações do tesouro foram emitidas para empréstimos opcionais que alguns barões das finanças tinham feito ao Estado, e constituíram o tema principal, o tema inesgotável, das diatribes uivadas por nosso Rogier e seus consortes liberais contra o ministério de Thiers.

E o que faz agora o ministério liberal? Anuncia no *Moniteur* – a Bélgica também tem seu *Moniteur* – uma nova emissão de obrigações do tesouro a 5%.

Que desfaçatez, emitir obrigações do tesouro depois de só haver obtido um empréstimo forçado de 25 milhões de Fr[ancos] sob o pretexto de resgatar as tão rudemente difamadas obrigações do tesouro emitidas por Malou! Mas isso não é tudo.

As obrigações do tesouro foram emitidas a 5%. Os títulos belgas, também garantidos pelo Estado, rendem juros de 7 e 8%. Quem vai querer, pois, colocar seu dinheiro em obrigações do tesouro? E, além disso, a situação do país em geral e os empréstimos compulsórios deixaram muito poucos em condições de fazer adiantamentos opcionais ao Estado.

Qual é, então, o objetivo desta nova emissão de obrigações do tesouro?

Os *bancos* ainda não puderam, nem de longe, pôr em circulação todos os bilhetes de curso obrigatório cuja emissão lhes foi autorizada pelo governo liberal. Há ainda em seus portfólios alguns milhões destes papéis inúteis, que naturalmente nada rendem enquanto permanecem hermeticamente trancados nos portfólios. Há meio melhor de pôr esses papéis em circulação do que dá-los ao Estado em troca de obrigações do tesouro, que rendem 5%?

O banco extrai, assim, 5% de muitos milhares de pedaços de papel que não lhe custaram nada e que, aliás, só têm um valor de troca porque o Estado lhes deu um valor de troca. A plebe belga obrigada a pagar impostos encontrará no próximo orçamento um *déficit* de uns 100 mil Fr[ancos] que se verá no dever de conseguir arrecadar, tudo pelo bem do pobre banco.

É de admirar que os barões das finanças belgas considerem a monarquia constitucional mais lucrativa do que a república? O ministério católico cultivou e preservou principalmente os interesses *sagrados*, isto é, *materiais* dos senhores de terras. O ministério liberal trata com o mesmo zelo carinhoso os interesses dos senhores de terras, dos barões das finanças e dos lacaios da corte. Não admira que, sob suas mãos especializadas, estes assim chamados partidos, que se arremessam com a mesma fome canina sobre a riqueza nacional, ou melhor, na Bélgica, sobre a pobreza nacional, e ao fazê-lo de vez em quando brigam entre si, agora caiam reconciliados nos braços uns dos outros e formem tão somente um único grande partido, o *"partido nacional"*.

O *Réforme* sobre a insurreição de junho

NGR, n. 123, 22/10/1848

K. Marx

Paris. Em 29 de junho, quando a *Nova Gazeta Renana*, com exceção do inglês *Northern Star*, foi o *único* jornal europeu que teve coragem e discernimento para avaliar corretamente a Revolução de Junho,[1] ela não foi refutada, e sim denunciada.

Os fatos posteriormente confirmaram nossa interpretação mesmo para os olhos mais ignorantes, sempre que o interesse não roubara toda acuidade visual.

Naquela ocasião, também a imprensa *francesa* se desonrou. Os jornais parisienses enérgicos foram suprimidos. O *Réforme*, o único jornal radical cuja continuidade Cavaignac permitiu, gaguejou desculpas para os magnânimos lutadores de junho e mendigou aos vencedores uma esmola de humanidade para com os vencidos. Naturalmente, o mendigo não foi ouvido. Foi preciso primeiro o decurso completo da vitória de junho, as diatribes por meses a fio dos jornais provinciais não manietados pelo estado de sítio, a evidente ressurreição do partido de Thiers, para levar o *Réforme* à reflexão. – Por ocasião do projeto de anistia da extrema-esquerda,[2] ela observou em seu número de 18 de outubro:

> Quando o povo deixou as barricadas, não puniu ninguém. O povo! Ele era então o senhor, o soberano, o vencedor; beijavam-lhe os pés, as mãos, saudavam diante de suas blusas, aclamavam seus sentimentos nobres. E com razão. Ele foi generoso.
>
> Hoje o povo tem seus filhos e seus irmãos nos calabouços, nas galeras e diante da corte marcial. Depois que a fome esgotou sua paciência, depois que viu todo um bando de ambiciosos, saídos da sarjeta, passar calmamente e ascender aos palácios, depois de ter dado crédito à república durante três meses, perdeu um dia a cabeça em meio a seus filhos famintos e seus pais definhando, e se lançou à batalha.
>
> Pagou caro por isso. Seus filhos caíram sob os projéteis, e aqueles que sobreviveram dividem-se em dois grupos. O primeiro foi levado à corte marcial, o outro foi deportado sem inquérito, sem direito à defesa, sem julgamento! Este método é estranho para qualquer país, mesmo para o país dos cabilas.

---

[1] Ver "A Revolução de Junho".

[2] Na sessão da Assembleia Nacional francesa de 16 de outubro de 1848, deputados da extrema-esquerda apresentaram o projeto de uma lei de anistia para todos os presos políticos, prevendo a supressão de todas as penas de prisão e multa e a restituição das multas já pagas.

Nunca, durante seus 20 anos de existência, a monarquia havia ousado algo semelhante. Então os jornais que especulavam sobre dinastias, embriagados com o cheiro dos cadáveres, chegaram rápida e atrevidamente ao insulto aos mortos (ver a *Gazeta de Colônia* de 29 de junho), cuspiram todas as calúnias da maldade rancorosa, esquartejaram a honra do povo antes do inquérito judicial, arrastaram os vencidos, mortos e vivos, diante do tribunal de exceção; denunciaram-no à fúria da Guarda Nacional e do Exército, tornaram-se corretores do carrasco, servos do pelourinho, lacaios do desejo insano de vingança, inventaram crimes; envenenaram nossa desgraça e requintaram o ultraje e a mentira! (ver a *N[ova] G[azeta] R[enana]* de 1 de julho sobre o francês *Constitutionel*, o belga *Indépendance* e a *Gazeta de Colônia*.)

O *Constitutionel* exibiu abertamente mutilações horríveis e monstruosidades indignas. Sabia perfeitamente que estava *mentindo*, mas isto condizia bem com seu comércio e sua política e, comerciante e diplomata ao mesmo tempo, vendeu 'por crimes' como usualmente se vende 'às dúzias'. Esta bela especulação tinha de chegar ao fim em algum momento. Choviam contradições: não havia o nome de um único galeriano sequer nas atas da corte marcial, nos boletins de transporte. Não havia mais nenhum meio de degradar o desespero, e calaram-se, depois de terem recolhido os lucros.

O procurador público "Hecker" e a *Nova Gazeta Renana*

NGR, n. 129, 29/10/1848

K. Marx

Colônia, 28 de outubro. Em seu número 116, a *Nova Gazeta Renana* publicou *no folhetim*, isto é, fora da parte política do jornal, *"Uma palavra ao povo alemão"*, assinado por *"Hecker"*. Jornais alemães divulgaram este *"documento histórico" antes* da *Nova Gazeta Renana*. Outros jornais alemães, renano-prussianos e velho-prussianos inclusive, fizeram-no mais tarde. Mesmo a *Gazeta de Colônia* teve senso histórico suficiente para publicar a proclamação de Struve, assim como a de Fuad Effendi.

Não temos certeza, mas – será que os louros do republicano Hecker não deixam o procurador público Hecker dormir em paz? O mundo, atônito, deveria aprender que a revolução alemã foi derrotada duas vezes, pela fuga do republicano Hecker para Nova York e pela presença do procurador público Hecker em Colônia? Não se pode negar. A posteridade verá as contradições do movimento moderno dramaticamente sintetizadas nesses colossos. Um futuro *Goethe* os atará num *Fausto*. Deixamos a seu critério a qual Hecker ele atribuirá o papel de Fausto, a qual o de Wagner.

Basta. Às fantásticas palavras de despedida do republicano Hecker seguiu-se um não menos fantástico requisitório do procurador público Hecker.

Ou estaremos enganados? Será que o sr. Hecker, o procurador público, acredita que *"Uma palavra ao povo alemão"* seria um produto da própria *Nova Gazeta Renana* e que esta, em sua malícia engenhosa, teria assinado sua própria proclamação como "Hecker" para fazer crer ao povo alemão que Hecker, o procurador público, emigrara para Nova York, que Hecker, o procurador público, proclamara a república alemã, que Hecker, o procurador público, sancionara oficialmente votos piedosos revolucionários?

Um tal truque seria verossímil porque o documento publicado no suplemento do n. 116 da *Nova Gazeta Renana* não estava assinado *Friedrich* Hecker, mas sim *tout bonnement*[1] "Hecker". Hecker sem floreio, um simples Hecker! E a Alemanha não possui um Hecker dúplice?

---

[1] Muito simplesmente.

E qual dos dois é o "simples Hecker"? Em todo caso, essa simplicidade permanece duvidosa, e, a nosso ver, incriminadora para a *Nova Gazeta Renana*.

Seja como for, o sr. Hecker, o procurador público, viu evidentemente em "*Uma Palavra ao Povo Alemão*" uma *criação* da *Nova Gazeta Renana*. Entreviu ali um *apelo direto à derrubada do governo*. Alta traição em sua forma mais desenvolvida ou ao menos participação em alta traição, o que segundo o *Code Pénal* é "simplesmente" alta traição.

O sr. Hecker requereu ao juiz de instrução que "*constituísse*" uma acusação de alta traição não contra o editor responsável,[2] mas sim contra o redator-chefe, *Karl Marx*. Mas "constituir" uma acusação de alta traição contra alguém significa, em outras palavras, jogá-lo provisoriamente na prisão e puni-lo até nova ordem com a prisão preventiva. Trata-se aqui da "constituição" do confinamento solitário. O juiz de instrução recusou-se. Quando o sr. Hecker se agarra a uma ideia, ele persegue sua ideia. "Constituir" uma acusação contra o redator-chefe da *Nova Gazeta Renana* tornou-se para ele uma *ideia fixa*, assim como o nome "Hecker" sob a "palavra de despedida", uma *ficção*. Ele se dirigiu, pois, à Câmara do Conselho. A Câmara do Conselho se recusou. Ele foi da Câmara do Conselho à Corte de Apelação. A Corte de Apelação se recusou. Mas o sr. Hecker não abandonou sua ideia fixa de "constituir" uma acusação, sempre no sentido indicado, contra o redator-chefe da *Nova Gazeta Renana*, *Karl Marx*. As ideias do Parquet não são, como vemos, ideias especulativas no sentido hegeliano. São ideias no sentido kantiano. Ideias da razão "*prática*".

Karl Marx não poderia nunca ser diretamente "acusado" de alta traição, mesmo que a publicação de fatos ou proclamações revolucionários constituísse um jornal culpado de alta traição. Primeiro seria preciso observar *quem assinou* o jornal, muito especialmente neste caso, em que o documento em questão está *no folhetim*. O que se poderia fazer? Uma ideia leva a outra. Poder-se-ia, de acordo com o artigo 60 do *Code Pénal*, citar *Karl Marx* como cúmplice do suposto crime cometido pelo editor. Pode-se também, se se quiser, citá-lo como cúmplice daquela declaração, mesmo que tivesse sido publicada na *Gazeta de Colônia*. *Karl Marx* recebeu, pois, do juiz de instrução uma ordem de comparecimento, compareceu e foi submetido a interrogatório. Até onde sabemos, os tipógrafos foram citados como testemunhas, o revisor foi citado como testemunha, o proprietário da tipografia foi citado como testemunha. Mas, finalmente, o *editor responsável* foi citado como *testemunha*. Não compreendemos essa última citação.

O suposto autor deve testemunhar contra seus cúmplices?

Para completar nossa narrativa: uma busca foi realizada no escritório da *Nova Gazeta Renana*.

Hecker, o procurador público, excedeu Hecker, o republicano. Um consuma atos rebeldes e publica proclamações rebeldes. O outro, apesar de toda resistência, apaga os fatos da memória da história contemporânea, dos *jornais*. Faz o acontecido desaconte-

---

[2] Korff.

cer. Se a "má imprensa" noticia fatos e proclamações revolucionários, comete dupla alta traição. É moralmente cúmplice; só noticia os fatos rebeldes porque eles a lisonjeiam intimamente. É cúmplice no sentido jurídico comum; mencionando, divulga, e divulgando torna-se instrumento da rebelião. Por ambos os lados é "constituída" e saboreia, assim, os *frutos* da "constituição". A "boa imprensa", ao contrário, terá o monopólio de noticiar ou não noticiar, falsificar ou não falsificar documentos e fatos revolucionários. *Radetzky* utilizou essa teoria quando proibiu os jornais milaneses de noticiar os fatos e proclamações vienenses. Em contraposição, a *Gazeta de Milão*[3] estampou, no lugar da grande "revolução" de Viena, uma pequena arruaça em Viena, composta pelo próprio Radetzky. Não obstante, murmura-se que uma insurreição deve ter irrompido em Milão.

O sr. Hecker, o procurador público, é, como todos sabem, *colaborador* da *Nova Gazeta Renana*.[4] Como nosso colaborador, perdoamos-lhe muita coisa, mas não o pecado contra o "espírito" profano de nosso jornal. E ele cometeu esse pecado quando, com uma falta de crítica inaudita num colaborador da *Nova Gazeta Renana*, transformou a proclamação de Hecker, o fugitivo, na proclamação da *Nova Gazeta Renana*. Friedrich Hecker procedeu *pateticamente*, a *Nova Gazeta Renana* procedeu *criticamente* em relação ao movimento. Friedrich Hecker espera tudo da ação mágica de uma *personalidade* singular. Nós esperamos tudo das colisões resultantes das *relações* econômicas. Friedrich Hecker viaja para os Estados Unidos para estudar a "república". A *Nova Gazeta Renana* encontra nas grandiosas lutas de classes que ocorrem no interior da *república francesa* objetos de estudo mais interessantes do que numa república em que as lutas de classes ainda não existem no oeste, e no leste ainda se movem na velha forma inglesa silenciosa. Para Friedrich Hecker, as questões sociais são consequências das lutas políticas, para a *Nova Gazeta Renana*, as lutas políticas são somente as formas aparenciais das colisões sociais. Friedrich Hecker poderia ser um bom republicano tricolor. A verdadeira oposição da *Nova Gazeta Renana* só começa na república tricolor.

Por exemplo, a *Nova Gazeta Renana* jamais poderia, sem negar completamente seu passado, ter clamado ao povo alemão: "Unam-se aos homens que levantam alto a bandeira da soberania do povo e montam guarda fiel a ela, aos homens da extrema-esquerda de Frankfurt a. M.; juntem-se firmemente aos bravos líderes da insurreição republicana".

Declaramos repetidamente que não somos uma folha "parlamentar",[5] e por isso não receamos atrair sobre nossas cabeças, de tempos em tempos, a fúria até mesmo da extrema-esquerda de Berlim e Frankfurt. Clamamos aos senhores de Frankfurt que aderissem ao povo, jamais clamamos ao povo que aderisse aos senhores de Frankfurt. E os "bravos líderes da insurreição republicana", onde estão, quem são eles? Hecker, como se sabe, está na América; Struve, na prisão. Será *Herwegh*? Os redatores da *Nova Gazeta*

---

[3] Jornal italiano publicado de 1816 a 1875; até o fim dos anos 50 do século XIX, foi o órgão oficial das autoridades austríacas no norte da Itália.
[4] Ver "Inquérito judicial contra a *Nova Gazeta Renana*".
[5] Ver "A liberdade de deliberação em Berlim".

Renana, especialmente Karl Marx, enfrentaram resolutamente o empreendimento de Herwegh[6] em Paris em assembleias populares públicas, sem temer o desfavor das massas agitadas. Por isso, em sua época, foram devidamente suspeitos de serem *utópicos* que se consideram *revolucionários* (conferir, entre outros, a *Gazeta Popular Alemã*).[7] E agora, que os acontecimentos confirmaram repetidamente nossas previsões, devemos aderir aos homens da opinião oposta?

Mas sejamos justos. O sr. Hecker, o procurador público, é ainda um jovem colaborador em nossa folha. Os principiantes em política, como os principiantes nas ciências naturais, assemelham-se àquele pintor que só conhece duas cores, branco e preto, ou, se se preferir, preto-e-branco e vermelho. As diferenças sutis no interior de cada *espèce*[8] revelam-se somente a olhos treinados e experientes. E além do mais, o sr. Hecker não está dominado pela ideia fixa de "*constituir*" o redator-chefe da *Nova Gazeta Renana*, Karl Marx? – uma ideia fixa que não se dissolve no purgatório do tribunal de instrução, nem na Câmara do Conselho, nem na Corte de Apelação, e que portanto deve ser uma ideia fixa à prova de fogo.

A maior conquista da Revolução de Março é, incontestavelmente, para falar com Brutus Bassermann, o "domínio dos mais nobres e melhores" e sua rápida escalada na hierarquia da dominação. Esperamos por isso que os méritos de nosso honrado colaborador, o sr. procurador público *Hecker*, também possam levá-lo às alturas do Olimpo estatal, assim como a pomba branca como a neve, atrelada ao carro de Afrodite, levou-a rápido como uma flecha ao Olimpo. Como todos sabem, nosso governo é constitucional. Pfuel está apaixonado pelo constitucionalismo. Nos Estados constitucionais é costume prestar bastante atenção aos conselhos dos jornais de oposição. Movemo-nos, pois, no terreno constitucional quando aconselhamos o governo a *conceder* a nosso Hecker a *Procuradoria Geral* vaga de Düsseldorf. O sr. procurador de Düsseldorf, *Ammon*, que, tanto quanto sabemos até agora, ainda não ganhou nenhuma medalha de salvador da pátria, não hesitará um só instante em fazer calar suas próprias eventuais pretensões diante dos mais altos méritos de Hecker. Mas se o sr. *Heimsoeth* vier a se tornar ministro da Justiça, como esperamos, recomendaremos o sr. Hecker para *procurador do Estado*. Esperamos muito para o sr. Hecker. O sr. Hecker ainda é jovem. E como dizem os russos: O tsar é grande, Deus é ainda maior, mas o *tsar ainda é jovem*.

---

[6] Referência à já mencionada tentativa de Herwegh de formar uma legião de voluntários alemães emigrantes para desencadear a revolução na Alemanha. Depois de cruzar a fronteira, a legião de Herwegh foi destroçada, em abril de 1848, pelas tropas dos Estados alemães do sul, na região de Baden.

[7] Diário democrático que apareceu em Mannheim em abril de 1848 sob a redação de Fröbel e Pelz e com a colaboração de Struve, Hecker, Herwegh e Rüge, entre outros. No número de 17 de abril, uma correspondência de Paris pôs a público a oposição dos comunistas alemães em relação ao empreendimento de Herwegh.

[8] Espécie.

"Conclamação do Congresso Democrático ao povo alemão"

NGR, n. 133, 3/11/1848

K. Marx

Colônia, 2 de novembro. Publicamos abaixo a conclamação do "Congresso Democrático".[1]

Ao povo alemão!

Durante longos e ignominiosos anos o povo alemão suspirou sob o jugo do despotismo. Os atos sangrentos em Viena e Berlim justificaram a esperança de que de um só golpe sua liberdade e unidade se tornariam realidade. As artes diabólicas de uma execrável reação se opuseram a este desenvolvimento para defraudar o povo heroico dos frutos de sua grandiosa insurreição. Viena, o principal baluarte da liberdade alemã, corre nesse momento grande perigo. Sacrificada pelas intrigas de uma camarilha ainda poderosa, pretendia-se entregá-la novamente aos grilhões de uma tirania. Mas sua nobre população ergueu-se como um só homem e se opõe às hordas armadas de seu opressor com coragem mortal. A questão de Viena é a questão da Alemanha, é a questão da liberdade. Com a queda de Viena, o velho absolutismo erguerá sua bandeira mais alto do que antes, com a vitória de Viena ele será aniquilado. Cabe a nós, irmãos alemães, não deixar naufragar a liberdade de Viena, não abandoná-la à sorte das armas das hordas bárbaras. É o mais sagrado dever do governo alemão apressar-se a ajudar, com toda sua influência, o assediado Estado-irmão; mas é também igualmente o mais sagrado dever do povo alemão, no interesse de sua liberdade, no interesse de sua autopreservação, fazer qualquer sacrifício pela salvação de Viena. Não deve jamais atrair sobre si a ignomínia de uma obtusa indiferença quando o mais elevado, quando tudo está em jogo. Por isso vos conclamamos, irmãos, a colaborar, cada um segundo suas forças, para salvar Viena do naufrágio. O que fazemos por Viena, fazemos pela Alemanha. Ajudai a vós mesmos! Os homens que enviastes a Frankfurt para fundar a liberdade recusaram a conclamação para ajudar Viena com risos de escárnio. Agora está em vossas mãos agir! Exigi com vontade forte e constante de vosso governo que se submeta a vossa maioria e salve a questão alemã e a questão da liberdade em Viena. Rápido! Vós sois o poder, vossa vontade é lei! Vamos,

---

[1] O Segundo Congresso Democrático reuniu-se de 26 a 30 de outubro em Berlim. Nele foram debatidos os princípios da Constituição, foi adotada a Declaração dos Direitos Humanos e eleita uma nova composição para o comitê central (D'Ester, Reichenbach, Hexamer). Como relator da comissão para a solução das questões sociais, Beust, de Colônia, defendeu um programa baseado nas "Reivindicações do Partido Comunista na Alemanha". Entretanto, como os democratas burgueses detinham a maioria, o congresso limitou-se à elaboração de resoluções infrutíferas e contraditórias.

homens da liberdade, vamos! Em todos os Estados alemães e onde mais o pensamento da liberdade e da humanidade inflame corações nobres! Vamos, antes que seja tarde demais! Salvai a liberdade de Viena, salvai a liberdade da Alemanha. O presente vos vai admirar, a posteridade recompensar com glória imorredoura!

Em 29 de outubro de 1848.
O Congresso Democrático em Berlim

Esta conclamação substitui a falta de energia revolucionária por uma lamúria de pregador, por trás da qual se oculta a mais enfática pobreza de pensamento e paixão.

Algumas amostras!

A conclamação esperava das revoluções de março em Viena e Berlim que, "*de um só golpe*", se "tornassem realidade à unidade e à liberdade" do povo alemão. Em outras palavras: o manifesto sonhava com "*um golpe*" que tornaria supérfluo ao povo alemão o "*desenvolvimento*" em direção à "unidade e liberdade".

Mas logo em seguida o fantástico "golpe" substituto do desenvolvimento se transforma, para ele, em um "*desenvolvimento*" ao qual a reação *se opôs*. Frases, frases que se autodesmancham!

Deixemos de lado a monótona repetição do tema fundamental: Viena está em perigo, e, com Viena, a liberdade alemã; ajudai Viena, assim ajudareis a vós mesmos! Este pensamento não ganha carne e sangue. Essa *única* frase é reiteradamente enrolada sobre si mesma até se tornar uma peça de retórica. Observamos apenas que a paixão artificial, falsa, sempre decai a esta retórica incompetente.

"Cabe a nós, irmãos alemães, não deixar naufragar a liberdade de Viena, não abandoná-la à sorte das armas das hordas bárbaras."

E como devemos fazer isso?

Primeiramente, com uma mensagem ao sentimento de dever do "*governo alemão*". *C'est incroyable!*[2]

"É o mais sagrado dever do governo alemão apressar-se a ajudar, com toda sua influência, o assediado Estado-irmão".

O governo prussiano deve enviar Wrangel ou Colomb ou o príncipe da Prússia contra Auersperg, Jellachich ou Windischgrätz? O Congresso "*democrático*" tinha o direito de manifestar por um momento esta posição infantil e conservadora em face do governo alemão? Tinha o direito de separar por um momento a questão e os "sagrados interesses" do governo alemão da questão e dos interesses "da ordem e da liberdade croatas"? Os governos vão sorrir muito satisfeitos desses sonhos virginais.

E o povo?

O povo é em geral aconselhado a "fazer qualquer sacrifício para a salvação de Viena". Muito bem! Mas o "povo" espera do Congresso democrático reivindicações determinadas. Quem tudo exige, nada exige e nada obtém. A reivindicação *determinada*, o ponto, é:

---

[2] É inacreditável!

"*Exigi* com vontade forte e constante de vosso governo que se submeta a vossa maioria e salve a questão alemã e a questão da liberdade em Viena. Vamos! Vós sois o poder, vossa vontade é lei! Vamos!"

Considerando que grandiosas demonstrações populares consigam mover o governo a dar passos oficiais para a salvação de Viena – nós seríamos agraciados com a segunda edição da "ordenança para o Exército de Stein". Querer usar o atual "governo alemão" como "salvador da liberdade" – como se ele não houvesse consumado sua verdadeira vocação, seus "sagrados interesses", nas *execuções imperiais*, como o Gabriel da "liberdade constitucional"! O "Congresso democrático" deveria calar-se diante do governo alemão ou deveria revelar francamente sua conspiração com Olmütz e Petersburgo.

Embora a proclamação aconselhe "*pressa*" – e de fato não há tempo a perder –, sua fraseologia humanista ultrapassa as fronteiras da Alemanha, ultrapassa toda fronteira geográfica em direção ao cosmopolita e nebuloso reino dos "corações nobres" em geral!

"Vamos, homens da liberdade, vamos! Em todos os Estados alemães e onde mais o pensamento da liberdade e da humanidade inflame corações nobres!"

Não duvidamos de que até na Lapônia existam tais "corações".

Na Alemanha e *onde mais*! Extraviando-se nessas meras frases indeterminadas, a "Proclamação" alcança sua verdadeira expressão.

É imperdoável que o "Congresso democrático" tenha assinado um tal documento. Nem "o presente o vai admirar", nem "a posteridade recompensar com glória imorredoura".

Esperemos que, apesar da "Conclamação do Congresso Democrático", o povo desperte de sua letargia e dê aos vienenses a única ajuda que, nesse momento, ainda pode dar – a derrota da contrarrevolução em sua própria casa.

O parisiense *Réforme* sobre a situação francesa

NGR, n. 133, 3/11/1848

K. Marx

Colônia, 2 de novembro. Já *antes* da insurreição de junho desvelamos repetidamente as ilusões dos republicanos da tradição de 1793, dos republicanos do *Réforme* (o "parisiense"). A Revolução de Junho e o movimento dela oriundo obrigaram cada vez mais estes republicanos utópicos a abrir os olhos.

Um editorial do *Réforme* de 29 de outubro exibe a luta deste partido entre suas velhas fantasias e os novos fatos.

O *Réforme* diz:

> Há muito tempo as lutas que entre nós tinham por objetivo a posse do governo eram *guerras de classe*: lutas da burguesia e do povo contra a nobreza na instituição da primeira república; sacrifício do povo armado no exterior, dominação da burguesia no interior sob o império; tentativa de restauração da feudalidade sob o ramo antigo dos Bourbon; finalmente, em 1830, triunfo e dominação da burguesia – eis nossa história.

O *Réforme* acrescenta suspirando: "É certamente com pesar que falamos de *classes*, de perversas e odiosas diferenças; mas estas diferenças existem, e não podemos desconhecer os fatos."

Isto é: o otimismo republicano da *Réforme* via até então apenas "*citoyens*";[1] a história o pressionou de tal modo que a decomposição destes "*citoyens*" em "*bourgeois*" e "*prolétaires*"[2] não pode mais ser desconsiderada.

O *Réforme* continua:

"Em fevereiro, o despotismo burguês foi vencido. O que o povo ganhou? A justiça para todos, a igualdade. Este era seu primeiro apelo, seu primeiro desejo. A burguesia, esclarecida pelo raio que a atingiu, não tinha no início outro desejo senão o do povo".

O *Réforme* continua julgando o caráter da Revolução de Fevereiro pelas declamações de fevereiro. O despotismo burguês, muito longe de ter sido vencido, foi consumado pela Revolução de Fevereiro. A coroa, a última aparência feudal sagrada que encobria

---

[1] Cidadãos.
[2] Burgueses e proletários.

o domínio da burguesia, foi rechaçada. O domínio do capital emergiu de modo puro. Na Revolução de Fevereiro, burguesia e proletariado combateram um inimigo comum. Assim que o inimigo comum foi derrotado, as duas classes inimigas ficaram sozinhas no campo de batalha, e a luta decisiva entre elas devia ter início. Se a Revolução de Fevereiro consumou o domínio da burguesia, qual a razão, pode-se perguntar, da recaída da burguesia no monarquismo? Nada mais simples. Ela anseia por voltar ao período em que dominava sem ser responsável por sua dominação; quando um poder aparente se interpunha entre ela e o povo, agia por ela e igualmente lhe servia de cobertura; quando tinha, por assim dizer, um bode expiatório que o proletariado golpeava quando queria atingi-la, contra o qual ela mesma se unia ao proletariado logo que ele se lhe tornava incômodo e pretendesse se estabelecer como poder para si. Tinha na coroa um para-raios contra o povo, e, no povo, um para-raios contra o rei.

Tomando por realidade as ilusões, em parte hipócritas, em parte sinceras, que grassaram nos dias da queda de Luís Filipe, o movimento *posterior* às jornadas de fevereiro aparece ao *Réforme* como uma série de erros e acasos desagradáveis, que teriam sido evitados por um grande homem que estivesse à altura das necessidades da situação. Como se Lamartine, o fogo-fátuo, não fosse o verdadeiro homem da situação!

O verdadeiro homem, o grande homem, ainda não apareceu, lamenta-se o *Réforme*, e a situação piora a cada dia.

> De um lado, aumenta a crise industrial e comercial. De outro lado, cresce o ódio, e cada um aspira a objetivos opostos. Aqueles que eram oprimidos antes do 24 de fevereiro procuram um ideal de felicidade e liberdade na concepção de uma sociedade totalmente nova. Aqueles que dominavam sob a monarquia só pensam em reconquistar seu reino, para o explorar com redobrada violência.

Como se posiciona o *Réforme* entre as classes rudemente opostas? Chega ao menos a suspeitar que a oposição de classes e a luta de classes só desaparecem com o desaparecimento das classes?

Não! Há pouco ela reconheceu a oposição de classes. Mas a oposição de classes baseia-se em fundamentos econômicos, no atual modo de produção material e nas relações de intercâmbio resultantes dele. O *Réforme* não conhece nenhum meio melhor de a transformar e abolir do que desviar os olhos de seus reais fundamentos, precisamente daquelas relações materiais, e se refugiar novamente no nebuloso céu azul da ideologia republicana, isto é, no poético período de fevereiro, do qual os acontecimentos de junho a tinham expulsado violentamente. Lemos ainda:

"O mais triste dessa discórdia interna é a extinção, a perda dos sentimentos patrióticos, nacionais", isto é, exatamente aquele entusiasmo com o qual ambas as classes disfarçavam nacional e patrioticamente suas condições de vida. Quando elas fizeram 1789, seu real antagonismo ainda não estava desenvolvido. O que então era a expressão correspondente à situação, hoje é apenas uma fuga da situação. O que então era corpo, hoje é relíquia.

"Evidentemente", conclui o *Réforme*,

> é um mal profundamente arraigado, este de que a França sofre; mas não é incurável. Ele tem sua origem na confusão das ideias e dos costumes, no esquecimento da justiça e da igualdade nas relações sociais, na perversão resultante de uma educação egoísta. Nesse círculo é preciso assegurar os meios de reorganização. Em vez disso, recorre-se aos meios materiais.

O *Réforme* empurra a questão para a "consciência", e então a charlatanice moral resolve todas as dificuldades. O antagonismo entre burguesia e proletariado provém, portanto, das ideias dessas duas classes. E de onde provêm essas ideias? Das relações sociais. E de onde provêm essas relações? Das condições de vida materiais, econômicas das classes inimigas. Segundo o *Réforme*, ambas solucionarão suas dificuldades se *perderem* a *consciência* de sua situação real e de seu antagonismo real e se embriagarem com o ópio dos sentimentos e modos de falar "patrióticos" de 1793. Que desorientação!

[A Revolução de Viena e a *Gazeta de Colônia*]

NGR, n. 133, 3/11/1848, segundo suplemento

K. Marx

Colônia, 3 de novembro. Nossos leitores nunca se entregaram a ilusões utópicas sobre *Viena*. *Depois* da Revolução de Junho, acreditamos em *qualquer infâmia* da *burguesia*. Dissemos já no *primeiro* número da *Nova Gazeta Renana* publicado depois do estado de sítio: "Essa revolução está na iminência de *fracassar* ou ao menos *ser paralisada* pela desconfiança da burguesia em relação à classe trabalhadora. Mas como também se sabe, sua repercussão na Hungria, na Itália e na Alemanha frustrou todo o plano de batalha da contrarrevolução!"[1]

Por consequência, *não seríamos surpreendidos* por uma derrota de Viena; apenas estaríamos determinados a cortar toda mediação com a *burguesia*, que mede a liberdade pela *liberdade de tráfico*, e a enfrentar sem conciliação, sem mediação, a miserável classe média alemã, que renuncia com prazer à sua própria dominação sob a condição de poder continuar traficando *sem luta*. As burguesias inglesa e francesa são ambiciosas; a infâmia da burguesia alemã seria confirmada pela derrota de Viena.

Portanto: em nenhum momento garantimos a vitória de Viena. Sua *derrota* não nos surpreenderia. Apenas nos persuadiria de que não é possível qualquer paz com a *burguesia* mesmo no período de transição, de que o povo deve se manter indiferente na luta entre a burguesia e o governo, e deve esperar sua vitória ou derrota para a explorar. Mais uma vez: nossos leitores têm apenas que consultar nossos números anteriores para se persuadirem de que nem a vitória nem a derrota de Viena pode nos surpreender.

Mas o que nos surpreende é a nova edição extra da *Gazeta de Colônia*. O governo propaga intencionalmente falsos boatos sobre Viena para abafar a agitação em Berlim e nas províncias? *Dumont paga* o *telégrafo estatal* prussiano, para que *ele*, Dumont, receba notícias dos matutinos de "Berlim" e "Breslau" que não chegam à "má imprensa"? E de onde tirou Dumont hoje de manhã seu "despacho telegráfico", que nós não recebemos? *Birk*, de Tréveris, esta nulidade que está no lugar de Wittgenstein, foi engajado como redator por Dumont? Não acreditamos. Pois mesmo um Brüggemann, um Wolfers,

---

[1] Ver "Revolução em Viena".

um Schwanbeck – nenhum deles chega a ser um *Birk*. Duvidamos que Dumont tenha engajado uma *tal* incapacidade.

Hoje, às 6 horas da tarde, *Dumont*, que escamoteou a Revolução de Fevereiro e a Revolução de Março, publicou novamente em seu primeiro relato um despacho "telegráfico" segundo o qual Viena capitulou à "sarna vêndica", a "Windischgrätz".[2]

É possível. Mas as possibilidades do antigo "Brüggemann"[3] *encharcado de sangue*, do ex-correspondente *da velha Gazeta Renana*, do homem de bem cujo ponto de vista sempre andou de mãos dadas sobretudo com o *"valor de troca"* do ponto de vista – suas possibilidades baseiam-se no *Diário Oficial Prussiano* e na *Gaz[eta] de Br[eslau]*.[4] As histórias de *"Brüggemann"* ou da *Gazeta de Colônia* sobre as revoluções de *fevereiro, março* e *outubro* oferecerão uma contribuição peculiar para a história.

Damos, pois, notícias que nada noticiam.[5]

---

[2] Jogo de palavras intraduzível entre "wendischen Krätze" (sarna vêndica) e Windischgrätz.
[3] Alusão à atividade política anterior de Brüggemann, que fora condenado à morte por "alta traição" por sua participação no movimento estudantil oposicionista e sua defesa da liberdade de imprensa por ocasião da festa de Hambach; esta sentença foi mais tarde comutada para prisão perpétua e suspensa pela anistia de 1840.
[4] Fundada em Breslau em 1820; nos anos 1840, representava uma tendência liberal-burguesa.
[5] Na *Nova Gazeta Renana* seguem-se as cópias das correspondências do *Diário Oficial Prussiano*, da *Gazeta de Breslau* e da *Gazeta Geral do Oder*.

As últimas notícias de Viena, Berlim e Paris

NGR, n. 135, 5/11/1848

K. Marx

Colônia, 4 de novembro. *O horizonte se ilumina*.

De *Viena* continuam faltando notícias diretas. Mas, de acordo com as informações da *imprensa prussiana* oficial, *Viena* não capitulou e *Windischgrätz*, propositalmente ou *por engano*, lançou ao mundo um *falso despacho telegráfico*, que prontamente encontrou um eco multiplicado e ortodoxo na "boa" imprensa, embora ela procurasse esconder sua alegria malévola por trás de um hipócrita discurso fúnebre. Se removemos todo o fantástico caos, desagregado em suas próprias contradições, das notícias da Silésia e de Berlim, destacam-se os seguintes pontos: em 29 de outubro, os bandidos do imperador só tinham em seu poder alguns subúrbios. *Não* se depreende das atuais informações que eles já houvessem posto os pés na cidade de Viena. Toda a rendição de Viena limita-se a uma *Proclamação do Conselho Municipal de Viena que configura alta traição*. Em 30 de outubro, a vanguarda do Exército húngaro atacou Windischgrätz e *supostamente* foi repelida. Em 31 de outubro, Windischgrätz recomeçou o bombardeio de Viena – sem sucesso. Ele está agora entre os vienenses e os mais de 80 mil homens do forte Exército húngaro. O infame manifesto de Windischgrätz deu o sinal para a insurreição em todas as províncias ou ao menos para movimentos muito ameaçadores. Mesmo os tchecos fanáticos de Praga, os neófitos da Slovanská lipa[1] despertaram de seu sonho confuso e se declararam *a favor de Viena* contra o Schinderhannes imperial.[2] *Nunca* a contrarrevolução havia ousado explicitar tão ingênua e descaradamente seus planos. Mesmo em *Olmütz*, a Coblença[3] austríaca, o chão tremeu sob os pés do idiota coroado. O comando do mundialmente famoso *Sipehsalar*[4] *Jellachich*, cujo nome é tão grandioso que "*à cintilação de seu sabre a lua espantada se oculta nas nuvens*", do qual, em toda oportunidade, "o

---

[1] Associação tcheca, fundada em abril de 1848. Em Praga, a direção estava nas mãos dos liberais (Safarík, Gauc) que, após a insurreição, passaram-se para o campo da contrarrevolução, enquanto as filiais provinciais eram dirigidas predominantemente por representantes da burguesia radical tcheca.
[2] Referência a Windischgrätz. Schinderhannes era a designação do chefe de bandidos Johann Bückler, que viveu em fins do século XVIII e inícios do século XIX em Rheinhessen.
[3] Coblença foi, durante a Revolução Francesa, o centro da imigração contrarrevolucionária.
[4] Comandante-em-chefe.

estrondo do canhão indica a direção" em que ele se perdeu na poeira, não deixa dúvidas de que húngaros e vienenses

> Chicoteiam essa canalha para o Danúbio
> Enxotam essa insolente ralé esfarrapada
> Mendigos famintos, cansados de suas vidas,
> Chusma de ordinários, malandros, vagabundos,
> Escória croata, vis camponeses servis,
> Que sua saturada terra vomita
> Para loucas aventuras e *seguro naufrágio*.

Notícias posteriores trarão horríveis detalhes sobre as ações vergonhosas dos croatas e outros cavaleiros "da ordem legal e da liberdade constitucional". E de suas Bolsas e semelhantes camarotes confortáveis a burguesia europeia lançou seu Bravo às inomináveis cenas sangrentas; a mesma burguesia miserável que rompeu em gritos de indignação moral por alguns atos rudes de justiça popular e com mil vozes grasnou seu anátema unânime aos "assassinos" do bravo Latour e do nobre Lichnowski.

Os *poloneses*, em retribuição às cenas de assassinato galícias, puseram-se outra vez à cabeça dos libertadores de Viena, como estão à cabeça do povo italiano, como em toda parte são os magnânimos *generais da revolução*. Viva, três vivas aos *poloneses*.

A *camarilha berlinense*, embriagada do sangue de Viena, ofuscada pelas colunas de fumaça dos subúrbios ardentes, atordoada pela gritaria da vitória de croatas e heiduques,[5] deixou cair o véu. "A paz foi restabelecida em Berlim." *Nous verrons*.[6]

De *Paris,* ouvimos finalmente um primeiro bramido subterrâneo anunciando o terremoto que soterrará a honesta república em suas próprias ruínas.

O horizonte se ilumina.

---

[5] Guerrilhas austro-eslavas que lutavam contra os conquistadores turcos nos séculos XV a XIX. No império austríaco, esse nome era dado à população que habitava um distrito autônomo na Hungria, e que fornecia contingentes militares especiais para o Exército.

[6] Veremos.

Nossa burguesia e o dr. Nückel

NGR, n. 135, 5/11/1848

K. Marx

Colônia, 4 de novembro. A notícia da vitória de croatas e vêndicos em Viena exaltou de tal modo nossa burguesia em Colônia que ela abriu garrafas de champagne e, por intermédio do dr. *Nückel*, apresentou a seguinte moção de princípios na sessão vespertina de 3 de novembro do Conselho Municipal:

> O Conselho Municipal não é obrigado a oferecer trabalho aos trabalhadores. Trata-se de um mero auxílio, e portanto o salário diário dos trabalhadores empregados pela cidade deve ser fixado em valor inferior ao salário diário dos trabalhadores empregados por mestres privados.

Como motivo adicional, o dr. *Nückel* alegou que essa diferença repeliria a multidão de trabalhadores em busca de trabalho municipal.

Com dificuldade, o sr. *Böker* conseguiu promover o adiamento dessa questão.

O dr. *Nückel* proclamou o dogma da burguesia local. Por isso, os trabalhadores devem os mais calorosos agradecimentos ao dr. Nückel.

Nossos homens do dinheiro, que saudaram alegremente o *estado de sítio em Colônia*, devem, em consonância, celebrar como uma vitória o *bombardeio de Viena* e *a instauração da liberdade croata*, assim como celebraram a crueldade refinada dos vencedores de junho.

Notícias de Viena

NGR, n. 135, 5/11/1848, segunda edição

K. Marx

Colônia, 5 de novembro. *Não chegaram cartas e jornais de Viena*. As folhas de Breslau de que dispomos, a *Gazeta Geral do Oder*, a *Gazeta Silesiana*,[1] a *Gazeta de Breslau* não contêm, criticamente falando, *nada*.

Alguns jornais *matutinos de Berlim*, de 3 de novembro, trazem a seguinte notícia, um via *Hietzing*, outro via *Viena*:

"*A cidade de Viena está totalmente ocupada por tropas imperiais.*"

A *Gazeta de Colônia* traz essa "notícia *referida como confiável*" recebida de Breslau e a confirma com um "despacho telegráfico" de Berlim, o qual, naturalmente, é confiável "em si e por si".

Deixemos a nota anônima de Breslau![2] Vamos ao *despacho telegráfico* da *Gazeta de Colônia*,[3] impresso em maiúsculas.

O despacho telegráfico veio de Viena, em 1 de novembro, ao meio-dia.

A carta a Dumont, se ele recebeu a notícia por escrito, veio pelo correio de Berlim em 3 de novembro, às 8 hs da manhã.

Na tarde de 3 de novembro essa notícia circulava por toda Berlim apenas como boato, e as folhas de 4 de novembro publicadas na noite de 3 de novembro *a punham em questão*.

Estamos, pois, sem notícias de Viena. Dumont, que anuncia o incêndio e tomada de Viena desde 6 de outubro, poderia excepcionalmente ter flagrado a realidade uma vez no mês.

---

[1] Diário publicado em Breslau de 1742 a 1945; às vésperas e durante a Revolução de 1848/1849, foi o órgão do círculo monárquico-constitucional.
[2] "Breslau, 2 de Nov." e "Berlim, 3 de Nov.", *Gazeta de Colônia* n. 299 (segunda edição), 5 de novembro de 1848.
[3] *Gazeta de Colônia* n. 299 (segunda edição), 5 de novembro de 1848.

Vitória da contrarrevolução em Viena

NGR, n. 136, 7/11/1848

K. Marx

Colônia, 6 de novembro. *A liberdade e a ordem croatas venceram* e celebraram sua vitória com incêndios, violações, pilhagens, com atrocidades de uma infâmia inominável. *Viena está nas mãos de Windischgrätz, Jellachich e Auersperg.* Hecatombes de sacrifícios humanos foram realizadas no túmulo do velho traidor Latour.

Todas as mais sombrias previsões de nosso correspondente de Viena[1] se confirmaram e talvez neste momento ele mesmo já tenha sido trucidado.

Por um momento, esperamos a libertação de Viena do socorro húngaro, e os movimentos do Exército húngaro ainda nos parecem enigmáticos.

Traições de todo tipo prepararam a queda de Viena. Toda a história do *Dieta Imperial* e do *Conselho Municipal* desde 6 de outubro nada mais é do que uma contínua história de traição. Quem estava representada na Dieta Imperial e no Conselho Municipal?

A *burguesia*.

Uma parte da *Guarda Nacional* de Viena tomou partido abertamente a favor da camarilha logo no início da Revolução de Outubro. E no final da Revolução de Outubro encontramos outra parte da Guarda Nacional em luta contra o proletariado e a Legião Acadêmica,[2] em entendimentos secretos com os bandidos do imperador. Quem pertence a estas frações da Guarda Nacional?

A *burguesia*.

Mas, na *França*, a burguesia passou para a *vanguarda* da contrarrevolução depois de ter derrubado todos os obstáculos que havia no caminho da dominação de sua própria classe. Na *Alemanha,* ela se encontra rebaixada a *caudatária* da monarquia absoluta e do feudalismo antes de ter ao menos garantido as condições vitais básicas de sua própria liberdade civil e dominação. Na França, ela se apresentou como déspota e fez sua própria contrarrevolução. Na Alemanha, ela se apresentou como escrava e fez a contrarrevolução de seus próprios déspotas. Na França, ela venceu para humilhar o povo. Na Alemanha,

---

[1] Müller-Tellering. Ele sobreviveu à repressão e posteriormente emigrou para Londres.
[2] A Legião Acadêmica, composta por estudantes universitários, era a mais radical das organizações militares burguesas.

ela se humilhou para que o povo não vencesse. A história inteira não mostra outra *miséria tão ignominiosa* como a da *burguesia alemã*.

Quem fugiu de Viena aos bandos e abandonou à generosidade do povo a vigilância das riquezas deixadas para trás, para caluniar seu serviço de guarda durante a fuga e no regresso assistir a seu massacre?

A *burguesia*.

O termômetro que descia a cada sopro de vida do povo de Viena e subia a cada estertor de morte dele denunciava os segredos íntimos de quem? Quem falou na língua rúnica da *cotação da bolsa*?

A *burguesia*.

A "Assembleia Nacional Alemã" e seu "poder central" traíram Viena. Quem eles representavam?

Sobretudo a *burguesia*.

A vitória da "ordem e liberdade croatas" em Viena dependeu da vitória da república "honesta" em Paris. Quem venceu nas Jornadas de Junho?

A *burguesia*.

Com a vitória em Paris, a contrarrevolução europeia começou a comemorar sua orgia.

Nas jornadas de fevereiro e março, o poder armado fracassou por toda parte. Por quê? Porque ele não representava nada além do próprio *governo*. Depois das Jornadas de Junho ele venceu por toda parte, porque por toda parte a *burguesia* se entendera secretamente com ele, enquanto, em contrapartida, tinha em suas mãos a direção oficial do movimento revolucionário e realizou todas aquelas meias medidas cujo resultado natural é o aborto.

O fanatismo nacional dos tchecos foi a ferramenta mais poderosa da camarilha vienense. *Os aliados já estão se pegando pelos cabelos.* Nossos leitores encontrarão neste número o protesto da delegação de Praga contra a impertinência vil com a qual foi saudada em Olmütz.

Este é *o primeiro sintoma da guerra que começará entre o partido eslavo e seu herói, Jellachich, e o partido da simples camarilha, posta acima de toda nacionalidade, e seu herói, Windischgrätz.* Por seu lado, o camponês alemão na Áustria ainda não está pacificado. Sua voz será ouvida estridentemente acima da cacofonia das nacionalidades austríacas. E, por um terceiro lado, a voz do tsar amigo do povo será ouvida até em Pest; seus carrascos aguardam a palavra decisiva nos principados do Danúbio.

Finalmente, só a última resolução da Assembleia Nacional Alemã em Frankfurt, que incorpora a Áustria alemã no reino alemão, deveria conduzir a um enorme conflito, se o poder central alemão e a Assembleia Nacional Alemã não acreditassem ter cumprido sua tarefa ao entrar no palco para serem vaiados pelo público europeu. Apesar de sua piedosa resignação, a luta na Áustria assumirá dimensões gigantescas, jamais vistas na história mundial.

Agora mesmo foi representado em *Viena* o segundo ato do drama, cujo primeiro ato foi representado em Paris sob o título: *"As Jornadas de Junho"*. Em Paris, a Guarda

Móvel; em Viena, "croatas" – em ambos *lazzaronis*, o lumpemproletariado armado e comprado contra o proletariado trabalhador e pensante. Em *Berlim,* presenciaremos em breve o terceiro ato.

Assim como a contrarrevolução viveu em toda a Europa pelas *armas*, ela morreria em toda Europa pelo *dinheiro*. O fado que cassaria a vitória seria a *bancarrota* europeia, a *bancarrota do Estado*. Nos escolhos "econômicos", as pontas das baionetas quebram-se como tenros pavios.

Mas o desenvolvimento não espera o dia do vencimento da letra de câmbio que os Estados europeus sacaram contra a sociedade europeia. Em *Paris,* o contragolpe aniquilador da Revolução de Junho será vencido. Com a vitória da "república vermelha" em Paris, os *Exércitos* serão lançados do *interior* dos países para as fronteiras e para além delas, e o *poder efetivo* dos partidos em luta se revelará claramente. Então nos lembraremos de junho, de outubro, e também nós clamaremos:

Vae victis![3]

As carnificinas inúteis desde as Jornadas de Junho e outubro, o enfadonho ritual de sacrifício desde fevereiro e março, o canibalismo da própria contrarrevolução convencerão o povo de que só há um meio para *encurtar*, simplificar, concentrar as terríveis dores da agonia da velha sociedade e as sangrentas dores do parto da nova sociedade, apenas *um meio* – o *terrorismo revolucionário*.

---

[3] Ai dos vencidos!

A crise em Berlim

NGR, n. 138, 9/11/1848

K. Marx

Colônia, 8 de novembro. A situação parece muito complicada, mas é muito simples.

O *rei*, como a *Nova Gazeta Prussiana*[1] corretamente observa, apoia *"sobre os mais amplos fundamentos"* seus direitos *"hereditários pela graça de Deus"*.

Do outro lado, a *Assembleia Nacional* não se apoia sobre *absolutamente nenhum fundamento*, ela deve primeiro constituir, estabelecer o fundamento.

Dois soberanos!

O elo entre ambos é *Camphausen*, a *teoria ententista*.

Tão logo os dois soberanos não possam ou não queiram mais conciliar, transformam-se em dois soberanos inimigos. O *rei* tem o *direito* de atirar a luva à Assembleia, e a *Assembleia* tem o *direito* de atirar a luva ao rei. O *maior direito* está do lado do *maior poder*. O poder se comprova na *luta*. A luta se comprova na *vitória*. Ambos os poderes só podem fazer valer seu direito pela *vitória*, seu não direito só pela *derrota*.

Até agora, o rei não foi um rei *constitucional*. É um rei *absoluto*, que se decide ou não pelo constitucionalismo.

Até agora, a Assembleia não foi *constitucional*, é *Constituinte*. Até agora, ela tentou constituir o constitucionalismo. Pode desistir ou não de sua *tentativa*.

Ambos, o rei e a Assembleia, submeteram-se provisoriamente aos rituais constitucionais.

A reivindicação do rei, de constituir ao seu arbítrio um ministério Brandenburg apesar da maioria da Câmara,[2] é a reivindicação de um *rei absoluto*. A pretensão da Câmara de proibir ao rei, por meio de uma delegação *direta*, a constituição de um ministério Brandenburg é a pretensão de uma *Câmara absoluta*.

---

[1] Diário publicado em Berlim desde junho de 1848; foi o órgão da camarilha contrarrevolucionária da corte e dos *junkers* prussianos. Também conhecido como *Gazeta da Cruz*, por trazer em seu título uma cruz da Landwehr (cruz de ferro) circundada pelas palavras "Avante com Deus, pelo rei e pela Pátria".

[2] Em 8 de novembro, o rei destituiu o ministério Pfuel e nomeou o ministério Brandenburg-Manteuffel. Em 9 de novembro, ordenou à Assembleia Nacional prussiana seu adiamento e transferência de Berlim para a cidadezinha provinciana de Brandenburg. Era o começo do golpe de Estado, consumado com a dissolução da Assembleia Nacional prussiana e a outorga de uma Constituição em 5 de dezembro de 1848.

O rei e a Assembleia pecaram contra a convenção constitucional.

O rei e a Assembleia retrocederam cada qual para seu âmbito originário; o rei, conscientemente, a Câmara, inconscientemente.

A vantagem está do lado do rei. O *direito* está do lado do *poder*.

A *frase sobre o direito* está do lado da *impotência*.

Um ministério *Rodbertus* seria o zero, em que mais e menos se anulam.

A contrarrevolução em Berlim

NGR, n. 141, 12/11/1848

K. Marx

Colônia, 11 de novembro. O *ministério Pfuel* foi um "*mal-entendido*"; seu verdadeiro sentido é o *ministério Brandenburg*. O ministério Pfuel foi a *indicação do conteúdo*, o ministério Brandenburg é o *conteúdo*.
Brandenburg na Assembleia e a Assembleia em Brandenburg.[1]
Eis o epitáfio da casa Brandenburg![2]
O imperador Carlos V foi admirado porque se fez enterrar ainda vivo.[3] Gravar uma piada de mau gosto na própria lápide é superar o imperador Carlos V e seu sistema penal, o Código Criminal.[4]
Brandenburg na Assembleia e a Assembleia em Brandenburg!
No passado, um rei da Prússia apresentou-se à Assembleia. Não era o verdadeiro Brandenburg. O marquês de Brandenburg, que anteontem se apresentou à Assembleia, era o verdadeiro rei da Prússia.
O Corpo da Guarda na Assembleia, a Assembleia no Corpo da Guarda! – isto é: *Brandenburg na Assembleia, a Assembleia em Brandenburg!*
Ou a *Assembleia em Brandenburg* – como se sabe, Berlim fica na província de Brandenburg – será o senhor... do *Brandenburg na Assembleia*? Brandenburg procurará proteção na Assembleia, como no passado Capeto em outra Assembleia?[5]

---

[1] Alusão às palavras de Frederico Guilherme IV a respeito do ministério Brandenburg: "Ou Brandenburg na Câmara, ou a Câmara em Brandenburg". A *Nova Gazeta Prussiana*, em seu número de 9 de novembro, retificou: "Brandenburg na Câmara e a Câmara em Brandenburg".

[2] A dinastia dos Hohenzollern, que em 1417 recebeu o marquesado de Brandenburg como feudo hereditário.

[3] O imperador Carlos V, segundo a tradição, pouco antes de sua morte, organizou as cerimônias de seu próprio funeral e tomou parte pessoalmente nessas solenidades fúnebres.

[4] O Código Penal de Carlos V ("Constitutio criminalis carolina"), aprovado em 1532 pelo parlamento em Ratisbona, destacava-se por suas penas extraordinariamente cruéis.

[5] Durante a insurreição popular de 10 de agosto de 1792, que derrubou a monarquia na França, o rei francês Luís XVI (Luís Capeto) procurou proteção na Assembleia Nacional. No dia seguinte, foi preso. A Convenção declarou-o culpado de conspiração contra a liberdade da nação e a segurança do Estado e o condenou à morte. Foi guilhotinado em 22 de janeiro de 1793. Nos números 19, 21, 22 e 98 de 19, 21 e 22 de junho e 9 de setembro, a *Nova Gazeta Renana* publicou uma série de artigos intitulada "Os debates da Convenção Nacional sobre Luís Capeto, ex-rei da França", sobre o julgamento deste.

Brandenburg na Assembleia e a Assembleia em Brandenburg é uma expressão dúbia, ambígua, prenhe de presságios.

É sabido que os povos acertam as contas muito mais facilmente com os *reis* do que com as *assembleias legislativas*. A história oferece um catálogo de revoltas inúteis do povo contra as assembleias nacionais. Exibe apenas duas grandes exceções. O povo inglês pulverizou o *Parlamento Longo* na pessoa de *Cromwell*, o povo francês, o corpo legislativo na pessoa de *Bonaparte*. Mas o Parlamento Longo já se tornara há muito uma *carcaça*, o corpo legislativo, há muito um *cadáver*.

Os *reis* são acaso mais felizes do que os povos nas *sublevações contra as Assembleias Legislativas*?

Carlos I, Jakob II, Luís XVI, Carlos X são quadros de ancestrais pouco promissores. Mas na *Espanha*, na *Itália* há predecessores felizes. E recentemente, em *Viena*?

Contudo, não devemos nos esquecer de que em Viena reunia-se um *Congresso de nações* e que os *representantes do povo eslavos*, com exceção dos poloneses, marcharam ao som da fanfarra para o campo imperial.[6]

A guerra da camarilha vienense contra a Dieta Imperial era ao mesmo tempo a guerra da Dieta Imperial *eslava* contra a Dieta Imperial *alemã*. Na Assembleia de Berlim, ao contrário, não são os *eslavos* que constituem uma cisão, mas somente os *escravos*, e escravos, escravos não são um partido, são no máximo a retaguarda de um partido. A desertora direita berlinense[7] não leva forças ao campo inimigo, e sim o infecta com uma doença mortal, com a *traição*.

Na Áustria, o partido *eslavo venceu* com a camarilha; ele agora *lutará* com a camarilha pelo botim. Se a camarilha berlinense vencer, não terá de dividir a vitória com a *direita* e a fará valer contra a *direita*; ela lhe dará uma *gorjeta* e um *pontapé*.

A Coroa prussiana está em seu *direito* quando enfrenta a Assembleia como uma *Coroa absoluta*. Mas a Assembleia está no *não direito*, porque não enfrenta a Coroa como uma *Assembleia absoluta*. Acima de tudo, ela deveria *prender* os ministros por *alta traição*, por *alta traição contra a soberania do povo*. Deveria pôr *sob vigilância, fora da lei*, todo funcionário que desse ouvidos a outras ordens que não as suas.

Assim seria possível que a fraqueza *política* com que a Assembleia Nacional se comportou em *Berlim* se transformasse em sua força *cívica* nas *províncias*.

A burguesia teria transformado com muito prazer a *monarquia feudal* em uma *monarquia burguesa* pelo caminho *amistoso*. Depois de arrancar ao partido feudal

---

[6] A maioria dos deputados eslavos da Dieta austríaca de 1848 pertencia aos círculos liberais da burguesia e dos proprietários rurais, que aspiravam a resolver a questão nacional pelo caminho da conservação e fortalecimento da monarquia Habsburgo por meio de sua conversão em uma federação de nacionalidades com direitos iguais. Durante a insurreição de Viena de outubro de 1848, os deputados do partido nacional-liberal tcheco foram para Praga e mantiveram o apoio ao imperador em Olmütz.

[7] Em resposta à "mensagem" do rei sobre o adiamento da Assembleia e sua transferência de Berlim para Brandenburg, a maioria dos deputados da ala direita abandonou a sala de sessões, entre eles também dois deputados de Colônia (Haugh e von Wittgenstein).

os brasões e títulos ofensivos a seu orgulho burguês e os rendimentos pertencentes à propriedade feudal que violam o modo de apropriação burguês, ela teria com todo o prazer se associado ao partido feudal e subjugado o povo junto com ele. Mas a alta burocracia não quer decair a criada de uma burguesia de quem fora até agora a despótica mestre-escola. O partido feudal não quer queimar suas distinções e seus interesses no altar da burguesia. E, finalmente, a Coroa vê nos elementos da velha sociedade feudal, de que ela é a mais alta emanação, seu chão social verdadeiro e natural, ao passo que na burguesia vê um terreno estranho e artificial, no qual só poderia se sustentar sob a condição de definhar.

A burguesia transforma o inebriante "*pela graça de Deus*" em um sóbrio *título jurídico*, o domínio do sangue no domínio do papel, o sol real numa burguesa lâmpada astral.

Por isso a monarquia não se deixou persuadir pela burguesia e respondeu à sua meia revolução com uma completa contrarrevolução. Empurrou novamente a burguesia para os *braços da revolução, do povo*, gritando-lhe:

Brandenburg na Assembleia e a Assembleia em Brandenburg.

Se admitimos não esperar da burguesia nenhuma resposta adequada à situação, não podemos deixar de observar, em contrapartida, que também a Coroa, em sua insurreição contra a Assembleia Nacional, recorreu à hipócrita imperfeição e ocultou a cabeça sob a aparência constitucional, no momento mesmo em que procurava se desfazer dessa incômoda aparência.

Brandenburg permitiu ao *poder central alemão lhe dar a ordem* para seu *golpe de Estado. Os regimentos da Guarda entraram em Berlim por ordem do poder central*. A contrarrevolução em Berlim ocorreu por ordem do poder central alemão. Brandenburg deu a Frankfurt a ordem para lhe dar esta ordem. Frankfurt negou sua soberania no momento em que pretendeu estabelecê-la. O sr. Bassermann naturalmente agarrou com ambas as mãos a oportunidade de o lacaio brincar de senhor. Mas ele tem a satisfação de que o senhor, por seu lado, brinca de lacaio.

Qualquer que seja a sorte de Berlim, o *dilema* está posto: *rei* ou *povo* – e o povo vencerá com o grito: *Brandenburg na Assembleia e a Assembleia em Brandenburg*.

Podemos passar ainda por uma dura escola, mas é a escola preparatória da *revolução plena*.

NGR, n. 141, 12/11/1848, 2ª edição

Colônia, 11 de novembro. A *revolução europeia* percorre um *ciclo*. Começou na Itália, em Paris assumiu um caráter europeu, Viena foi o primeiro eco da Revolução de Fevereiro, Berlim, o eco da Revolução de Viena. Na Itália, em Nápoles, a *contrarrevolução* europeia assestou seu primeiro golpe, em Paris – as Jornadas de Junho –, assumiu um caráter europeu; Viena foi o primeiro eco da contrar Revolução de Junho, em Berlim, ela se consumou e se comprometeu. *De Paris novamente o galo gaulês despertará a Europa.*[8]

Mas em *Berlim a contrarrevolução se compromete. Em Berlim tudo se compromete, mesmo a contrarrevolução.*

Em *Nápoles,* os *lazzaroni,* aliados à monarquia, contra a burguesia.

Em *Paris,* a maior luta histórica já travada. A burguesia, aliada aos *lazzaroni*, contra a classe trabalhadora.

Em *Viena,* todo um enxame de nacionalidades, que viram na contrarrevolução sua emancipação. Além disso, secreta perfídia da burguesia contra os trabalhadores e a Legião Acadêmica; luta na própria Guarda Cívica. Finalmente – ataque do povo, que deu o pretexto para o ataque da corte.

Em *Berlim ,nada disso.* A burguesia e o povo de um lado – os suboficiais do outro.

Wrangel e *Brandenburg*, dois homens sem cabeça, sem coração, sem opinião, meros bigodes – eis a oposição a essa Assembleia Nacional quizilenta, prudente, irresoluta.

Vontade! Ainda que seja a vontade de um asno, de um boi, de um bigode – *vontade* é o único requisito dos abúlicos quizilentos da Revolução de Março. E a *corte prussiana, que não tem qualquer vontade, assim como a Assembleia Nacional*, procura os *dois homens mais estúpidos* da monarquia e diz a estes leões: *Representai a vontade.* Pfuel tinha ainda um grão de cérebro. Mas diante da *estupidez absoluta,* os resmungões das conquistas de março se intimidam.

"*Com a estupidez mesmo os deuses lutam em vão*",[9]

exclama a perplexa Assembleia Nacional.

E estes Wrangels, estes Brandenburgs, estes cérebros sem tino, que podem *querer* porque não têm nenhuma vontade própria, porque querem o que lhes é *ordenado*, que são estúpidos demais para se desconcertarem com as ordens que se lhes dá com voz gaguejante, com lábios trêmulos, também eles se *comprometeram*, pois não vieram para *quebrar cabeças*, única tarefa da qual estes *rompe-muros* estão à altura.

Wrangel não vai além de admitir que só reconhece uma Assembleia Nacional, a que obedece ordens! *Brandenburg* dá aulas de decoro parlamentar, e depois de exasperar a Câmara com seu grosseiro e repugnante dialeto de suboficial, deixa o "tirano ser tiranizado" e obedece ordens da Assembleia Nacional, *pedindo* humildemente a palavra que há pouco queria *tomar*.

Melhor ser um piolho de uma ovelha
Do que uma tão valente estupidez![10]

---

[8] Na Introdução redigida em março de 1831 ao texto *Kahldorf sobre a nobreza nas cartas ao conde M. von Moltke*, Heine diz em relação à Revolução Francesa de 1830: "O galo gaulês cantou agora pela segunda vez, e também na Alemanha fez-se dia".

[9] Schiller, *A donzela de Orléans*, Ato 3, Cena 3. (*Mit der Dummheit kämpfen Götter selbst vergeblich.*)

[10] Shakespeare, *Troilus e Cressida*, Ato 3, Cena 3.

A atitude tranquila de Berlim nos *diverte*; contra ela quebram-se os ideais do suboficialato prussiano.

Mas e a Assembleia Nacional? Por que não pronuncia o *mise hors de loi*,[11] por que não declara os Wrangels fora da lei, por que nenhum deputado entra em meio às baionetas de Wrangel, declara-o proscrito e arenga à soldadesca?

A Assembleia Nacional de Berlim folheia o *Moniteur*, o *Moniteur* de 1789-1795.

E o que fazemos *nós* neste momento?

Nós recusamos os impostos. Um Wrangel, um Brandenburg compreendem – pois estas criaturas estudam árabe dos Hyghlans[12] – que trazem uma espada e um uniforme e recebem salários. Mas *de onde vem* a espada, o uniforme e o salário, isso eles não compreendem.

Só há um meio de derrotar a monarquia – isto é, até o *advento da antirrevolução de Junho em Paris*, que ocorrerá em dezembro.[13]

A monarquia não afronta apenas o povo, afronta a burguesia. Derrotemo-la, pois, à maneira burguesa.

E como se derrota a monarquia à maneira burguesa? Fazendo-a morrer de fome.

E como fazê-la morrer de fome? Recusando os impostos.

Reflitam bem nisso! Todos os príncipes da Prússia, todos os Brandenburgs e Wrangels não produzem nenhuma *munição de boca*. Vocês, vocês mesmos produzem a munição de boca.

NGR, n. 142, 14/11/1848

Colônia, 13 de novembro. Como outrora a Assembleia Nacional francesa encontrou interditada sua sala de sessões oficial e foi obrigada a continuar suas sessões no *Salão de Baile*, assim a Assembleia Nacional prussiana no *Clube de Atiradores*.[14]

A decisão de declarar *Brandenburg culpado de alta traição* – tomada no Clube de Atiradores e informada por nosso correspondente em Berlim no suplemento extra de hoje de manhã – não consta nas notícias da *Gazeta de Colônia*.

---

[11] Declarar fora da lei.

[12] Em 3 de novembro de 1848, a *Gazeta de Colônia* publicou um artigo sobre a tribo africana imaginária dos "Hyghlans", uma forma intermediária entre homem e macaco. "Muitos deles", dizia-se ali, "estudam a língua árabe". A *Nova Gazeta Renana* de 5 de novembro zombou dessa notícia e observou, entre outras coisas, que "esta descoberta [...] tem de qualquer modo o maior significado para o partido dos resmungões, que encontra nos Hyghlans uma potencialização apropriada".

[13] Em 10 de dezembro de 1848, de acordo com a Constituição de 4 de novembro, ocorreriam na França eleições presidenciais. Como resultado das eleições, Luís Bonaparte tornou-se presidente da República.

[14] Como resposta à "mensagem" do rei sobre o adiamento da Assembleia Nacional prussiana e sua transferência de Berlim para Brandenburg, a maioria dos deputados decidiu continuar as deliberações em Berlim. Em consequência disso, em 10 de novembro de 1848 a Assembleia Nacional foi expulsa de sua sede e de 11 a 13 de novembro reuniu-se no Clube de Atiradores de Berlim. A histórica sessão da Assembleia Nacional francesa no Salão de Baile em Versalhes ocorreu em 20 de junho de 1789.

Todavia, recebemos há pouco a carta de um *membro da Assembleia Nacional*, em que se lê *literalmente*:

> A Assembleia Nacional declarou unanimemente (242 membros) que Brandenburg, por esta medida (a dissolução da Guarda Cívica), tornou-se culpado de alta traição, e todos os que contribuírem ativa ou passivamente para a execução dessa medida serão considerados culpados de alta traição.[15]

A credibilidade de *Dumont* é conhecida.

Uma vez que a Assembleia Nacional declara *Brandenburg culpado de alta traição*, cessa *por si mesmo o dever de pagar impostos. A um governo culpado de alta traição não se deve nenhum imposto*. Amanhã informaremos detalhadamente a nossos leitores *como*, em conflitos semelhantes, *no mais antigo país constitucional, na Inglaterra,* foi tratada a *negação dos impostos*.[16] Aliás, o *próprio governo de alta traição* mostrou ao povo o caminho correto, *negando imediatamente à Assembleia Nacional os impostos* (as diárias etc.) e tentando *matá-la de fome*.

O supracitado deputado escreve-nos mais adiante: "*A Guarda Cívica não deporá suas armas*."

A luta parece, portanto, inevitável, e é dever da renânia apressar-se a socorrer a Assembleia Nacional de Berlim com homens e armas.

---

[15] Esta decisão foi tomada pela Assembleia Nacional prussiana em sua 98ª sessão, em 11 de novembro de 1848, no Clube de Atiradores de Berlim (ver "Sessões da Assembleia Constituinte na Prússia", vol. 9, volume suplementar).

[16] Na *Nova Gazeta Renana* n. 142 (segunda edição) e n. 143, de 14 e 15 de novembro de 1848, foi publicado o artigo de Georg Weerth "A Negação dos Impostos na Inglaterra à época do Reform-Bill no ano de 1832".

[Cavaignac e a Revolução de Junho][1]

NGR, n. 142, 14/11/1848, 2ª edição

K. Marx

E. Girardin é patético em sua apologia do cretino imperialista, *Luís Napoleão*, o *"pequeno policial"*;[2] é amável em seu ataque a *Cavaignac*, a espada do sr. Marrast. Desde 7 de novembro ele publica, em números sucessivos, uma filípica contra o *herói da burguesia europeia*, que se tinha apaixonado por seu barrete de dormir árabe.[3] Infiel como ela é, sacrificou-o ao *Sipehsalar Jellachich*, que é agora o *lion* da negociata europeia.

Trazemos a nossos leitores o texto integral da *acte d'accusation*[4] da *Presse*. Em contraposição a todos os jornais europeus, de formatos grandes ou pequenos, nós compreendemos a *Revolução de Junho*, como a história confirmou. É preciso voltar de tempos em tempos a seus momentos e atores principais, pois a *Revolução de Junho é o centro* em torno do qual giram a revolução e a contrarrevolução europeias. O distanciamento da Revolução de Junho marcou, como dissemos ao tempo em que se realizava, o zênite da contrarrevolução, que devia percorrer a Europa. O retorno à Revolução de Junho é o verdadeiro início da revolução europeia. Portanto, de volta a *Cavaignac*, ao *inventor* do *estado de sítio*.

---

[1] Marx escreveu "*Cavaignac e a Revolução de Junho*" como Introdução da redação do jornal a uma série de artigos que, sob o título "O Sr. Cavaignac", foram publicados nos números 142 (segunda edição), 145 (suplemento extraordinário), 146, 147 (segunda edição), 157 (suplemento) e 158 da *Nova Gazeta Renana* de 14, 17, 18 e 19 de novembro e de 1 e 2 de dezembro de 1848. Os artigos eram uma tradução do jornal francês *La Presse*, no qual tinham sido publicados de 7 a 11 de novembro de 1848 sob o título "M. Cavaignac devant la Commission d'Enquête sur l'insurrection du 23. Juin" ("O sr. Cavaignac diante da Comissão de Inquérito sobre a Insurreição de 23 de junho").

[2] Alcunha de Luís Bonaparte, que, na emigração inglesa, fazia parte da agência especial de polícia; alusão ao apelido de Napoleão I, "pequeno caporal".

[3] Alusão à participação do general Cavaignac na conquista da Argélia e a sua atividade como governador em 1848, na qual se destacou pela repressão sangrenta ao movimento de libertação nacional árabe. Por este "ato heróico" Cavaignac granjeou, entre a burguesia francesa, a reputação de um fiel "guardião da ordem".

[4] Auto de acusação.

Convocação do Comitê Distrital Renano dos Democratas[1]

NGR, n. 143, 15/11/1848

K. Marx

Convocação
Colônia, 14 de novembro. O Comitê Distrital Renano dos Democratas convoca todas as associações democráticas da Renânia a reunir-se imediatamente e a promover assembleias populares em toda a região, a fim de encorajar toda a população da Renânia a não pagar os impostos, como o meio mais prático para enfrentar o ato arbitrário cometido pelo governo contra a Assembleia dos representantes do povo prussiano. Deve ser desaconselhada qualquer resistência violenta contra eventuais cobranças dos impostos com mandado de execução e, ao contrário, recomenda-se não participar em leilões públicos.

Para decidir sobre as próximas medidas, o Comitê Distrital considera necessário convocar um congresso de deputados das Associações, e assim os convida para quinta-feira, 23 deste mês, às 9 h. da manhã (no Salão de Eiser, aqui mesmo na Rua da Comédia).

Colônia, 14 de novembro de 1848.
Em nome do Comitê Distrital:
Karl Marx, Schneider II

---

[1] O Comitê Distrital Renano dos Democratas, no qual Marx desempenhou papel dirigente, era a mais ativa das organizações democráticas da Renânia e da Westfália. Em fins de junho de 1848, foi constituído um Comitê Central com base na decisão do primeiro Congresso dos Democratas em Frankfurt, composto por representantes das três organizações democráticas de Colônia – a Sociedade Democrática, a Associação dos Trabalhadores, a Associação de Trabalhadores e Empregadores. Este comitê, até a convocação do primeiro Congresso dos Democratas, preenchia provisoriamente a função do Comitê Distrital Renano. O primeiro Congresso Renano dos Democratas, que ocorreu em 13 e 14 de agosto em Colônia e do qual Marx e Engels participaram, ratificou a composição do Comitê Central das três associações democráticas de Colônia como Comitê Distrital Renano dos Democratas. Dele faziam parte Schneider II, Marx, Schapper e Moll. No início do golpe de Estado contrarrevolucionário na Prússia, o Comitê Distrital conclamou, antes da decisão da Assembleia Nacional, a população da Renânia a não pagar os impostos. A *Nova Gazeta Renana* n. 147, de 19 de novembro de 1848 (segunda edição), informou sobre a negação dos impostos nas cidades e municípios rurais – por exemplo, Wittlich, Bernkastel, Bonn, Colônia e Neheim.

O ministério é acusado[1]

NGR, n. 143, 15/11/1848, suplemento extra

K. Marx

A cidade de Brandenburg não quer saber do ministério Brandenburg e envia uma Mensagem de Agradecimento à Assembleia Nacional.

Em suas mensagens, todo o país reconhece apenas o governo da Assembleia Nacional.

O ministério cometeu outra alta traição ao proclamar o estado de sítio sem autorização da Assembleia Nacional, em oposição ao Habeas-Corpus-Act,[2] e ao expulsar a própria Assembleia Nacional, sob baionetas, do Clube de Atiradores.

A Assembleia Nacional tem por sede a nação, não o interior desta ou daquela pilha de pedras. Se é expulsa de Berlim, ela se reunirá em qualquer outro lugar, em Breslau, em Colônia ou onde lhe aprouver. Tomou essa decisão em sua sessão do dia 13.[3]

Os berlinenses mofam do estado de sítio e não se deixam de maneira alguma restringir por ele. Ninguém depôs as armas.

De diferentes regiões, homens armados se apressam a socorrer a Assembleia Nacional.

As Guardas recusam-se a obedecer. Os soldados confraternizam cada vez mais com o povo.

A Silésia e a Turíngia estão em plena insurreição.

Mas nós, cidadãos, os conclamamos: enviem dinheiro ao Comitê Central democrático em Berlim. Em contrapartida, não paguem nenhum imposto ao governo contrarrevolucionário. A Assembleia Nacional declarou que a negação dos impostos tem apoio legal. Ela ainda não a promulgou como resolução por consideração aos funcionários. A *dieta de fome* ensinará esses funcionários a conhecer o poder dos cidadãos e fará deles próprios bons cidadãos.

---

[1] Em sua 101ª sessão, em 13 de novembro de 1848, no Clube de Atiradores de Berlim, a Assembleia Nacional prussiana aprovou um memorial declarando como alta traição as medidas do ministério Brandenburg. Ela decidiu publicar esse memorial e entregá-lo ao promotor público, para que ele cumprisse seu dever.

[2] Por analogia à Constituição inglesa de 1679, que proibiu a prisão de cidadãos sem ordem judicial, a "Lei de proteção da liberdade pessoal", adotada pela Assembleia Nacional prussiana em 28 de agosto de 1848, denominava-se Habeas-Corpus-Act.

[3] Esta resolução foi aprovada pela Assembleia Nacional prussiana já em sua 100ª sessão, em 12 de novembro de 1848 (sessão vespertina), no Clube de Atiradores de Berlim.

Matem à fome o inimigo e não paguem os impostos! Nada mais insensato do que oferecer a um governo de alta traição meios para a luta contra a nação, e o meio de todos os meios é *dinheiro*.

Declaração

NGR, n. 145, 17/11/1848

K. Marx

Colônia, 16 de novembro. A *Gazeta de Colônia*, em seu número de 16 de novembro,[1] estabelece um vínculo totalmente fictício entre a "Convocação do Comitê Distrital Renano dos Democratas"[2] e uma "*Garantia*" sobre o não pagamento dos impostos supostamente enviada às províncias pela extrema-esquerda da Assembleia Nacional prussiana. Quem assina não havia tomado conhecimento da notícia divulgada pelos membros da extrema-esquerda sobre uma recusa dos impostos já decidida pela Assembleia Nacional.

Karl Marx, Schneider II

---

[1] Na *NGR*: 15 de novembro.
[2] Ver "Convocação do Comitê Distrital Democrático da Renânia".

Confissões de uma bela alma[1]

NGR, n. 145, 17/11/1848

K. Marx

Colônia, 16 de novembro. Predissemos à ala direita o que a esperava se a camarilha vencesse – uma *gorjeta* e um *pontapé*.[2]

Nós nos enganamos. A luta ainda não foi decidida, e ela já recebe o *pontapé* de seus chefes, sem receber a *gorjeta*.

A *Nova Gazeta Prussiana*, dama da cruz da Landwehr "com Deus, pelo rei e pela Pátria", *órgão oficial dos atuais detentores do poder*, qualifica, em seu último número, os deputados *Zweiffel* (procurador-geral em Colônia) e *Schlink* (conselheiro da Corte de Apelação em Colônia) como – adivinhe o leitor – "*estômagos revolucionários*" (a *Nova Gazeta Prussiana* escreve "estómagos"). Fala da "*inexprimível vacuidade de pensamentos e irreflexão*" desses senhores. Considera que mesmo as "*fantasias de Robespierre*" são superiores às ideias desses "*senhores da seção central*". *Avis à Mess[ieurs] Zweiffel et Schlink!*[3]

No mesmo número dessa folha, *Pinto-Hansemann* é declarado um "*líder da extrema-esquerda*" e, segundo o mesmo jornal, contra líderes da extrema-esquerda só há um meio – a *lei marcial* – a corda. *Avis à M[onsieur] Pinto-Hansemann, o ex-ministro da Ação e da Konstabler*!

Para um *diário oficial*, a *Nova Gazeta Prussiana* usa de excessiva franqueza ingênua. Diz alto demais aos diversos partidos o que permanece lacrado nos registros da *Santa Casa*.[4]

Na Idade Média abria-se o Virgílio[5] para profetizar. No Brumário prussiano de 1848,[6] abre-se a *Nova Gazeta Prussiana* para economizar o trabalho de adivinhar. Damos novos exemplos. O que a camarilha prepara para os *católicos*?

---

[1] Título do 6º Livro do romance de Goethe *Os anos de aprendizado de Wilhelm Meister*.
[2] Ver "A contrarrevolução em Berlim".
[3] Para conhecimento dos srs. Zweiffel e Schlink.
[4] *Santa Casa* (em espanhol no original) – assim se chamava a prisão da Inquisição em Madri.
[5] O uso místico dos poemas do poeta romano Virgílio conservou-se até bem depois da Idade Média: as *sorte virgilianae*, na qual o primeiro verso que se apresentasse no livro aberto ao acaso era admitido como oráculo.
[6] Comparação entre o golpe de Estado na Prússia e o de 18 de Brumário do Ano 8 (9 de novembro de 1799) na França, quando Napoleão Bonaparte se tornou primeiro Cônsul e assumiu o governo. Brumário – segundo mês do calendário republicano francês, de 22 de outubro a 22 de novembro.

Ouçam!

O n. 115 da *Nova Gazeta Prussiana* diz: "*É igualmente uma inverdade que o Estado* (a saber, o Estado monárquico prussiano, o Estado da cruz da Landwehr em seu período pré-março) *assumira um caráter confessional estrito e que conduzira os assuntos religiosos deste ponto de vista unilateral. Essa acusação, entretanto, se fosse verdadeira, expressaria um decidido elogio. Mas é uma inverdade;* pois *é sabido* que nosso regime abandonou expressamente *o velho e bom ponto de vista* de um *governo evangélico*".

É sabido que *Frederico Guilherme III* transformou a religião num ramo da *disciplina militar* e espancou policialescamente os dissidentes. É sabido que *Frederico Guilherme IV*, como um dos 12 pequenos profetas, quis, por meio do ministério *Eichhorn-Bodelschwingh--Ladenberg*, converter violentamente o povo e a ciência à *religião de Bunsen*. É sabido que mesmo sob o ministério *Camphausen* os *poloneses* foram saqueados, queimados, massacrados tanto por serem *poloneses* quanto por serem *católicos*. A questão para os *pomeranos* sempre foi *transpassar com baionetas* a imagem da mãe de Deus na Polônia e *enforcar* os padres católicos. As perseguições aos *protestantes dissidentes* sob *Frederico Guilherme III* e *Frederico Guilherme IV* são também conhecidas.

O primeiro soterrou em fortalezas os pastores protestantes que rejeitaram os rituais e a dogmática especiais inventados por ele. Este homem foi um grande inventor de casacos militares e rituais. E o segundo? O ministério *Eichhorn*? É suficiente mencionar o ministério Eichhorn.

Mas tudo isto não foi nada!

"*Nosso regime abandonou expressamente o velho e bom ponto de vista de um governo evangélico*". Esperai, pois, a *restauração* Brandenburg-Manteuffel, *católicos da Renânia* e *da Westfália* e *da Silésia*! Fostes outrora açoitados com *varas*, sereis flagelados com *escorpiões*. Ireis conhecer expressamente o "*velho e bom ponto de vista de um governo evangélico*"!

E até mesmo aos *judeus*, que desde a emancipação de sua seita por toda parte se puseram, ao menos na pessoa de seus distintos representantes, na *vanguarda da contrarrevolução*, o que os espera?

Não se esperou a vitória para lançá-los de volta a seu gueto.

Em *Bromberg*, o governo renovou as velhas restrições à liberdade de locomoção e domicílio e despojou os judeus de um dos primeiros direitos humanos de 1789, o de ir e vir livremente.

Este é "*um*" dos aspectos do governo do verborrágico *Frederico Guilherme IV* sob os auspícios de *Brandenburg-Manteuffel-Ladenberg*.

Em seu número de 11 de novembro,[7] a *Nova Gazeta Prussiana* disparou que a *prosperidade* do "*partido liberal-constitucionalista*" é um engodo. No entanto, ela já balança ceticamente a cabeça sobre os *constitucionalistas*.

---

[7] Na *NGR*: 10 de novembro.

"Por enquanto, nossos *constitucionalistas* certamente ainda sentem um *enorme acanhamento* de se *confessarem reacionários* coletivamente nas associações ou em seus órgãos públicos."

Mas ainda acrescenta, branda e oportunamente: "*Nenhum*" (liberal-constitucionalista) "*dissimula mais, há muito*, que atualmente só há salvação em uma *reação legal*", o que significa dizer, tornar *reacionária* a *lei* ou *legal* a *reação*, elevar a *reação a lei*.

Em seu número de 15 de novembro,[8] a *N[ova] G[azeta] P[russiana]* não faz mais cerimônias com os "*constitucionalistas*" que queriam elevar a *reação* a *lei*, mas se arrepiam diante do ministério Brandenburg-Manteuffel porque ele quer a *contrarrevolução sans phrase*.[9]

"Devemos", diz ela, "*abandonar os constitucionalistas ordinários à sua sorte!*" Prender todos! Enforcar todos!

Para informação dos constitucionalistas ordinários!

E em que consiste o *constitucionalismo extraordinário de Frederico Guilherme IV* sob os auspícios de Brandenburg-Manteuffel-Ladenberg?

O órgão oficial do governo, a dama da cruz da Landwehr com Deus, pelo rei e pela Pátria, trai os segredos do *constitucionalismo extraordinário*.

O "meio de salvação mais simples, mais direto e menos perigoso" é, naturalmente, "transferir a Assembleia para um outro local", de uma capital para um corpo de guarda, de Berlim para Brandenburg.

Esta transferência, no entanto, como a *Nova Gazeta Prussiana* revela, é apenas uma "*experiência*".

"*É preciso*", diz ela, "*fazer a experiência para ver se, graças à transferência a um outro local, a Assembleia reconquista, com a recuperação da liberdade de movimento exterior, também a liberdade interior.*"

Em Brandenburg, a Assembleia será *exteriormente livre*. Não estará mais sob a influência das camisas,[10] e sim somente sob a influência dos bigodudos sabres de cavalaria.

Mas, e a *liberdade interior*?

Em Brandenburg, a Assembleia se *libertará* dos preconceitos e dos reprováveis sentimentos revolucionários do século XIX? *Sua alma* será suficientemente *livre* para proclamar o direito de caça feudal, todos os trastes mofados das demais obrigações feudais, as diferenças estamentais, a censura, a desigualdade de impostos, a nobreza, a monarquia absoluta e a pena de morte, pelos quais Frederico Guilherme IV é apaixonado, a espoliação e o desperdício do trabalho nacional pelos pálidos canalhas, que tinham o aspecto do Amor, da Fé e da Esperança,[11] por famintos *junker*, tenentes da guarda e personificações

---

[8] Na *NGR*: 15 de abril.
[9] Sem rodeios.
[10] Homens de camisa – designação dos que pertenciam ao quarto Estado, os trabalhadores; usado também para revolucionários.
[11] Heine, *Alemanha. Um conto de inverno*, cap. VIII, versos 37-38. (*Die blassen Kanaillen, die ausgesehn/Wie Liebe, Glauben und Hoffen.*)

de registros de boa conduta, mesmo em Brandenburg a Assembleia Nacional será *interiormente livre* o suficiente para proclamar outra vez todos estes artigos da velha miséria como *artigos de fé oficiais*?

Sabe-se que o partido contrarrevolucionário havia difundido a palavra de ordem: "*Fim dos trabalhos constitucionais!*"

O órgão do ministério Brandenburg-Manteuffel-Ladenberg *desdenhou* trazer por mais tempo *essa máscara*.

"O estado das coisas", admite o *órgão oficial*,

> chegou a um ponto em que *o tão longamente ansiado fim dos trabalhos constitucionais não nos poderá mais ajudar*. Pois quem pode *se ocultar por mais tempo* que um documento ditado aos representantes do povo *artigo por artigo* sob ameaça de roda e forca e do qual a *Coroa* foi *afastada só será considerado obrigatório* enquanto *a coação direta for capaz de conservá-lo*?

Portanto, *revogar* novamente *artigo por artigo* os miseráveis direitos do povo conquistados pela Assembleia Nacional em Berlim, eis a tarefa da Assembleia Nacional em Brandenburg!

Se não *restaurar* plenamente, *artigo por artigo*, os velhos trastes, ela demonstrará que em Brandenburg até reconquistou "*a liberdade de movimento exterior*", mas não a *liberdade interior* reivindicada por Potsdam.

E como deve agir o governo contra a obstinação espiritual, contra a *iliberdade interior* da Assembleia transferida para Brandenburg?

"*Deveria seguir-se a dissolução*", clama a *Nova Gazeta Prussiana*.

Mas o *povo*, lembra-se ela, talvez seja *ainda menos livre interiormente* do que a Assembleia.

"Seria possível", diz dando de ombros, "pôr em *dúvida se novas eleições primárias não poderiam trazer à luz um resultado ainda mais deplorável do que as anteriores.*"

O povo, em suas eleições primárias, teria a *liberdade de movimento exterior*. Mas e a *liberdade interior*?

That is the question![12]

Os artigos da Assembleia gerada pelas novas eleições primárias poderiam exceder os velhos em perversidade.

O que fazer, então, contra os "velhos" artigos? A dama da cruz da Landwehr toma posição.

"*O punho os gerou*" (os velhos artigos desde 19 de março), "*o punho os derrubará – e isto graças a Deus e ao Direito.*"

O *punho* restabelecerá o "velho e bom regime".

O *punho* é o último argumento da Coroa; o *punho* será o último argumento do povo.

---

[12] "Eis a questão" – de Shakespeare, *Hamlet*, ato III, cena 1.

O povo rechaça sobretudo os punhos miseráveis e famintos que tiram de sua bolsa listas civis – e canhões. Os punhos fanfarrões emagrecerão assim que ele não os engordar mais. *O povo recusa sobretudo os impostos*, e – mais tarde se poderá contar de que lado está a *maioria dos punhos*.

Todas as assim chamadas conquistas de março *só serão consideradas obrigatórias enquanto a coação direta for capaz de conservá-las. O punho as gerou, o punho as derrubará.*

A *Nova Gazeta Prussiana* o disse, e o que a *Nova Gazeta Prussiana* diz, Potsdam disse. Portanto, sem mais ilusões! *O povo deve dar cabo das meias medidas de março ou a Coroa dará cabo dele.*

A Gazeta de Colônia

NGR, n. 145, 17/11/1848

K. Marx

Colônia, 16 de novembro. A redação da *Gazeta de Colônia*, no número de 16 de novembro,[1] caracteriza a si mesma de maneira genial:

"Em *nossa oscilação* entre o medo da anarquia hoje e o medo da reação amanhã, lembramo-nos intensamente das palavras de Lutero: 'O homem é como um camponês bêbado: sobe no cavalo por um lado, e cai novamente pelo outro lado'".

O *medo* é o *pathos*[2] da *Gazeta de Colônia*.

---

[1] Na *NGR*: 15 de novembro.
[2] Paixão.

Nenhum imposto mais!!!

NGR, n. 145, 17/11/1848, suplemento extraordinário

K. Marx

Colônia, 16 de novembro. Nenhum dos jornais de Berlim chegou, à exceção do *Diário Oficial Prussiano*, da *Gazeta de Voss* e da *Nova Gazeta Prussiana*.

O desarmamento da Guarda Cívica foi consumado no bairro dos conselheiros titulares,[1] mas só no bairro dos conselheiros titulares. É o mesmo batalhão que em 31 de outubro assassinou os metalúrgicos.[2] Seu desarmamento é um trunfo para a causa popular.

A Assembleia Nacional foi novamente expulsa pela força das armas da prefeitura de Colônia.[3] Ela se dirigiu então para o Hotel Mielentz, onde finalmente tomou por unanimidade, com *226 votos*, a resolução de *recusar os impostos*, conforme se segue.[4]

> O ministério Brandenburg não está autorizado a dispor de dinheiro público nem a cobrar impostos enquanto a Assembleia Nacional não puder prosseguir livremente suas sessões em Berlim.
>
> Esta resolução entra em vigor em 17 de novembro.
>
> Assembleia Nacional de 15 de novembro.

Portanto, de hoje em diante estão suspensos os impostos! O pagamento de impostos é alta traição, não pagar impostos é o primeiro dever dos cidadãos!

---

[1] O assim chamado bairro dos conselheiros titulares situava-se no Sudoeste de Berlim e era habitado principalmente por funcionários prussianos.

[2] Em 31 de outubro de 1848 houve em Berlim uma manifestação em protesto contra as atrocidades da contrarrevolução austríaca no esmagamento da insurreição de Viena, que terminou com um ataque do 8º Batalhão da Guarda Cívica aos operários metalúrgicos desarmados. A reação prussiana aproveitou-se dessa provocação, substituindo o ministério Pfuel pelo ministério Brandenburg.

[3] A prefeitura de Colônia (demolida em 1890) situava-se no centro de Berlim, que, até a metade do século XIX, conservou o antigo nome de Kölln ou Altkölln.

[4] A resolução sobre a negação dos impostos foi assumida pela Assembleia Nacional prussiana em sua 102ª sessão, em 15 de novembro de 1848, no salão do Hotel Mielentz.

Um despacho de Eichmann

NGR, n. 147, 19/11/1848

K. Marx

Colônia, 18 de novembro.

As conclamações ao não pagamento dos impostos que vêm sendo ouvidas impõem-me o dever de exortar seriamente contra isso na província entregue a meus cuidados.

Depois que o rei expôs publicamente os importantíssimos fundamentos da transferência da Assembleia Nacional de Berlim, depois que uma grande parte dos deputados reconheceu o direito da Coroa e a Assembleia Nacional alemã, assim como o poder central em Frankfurt, aderiu a este reconhecimento, não pode ser meu propósito expressar também a minha posição quanto a esta opinião formada pelos moradores da Renânia sobre este ato do governo do Estado.

Já o meu cargo me impõe repudiar, com todos os meios que estejam à minha disposição, qualquer ataque às leis e seu cumprimento, sem os quais nenhum Estado pode existir. Um tal ataque subjaz às conclamações a não pagar mais os impostos, que são meios indispensáveis para a manutenção da ordem e da legalidade, impostos prescritos por vias legais e que só poderiam ser modificados em virtude de uma lei.

Segundo minha experiência do respeito às leis que caracteriza os habitantes da província, não posso lhes atribuir uma violação das leis de graves consequências; ao contrário, confio em que resistirão inabalavelmente a toda tentação contra sua honra e o bem-estar comum. Mas, para os casos imprevistos em que, não obstante, essa confiança se demonstre uma ilusão, espero de todas as autoridades provinciais e locais que garantam o pagamento dos impostos com toda a força que a lei lhes confere e cumpram sem vacilações seu dever oficial.

Colônia, 17 de novembro de 1848.
O presidente da Renânia,
(as.) Eichmann.

Eis a resposta do ex-ministro e presidente *Eichmann* à conclamação do Comitê Distrital Renano dos Democratas.

Quando escreveu esta sua epístola aos tessalônicos, o sr. Eichmann já conhecia a *resolução*[1] *da Assembleia Nacional sobre a recusa dos impostos?*

---

[1] Ver "Nenhum imposto mais!!!"

Eichmann representou anteriormente Brandenburg-Manteuffel no interior do ministério Pfuel. Ele agora os representa à cabeça da Renânia. Eichmann é a *contrarrevolução no governo* da Renânia.

Os despachos do sr. Eichmann têm, portanto, o mesmo valor que os despachos do sr. Brandenburg. *Acusação por alta traição* será, cedo ou tarde, a digna conclusão da carreira do sr. Eichmann, do bravo homem – que em seus anos juvenis enviava para as fortalezas, com infatigável fervor, os "culpados de alta traição".

No despacho acima, o sr. presidente Eichmann declara-se *inimigo público da Assembleia Nacional*, totalmente ao contrário do sr. presidente *Pinder*, da Silésia, que é sabidamente monarquista. O sr. Eichmann *deixou, portanto*, de ser *presidente*, assim como seu chefe Brandenburg deixou de ser ministro. *O sr. Eichmann destituiu a si mesmo*. Os funcionários que seguirem suas ordens contrarrevolucionárias o farão por sua conta e risco.

Se os moradores da Renânia também quiserem apoiar a Assembleia Nacional de uma maneira mais eficaz do que por meras mensagens, se não quiserem dobrar seus joelhos apaticamente e sem resistência perante o chicote, devem obrigar *todas as autoridades, especialmente os chefes de distrito, conselheiros provinciais, burgomestres* e autoridades municipais, a declarar *publicamente se eles* reconhecem a Assembleia Nacional e pretendem seguir suas resoluções, *oui ou non?*[2] Em caso de recusa, e especialmente de transgressão direta dessas resoluções, estes funcionários serão 1. *destituídos*, 2. declarados *culpados de alta traição*, e em seu lugar serão nomeados *comitês de salvação pública* provisórios, cujas ordens serão as únicas consideradas legais. Onde as autoridades contrarrevolucionárias pretenderem impedir violentamente a formação desses comitês de salvação pública e o exercício de suas funções, *todo tipo de violência deve ser oposto à violência*. A resistência *passiva* deve ter como apoio *a resistência ativa. Do contrário, ela se parecerá com a oposição do bezerro a seu açougueiro.*

---

[2] Sim ou não?

[Conclamação do Comitê Distrital Renano dos Democratas à negação dos impostos]

NGR, n. 147, 19/11/1848, 2ª edição

K. MARX

Conclamação[1]

Colônia, 18 de novembro. O Comitê Distrital Renano dos Democratas conclama todas as associações democráticas da Renânia a adotar e executar as seguintes medidas:

1) Depois que a própria Assembleia Nacional decidiu pela negação dos impostos, seu recolhimento violento deve ser recusado *em toda parte* e por *todas as formas de resistência*.

2) Deve ser organizada em toda parte uma *milícia popular para resistir ao inimigo*. Para os que não têm recursos, armas e munição serão custeadas pela comunidade ou por contribuições voluntárias.

3) Todas as autoridades devem ser intimadas a declarar publicamente se pretendem reconhecer e cumprir as resoluções da Assembleia Nacional. Caso se recusem, devem ser nomeados *Comitês de Salvação Pública*, e, se possível, em acordo com os Conselhos Municipais. Os Conselhos Municipais que se oponham à Assembleia Legislativa devem ser renovados por *sufrágio universal*.

Colônia, 18 de novembro.
Em nome do Comitê Distrital Renano dos Democratas
Karl Marx, Karl Schapper, Schneider II

---

[1] Essa "Conclamação" teve por consequência um inquérito judicial contra Marx, Schapper e Schneider II.

O Conselho Municipal

NGR, n. 148, 21/11/1848

K. Marx

Colônia, 20 de novembro. O Conselho Municipal de Colônia enviou a Berlim uma petição em que suplica humildemente ao rei para demitir o ministério, a fim de salvar a monarquia.

O Conselho Municipal de Colônia, isto é, o sr. Dumont e consortes, volta-se para o rei, enquanto toda a Renânia vira as costas ao rei a fim de voltar-se para a Assembleia Constituinte. O sr. Dumont, isto é, o Conselho Municipal, quer salvar o rei, enquanto a Renânia pensa somente em salvar a si mesma. Como se a salvação do rei estivesse vinculada à salvação da Renânia! Num momento em que o rei e imperador se salva por meio do estado de sítio e do bombardeio, o Conselho Municipal quer salvar o rei. Quem disse ao Conselho Municipal para salvar o rei e lançar mão de uma petição que é a obra mais servil dos poltrões de Colônia? De acordo com os antecedentes do rei e do Conselho Municipal de Colônia, este último implora por nada mais do que um pontapé.

Se o Conselho Municipal de Colônia houvesse prestado mais atenção à decisão dos deputados berlinenses[1] do que à vontade autocrática e à salvação do rei, teria há muito guarnecido os portões da cidade de Colônia para evitar a cobrança dos impostos e apoiar a vontade da Câmara. O Conselho Municipal de Colônia deve ser, por isso, imediatamente destituído. Todas as autoridades jurídicas e fiscais que não impedirem com toda a energia a arrecadação dos impostos devem ser tratadas como culpadas de alta traição.

Se a cidade de Colônia não destituir seu Conselho Municipal e não enviar imediatamente para Berlim dois novos deputados em lugar dos que fugiram, ela merece o *chicote*.

---

[1] Ver "Nenhum imposto mais!!!".

[Conclamação aos democratas da Renânia]

NGR, n. 148, 21/11/1848, 2ª edição

K. Marx

Conclamação
　Colônia, 20 de novembro.
　Democratas da Renânia!
　Em vez do presidente Eichmann, o conhecido procurador-geral *Zweiffel*, por meio do juiz de instrução *Leuthaus*, entregou a vosso Comitê uma ordem de comparecimento para amanhã, por incitação pública à rebelião.
　Espera-se tumulto; o governo militar de Colônia tomou todas as providências; de acordo com uma ordem emanada de um ministério de alta traição, Colônia deve, nessa ocasião, ser declarada em estado de sítio.
　Frustrem essa esperança. Seja o que for que nos aconteça, mantenham a calma.
　O congresso se realizará sob quaisquer circunstâncias.
　A Renânia derramará até sua última gota de sangue antes de se submeter ao regime do domínio do sabre.

Karl Marx, Karl Schapper, Schneider II

Sobre a proclamação do ministério Brandenburg-Manteuffel relativa à negação dos impostos

NGR, n. 149, 22/11/1848

K. Marx

Colônia, 21 de novembro. O ministério Brandenburg-Manteuffel ordenou que todos os governos monárquicos recolhessem os impostos por medidas violentas.[1]

O ministério Brandenburg-Manteuffel, que se apoia sobre terreno ilegal, aconselha o uso da força contra os que se negarem e moderação contra os incapacitados.

Estabelece, pois, duas categorias de não pagadores: os que não pagam para cumprir a vontade da Assembleia Nacional e os que não pagam porque não podem pagar. O objetivo do ministério é de fato muito claro. Ele pretende dividir os democratas; pretende levar os camponeses e trabalhadores a contar a si próprios como não pagantes por impossibilidade, para os separar dos não pagantes pela legalidade e assim privar os últimos do auxílio dos primeiros. Mas esse plano fracassará; o povo compreende que é solidariamente responsável pela negação dos impostos, assim como antes foi solidariamente responsável por seu recolhimento.

A luta será decidida entre o poder pago e o poder pagante.

---

[1] O ofício do Ministério Público mencionado por Marx, "A todos os governos reais", de 18 de novembro de 1848, foi publicado no *Diário Oficial Prussiano* n. 200, de 20 de novembro de 1848.

A procuradoria geral e a *Nova Gazeta Renana*

NGR, n. 149, 22/11/1848

K. Marx

Colônia, 21 de novembro. Quem está sobre o terreno do direito, o presidente Eichmann ou os redatores da *Nova Gazeta Renana*? Quem deve adentrar o terreno da prisão, os redatores da *Nova Gazeta Renana* ou o presidente Eichmann? Essa questão está atualmente aguardando decisão do Ministério Público, representado por Zweiffel. O Ministério Público, representado por Zweiffel, ficará do lado do ministério Brandenburg ou, como antigo colaborador da *Nova Gazeta Renana*,[1] tomará o partido de seus colegas? Essa questão está atualmente aguardando decisão do público.

A *Nova Gazeta Renana* insistiu na suspensão dos impostos antes da decisão da Assembleia Nacional;[2] estava dentro da lei antes do Poder Legislativo. E se essa antecipação à legalidade é uma ilegalidade, a redação da *Nova Gazeta Renana* esteve no terreno da ilegalidade durante seis dias inteiros. O sr. Zweiffel teria podido inquirir durante seis dias, mas no sétimo dia deveria descansar de seu zelo inquisidor.

Mas, no sétimo dia, quando a obra da criação estava completa e o sr. Zweiffel celebrava o Sabbat e a Assembleia Nacional elevara à lei a negação dos impostos, o sr. presidente Eichmann recorre ao sr. Zweiffel para inquirir contra aqueles que haviam incitado à negação dos impostos. Quem incitou à negação dos impostos? A redação da *Nova Gazeta Renana* ou a Assembleia Nacional em Berlim? Quem o sr. Zweiffel deve prender, seus antigos colegas, os deputados de Berlim ou seus antigos colaboradores, os redatores da *Nova Gazeta Renana* ou o prefeito, sr. Eichmann? Até agora o sr. Zweiffel ainda não prendeu ninguém.

Por isso, sugerimos que um outro Zweiffel prenda o sr. Zweiffel, pois ele, antes do Sabbat, não prendeu os redatores da *Nova Gazeta Renana*, e depois do Sabbat não prendeu o sr. Eichmann.

---

[1] Uma carta do procurador público Hecker à redação da *Nova Gazeta Renana*, em que procurava refutar as acusações contra ele e o procurador-geral Zweiffel, levou Marx a chamá-lo ironicamente de "um novo e promissor colaborador" da *Nova Gazeta Renana*. Ver "Inquérito judicial contra a *Nova Gazeta Renana*".

[2] Ver "O ministério é acusado" e "Conclamação do Comitê Distrital Renano dos Democratas à negação dos impostos".

A promotoria pública em Berlim e Colônia

NGR, n. 149, 22/11/1848

K. MARX

Colônia, 21 de novembro. Em Berlim, a promotoria pública depõe as armas diante de um *traidor*. O primeiro procurador, o sr. Sethe, em vez de satisfazer a exigência da Assembleia Nacional de cumprir seu dever contra o traidor Brandenburg, renunciou.

O Comitê Distrital Renano dos Democratas, que se esforçou para difundir tanto quanto possível a resolução legal da Assembleia Nacional, e para isso conclamou a que se frustrassem os planos de um culpado de *alta traição*, é perseguido pelo procurador de Colônia por *rebelião* [?!].

"Quem tem o poder, tem o direito." – Os representantes do *direito* estão, em toda parte, do lado do *poder*.

A Assembleia de Frankfurt[1]

NGR, n. 150, 23/11/1848

K. Marx

Colônia, 22 de novembro. O parlamento de Frankfurt declarou nula e sem efeito, por ilegal, a resolução da Assembleia de Berlim relativa à negação dos impostos.[2] Desse modo, ele se declarou a favor de Brandenburg, de Wrangel, do específico prussianismo. Frankfurt e Berlim trocaram de lugar. O parlamento alemão está em Berlim, o parlamento prussiano, em Frankfurt. O parlamento prussiano tornou-se alemão, o alemão tornou-se brandenburguês-prussiano. A Prússia deveria ser absorvida pela Alemanha, e agora o parlamento alemão em Frankfurt quer que a Alemanha seja absorvida pela Prússia!

O parlamento alemão! Quem falaria de um parlamento alemão depois dos graves acontecimentos de Berlim e Viena? Depois da morte de Robert Blum, ninguém pensava mais na vida do nobre Gagern. Depois de um ministério Brandenburg-Manteuffel, nenhum diabo[3] pensava mais em um Schmerling. Os senhores professores, que "faziam a história" para seu divertimento privado, permitiram o bombardeio de Viena, o assassinato de Robert Blum, a barbárie de Windischgrätz! Os senhores que tanto amavam a história da cultura da Alemanha abandonaram o manejo prático da cultura a um Jellachich e seus croatas! Enquanto os professores faziam a teoria da história, a história seguia seu curso impetuoso e pouco se preocupava com a história dos senhores professores.

A resolução de anteontem aniquilou o parlamento de Frankfurt. Jogou-o nos braços do traidor Brandenburg. O parlamento de Frankfurt tornou-se culpado de alta traição e deve ser condenado. Quando todo um povo se levanta para protestar contra um ato

---

[1] Para a Assembleia Nacional de Frankfurt, de acordo com diferentes disposições nas diversas regiões alemãs, haviam sido eleitos 589 deputados, dos quais 384 reuniram-se na abertura solene na igreja de São Paulo, em 18 de maio de 1848. Entre os deputados, havia 122 funcionários administrativos, 95 funcionários da justiça, 103 professores, 81 advogados, 21 religiosos, 17 industriais e comerciantes, 15 médicos, 12 oficiais, 40 proprietários de terra, mas nenhum trabalhador ou pequeno camponês.

[2] Em sua sessão de 20 de novembro de 1848, a Assembleia Nacional de Frankfurt declarou "a resolução da Assembleia que permaneceu em Berlim, relativa à suspensão da arrecadação de impostos, obviamente ilegal e capaz de pôr em perigo a sociedade política, formalmente nula e sem efeito". Essa declaração foi aprovada por 275 votos a favor e 150 contra, provocando, por parte da esquerda, tumulto e gritos de "vergonha!" O debate e a resolução da Assembleia Nacional foram publicados em "Relato estenográfico sobre os debates da Assembleia Nacional Constituinte Alemã em Frankfurt am Main", Vol. 5.

[3] Jogo de palavras com o nome do ministro Manteuffel e *Teufel* (diabo).

arbitrário do monarca, quando este protesto toma um caminho totalmente legal, o da negação dos impostos, e uma Assembleia de professores – sem nenhuma competência – declara ilegal essa negação dos impostos, esse levante de todo o povo, essa Assembleia põe-se à margem de toda lei, comete alta traição.

    É dever de todos os membros da Assembleia de Frankfurt que votaram contra a resolução renunciar a esse "parlamento defunto". É dever de todos os democratas eleger esses "prussianos" renunciantes para a Assembleia Nacional em Berlim, como substitutos dos "alemães" que saíram. A Assembleia Nacional de Berlim não é uma "parte", ela é plena, pois é capaz de decidir. Mas a Assembleia brandenburguesa em Frankfurt se tornará uma "parte"; pois aos 150 que foram obrigados a se retirar, com certeza se seguirão ainda muitos outros que não querem constituir uma Dieta Federal em Frankfurt. O parlamento de Frankfurt! Ele teme uma república vermelha e decreta uma *monarquia vermelha*! Não queremos nenhuma monarquia *vermelha*, não queremos que a Coroa austríaca, vermelho-púrpura, desça sobre a Prússia, e por isso declaramos o parlamento alemão culpado de alta traição! Mas não, assim lhe concedemos demasiada honra, assim lhe atribuímos uma importância política que ele há muito perdeu. Sobre ele já foi pronunciada a mais severa sentença – a desconsideração de suas resoluções e – o esquecimento.

[Estado de sítio por toda parte]

NGR, n. 150, 23/11/1848

K. Marx

Colônia, 22 de novembro. Profetizamos ao Conselho Municipal de Colônia pontapés em resposta à petição ao rei.[1] Enganamo-nos. O Conselho Municipal de fato recebeu os pontapés, mas não do rei, e sim de Manteuffel-Brandenburg.[2] *Tant pis*![3] Dissemos além disso que, depois da resolução do parlamento de Frankfurt, era dever da esquerda retirar-se.[4] Pelo que ouvimos, não somente a esquerda como também a centro-esquerda se retirou, para constituir um comitê central democrata. *Tant mieux*![5]

Estados de sítio, eis as conquistas da Revolução de Março. Düsseldorf em estado de sítio! Sitia-se uma cidade para conquistá-la. Todas as cidades da Prússia serão uma após outra declaradas em estado de sítio para serem reconquistadas. Toda a Prússia precisa ser reconquistada, porque toda a Prússia foi renegada pela Prússia. Como será efetivado o estado de sítio? Pelo desarmamento dos cidadãos. Como uma cidade como Colônia, que já foi desarmada, será posta novamente sob estado de sítio? Devolvendo-lhe antes as armas. Submeter novamente Colônia ao estado de sítio significa pôr armas em suas mãos. Viva o estado de sítio!

---

[1] Ver "O Conselho Municipal".

[2] A audiência com o rei solicitada pela delegação do Conselho Comunal de Colônia e outras delegações renanas foi negada pelo primeiro-ministro Brandenburg. À resposta das delegações, de que nesse caso não pagariam qualquer imposto, o primeiro-ministro ameaçou buscá-los com baionetas. Em 21 de novembro de 1848, Brandenburg dirigiu às delegações um ofício no qual solicitava aos deputados apresentar por escrito suas "opiniões e desejos". Este ofício foi publicado pela *Gazeta de Colônia* n. 314, de 23 de novembro de 1848.

[3] Tanto pior!

[4] Ver "A Assembleia de Frankfurt".

[5] Tanto melhor!

Manteuffel e o poder central

NGR, n. 153, 26/11/1848

Colônia, 24 de novembro. *O ministro Manteuffel declarou ontem aos comissários imperiais enviados a Berlim*[1] *que o governo prussiano não se submeterá à resolução da Assembleia de Frankfurt de constituir um ministério popular,*[2] *porque se trata de um assunto* **interno**.

Manteuffel concorda, pois, conosco que a resolução da Assembleia de Frankfurt sobre a *negação dos impostos* é nula e sem efeito,[3] porque se refere apenas a um assunto *interno*.

Certamente, é possível que o ministério Brandenburg-Manteuffel ajude a transformar a *Renânia em um assunto exterior para a Prússia.*

---

[1] Simson e Hergenhahn.
[2] Em sua sessão de 20 de novembro de 1848, a Assembleia Nacional de Frankfurt tomou uma resolução intimando o poder central a nomear, com ajuda dos comissários imperiais em Berlim, um ministério que contasse com a confiança do país. Essa medida não surtiu efeito, pois a maioria dos deputados contrapôs-se à campanha de recusa dos impostos como arma contra o golpe de Estado (ver "Relato estenográfico sobre os debates da Assembleia Nacional Constituinte alemã em Frankfurt am Main", vol. 5).
[3] Ver "A Assembleia de Frankfurt".

Drigalski, o legislador, cidadão e comunista[1]

NGR, n. 153, 26/11/1848

K. Marx

Colônia, 24 de novembro. Düsseldorf foi declarada em estado de sítio; o ministério Brandenburg-Wrangel encontrou nos senhores *Spiegel-Drigalski* dignos representantes. O primeiro desses senhores é um mero chefe de distrito, mas o segundo reúne diversas qualidades; ele não é somente tenente-general e comandante de divisão – figura como tal no anuário militar e como "supremo" legislador da cidade e de toda a municipalidade de Düsseldorf –, é também escritor e diz de si mesmo que é, a um tempo, "cidadão" e *comunista*, tudo com Deus,, pelo rei e pela Pátria. Esses senhores, tanto o simples como o multifacetado, consideraram que em Düsseldorf a legalidade só poderia ser conservada com meios *extraordinários*; consideraram-se pois forçados, "em defesa da ordem legal", a declarar toda a municipalidade de Düsseldorf em estado de sítio.

Sabemos há muito que o governo Brandenburg só pode se manter com meios *extraordinários*; sabemos que sua situação já teria se tornado insustentável há muito se o país não estivesse em estado de sítio. O estado de sítio é o *estado legal* do governo Brandenburg.

"Estado de sítio, meus senhores, significa *estado de guerra*", declarou o primeiro-ministro *von Pfuel* na sessão ententista de 29 de setembro. À época tratava-se da cidade e fortaleza de Colônia, à época tratava-se de uma insurreição, as disposições dos tribunais não podiam ser cumpridas, a força legal – a Guarda Cívica – não podia manter a paz, barricadas tinham sido construídas; a força só se deixa confrontar pela força. Assim pelo menos alegavam os defensores do estado de sítio, ao menos ainda se davam ao trabalho de salvar as aparências externas com fatos supostamente constatados. Agora tudo é feito com muito maior ligeireza; não há rebelião em Düsseldorf, a ação dos tribunais não foi

---

[1] Marx toma emprestadas estas palavras da mensagem de Drigalski à população de Düsseldorf, editada na *Gazeta de Düsseldorf*, n. 311, de 24 de novembro de 1848. Na *Nova Gazeta Renana*, a mensagem foi publicada na sequência do presente artigo. Diz Drigalski: "Como comunista fielmente devotado a Deus e a meu rei, declaro nesta que, enquanto estiver domiciliado aqui, em auxílio a meus pobres irmãos de toda a municipalidade de Düsseldorf pagarei a soma anual de mil táleres, em cotas mensais, à caixa assistencial desta cidade, por meio da caixa central do governo local [...] Concidadãos! Tomem isto como exemplo e sejam comunistas no sentido nobre e logo haverá, aqui como em toda parte, paz, alegria e confiança. Düsseldorf, 23 de novembro de 1848. Cidadão *v. Drigalski*". Baseado neste artigo de Marx, Drigalski moveu um processo por calúnia contra a *Nova Gazeta Renana*.

estorvada em nenhum momento, a Guarda Cívica sempre esteve disposta a cumprir as requisições legais, e não se pode sequer apelar para as antiquadas *Instruções* do ano de 1809, às quais na ocasião foi dada uma grande importância, pois Düsseldorf não é uma fortaleza. Mas Düsseldorf pronunciou-se com grande energia *a favor do não pagamento dos impostos*, e isto bastou aos dois defensores de Brandenburg para estabelecer o estado legal, isto é, declarar a cidade *fora da lei*.

Não aceitaremos as acusações que serviram de pretexto para a declaração do estado de sítio; enquanto *falsas* acusações, nós as recomendamos à atenção das autoridades judiciais, pois em seu apoio não foi jamais apresentada a prova legal, são calúnias que se enquadram nos artigos 367 e seguintes do Código Penal. Pretendemos aqui apenas compilar as ilegalidades das quais os senhores *Spiegel* e *Drigalski* se tornaram culpados em defesa da ordem legal.

Depois de os dois senhores terem proclamado o estado de sítio e "*com isso* o poder supremo ter passado para as autoridades militares", o "comunista e cidadão" Drigalski decretou o seguinte:

1) As autoridades legalmente existentes permanecem em suas funções, e serão firmemente apoiadas nas medidas que vierem a tomar.

Isto é, as autoridades legalmente existentes, por existirem *legalmente*, são cassadas, mas permanecem em suas funções para apoiar o sr. von Drigalski.

"Espero", diz Drigalski aos seus "concidadãos", "que todos os habitantes bem-intencionados me facilitarão *a aplicação das leis* e *as autoridades me apoiarão nisso com toda firmeza.*"

O sr. Drigalski não somente faz as leis como também as aplica, as autoridades legalmente existentes são seus sequazes. E os juízes "independentes" do Tribunal Regional de Düsseldorf e o sr. procurador-geral e seu Parquet permitem calmamente tudo isso! Não veem nenhuma violação da lei em sua destituição, homenageiam o legislador Drigalski e se alegram por poderem, a esse preço, continuar a receber seus salários. Que vergonha, senhores, vós não tendes nenhum pudor de proceder a ordens de prisão e inquéritos sob o regime do sabre? Ou por acaso a prisão do sr. *Lassalle* – que não quis fugir do estado de sítio graças a uma confiança infelizmente por demais destemida em seu bom direito e na proteção das autoridades judiciais – é somente um ato de vingança pessoal do sr. *Drigalski*? Foi talvez já proposto e aberto, em segredo, um inquérito contra este homem e seus cúmplices, com base nos artigos 114, 123, 124?

A *segunda* lei do sr. Drigalski reza: "São suprimidas todas as associações para fins políticos e sociais."

Como a lei de 6 de abril, §4, preocupa o sr. Drigalski![2] Já que, de acordo com ela, "todos os prussianos têm o direito de se reunir em sociedades, sem prévia autorização policial, para objetivos que não contrariem as leis existentes", trata-se manifestamente de

---

[2] "Decreto sobre alguns princípios da futura Constituição prussiana", de 6 de abril de 1848.

uma dessas "conquistas" que devem ser revogadas tão depressa quanto possível, portanto que são incompatíveis com a legislação de Drigalski.

A *terceira* e a *quarta* leis do sr. *von Drigalski* organizam o tráfego nas ruas e botequins. Como se Düsseldorf fosse Paris, ele promulgou uma lei contra *attroupements*.[3] Mas ele não é grande apenas como policial, revela também um talento decidido para guarda-noturno: impôs o toque de recolher.

Quinta lei. "A Guarda Cívica está dissolvida, reservada sua reorganização, e deve entregar as armas ainda hoje."

Esta lei está enredada em ilegalidades; discriminemos:

a) A Guarda Cívica está *dissolvida*. Segundo a lei ordinária, especificamente a Lei sobre a Guarda Cívica de 17 de outubro, a Guarda Cívica só pode ser dissolvida por ordem do gabinete real. Tem talvez o sr. von Drigalski uma ordem secreta do gabinete *in petto*? Nesse caso, por que não a torna pública, como tornou pública a declaração de Maurenbrecher, administrador geral dos correios?[4] Certamente, esta foi imediatamente repudiada como mentira pela Guarda Cívica de Düsseldorf. O sr. von Drigalski não tem nenhuma ordem do gabinete, age de moto próprio e arroga-se atribuições reais, embora seja um "*cidadão e comunista*" *monarquista*.

b) A Guarda Cívica não foi, de fato, *meramente dispensada de seus serviços*. O sr. von Drigalski não se contenta com se apropriar da jurisdição do chefe de distrito. No quesito ilegalidade, ele já teria feito o bastante com a mera dispensa de serviço. O §4 da lei de 17 de outubro diz:

> Se a Guarda Cívica de um município ou distrito se recusar a cumprir a requisição de um órgão público ou se interferir nas funções das autoridades municipais, administrativas ou judiciais, o *chefe da administração do distrito governamental* pode, indicando os motivos, suspender provisoriamente seus serviços.

A suspensão dos serviços só pode, pois, ser decretada pelo chefe do distrito; mas não por um tenente-general, nem por um comandante de divisão, nem por um cidadão, nem, finalmente, por um comunista, ainda que seja um "comunista monarquista-prussiano".

Mas o sr. Drigalski tem seus bons motivos para portar-se diretamente como majestade, desconsiderando a hierarquia. Se tivesse tratado a Guarda Cívica como chefe de distrito, não poderia tê-la *desarmado*. Mas

---

[3] Motins.
[4] Na Declaração de Maurenbrecher, Administrador Geral dos Correios, de 21 de novembro de 1848, este protestava contra a ingerência da Guarda Cívica na atividade dos funcionários do correio. Ele escreveu que, em 21 de novembro de 1848, um destacamento da Guarda Cívica constituído de 5 a 6 oficiais se apresentou no guichê e no depósito do Escritório Geral dos Correios e verificou se havia uma significativa quantia em dinheiro remetida pela caixa principal do governo de Düsseldorf. Maurenbrecher indignou-se com o desrespeito ao "santuário do correio" e à "santidade do sigilo da correspondência". A declaração foi publicada na *Gazeta de Colônia*, n. 314, de 23 de novembro de 1848, segunda edição.

a) "a Guarda Cívica deve entregar as armas ainda hoje". Uma mera suspensão de serviço não justifica de modo algum a apreensão das armas. Caso contrário, também os oficiais suspensos deveriam entregar suas espadas. Mas o sr. Drigalski tem razão; se a Guarda Cívica pudesse conservar as armas, provavelmente não permitiria que *ele* suspendesse seus serviços; teria retomado suas funções, tal como prescritas pelo §1 da lei.

b) O sr. von Drigalski manda entregar as armas *a si*. Uma vez que se sente chamado a se comportar como majestade, ele também não se deixa perturbar pelo decreto real referente ao cumprimento da lei sobre a instituição da Guarda Cívica. Eis o §3: "As armas cedidas pelo Estado aos municípios permanecem *em qualquer caso*, até o momento indicado acima, *como propriedade do município.*" A "administração municipal e o Conselho Municipal" de Düsseldorf nada objetaram a essa determinação. Em vez de protestar contra essa ilegalidade e defender os direitos do município, exortaram os cidadãos a uma "conduta pacífica e legal" em face de seu novo ditador.

Sexta lei. "Quem for apanhado em resistência aberta e armada contra as medidas das autoridades legais ou expuser ao perigo ou prejudicar as tropas por um ato traidor, *será enviado a uma corte marcial.*"

De acordo com a lei de proteção à liberdade pessoal, *ninguém* pode *ser enviado a um outro juiz além daquele designado pela lei. Tribunais de exceção e comissões extraordinárias são inadmissíveis. Não é permitido ameaçar ou impor nenhuma pena a não ser em conformidade com a lei.* Segundo a mesma lei, esta disposição *jamais* pode ser revogada temporariamente ou em um distrito, *nem sequer em caso de guerra ou rebelião.* Pois segundo o §8, nesses casos, apenas os §§1 e 6 poderiam ser provisoriamente revogados, mas somente *por decisão e sob a responsabilidade do ministério.* Não obstante, o sr. von Drigalski instituiu uma corte marcial para civis. Não pode mais espantar que efetue prisões, que para esse fim viole a santidade do domicílio; ao menos estas disposições poderiam ser suspensas, embora não pelo sr. von Drigalski. De resto, é indiferente dar crédito à alegação da *Gazeta de Düsseldorf,*[5] de que a prisão de Lassalle ocorreu sem a observação de qualquer formalidade, ou à asserção da *Gazeta de Colônia*, segundo a qual ela foi ordenada pelo juiz de instrução. A *Gazeta de Colônia* defende, naturalmente, o comandante militar para ridicularizar o juiz de instrução. Em qualquer caso, a prisão é ilegal; pois numa situação ilegal nenhuma ação legal pode ser exercida. No estado de guerra, cessa a ação da jurisdição civil. Permanecendo em suas funções, o juiz de instrução adota a posição de um *auditor militar,* seu código passa a ser a *lei marcial.* O Parquet de Düsseldorf compreendeu plenamente esta sua nova posição; pois se ele observasse a competência que o código do processo penal renano lhe prescreve, há muito teria tomado providências, ao menos

---

[5] Diário publicado sob esse título de 1826 a 1926 em Düsseldorf. Foi fundado em 1745 sob o título *Diário da Cidade de Düsseldorf.* Nos anos 40 do século XIX assumiu uma orientação liberal.

com base no §9 do *Habeas-Corpus-Act*, que diz: "*Não é necessária nenhuma autorização prévia das autoridades para autuar juridicamente os funcionários públicos civis e militares por violação das disposições mencionadas cometidas por transgressão de suas atribuições.*"

Para conhecer plenamente a força de nossas instituições renanas, só nos resta ainda perguntar se o procurador-geral, o sr. *Nicolovius*, sob cuja fiscalização estão todos os funcionários da polícia judicial, inclusive o juiz de instrução, aprovará a conduta do Parquet de Düsseldorf. A uma delegação que se dirigiu ontem a ele para solicitar que exercesse seu poder oficial em relação aos acontecimentos de Düsseldorf, o sr. *Nicolovius* parece ter respondido que não havia nenhum artigo de lei sobre cuja base pudesse intervir. Dizemos que o sr. Nicolovius parece ter respondido, embora essa manifestação nos tenha sido transmitida da maneira mais confiável. Mas, apesar disso, não podemos acreditar, pois senão teríamos de admitir que o sr. Nicolovius se esqueceu completamente do *Code Pénal*, junto a todas as leis promulgadas desde março deste ano.

[Três processos públicos contra a *Nova Gazeta Renana*]

NGR, n. 153, 26/11/1848, 2ª edição

K. Marx

Colônia, 24 de novembro. Há, neste momento, três processos públicos pendentes contra a *Nova Gazeta Renana* – não contamos a perseguição judicial contra *Engels, Dronke, Wolff* e *Marx* por um pretenso delito político "não jornalístico".[1] Fontes bem informadas asseguram que foram abertos ao menos mais uma dúzia de inquéritos contra a "*folha infame*" – expressão oficial do *ci-devant*-procurador[2] e efetivamente procurador-geral *Hecker* (*c'est du Hecker tout pur*).[3]

Primeiro crime. Ataque violento à "*delicadeza*" virginal de seis gendarmes real-prussianos e do rei do Parquet de Colônia, o sr. Procurador-geral *Zweiffel*[4] – representante do povo *in partibus infidelium*, delibera no momento não em Berlim, nem em Brandenburg, mas em *Colônia* no Reno. No Reno! no Reno! ali crescem nossas videiras![5] Também nós preferimos o Reno à Sprea e o Hotel Disch ao Hotel Mielentz.[6]

Va pour la délicatesse des gens d'armes![7] Quanto à "delicadeza" do sr. *Zweiffel*, ela nos parece um "*noli me tangere!*"[8] Nós nos indignamos moralmente com aquele indelicado voto de desconfiança por meio do qual seus eleitores devem tê-lo induzido à retirada. Como verdadeiros guardas de honra da "*delicadeza*" virginal do sr. *Zweiffel*, solicitamos-lhe que *repudie publicamente* a declaração do sr. *Weinhagen*, de Cleve. O sr. *Weinhagen* declarou na *Nova Gazeta Renana*, com assinatura, que havia divulgado fatos ofensivos à "honra e delicadeza" do sr. Zweiffel; que ele até poderia *provar* estes fatos, mas via-se obrigado a desistir de sua publicação enquanto o sr. Zweiffel se refugiasse nos parágra-

---

[1] Jogo de palavras intraduzível. Em alemão, *unzeitgemäss* significa intempestivo; Marx deforma esta palavra para *unzeitungsgemäss*, que foi aqui traduzida por não jornalístico.
[2] Ex-procurador.
[3] Trata-se do Hecker simples.
[4] Ver "Prisões".
[5] Da "Canção do vinho do Reno", de Matthias Claudius.
[6] *Disch* – hotel de Colônia; *Mielentz* – hotel em Berlim, onde, em 15 de novembro de 1848, a Assembleia Nacional prussiana se reuniu.
[7] A delicadeza dos gendarmes ainda passa!
[8] Não me toque!

fos do *Code Pénal* segundo os quais qualquer denúncia, mesmo as fundamentadas, são processadas como *calúnia* se não puderem ser comprovadas por uma sentença judicial ou por documentos autênticos. Apelamos, pois, à "honra e delicadeza" do sr. *Zweiffel*!

Segundo crime. O Hecker simples e o Hecker ambíguo.[9]

Terceiro crime. Este crime, que ocorreu no ano de 1848, foi processado por exigência do *ministério do Império*. O *crime Schnapphahnski*! O *folhetim como criminoso*![10]

Em seu libelo, o ministério imperial foi obrigado a reconhecer a *Nova Gazeta Renana* como o pior jornal da "má imprensa". Por nosso lado, declaramos o poder do império como o mais cômico poder de todos os poderes cômicos.

---

[9] Ver "O procurador público 'Hecker' e a *Nova Gazeta Renana*".

[10] Em fins de setembro de 1848, o ministro da Justiça do Império solicitou ao procurador de Colônia que abrisse um inquérito judicial contra a *Nova Gazeta Renana* em razão de uma série de artigos de folhetim nos quais, sob o nome de *cavaleiro Schnapphahnski*, escarnecia-se do sabidamente reacionário príncipe Lichnowski. O folhetim "Vida e atos do famoso cavaleiro Schnapphahnski", redigido por Georg Weerth, foi publicado anonimamente em agosto, setembro e dezembro de 1848 e janeiro de 1849 na *Nova Gazeta Renana*.

Relatório do Comitê de Frankfurt sobre os assuntos austríacos

NGR, n. 154, 28/11/1848

Colônia, 27 de novembro. Há uns 40 anos houve quem descrevesse a "Alemanha em sua mais profunda humilhação".[1] Ainda bem que já foram *ad patres*.[2] Hoje não poderiam escrever um tal livro; não haveria nenhum título para ele, e se escolhessem o antigo contraditariam a si mesmos.

Pois para a Alemanha sempre há, para falar com o poeta inglês, "*beneath the lowest deep a lower still*".[3]

Acreditávamos que, com a assinatura do armistício dinamarquês, havia sido alcançada a máxima ignomínia. Depois da conduta de Räumer, enviado do Império em Paris, de Heckscher na Itália, do comissário Stedtmann no Schleswig-Holstein, e depois dos dois Comunicados à Suíça,[4] pareceu-nos que nada poderia exceder a humilhação da Alemanha. A conduta dos dois comissários do Império quanto aos assuntos *austríacos* provou nosso engano. Do recém-publicado "Relatório do Comitê para os assuntos austríacos etc.", especialmente dos 20 documentos aí inclusos,[5] ressalta à saciedade quão inacreditavel-

---

[1] Trata-se do panfleto anônimo *Alemanha em sua mais profunda humilhação* (Nuremberg, 1806), dirigido contra a dominação napoleônica e repassado de espírito patriótico. Por tê-lo publicado, o livreiro Johann Philipp Palm foi fuzilado pelas autoridades francesas.

[2] Para os pais.

[3] Sob um profundo abismo, outro ainda mais profundo – John Milton, *Paradise Lost* [O paraíso perdido].

[4] Os comunicados trocados entre o poder central alemão e Berna foram publicados no *Diário Oficial Prussiano*, n. 63, de 14 de outubro de 1848, suplemento (primeiro comunicado a Berna de 4 de outubro de 1848); *Gazeta do Correio Geral de Frankfurt*, n. 267, de 30 de setembro de 1848, suplemento extra (extratos do primeiro comunicado a Berna de 4 de outubro de 1848 e uma crítica do comunicado); *idem*, n. 275, de 10 de outubro de 1848, segundo suplemento, e n. 276, de 11 de outubro de 1848 (primeiro comunicado-resposta de Berna, de 23 de outubro de 1848); *idem*, n. 198, de 6 de novembro de 1848, suplemento (segundo comunicado a Berna, de 23 de outubro de 1848); *idem*, n. 304, de 13 de novembro de 1848 (segundo comunicado-resposta de Berna, de 4 de novembro de 1848).

[5] O "Relatório do Comitê para Assuntos Austríacos sobre as moções dos deputados Venedey, Heinrich Simon, Wiesner e Bauernschmied, bem como sobre várias petições referentes aos assuntos austríacos", foi publicado em "Debates da Assembleia Legislativa do Império Alemão em Frankfurt am Main", v. 2. Está anexada ao relatório a correspondência, citada diversas vezes no artigo, dos comissários Welcker e Mosle com o ministro Schmerling e o primeiro-ministro austríaco von Wessenberg.

mente os comissários imperiais alemães abusaram da honra da Alemanha, quanta estúpida incapacidade, covardia ou traição os senhores do velho liberalismo podem abrigar em si.

Em 13 de outubro, os senhores Welcker e Mosle, por incumbência do poder central, partiram de Frankfurt "para mediar nos assuntos de *Viena*". Na nova diplomacia central, pessoas inscientes esperaram, durante alguns dias, a notícia da chegada desses senhores a Viena. À época ainda não se sabia que os comissários do Império tinham um roteiro de viagem próprio. Os regentes imperiais Eisele e Beisele[6] tomaram o caminho mais direto para Viena – por *Munique*. Com o conhecido mapa da "Jobsíade"[7] na mão, chegaram lá em 15 de outubro à noite. Até o meio-dia de 17 de outubro estudaram então os acontecimentos de Viena em estreita união com os ministros bávaros e o encarregado de negócios austríaco. Em sua primeira carta ao sr. Schmerling, prestam contas de seus estudos preparatórios. Em Munique, ambos tiveram um momento de iluminação. Desejavam ardentemente a chegada de um "terceiro colega", possivelmente um prussiano, "porque assim estaríamos mais à altura da grande missão". O sr. "Colega" não aparece. A esperança da trindade fracassa; o pobre duo deve ficar sozinho no mundo. O que será então da "grande missão"? A grande missão viajou nos bolsos dos senhores Welcker e Mosle para Passau. Antes da travessia do Rubicão austríaco,[8] a "grande missão" enviou adiante uma proclamação. Mas do outro lado era terrível![9] "Também aqui", escreve Welcker a Schmerling, "na fronteira austríaca a população não está de modo algum isenta de manifestações revolucionárias e terroristas", pois "mesmo a Guarda Nacional de Krems só por meio de uma ocupação militar antecipada da ponte foi impedida de interditá-la a seu imperador e, portanto, de certa forma aprisioná-lo". Qual leitor seria endurecido o bastante para não apreciar plenamente estas emoções de uma bela alma de enciclopédia política?[10] Depois de se terem revigorado em Passau do dia 18 ao meio-dia até o dia 20 de manhã, os dois senhores dirigiram-se a Linz.

Eles partiram de Frankfurt em 13 de outubro, e em 20 à noite já estavam em Linz. Essa imensa pressa não é prova suficiente da importância de sua "grande missão"? Será que haviam sido incitados a essa enorme pressa por instruções especiais? Basta, depois de sete dias inteiros os senhores chegaram a Linz. Esta cidade que, por sua "grande população fabril, já trabalhada por emissários de Viena", despertara pressentimentos

---

[6] Figuras cômicas do panfleto satírico publicado anonimamente *A viagem ao parlamento do dr. Eisele e do barão Beisele em abril de 1847*, de Johann Wilhelm Christern. Eisele e Beisele aparecem também no *Volantes*, de Munique, em 1848. Aqui se alude a Welcker e Mosle.

[7] *A Jobsíade. Epopeia cômica* – poema satírico de Karl Arnold Kortum. O divertido mapa da Jobsíade mostra descaminhos quase inextricáveis.

[8] *Rubicão* – rio fronteiriço entre a antiga Gália cisalpina e a Itália ao norte de Rimini. Afirma-se que, em 49 a.C., ao cruzar o Rubicão, César teria dito: "A sorte está lançada". Aqui Marx designa ironicamente a travessia do Inn como uma importante decisão.

[9] Citação modificada da balada de Schiller *O Mergulhador*; ali se diz: Mas lá embaixo é terrível (*Da unten aber ist's fürchterlich*).

[10] Welcker foi um dos editores da obra em vários volumes *Léxico Político ou Enciclopédia de Ciência Política*. A primeira edição apareceu em Altona em 1834-1843, a segunda em 1845-1948.

assustados no sr. Welcker durante sua estada em Passau, não mostrou nenhum sinal da força provavelmente avistada em imaginação para ele e seu segundo sr. Colega. Ao contrário: "Toda a Guarda Nacional com seus oficiais e sua música [...] nos receberam em formação solene, com bandeiras alemãs esvoaçantes e, junto ao povo circundante, com repetidos Vivas." Linz – a Sodoma revolucionária – se dissolveu, por conseguinte, numa cidade bem-intencionada, com bonomia suficiente para receber solenemente nossos excelentes comissários imperiais. Por isso, tanto mais horrivelmente se destacou Viena nos relatórios de Welcker e Mosle ao sr. Schmerling como a Gomorra sem Deus, como um charco infernal da anarquia etc.

No dia 21, os senhores embarcaram num navio a vapor e foram para Krems. A caminho relataram a Frankfurt que em Linz tiveram Guarda de Honra, que a Guarda Principal lhes apresentou armas, e outros semelhantes assuntos igualmente importantes. Ao mesmo tempo escreveram três cartas: para Windischgrätz, para o ministro Kraus e para o Presidium da Dieta Imperial.

Quem ainda não estiver plenamente satisfeito com a atividade de mais de oito dias de nossos comissários imperiais, que os acompanhe agora ao quartel-general de Windischgrätz, na noite de 21 para 22 de outubro em Stammersdorf. Aqui nos aparece brilhando em toda a sua glória o poder central na pessoa de seus comissários. "Windischgrätz", diz Welcker-Mosle, "rejeitou toda influência de nossa parte com uma *certa rudeza*". Em outras palavras: eles levaram pontapés e deviam seguir seu caminho. "Sim, ele nem quis verificar nossas credenciais", queixa-se Welcker a seu ministro Schmerling. E para cúmulo da aflição: Windischgrätz não ofereceu ao poder central personificado em sua presença nem uma gota de vinho, nem sequer uma aguardente.

Nossos comissários sentaram-se novamente, pois, no carro, e cantarolaram tristemente de si para si: "Ó Alemanha etc."[11] E foram para Viena? Deus me livre! Para Olmütz, "à corte imperial". E fizeram muito bem. Ao conjunto da piada imperial faltaria a graça, à comédia da mediação o último ato. Se tinham sido tratados por Windischgrätz como garotos de escola, em Olmütz encontram "por parte do imperador e da família imperial *um acolhimento muito atencioso*" (ver p. 11 do relatório, documento n. 6). Foram convidados à mesa, e "pudemos", escrevem novamente ao sr. Schmerling, "nos alegrar com o *mais benevolente* acolhimento". Não é de modo algum a germânica natureza de lacaio que aqui se manifesta, mas sim profunda gratidão, que encontra sua expressão apropriada na canção: "Depois de tantos sofrimentos etc."[12]

Depois de todas as comidas e bebidas, sempre permanecia por desincumbir a "grande missão". Nossos dois comissários se dirigem por escrito ao ministro Freiherrn von *Wessenberg*.

---

[11] Do poema *Marcha em 1815*, de Ernst Moritz Arndt. "Ó Alemanha [...]" tornou-se uma conhecida canção popular.
[12] Rossini, *Tancredo*, Ato I, Cavatina.

> Excelência (começa a carta de 25 de outubro), solicitamos respeitosamente que queira *ter a bondade* de nos determinar um horário em que vos seja conveniente receber nosso agradecimento pelo acolhimento benevolente que foi concedido a nossa missão e a nós por parte de Sua Majestade Real e de Vossa Excelência, e nos participar vossa opinião e decisão a respeito dos seguintes pontos concernentes à consumação de nossa missão.

Os "pontos seguintes" dizem com muitas palavras que os comissários desejariam permissão para seguir para Viena tendo em vista a mediação.

Toda essa carta, assim como a segunda a Wessenberg, é redigida em um estilo de chancelaria do século passado, muito intrincado, tão plena de polidez e subserviência desmedida que é um bálsamo poder ler logo em seguida a resposta de Wessenberg. Nessa correspondência, ambos os comissários estão para o ministro austríaco como dois camponeses rudes para um nobre bem-educado, como se fizessem suas engraçadas mesuras em terreno escorregadio e procurassem utilizar expressões corretamente escolhidas.

Wessenberg responde à citada carta:

> Ilustríssimos senhores! Devo pedir desculpas por responder sua carta de hoje tão tarde [...]. No que diz respeito a seu intuito bem-intencionado de fazer ainda uma tentativa em Viena para resolver as desavenças locais, parece-me necessário primeiro pô-los a par da atual situação. Especificamente, não se trata de negociar com um partido, mas exclusivamente de reprimir uma insurreição etc. (ver p. 16 do relatório).

Junto a esta resposta, ele lhes devolveu suas credenciais.

O pedido foi repetido em 27 de outubro.

> Somos obrigados, dizem eles, a considerar um dever urgente *solicitar encarecidamente* mais uma vez a Vossa Excelência, e por vosso intermédio ao governo imperial, que nos envie imediatamente para Viena, sob uma escolta segura, com instruções e cláusulas amenas e de reconciliação, para utilizar nessa crise terrível a força mitigante e pessoal que está em nós e em nossa missão.

Vimos como atuou esta "força mitigante e pessoal" nos 14 dias decorridos desde sua partida das portas de Frankfurt.

Ela exerceu sobre Wessenberg tão poderosa influência que ele, em resposta a seu pedido, não deu nenhuma resposta. Transmitiu-lhes algumas notícias parcialmente inverídicas sobre Viena e observou ironicamente: "Aliás, os acontecimentos de Frankfurt demonstraram há pouco que revoltas como essa do proletariado de Viena não podem ser facilmente reprimidas sem o emprego de meios violentos!" Era impossível aos senhores Welcker e Mosle resistir a tais argumentos: desistiram, pois, de tentativas ulteriores e ficaram à espera, com sua "força mitigante e pessoal", do que poderia advir.

Em 28 de outubro, enviam novo relato a Schmerling a respeito de sua "grande missão". Sobre a proposta de Wessenberg, confiaram seu despacho a um correio que o primeiro havia enviado a Frankfurt. O correio partiu, mas não o despacho. Este só chegou a Frankfurt em 6 de novembro. Se não tivessem sido convidados à mesa imperial, se a família imperial e especialmente o arquiduque Karl não tivessem conversado tão amigavelmente com eles, os comissários teriam perdido sua elevada razão com tanto azar.

Segue-se então um silêncio de dois dias. A "força mitigante" observa o descanso do Sabbat depois de tanto trabalho.

Então, em 30 de outubro, Wessenberg transmitiu-lhes a notícia oficial da rendição de Viena. Sua decisão fora tomada. Na verdade, em 28 de outubro eles ainda pensavam (p. 14 do relatório) que "parece que nele (Windischgrätz), assim como nas pessoas influentes aqui (em Olmütz), predomina *demasiadamente* o pensamento de não apenas submeter Viena, mas também infligir-lhe um castigo vingativo por seu mau procedimento". Mas desde então Wessenberg lhes assegurara – e como poderia um comissário do Império ousar ainda duvidar – ele lhes assegurara que "o governo austríaco, na utilização dessa vitória, se deixará guiar pelos princípios capazes de lhe garantir a simpatia de seus súditos".

"Assim, pois, podemos crer", exclamam Welcker-Mosle, cheios de *phatos* imperial, "que nossas propostas *efetivamente* tiveram alguma influência". Tiveram mesmo? Oh, claro! Divertistes magnificamente, durante oito dias, a Wessenberg, ao arquiduque Karl, Sofia e consortes. Fostes digestivos imperiais-reais, *Welcker-Mosle*!

"Tendo em vista o que nos assegurou o ministro, consideramos nossa tarefa solucionada, e amanhã (31 de outubro) iniciaremos nossa viagem de volta por Praga." Assim se encerrava o último despacho dos senhores Welcker-Mosle.

E de fato tendes razão, vossa "grande missão" de conciliação e mediação foi cumprida. Por que deveríeis ir agora para Viena? Os apóstolos da humanidade, Windischgrätz e Jellachich, não eram senhores da cidade? Os mantos vermelhos e as tropas monárquico-imperiais não pregaram o evangelho da paz e da liberdade constitucional de modo compreensível para todos, por meio do saque, incêndio, assassinato e estupro?

O quanto vossa "força mitigante" se manifestou, quão esplendidamente solucionastes vossa tarefa – demonstram-no a agonia dos assassinados, os gritos de desespero das violentadas, demonstram os milhares nas prisões, nos ensina a sombra sangrenta de *Robert Blum*.

Vossa tarefa era ajudar a encenar em Olmütz a peça satírica para complementar a trilogia que Windischgrätz, Jellachich e Wessenberg puseram em cena. E a solucionastes dignamente: haveis certamente representado até o fim e com virtuosismo, senão um papel pior, ao menos o do "*tio escarnecido*".

Novidades

NGR, n. 155, 29/11/1848

Colônia, 28 de novembro. A *N[ova] G[azeta] R[enana]* disse em seu número de 17 de novembro: "E até mesmo aos *judeus*, que desde a emancipação de sua seita por toda parte se puseram, ao menos na pessoa de seus distintos representantes, na *vanguarda da contrarrevolução*, o que os espera? Não se esperou a vitória para lançá-los de volta a seu gueto".[1]

Citamos, naquela ocasião, o decreto governamental de *Bromberg*. Hoje temos um fato ainda mais convincente para relatar. A grande loja maçônica para as três Coroas em Berlim – o *príncipe da Prússia* é sabidamente o grão-mestre da maçonaria prussiana, assim como *Frederico Guilherme IV* é o grão-mestre da religião prussiana – desativou a loja *Minerva*, de Colônia. Por quê? *Porque ela afiliou judeus. Para conhecimento dos judeus*!

Uma circular do ministério Brandenburg a todos os colegas de governo, que casualmente nos chegou ao conhecimento, solicita que se realizem *prisões em massa dos dirigentes dos clubes*.

Sabe-se de fonte segura que *Colônia, Düsseldorf, Aquisgrana* etc. receberão de presente de Natal de nosso Clementíssimo tropas imperiais, e ademais *austríacas*. Assim, provavelmente, *croatas, sereschaner, tchecos, raizen*[2] vão estabelecer também na Renânia, como em Viena, "ordem e paz". A propósito, dizem que a Renânia faz fronteira não com a *Rússia*, mas sim com a *França. Para conhecimento do Clementíssimo*!

---

[1] Ver "Confissões de uma bela alma".

[2] Raizen (também Razen) – antigo nome dos sérvios ortodoxos, frequentemente usado para os sérvios em geral.

[Cartas abertas]

NGR, n. 155, 29/11/1848 , suplemento extra

K. Marx

Colônia, 28 de novembro, 11 horas da noite. Duas das correspondências que nos chegaram hoje à noite, uma datada de Berna, outra de Paris, foram visivelmente *violadas* por mão oficial ou oficiosa. Os selos estavam ausentes. As obreias com que as cartas foram novamente fechadas *ainda não estavam secas*. *Sedlnitzky* também está fazendo propaganda com *Windischgrätz*.

O órgão de Manteuffel e Johann – A Renânia e o rei da Prússia

NGR, n. 156, 30/11/1848

Colônia. A *Nova Gazeta Prussiana* confirma a declaração de *Manteuffel*, já divulgada por nós, sobre o poder central e a Assembleia de Frankfurt. O órgão de Manteuffel diz: "A proclamação do regente imperial deve ser muito bem-intencionada. Mas nós prussianos devemos rejeitá-la decididamente, o povo não menos do que a Coroa".[1]

O órgão de Manteuffel fala-nos do fundo da alma.

A mesma folha oficial nos adverte sobre a validade das resoluções de Frankfurt da seguinte maneira:

"Nós, prussianos, não temos nenhum outro senhor além de nosso rei. E nos comprometeremos apenas com aquelas decisões de Frankfurt que ele considerar adequadas, exatamente porque Ele" [estilo prussiano] *"considerou adequdadas e por nenhum outro motivo."*

Nós, *"prussianos"*!!! Nós, *renanos,* temos a sorte de ter ganhado, no grande regateio humano de Viena, um *"grão-duque"* do Baixo Reno, que não preencheu as condições sob as quais se tornou "grão-duque".[2] Um *"rei da Prússia"* só existe para nós mediante a *Assembleia Nacional* de Berlim, e já que para nosso *"grão-duque"* do Baixo Reno não existe nenhuma *Assembleia Nacional* de Berlim, então não existe para nós nenhum *"rei da Prússia"*. Coubemos ao grão-duque do Baixo Reno graças ao regateio entre nações! Assim que formos longe o suficiente para não mais reconhecer a venda de almas, questionaremos o "grão-duque do Baixo Reno" sobre seu *"título de propriedade".*

---

[1] A *Nova Gazeta Prussiana*, n. 129, de 28 de novembro de 1848, referia-se à "Proclamação do regente do império ao povo alemão, referente ao conflito entre a Coroa e a Assembleia Nacional na Prússia", de 21 de novembro de 1848 (ver "Relato estenográfico sobre os debates da Assembleia Nacional Constituinte Alemã em Frankfurt am Main", vol. 5).

[2] Por resolução do Congresso de Viena (1814/15), as margens esquerda e direita do Reno foram anexadas à Prússia. Grão-duque do Baixo Reno tornou-se também um título do rei da Prússia. Na patente de 5 de abril de 1815, por ocasião da tomada de posse do grão-ducado do Baixo Reno, Frederico Guilherme III prometeu introduzir na Renânia e em todo o país instituições representativas.

O movimento revolucionário na Itália

NGR, n. 156, 30/11/1848

K. Marx

Colônia, 29 de novembro. Finalmente, depois de seis meses de derrota quase ininterrupta da democracia, depois de uma série de inauditos triunfos da contrarrevolução, finalmente mostram-se novamente sinais de uma próxima vitória do partido revolucionário. Itália, a terra cujo levante constituiu o prelúdio para o levante europeu de 1848, cuja derrocada foi o prelúdio da queda de Viena, Itália se levanta pela segunda vez. Toscana conseguiu impor seu ministério democrático, e Roma conquistou igualmente o seu.

Londres, 10 de abril; Paris, 15 de maio e 25 de junho; Milão, 6 de agosto; Viena, 1 de novembro – eis as quatro grandes datas da contrarrevolução europeia, as quatro pedras miliárias que assinalam a distância percorrida em suas últimas manifestações de triunfo.

Em *Londres, a 10 de abril*, não foi vencido somente o poder revolucionário dos cartistas, mas sobretudo também *foi vencida a propaganda revolucionária da vitória de fevereiro*. Quem apreende corretamente a Inglaterra e sua posição global na história moderna não pode se admirar de que no momento as revoluções do continente passem por ela sem deixar vestígio. Inglaterra, o país que, por sua indústria e seu comércio, domina todas as nações em revolução do continente e no entanto depende proporcionalmente menos delas em virtude de seu domínio sobre os mercados asiáticos, americanos e australianos; o país em que os antagonismos da moderna sociedade burguesa, as lutas de classes entre burguesia e proletariado desenvolveram-se mais amplamente, alcançaram a máxima agudização, a Inglaterra tem, mais que qualquer outro país, seu próprio desenvolvimento autônomo. A Inglaterra não necessita dos vacilantes governos provisórios continentais para se aproximar da resolução das questões e da superação dos antagonismos cuja resolução e superação é *sua* vocação, mais do que de qualquer outro país. A Inglaterra não aceita a revolução do continente, a Inglaterra, quando sua hora chegar, *ditará a revolução ao continente*. Esta é a posição da Inglaterra, esta é a necessária consequência dessa posição, e por isso a vitória da "ordem" em 10 de abril foi perfeitamente compreensível. Mas quem não se lembra como esta vitória da "ordem", o primeiro contragolpe contra os golpes de fevereiro e março, deu por toda parte à contrarrevolução um novo apoio, como os assim chamados conservadores encheram o peito com audazes esperanças! Quem não se lembra como em toda a Alemanha a conduta da polícia especial londrina foi imediataente tomada como exemplo por toda a Guarda Cívica! Quem não se lembra qual a impressão causada por essa primeira prova de que o movimento irrompido não era irresistível!

Paris, em 15 de maio, ofereceu imediatamente a contrapartida da vitória do partido do imobilismo inglês. O 10 de abril opusera um dique à onda externa da inundação revolucionária; o 15 de maio barrou sua força em seu próprio ponto de irrupção. O 10 de abril demonstrara que o movimento de fevereiro não era irresistível; o 15 de maio demonstrou que o movimento insurrecional em Paris podia ser detido. A revolução, vencida em seu centro, devia naturalmente sucumbir na periferia. E isso aconteceu a cada dia mais na Prússia e nos pequenos Estados alemães. Mas a correnteza revolucionária era ainda suficientemente forte para possibilitar duas vitórias do povo em Viena, a primeira também em 15 de maio, a segunda, em 26 de maio,[1] e a vitória do absolutismo em Nápoles, alcançada igualmente em 15 de maio, atuou, por seus excessos, mais como contrapeso da vitória da ordem em Paris. Ainda faltava algo; não apenas o movimento revolucionário devia ser vencido em Paris, mas o fascínio da invencibilidade da insurreição armada precisava ser desfeito na própria Paris; só então a contrarrevolução poderia ter paz.

Foi o que aconteceu em *Paris* na batalha de quatro dias, de 23 a 26 *de junho*. Quatro dias de canhoneio – e a inexpugnabilidade das barricadas, a invencibilidade do povo armado se esfumou. O que mais Cavaignac demonstrou com sua vitória, senão que as leis da arte da guerra são mais ou menos as mesmas nas ruas como no desfiladeiro, diante de barricadas como diante de estacadas ou bastiões? Que 40 mil indisciplinados trabalhadores armados, sem canhões e obuses e sem abastecimento de munição, não poderiam resistir mais do que quatro dias a um Exército organizado de 120 mil velhos soldados e 150 mil guardas nacionais, apoiados pela melhor e mais numerosa artilharia e abundantemente providos de munição? A vitória de Cavaignac foi o esmagamento acachapante do menor número por um número sete vezes superior, a vitória mais inglória já obtida, e tanto mais inglória quanto mais sangue custou, apesar da colossal superioridade numérica. E no entanto ela espantou o mundo como um prodígio – porque essa vitória da superioridade numérica tirara ao povo parisiense, às barricadas parisienses, a auréola da invencibilidade. Nos quarenta mil trabalhadores, os trezentos mil de Cavaignac não venceram somente os 40 mil trabalhadores, eles venceram, sem o saber, a revolução europeia. Todos sabemos que reação irresistivelmente impetuosa sobreveio desde aqueles dias. Nenhum refreamento

---

[1] Em 15 de maio de 1848, trabalhadores e estudantes travaram batalhas armadas contra a Constituição anunciada em 25 de abril pelo ministério Pillersdorf. A Constituição instituía o sistema de duas Câmaras, excluía os trabalhadores das eleições, como não proprietários, e mantinha os encargos feudais. Também combatiam o decreto do ministério que dissolvia o Comitê Central revolucionário formado por delegados dos estudantes e da Guarda Nacional, que naqueles dias tornara-se o centro da luta contra a Constituição. O governo foi obrigado a anular a dissolução do Comitê Central, declarar provisória a Constituição, promulgar o parlamento unicameral e abolir o censo eleitoral. Em 26 de maio de 1848 o governo dissolveu a Legião Acadêmica. Os trabalhadores e estudantes sublevaram-se novamente, e o governo foi obrigado a revogar o decreto de dissolução e a fazer outras concessões.

era mais possível; o poder conservador venceu o povo de Paris com granadas e metralhas, e o que era possível em Paris poderia ser reproduzido em outros lugares. Depois dessa decisiva derrota, nada mais restou à democracia além de empreender a retirada o mais honrosamente possível e pelo menos defender centímetro a centímetro na imprensa, assembleias populares e parlamento o terreno impossível de manter.

A grande batalha seguinte foi a *queda de Milão*. A reconquista de Milão por Radetzky constitui, de fato, o primeiro evento europeu desde a vitória de junho em Paris. A águia bicéfala na cúpula da catedral de Milão significa não somente a queda de toda a Itália, significa também a ressurreição do centro de gravidade da contrarrevolução europeia, a ressurreição da *Áustria*. A Itália derrotada e a Áustria ressurrecta – o que mais a contrarrevolução podia querer? E é verdade que, com a queda de Milão, as energias revolucionárias enfraqueceram-se momentaneamente na Itália, Mamiani irrompeu em Roma, os democratas foram vencidos no Piemonte, e ao mesmo tempo o partido reacionário levantou novamente a cabeça na Áustria e começou com novo ânimo, a partir do quartel--general de Radetzky, seu centro, a estender suas intrigas a todas as províncias. Só então Jellachich tomou a ofensiva, só então pôde realizar-se plenamente a grande aliança da contrarrevolução com os eslavos da Áustria.

Dos pequenos intervalos, nos quais a contrarrevolução alcançou vitórias locais e conquistou províncias isoladas, do fracasso de Frankfurt etc., não vou tratar. Tais acontecimentos têm significado local, talvez nacional, mas não europeu.

Finalmente, em 1 de novembro consumou-se a obra iniciada no dia de Custozza: tal como Radetzky entrara em Milão, assim Windischgrätz e Jellachich entraram em Viena. O método de Cavaignac foi utilizado no maior e mais ativo foco da revolução alemã, e com sucesso; a revolução em Viena, como em Paris, foi sufocada em sangue e escombros fumegantes.

Mas quase parece que a vitória de 1 de novembro assinala ao mesmo tempo o ponto em que o movimento regressivo inflete e tem lugar uma crise. A tentativa de repetir passo a passo na Prússia a façanha vienense fracassou; na melhor das hipóteses, mesmo se o país abandonar a Assembleia Constituinte, a Coroa só pode esperar uma vitória parcial, não decisiva, e, em todo caso, a primeira impressão desencorajadora da derrota de Viena foi quebrada, quebrada pela tosca tentativa de a copiar em todos os detalhes.

E enquanto o norte da Europa ou é lançado novamente na servidão de 1847, ou defende penosamente as conquistas dos primeiros meses diante da contrarrevolução, subitamente a Itália se reergue. Livorno, a única cidade italiana que foi instigada pela queda de Milão a uma revolução vitoriosa, Livorno finalmente comunicou seu impulso democrático a toda a Toscana e impôs um ministério resolutamente democrático, resoluto como nenhum outro numa monarquia e tão resoluto como poucos numa república; um ministério que respondeu à queda de Viena e à restauração da Áustria com a proclamação da Assembleia Nacional Constituinte italiana. E a chama revolucionária que esse ministério democrático ateou desse modo no povo italiano inflamou-se: em Roma o povo, a Guarda Nacional e o Exército levantaram-se como *um só* homem, o ministério tergiversador e contrarrevolucionário caiu, um ministério democrático foi conquistado e à cabeça de suas reivindicações está: governo baseado no princípio da nacionalidade italiana, isto é, eleição da Constituinte italiana que Guerazzi propusera.

Que o Piemonte e a Sicília se seguirão, não pode haver dúvidas. Eles seguirão, como no ano passado foram seguidos.

E agora? Será esse segundo renascimento da Itália no prazo de três anos, como o anterior, a aurora de um novo impulso da democracia europeia? É o que parece. A medida da contrarrevolução está prestes a transbordar. A França está a ponto de se lançar nos braços de um aventureiro somente para escapar ao domínio de Cavaignac e Marrast, a Alemanha destroçada como nunca, a Áustria sufocada, a Prússia às vésperas da guerra civil, todas, todas as ilusões de fevereiro e março impiedosamente esmagadas pela tempestade da história. Realmente, o povo nada mais poderia aprender com novas vitórias da contrarrevolução!

Possam os ensinamentos destes últimos seis meses ser utilizados, quando chegar a ocasião, *oportuna* e *corajosamente*.

Vileza dos professores alemães

NGR, n. 156, 30/11/1848

Colônia, 29 de novembro. A natureza de lacaio dos professores alemães supera a si mesma nos doutos senhores de Berlim e Halle. Diante dessa mente servil, o servo russo se envergonha. O budista piedoso, que devotamente engole os excrementos de seu Dalai-Lama, ouve admirado a lenda dos budistas de Berlim e Halle, cuja prostituição diante da monarquia "pela graça de Deus" lhe parece uma fábula. Ele só acredita na realidade quando lhe são mostradas as petições dos professores de Berlim e Halle ao rei da Prússia, respectivamente de 24 e 21 de novembro,[1] acompanhadas das assinaturas de próprio punho.

"A liberdade de deliberação fora suprimida, a vida dos deputados ameaçada, a dignidade da Assembleia, a honra da nação profanadas, e as propostas mais bem-intencionadas e mais justas de pôr termo a esse reinado do terror fracassaram pela resistência daqueles a quem elas serviriam."

Com essas e outras semelhantes mentiras descaradas e com as mais caninas declarações de lealdade hereditária, 80 professores berlinenses – entre eles Hengstenberg, Schönlein, Ehrenberg, Böckh, os dois Grimm etc. – fabricaram uma mensagem ao rei, na qual lhe prodigalizam seus doutos aplausos pelas medidas violentas do ministério Brandenburg.

Soa análoga a mensagem de 19 professores de Halle, que, entretanto, levam o cômico até o ponto de mencionar de passagem a "seriedade de sua profissão".

O cerne do cão[2] em ambas as mensagens é uma fúria indescritível contra a *recusa dos impostos*. Muito compreensível! Nenhum imposto mais – e a erudição privilegiada entra em bancarrota. Basta a bolsa desta gananciosa raça de professores ser ameaçada de longe e toda a ciência se inflama e incendeia. Seu monopólio deita raízes na monarquia "pela graça de Deus". Eles lhe escrevem mensagens de dedicação, vale dizer, são dedicados até a morte a seu próprio monopólio. Se o povo alcançar a vitória final, estes senhores saberão,

---

[1] As "Petições dos professores de Berlim ao rei da Prússia", de 24 de novembro de 1848, e a "Declaração do vice-reitor e Senado da Universidade Real Unificada Friedrich" em Halle, de 21 de novembro de 1848, foram publicadas no *Diário Oficial Prussiano* em 25 e 26 de novembro de 1848.

[2] Referência ao verso "Do perro era esse o cerne, então?" – Goethe, *Fausto,* Primeira Parte, "Quarto de estudos", *op. cit.*

apesar de toda a "seriedade de sua profissão científica", pôr-se rapidamente do lado da soberania do povo, que hoje tanto condenam. Mas o povo lhes gritará: "tarde demais!", e infligirá um rápido fim a toda a miséria da erudição privilegiada.

O senhor Raumer ainda vive

NGR, n. 162, 7/12/1848

Colônia, 6 de dezembro. Mencionamos resumidamente as mensagens de lealdade encaminhadas ao rei pelos professores de Halle e Berlim. Temos hoje a comunicar que o sr. von Raumer, enviado do Império *in partibus*, atualmente na antecâmara de Bastide e Cavaignac, associou-se plenamente à desonra dos professores com uma declaração de adesão àquelas mensagens. Na realidade, de um enviado do Império como o sr. Raumer não se poderia esperar outra coisa. Mas sua declaração parece ter ainda um outro motivo. O sr. Raumer estava esquecido há meses na Alemanha. Em sua ânsia de ser resgatado de algum modo desse esquecimento, agarrou sofregamente a oportunidade oferecida por seus colegas velhacos de Berlim e tratou de publicar rapidamente a supracitada declaração. Este produto de Raumer está depositado no último número do *Diário Oficial Prussiano*.

[A dissolução da Assembleia Nacional]

NGR, n. 162, 7/12/1848, suplemento extra

K. Marx

Colônia, 6 de dezembro. A contrarrevolução chegou a seu segundo estágio. A Assembleia Nacional foi dissolvida.[1] Uma Constituição outorgada[2] foi anunciada sem mais pela "Altíssima Majestade".

Toda a hipocrisia posta em andamento desde maio com a "entente" despojou-se de seu último manto.

A Revolução de Março foi declarada nula, e o "domínio pela graça de Deus" festeja seu triunfo.

A camarilha, os *junkers*, a burocracia e toda a reação com ou sem uniforme se rejubila por finalmente poder outra vez tanger o povo rude de volta para o estábulo do Estado "germano-cristão".

---

[1] Em 5 de dezembro de 1848 foi emitido o decreto real de Dissolução da Assembleia Nacional prussiana, por não ter obedecido à decisão real "sobre a transferência das sessões da Assembleia convocada para acordar a Constituição de Berlim para Brandenburg".

[2] Simultaneamente à dissolução da Assembleia Nacional, foi posta em vigor uma "Carta Constitucional para o Estado Prussiano". Seu artigo 60 dizia: "O Poder Legislativo será exercido em conjunto pelo rei e duas Câmaras. É exigida a aprovação do rei e das duas Câmaras para qualquer lei". Os representantes para ambas as Câmaras foram eleitos por sufrágio indireto e censitário. Para a Segunda Câmara, só eram admitidos os assim chamados "prussianos independentes". Os eleitores da Primeira Câmara foram limitados à classe proprietária. Além disso, seus membros não recebiam "nem custos de viagem, nem diárias". Em uma observação ao artigo 63 dessa Constituição foi considerada a possibilidade, quando da revisão prevista na própria Constituição, de "uma parte dos membros da Primeira Câmara [...] ser nomeada pelo rei" – "O Poder Executivo", segundo o artigo 43, compete "somente ao rei". "Ele nomeia e demite os ministros". – "O rei tem o direito de declarar a guerra, concluir a paz e fechar acordos com governos estrangeiros" (artigo 46). "O rei convoca as Câmaras e encerra suas sessões". Ele as podia dissolver a qualquer tempo (artigo 49). Segundo o artigo 107, os membros de ambas as Câmaras deviam "jurar fidelidade e obediência" ao rei. Ademais, em caso de guerra ou *insurreição* (artigo 110), a liberdade pessoal, a inviolabilidade do domicílio, a jurisdição legal, a liberdade de imprensa, o direito de reunião e associação, "garantidos" nessa Constituição, eram "provisória e localmente suspensos". Nos meses seguintes, os movimentos democráticos, considerados "insurreições", foram reprimidos até a vitória definitiva da contrarrevolução pela imposição "provisória e local" do estado de sítio.

O golpe de Estado da contrarrevolução

NGR, n. 163, 8/12/1848

K. Marx

Colônia, 7 de dezembro. *A Assembleia Nacional foi dissolvida. Os representantes do povo foram dispersados "pela graça de Deus".*

Ao golpe de Estado executado com tal ousadia o ministério juntou, em suas considerações, a violência da zombaria mais amarga.

A Assembleia Nacional colhe agora os frutos de sua crônica debilidade e covardia. Ela permitiu que a conspiração contra o povo prosseguisse calmamente durante meses, se tornasse forte e poderosa, e por isso cai agora como sua primeira vítima.

Também o povo expia aquilo de que se tornou culpado em março e ainda em abril e maio por generosidade, ou mais exatamente por estupidez, e, por último, pela assim chamada "resistência passiva". Ele recebeu agora uma lição de que certamente se aproveitará. Sua próxima vitória porá um fim à "entente", como a todas as restantes frases e hipocrisias.

A burguesia e a contrarrevolução[1]

NGR, n. 165, 10/12/1848

K. Marx

Colônia, 9 de dezembro. Jamais o escondemos. Nosso terreno não é o *terreno do direito*, é o *terreno revolucionário*. O governo agora acaba de abandonar, por sua vez, a hipocrisia do terreno do direito. Colocou-se sobre o terreno revolucionário, pois também o terreno *contrarrevolucionário* é revolucionário. O parágrafo 6 da Lei de 6 de abril de 1848 estabelece: "O direito de aprovação de todas as *leis,* a determinação do orçamento do Estado e o *direito de decretar impostos* deve, em todos os casos, caber aos futuros representantes do povo".

O parágrafo 13 da Lei de 8 de abril de 1848 diz: "A Assembleia reunida na base da presente lei é chamada a *estabelecer,* através de um acordo com a Coroa, *a futura constituição,* e exercer pelo tempo de sua duração as atribuições que foram até agora dos antigos Estados-gerais do Império, notadamente aquelas relativas à aprovação de impostos".

O governo manda a Assembleia Ententista ao diabo, dita ao país de cima para baixo uma *soi-disant*[2] Constituição e concede a si mesmo os impostos que os representantes do povo lhe haviam negado.

O governo prussiano deu um fim clamoroso à Camphauseníade,[3] uma espécie solene de *Jobsíade do direito*. Por vingança, o inventor dessa epopeia, o grande *Camphausen*, continua tranquilamente em Frankfurt como plenipotenciário do mesmo governo prussiano, prosseguindo suas intrigas com os Bassermann a favor do próprio governo prussiano. Esse Camphausen que inventou a teoria ententista para salvar o terreno do direito, ou seja, para defraudar, antes de tudo, a revolução dos *honneurs* que lhe cabiam, inventou ao mesmo tempo as minas que mais tarde deveriam fazer saltar aos ares o terreno do direito e a teoria ententista.

---

[1] Tradução de J. Chasin, Márcia Valéria M. de Aguiar e Maria D. Prades; publicado originariamente em Karl Marx, *A Burguesia e a Contrarrevolução*. Cadernos Ensaio Série Pequeno Formato n. 1. São Paulo, Ensaio, 1989. Publica-se de acordo com essa tradução, feitos somente ajustes nas notas, a fim de evitar repetição de informações. Publicação autorizada por Ester Vaisman.

[2] Assim-chamada.

[3] Satirização do itinerário do ministério Camphausen.

Foi esse homem que engendrou as eleições *indiretas,* que redundaram numa Assembleia para a qual o governo pode trovejar, no instante de uma sublevação momentânea: *Trop tard*! Ele chamou de volta o príncipe da Prússia, o chefe da contrarrevolução, e não se envergonhou de converter, através de uma mentira oficial, a fuga daquele numa viagem de estudos. Deixou em vigor a velha legislação prussiana sobre crimes políticos e os antigos tribunais. Sob seu governo, a antiga burocracia e o antigo exército tiveram tempo para se recuperar do susto e se recompor completamente. Sem qualquer restrição, todos os chefes do antigo regime permaneceram em seus postos. Sob Camphausen, a camarilha conduziu a guerra na Posnânia, enquanto ele mesmo o fazia na Dinamarca. A guerra dinamarquesa devia ser um desaguadouro para as estuantes energias patrióticas da juventude alemã, contra quem, depois de seu retorno, a polícia tomou as medidas apropriadas, devia conferir uma certa popularidade ao general Wrangel e a seus famigerados regimentos da Guarda, e reabilitar a soldadesca prussiana em geral. Tão logo seu fim fora atingido, foi necessário asfixiar, a qualquer preço, essa pretensa guerra com um vergonhoso armistício, que o mesmo Camphausen acordou, uma vez mais, com a Assembleia Nacional em Frankfurt am Main. O resultado da guerra dinamarquesa foi o *"Comandante-em-Chefe das duas Marcas"*[4] e o retorno a Berlim dos regimentos da Guarda enxotados em março.

E a guerra que a camarilha de Potsdam conduziu na Posnânia sob os auspícios de Camphausen!

A guerra na Posnânia foi mais do que uma guerra contra a revolução prussiana. Foi a queda de Viena, a queda da Itália, a derrota dos heróis de junho. Foi o primeiro triunfo decisivo alcançado pelo tsar russo sobre a revolução europeia. E tudo isso sob os auspícios do grande *Camphausen,* do pensador amigo da história, do cavaleiro do grande debate, do herói da mediação.

Sob Camphausen e através dele a contrarrevolução se apoderou de todos os postos decisivos; preparou para si um exército de guerra pronto a ripostar, enquanto a Assembleia Ententista prosseguia em seus debates. Com o ministério de ação *Hansemann-Pinto,* a velha polícia foi revestida de novo e uma guerra tão encarniçada quanto mesquinha foi conduzida pela burguesia contra o povo. A conclusão a partir dessas premissas foi tirada com *Brandenburg.* O que faltava para isso não era uma cabeça, mas um bigode e um sabre.

Quando Camphausen se demitiu, nós lhe bradamos:

Ele semeou a reação no sentido da burguesia, ele a colherá no sentido da aristocracia e do absolutismo.[5]

---

[4] A 15 de setembro de 1848, o general Wrangel foi nomeado comandante-em-chefe do distrito militar de Brandenburg, que incluía Berlim. A Marca (Markgrafschaft) de Brandenburg, núcleo original da Prússia, consistia na Idade Média de duas partes: o Kurmark e o Neumark. Daí o apodo do general: "comandante--em-chefe das duas Marcas".

[5] Ver "Queda do ministério Camphausen".

Não temos dúvida de que Sua Excelência, o embaixador prussiano *Camphausen*, neste momento conta a si mesmo entre os senhores feudais, e de que se tenha resignado a seu "mal-entendido" do modo mais pacífico do mundo.

Todavia, não nos enganemos, não atribuamos a um Camphausen, a um Hansemann, a esses homens de pequeno porte uma iniciativa de estatura histórico-universal. Eles não foram nada além do que os órgãos de uma classe. Sua linguagem, seus atos não foram nada além do que o eco oficial de uma classe que os havia empuxado ao primeiro plano. Não foram mais que a grande burguesia – no primeiro plano.

Os representantes dessa classe formavam a *oposição liberal* na Dieta Unificada, bem-aventuradamente falecida e, por um instante, ressuscitada graças a Camphausen.

Censurou-se aos senhores dessa oposição liberal terem sido infiéis a seus princípios depois da revolução de março. Isto é um erro.

Os grandes proprietários fundiários e os capitalistas, representados com exclusividade na Dieta Unificada, numa palavra, os endinheirados tinham crescido em dinheiro e cultura. Com o desenvolvimento da sociedade burguesa na Prússia – ou seja, com o desenvolvimento da indústria, do comércio e da agricultura –, as antigas diferenças de classes, de um lado, perderam sua base material.

A própria nobreza estava essencialmente aburguesada. Em lugar de fidelidade, amor e fé, traficava agora, principalmente, com beterrabas de açúcar, aguardente e lã. Seu torneio principal tornara-se o mercado da lã. De outro lado, o Estado absolutista, cuja base social havia desaparecido sob seus pés, como por encanto, com o curso do desenvolvimento, tornara-se um entrave para a nova sociedade burguesa, com seu modo de produção modificado e suas necessidades alteradas. Era preciso que a burguesia reivindicasse sua parte no domínio político, desde logo pelos seus interesses materiais. Somente ela própria seria capaz de fazer valer legalmente suas necessidades industriais e comerciais. Tinha que tirar das mãos de uma burocracia ultrapassada, tão ignorante quanto arrogante, a administração de seus "*interesses mais sagrados*". Tinha que reclamar para si o controle do tesouro do Estado, do qual se acreditava criadora. Depois de ter tomado da burocracia o monopólio da assim chamada educação, consciente de ser em muito superior a ela no conhecimento real das necessidades da sociedade burguesa, tinha também a ambição de conquistar uma posição política correspondente à sua posição social. Para alcançar seu fim, tinha que poder debater livremente seus interesses, suas opiniões e os negócios do governo. A isso denominou "*direito à liberdade de imprensa*". Tinha que poder se associar sem embaraços. A isso chamou "*direito de livre associação*". Tinha também que reivindicar *liberdade religiosa* e assim por diante, consequência necessária da *livre concorrência*. E antes de março de 1848 a burguesia estava no melhor dos caminhos para ver a efetivação de todos os seus desejos.

O Estado prussiano encontrava-se em dificuldades financeiras. Seu crédito estava esgotado. Eis o segredo da convocação da Dieta Unificada. Por certo, o governo resistiu contra seu destino, dissolveu sem indulgência a Dieta "Unificada", mas a falta de dinheiro e a falta de crédito o teriam irremediavelmente jogado, pouco a pouco, nos braços da burguesia. Assim como os barões feudais, os reis pela graça de Deus sempre trocaram seus privilégios por dinheiro vivo. A emancipação dos servos foi, em todos os Estados cristão-germânicos, o primeiro ato desse regateio histórico-mundial, a monarquia constitucional foi o segundo grande ato. *L'argent n'a pas de maître*,[6] porém os *maîtres* cessam de ser *maîtres* logo que são *démonétisés*.[7]

A oposição liberal na Dieta Unificada não era, pois, nada mais do que a oposição da burguesia contra uma forma de governo que não expressava mais seus interesses e necessidades. Para fazer oposição à corte, tinha que fazer a corte ao povo.

Ela, talvez, se afigurou efetivamente a fazer uma oposição *para* o povo.

Face a face com o governo, não poderia naturalmente reivindicar os direitos e as liberdades que aspirava *para si,* a não ser que os apresentasse sob a razão social dos *direitos e liberdades do povo.*

Essa oposição se encontrava, como já foi dito, no melhor dos caminhos, quando estalou a *tempestade de fevereiro.*

NGR, n. 169, 15/12/1848

Colônia, 11 de dezembro. Quando o dilúvio de março – um dilúvio *en miniature*[8] – findou, não restaram à superfície de Berlim nem prodígios, nem colossos revolucionários, mas criaturas do velho estilo, figuras pesadamente burguesas – os liberais da Dieta Unificada, os representantes da consciente burguesia prussiana. As províncias que contavam com a burguesia mais desenvolvida, a *Província do Reno* e a *Silésia,* forneceram o contingente principal dos novos ministérios. Atrás dele vinha todo um cortejo de juristas renanos. À medida que a burguesia era relegada a segundo plano pela aristocracia feudal, a Província do Reno e a Silésia iam cedendo lugar nos ministérios às velhas províncias prussianas. O ministério Brandenburg não estava ligado à Província do Reno a não ser por um *tory* de Elberfeld. *Hansemann* e *von der Heydt!* Para a burguesia prussiana toda a diferença entre março e dezembro de 1848 reside nestes dois nomes.

A burguesia prussiana havia sido arremessada à cumeeira do Estado, mas não como o havia desejado, através de uma *transação pacífica com a Coroa,* mas por uma *revolução*. Não eram seus próprios interesses, mas os *interesses do povo* que ela devia representar contra a Coroa, ou seja, contra *si mesma*, pois fora um *movimento popular* que lhe havia aberto o caminho. Mas, a seus olhos, a Coroa era apenas, por graça divina, o guarda-chuva debaixo do qual deviam ser escondidos seus próprios interesses profanos. Traduzida em lingua-

---

[6] O dinheiro não tem senhor.
[7] Desamoedados.
[8] Em miniatura.

gem constitucional, a inviolabilidade de *seus* próprios interesses e das formas políticas a eles correspondentes deviam significar: *Inviolabilidade da Coroa*. Daí o entusiasmo da burguesia alemã, especialmente da burguesia prussiana, pela *monarquia constitucional*. Assim, se a revolução de fevereiro, inclusive suas dores alemãs do puerpério, foi bem-vinda para a burguesia prussiana, pois jogou-lhe nas mãos a direção do Estado, foi também para ela um embaraço, dado que seu domínio ficou ligado a condições que não queria, nem podia satisfazer. A burguesia não havia movido um dedo. Havia permitido ao povo que se batesse por ela. Donde o domínio que lhe foi transmitido não era o domínio do general que derrota seu adversário, mas o de um comitê de salvação pública, ao qual o povo vitorioso confia a defesa de seus próprios interesses.

Camphausen sentia ainda perfeitamente todo o desconforto dessa posição, e toda a fraqueza de seu ministério resultava desse sentimento e das circunstâncias que o determinavam. É por isso que uma espécie de rubor pudico transfigura os atos mais desavergonhados de seu governo. A *impudência* ingênua e a *insolência* eram o privilégio de *Hansemann*. A única diferença entre esses dois pintores está na *teinte* vermelha.

Não se deve confundir a *revolução prussiana* de *março* nem com a revolução *inglesa* de 1648, nem com a revolução *francesa* de 1789.

Em 1648, a burguesia estava aliada com a nobreza moderna contra a monarquia, a aristocracia feudal e a Igreja dominante.

Em 1789, a burguesia estava aliada com o povo contra a monarquia, a nobreza e a Igreja dominante. A revolução de 1789 não tinha outro modelo (ao menos na Europa) que a revolução de 1648, e a revolução de 1648, somente a sublevação dos Países Baixos contra a Espanha.[9] As duas revoluções estavam um século adiante dos seus modelos, não apenas no tempo, mas também no conteúdo.

Nas duas revoluções a burguesia era a classe que *efetivamente* estava na ponta (*Spitze*) do movimento. *O proletariado e as frações das classes médias não pertencentes à burguesia* ou não tinham ainda interesses distintos da burguesia, ou ainda não formavam classes ou frações de classe desenvolvidas de modo independente. Por conseguinte, onde elas se opuseram à burguesia, como, por exemplo, de 1793 a 1794 na França, não lutaram a não ser pela imposição dos interesses da burguesia, embora não *ao modo* da burguesia. *Todo o Terror na França* não foi nada mais do que *uma maneira plebeia* de acabar com os inimigos da burguesia, o absolutismo, o feudalismo e o espírito pequeno-burguês.

As revoluções de 1648 e de 1789 não foram as revoluções *inglesa* e *francesa*, foram revoluções de tipo (*Stils*) *europeu*. Não foram o triunfo de uma *determinada* classe da sociedade sobre a *velha ordem política;* foram a *proclamação da ordem política para a nova sociedade europeia*. Nelas triunfou a burguesia; *mas o triunfo da burguesia foi então o*

---

[9] Marx refere-se às lutas dos Países-Baixos de 1566 a 1609, que foram uma combinação de guerra nacional contra a Espanha absolutista e de luta antifeudal. O processo findou com a vitória do norte, onde a primeira república burguesa – as Províncias Unidas (a República Holandesa) – foi estabelecida, e com a derrota das províncias sulinas, que permaneceram sob domínio espanhol.

triunfo de uma nova ordem social, o triunfo da propriedade burguesa sobre a propriedade feudal, da nacionalidade sobre o provincialismo, da concorrência sobre o corporativismo, da partilha sobre o morgado, do domínio do proprietário de terra sobre a dominação do proprietário através da terra, do esclarecimento sobre a superstição, da família sobre o nome de família, da indústria sobre a preguiça heroica, do direito burguês sobre os privilégios medievais. A revolução de 1648 foi o triunfo do século XVII sobre o século XVI, a revolução de 1789 o triunfo do século XVIII sobre o século XVII. Essas revoluções exprimiam ainda mais as necessidades do mundo de então do que das partes do mundo onde tinham ocorrido, Inglaterra e França.

Não houve nada disso na *revolução prussiana de março.*

A revolução de fevereiro *suprimira* a monarquia constitucional efetivamente e a dominação da burguesia na ideia. A revolução prussiana de março devia *criar* a monarquia constitucional na ideia e a dominação da burguesia na efetividade. Bem longe de ser uma *revolução europeia,* era apenas o retardado eco débil de uma revolução europeia num país atrasado. Em vez de estar à frente de seu século, atrasara-se mais de meio século em relação a ele. Era desde o princípio *secundária,* mas é sabido que as doenças secundárias são mais difíceis de curar e ao mesmo tempo exaurem mais o corpo do que as moléstias primárias. Não se tratava da instauração de uma nova sociedade, mas do renascimento berlinense da sociedade morta em Paris. A revolução prussiana de março não foi sequer *nacional, alemã,* era desde o princípio *provincial-prussiana.* As sublevações de Viena, Cassel, Munique, sublevações provinciais de todo o tipo acompanharam-na e disputavam-lhe o primado.

Enquanto 1648 e 1789 tinham orgulho infinito de estar na ponta da criação, a ambição do 1848 berlinense consistia em formar um anacronismo. Sua luz se assemelhava à das estrelas que chega a nós, habitantes da terra, depois que os corpos que a emitiram já estão apagados há cem mil anos. Para a Europa, a revolução prussiana de março foi, em miniatura, uma dessas estrelas, como miniatura foi em tudo. Sua luz era a luz de um cadáver social de há muito decomposto.

A burguesia alemã tinha se desenvolvido com tanta indolência, covardia e lentidão que, no momento em que se ergueu ameaçadora em face do feudalismo e do absolutismo, percebeu diante dela o proletariado ameaçador, bem como todas as frações da burguesia cujas ideias e interesses são aparentados aos do proletariado. E tinha não apenas uma classe *detrás* de si, *diante* dela toda a Europa a olhava com hostilidade. A burguesia prussiana não era, como a burguesia francesa de 1789, a classe que, diante dos representantes da antiga sociedade, da monarquia e da nobreza, encarnava *toda* a sociedade moderna. Ela havia decaído ao nível de uma espécie de *casta,* tanto hostil à Coroa como ao povo, querelando contra ambos, mas indecisa contra cada adversário seu tomado singularmente, pois sempre via ambos diante ou detrás de si; estava disposta desde o início a trair o povo e ao compromisso com o representante coroado da velha sociedade, pois ela mesma já pertencia à velha sociedade; representando não os interesses de uma sociedade nova contra uma sociedade velha, mas interesses renovados no interior de uma sociedade envelhecida; ao leme da revolução não porque o povo estava atrás dela, mas porque o povo a empurrava à sua frente; na ponta não porque representava a iniciativa de uma nova época social, mas o rancor de uma época social velha; não era um extrato social do velho Estado que havia irrompido, mas tinha sido projetada por um terremoto à superfície do novo Estado; sem fé em si mesma, sem fé no povo, rosnando para os de cima, tremendo diante dos de baixo, egoísta em relação aos dois lados e consciente de seu egoísmo, revolucionária contra os conservadores, conservadora contra os revolucionários, desconfiada de suas próprias palavras de ordem, frases em lugar de ideias, intimidada pela tempestade mundial, mas dela desfrutando – sem energia em nenhum sentido, plagiaria em todos os sentidos, vulgar porque não era original e original na vulgaridade –, traficando com seus próprios desejos, sem iniciativa, sem fé em si mesma, sem fé no povo, sem missão histórico-mundial – um ancião maldito que se via condenado a dirigir e a desviar, em seu próprio interesse decrépito, as primeiras manifestações de juventude de um povo robusto – sem olhos! sem ouvidos! sem dentes! sem nada –;[10] assim se encontrou a *burguesia prussiana*, depois da revolução de março, ao leme do Estado prussiano.

NGR, n. 170, 16/12/1848

Colônia, 15 de dezembro. A *teoria ententista*, que a burguesia, elevada ao governo com o ministério Camphausen, proclamou imediatamente como "a mais ampla" base do *contrat social*[11] prussiano, não era de maneira alguma uma teoria oca; ao contrário, ela havia crescido sobre a árvore da vida "dourada".

A revolução de março de maneira nenhuma submeteu o soberano por graça divina ao povo soberano. Ela somente obrigou a Coroa, o Estado absolutista, a se entender com a burguesia, a conciliar (*vereinbaren*) com sua velha rival.

A Coroa sacrificaria a nobreza à burguesia, a burguesia sacrificaria o povo à Coroa. Nesta condição o reino seria burguês e a burguesia seria régia.

Depois de março não há mais do que essas duas forças. Servem-se reciprocamente de para-raios da revolução. Tudo naturalmente sobre *"a mais ampla base democrática"*.

Este era o *segredo da teoria ententista*.

Os negociantes de óleo e lã,[12] que formaram o primeiro ministério depois da revolução de março, compraziam-se no papel de proteger com suas asas plebeias a monarquia comprometida. Deleitavam-se no prazer supremo de serem admitidos à corte e de entulhar, recalcitrantes, abandonando por pura generosidade sua rude pose romana – a pose

---

[10] Shakespeare, *Como gostais*, Ato II, cena 7.
[11] Contrato social.
[12] Alusão a Camphausen, outrora negociante de banha e cereais, bem como a Hansemann, que principiou como negociante de lã.

romana da Dieta Unificada –, com o cadáver de sua antiga popularidade o abismo que ameaçava engolir o trono. Como o ministro Camphausen se pavoneava enquanto *parteiro* do trono constitucional! O bravo homem estava visivelmente comovido consigo mesmo, com sua própria magnanimidade. A Coroa e seu séquito toleravam de má vontade esse protetorado humilhante, faziam *bonne mine à mauvais jeu*,[13] à espera de melhores dias.

O exército semidissolvido, a burocracia tremendo por seus postos e estipêndios, a humilhada categoria feudal, cujo chefe[14] se encontrava em viagem de estudos constitucionais, enganaram facilmente o *bourgeois gentilhomme*[15] com algumas palavras doces e reverências.

A burguesia prussiana era a detentora *nominal* do poder, não duvidou nem por um instante que as forças do velho Estado se tinham posto sem reservas à sua disposição e que haviam se transformado em devotos da sua própria onipotência.

Não só no ministério, mas em todo âmbito da monarquia, a burguesia estava embriagada dessa ilusão.

As chicanas, frequentemente sangrentas, da guarda cívica contra o proletariado desarmado, as únicas proezas da burguesia prussiana depois de março, não encontravam no exército, na burocracia e até nos senhores feudais cúmplices voluntários e devotos? Os únicos esforços aos quais se alçaram os representantes locais da burguesia, os *conselhos comunais* – cuja vulgaridade inoportuna e servil foi mais tarde tratada devidamente a pontapés por um Windischgrätz, um Jellachich e um Welden –, as únicas proezas desses conselhos comunais, depois da revolução de março, suas graves admoestações patriarcais ao povo, não foram ouvidas com admiração pelos presidentes de governo emudecidos e pelos generais de divisão arrependidos? E a burguesia prussiana deveria ainda duvidar que o velho rancor do exército, da burocracia e dos feudais estivesse morto, diante da sua reverente devoção por ela, vencedora magnânima, que disciplinava a anarquia e a si mesma?

Era claro, a burguesia só tinha uma missão, instalar-se comodamente na sua dominação, eliminar os anarquistas perturbadores, restabelecer "a calma e a ordem" e recuperar os lucros perdidos durante a tempestade de março. Tratava-se não mais do que de reduzir ao mínimo os *custos de produção* de seu domínio e da revolução de março que o condicionara. As armas que a burguesia prussiana, na sua luta contra a sociedade feudal e sua Coroa, se viu obrigada a reclamar sob a razão social do povo, o direito de associação, a liberdade de imprensa etc. não deviam ser despedaçadas nas mãos de um povo exaltado, que não tinha mais necessidade de empunhá-las *para* a burguesia e que manifestava desejos inquietantes de empunhá-las *contra* ela?

---

[13] Cara boa a jogo mau.
[14] Alusão ao príncipe da Prússia.
[15] Alusão irônica ao líder liberal alemão que é comparado a *Jourdain*, herói da comédia *Le bourgeois gentilhomme*, de Molière.

Para a *entente* da burguesia com a Coroa – *disto ela estava convencida* –, para a negociação da burguesia com o velho Estado, resignado à sua sorte, só havia evidentemente um obstáculo no caminho, um único obstáculo, o povo – *puer robustus sed malitiosus,*[16] como diz Hobbes. O *povo e a revolução!* A *revolução* era o *título jurídico* do povo; sobre a revolução fundava o ímpeto das suas reivindicações. A revolução foi a letra de câmbio que ele sacou contra a burguesia. A burguesia tinha chegado ao poder através da revolução. No dia em que ela tomou o poder, despontou também o dia do vencimento da letra. A burguesia teve que deixar *protestar* o título.

A *revolução* – isso significava na boca do povo: vós, burgueses, sois o *Comitê de salut public,* o comitê de salvação pública, nas mãos de quem depositamos o poder, não para que vos *entendais com* a Coroa sobre vossos interesses, senão para que façais triunfar nossos interesses, os interesses do povo, *contra* a Coroa.

A *revolução* era o protesto do povo contra a entente da burguesia com a Coroa. A burguesia, entendendo-se com a Coroa, *devia protestar, portanto,* contra a *revolução*.

Foi isso que aconteceu sob o grande *Camphausen*. A *revolução de março não foi reconhecida. Rejeitando* a moção de seu reconhecimento, a representação nacional de Berlim se constituiu como *representação da burguesia prussiana,* como *Assembleia Ententista*.

Fez o acontecido desacontecer. Ela proclamou em voz alta, diante do povo prussiano, que ele não tinha se entendido com a burguesia para fazer a revolução contra a Coroa, mas que havia feito a revolução para que a Coroa se entendesse com a burguesia contra ele mesmo! Assim foi anulado o *título jurídico* do povo revolucionário, e conquistado o *terreno do direito* da burguesia conservadora.

O terreno do direito!

Brüggemann, e através dele a *Gazeta de Colônia,* tanto tagarelaram, elocubraram e se lastimaram a propósito do "terreno do direito", tão frequentemente perderam e recuperaram o "terreno do direito", tantas vezes esburacaram e remendaram o terreno do direito, arremessando-o de Berlim a Frankfurt, de Frankfurt a Berlim, tanto o restringiram e distenderam que o simples terreno foi transformado num terreno ensamblado, e este numa ensamblagem de fundo duplo – notoriamente um dos instrumentos principais dos prestidigitadores em cena –, o fundo duplo foi transformado em um alçapão sem fundo, de modo que, a justo título, o terreno do direito transformou-se, para nossos leitores, no terreno da *Gazeta de Colônia,* podendo confundir o *shiboleth*[17] da burguesia prussiana com o *shiboleth* privado do sr. Joseph Dumont, uma ideia necessária da história universal *prussiana* com um capricho arbitrário da *Gazeta de Colônia,* e não veem mais no terreno do direito do que o terreno sobre o qual cresce a *Gazeta de Colônia*.

O *terreno do direito* é, na verdade, o *terreno do direito prussiano*!

---

[16] Jovem robusto, porém malicioso. Citação modificada do Prefácio a *De Cive* (*Do Cidadão*), de Hobbes.

[17] Palavra hebraica que significa "espiga e rio", da qual os soldados de Jefte se serviram para reconhecer os efraimistas, que pronunciavam *sibboleth*, degolando-os imediatamente. Emprega-se usualmente para indicar meio de reconhecimento, para designar a prova que decide a capacidade ou incapacidade de uma pessoa.

O *terreno do direito,* sobre o qual se movem *depois* de março o cavaleiro do grande debate, Camphausen, o espectro ressuscitado da Dieta Unificada e a Assembleia Ententista, é a lei constitucional de 1815, ou a lei de 1820[18] sobre a Dieta, ou a patente de 1847, ou a lei eleitoral e ententista de 8 de abril de 1848?

Não é nada disso.

O "terreno do direito" significava simplesmente que a revolução não havia conquistado seu terreno e que a velha sociedade não havia perdido o seu, que a revolução de março não fora mais do que um "evento", que havia dado "impulso" ao "entendimento" entre o trono e a burguesia, de há muito preparado no interior do velho Estado prussiano, cuja necessidade a própria Coroa havia expresso em elevadíssimas isenções precedentes, mas que antes de março não julgara "urgente". Em uma palavra, o "terreno do direito" significava que a burguesia, *depois* de março, queria negociar com a Coroa no mesmo pé que *antes* de março, como se não tivesse havido nenhuma revolução, e a Dieta Unificada tivesse alcançado seu objetivo sem a revolução. O "terreno do direito" significava que o título jurídico do povo, a *revolução,* não existia no *contrat social* entre o governo e a burguesia. *A burguesia deduzia suas reivindicações da velha legislação prussiana, a fim de que o povo não deduzisse reivindicação nenhuma da nova revolução prussiana.*

É evidente que os *cretinos ideológicos* da burguesia, seus jornalistas etc. tiveram que fazer passar essa paliação (*Beschönigung*) dos interesses da burguesia pelos seus verdadeiros interesses, e como tais tiveram que os afigurar para si e para os outros. Na cabeça de um *Brüggemann* a frase do terreno do direito transformou-se numa substância real.

O ministério *Camphausen* havia cumprido sua tarefa, a tarefa da *mediação* e da *transição.* Com efeito, constituiu a *mediação* entre a burguesia alçada sobre os ombros do povo e a burguesia que não precisava mais dos ombros do povo; entre a burguesia que nos confrontos com a Coroa representava aparentemente o povo, e a burguesia que nos confrontos com o povo efetivamente representava a Coroa; entre a burguesia que estava se desembaraçando da revolução e a burguesia que já emergira como o caroço da revolução.

Em conformidade com o seu papel, o ministério Camphausen se limitava com pudor virginal à *resistência passiva* contra a revolução.

Ele a rejeitou, por certo, em teoria, mas na prática somente se *opunha* às suas pretensões e não *tolerou* a não ser a reconstituição dos velhos poderes estatais. A burguesia acreditava, entretanto, ter chegado ao ponto onde a *resistência passiva* devia transformar-se em ataque ativo. O ministério *Camphausen* demitiu-se, não porque tenha cometido este ou aquele erro, mas pela simples razão de que foi o *primeiro* ministério depois da *revolução de março,* porque foi o *ministério da revolução de março* e, de conformidade à sua origem, devia ainda dissimular o representante da burguesia sob o ditador popular. Esta

---

[18] A ordenança relativa às dívidas do Estado, de 17 de janeiro de 1820, estipulava que o governo prussiano não poderia assumir empréstimos, senão com o aval da futura assembleia corporativa.

sua ambiguidade de origem e seu duplo caráter impunham-lhe ainda certas *convenances*,[19] reservas e considerações nos confrontos com o povo soberano, que começavam a enfastiar a burguesia, e que um segundo ministério, saído diretamente da Assembleia Ententista, não devia mais observar.

Sua demissão foi, assim, um mistério para os políticos de taberna. Foi sucedido pelo *Ministério de Ação,* o ministério *Hansemann,* porque a burguesia pretendia passar, do período de traição *passiva* ao povo em favor da Coroa, ao período de subjugação *ativa* do povo sob seu domínio em compromisso com a Coroa. O *Ministério de Ação* foi o *segundo* ministério *depois* da revolução de março. Eis todo o seu segredo.

NGR, n. 183, 31/12/1848

Colônia, 29 de dezembro. *"Meus Senhores! Em questões de dinheiro, cessa a cordialidade!"*[20] *Nestas seis*[21] *palavras Hansemann resumiu todo o liberalismo da Dieta Unificada.* Este homem era o chefe necessário do ministério saído da própria Assembleia Ententista, do ministério que devia transformar a *resistência passiva* contra o povo em ataque *ativo* ao povo, *um ministério de ação.*

Em nenhum ministério prussiano houve tantos nomes *burgueses*! Hansemann, Milde, Märker, Kühlwetter, Gierke! Mesmo *von Auerswald,* rótulo áulico desse ministério, pertencia à nobreza liberal, isto é, à oposição de Königsberg, que rendia homenagens à burguesia. *Roth von Schreckenstein* representava sozinho, entre a canalha, a velha nobreza feudal prussiana burocratizada. *Roth von Schreckenstein!* Título sobrevivido de um esquecido romance de capa e espada, do bem-aventurado *Hildebrandt!*[22] Mas *Roth von Schreckenstein* era apenas o engaste feudal da joia burguesa. *Roth von Schreckenstein,* no meio do ministério burguês, queria dizer em letras garrafais: a feudalidade, o exército, a burocracia prussianas seguem a estrela recém-surgida da burguesia prussiana. Esses poderosos puseram-se à disposição dela, e a burguesia planta-os diante de seu trono como se pregavam, nos velhos emblemas heráldicos, ursos diante dos soberanos do povo. *Roth von Schreckenstein* devia ser apenas o urso do ministério burguês.

A 26 de junho o ministério Hansemann se apresentou diante da Assembleia Nacional. Mas apenas em *julho* principia a sério sua existência. A *Revolução de Junho* era os bastidores do ministério de ação, como a *revolução de fevereiro* era os bastidores do ministério de mediação.

---

[19] Conveniências.
[20] Extrato do discurso de Hansemann na sessão de 8 de junho de 1847 da Dieta Unificada.
[21] Em alemão, língua em que o texto foi originalmente escrito, esse oração tem seis palavras.
[22] Trata-se do romance de cavalaria, aparecido em 1821 em Quedlinbourg, *Kuno Von Schreckenstein oder die weissagende traumgestalt,* de C. Hildebrandt.

A burguesia prussiana explorou contra o povo a vitória sangrenta da burguesia de Paris sobre o proletariado parisiense, como a Coroa prussiana explorou contra a burguesia a vitória sangrenta dos croatas em Viena. A dor da burguesia prussiana, depois do novembro austríaco, foi o *acerto de contas* pela dor do povo prussiano depois do junho francês. Em sua mesquinhez míope, os filisteus alemães confundiam a si mesmos com a burguesia francesa. Não haviam derrubado trono nenhum, não haviam eliminado a sociedade feudal, muito menos seus últimos vestígios, não tinham que manter nenhuma sociedade criada por eles próprios. Depois de junho como depois de fevereiro, como desde o início do século XVI, como no século XVIII, acreditaram, na sua inata e manhosa avidez por lucros, poder ficar com três-quartas partes do trabalho alheio. Não suspeitaram que detrás do junho francês espreitava o novembro austríaco e detrás do novembro austríaco, o dezembro prussiano. Não suspeitaram que se na França a burguesia, que demolira o trono, não via a não ser um único inimigo diante dela: o proletariado; a burguesia prussiana, em luta contra a Coroa, não tinha mais do que um único aliado: o povo. Não que ambos não tivessem interesses opostos e hostis entre si, mas porque o mesmo interesse ainda os ligava contra uma terceira força que igualmente os oprimia.

O ministério Hansemann se considerava como um ministério da *Revolução de Junho*. E em cada cidade prussiana os pequeno-burgueses se transformaram, diante dos "bandidos vermelhos", em "honestos republicanos", sem por isso deixar de ser realistas respeitáveis e ocasionalmente não se apercebendo que seus "vermelhos" usavam laços *alvinegros*.

Em seu discurso do trono de 26 de junho, Hansemann fez o processo sumário da misteriosa e nebulosa "monarquia sobre *a mais ampla base democrática*" de Camphausen.

"*A monarquia constitucional na base de um sistema bicameral* e o exercício comum do poder legislativo por meio das duas Câmaras e da Coroa" – foi a esta fórmula seca que ele reduziu a expressão arcana de seu entusiasta predecessor.

> Modificação das condições mais essenciais, incompatíveis com a nova ordem estatal, liberação da propriedade dos vínculos que paralisam seu *uso vantajoso* em grande parte da monarquia, reorganização do sistema judiciário, reforma da legislação fiscal, em particular a *abolição* das isenções de impostos etc. e sobretudo fortalecimento do *poder estatal,* necessário à tutela da *liberdade* conquistada (pelos burgueses) contra a reação (desfrute da liberdade no interesse dos feudais) e contra a anarquia (desfrute da liberdade no interesse popular) e para o *restabelecimento da confiança perdida*[23]

– esse era o programa ministerial, esse era o programa da burguesia prussiana que chegara ao ministério, da qual o representante clássico é *Hansemann*.

Na Dieta Unificada, Hansemann era o opositor mais encarniçado e cínico da confiança, pois: "*Meus Senhores! Em questões de dinheiro, cessa a cordialidade!*". No ministério, Hansemann proclamou como primeira necessidade o "*restabelecimento da confiança per-*

---

[23] Resumo do programa do ministério Auerswald-Hansemann, tal como Hansemann o apresentou a 26 de junho de 1848, durante a vigésima sessão da Assembleia Nacional Prussiana.

dida", pois desta vez dirigia-se ao *povo,* como da outra para o *trono; pois "Meus Senhores! Em questões de dinheiro, cessa a cordialidade!".*

Então se tratava da confiança que *dá* dinheiro, desta vez da confiança que *faz* dinheiro; lá da confiança *feudal,* da devota confiança em Deus, no rei e na pátria, aqui da confiança *burguesa,* da confiança no comércio e no tráfico, no rendimento do capital, na solvência dos parceiros de negócio, da confiança comercial; não se trata de fé, amor, esperança, mas de *crédito.*

"Restabelecimento da confiança perdida". Nestas palavras Hansemann exprimiu a ideia fixa da burguesia prussiana.

O *crédito* repousa sobre a certeza de que a exploração do trabalho assalariado pelo capital, do proletariado pela burguesia, dos pequeno-burgueses pelos grandes burgueses prossiga do modo habitual. Toda movimentação política do proletariado, de qualquer natureza, mesmo se dirigida diretamente pela burguesia, perturba a confiança, o crédito. "Restabelecimento da confiança perdida!" significava, portanto, na boca de Hansemann: *repressão de qualquer movimento político do proletariado* e de todas as camadas sociais cujos interesses não coincidam diretamente com os interesses da classe que, segundo sua opinião, se encontra ao leme do Estado. Bem perto do "restabelecimento da confiança perdida", Hansemann colocou, pois, o "fortalecimento do poder estatal". Ele se enganou apenas sobre a natureza deste "poder estatal". Acreditava fortalecer o poder estatal a serviço do crédito, da confiança burguesa, e só reforçou o poder estatal que exige confiança e, se necessário, a obtém pela metralha, porque não tem crédito nenhum. Queria economizar nos custos de produção do domínio burguês e sobrecarregou a burguesia com os milhões exorbitantes que custa a restauração do domínio feudal prussiano.

Aos trabalhadores Hansemann se explicou com muita concisão: tinha para eles um grande remédio no bolso. Mas, antes de o poder tirar, precisava, acima de tudo, que a "confiança perdida" fosse restabelecida. Para restabelecer a confiança, a classe trabalhadora deveria pôr fim à sua politização e à sua ingerência nos negócios do Estado e retornar aos seus velhos hábitos. Se ela seguisse seu conselho, se a confiança fosse restabelecida, o grande remédio misterioso em todo o caso já teria sido eficaz, só pelo fato de que não mais seria necessário ou aplicável, pois, neste caso, a doença, a perturbação da ordem burguesa, já estaria eliminada. Então, por que remédios, se não há doenças? Mas se o povo teimar, pois bem, então *reforçará* o "poder estatal", a polícia, o exército, os tribunais, a burocracia, açulará contra ele seus ursos, porque a "confiança" terá se transformado numa "questão de dinheiro", e

"Meus Senhores! Em questões de dinheiro, cessa a cordialidade!"

Hansemann pode sorrir quanto queira, seu programa era um programa *honesto,* um programa bem-intencionado.

Ele queria fortalecer o poder estatal, não apenas contra a anarquia, isto é, contra o povo, queria reforçá-lo também contra a reação, ou seja, contra a Coroa e os interesses feudais, na medida em que tentassem se impor contra o bolso e "as condições mais essenciais", isto é, as mais modestas pretensões políticas da burguesia.

O ministério de ação já era, por toda sua composição, um protesto contra essa "reação".

Ele se distinguia de todos os outros ministérios prussianos precedentes notadamente pelo fato de que seu efetivo *presidente de ministros* era o *ministro das finanças*. Por séculos, o Estado prussiano tinha cuidadosamente dissimulado que a guerra, os negócios internos e externos, as questões religiosas e escolares, até mesmo o ministério da Casa Real e a fé, o amor e a esperança são subordinados às *finanças* profanas. O ministério de ação pôs na sua testa esta verdade desagradavelmente burguesa, pondo à sua cabeça o sr. Hansemann, o homem cujo programa ministerial, tanto quanto seu programa de oposição, se resumia nessa frase:

"*Meus Senhores! Em questões de dinheiro, cessa a cordialidade!*" Na Prússia, a monarquia tornara-se uma "questão de dinheiro".

Passemos, agora, do programa do ministério de ação a suas ações.

Levou a sério a ameaça do "poder estatal fortalecido" contra a "anarquia", isto é, contra a classe trabalhadora e todas as frações da burguesia que não aderiram ao programa do sr. Hansemann. Pode-se até mesmo dizer que, com exceção do aumento do imposto sobre o açúcar de beterraba e a aguardente, essa *reação* contra a assim chamada *anarquia*, isto é, contra o movimento revolucionário, foi a única ação séria do ministério de ação.

Um grande número de processos contra a imprensa, baseados no Landrecht ou, na falta deste, no *Code Pénal*, numerosas prisões efetuadas sobre a mesma "base suficiente" (fórmula de Auerswald), a implantação em Berlim de um corpo de polícia civil armada,[24] na proporção de um agente para cada duas casas, as intromissões policiais no âmbito da liberdade de associação, a utilização da soldadesca contra cidadãos que se tornaram insolentes, a utilização da Guarda Cívica contra proletários que se tornaram insolentes, o estado de sítio a título de exemplo, todos esses atos da Olimpíade de Hansemann ainda estão vivos na memória. Não há necessidade de detalhes.

Kühlwetter resumiu esse aspecto dos esforços do ministério de ação em sua declaração: "Um Estado que quer ser verdadeiramente livre deve ter como poder executivo um pessoal de polícia verdadeiramente grande". Expressão à qual o próprio Hansemann acrescentou, murmurando a glosa que nele se tornara constante: "Isso também contribuirá essencialmente para *restabelecer a confiança* e para animar a *atividade comercial estagnada*".[25]

Sob o ministério de ação "*fortaleceram-se*" por conseguinte a velha polícia prussiana, o judiciário, a burocracia, o exército – porque Hansemann acreditava que, estando estes a *soldo*, também estavam a *serviço* da burguesia. Basta isso, eles se "*fortaleceram*".

Um único fato, em contraposição, caracteriza o ânimo do proletariado e da democracia burguesa. Depois que alguns reacionários maltrataram alguns democratas em Charlot-

---

[24] Ao lado da polícia comum, um corpo armado de civis foi organizado em Berlim, no verão de 1848, para ser usado contra demonstrações de massas, em choques de rua e na espionagem.

[25] Extrato dos discursos dos ministros Kühlwetter e Hansemann, pronunciados na 37ª sessão da Assembleia Nacional Prussiana, a 9 de agosto de 1848.

tenburg, o povo tomou de assalto a sede da Presidência dos Ministros em Berlim.[26] Tão popular era o Ministério de Ação. No dia seguinte, Hansemann propôs uma lei contra as concentrações e as assembleias públicas. Eis com que astúcia ele intrigava contra a reação.

A atividade efetiva, tangível, popular do ministério de ação era, portanto, puramente *policial*. Aos olhos do proletariado e da democracia *urbana*, esse ministério e a Assembleia Ententista, cuja maioria era representada no ministério, e a burguesia prussiana, cuja maioria formava a maioria na Assembleia Ententista, não representavam nada além do que o *velho estado policial e burocrático* modernizado. Rancor juntara-se contra a burguesia porque era a burguesia que governava e na *guarda cívica* havia-se tornado parte integrante da polícia.

Era esta a "conquista de março" aos olhos do povo: também os senhores liberais da burguesia assumiram funções *policiais*. Portanto, uma polícia redobrada!

Resulta, não das ações do ministério de ação, mas sim das suas propostas de leis orgânicas, que foi apenas no interesse da burguesia que ele "*fortaleceu*" e incitava à ação a "*polícia*", última expressão do velho Estado.

Nos projetos apresentados pelo ministério Hansemann sobre o *ordenamento comunal, as cortes de jurados, as leis sobre a guarda cívica*, é sempre a *propriedade* que é, sob uma ou outra forma, a fronteira entre o país *legal* e o país *ilegal*. Em todos esses projetos de lei, as mais servis concessões são feitas ao poder régio, porque deste lado o ministério burguês acreditava possuir um aliado que se tornara inócuo, mas em compensação o domínio do capital sobre o trabalho se afirma tanto mais rudemente.

A lei sobre a guarda cívica, que a Assembleia Ententista sancionou, voltou-se contra a própria burguesia e teve de servir de pretexto legal para o seu desarmamento. Na imaginação da burguesia, é verdade, ela devia entrar em vigor somente depois da decretação do ordenamento comunal e da promulgação da Constituição, ou seja, depois da consolidação de seu domínio. As experiências da burguesia prussiana com a lei sobre a guarda cívica poderiam ter contribuído para seu esclarecimento; ela poderia ter percebido que tudo que acreditava fazer contra o povo, fazia somente contra si mesma.

Para o povo, o ministério Hansemann se resumia, portanto, *na prática*, à velha esbirrada policial prussiana, *na teoria* em distinções ofensivas, à *belga*, entre burguês e não burguês.[27]

Passemos à outra parte do programa ministerial, à *anarquia contra a reação*.

Deste lado, o ministério pode exibir mais votos piedosos do que ações. Dos piedosos votos burgueses fazem parte a venda parcelar dos bens dominiais a proprietários privados,

---

[26] A 21 de agosto de 1848, Berlim foi palco de demonstrações populares de protesto contra ataques sofridos por membros do Clube Democrático, em Charlottenburg – subúrbio berlinense, da parte de elementos reacionários. Os participantes, que exigiam a renúncia do ministério Auerswald-Hansemann, apedrejaram o edifício onde Auerswald e outros ministros se encontravam. O governo respondeu com novas medidas repressivas.

[27] Fixando um alto censo patrimonial (rendimento que serve de base ao exercício de certos direitos), a Constituição belga de 1831, adotada após a vitória da revolução burguesa, tirou o direito de voto a uma grande parte da população.

a entrega do instituto bancário à livre concorrência, a transformação da Seehandlung em instituto privado etc.

O ministério de ação teve a infelicidade de que todos seus ataques econômicos contra o partido feudal figuravam sob a égide do *empréstimo compulsório,* e de que suas tentativas de reforma em geral apareciam, aos olhos do povo, como simples expedientes financeiros para encher os cofres do "poder estatal" fortalecido. Hansemann colheu assim o ódio de um partido, sem obter o reconhecimento do outro. É inegável que ele somente ousou um ataque mais sério contra os privilégios feudais lá onde se impunha a "questão de dinheiro", tão cara ao ministro das finanças, *a questão de dinheiro no sentido do ministério das finanças. Neste* sentido mesquinho gritou aos feudais:

"*Meus Senhores! Em questões de dinheiro, cessa a cordialidade!*"

Assim, até mesmo seus positivos esforços burgueses contra os feudais tinham o mesmo colorido policial de suas medidas negativas para "*animar* a atividade comercial". Em Economia Política, com efeito, a *polícia se chama fisco.*

O aumento do imposto sobre o açúcar de beterraba e a aguardente, que Hansemann fez passar pela Assembleia Nacional e elevou a lei, indignou, na Silésia, nas Marchas, na Saxônia, na Prússia oriental e ocidental etc., as carteiras estampadas com o dístico – com Deus, pelo rei e pela Pátria. Mas, enquanto essa medida despertava, nas velhas províncias prussianas, a cólera dos proprietários fundiários industriais, ela não suscitou menor descontentamento entre os destiladores burgueses da província renana, que se viram com isso em condições de concorrência ainda mais desfavoráveis perante as velhas províncias prussianas. E para culminar, essa medida nas antigas províncias prussianas amargurava a classe operária, para a qual não significava e não podia significar a não ser: *aumento de um gênero alimentício indispensável.* Dessa medida não sobra nada, a não ser que tenha enchido a caixa do "poder estatal fortalecido"! E este exemplo é suficiente, já que é a única ação do ministério de ação contra os feudais que *efetivamente* chegou à ação, o único projeto de lei nessa direção que efetivamente se tornou lei. As "propostas" de Hansemann para a supressão das *isenções* do *imposto fundiário* e das classes (*klassen*),[28] como seu projeto sobre um imposto da renda, fizeram dançar tarantela aos senhores terratenentes, entusiastas de "Deus, o rei e a Pátria". Eles o acoimaram de... *comunista,* e ainda hoje a dama prussiana da cruz faz três vezes o sinal da cruz ao pronunciar o nome Hansemann. Soa para ela como *Fra Diavolo.*[29] A única medida importante, proposta por um ministério prussiano durante o esplendor da Assembleia Ententista, a supressão

---

[28] Uma proposta de supressão das isenções do imposto das classes, referentes à nobreza, aos oficiais, aos professores e ao clero, foi submetida por Hansemann à Assembleia Nacional Prussiana a 12 de julho de 1848. O mesmo, no que tange à taxa fundiária, foi proposto a 21 do mesmo mês.

[29] Fra Diavolo, cujo verdadeiro nome era Michele Pezza, nasceu em Itri em 1771 e morreu em Nápoles em 1806. Chefe de salteadores calabreses a soldo do cardeal Riffo, foi improvisado, em 1799, coronel de milícias; mais tarde recebeu subsídios da rainha Maria Carolina e de agentes ingleses, e se deu ares de patriota defendendo a causa dos Bourbons contra a república e contra o rei José Bonaparte. Abandonado pelos camponeses, foi preso e enforcado em Nápoles sob as ordens do general Hugo.

das isenções do imposto fundiário, naufragou na *estultice de princípios da esquerda*. E o próprio Hansemann havia justificado essa estultice. Devia a esquerda proporcionar ao ministério do "poder estatal fortalecido" novos recursos financeiros, antes que a constituição fosse fabricada (*fabriziert*) e jurada?

O ministério burguês *par excellence* foi tão infeliz que sua medida mais radical teve de ser paralisada pelos membros radicais da Assembleia Ententista. Foi tão mesquinho que toda a sua cruzada contra a feudalidade se esgotou num *aumento de impostos*, igualmente odioso para todas as classes, e toda sua perspicácia financeira abortou num *empréstimo compúlsório*. Duas medidas que, por fim, só forneceram *subsídios à campanha da contrarrevolução contra a própria burguesia*. Mas os feudais haviam se convencido das intenções "malévolas" do ministério *burguês*. Assim se confirmou, na própria luta financeira contra a feudalidade, que a burguesia prussiana, na sua impotência impopular, só foi capaz de juntar *dinheiro contra si mesma*, e: "*Meus Senhores! Em questões de dinheiro, cessa a cordialidade!*"

Assim como o ministério burguês foi capaz de exasperar contra si na mesma medida o proletariado urbano, a democracia burguesa e os feudais, soube também se alhear da classe camponesa subjugada pelo feudalismo e ganhar sua inimizade; nisso foi apoiado com o máximo zelo pela Assembleia Ententista. Não se esqueça sobretudo que pela metade de sua existência essa assembleia encontrou no ministério Hansemann o seu representante adequado, e que os mártires burgueses de hoje foram ontem os portas-caudas de Hansemann.

O projeto sobre a supressão das obrigações feudais, apresentado por Patow sob o ministério Hansemann (veja nossa crítica anterior a respeito),[30] era o subproduto miserabilíssimo do desejo burguês mais impotente de suprimir os privilégios feudais, "essas condições incompatíveis com a nova ordem estatal", e do medo burguês de atacar de modo revolucionário qualquer tipo de propriedade. Egoísmo miserável, medroso e mesquinho cegava a burguesia prussiana a tal ponto que ela afastou de si seu *aliado necessário* – a *classe camponesa (Bauernklasse)*.

A 3 de junho o deputado *Hanow* propunha:[31] "Que todas as tratativas em curso, relativas ao conflito nas relações entre feudatários e camponeses e à eliminação da servidão,

---

[30] Ver "O Memorial de Remissão de Patow", "O projeto de lei sobre a revogação dos encargos feudais" e "Debate sobre as leis de remissão atuais".

[31] A moção do deputado Hanow foi confiada a 3 de junho de 1848 às comissões para que a discutissem. A 21 de junho de 1848 um relatório sobre a moção e um projeto de lei correspondente foram submetidos à Assembleia Nacional Prussiana pela Comissão Central. Ambos foram reenviados à Comissão Central. Na sessão de 30 de setembro, um segundo relatório sobre a moção do deputado Hanow foi submetido à Assembleia Nacional. Nesta sessão, o projeto de lei foi aprovado. A correspondente "Lei referente à suspensão dos debates sobre a regulação das relações de proprietários e camponeses e sobre a abolição dos serviços, tributos naturais e em dinheiro, bem como sobre os processos pendentes sobre esses temas" foi aprovada pelo rei em 9 de outubro de 1848.

sejam imediatamente suspensas, por proposta unilateral, até à promulgação de uma nova lei sobre a matéria baseada em princípios justos".

Foi apenas *em fins de setembro,* ou seja, quatro meses mais tarde, sob o ministério Pfuel, que a Assembleia Ententista aprovou o projeto de lei relativo à paralisação das tratativas em curso entre feudatários e camponeses, depois de ter repelido todas as emendas liberais e de haver mantido a "reserva de estabelecer provisoriamente as obrigações correntes" como a "cobrança dos tributos em litígio e dos atrasados".

Se não nos enganamos, foi em *agosto* que a Assembleia Ententista declarou *não urgente* a proposta de *Nenstiel*[32] sobre a "*supressão imediata das corveias*". Poderiam os camponeses reconhecer como urgente a necessidade de se bater pela mesma Assembleia Ententista que os atirava para trás da situação de fato que haviam conquistado depois de março?

A burguesia francesa começou pela libertação dos camponeses. Com os camponeses conquistou a Europa. A burguesia prussiana estava tão atrapalhada com seus interesses *mais estreitos* e imediatos que ela própria desperdiçou esse aliado e fez dele um instrumento nas mãos da contrarrevolução feudal.

A história *oficial* da dissolução do ministério burguês é conhecida. Sob suas asas o "poder estatal" foi tão "fortalecido", a energia popular tão abatida, que já a 15 de julho os dióscuros[33] Kühlwetter-Hansemann tiveram que advertir a todos os presidentes de governo da monarquia contra as maquinações reacionárias dos funcionários administrativos, especialmente dos conselheiros provinciais, tanto que mais tarde uma "*assembleia da nobreza e dos grandes feudatários para a proteção*" a seus privilégios se reuniu em Berlim,[34] perto da Assembleia Ententista, que, enfim, em contraposição à assim chamada Assembleia Nacional de Berlim, uma "Dieta comunal para a salvaguarda dos direitos da propriedade fundiária ameaçada", uma sobrevivência da Idade Média, foi convocada para 4 de setembro na Alta-Lusácia.

A energia que o governo e a assim chamada Assembleia Nacional despenderam contra esses sintomas contrarrevolucionários, cada vez mais ameaçadores, se expressa em adequadas advertências de papel. O ministério burguês tinha baionetas, balas, prisões e beleguins só para o povo, "*para restabelecer a confiança perdida e animar a atividade comercial*".

---

[32] A proposta do deputado Nenstiel foi considerada não urgente na sessão de 1 de setembro de 1848 e incluída na pauta comum da ordem do dia. A 2 de junho a mesma proposição já havia sido apresentada pelo mesmo deputado e enviada às Comissões.

[33] Do grego *dióskouroi*, filhos de Zeus; designa Castor e Pólux. A rivalidade amorosa que os opôs aos primos, noivos das filhas de Leucipo, causou a morte de Castor. Zeus concedeu a Pólux a imortalidade, mas este rogou ao pai que, não querendo restituir a vida a Castor, o autorizasse ao menos a dividir com ele a sua imortalidade. Zeus atendeu ao pedido, de modo que, quando um estava nos infernos, o outro revivia, até que foram transladados para o céu, onde formam a constelação de Gêmeos. Deve-se esta identificação ao fato de surgir uma das duas estrelas da constelação quando a outra se oculta.

[34] Marx remete à "Assembleia Geral para a Conservação dos Interesses Materiais de todas as Classes do Povo Prussiano", também chamada de "*Junker-parlament*". Foi um congresso de grandes proprietários fundiários, realizado em Berlim a 18 de agosto de 1848.

Os acontecimentos de *Schweidnitz,* onde a soldadesca assassinou diretamente a burguesia na guarda cívica, acordou finalmente a Assembleia Nacional de sua apatia. A 9 de agosto dispôs-se a um ato heroico: a ordenança sobre o exército de Stein-Schuzle, cujo meio coercitivo extremo era a *delicadeza* dos oficiais prussianos. Que meio coercitivo! E a honra régia não proibia aos oficiais de honrarem a honra burguesa?

Um mês depois de a Assembleia Ententista ter aprovado a ordenança sobre o exército de Stein-Schulze, a 7 de *setembro,* ela decidiu mais uma vez que sua resolução era uma verdadeira resolução, e que devia ser executada pelos ministros. Hansemann se recusou a fazê-lo e se demitiu a 11 de setembro, depois de nomear a si mesmo diretor de banco com vencimentos anuais de 6 mil táleres, pois – *"Meus Senhores! Em questões de dinheiro, cessa a cordialidade!".*

A 25 de *setembro,* enfim, a Assembleia Ententista aceitou com gratidão da boca de Pfuel a fórmula de reconhecimento, inteiramente atenuada, da ordenança sobre o exército de Stein-Schulze, a qual, entrementes, havia decaído ao nível de *uma piada de mau gosto,* devido à ordenança sobre o exército de Wrangel, emanada paralelamente, e da massa de tropas concentradas ao redor de Berlim.

Basta olhar de relance as datas mencionadas e a história da ordenança sobre o exército de Stein-Schulze para se convencer de que essa ordenança não foi a *verdadeira* razão da demissão de Hansemann. Hansemann, que não recuou diante do reconhecimento da revolução, teria que recuar diante daquela proclamação de papel? Hansemann, que havia resguardado sua pasta todas as vezes que ela lhe caía das mãos, desta vez, por irritação de gentil-homem, tê-la-ia deixado no banco dos ministros para ser posta a leilão? Não, nosso Hansemann não é um exaltado. Hansemann foi simplesmente enganado, como representou sobretudo a burguesia enganada. Fizeram-no crer que a Coroa não o deixaria cair em nenhum caso. Fizeram-no perder seu último lampejo de popularidade, para finalmente poder sacrificá-lo aos rancores dos pequenos aristocratas do campo (*Krautjunker*) e poder se libertar da tutela burguesa. Além disso, o plano estratégico acertado com a Rússia e a Áustria exigia, à frente do gabinete, um general nomeado pela camarilha, por fora da Assembleia Ententista. Sob o ministério burguês o velho "poder estatal" foi suficientemente "fortalecido" para poder ousar este golpe.

Pfuel foi um engano. A vitória dos croatas em Viena fez até de um Brandenburg um instrumento utilizável. Sob o ministério Brandenburg a Assembleia Ententista foi ignominiosamente dispersada, escarnecida, ridicularizada, humilhada, perseguida e, no momento decisivo, *o povo* ficou *indiferente.* A *derrota* da Assembleia foi a *derrota da burguesia prussiana, dos constitucionalistas,* portanto, uma *vitória do partido democrático,* por mais caro que teve de pagar por essa vitória.

Mas, a constituição *outorgada*? Certa vez se disse que jamais um "pedaço de papel" se interporia entre o rei e *seu povo.* Agora se diz: *somente um pedaço de papel* deve se interpor entre o rei e *seu* povo. A *verdadeira* constituição da Prússia é o *estado de sítio.*

A Constituição francesa outorgada continha apenas um parágrafo 14, que a suprimia.[35] Cada parágrafo da constituição prussiana outorgada é um parágrafo 14.

A Coroa outorga através dessa constituição novos privilégios – ou seja, *a si mesma*.

Ela dá a si mesma a liberdade de dissolver as Câmaras *in indefinitum*. Dá liberdade aos ministros para decretarem nesse ínterim as leis que lhes aprouver (também sobre a propriedade etc.). Dá liberdade aos deputados para acusarem, por esse motivo, os ministros, sob o risco de serem declarados, em estado de sítio, como "inimigos internos". Dá, enfim, liberdade a si mesma, quando na primavera as ações da contrarrevolução estiverem em alta, para substituir esse "pedaço de papel" suspenso no ar por uma *Magna Charta*[36] cristã-germânica, nascida *organicamente* das diferenças medievais entre os Estados, ou para abandonar completamente o jogo da Constituição. Mesmo neste último caso, a fração conservadora da burguesia juntaria as mãos e rezaria:

"*O Senhor o deu, o Senhor o tirou, louvado seja o nome do Senhor!*"

A história da burguesia prussiana, como em geral da burguesia alemã de março a dezembro, demonstra (*beweist*) que na Alemanha uma *revolução* puramente *burguesa* e a fundação (*Gründung*) do *domínio burguês*, sob a forma da *monarquia constitucional*, são impossíveis; que apenas são possíveis a contrarrevolução feudal absolutista ou a *revolução social-republicana*.

Mas o que nos garante antes de tudo que mesmo a parte vital da burguesia sairá de sua apatia é o monstruoso *ajuste de contas* com o qual a contrarrevolução a surpreenderá na primavera, e como nosso Hansemann diz tão judiciosamente:

"*Meus Senhores! Em questões de dinheiro, cessa a cordialidade!*"

---

[35] O artigo 14 da Carta Constitucional, outorgada em 1814 por Luís XVIII, afirmava que o rei é o Chefe de Estado e que dele emanam as disposições necessárias para a aplicação das leis e o provimento da segurança do Estado.

[36] *Magna Charta Libertatum*, carta imposta, no dia 15 de junho de 1215, a *João Sem Terra* pelos barões ingleses revoltados, aliados ao clero e ao povo de Londres. Era menos uma nova constituição do que a confirmação solene das velhas liberdades inglesas. Continha algumas concessões feitas aos nobres e às cidades, mas não conferia nenhum direito à grande massa de servos.

Novo aliado da contrarrevolução

NGR, n. 166, 12/12/1848

Colônia, 11 de dezembro. A contrarrevolução conquistou um novo aliado: o governo federal suíço.

Descobrimos há cinco dias por uma fonte de confiança que os boatos recentemente disseminados de uma pretendida invasão de Baden por refugiados alemães, de armamentos na fronteira, de uma fantástica batalha em Lörrach entre guerrilheiros e tropas do Império, que todos estes extravagantes boatos foram "acordados" entre o partido Furrer-Ochsenbein-Munziger, dominante no senado federal suíço, e o poder imperial alemão, com o fim de oferecer ao mencionado partido um pretexto para tomar providências contra os refugiados e, assim, estabelecer boas relações com o poder imperial.

Não compartilhamos de imediato essa informação com nossos leitores porque não podíamos absolutamente acreditar numa tal intriga. Esperamos pela comprovação e a comprovação não se fez esperar por muito tempo.

Já chama a atenção que estes boatos não tenham sido disseminados pelos jornais de Baden, os quais, no próprio local, deveriam ter informações melhores e em primeira mão, mas sim pelos jornais de Frankfurt.

Chama mais a atenção que já em 1 de dezembro o *Diário de Frankfurt*[1] fora informado por Berna de que o senado federal promulgara uma circular a respeito dos refugiados e enviara um comissário, enquanto os jornais de Berna, muitos dentre os quais (*Amigo da Constituição* e *Suíço*) mantêm relações diretas com o senado federal, só trouxeram a notícia no dia 3.

Agora finalmente temos em mãos a Circular aos governos dos cantões publicada no *Suíço*, e se antes ainda podíamos duvidar da adesão da Suíça à nova Santa Aliança,[2] agora todas as dúvidas foram removidas.

---

[1] Diário publicado em Frankfurt am Main desde o século XVII até 1903. Nos anos 40 do século XIX defendeu uma posição liberal-burguesa.

[2] Nos anos 1848/1849 houve, por parte das forças contrarrevolucionárias na Europa, uma série de tentativas de restaurar a Santa Aliança de 1815. No entanto, não se chegou a concluir um novo acordo.

A circular inicia com *boatos* sobre novos armamentos dos refugiados políticos e uma nova pretendida invasão do território de Baden. Esses boatos, que toda a Suíça e todo Baden sabem que são mentirosos, *justificam* novas medidas extraordinárias contra os refugiados. As resoluções da Assembleia Federal sobre Ticino só são mencionadas para fundamentar a competência do Conselho Federal para tomar essas medidas, não a obrigação de fazê-lo; ao contrário, é *expressamente reconhecida* a diferença essencial entre a situação de Ticino e a dos cantões do norte.

Seguem-se as instruções:

1. Expulsar dos cantões de fronteira todo refugiado que participou da manifestação de Struve ou que não ofereça garantias pessoais de comportamento pacífico;
2. vigiar estritamente todos os refugiados, sem distinção;
3. enviar para o Senado Federal, bem como para todos os restantes cantões de fronteira, uma lista dos refugiados que se encaixem no caso 1; e
4. deixar a decisão acerca de eventuais exceções à internação a critério do representante da confederação, dr. Steiger, assim como em geral acatar suas instruções.

Segue-se a intimação para cumprir *"estritamente"* estas instruções, caso contrário, se fosse necessária a convocação de tropas, os custos ficariam a cargo dos referidos cantões de fronteira.

Toda a circular está redigida numa linguagem áspera, altamente ofensiva para os refugiados, e termina com estas palavras: "A Suíça não pode se tornar local de encontro para partidos estrangeiros que interpretam tão mal sua posição de território neutro e tão frequentemente esmagam sob os pés os interesses do país que os acolheu tão hospitaleiramente."

Agora compare-se essa linguagem dura com a linguagem do comunicado de 4 de novembro; considere-se que os boatos nos quais a circular se apoia são *notoriamente falsos*; que, de acordo com o comunicado recebido hoje da fronteira, o representante da confederação dr. Steiger *já encerrou* sua inspeção no cantão Aargau, contra o qual o poder imperial dirigiu a maior parte das queixas, e concluiu que os referidos refugiados estão há muito internados e que nada mais tinha a fazer ali (ele já está em Liestal); que o comunicado de 4 de novembro já asseverava, e a imprensa suíça (por exemplo, *Mensageiro Suíço*,[3] *Folha Popular da Província de Basileia*,[4] *Gazeta Nacional* etc.) há muito havia provado, que os cantões de fronteira há tempos haviam cumprido seus deveres; considere-se finalmente que, depois de longa incerteza, depois de notícias contraditórias sobre o fechamento da fronteira, agora, há 2 ou 3 dias, todos os nossos jornais e correspondências suíços concordam que *absolutamente nenhuma* medida coerciva contra a Suíça entrou em vigor, e que a ordem para vigilância estrita do trânsito de pessoas, que fora dada a alguns postos

---

[3] *O Mensageiro Suíço* foi editado de 1798 a 1880. Até fins de 1835, levou o título *O honesto e experiente Mensageiro Suíço*. Publicado desde 1804 em Aarau (Cantão Aargau) três vezes por semana, de 1866 a 1880 seis vezes por semana.

[4] Semanário suíço liberal, publicado de 1835 a 1853 em Birsfelden (Cantão Basel).

de fronteira, foi revogada 24 horas depois; considere-se tudo isso e diga-se se os fatos não comprovam, até nos menores detalhes, a informação dada por nós acima.

Além do mais, é sabido que os senhores Furrer, Ochsenbein, Munzinger etc. há muito ardem de desejo de pôr um fim de uma vez por todas à "desordem dos refugiados".

Parabenizamos o sr. Schmerling por seus novos amigos. Só esperamos que, se *ele* alguma vez precisar ir à Suíça como refugiado – o que bem poderia ocorrer antes de expirar o mandato de três anos do atual Senado Federal –, estes seus amigos não o contem eventualmente entre aqueles refugiados que "não oferecem garantias pessoais".

As calúnias da Nova Gazeta Renana

NGR, n. 168, 14/12/1848

K. Marx

Colônia, 13 de dezembro. O artigo da *Nova Gazeta Renana* de 4 de julho,[1] por cuja causa o gerente, *Korff*, o redator-chefe, *Marx*, e o redator da *Nova Gazeta Renana*, *Engels*, comparecerão, dia 20 deste mês, perante o tribunal criminal, encerra-se com as seguintes palavras:

> Eis, portanto, as ações do *Ministério de Ação*, do ministério da centro-esquerda, do *ministério de transição para um ministério da velha nobreza, da velha burocracia, da velha Prússia*. Assim que o sr. Hansemann cumprir sua *tarefa transitória*, será demitido.
>
> Mas a esquerda de Berlim precisa entender que o velho poder pode tranquilamente lhe conceder pequenas vitórias parlamentares e grandes projetos de constituição desde que, nesse meio tempo, ele se apodere de todas as posições realmente decisivas. *Pode tranquilamente reconhecer a revolução de 19 de março na Câmara, desde que seja desarmada fora da Câmara.*
>
> Em uma bela manhã, a esquerda poderá se dar conta de que suas vitórias parlamentares e sua derrota efetiva coincidem. O desenvolvimento alemão talvez precise desse contraste. O Ministério de Ação reconhece a revolução em princípio, para consumar a contrarrevolução na prática.

Os fatos demonstraram o quanto a *Nova Gazeta Renana* caluniou o governo prussiano e seus asseclas.

---

[1] Ver "Prisões".

Destituição de Drigalski
NGR, n. 172, 19/12/1948, suplemento

K. Marx

Colônia, 17 de dezembro. O "cidadão e comunista" Drigalski, que introduziu a censura, novamente a aboliu e então ameaçou *suspender* o jornal local,[1] foi ele próprio *suspenso,* como acabamos de ouvir. Que pena, que grande pena!

Pós-escrito. E a desgraça vem a cavalo! Também o sr. Spiegel, chefe do distrito, nos diz adeus. Ele foi, como se diz em toda a cidade, *cassado.*

---

[1] A *Nova Gazeta Renana.*

O processo contra Gottschalk e camaradas

NGR, n. 175, 22/12/1848

K. Marx

Colônia, 21 de dezembro. Hoje de manhã começou o processo contra *Gottschalk*, *Anneke* e *Esser* perante o tribunal criminal extraordinário daqui.

Como os prisioneiros comuns, os acusados foram escoltados *agrilhoados* da nova Casa de Detenção para o prédio do Tribunal, onde se postava uma força armada não insignificante.

Nossos leitores sabem que vemos no júri, tal como está organizado agora, nada menos do que uma garantia. O censo concede a uma classe determinada o privilégio de extrair os jurados de seu meio. A preparação da lista de jurados concede ao governo o monopólio de escolher, entre os indivíduos da classe privilegiada, os que lhe agradem. Vejamos. O senhor chefe do distrito prepara uma lista com um determinado número de indivíduos, extraídos da lista de jurados de todo o distrito governamental; os representantes *judiciais* do governo expurgam esta lista até chegar a 36 nomes, se não nos falha a memória. No momento da efetiva constituição do júri, compete finalmente ao Ministério Público expurgar pela terceira vez a última lista, resultado do privilégio de classe e de uma dupla destilação governamental, e reduzi-la à última dúzia necessária.

Seria um verdadeiro milagre uma tal constituição do júri não lançar os acusados, que se opuseram abertamente à classe privilegiada e ao poder estatal existente, diretamente sob o poder absoluto de seus mais brutais inimigos.

A *consciência* dos jurados, nos responderão, a *consciência*, pode-se exigir garantia maior? Mas, *mon Dieu*,[1] a consciência está vinculada ao conhecimento e a todo o modo de existência de um homem.

Um republicano tem uma consciência diversa da de um monarquista, um proprietário uma consciência diversa da de um não proprietário, um pensador uma diferente da de um irrefletido. Um homem que não tem outra vocação para jurado além do censo, tem a consciência do censo.

A "consciência" dos privilegiados é justamente uma consciência privilegiada.

---

[1] Meu Deus.

No entanto, apesar de o tribunal do júri, tal como é constituído atualmente, nos aparecer como uma instituição para a afirmação dos privilégios de alguns e de modo algum para a garantia do direito de todos; apesar de especificamente também nesse caso o Ministério Público ter feito o mais largo uso de suas atribuições a fim de eliminar da dúzia final os nomes da última lista que lhe desagradavam – mesmo assim não duvidamos nem por um momento da *absolvição* dos acusados. Nossa garantia é o *auto de acusação*.[2] Parece que estamos lendo um texto de defesa de Gottschalk e consortes redigido ironicamente.

Resumamos este *auto de acusação*, que só encontra um análogo no auto de acusação contra Mellinet e consortes (processo Risquons-Tout em Antuérpia).

Em Colônia existe uma Associação de Trabalhadores. Gottschalk era presidente, Anneke e Esser membros do comitê dessa Associação. A Associação dos Trabalhadores, ensina-nos o auto de acusação, "tinha um órgão próprio, redigido por Gottschalk, a *Gazeta dos Trabalhadores*, e quem não tinha a oportunidade de assistir pessoalmente às reuniões podia tomar conhecimento por esse jornal das perigosas *tendências* da Associação a bajular o proletariado, a buscar o comunismo e derrubar a ordem existente".

Podia-se, portanto, reconhecer *tendências*, mas nenhum *fato ilegal*. *Prova*: até a prisão de Gottschalk etc. o Parquet não apresentou qualquer queixa contra a *Gazeta dos Trabalhadores*, e *depois* da prisão de Gottschalk ela foi condenada uma única vez – no processo-monstro do Parquet local, a saber, a queixa do Parquet local por injúria ao Parquet local.[3]

"A própria *Gazeta dos Trabalhadores*", admite, entretanto, o auto de acusação, "não parece ter se esforçado, em suas notícias sobre isso" (sobre os debates da Associação dos Trabalhadores, as sessões de seu comitê e de suas associações filiadas), "para ocultar qualquer coisa."

Se, portanto, a *Gazeta dos Trabalhadores* não pode ser legalmente processada por suas "notícias" sobre os debates da Associação dos Trabalhadores, então a própria Associação dos Trabalhadores não o pode ser por seus debates.

Contra a Associação dos Trabalhadores só existe o que existe contra a *Gazeta dos Trabalhadores – as malquistas tendências dessa Associação*. Também fazem parte das conquistas de março os *processos baseados em tendências*, processos contra tendências que permanecem meras tendências? Por enquanto, nossas *Leis de Setembro* ainda não foram promulgadas. Gottschalk e consortes não foram de modo algum presos e autuados por

---

[2] O auto de acusação está incluído na brochura editada por M. F. Anneke "O Processo Político contra Gottschalk, Anneke e Esser...".

[3] Em 24 de outubro de 1848, foi aberto um processo judicial contra A. Brocker-Evererts, proprietário da tipografia na qual a *Gazeta da Associação dos Trabalhadores de Colônia* era impressa, por terem sido publicados no n. 12 do jornal o artigo "A prisão do Dr. Gottschalk e de Anneke" e no n. 13 o artigo "Prisões em Colônia" – que supostamente ofendiam a honra dos gendarmes e do procurador-geral Zweiffel. O impressor foi condenado a um mês de prisão, e, em caso de reimpressão do jornal, a uma elevada multa. Desde 26 de outubro a Associação dos Trabalhadores de Colônia publicou seu jornal sob o título *Liberdade, Fraternidade, Trabalho*.

causa de notícias ilegais da *Gazeta dos Trabalhadores* ou debates ilegais da Associação dos Trabalhadores. O auto de acusação não faz nenhum segredo disso. Não foi a atual ação da Associação dos Trabalhadores que pôs a justiça em movimento, mas sim – ouçamos:

> Nos dias 14 a 17 de junho deste ano reuniu-se em Frankfurt um congresso de deputados de muitas associações democráticas constituídas na Alemanha. Gottschalk e Anneke representavam, como deputados, a Associação dos Trabalhadores de Colônia. Este congresso, como é sabido, pronunciou-se *publicamente pela república democrática*, e as *autoridades locais esperavam uma repercussão do movimento de lá* na nova Assembleia Geral das Associações de Trabalhadores anunciada para o domingo, 25 de junho, no Gurzenich.

As autoridades locais esperavam uma repercussão do movimento de Frankfurt. Mas qual movimento ocorria, então, em Frankfurt? O *congresso democrático* se pronunciara *publicamente* a favor da *malquista* tendência da *república democrática*. Esperava-se, portanto, uma *"repercussão"* dessa *"tendência"* e pretendia-se entrar em luta contra esse *eco*.

Sabidamente, o *congresso democrático* reuniu-se em Frankfurt, e o *comitê central* nomeado para executar suas resoluções, em Berlim, sem serem molestados pelo governo.[4]

Portanto, o governo alemão teve de reconhecer, apesar das *tendências malquistas*, a legalidade do congresso de Frankfurt e da organização do partido democrático decidida por ele.

Mas as autoridades de Colônia *"esperavam* ainda uma vez" uma *repercussão* do movimento de Frankfurt. Esperavam uma oportunidade para surpreender Gottschalk e consortes em terreno ilegal. Para criar essa oportunidade, os "delegados de polícia *Lutter* e *Hünnemann*" foram enviados pela chefia de polícia, em 25 de junho, para a Assembleia Geral das Associações de Trabalhadores no Gurzenich e "especificamente instruídos a observar ali mesmo os acontecimentos". Na mesma Assembleia Geral encontrava-se, por acaso, "o encadernador Johann *Maltheser*", que, como suspira o auto de acusação, *"poderia ser uma testemunha fundamental, se não estivesse a soldo das autoridades policiais"*, isto é, em outras palavras, se não fosse um *espião da polícia pago*. Finalmente, aparece aqui, provavelmente por puro fanatismo patriótico, o *"referendário von Groote"*, que expõe o discurso de Anneke na assembleia Geral "do modo mais detalhado, *pois o copiou na própria sessão"*.

É evidente: as autoridades de Colônia *esperavam* em 25 de junho um *crime a ser cometido* por *Gottschalk* e consortes. Foram tomadas todas as precauções policiais para

---

[4] O Primeiro Congressso Democrático reuniu-se de 14 a 17 de junho de 1848 em Frankfurt am Main; nele estiveram representados delegados de 89 associações democráticas e organizações de trabalhadores de 66 cidades da Alemanha. Por iniciativa dos delegados dos trabalhadores, o Congresso declarou a república democrática como a única constituição válida para o povo alemão. Foi decidida a união de todas as associações democráticas e a criação de comitês distritais dirigidos por um Comitê Central com sede em Berlim. Como membros do Comitê Central foram eleitos Fröbel, Rau e Kriege, e como seus suplentes Bairhoffer, Schütte e Anneke.

constatar esse eventual crime. Mas quando as autoridades *"esperam"*, elas não querem *esperar* em vão.

"Do relatório" dos delegados de polícia e seus cúmplices enviados para constatar um crime *esperado* "a autoridade estatal tomou o ensejo, em 2 de julho, para requerer um inquérito contra Gottschalk e Anneke por causa do discurso provocador pronunciado" (quer dizer, *esperado*) "naquela assembleia pública". Em 3 de julho ocorreu sua prisão, acompanhada da apreensão de seus papéis.

Em 5 de julho, após serem ouvidas muitas testemunhas e reunidas informações mais precisas, o inquérito foi estendido para toda a atividade precedente do diretor da Associação dos Trabalhadores e assim contra muitos membros dela, especificamente o tanoeiro *Esser* etc. O resultado do inquérito contra os acusados refere-se em parte a seu discurso na Associação dos Trabalhadores, em parte a seus papéis e às publicações divulgadas por eles.

O que *realmente resultou do inquérito – como provaremos amanhã a partir do próprio auto de acusação –* é que o movimento esperado em 25 de junho limitou-se ao movimento das autoridades – este eco do movimento de Frankfurt –, que *Gottschalk e consortes foram castigados com seis meses de severa prisão preventiva pela espera frustrada das autoridades em 25 de junho. Nada mais perigoso do que frustrar a expectativa das autoridades públicas de ganhar uma medalha de salvador da pátria.* Ninguém gosta de ser frustrado em suas expectativas, e muito menos as *autoridades públicas*.

Assim como todo o modo e forma como o crime de 25 de junho foi *posto em cena* nos mostram as autoridades públicas como as únicas criadoras desse drama criminalístico, os autos do inquérito nos oferecem a oportunidade de admirar a perspicaz habilidade com que estiraram o prólogo por seis meses.

Citamos literalmente de "O Processo Político de Tendência contra Gottschalk e consortes", publicado por M. F. Anneke. Edição da *Nova Gazeta de Colônia*.

> Depois de haver sido mantido por cinco a seis semanas, o inquérito foi declarado encerrado pelo juiz de instrução Leuthaus, que entrara no lugar do sr. Geiger, promovido a intendente geral de polícia. O procurador público Hecker, a partir da análise dos autos, interpôs novos *requerimentos*, que foram acolhidos também pelo juiz de instrução. Decorridos em torno de 14 dias, o inquérito preliminar foi encerrado pela segunda vez. Depois de ter novamente estudado com calma os autos, o sr. Hecker *interpôs outra vez diversos novos requerimentos*. O juiz de instrução não os queria acolher, tampouco a Câmara do Conselho. O sr. Hecker apelou para a Corte de Acusação, e essa instância ordenou que alguns dos requerimentos fossem admitidos, e outros, ao contrário, rejeitados. Entre os últimos encontrava-se, por exemplo, o requerimento de que, *sobre a base de um mero índice de nomes de pessoas de todas as partes da Alemanha*, encontrado na escrivaninha de Anneke, todas essas pessoas, em torno de 30 ou 40, *fossem incluídas no inquérito*.
>
> Depois que o inquérito fora, com sucesso, estirado por tanto tempo, e razoavelmente não era possível prolongá-lo mais, a Câmara do Conselho ordenou, em 28 de setembro, o encaminhamento dos autos à Corte de Acusação. Esta reconheceu

as acusações em 10 de outubro e em 28 de outubro o procurador-geral assinou o auto de acusação.

Em consequência, era felizmente tarde demais para apresentar esse processo à sessão ordinária trimestral do tribunal criminal, iniciada em 9 de outubro.

Depois de 27 de novembro foi marcada uma sessão extraordinária do tribunal criminal. *Também esta devia, se possível, ser ainda perdida.* Os autos do inquérito preliminar foram enviados ao ministério da Justiça com um requerimento para remeter o processo a uma outra Corte criminal. Entretanto, o ministério da Justiça não encontrou fundamento suficiente para isso, e por volta de novembro, finalmente, os acusados *Gottschalk, Anneke* e *Esser* foram enviados perante o tribunal criminal extraordinário local em 21 de dezembro.

Durante este longo prólogo, o *primeiro juiz de instrução, Geiger, foi promovido a superintendente de polícia* e o *procurador público Hecker, a procurador-geral.* Como o sr. *Hecker*, na última função, *pouco antes da abertura das sessões* do tribunal criminal extraordinário, foi transferido de *Colônia* para *Elberfeld*, ele não comparecerá diante do júri ao mesmo tempo que os acusados.

NGR, n. 176, 23/12/1848

Colônia, 22 de dezembro. Em que dia ocorreu a Assembleia Geral convocada para o Gurzenich, na qual se daria a constatação de um crime *"esperado"*? Em *25 de junho.* 25 de junho foi o dia da derrota definitiva dos *insurretos de junho* parisienses. Em que dia as autoridades estatais fizeram seu requerimento contra Gottschalk e consortes? Em 2 de julho, isto é, no momento em que a burguesia prussiana e o governo então aliado a ela, em sua arrogância sedenta de vingança, acreditaram ter chegado o momento de pôr um fim a seus inimigos políticos. Em *3 de julho* Gottschalk e consortes foram presos. Em *4 de julho* o *atual* ministério *contrarrevolucionário* sucedeu o ministério *Hansemann*, na pessoa de *Ladenberg*. No mesmo dia, a *direita* da Assembleia Ententista de Berlim ousou um *golpe de Estado*, rejeitando sem maiores formalidades, depois que uma parte da esquerda tinha se dispersado, uma resolução referente à *Polônia* que havia sido adotada por maioria na *mesma sessão*.

Estas datas falam por si. Poderíamos oferecer provas testemunhais de que uma "certa" pessoa comentou, em 3 de julho: "A prisão de Gottschalk e consortes causou uma impressão favorável no público". No entanto, basta remeter aos números das *Gazetas* de *Colônia, Alemã* e de *Karlsruhe*[5] das datas mencionadas para se persuadir de que nestes dias o que repercutiu milhares de vezes na Alemanha, e entre outros lugares também em Colônia, não foi o "eco" do imaginário *"movimento de Frankfurt"*, mas antes o "eco" do *"movimento de Cavaignac"*.

---

[5] Diário, órgão do governo de Baden, publicado desde 1757.

Nossos leitores se lembram: em 25 de junho, as autoridades de Colônia "esperavam" uma repercussão do "movimento de Frankfurt" por ocasião da Assembleia Geral da Associação dos Trabalhadores no Gurzenich. Lembram-se também de que o inquérito contra Gottschalk e consortes tomou como ponto de partida não um crime real de Gottschalk etc. *anterior* a 25 de junho, mas sim única e exclusivamente a *expectativa* das autoridades de que em 25 de junho finalmente um crime palpável *iria* ocorrer.

A expectativa do 25 de junho foi frustrada, e repentinamente o 25 de junho de 1848 se transformou no ano de 1848. O *movimento do ano de 1848* foi *imputado* aos acusados. Gottschalk, Anneke, Esser são culpados de

> *ao longo do ano de 1848* (pense-se na elasticidade dessa expressão) organizar em Colônia um *complô* com o objetivo de transformar e derrubar o referido governo e de provocar uma guerra civil incitando os cidadãos a se armarem uns contra os outros, *ou ao menos* (atenção) *ou ao menos* de haver instigado a atentados e *objetivos semelhantes* por meio de discursos em assembleias públicas, publicações e cartazes afixados.

Isso quer dizer, pois: ter organizado um *complô* "*ou ao menos*" não ter "organizado" *nenhum* complô. Mas ao menos instigado "a atentados e objetivos *semelhantes*". Isto é, atentados ou senão coisas desse tipo! Estilo magnífico, o jurídico!

Portanto esse é o teor da decisão da Corte de Acusação de enviar a julgamento.

Na conclusão do próprio auto de acusação o *complô* é *abandonado*, e *por conseguinte* Gottslchalk, Anneke e Esser são acusados de,

> *ao longo do ano de 1848*, ter incitado *diretamente* seus concidadãos, por discursos em assembleias públicas bem como por material impresso, à mudança *violenta* da Constituição, à sublevação armada contra o poder real e ao armamento de uma parte dos cidadãos contra a outra, sem que, no entanto, essa incitação tenha tido sucesso – crime contra o artigo 102, em ligação com os artigos 87 e 91 do Código Penal.

E por que as autoridades não tomaram providências *ao longo do ano de 1848*, antes de 2 de julho?

De resto, para que os senhores pudessem falar em uma "*mudança violenta da constituição*", teriam *em primeiro lugar* de oferecer a prova de que *existia uma constituição*. A coroa *provou* o contrário, caçando a Assembleia Ententista como ao demônio. Se os ententistas tivessem sido mais fortes do que a Coroa, teriam conduzido à prova *de maneira inversa*.

No que se refere, agora, à incitação "a sublevação *armada* contra o poder real e ao *armamento* de uma parte dos cidadãos contra a outra", o auto de acusação o prova assim:

1. por meio de discursos dos acusados ao longo do ano de 1848;
2. por escritos não impressos;
3. por publicações.

Ad 1) Os *discursos* oferecem ao auto de acusação o seguinte *corpus delicti*:[6]

---

[6] Meios de prova.

Na sessão de 29 de maio *Esser* encontra na *"república"* o *"remédio para os sofrimentos dos trabalhadores"*. *Incitação à sublevação armada contra o poder real!* Gottschalk declara que *"os reacionários levarão* à república". Alguns trabalhadores se queixaram de não disporem do suficiente "para levar uma vida miserável". Gottschalk respondeu-lhes: "Vocês devem aprender a se *unir*, a diferenciar seus amigos de seus inimigos disfarçados, a se tornarem capazes de *organizar sozinhos seus próprios assuntos"*.

Incitação aberta à *sublevação armada contra o poder real* e *ao armamento de uma parte dos cidadãos contra outra!*

O auto de acusação resume suas provas com as seguintes palavras:

> Os depoimentos que foram tomados sobre essas antigas assembleias, de membros e de não membros, expressam-se em geral só elogiosamente sobre Gottschalk e Anneke, especialmente sobre o primeiro. Ele teria sempre advertido contra os excessos, buscado mais aplacar do que excitar as massas. Assim fazendo, ele certamente indicava a república como objetivo último de seus esforços, o qual, entretanto, não seria alcançado por uma arruaça, mas somente conquistando a maioria do povo para a opinião de que fora da república não haveria salvação. *Tomando, como se vê com clareza, o caminho de minar gradualmente os fundamentos do existente, várias vezes ele compreensivelmente teve muito trabalho para conter a impaciência da rude multidão.*

Justamente porque os acusados *aplacavam* as massas, em vez de as *excitar*, eles demonstraram *com clareza* sua tendência maligna de *minar gradualmente os fundamentos do existente*, isto é, fazer *legalmente* da liberdade de imprensa e do direito de associação um *uso malquisto* pelas autoridades. E a isto o auto de acusação chama de *"Incitação à sublevação armada contra o poder real* e ao *armamento de uma parte dos cidadãos contra a outra"*!!!

Finalmente, chega a Assembleia Geral de 25 de junho, *"esperada"* pelas autoridades. Sobre ela, diz o auto de acusação, *"há testemunhos pormenorizados"*. E o que resulta desses testemunhos pormenorizados? Que Gottschalk fez um relato dos acontecimentos de Frankfurt; que foi debatida a unificação das três associações democráticas de Colônia; que Gottschalk pronunciou um "discurso de encerramento" que prendeu especialmente a atenção de *Maltheser* e do *referendário Von Groote* e que se encerrou com a "chave": "Resistir exige mais coragem do que se bater aleatoriamente. É preciso esperar até que a reação dê um passo que leve à proclamação da república". *Incitação aberta à sublevação armada contra o poder real e armamento de uma parte dos cidadãos contra a outra!!!*

No que diz respeito a Anneke, não há, segundo o auto de acusação, *"nada além de* que ele, no debate *sobre a unificação das três Associações* (as três Associações democráticas de Colônia), falou muito veementemente a favor dessa unificação, dirigindo-se igualmente à assembleia como *cidadãos republicanos"*.

Um discurso a favor da *"unificação"* das três Associações democráticas de Colônia é abertamente a *"incitação ao armamento de uma parte dos cidadãos contra a outra"*!

E o tratamento de *"cidadãos republicanos"*! Os senhores *Maltheser* e *von Groote* devem ter se sentido ofendidos com esse tratamento. Mas o general *von Drigalski* não trata a si mesmo e aos cidadãos de Düsseldorf de *"cidadãos comunistas"*?

Quando se considera este produto líquido da *"esperada"* Assembleia Geral de 25 de junho, compreende-se que as autoridades estatais precisassem buscar refúgio no *decorrer do ano de 1848*, e elas o fizeram informando-se sobre o movimento desse ano pelas cartas e impressos apreendidos, por exemplo, três números confiscados da *Gazeta dos Trabalhadores*, à venda em qualquer rua por quatro centavos cada.

Mas pelas cartas eles se convenceram de que o *"fanatismo político"* prevaleceu na Alemanha em 1848. Especialmente "fanática" lhes pareceu uma carta do professor *Karl Henkel*, de Marburg, a Gottschalk. Para puni-lo, denunciaram essa carta ao governo de Hesse, e tiveram a satisfação de haver sido instaurado um inquérito contra o professor.

Mas como resultado final ressaltou das cartas e impressos que em 1848 rondou nas cabeças e no papel todo tipo de fanatismo e em geral sucederam eventos que se parecem como um ovo a outro com *"sublevação armada contra o poder real* e *armamento de uma parte dos cidadãos contra a outra"*.

Mas Gottschalk e seus camaradas se ocuparam com todas essas coisas, enquanto as autoridades estatais só tomaram conhecimento da *"repercussão"* desse assombroso movimento pelo confisco dos impressos e cartas dos acusados!

A contrarrevolução prussiana e a magistratura prussiana

NGR, n. 177, 24/12/1848

K. Marx

Colônia. O fruto principal do movimento revolucionário de 1848 não foi o que os povos ganharam, mas sim o que perderam – a *perda de suas ilusões*.

Junho, novembro, dezembro de 1848, eis os marcos gigantescos da desmistificação e desencantamento da razão do povo europeu.

Entre as últimas ilusões que cativaram o povo alemão figura em primeiro lugar sua *superstição* na *magistratura*.

O prosaico vento norte da contrarrevolução prussiana arrancou também essa flor da fantasia popular, cuja verdadeira pátria-mãe é a Itália – a eterna Roma.

As ações e declarações da *Corte de Cassação Renana*, do *Supremo Tribunal de Berlim*, dos *Tribunais Superiores* de *Münster, Bromberg, Ratibor* contra *Esser, Waldeck, Temme, Kirchmann, Gierke* provaram mais uma vez que a *Convenção* francesa é e permanece o farol de todas as épocas revolucionárias. Ela inaugurou a revolução *destituindo*, por um decreto, *todos os funcionários*. Também os juízes não passam de funcionários, o que os supracitados tribunais testemunharam perante toda a Europa. Os cadis turcos e os colégios de mandarins chineses poderiam tranquilamente endossar os recentes decretos destas "*altas*" cortes de justiça para seus colegas.

Nossos leitores já conhecem os decretos do Supremo Tribunal de Berlim e do Tribunal Regional Superior de Ratibor. Hoje trataremos do *Tribunal Regional Superior de Münster*.[1]

Mas antes ainda algumas palavras sobre a *Corte de Cassação Renana* sediada em Berlim, o *summus pontifex*[2] da jurisprudência renana.

Sabidamente, os juristas renanos (com algumas poucas exceções louváveis) não tinham nada mais urgente a fazer na Assembleia Ententista prussiana do que curar o governo prussiano de seus velhos preconceitos e seus velhos rancores. Eles lhe demonstravam

---

[1] O decreto do Supremo Tribunal de Berlim e uma notificação sobre os decretos dos Tribunais Superiores de Ratibor, Münster e Bromberg foram publicados na *Nova Gazeta Renana*, n. 174, de 21 de dezembro de 1848. A transcrição literal dos decretos de Ratibor e Münster foi publicada no *Diário Oficial Prussiano*, n. 229, de 19 de dezembro, o de Bromberg no n. 230, de 20 de dezembro de 1848.

[2] Papa.

factualmente que sua antiga oposição tinha quase o mesmo sentido da oposição do parlamento francês antes de 1789 – a defesa obstinada e em aparência liberal de *interesses corporativos*. Assim como os parlamentares liberais na Assembleia Nacional francesa de 1789, os juristas renanos liberais foram na Assembleia Nacional Prussiana de 1848 os *mais bravos entre os bravos* no exército do servilismo. Os Parquets renano-prussianos envergonhavam os juízes de inquisição velho-prussianos por seu "fanatismo político". Os juristas renanos precisavam, naturalmente, defender sua reputação mesmo *depois* da dissolução da Assembleia Ententista. Os louros do Supremo Tribunal velho-prussiano não deixavam a Corte de Cassação renano-prussiana dormir. Seu primeiro-presidente *Sethe* enviou ao juiz da Suprema Corte de Apelação *Esser* (não confundir com os "bem-intencionados" "Esser" de Colônia)[3] um ofício semelhante ao enviado pelo presidente do Supremo Tribunal *Mühler* para o conselheiro titular do Supremo Tribunal *Waldeck*. Mas a corte renano-prussiana soube exceder a velho-prussiana. O presidente da Corte de Cassação renana jogou um trunfo contra seus concorrentes cometendo a pérfida *descortesia* de divulgar a carta ao sr. Esser para o público berlinense na *Reforma Alemã*[4] antes de a ter comunicado ao próprio sr. Esser. Estamos convencidos de que *toda a Renânia* responderá à carta do sr. Sethe *com uma mensagem-monstro a nosso velho respeitável conterrâneo, o sr. Esser*.

Não há algo de podre no "reino da Dinamarca",[5] e sim *tudo*. Agora vamos a *Münster*!

Nossos leitores já tomaram conhecimento do protesto do Tribunal Regional Superior de Münster contra a readmissão de seu diretor *Temme*.

As coisas se deram do seguinte modo:

O ministério da contrarrevolução insinuara, direta ou indiretamente, ao Supremo Tribunal Secreto, à Corte de Cassação Renana e aos Tribunais Regionais Superiores de Bromberg, Ratibor e Münster que o *rei não veria de bom grado que Waldeck, Esser, Gierke, Kirchmann e Temme retornassem a seus altos cargos de juízes, porque tinham continuado a se reunir em Berlim e tomado parte na resolução da recusa dos impostos. Eles deveriam, assim, protestar contra a reintegração*.

Os altos tribunais (num primeiro momento a Corte de Cassação Renana hesitou; grandes artistas alcançam sucesso apresentando-se não em primeiro lugar, mas por último) acolheram em conjunto essa impertinência e enviaram protestos de e para Berlim. O *Tribunal Regional Superior de Münster* foi suficientemente estúpido para se dirigir *diretamente ao rei* (ao assim chamado rei *constitucional*) com um protesto contra *Temme*, que dizia literalmente: "que ele, pela participação na sessão ilegal de uma fração da Assembleia Nacional reunida, pôs-se em aberta insubordinação contra o governo de V.

---

[3] Esser I e Esser II.
[4] *A Reforma Alemã. Diário Político para a Alemanha Constitucional* – quotidiano editado de 1848 a 1851 em Berlim; foi um órgão do círculo monarquista-constitucional.
[5] Shakespeare, *Hamlet*, Ato 1, Cena 4.

Majestade e por seu voto a favor da proposta de recusa dos impostos teria passado para o terreno da revolução e tentado atear as chamas da anarquia na pátria", e prosseguia:

> Contraria nosso senso de justiça, as exigências do público acerca da integridade do diretor de um colégio de justiça provincial, suas obrigações quanto à formação dos funcionários judiciais principiantes e sua posição em relação aos funcionários dos tribunais de primeira instância que, com tais antecedentes, o supramencionado *Temme* permaneça em sua posição oficial neste Colégio. Julgamo-nos, por isso, compelidos por nossa consciência a expressar muito humildemente a Vossa Majestade o forte desejo de nos ver eximidos de relação oficial com o diretor Temme.

A mensagem está assinada por todo o Colégio, com exceção de um único conselheiro, um cunhado do *ministro da Justiça Rintelen*.

Em 18 de dezembro, este ministro da Justiça enviou a Temme, em Münster, uma cópia dessa mensagem *"para sua deliberação"*, depois de Temme já ter reassumido seu cargo aqui, *sem objeção dos covardes*.

Na manhã de 19 de dezembro, como noticia a *Gazeta de Düsseldorf*, Temme se apresentou:

> pela primeira vez na sessão plenária do Tribunal Regional Superior e assumiu seu lugar como diretor ao lado do primeiro-presidente substituto von Olfers. Imediatamente após a abertura da sessão ele pediu a palavra e expôs, em resumo, aproximadamente o seguinte: ele recebera um rescrito do ministro da Justiça com uma cópia anexa. Este anexo continha uma petição do 'alto colégio', de que só tivera a honra de tomar conhecimento agora, protestando contra sua reassunção do cargo. O ministro da Justiça lhe havia transmitido esta petição para exame e 'para que tomasse uma decisão a respeito'. O protesto do 'alto colégio' se fundamentava manifestamente em sua ação política; mas desta, como em geral de suas opiniões políticas, ele não pretendia falar aqui, pois não tinha de as defender diante do 'alto colégio'. Quanto ao que, ademais, concernia sua 'decisão', já a tinha tomado, uma vez que assumira aqui seu assento como diretor, e dava ao 'alto colégio' a garantia de que não o iria desocupar até que fosse coagido a isso por julgamento e pela lei. De resto, não julgava que as relações no Colégio devessem ser perturbadas por diferenças de opinião política; de sua parte, pelo menos, isso seria evitado tanto quanto possível.

Os bravos entre os bravos impressionaram-se como pelo estrondo de um trovão. Ficaram ali sentados mudos, inertes, petrificados, como se a cabeça da Medusa tivesse sido arremessada para dentro do Colégio de Mandarins.

O bravo Tribunal Regional Superior de Münster! Em seu zelo submeteu a inquérito e enviou à prisão muita gente, por tentativa de efetivar a resolução da Assembleia Nacional sobre a recusa dos impostos.[6] Com sua manifestação sobre o sr. Temme e dirigida diretamente ao trono, o bravo Tribunal Superior se constituiu agora como partido,

---

[6] Ver "Nenhum imposto mais!!!".

expressou um *preconceito* e não pode mais de modo algum desempenhar o papel de juiz perante os outros partidos.

Lembramos que a coação que a plebe berlinense supostamente exerceu sobre a Assembleia Nacional Prussiana foi o pretexto para o primeiro golpe de Estado do ministério Brandenburg.[7] Para que os deputados não sofressem qualquer coação, deu continuidade à "*caçada feroz*" iniciada em Berlim contra eles, ainda mesmo *depois* que os deputados retornaram a suas casas!

O ministro da Justiça Rintelen diz em seu decreto, publicado mais abaixo:

> A ilusão deliberadamente alimentada por muitos de que o atual Código Penal não estaria mais em vigor desde março deste ano, especialmente quanto aos crimes contra o Estado, contribuiu muito para fomentar a anarquia, e talvez também tenha exercido uma influência perigosa em tribunais isolados.

A maioria das ações do sr. Rintelen e do tribunal a ele *subsumido* provam mais uma vez que, desde a dissolução violenta da Assembleia Nacional, só *uma* lei ainda vigora na Prússia, *o arbítrio da camarilha berlinense*.

Em 29 de março de 1844,[8] o governo prussiano publicara a famigerada lei disciplinar contra os juízes,[9] segundo a qual, por uma resolução do ministério, eles podiam ser exonerados de seus cargos, transferidos ou aposentados. A última *Dieta Unificada* revogou essa lei e revalidou a norma de que os juízes só poderiam ser exonerados, transferidos ou aposentados por julgamento legal. A constituição outorgada endossou este princípio. Essas leis não foram pisoteadas pelos tribunais que, por prescrição do ministro da Justiça Rintelen, quiseram induzir seus colegas politicamente comprometidos à renúncia de seus cargos por meio de *coação moral*? Estes tribunais não se transformaram em corpos de oficiais, que expulsam todos os membros cujas opiniões políticas não concordam com sua "*honra*" monárquico-prussiana?

E não existe também uma lei sobre a *inimputabilidade* e *imunidade* dos *representantes do povo*?[10]

Fumaça e barulho!

Se a *constituição prussiana* já não anulasse a si mesma por seus próprios parágrafos e por sua gênese, ela seria anulada pelo simples fato de que o *Supremo Tribunal* de *Berlim* é sua garantia última. A constituição é garantida pela *inimputabilidade dos ministros*, e a *inimputabilidade dos ministros* é garantida pelo tribunal a eles outorgado, que não é outro senão o *Supremo Tribunal de Berlim*, que tem no sr. *Mühler* seu representante clássico.

---

[7] Trata-se da transferência da Assembleia Nacional prussiana de Berlim para Brandenburg.
[8] Na *NGR*: 30 de março de 1844.
[9] "Lei relativa aos processos judiciais e disciplinares-criminais contra funcionários", de 29 de março de 1844.
[10] "Patente sobre a publicação da lei imperial relativa ao processo em caso de acusações judiciais contra membros da Assembleia Constituinte do Império", de 14 de outubro de 1848.

Os mais recentes rescritos do Supremo Tribunal não são, portanto, nem mais nem menos do que a evidente *cassação da constituição outorgada*.

Na *Áustria*, graças às diretas *ameaças de saque* do governo contra o *banco*,[11] que permanecera *intocado* pelo povo de Viena no momento de sua maior e mais justa exasperação contra a feudalidade financeira, a *burguesia* se convenceu de que sua traição contra o proletariado desamparava justamente o que pensava assegurar com essa traição – a *propriedade burguesa*. Na *Prússia*, por sua covarde confiança no governo e sua traidora desconfiança contra o povo, a *burguesia* vê ameaçada a indispensável *garantia da propriedade burguesa* – a *organização burguesa da justiça*.

Com a dependência da magistratura, a própria organização da justiça burguesa torna-se dependente do governo; isto é, o próprio direito burguês dá lugar ao arbítrio dos funcionários. *La bourgeoisie sera punie, par où elle a péché* – a burguesia será punida por onde pecou – pelo *governo*. Que as declarações servis dos altos tribunais prussianos são apenas os primeiros sintomas da iminente conversão absolutista dos tribunais, testemunha-o o seguinte decreto recente do ministério da Justiça:

> Pela disposição geral de 8 de outubro deste ano, meu predecessor já lembrou que a tarefa das autoridades judiciais é prioritariamente a de conservar o respeito e a eficácia da lei, que elas servem da melhor forma ao país cumprindo essa tarefa, pois a verdadeira liberdade só pode medrar sobre o terreno da lei. Infelizmente, desde então, têm havido as mais graves erupções de uma agitação anarquista que zomba da lei e da ordem; em partes isoladas do país, têm ocorrido até mesmo sublevações violentas contra a autoridade, que nem sempre foram combatidas com energia. Em virtude de um tão lamentável estado de coisas, dirijo-me agora, quando o governo de Sua Majestade o rei deu um passo decisivo para salvar o Estado à beira do abismo, dirijo-me agora novamente às autoridades judiciais e aos senhores promotores públicos de todo o país para lhes solicitar que cumpram seu dever em toda parte e imparcialmente. Quem quer que seja culpado não pode escapar de ser legalmente punido pelo caminho mais rápido.
>
> Com pesar especialmente profundo tive de concluir, tanto de algumas informações das autoridades regionais como de jornais públicos, que também alguns funcionários da justiça, esquecidos de seus deveres profissionais específicos, em parte se deixaram levar à prática de ações francamente ilegais, em parte não mostraram a coragem e intrepidez necessárias para enfrentar com sucesso o terrorismo. Espero que também contra estes sejam tomadas providências, com apuração dos fatos e eventualmente com abertura de inquérito, sem indulgência e com séria rapidez, pois os funcionários da conservação da justiça, a quem a defesa do prestígio das leis é confiada, erraram duplamente com sua própria violação da lei; mas a rapidez do processo contra eles é especialmente necessária porque a aplicação do direito não pode permanecer nas mãos de tais funcionários. Se se encontrarem entre os culpados funcionários contra os quais, de acordo com os regulamentos existentes, não possa ser imposto sem autorização superior um inquérito formal ou o afastamento da função, sempre considerada em casos deste tipo, deve-se

---

[11] Em dezembro de 1848 o governo austríaco contrarrevolucionário, que se havia chocado contra a resistência do parlamento na questão dos empréstimos compulsórios, dirigiu-se ao banco. Entretanto só pode obter o empréstimo depois de ameaçá-lo com o confisco de todos os seus fundos.

proceder sem instrução especial à investigação dos acontecimentos a fim de justificar o inquérito e em seguida obter a necessária autorização o mais rápido possível. Quanto aos referendários e auditores, não deve ser desconsiderada a existência de regulamentos específicos acerca de sua exoneração do serviço público.

A ilusão propositalmente acalentada por muitos, de que o atual código penal não estaria mais em vigor desde março deste ano, especialmente quanto aos crimes contra o Estado, contribuiu muito para fomentar a anarquia, e talvez também tenha exercido uma perigosa influência sobre tribunais isolados. Graças ao excelente espírito dos funcionários de justiça prussianos, que em geral também agora se comprova, é preciso apenas observar a conhecida norma jurídica de que as leis conservam sua validade até que, por via do legislativo, sejam revogadas ou alteradas, assim como a determinação expressa do artigo 108 do diploma constitucional de 5 deste mês, para ter certeza de que os honestos funcionários da justiça prussianos, no melhor interesse da liberdade autêntica, moral e política, colocarão acima de tudo a observância das leis e da ordem. Com estes princípios, e desprezando todos os riscos pessoais, queremos seguir adiante com confiança na vitória sobre o crime, sobre a anarquia. Exatamente por esse meio contribuiremos para o mais essencial, para que o antes tão brilhante Estado prussiano se mostre novamente em sua potência moral e para que não seja tolerado por mais tempo, para falar com um bravo deputado de Frankfurt, que perversidade e violência brutal continuem existindo entre nós.

Os senhores presidentes do tribunal, assim como o sr. Procurador-geral de Colônia, devem, de acordo com isso, tomar as devidas providências quanto aos funcionários de suas repartições, e informar-me contra quais funcionários e por quais delitos foram indicadas suspensões e abertos inquéritos.

Berlim, 8 de dezembro de 1848.
O ministro da Justiça
Rintelen

Se algum dia a revolução for vitoriosa na Prússia, ela não terá necessidade, como a Revolução de Fevereiro, de suprimir a inamovibilidade da velha magistratura judicial com um decreto específico. Encontrará documentada a renúncia desta casta a seus privilégios nas declarações autênticas da *Corte de Cassação Renana*, do *Supremo Tribunal de Berlim*, dos *Tribunais Regionais Superiores de Bromberg, Ratibor e Münster*.

Refutação

NGR, n. 179, 27/12/1848

O *lumpemproletariado literário* do sr. Dumont, que se conformou com todos os pontapés da *Nova Gazeta Renana* com a mais tocante resistência passiva, procura se vingar disso denunciando à polícia os redatores da *NGR* por artigo que eles *não* escreveram. Assim, segundo a *Gazeta de Colônia* de 25 de dezembro, *Freiligrath* seria o autor de uma correspondência de Colônia no *Correio Alemão*, publicado em Nova York, e *por isso* teria participado na assuada dedicada aos patrões da *Gazeta de Colônia* em 3 de novembro. Parece que os louros de *Maltheser*[1] não deixam os redatores da *Gazeta de Colônia* dormir.

---

[1] Ver "O processo contra Gottschalk e camaradas".

A nova "Santa Aliança"

NGR, n. 183, 31/12/1848

Colônia, 30 de dezembro. Que entre a Prússia, a Áustria e a Rússia foi concluída há vários meses uma nova "Santa Aliança", todo mundo já sabe. O próprio tratado também será trazido à luz em breve e poderá ser entregue à opinião pública. A alma dessa aliança dos senhores "pela graça de Deus e do chicote" é a Rússia. Em contrapartida, toda a política e a diplomacia russas assentam por sua vez, com poucas exceções, sobre os ombros dos alemães ou russo-alemães. De fato, em todo lugar onde o absolutismo e a contrarrevolução são atuantes, encontramos sempre alemães, mas em nenhum lugar mais do que no centro da contrarrevolução permanente, a diplomacia russa. Ali está, em primeiro lugar, o conde Nesselrode, judeu-alemão; depois o barão de Meyendorf, legado em Berlim, da Estônia, e seu colaborador, o ajudante-de-ordens do imperador, coronel conde Benkendorff, também da Estônia. Na Áustria trabalha o conde Medem, curlandez, com muitos colaboradores, todos alemães, entre eles um sr. von Fonton. O barão von Brunnow, legado russo em Londres, também curlandez, serve de mediação e elo entre Metternich e Palmerston. Finalmente, em Frankfurt atua como encarregado de negócios russo o barão von Budberg, da Livônia. São apenas alguns exemplos. Poderíamos aduzir ainda várias dúzias, sem falar nas criaturas do tsar de Petrogrado, simultaneamente colocadas em altos e altíssimos postos na Alemanha e a elevado soldo russo.

Do notório papel desempenhado pela arquiduquesa austríaca Sofia, agora imperatriz-mãe, no campo dos inimigos do povo e da Santa Aliança, não é preciso tratar. Mas a própria Sofia é fortemente influenciada, por sua vez, pela grã-duquesa Helena, esposa do grão-duque Michel e filha do príncipe Paul von Württemberg. Helena serve como ligação íntima entre Nicolau e Sofia e o famigerado arquiduque Ludwig.

Entre essas pessoas, pois, foi concertado há meses o plano de casar o imperador austríaco da lei marcial[1] com a filha restante[2] do casal de grão-duques, a fim de soldar indissoluvelmente a nova "Santa Aliança" e aproximar cada vez mais a Rússia de seu objetivo, o estabelecimento do mais completo domínio do chicote na Alemanha.

---

[1] Francisco José.
[2] Catarina.

O movimento revolucionário

NGR, n. 184, 1/1/1849

K. Marx

Colônia, 31 de dezembro. Nunca um movimento revolucionário iniciou com uma abertura tão edificante quanto o movimento revolucionário de 1848. O Papa o abençoou, a harpa eólia de Lamartine estremeceu sob a suave melodia filantrópica cujo texto era a *Fraternité*, a fraternidade entre os membros da sociedade e entre as nações.

> Abracem-se, milhões,
> Enviem este beijo para todo o mundo![1]

Neste momento o Papa senta-se em Gaëta, expulso de Roma, sob a proteção do tigre idiota Ferdinand, o "*Iniciatore*" da Itália,[2] intrigando contra a Itália com seu inimigo mortal hereditário, a Áustria, que em seus dias felizes ele ameaçara com a excomunhão. A última eleição presidencial francesa forneceu dados estatísticos da impopularidade de Lamartine, o traidor.[3] Nada mais filantrópico, humano, fraco, do que as revoluções de fevereiro e março, nada mais brutal do que as consequências necessárias dessa *humanidade dos fracos*. Testemunhas: Itália, Polônia, Alemanha, e sobretudo os vencidos de junho.

Mas, com a derrota dos trabalhadores franceses em junho, foram vencidos os próprios vencedores de junho. Ledru-Rollin e os outros homens da Montanha[4] foram reprimidos pelo partido dos republicanos burgueses, pelo partido do *National*; o partido do *National* pela oposição dinástica, Thiers-Barrot, e esta mesma teve de ceder lugar aos legitimistas, como se o ciclo das três restaurações não se tivesse fechado e Luís Napoleão fosse mais do que a urna oca em que os camponeses franceses depositaram sua entrada no movimento

---

[1] Schiller, *Ode à Alegria* (*Seid umschlungen Millionen,/Diesen Kuss der ganzen Welt!*).

[2] O Papa Pio IX implementou, logo após sua eleição em 1846, uma série de reformas liberais para prevenir um crescimento do movimento popular (anistia parcial para presos políticos, abolição da censura prévia etc.). Depois do levante popular em Roma, Pio IX fugiu em 24 de novembro de 1848 para a fortaleza Gaëta, no reino de Nápoles.

[3] Nas eleições presidenciais de 10 de dezembro de 1848, Luis Bonaparte recebeu 5.430.000 votos. Lamartine, candidato do partido do *National*, obteve 17.900 votos, ficando em último lugar, atrás de Cavaignac, Ledru-Rollin e Raspail.

[4] Agrupamento de democratas pequeno-burgueses e republicanos liderado por Ledru-Rollin em torno do jornal *La Réforme*; a ele aderiram os socialistas pequeno-burgueses sob a direção de Louis Blanc.

social-revolucionário e os trabalhadores franceses, seu voto de condenação a todos os líderes da época passada, Thiers-Barrot, Lamartine e Cavaignac-Marrast. Mas note-se que a derrota da classe trabalhadora revolucionária francesa acarretou, como consequência inevitável, a derrota da burguesia republicana francesa, que mal a abatera.

A derrota da classe trabalhadora na França, a vitória da burguesia francesa, foi ao mesmo tempo a nova opressão das nacionalidades que tinham respondido com heroicas tentativas de emancipação ao canto do galo gaulês. Polônia, Itália e Irlanda foram mais uma vez saqueadas, violentadas, assassinadas pelos esbirros prussianos, austríacos e ingleses. A derrota da classe trabalhadora na França, a vitória da burguesia francesa foi ao mesmo tempo a derrota da classe média em todos os países europeus em que a classe média, unida por um momento ao povo, tinha respondido ao canto do galo gaulês com uma revolução sangrenta contra o feudalismo. Nápoles, Viena, Berlim! A derrota da classe trabalhadora na França, a vitória da burguesia francesa foi ao mesmo tempo a vitória do Oriente sobre o Ocidente, a derrota da civilização pela barbárie. Na Valáquia começou a repressão dos romenos pelos russos e seus instrumentos, os turcos; em Viena os croatas, panduros, tchecos, sereschaner e semelhantes lumpesinatos estrangularam a liberdade alemã, e neste momento o tsar é onipresente na Europa. A derrubada da burguesia na França, o triunfo da classe trabalhadora francesa, a emancipação da classe trabalhadora em geral é, portanto, a senha para a libertação europeia.

Mas o país que transformou todas as nações em seus proletários, que com seus braços gigantescos abarcou o mundo inteiro, que com seu dinheiro já financiou uma vez os custos da restauração europeia, em cujo seio os conflitos de classe assumiram sua forma mais característica e cínica – *a Inglaterra* parece ser o rochedo no qual se quebram as ondas revolucionárias, em que a nova sociedade morre de fome ainda no ventre materno. A Inglaterra domina o mercado mundial. Uma transformação das relações político--econômicas em qualquer país do continente europeu, no continente europeu inteiro sem a Inglaterra é uma tempestade num copo d'água.[5] As relações da indústria e do comércio no interior de cada nação são regidas por seu intercâmbio com outras nações, são condicionadas por sua relação com o mercado mundial. Mas a Inglaterra domina o mercado mundial, e a burguesia domina a Inglaterra.

A libertação da Europa, seja a insurreição das nacionalidades oprimidas por sua independência, seja a derrubada do absolutismo feudal, é condicionada pela insurreição vitoriosa da classe trabalhadora francesa. Mas toda transformação social francesa choca--se necessariamente contra a burguesia inglesa, contra o domínio mundial industrial e comercial da Grã-Bretanha. Toda reforma social parcial na França, e no continente europeu em geral, é e permanece, por mais que pretenda ser definitiva, um vazio voto piedoso. E a velha Inglaterra só será derrubada por uma *guerra mundial*, único evento que pode oferecer ao partido cartista, o partido organizado dos trabalhadores ingleses, as

---

[5] Comparação utilizada por Montesquieu em relação ao tumulto na minirrepública San Marino.

condições para uma insurreição bem-sucedida contra seu poderoso opressor. Os cartistas à cabeça do governo inglês – só neste momento a revolução social passa do reino da utopia para o reino da realidade. Mas toda *guerra europeia* na qual a Inglaterra seja envolvida é uma guerra mundial. Será travada no Canadá como na Itália, na Índia oriental como na Prússia, na África como no Danúbio. E a guerra europeia é a primeira consequência da revolução vitoriosa dos trabalhadores na França. Como à época de Napoleão, a Inglaterra estará à frente dos exércitos contrarrevolucionários, mas será arremessada pela própria guerra à frente do movimento revolucionário e resgatará sua dívida com a revolução do século XVIII.

Insurreição revolucionária da classe trabalhadora francesa, guerra mundial – eis o sumário de 1849.

Um documento burguês

NGR, n. 187, 5/1/1849

Colônia, 4 de janeiro. Na Inglaterra, onde a dominação da burguesia é a mais desenvolvida, a caridade pública também assumiu, como se sabe, as formas mais nobres e magnânimas. As *workhouses* inglesas – estabelecimentos públicos em que a população trabalhadora excedente vegeta às custas da sociedade burguesa – aliam de maneira verdadeiramente refinada a caridade à *vingança* que a burguesia descarrega nos miseráveis coagidos a apelar à sua caridade. Os pobres diabos não apenas são alimentados com os meios de subsistência mais parcos, miseráveis e que mal são suficientes para a reprodução física, como também sua atividade é limitada a uma simulação de trabalho improdutiva, repugnante, embotadora do espírito e do corpo – por exemplo, mover moinhos a pedal. Para tornar perfeitamente claro aos infelizes toda a grandeza de seu crime, um crime que consiste em, no lugar de ser material produtivo e lucrativo para a burguesia, como no curso normal da vida, ter se transfomado antes em custo para seu usufrutuário nato, do mesmo modo que os tonéis de bebidas deixados no depósito se tornam custo para o comerciante de álcool; para que aprendam a perceber toda a grandeza desse crime, são privados de tudo o que se concede aos criminosos comuns, convívio com mulher e filhos, entretenimento, fala – tudo. E mesmo essa *"caridade feroz"* da burguesia inglesa não se baseia de modo algum em razões apaixonadas, mas sim muito práticas, inteiramente calculáveis. De um lado, a ordem burguesa e a atividade comercial poderiam sofrer de maneira inquietante se todos os *paupers* da Grã-Bretanha fossem subitamente arremessados à rua. Por outro lado, a indústria inglesa oscila entre períodos de febril superprodução, em que a demanda por braços mal pode ser atendida e os braços devem ser obtidos tão barato quanto possível, e períodos de recuo comercial, em que a produção excede largamente o consumo e apenas com esforço a metade do exército de trabalhadores pode ser empregada, com metade do salário. Que meio mais sensato do que as *workhouses* para manter à disposição um exército de reserva para os períodos favoráveis e, ao mesmo tempo, durante os períodos desfavoráveis para o comércio, transformá-lo, pela punição nestes piedosos estabelecimentos, em máquina sem vontade, sem resistência, sem exigências, sem necessidades?

A burguesia prussiana distingue-se vantajosamente da inglesa opondo à arrogância política britânica, que lembra o modo romano pagão, a humildade e melancolia cristãs e a mais submissa prostração diante do trono, do altar, do exército, da burocracia e do feudalismo, movimentando ninharias chinesas de burguês imperial em vez da energia comercial que submete a si todas as partes do mundo, e humilhando o inquieto e titânico espírito de invenção na indústria com o apego virtuoso e moralista ao ramerrão tradicional e semigremial. Mas em um ponto a burguesia prussiana aproxima-se de seu ideal britânico, no *despudorado tratamento brutal da classe trabalhadora*. Se enquanto corporação, considerada em geral, também aqui permanece atrás dos britânicos, isso se explica facilmente porque ela, em geral, como *classe nacional*, nunca alcançou e nunca alcançará nada considerável, por falta de coragem, inteligência e energia. Ela não existe nacionalmente, só existe sob forma *provincial, municipal, local, privada*, e *nessa* forma enfrentou a classe trabalhadora ainda mais insolentemente do que a burguesia inglesa. Por que os povos, desde a época da Restauração, sentem saudades de Napoleão, que haviam acabado de agrilhoar num rochedo isolado no meio do mar? Porque o despotismo de um gênio é mais suportável do que o despotismo de um idiota. Assim, diante do trabalhador alemão, o trabalhador inglês ainda pode ostentar um certo orgulho nacional, pois o senhor que o oprime, oprime o mundo inteiro, enquanto o senhor do trabalhador alemão, o burguês alemão, é um *servo do mundo inteiro*, e nada mais funesto e humilhante do que ser o *servo de um servo*.

Como documento histórico do cinismo de nossa burguesia em face da classe trabalhadora, publicamos integralmente a *"Carta do Trabalhador"*, que os proletários empregados em trabalhos municipais na boa cidade de Colônia devem assinar.

Carta do Trabalhador

§1. Todo trabalhador deve *obedecer pontualmente* as ordens e determinações de *todos os inspetores municipais*, que ao mesmo tempo prestaram juramento como *policiais*. Desobediência e resistência acarretarão demissão imediata.

§2. *Sem autorização especial do inspetor de obras*, nenhum trabalhador pode passar de sua seção para outra, nem abandonar o canteiro de obras.

§3. Trabalhadores que desviarem de outra seção carretas, pranchas de carretas ou outros instrumentos para os utilizar em seu trabalho serão demitidos.

§4. Embriaguez, perturbação da ordem, instigação a lutas, conflitos ou brigas terão por consequência demissão imediata do trabalho. – Além disso, nos *casos qualificados* os culpados serão legalmente processados pelo tribunal competente.

§5. Quem chegar ao local de trabalho com *dez minutos de atraso* não trabalhará pelo *respectivo meio dia*; repetindo-se o caso pela terceira vez, *pode* ocorrer a total exclusão do trabalho.

§6. Se um trabalhador for dispensado, por sua vontade ou a título de punição, receberá seu salário no próximo dia regular de pagamento, proporcionalmente ao trabalho realizado.

§7. A demissão do trabalhador será anotada na carteira de trabalho. – Se a demissão for punitiva, será negada ao trabalhador, *conforme as circunstâncias*, a readmissão no referido local de trabalho ou em qualquer trabalho municipal.

§8. A *autoridade policial* será sempre informada da demissão do trabalhador a título de punição e suas causas.

§9. Se os trabalhadores tiverem *queixas contra os inspetores da obra*, uma delegação eleita, composta por três trabalhadores, as levará ao *mestre de obras municipal*. Este investigará o objeto das queixas no próprio local e *decidirá a respeito*.

§10. A jornada de trabalho fica estabelecida pela manhã das seis e meia até as doze horas e à tarde da uma hora até à noite ao escurecer. (Belo estilo!)

§11. O trabalhador será empregado sob estas condições.

§12. O pagamento será feito aos sábados à tarde no canteiro de obras.

O fiscal juramentado, primeiramente [...] cujas ordens devem ser obedecidas.

Colônia
Assinatura ou sinal do trabalhador
Redigido na seção do P.P. mencionado etc.
Assinatura do fiscal

Os decretos *russos* do autocrata de todas as Rússias aos seus súditos poderiam ser formulados de modo mais asiático?

Os funcionários municipais e mesmo "*todos* os inspetores *municipais*, que ao mesmo tempo prestaram juramento como *policiais*", devem "ser pontualmente obedecidos. *Desobediência e resistência* acarretarão demissão *imediata*". Portanto, acima de tudo *obediência passiva*! Depois, segundo o §9, os trabalhadores têm o direito de encaminhar "queixas ao *mestre de obras municipal*". Este paxá decide em caráter irrevogável – naturalmente *contra os trabalhadores*, já no interesse da hierarquia. E quando ele houver decidido, quando os trabalhadores forem vencidos pelo interdito municipal – ai deles, serão postos, então, sob *vigilância policial*. A última aparência de sua liberdade civil é perdida, pois, segundo o §8, "a *autoridade policial*" será "sempre informada da demissão do trabalhador a título de punição e suas causas".

Mas, meus senhores, quando demitis o trabalhador, quando rescindis o contrato de trabalho dele, pelo qual ele emprega *seu trabalho* em troca de *vosso salário*, que diabos tem a ver a *polícia* com essa rescisão de um *contrato civil*? O trabalhador municipal é um presidiário? Ele será *denunciado à polícia* porque violou o respeito devido a vós, a vossa inata, mui sábia e nobre autoridade? Não zombaríeis do cidadão que vos *denunciasse à polícia* porque quebrastes esse ou aquele contrato de fornecimento ou não pagastes em dia uma letra de câmbio ou bebestes além da conta na noite de ano novo? Mas é claro! – Em face do trabalhador não estais em relações contratuais civis, vós o dominais com toda a suscetibilidade de um *senhor pela graça de Deus*! A polícia deve, a vosso serviço, preparar o atestado de antecedentes dele.

Segundo o §5, quem chegar *dez minutos* atrasado será punido em *meio dia de trabalho*. Que proporção entre delito e punição! Vós vos atrasastes *séculos*, e o trabalhador não pode chegar *dez minutos* depois das seis e meia sem perder *meio dia de trabalho*?

Finalmente, para que esse arbítrio patriarcal não seja restringido de modo algum e o trabalhador simplesmente se submeta a vosso capricho, deixastes a forma da punição tanto quanto possível a critério de vossos servidores fardados. Segundo o §4, nos "casos *qualificados*", isto é, nos casos que vos parecem qualificados, após a demissão e a denúncia à polícia "os culpados serão legalmente processados pelo tribunal competente". Segundo o §5, "*pode*" ocorrer a exclusão completa do trabalhador se ele pela terceira vez se atrasar 10 minutos depois das seis e meia. Em caso de demissão punitiva, segundo o §7, "será negada ao trabalhador, *conforme as circunstâncias*, a readmissão no *referido* local de trabalho ou em *qualquer* trabalho municipal" etc. etc.

Quanto espaço há para os humores do burguês contrariado neste código criminal de nosso Catão municipal, este grande homem que se arrasta no pó diante de Berlim!

Por essa lei modelar podemos imaginar *que Carta nossa burguesia outorgaria ao povo*, se estivesse ao leme.

O orçamento dos Estados Unidos e o germano-cristão

NGR, n. 189, 7/1/1849

Colônia, 6 de janeiro. Sabemos finalmente há alguns dias, preto no branco, quanto custa ao país o governo prussiano. O *Diário Oficial Prussiano* finalmente nos mostrou, com o orçamento financeiro para o ano de 1849, quão vergonhosamente vimos sendo logrados até hoje nos orçamentos. Este maravilhoso informe de ano novo só surpreendeu aqueles a quem até hoje cada palavra do governo pela graça de Deus aparecia como verdade sagrada, e os disparates das finanças públicas praticados conosco, como um indicativo da excelência de nosso orçamento público-policial.

A Prússia é uma região com aproximadamente 5 mil milhas quadradas e em torno de 16 milhões de habitantes.

Os Estados Unidos da América do Norte abrangem um território cuja superfície atual se aproxima à de toda a Europa e contam com mais de 21 milhões de habitantes.

Não há introdução mais adequada ao exame do orçamento prussiano para 1849 do que o orçamento dos estados livres norte-americanos.

Uma comparação entre ambos os orçamentos mostra quão caro o burguês prussiano deve pagar o prazer de ser dominado por um governo pela graça de Deus, ser maltratado por seus mercenários com ou sem estado de sítio e ser tratado *en canaille*[1] por um bando de arrogantes funcionários e *junkers*. Mas ao mesmo tempo se evidencia quão barato uma burguesia corajosa, consciente de seu poder e decidida a utilizá-lo pode organizar seu governo.

Os dois orçamentos já são por si sós demonstração suficiente da covardia, tolice e mediocridade filistina de uma, assim como do orgulho, inteligência e energia da outra.

O conjunto das despesas dos Estados Unidos durante o ano de 1848 alcançou 42 milhões, 811.970 dólares. Estão incluídos os custos da guerra mexicana, uma guerra conduzida a 2 mil milhas de distância do governo central. Compreende-se a imensa despesa exigida para o transporte do exército, assim como de todos os objetos requeridos por ele.

---

[1] Com desprezo.

A receita da União atingiu 35.436.750 dólares, a saber, 31.757.070 dólares de impostos alfandegários, 3.328.642 dólares da venda de terras do Estado e 351.037 dólares de outras receitas eventuais. Como as receitas habituais não eram suficientes, em função dos custos da guerra, o que faltava foi coberto por empréstimos, fechados com deságio.[2] Basta consultar o mercado monetário para saber se o governo "germano-cristão" seria capaz de conseguir ainda que somente mil táleres em condições tão vantajosas!

Nos Estados Unidos, o ano financeiro começa em 1 de julho. Até julho de 1849, sempre em função da guerra mexicana, as despesas são consideráveis, embora não em comparação com a Prússia. Em contrapartida, o presidente Polk anunciou, em sua mensagem ao Congresso, o orçamento de paz usual para o próximo ano financeiro, que termina em 1 de julho de 1850.

A quanto montam as despesas desse poderoso Estado – a república burguesa norte-americana – em tempos de paz?

A 33.213.152 dólares, incluídos os juros (3.799.102 dólares) da dívida pública e os 3.540.000 dólares a serem pagos ao México em 30 de maio de 1850.

Subtraindo-se as duas últimas quantias, que figuram extraordinariamente no orçamento, todo o governo e administração dos Estados Unidos custam menos de 26 milhões de dólares.

E quanto pagam os cidadãos prussianos anualmente ao Estado, em *tempos de paz*?

A resposta é amarga. O *Diário Oficial Prussiano* no-la dá. Ei-la: *mais de 94 milhões de táleres anuais!*

Portanto, enquanto os 21 milhões de habitantes da república norte-americana, em sua abastança, mesmo em sua riqueza, entregam à caixa do Estado menos de 26 milhões de dólares – *ou seja, menos de 38 milhões de táleres prussianos correntes* –, os 16 milhões de prussianos, em sua pobreza relativa, devem lançar anualmente à goela do tesouro do Estado 94 milhões de táleres, e mesmo assim ele ainda não está satisfeito.

Mas não sejamos injustos!

A república norte-americana tem em troca somente um presidente eleito a cada quatro anos, que certamente trabalha mais pelo país do que uma dúzia de reis e imperadores juntos. Contudo ele recebe por isso apenas o miserável salário anual de 37 mil táleres prussianos correntes. Nesta diminuta soma de 37 mil táleres resume-se toda a dor de uma alma prussiano-cristã com Deus pelo rei e os *junkers*. Nenhum camareiro, joalheiro da corte, nenhum borrifador da estrada de Charlottenburg para damas de honra, nenhuma coutada às custas dos cidadãos etc. Oh!, é insuportável! Mas o mais insuportável é que esses norte-americanos parecem nem se dar conta desse horror, dessa monotonia, desse abandono de Deus.

Que diferença entre nós! Pagamos três ou quatro vezes mais, mas também gozamos de coisas que ninguém tem, nem poderia ter por 37 mil táleres. Gozamos e nos recon-

---

[2] Fechado por um valor real acima do valor nominal.

fortamos com o brilho de uma corte pela graça de Deus, que custa ao povo – não se sabe exatamente, mas temos uma estimativa aproximada – de 4 a 5 milhões por ano.

Enquanto os americanos são esquisitões malucos que retêm ao máximo seu dinheiro para seu próprio brilho e seu próprio proveito, nós nos sentimos germano-cristãmente obrigados a tirar de nós nosso brilho, isto é, nosso dinheiro, e deixar que outros brilhem com ele. E, abstraindo do brilho, que benefícios não proporciona uma corte provida pela bolsa do povo para uma massa de *pauvres*,[3] condes, barões, senhores, simples Vons etc.! Muitas dessas pessoas, engajadas somente no consumo, não na produção, acabariam por se arruinar miseravelmente se não recebessem sutilmente uma esmola pública. Se quiséssemos esmiuçar toda a lista dos benefícios e vantagens, não terminaríamos hoje.

E quão distantes de nós estão os americanos também em outros aspectos, graças a seu baixo orçamento!

Entre eles, o sr. presidente Boetticher, por exemplo, não receberia um presente de 3 mil táleres da caixa do Estado. Dir-se-ia que ele deveria estar satisfeito com seu belo salário. Aos condes e barões nada sobraria para a educação das crianças. A república norte-americana, em tal caso, diria a estes honoráveis senhores: *Alors il faut s'abstenir d'avoir des enfants!*[4] A um "*Hüser*" seria lá subtraída sua gratificação anual de 6 mil táleres, e ele deveria se contentar com seu salário, este último talvez reduzido a 3 mil táleres. Um homem, um homem prussiano, um general germano-cristão pode viver com isso? Pensamento perverso! *Apage*![5]

Para os americanos, assim como para o sr. Hansemann, em questões de dinheiro cessa toda cordialidade.[6]

Eles dariam a dom Carlos no máximo algumas *whippings*,[7] mas jamais 700 mil táleres para que ele pudesse ser *bene*[8] junto a seus grandes e monges e esgrimir pela legitimidade de Metternich. Isto só é possível a uma monarquia pela graça de Deus, para quem a bolsa do povo deve permanecer aberta a todo momento e por direito.

As despesas do americano com o Estado são certamente muito reduzidas, mas, em contrapartida, ele tem um exército permanente de apenas 10 mil homens, que só em tempos de guerra pode ser aumentado rapidamente para até 2 milhões de vigorosos combatentes. Ele não conhece nem de longe a ventura de poder utilizar a melhor parte dos impostos com um exército de guerra que, em tempos de paz, nos sitia, maltrata, fere e mata – tudo pela glória e pela honra da pátria.

Mas o que adianta? Esses republicanos burgueses são tão teimosos que nada sabem de nossas instituições germano-cristãs, e preferem pagar impostos baixos em vez de altos.

---

[3] Pobres.
[4] Então é preciso se abster de ter filhos!
[5] Afasta-te de mim!
[6] Do discurso de Hansemann na sessão da Primeira Dieta Unificada em 8 de junho de 1847.
[7] Chicotadas.
[8] Amigável.

Do mesmo modo, o burguês alemão insiste obstinadamente em que a monarquia pela graça de Deus, com seu exército de guerra e de funcionários, seus bandos de pensionistas, suas gratificações, extraordinários etc. nunca poderá ser suficientemente bem paga.

O republicano da América do Norte com sua carteira fornida e o burguês na Prússia estão um para o outro exatamente como seus orçamentos, como 37 para 94 milhões. Um graças a si mesmo, outro pela graça de Deus: eis a verdadeira diferença.

Uma felicitação de ano novo

NGR, n. 190, 9/1/1849

K. Marx

Colônia, 8 de janeiro. Que pároco e chantre, sacristão e foleiro, barbeiro e guarda-noturno, guarda das searas e coveiro etc. nos felicitem pelo ano novo é um costume tão antigo como sempre renovado, e nos deixa indiferentes.

Mas o ano de 1849 não se contenta com o costumeiro. Sua entrada assinalou-se com algo inédito, com uma felicitação de ano novo do rei da Prússia.

Foi um voto de ano novo dado, não ao povo prussiano, também não "Aos meus queridos berlinenses",[1] mas sim "Ao meu exército".[2]

Essa real mensagem de ano novo olha para o exército "com orgulho", porque permaneceu fiel *"quando a revolta"* (de março) *"perturbou o desenvolvimento pacífico das instituições liberais que Eu queria sensatamente levar a Meu povo"*. Antes falava-se dos eventos de março, de "mal-entendido" e expressões semelhantes. Agora não é mais necessário o mascaramento: o "mal-entendido" de março nos é atirado ao rosto como *"revolta"*.

Da felicitação de ano novo do rei sopra ao nosso encontro o mesmo espírito que emana das colunas da "dama da cruz".[3] Como aquele fala de "rebelião", esta fala dos inglórios "criminosos de março", da ralé criminosa que, em março, interrompeu a paz da vida cortesã berlinense.

Se perguntarmos por que a "revolta" de março é tão revoltante, eis a resposta: "porque ela perturbou o desenvolvimento pacífico das instituições liberais [!!] etc.".

Se não descansais em Friedrichshain,[4] rebeldes de março, vós deveis ser agora anistiados com "pólvora e chumbo" ou prisão perpétua. Em vossa perversidade, haveis perturbado "o desenvolvimento pacífico das instituições liberais"! É preciso relembrar aquele desenvolvimento monárquico-prussiano das "instituições liberais", o mais liberal desenvolvimento do desperdício de dinheiro, a expansão "pacífica" da beatice e do je-

---

[1] Apelo do rei prussiano Frederico Guilherme IV, promulgado na manhã de 19 de março de 1848, quando a insurreição popular em Berlim alcançara seu ponto máximo. *"Ao meu povo e à nação alemã"* – Apelo de Frederico Guilherme IV de 21 de março de 1848.
[2] Felicitação de ano novo do rei Frederico Guilherme IV ao exército prussiano de 1 de janeiro de 1849.
[3] A *Nova Gazeta Prussiana*, também conhecida como *Gazeta da Cruz*.
[4] Parque de Berlim, no qual foram enterrados os insurretos de 18 de março de 1848 mortos nas barricadas.

suitismo real-prussiano, o desenvolvimento pacífico do domínio da polícia e da caserna, da espionagem, da fraude, da hipocrisia, da insolência e finalmente do mais repulsivo embrutecimento popular ao lado da mais despudorada corrupção nas assim chamadas classes altas? Essa recordação é tanto menos necessária quanto nos basta apenas olhar em volta, apenas estender as mãos para vermos novamente diante de nós aquele "desenvolvimento perturbado" em plena floração, e nos reconfortarmos com a dupla edição das supostas "instituições liberais".

"Meu exército", diz em seguida a mensagem real de felicitação, "conservou sua antiga glória e colheu uma nova."

Certamente! Colheu tanta glória que quando muito os croatas poderiam reivindicar uma maior.

Mas colheu onde e como? Em primeiro lugar, "ornamentou sua bandeira com novas coroas de louros quando a Alemanha precisou de Nossas armas no Schleswig".

A mensagem prussiana do major Wildenbruch dirigida ao governo dinamarquês é o fundamento sobre o qual se eleva a nova glória prussiana. Toda a condução da guerra condiz primorosamente com aquela mensagem, que assegurava ao sr. primo[5] dinamarquês que o governo prussiano não estava absolutamente falando a sério, apenas atirava uma isca aos republicanos e areia nos olhos das outras pessoas, só para ganhar tempo. E ganhar tempo é ganhar tudo. Mais tarde se entenderiam do modo mais jovial.

O sr. Wrangel, sobre quem durante largo tempo a opinião pública fora iludida, o sr. Wrangel abandonou o Schleswig-Holstein como um ladrão na noite. Viajou como civil para não ser reconhecido. Em Hamburg todos os hoteleiros declararam que não poderiam hospedá-lo. Preferiam muito mais suas casas, e as janelas e portas delas, do que as coroas de louro do exército prussiano, desprezadas pelo povo mas encarnadas nesse glorioso senhor. Não nos esqueçamos também de que o único êxito nesta campanha de idas e vindas inúteis e sem sentido, que lembrava integralmente o procedimento das velhas cortes imperiais de justiça (ver nossos números daquela época), foi um erro estratégico.

A única surpresa nesta campanha foi a audácia inominável dos *dinamarqueses*, que zombaram maliciosamente do exército prussiano e isolaram completamente os prussianos do mercado mundial.

Neste campo, concorrem também para a completa glória prussiana as negociações de paz com a Dinamarca e o armistício de Malmö delas derivado.

Se o imperador romano[6] pôde dizer, ao cheirar uma moeda recolhida como pagamento do imposto sobre os banheiros públicos: "Non olet" (Não cheira), a coroa de louros prussiana colhida no Schleswig-Holstein, ao contrário, ostenta em caracteres indeléveis: "Olet!" (Fede!)

---

[5] Friedrich VII.
[6] Vespasiano.

Em segundo lugar, "Meu exército saiu-se vitorioso de dificuldades e perigos quando combateu a insurreição no grão-ducado da Posnânia".

Quanto às "dificuldades vencidas", são as seguintes: primeiro a Prússia explorou a magnânima ilusão da Polônia, alimentada por Berlim com palavras hábeis, que via nos *"pomeranos"* companheiros de armas alemães contra a *Rússia*, por isso dissolveram calmamente seu exército, deixaram os pomeranos invadir e só reuniram novamente a estilhaçada força quando os prussianos brutalizaram do modo mais vil os indefesos. E as ações heroicas prussianas! Não *durante* a guerra, e sim *depois* da guerra ocorreram as ações heroicas do "glorioso" exército prussiano. Quando Mieroslawski foi apresentado ao vencedor de junho, a primeira pergunta de Cavaignac foi: como os prussianos tinham feito para ser vencidos em *Miloslaw*. (Podemos provar isso com testemunhas oculares.) Três mil poloneses, mal e mal armados com foices e lanças, derrotaram duas vezes e duas vezes obrigaram à retirada 20 mil prussianos bem organizados e fartamente equipados com canhões. A cavalaria prussiana chegou a abandonar, numa fuga desordenada, a infantaria prussiana. A insurreição polonesa defendeu Miloslaw expulsando duas vezes a contrarrevolução da cidade. Mais vergonhosa ainda do que a *derrota* da Prússia em *Miloslaw* foi sua *vitória* final *em Wreschen*, preparada por uma derrota. Quando um inimigo desarmado, porém hercúleo, enfrenta um covarde armado com uma pistola, o covarde foge e dispara a pistola de uma distância considerável. Assim fizeram os prussianos em *Wreschen*. Fugiram até uma distância em que podiam disparar metralhas, obuses armados com 150 projéteis e granadas contra lanças e foices, que sabidamente não acertam à distância. Anteriormente, as granadas só haviam sido disparadas pelos ingleses contra hindus orientais semisselvagens. Só os bravos prussianos, com medo fanático diante da bravura polonesa e com a intuição de sua própria fraqueza, empregaram as granadas contra assim chamados concidadãos. Eles precisavam, naturalmente, encontrar um meio de matar os poloneses em massa à distância. De perto, os poloneses eram excessivamente temíveis. Essa foi a *gloriosa vitória* em *Wreschen*. Mas, como dissemos, só *depois* da guerra começaram as ações heroicas do exército prussiano, como as ações heroicas do carcereiro só começam *depois* da sentença.

Que *esta* glória do exército prussiano sobreviverá na história, asseguram-no os milhares assassinados com granadas e projéteis graças à traição prussiana e à perversidade alvinegra,[7] e os poloneses queimados depois com a pedra infernal.

Desta segunda coroa de louros do exército da contrarrevolução deram testemunho suficiente os povoados e as cidades incendiados por heróis prussianos, os habitantes poloneses espancados e massacrados em suas casas com coronhas de fuzis e baionetas, as pilhagens e brutalidades prussianas de todo tipo.

---

[7] Cores da bandeira prussiana.

Glória imortal para esses guerreiros prussianos na Posnânia, que prepararam o caminho tomado logo em seguida pelo servo napolitano do algoz[8] ao aniquilar sua leal capital e enviar a soldadesca para uma pilhagem que durou 24 horas. Glória ao exército prussiano na campanha da Posnânia! Pois ele iluminou os croatas, os sereschaner, ottocaner[9] e outras hordas de Windischgrätz e consortes com um exemplo que, como Praga (em junho), Viena, Pressburg etc. demonstram, os estimulou à mais digna imitação.

E afinal mesmo *esta* coragem dos prussianos contra os poloneses só se deveu ao medo dos russos.

"Todas as boas coisas devem ser três." Portanto, também o "Meu exército" devia colher uma tripla glória. A ocasião não se fez esperar. Pois "sua colaboração para a manutenção da ordem [!] no sul da Alemanha conquistou um novo reconhecimento à fama prussiana".

Só a maldade e a mania de depreciar poderiam negar que "Meu exército" prestou excelentes serviços de beleguim e polícia à Dieta Federal – modernizada pela mudança de nome e chamada agora poder central. Tampouco se pode desmentir que a fama prussiana de devorar vinho do sul da Alemanha, carne, cidra etc. conquistou pleno reconhecimento. Os esfomeados brandenburgueses, pomeranos etc. cevaram uma patriótica pança, os sedentos se refrescaram e souberam devorar com tal coragem heroica absolutamente tudo o que os hospedeiros do sul da Alemanha lhes ofereceram, que ali a fama prussiana encontrou em toda parte o mais ruidoso reconhecimento. Pena que as contas da hospedagem ainda não tenham sido pagas: o reconhecimento seria ainda mais ruidoso.

A glória do "Meu exército" é realmente inesgotável; e não deve ser omitido que, "onde Eu chamei, ele esteve pronto, com total lealdade, *com total disciplina*", e é igualmente digno de comunicar à posteridade que "Meu exército se opôs às sórdidas calúnias a seu excelente espírito e *nobre autocontrole*".

Quão lisonjeira é a felicitação para "Meu exército", evocando a agradável lembrança da "plena disciplina" e do "nobre autocontrole", e com eles mais uma vez sua ações heroicas no grão-ducado, e além disso os louros em Mogúncia, Schweidnitz, Tréveris, Erfurt, Berlim, Colônia, Dusseldorf, Aquisgrana, Coblença, Münster, Minden etc. Mas nós, que não pertencemos ao "Meu exército", ampliamos nossas limitadas concepções de súditos. Matar a tiros anciãs e grávidas, roubar (documentado oficialmente nas proximidades de *Ostrowo*), seviciar cidadãos pacíficos com coronhas de fuzis e sabres, demolir casas, apontar, durante a noite, armas escondidas sob o manto contra pessoas desarmadas, pilhar (vide a aventura em Neuwied) – estes e outros heroísmos chamam-se em linguagem germano-cristã: "*plena disciplina*", "*nobre autocontrole*"! Viva a disciplina militar e o autocontrole, visto que os assassinados sob esta rubrica estão mesmo mortos.

---

[8] Ferdinando II, rei de Nápoles e Sicília, em 15 de maio de 1848 reprimiu cruelmente o levante popular em Nápoles.

[9] Membros do regimento de infantaria da fronteira militar de Karlstadt criado em 1746, Stab Ottocac. Estavam estacionados em Ottocac (Croácia ocidental), donde o nome que receberam, em 1753.

As poucas passagens da felicitação de ano novo real-prussiana que mencionamos mostram que esta peça, por seu significado e seu espírito, está no mesmo nível do manifesto do duque de Braunschweig de 1792.[10]

---

[10] O duque von Braunschweig, supremo comandante do exército austro-prussiano que lutou contra a França revolucionária, lançou em 25 de julho de 1792 um Manifesto no qual ameaçava o povo francês com a completa destruição de Paris.

Montesquieu LVI

NGR, n. 201, 21/1/1849

K. Marx

Colônia, 20 de janeiro. O "honesto" *Joseph Dumont* permitiu que um anônimo, não pago por ele, mas que lhe paga, e que no folhetim tenta influenciar os *eleitores primários*, dirigisse à *Nova Gazeta Renana* a seguinte apóstrofe:

> A *Nova Gazeta Renana*, o *Órgão da Democracia*, houve por bem tomar conhecimento dos artigos publicados neste jornal sob o título *'Ao Eleitor Primário'* e qualificá-los de plágios da *Nova Gazeta Prussiana*.
> A esta *mentira* opomos simplesmente o esclarecimento de que estes artigos foram publicados *como matérias pagas*, que eles, com exceção do primeiro, emprestado do correspondente no parlamento, foram escritos em Colônia e seu autor até agora nem sequer viu, e muito menos leu, a *Nova Gazeta Prussiana*.[1]

Compreendemos quanta importância tem, para Montesquieu LVI, afirmar sua *propriedade*. Compreendemos igualmente bem quão importante é para o sr. Dumont esclarecer que foi *"pago"*, inclusive pelos panfletos e comunicados que ele, no interesse de sua própria classe, a *burguesia*, compõe, imprime e divulga.

Quanto ao anônimo, ele conhece o ditado francês: *"Les beaux esprits se rencontrent"*.[2] Não é sua culpa se seus próprios produtos espirituais se assemelham aos da *Nova Gazeta Prussiana* e aos da *União Prussiana*[3] como um ovo a outro, a ponto de se confundirem.

Nós *nunca lemos* sua matéria paga na *Gazeta de Colônia*, e só os panfletos produzidos pela tipografia de Dumont, que nos foram remetidos de todos os lados, mereceram uma rápida olhadela; mas agora, comparando-os, parece-nos que os mesmos papeluchos fazem as vezes simultaneamente de matéria paga e panfleto.

---

[1] *Gazeta de Colônia*, n. 17, de 20 de janeiro de 1849.
[2] Os belos espíritos se encontram.
[3] A União Prussiana pela Monarquia Constitucional foi fundada em junho de 1848. Era uma organização da parcela aburguesada dos proprietários rurais prussianos e da burguesia; apoiava a política contrarrevolucionária do governo. Em função de sua atividade, era chamada pela imprensa democrática de "sociedade de delatores".

Para expiar nossa falta contra o anônimo Montesquieu LVI, impusemo-nos o severo castigo de ler integralmente todas as suas matérias pagas na *Gazeta de Colônia* e converter sua propriedade privada espiritual em "propriedade coletiva" para o público alemão.

Eis a sabedoria!

Montesquieu LVI ocupa-se prioritariamente da questão *social*. Ele encontrou o "caminho mais fácil, mais simples" para sua *resolução*, e apregoa sua pílula de Morrison com a ênfase untuosa, ingênua e impudica de curandeiro:

> Mas o caminho mais fácil, mais simples para isto (a saber, a resolução da questão social) é: aceitar a constituição outorgada em 5 de dezembro do ano passado, emendá-la, depois fazê-la jurar por todas as partes e assim fixá-la. *Este é o único caminho que nos conduz à salvação.* – Quem, pois, tem no peito um coração para a miséria de seus irmãos, quem quer alimentar os famintos e vestir os nus, ... quem, em uma palavra, *quer resolver a questão social... – não eleja ninguém que se pronuncie contra a constituição*[4] (Montesquieu LVI).

Vote em Brandenburg-Manteuffel-Ladenberg, e a *questão social* se resolverá pelo "caminho mais simples" e "mais fácil"! Vote em Dumont, Camphausen, Wittgenstein ou mesmo em *dii minorum gentium*[5] como Compes, Mevissem e companhia – e a *questão social* estará resolvida! A "questão social" por *um voto*! Quem "quer alimentar os famintos e vestir os nus", vote em Hansemann e Stupp! Para cada voto uma questão social a menos! A adoção da constituição outorgada – *voilà la solution du problème social*![6]

Não duvidamos nem por um momento de que tanto Montesquieu LVI como também seus patrões nas Associações Civis[7] não esperarão a aprovação, revisão, juramento e promulgação da constituição outorgada para "alimentar os famintos e vestir os nus". Também para isso já foram tomadas medidas.

Há algumas semanas espalham-se por aqui circulares nas quais os capitalistas informam aos artesãos, merceeiros etc. que, em consideração às atuais circunstâncias e ao crédito em expansão, os juros aumentarão, por motivos filantrópicos, de 4% para 5%. Primeira solução da questão social!

No mesmo sentido, o Conselho Municipal local redigiu a "*Carta do Trabalhador*" para os infelizes que passam fome – ou que precisam vender sua pobreza à cidade (ver o n. 187 da *Nova Gazeta Renana*).[8] Lembremo-nos de que, nesta Carta outorgada aos trabalhadores, o trabalhador que ficou sem pão é obrigado contratualmente a se submeter à *vigilância policial*. Segunda solução da questão social!

---

[4] *Gazeta de Colônia*, n. 11, de 13 de janeiro de 1849.
[5] Os deuses menores.
[6] Eis a solução da questão social!
[7] Organizações da burguesia liberal-moderada fundadas na Prússia após a Revolução de Março que se punham como tarefa manter a "legalidade" e a "ordem" no âmbito da monarquia constitucional e combater a "anarquia", isto é, o movimento revolucionário-democrático.
[8] Ver "Um documento burguês".

Em Colônia, o Conselho Municipal instituiu, logo depois das dores de março, um estabelecimento de alimentação a preços de custo, belamente equipado, com luxuosos cômodos aquecidos etc. *Depois* da concessão da constituição outorgada, este local foi substituído por outro, subordinado à Administração das Casas de Caridade, em que não há aquecimento, falta louça, não é permitido consumir os alimentos no próprio local, mas em contrapartida um quartilho de uma inominável lavagem é vendido a 8 pfennige. Terceira solução da questão social!

Em Viena, os trabalhadores, durante seu domínio, cuidaram do banco, das casas e das riquezas dos burgueses foragidos. Quando voltaram, esses mesmos burgueses os denunciaram a Windischgrätz como "ladrões" que mereciam a *forca*. Os desempregados que procuraram o Conselho Municipal foram metidos no exército contra a Hungria. Quarta solução da questão social!

Em Breslau, o Conselho Municipal e o governo jogaram calmamente nos braços do cólera os miseráveis obrigados a buscar refúgio no Albergue de Mendigos, privando-os dos meios de subsistência fisicamente imprescindíveis, e só prestaram atenção nas vítimas de sua feroz caridade quando a epidemia se deslocou para seus próprios corpos. Quinta solução da questão social!

Na Associação Berlinense "com Deus pelo rei e pela Pátria", um amigo da constituição outorgada declarou que é penoso ser preciso sempre reverenciar o *"proletariado"* para realizar seus interesses e objetivos.

Eis a solução da "solução da questão social".

"Os espiões prussianos são sempre tão perigosos porque nunca são pagos, mas sempre esperam ser pagos", diz nosso amigo Heine. E os burgueses prussianos são sempre tão perigosos porque nunca pagam, mas sempre prometem pagar.

Um dia de eleição custa muito dinheiro aos burgueses ingleses e franceses. Suas manobras de corrupção são mundialmente conhecidas. Os burgueses prussianos, "eles é que são espertos"! Éticos e íntegros demais para sacar de sua bolsa, pagam com a *"solução da questão social"*. Isto nada custa! Se bem que Montesquieu LVI, como Dumont oficialmente assegura, ao menos paga a taxa de inserção na *Gazeta de Colônia* e oferece a solução da *"questão social"* de graça.

A parte prática das *petits oeuvres*[9] de nosso Montesquieu consiste, portanto, no seguinte: Vote em Brandenburg-Manteuffel-Ladenberg! Eleja Camphausen-Hansemann! Envie-nos a Berlim, permita a nosso pessoal se fixar ali! Eis a *solução da questão social*!

O imortal *Hansemann* resolveu essa questão. Primeiro, restabelecimento da ordem, para restabelecer o crédito. Depois, como em 1844, quando "meus queridos tecelões silesianos deviam e precisavam ser ajudados", pólvora e chumbo para resolver a "questão social"!

Vote, portanto, nos amigos da Constituição outorgada!

---

[9] Pequenas obras.

Mas Montesquieu LVI só aprova a Constituição outorgada para poder depois "revisá--la" e "jurá-la".

Bom Montesquieu! Uma vez aprovada a Constituição, você só poderá revisá-la a partir de seus próprios fundamentos, isto é, revisá-la tanto quanto agradar à vontade do rei e da segunda Câmara, formada por *junkers*, barões das finanças, altos funcionários e padres. Esta única revisão possível já está, por precaução, sugerida na própria Constituição outorgada. Consiste em abandonar o sistema constitucional e restaurar o velho *sistema estamental* germano-cristão.

Esta é a única revisão possível e a única permitida *após* a aprovação da Constituição outorgada, o que não pode passar despercebido à sagacidade de um Montesquieu.

A parte prática das *petits oeuvres* de Montesquieu LVI chega, pois, ao seguinte: Vote em Hansemann-Camphausen! Vote em Dumont-Stupp. Vote em Brandenburg-Manteuffel! Aprove a Constituição outorgada! Eleja eleitores que aprovem a Constituição outorgada – e tudo sob o pretexto de resolver "a questão social".

Que diabo nos importa o pretexto, se a Constituição outorgada vigora?

Mas nosso Montesquieu, naturalmente, fez preceder sua instrução prática para resolver "a questão social", o verdadeiro busílis de sua grande obra, de uma parte teórica. Examinemos esta parte teórica.

O pensador profundo esclarece, primeiro, *o que é a "questão social"*.

> O que é, pois, de fato a questão social?
> Os homens precisam e querem viver.
> Para viver, os homens necessitam de moradia, roupas, alimentos.
> A natureza não produz absolutamente moradia e roupas, alimentos só escassamente crescem de modo selvagem e, a longo prazo, não são suficientes.
> O homem deve, pois, satisfazer ele mesmo estas necessidades.
> Isso se realiza pelo trabalho.
> *O trabalho é, por isso, a primeira condição de nossa vida, sem trabalho não podemos viver.*
> Entre os primeiros povos, cada um ainda construía seu próprio abrigo, aprontava suas próprias roupas de peles de animais, abria seus próprios frutos para comer. Esta era a condição originária.
> Mas se o homem não necessita nada além de moradia, roupas, alimentos, se ele, portanto, só satisfaz suas necessidades *corporais*, mantém-se no mesmo patamar dos animais, pois os animais também o fazem.
> Mas o homem é um ser superior aos animais, necessita de mais para viver: necessita de felicidade, deve se elevar a um valor moral. Mas isso ele só alcança vivendo em sociedade.
> Mas assim que os homens passaram a viver em sociedade, surgiu uma relação inteiramente diferente. Eles logo perceberam que o trabalho seria muito mais fácil se cada um executasse somente um trabalho determinado. E assim um produzia roupas, o segundo construía casas, o terceiro ocupava-se com os alimentos, e o primeiro dava ao segundo o que faltava a este. Assim se constituíram exclusivamente por si mesmas as diversas categorias de homens, tornando-se um caçador, outro artesão, o terceiro agricultor.

Mas os homens não pararam aí, pois a humanidade deve progredir. Houve invenções. Inventaram-se a fiação e a tecelagem, forjou-se o ferro, curtiu-se o couro. Quanto mais invenções foram feitas, tanto mais variado tornou-se o artesanato, tanto mais fácil a agricultura, pois o artesanato forneceu o arado e a pá. Tudo se ajudava, tudo se imbricava. Reuniram-se então os povos vizinhos; o que um povo tinha, o outro carecia – e este possuía o que faltava àquele. Estabeleceu-se a troca. Assim originou-se o *comércio* e com ele uma nova ramificação da atividade humana. Assim a cultura progrediu degrau por degrau; das primeiras invenções canhestras chegou-se finalmente, ao longo dos séculos, até as invenções de nossa época.

Assim se constituíram entre os homens as ciências e as artes, e a vida se tornou cada vez mais rica, cada vez mais variada. O médico cura os doentes, o padre prega, o comerciante negocia, o lavrador cultiva o campo, o jardineiro produz flores, o pedreiro constrói as casas que o marceneiro guarnece com móveis, o moleiro mói a farinha que o padeiro usa para assar o pão – um imbrica no outro; ninguém pode ficar sozinho, ninguém pode satisfazer sozinho suas necessidades.

Estas são as relações sociais.

Elas nasceram por si mesmas de modo totalmente natural. E se hoje vós fizésseis uma revolução que destruísse todas estas relações desde seu fundamento, se amanhã recomeçásseis a viver de novo, *as relações se reconstituiriam exatamente como são agora*. Há milhares de anos tem sido assim para todos os povos da Terra. Se, pois, alguém estabelece diferença entre trabalhadores e burguesia – trata-se de uma *grande mentira*. *Todos nós trabalhamos*, cada um em sua especialidade, cada um segundo suas forças e capacidades. O médico trabalha quando visita os doentes, o músico que toca nos bailes, o comerciante que escreve sua carta, todos trabalham, cada um em seu lugar.[10]

Eis a sabedoria! Quem tiver ouvidos para ouvir, que ouça!

O que é, pois, verdadeiramente, a questão fisiológica?

Todo ser corpóreo pressupõe um determinado peso, densidade etc. Todo corpo orgânico é constituído de diversos componentes, cada um dos quais exerce sua própria função e cujos órgãos imbricam-se reciprocamente.

"Estas são as relações fisiológicas."

Montesquieu LVI possui, inegavelmente, um talento original para a simplificação da ciência. Uma patente (sem garantia do governo) para Montesquieu LVI!

Produtos do trabalho só são produzidos pelo trabalho. Sem semear não há colheita, sem tecer não há tecido etc.

A Europa se curvará maravilhada ante o grande gênio que em Colônia mesma, sem nenhuma ajuda da *Nova G[azeta] Pr[ussiana]*, trouxe à luz estas verdades.

No trabalho os homens entram em relações determinadas uns com os outros. Ocorre uma *divisão do trabalho*, que é mais ou menos diversificada. Um assa o pão, o outro forja, um agita, o outro resmunga, Montesquieu LVI escreve e Dumont imprime. *Adam Smith*, reconheça seu mestre!

---

[10] *Gazeta de Colônia*, n. 11, de 13 de janeiro de 1849.

Ora, a descoberta de que o *trabalho* e a *divisão do trabalho* são condições vitais de toda sociedade humana habilitam Montesquieu a concluir que as "*diferentes categorias*" são naturais, que a diferença entre "burguesia e proletariado" é uma "*grande mentira*", que as "relações sociais" existentes, caso uma "*revolução*" as destruísse desde os fundamentos, "*se reconstituiriam exatamente como são agora*", e, por fim, que é necessário inevitavelmente eleger eleitores favoráveis a Manteuffel e à Constituição outorgada, se "trazemos um coração no peito para a miséria de nossos pobres irmãos" e pretendemos obter o respeito de Montesquieu LVI.

"*Há milhares de anos tem sido assim para todos os povos da Terra*"!!! No Egito houve trabalho e divisão do trabalho – e *castas*; na Grécia e em Roma, trabalho e divisão do trabalho – e *homens livres e escravos*; na Idade Média, trabalho e divisão do trabalho – e *senhores feudais* e *servos, grêmios, corporações* etc. Em nossa época há trabalho e divisão do trabalho – e *classes*, das quais uma detém a propriedade de todos os instrumentos de produção e meios de vida, enquanto a outra só vive se vender seu trabalho, e só vende seu trabalho se a classe patronal enriquecer por meio da compra desse trabalho.

Não é, pois, claro como o sol que "*para todos os povos da terra tem sido assim há milhares de anos*" como é hoje em dia na *Prússia*, porque *trabalho e divisão do trabalho* sempre existiram sob uma ou outra forma? Ou, ao contrário, não é evidente que as relações sociais, as relações de propriedade, são continuamente transformadas exatamente pela forma sempre modificada do trabalho e da divisão do trabalho?

Em 1789, os burgueses não destruíram a sociedade feudal: a nobreza permanece nobreza, servos permanecem servos, grêmios permanecem agremiados – pois sem trabalho e divisão do trabalho não há sociedade! Sem inspiração do ar não há vida! Portanto, respire o ar mefítico e não abra a janela – assim raciocina Montesquieu LVI.

É preciso toda a ingênua e grosseira impertinência de um filisteu do império alemão envelhecido em brutal ignorância para, mal tendo metido em seu indolente cérebro, distorcida e superficialmente, as primeiras letras da economia política – trabalho, divisão do trabalho – falar em tom oracular de questões contra as quais nosso século quebrou os dentes.

>Sem trabalho e divisão do trabalho não há sociedade!
>Portanto
>Elejam para eleitores amigos da Constituição prussiana outorgada e somente amigos da constituição outorgada.

Este epitáfio um dia brilhará em grandes letras nos muros do pomposo mausoléu de mármore que a posteridade agradecida se sentirá obrigada a erguer para o solucionador da questão social, Montesquieu LVI (não confundir com Heinrich CCLXXXIV de Reuss-Schleiz-Greiz-Lobenstein-Eberswalde).[11]

---

[11] Alusão irônica a Heinrich LXXII, príncipe de Reuss-Lobenstein-Ebersdorf.

Montesquieu LVI não nos oculta *"onde está o nó"* e o que ele pensa fazer, assim que for proclamado legislador.

"O Estado", ensina-nos ele, *"deve providenciar que cada um receba educação suficiente para poder aprender algo conveniente no mundo."*

Montesquieu LVI nunca ouviu falar que, sob as relações existentes, a divisão do trabalho põe no lugar do trabalho complexo o simples, no lugar dos adultos as crianças, no lugar dos homens as mulheres, no lugar do trabalhador autônomo um autômato; que, na mesma medida em que a indústria moderna se desenvolve, a educação do trabalhador se torna supérflua e impossível. Remetemos o Montesquieu de Colônia não a *Saint Simon*, nem a *Fourier*, mas a *Malthus* e a *Ricardo*. Que o bom homem primeiro tome conhecimento dos contornos fundamentais das relações atuais, antes de as corrigir e proferir oráculos.

"A comunidade deve cuidar das pessoas empobrecidas por doença ou por idade."

E quando a comunidade mesma empobrece, o que não deve tardar, com os 100 milhões em impostos[12] outorgados juntamente com a nova Constituição e o estado de sítio epidêmico, e então, Montesquieu?

"Quando novas invenções ou crises comerciais arruínam todo um ramo industrial, o Estado deve vir em auxílio e encontrar remédio."

Por menos familiarizado que esteja o Montesquieu de Colônia com as coisas deste mundo, dificilmente lhe pode permanecer oculto que as "novas invenções" e as crises comerciais são tão permanentes como os decretos ministeriais prussianos e o terreno do direito. Na Alemanha, em particular, as novas invenções só foram introduzidas quando a concorrência com povos estrangeiros tornou sua introdução uma questão vital; e os novos ramos industriais emergentes devem se arruinar para vir em auxílio dos que estão afundando? Os novos ramos industriais emersos das novas invenções emergiram justamente porque produzem mais barato do que os que estão afundando. Onde diabos estaria a vantagem, se precisassem sustentar os que estão afundando? Mas, como é sabido, o Estado, o governo, apenas aparenta dar. É preciso primeiro dar a ele, para que ele dê. Mas quem deve dar-lhe, Montesquieu LVI? O ramo industrial que está afundando, para que afunde ainda mais rapidamente? Ou o emergente, para que definhe já no nascimento? Ou aqueles ramos industriais não afetados pelas novas invenções, para que abram falência graças à invenção de um novo imposto? Reflita cuidadosamente nisso, Montesquieu LVI!

E quanto às crises comerciais, meu caro? Quando irrompe uma crise comercial europeia, o Estado prussiano não é capaz de pensar em nada mais ansiosamente do que em extorquir a última gota d'água às fontes usuais de impostos, valendo-se da execução ou outros meios semelhantes. Pobre Estado prussiano! Para neutralizar a crise comercial, o Estado prussiano precisaria ter, além do trabalho nacional, uma terceira fonte de rendimentos nas nuvens. Se os votos de ano novo[13] do Altíssimo, a ordenança ao exército de

---

[12] Ver "O orçamento dos Estados Unidos e o germano-cristão".
[13] Ver "Uma felicitação de ano novo".

Wrangel ou os decretos ministeriais de Manteuffel fizessem dinheiro brotar da terra, certamente a *"negação dos impostos"* não teria provocado um medo tão pânico na "fiel amada" prussiana e também a questão social poderia ser resolvida sem Constituição outorgada.

Sabe-se que a *Nova Gazeta Prussiana* declarou nosso *Hansemann* um *comunista* porque ele pensou em cancelar a isenção de impostos. Nosso Montesquieu, que jamais leu a *N[ova] G[azeta] P[russiana]*, chegou *por si mesmo*, em Colônia, à ideia de declarar "comunistas" e "republicanos vermelhos" todos aqueles que ameacem a Constituição outorgada! Portanto, votai em Manteuffel, ou sois não somente inimigos pessoais do trabalho e da divisão do trabalho, como também comunistas e republicanos vermelhos. Reconhecei o novíssimo "terreno do direito" de Brügemann ou renunciai ao *Code Civil*!

Figaro, tu n'aurais pas trouvé ça!¹⁴ Amanhã, mais sobre Montesquieu LVI!

NGR, n. 202, 22/1/1849

Colônia, 21 de janeiro. *Montesquieu LVI* tenta vender a qualquer preço aos eleitores primários o "cavalo dado", a Constituição outorgada, com toda a astúcia finória de um *negociante de cavalos*. Ele é o Montesquieu do mercado de cavalos.

Quem não quer a constituição outorgada, quer a república, e não apenas a república simplesmente, mas a república vermelha! Infelizmente, em nossas eleições, não se trata absolutamente de república e república vermelha. Trata-se simplesmente do seguinte:

Os senhores querem o velho *absolutismo* com um novo e restaurado sistema estamental – ou querem um *sistema representativo* burguês? Querem uma constituição política condizente com as "relações sociais existentes" no século passado ou querem uma constituição política que corresponda às "relações sociais existentes" em nosso século?

Portanto, não se trata absolutamente, neste momento, de uma luta contra as relações de propriedade burguesas, como ocorre na França e se prepara na Inglaterra. Trata-se antes de uma luta contra uma constituição política que põe em risco as "relações de propriedade *burguesas*" entregando o leme do Estado aos representantes das "relações de propriedade *feudais*", ao rei pela graça de Deus, ao exército, à burocracia, aos *junker* e a alguns barões das finanças e filisteus aliados a eles.

Com a constituição outorgada está resolvida a questão social no sentido desses senhores. Não resta dúvida.

O que é a *"questão social"* no sentido dos *funcionários*? É a defesa de seus salários e de sua posição atual, superposta ao povo.

E o que é a *"questão social"* no sentido da nobreza e seus grandes proprietários de terras? É a defesa da atual legalidade constitucional feudal, o confisco por suas famílias

---

¹⁴ Fígaro! Tu não terias inventado essa! – citação modificada de Beaumarchais, *La folle journée, ou le mariage de Figaro* (*O dia louco, ou O casamento de Fígaro*), Ato V, cena 8.

dos postos rendosos no exército e no funcionalismo público, e finalmente o direto ao recebimento de esmolas do tesouro público. Além desses palpáveis interesses *materiais*, e por isso "*sagrados*", dos senhores "com Deus pelo rei e a pátria", naturalmente trata-se para eles também da defesa das distinções sociais que diferenciam sua raça das raças inferiores burguesa, camponesa e plebeia. A velha Assembleia Nacional já foi dissolvida por ter ousado tocar nesses "interesses sagrados". O que esses senhores entendem por "revisão" da Constituição outorgada não passa, como já indicamos antes, da introdução do *sistema estamental*, isto é, uma forma da Constituição política que defende os interesses "sociais" da nobreza feudal, da burocracia e da realeza pela graça de Deus.

Repetimos! Não resta dúvida de que a "questão social" no sentido da nobreza e da burocracia está resolvida com a Constituição outorgada, isto é, que ela presenteia estes senhores com uma forma de governo que assegura a exploração do povo por esses semideuses.

Mas a "questão social" no sentido da *burguesia* está resolvida com a Constituição outorgada? Em outras palavras: a burguesia obtém uma forma de Estado em que possa administrar livremente os negócios comuns de sua classe, os interesses do comércio, da indústria, da agricultura, utilizar o dinheiro público da maneira mais produtiva, arranjar a economia doméstica pública do modo mais barato, defender eficazmente o trabalho nacional em relação ao exterior e, em relação ao interior, limpar as fontes da riqueza nacional obstruídas pelo lodo feudal?

A história nos oferece um único exemplo em que a burguesia, com um rei outorgado pela graça de Deus, pôde fazer prevalecer uma forma política de Estado correspondente a seus interesses materiais?

Para fundar a monarquia constitucional, ela teve de expulsar por duas vezes os Stuart na Inglaterra, na França os Bourbon hereditários, na Bélgica os Nassau.[15]

Qual a origem deste fenômeno?

Um rei hereditário pela graça de Deus não é absolutamente um indivíduo isolado, é o representante personificado da velha sociedade no interior da nova sociedade. O poder do Estado nas mãos do rei pela graça de Deus é o poder do Estado nas mãos da velha sociedade, de que apenas subsistem as ruínas, é o poder do Estado nas mãos dos estamentos feudais, cujos interesses se opõem aos interesses da burguesia do modo mais hostil.

Mas o fundamento da Constituição outorgada é justamente o "*rei pela graça de Deus*".

Assim como os elementos sociais feudais veem na monarquia pela graça de Deus sua *cabeça política*, a monarquia pela graça de Deus vê nos estamentos feudais sua *base social*, a conhecida "*muralha real*".[16]

---

[15] Na Inglaterra, em 1649, o rei Carlos I, da casa Stuart, foi executado, e em 1689, o Stuart fugitivo Jakob II foi deposto. Na França, a dinastia dos Bourbon foi derrubada pela primeira vez em 1792 e pela segunda vez em 1830. Na Bélgica, o rei Guilherme I da Holanda (da casa Orange-Nassau) foi derrubado em 1830.

[16] Na sessão de encerramento da Dieta Unificada, em 6 de março de 1848, disse Frederico Guilherme IV: "Reuni-vos, como uma muralha de bronze, em confiança viva, em torno de vosso rei, de vosso melhor amigo!".

Em consequência, sempre que os interesses dos senhores feudais, e os do exército e da burocracia dominados por eles, se chocam com os da burguesia, a monarquia pela graça de Deus é invariavelmente forçada a um golpe de Estado, e se prepara uma crise revolucionária ou contrarrevolucionária.

Por que a Assembleia Nacional foi dissolvida? Só porque representava o interesse da burguesia contra o interesse do feudalismo; porque pretendia abolir as relações feudais inibidoras na agricultura, subordinar o exército e a burocracia ao comércio e à indústria, pôr termo ao desperdício do tesouro público, suprimir os títulos nobiliárquicos e burocráticos.

Em todas estas questões tratava-se *prioritária* e *imediatamente* do *interesse da burguesia*.

Portanto, *golpe de Estado* e *crise contrarrevolucionária* são condições vitais para a monarquia pela graça de Deus, que, pelos acontecimentos de março ou outros, fora forçada a se humilhar e relutantemente tomar a forma de uma monarquia burguesa.

O crédito pode restabelecer-se numa forma de Estado cujo núcleo é o golpe de Estado, a crise contrarrevolucionária e o estado de sítio?

Que ilusão!

A indústria burguesa *precisa* quebrar os grilhões do absolutismo e do feudalismo. Neste momento, uma revolução contra ambos significa somente que a indústria burguesa alcançou um patamar em que ou conquista uma forma de Estado adequada ou naufraga.

O sistema de tutela burocrática assegurado pela Constituição outorgada é a *morte* da indústria. Basta considerar a administração das minas, os regulamentos fabris e assemelhados! Quando o fabricante inglês compara seus custos de produção com os do fabricante prussiano, sempre coloca em primeiro lugar a perda de tempo a que o fabricante prussiano se submete pela observância dos regulamentos burocráticos.

Qual proprietário de refinaria de açúcar não se lembra do acordo comercial prussiano com a Holanda em 1839?[17] Qual industrial prussiano não enrubesce ao se lembrar de 1846, quando o governo prussiano impediu toda uma província de exportar para a Galícia a fim de obsequiar o governo austríaco e, quando irrompeu bancarrota após bancarrota em Breslau, o ministério prussiano declarou atônito que não sabia que ocorria uma tão significativa exportação para a Galícia etc.

Homens dessa mesma raça foram colocados ao leme do poder político pela Constituição outorgada, e este presente mesmo veio das mãos destes homens. Examinem-no, portanto, duas vezes.

A aventura com a Galícia chama nossa atenção para um outro ponto.

Naquela época, o governo prussiano, aliado à Áustria e à Rússia, sacrificou à contrarrevolução a indústria silesiana e o comércio silesiano. Essa manobra se repetirá continuamente. O banqueiro da contrarrevolução prussiano-austríaco-russa, em que a

---

[17] O Acordo Comercial entre a Prússia (em nome da União Aduaneira) e os Países Baixos, concluído em 21 de janeiro de 1839, fixando impostos de importação baixos para o açúcar holandês, infligiu sérios prejuízos à indústria açucareira e ao comércio das cidades alemãs.

monarquia pela graça de Deus com sua muralha real sempre procurará e será obrigada a procurar seu apoio *estrangeiro*, é a *Inglaterra*. O mais perigoso adversário da indústria alemã é a mesma *Inglaterra*. Acreditamos que esses dois dados falam por si.

No interior, a indústria coibida pelos grilhões burocráticos e a agricultura pelos privilégios feudais, no exterior, o comércio vendido pela contrarrevolução à Inglaterra – eis os destinos da riqueza nacional sob a égide da Constituição outorgada.

O relatório da "Comissão de Finanças" da Assembleia Nacional dissolvida lançou luz suficiente sobre a administração pela graça de Deus do patrimônio público.

No entanto, este relatório mostrou somente exemplos de somas que foram extraídas do erário público para apoiar a oscilante muralha real e para dourar o pretendente estrangeiro da monarquia absoluta (dom Carlos). Estas quantias, subtraídas do bolso dos demais cidadãos para que a aristocracia levasse uma vida adequada a seu *status* e para manter bem escorados os "pilares" da monarquia feudal, não passam de insignificâncias em comparação com a administração pública outorgada junto à Constituição de Manteuffel. Acima de tudo, um *exército forte*, para que a minoria domine a maioria; o maior exército de funcionários possível, para que o maior número possível deles se aliene do interesse comum em virtude de seus interesses privados; utilização do dinheiro público da maneira mais improdutiva, para que a riqueza não torne atrevidos os *súditos*, como diz a *N[ova] G[azeta] P[russiana]*; a máxima economia possível do dinheiro público em vez de seu uso industrial, para que o governo pela graça de Deus possa enfrentar autonomamente o povo nos facilmente previsíveis momentos de crise – eis os contornos fundamentais da administração pública outorgada. Utilização dos impostos para manter o poder estatal como um poder opressor, autônomo e sagrado diante da indústria, do comércio e da agricultura, em vez de *rebaixá-lo* à *ferramenta* profana da sociedade civil – eis o princípio vital da Constituição prussiana outorgada!

O presente é digno de quem o dá. A constituição presenteada pelo atual governo prussiano é digna dele. Para caracterizar a *hostilidade deste governo à burguesia* basta atentar a seu projetado *código industrial*.[18] O governo procura *regredir para a corporação* sob o pretexto de *avançar para a associação*. A concorrência obriga a produzir cada vez mais barato, portanto, em escala cada vez maior, isto é, com *capital maior*, com *divisão do trabalho* sempre *ampliada* e com uma sempre *crescente utilização de maquinaria*. Toda nova divisão do trabalho desvaloriza a velha habilidade dos artesãos, toda nova máquina substitui centenas de trabalhadores, todo trabalho em maior escala, isto é, com capital maior, arruína os pequenos negócios e os empreendimentos pequeno-burgueses. O governo promete proteger, por meio de *instituições corporativas feudais*, o artesão contra a empresa fabril, a habilidade herdada contra a divisão do trabalho, o pequeno capital contra o grande. E a nação alemã, especificamente a prussiana, que luta com muita dificuldade e à custa de extremo esforço para não sucumbir totalmente à concorrência inglesa, deve

---

[18] "Esboço provisório de um decreto para complementar o Código Geral da Indústria", de 17 de janeiro de 1845.

ser lançada indefesa nos braços dela pela imposição de uma organização industrial contraposta aos modernos meios de produção e que a indústria moderna desmanchou no ar!

Certamente somos os últimos a querer a dominação da burguesia. Fomos os primeiros na Alemanha a levantar nossa voz contra ela, enquanto os atuais "homens de ação" perdiam presunçosamente seu tempo em querelas mesquinhas.

Mas dizemos em alto e bom som aos trabalhadores e pequenos burgueses: é melhor sofrer na moderna sociedade burguesa que, com sua indústria, cria os meios materiais para a fundação de uma nova sociedade que vos libertará a todos, do que regredir a uma forma social passada que, sob o pretexto de salvar vossa classe, arremessa toda a nação de volta à barbárie medieval!

Mas, como já vimos, o governo pela graça de Deus tem por *base social* as corporações e condições medievais. Ele não é adequado à moderna sociedade burguesa. É obrigado a tentar estabelecer uma sociedade à sua imagem. É *somente consequência* que procure substituir a livre concorrência pela corporação, a fiação à máquina pela roda de fiar, o arado a vapor pela enxada.

Como explicar, então, que, nessas circunstâncias, a burguesia prussiana, em total contradição com suas antecessoras francesa, inglesa e belga, proclame como seu *Schibboleth* a constituição outorgada (e com ela a monarquia pela graça de Deus, a burocracia e os *junkers*)?

A parte comercial e industrial da burguesia se lança nos braços da contrarrevolução por medo da revolução. Como se a contrarrevolução não fosse apenas a abertura da revolução.

Além disso, há uma parte da *burguesia* que, indiferente aos interesses gerais de sua classe, persegue um interesse especial particular e até mesmo hostil àqueles. São os barões das finanças, os grandes credores do estado, banqueiros, rentistas, cuja riqueza cresce na mesma medida da pobreza do povo, e finalmente pessoas cujos negócios se apoiam na velha situação política, por exemplo *Dumont* e seu lumpemproletariado literário. São professores ambiciosos, advogados e pessoas desse tipo, que só podem esperar abocanhar postos respeitáveis num Estado no qual é um negócio lucrativo trair o povo em favor do governo.

São fabricantes isolados que fazem bons negócios com o governo, fornecedores que extraem sua porcentagem significativa da exploração geral do povo, filisteus cuja importância se perde na grande vida política, conselheiros municipais que, sob a proteção das atuais instituições, promoveram seus sujos interesses privados às custas do interesse público, comerciantes de óleo que, traindo a revolução, tornaram-se Excelências e Cavaleiros da Águia, comerciantes de tecido falidos e especuladores com estradas de ferro que se tornaram diretores de bancos reais[19] etc. etc.

"São estes os amigos da constituição outorgada." Se a burguesia *tem um coração no peito para esses seus pobres irmãos* e se quer ser digna do respeito de Montesquieu LVI, eleja

Eleitores favoráveis à Constituição outorgada.

---

[19] Alusão a Camphausen e Hansemann.

A *Gazeta Nacional berlinense* aos eleitores primários

NGR, n. 205, 26/1/1849

K. Marx

Colônia, 25 de janeiro. Embora raramente, de tempos em tempos temos o prazer de ver elevar-se acima do sedimento que o duplo dilúvio da revolução e da contrarrevolução deixou para trás um marco dos bons velhos tempos pré-março. Montanhas foram deslocadas, vales preenchidos, florestas deitadas ao chão, mas o marco permanece ainda no velho lugar, pintado com as velhas cores, e ainda traz a mesma velha inscrição: "Para Schilda!"[1]

Um tal marco emerge do n. 21 da *Gazeta Nacional berlinense*[2] e estende para nós seus braços de madeira com a inscrição: *"Aos eleitores primários.* Para Schilda!"

O conselho bem-intencionado da *Gazeta Nacional* aos eleitores primários declara-lhes em primeiro lugar: "É chegada a hora em que, pela segunda vez, o povo prussiano vai exercer o sufrágio universal[3] arduamente conquistado" (como se o assim chamado sufrágio universal outorgado, com suas diferentes interpretações em cada povoado, ainda fosse o mesmo sufrágio de 8 de abril!), "do qual devem provir os homens que pela segunda vez têm de expressar a maneira de pensar [!], a opinião [!!] e a vontade [!!!] não de um estamento ou classe singular, mas de todo o povo".

Calemo-nos sobre o estilo balofo e bisonho dessa frase lerda que vai arquejando de uma palavra para outra. O sufrágio universal, diz ela, nos deve desvendar qual é a vontade, não de um estamento ou classe singular, mas de todo o povo.

Muito bem! E de que consiste "todo o povo"?

De "estamentos e classes singulares".

E de que consiste "a vontade de todo o povo"?

Das "vontades" singulares e mutuamente contraditórias de "estamentos e classes singulares", portanto, exatamente da vontade que a *Gazeta Nacional* apresenta como a direta contraposição da "vontade de todo o povo".

---

[1] Nome de uma cidade cujos habitantes, retratados no livro satírico alemão *Schildbürger*, popular no século XVI, corporificam a estreiteza mental e obtusidade filistinas.

[2] Jornal liberal burguês, publicado desde 1 de abril de 1848 em Berlim.

[3] A "Lei Eleitoral para as Duas Câmaras", de 6 de dezembro de 1848, decretada sobre a base da Constituição outorgada promulgada no dia anterior.

Grande lógica, a da *Gazeta Nacional*!

Mas para a *Gazeta Nacional* existe *uma* vontade de todo o povo, que não é a soma de vontades contraditórias, mas sim uma vontade única, determinada. Qual?

É a vontade da maioria.

E o que é a vontade da maioria?

É a vontade que resulta dos interesses, da posição social, das condições de existência da maioria.

Portanto, para ter uma única e mesma vontade, os membros da maioria devem ter os mesmos interesses, a mesma posição social, as mesmas condições de existência ou estar ainda provisoriamente encadeados a seus interesses, a sua posição social, a suas condições de existência.

Em termos claros: a vontade do povo, a vontade da maioria, é a vontade não de estamentos ou classes singulares, mas sim de *uma única classe* e daquelas outras classes e frações de classe que são socialmente, isto é, industrial e comercialmente, subordinadas àquela classe dominante.

"Mas o que queremos dizer com isso?" A vontade de todo o povo é a vontade de uma classe dominante?

Certamente, e o próprio sufrágio universal é a agulha magnética que, embora só após diversas oscilações, finalmente aponta para a classe chamada a dominar.

E esta boa *Gazeta Nacional* ainda fantasia, como acontecia em 1847, com uma imaginária "vontade de todo o povo"!

Adiante. Depois deste solene exórdio, ela nos surpreende com a significativa observação:

"Em janeiro de 1849 o estado das coisas é diferente dos dias de maio de 1848, tão ricos em esperança e elevação" (por que não também em devoção?).

> Naquela época tudo estava florido,
> E os raios de sol brincavam,
> E os passarinhos cantavam tão esperançosos,
> E os homens tinham esperança e pensavam –
>
> Eles pensavam:[4]

> Naquela época todos pareciam estar de acordo em que as grandes reformas, que na Prússia já há muito deveriam ter sido empreendidas, se se houvesse continuado a edificar sobre os fundamentos assentados nos anos 1807-14, no espírito de então e conforme a educação e conhecimento desde então ampliados – deveriam ser agora integral e imediatamente realizadas.

---

[4] Heine, *Alemanha. Um Conto de Inverno*, cap. VIII, versos 21-25 (*Damals stand alles im Blütenschmuck/Und die Sonnenlichter lachten/Und die Vöglein sangen so hoffnungsvoll/Und die Menschen hofften und dachten/Sie dachten*).

"Naquela época todos pareciam estar de acordo"! Grande, divina ingenuidade da *Gazeta Nacional*! Então, quando os guardas saíram de Berlim rangendo de raiva, quando o príncipe da Prússia teve de fugir apressadamente em um casaco de postilhão, quando a alta nobreza e a alta burguesia engoliam sua fúria diante da ignomínia que recobriu o rei no pátio do palácio, quando o povo o obrigou a tirar o chapéu diante dos mortos de março – "naquela época todos pareciam estar de acordo"!

O céu sabe que já é demais ter imaginado uma coisa dessas, mas agora, depois de ter que reconhecer seu engano, alardear em alto e bom som sua credulidade enganada – francamente, *c'est par trop bonhomme*![5]

E sobre o que "todos pareciam estar de acordo"?

Sobre "que as grandes reformas, que... *deveriam ter sido* empreendidas, se... *houvesse continuado* a edificar,... *deveriam* ser realizadas".

Sobre isso todos estavam, não, *pareciam* estar de acordo. Grande conquista de março expressa em linguagem apropriada!

E que "reformas" eram essas?

O desenvolvimento dos "fundamentos de 1807-1814, no espírito de então e conforme a educação e conhecimento desde então ampliados".

Isto é, no espírito de 1807-1814 e ao mesmo tempo num espírito totalmente diferente.

O "*espírito* de então" consistia muito simplesmente na máxima pressão *material* dos franceses de então sobre a monarquia *junker* prussiana de então, bem como no igualmente pouco propício *deficit* financeiro do reino da Prússia de então. Para tornar burgueses e camponeses capazes de pagar impostos, para implantar ao menos na aparência, entre os súditos real-prussianos, algumas das reformas com as quais os franceses cumularam a parte conquistada da Alemanha; em resumo, para remendar em alguma medida a apodrecida monarquia dos Hohenzollern, que estalava por todas as fendas, *para isso* foram introduzidos alguns mesquinhos assim chamados ordenamentos municipais, ordenamentos de remissão, instituições militares etc. Todas estas reformas distinguiam-se exclusivamente por permanecerem um século inteiro atrás da Revolução Francesa de 1789, e mesmo atrás da inglesa de 1640. E devem ser estes os fundamentos da Prússia revolucionada?

Mas a imaginação velho-prussiana sempre vê a Prússia no centro da história mundial, enquanto na realidade o Estado da Inteligência[6] sempre foi arrastado na lama por ela. Naturalmente, essa imaginação velho-prussiana é obrigada a ignorar que a Prússia, enquanto não recebeu um pontapé dos franceses, permaneceu calmamente sentada sobre os fundamentos não desenvolvidos de 1807 a 1814 e não moveu um dedo. É obrigada a ignorar que esses fundamentos estavam esquecidos há tempos, quando, em fevereiro passado, a gloriosa monarquia burocrático-*junker*, real-prussiana, recebeu dos franceses um golpe tão violento que despencou gloriosamente de seus "fundamentos

---

[5] É muita ingenuidade!
[6] Expressão com a qual Hegel designava o Estado prussiano.

de 1807-1814". É obrigada a ignorar que para a monarquia real-prussiana não se trata de modo algum desses fundamentos, e sim simplesmente das consequências ulteriores do impulso recebido dos franceses. Mas a imaginação prussiana ignora tudo isso, e ao receber subitamente o golpe grita, como uma criança pela ama, pelos apodrecidos fundamentos de 1807-1814!

Como se a Prússia de 1848, quanto ao território, indústria, comércio, meios de transporte, cultura e relações de classe não fosse um país totalmente diferente da Prússia dos "fundamentos de 1807-1814"!

Como se desde aquele tempo não tivessem interferido em sua história duas classes totalmente novas, o proletariado industrial e o campesinato livre, como se a burguesia prussiana de 1848 não fosse totalmente diferente da pequena burguesia tímida, humilde e agradecida do tempo dos "fundamentos"!

Mas tudo isso é inútil. Um bravo prussiano não deve conhecer nada além de seus "fundamentos de 1807-1814". São estes os fundamentos sobre os quais se deve continuar a edificar, e basta.

O início de uma das mais colossais transformações históricas é reduzido ao final de uma das mais mesquinhas fraudes de pseudorreforma – assim é entendida a revolução na velha Prússia!

E nesta exaltação presunçosa e besta da história pátria "todos pareciam estar de acordo" – certamente, graças a Deus, só em Berlim!

Adiante.

> Aqueles estamentos e classes que tinham de renunciar a seus privilégios e prerrogativas, e no futuro deviam estar apenas em posição de igualdade com todos seus concidadãos, [...] pareciam dispostos a isso – com plena convicção de que a velha situação era insustentável, que a renúncia era de seu próprio interesse bem compreendido...

Vejam o burguês manso e sinceramente humilde, como ele escamoteia novamente a revolução! A nobreza, os padres, os burocratas, os oficiais "pareciam dispostos" a renunciar a seus privilégios, não porque o povo armado os obrigava a isso, não porque, no primeiro susto diante da revolução europeia, a expansão irresistível da desmoralização e desorganização em suas próprias fileiras tornaram-nos indefesos – não! Eles tinham "plena convicção" de que a "transação", para falar com o sr. Camphausen, pacífica, feita de boa vontade e vantajosa para ambas as partes de 24 de fevereiro e 18 de março "era de seu próprio interesse bem compreendido"[!]

A revolução de março e além disso o 24 de fevereiro transformados em interesse bem compreendido dos senhores *junkers*, conselheiros consistoriais, conselheiros de Estado e tenentes da Guarda – eis aí uma ideia verdadeiramente piramidal!

Mas, que pena!

> Hoje não é mais assim. Os beneficiários e partidários da velha situação, muito longe de ajudarem eles mesmos, *de acordo com seu dever* [!], a retirar o velho entulho e a edificar

a nova casa, querem apenas amparar os velhos escombros sob os quais o solo oscilou tão perigosamente, e enfeitá-los com algumas formas aparentemente ajustadas à nova época.

"Hoje não é mais assim" – como *parecia* ser em maio, isto é, não é mais assim como não era em maio, ou é exatamente assim como era em maio.

Utilizam tal linguagem na *Gazeta Nacional* berlinense, e ainda por cima se orgulham disso.

Em uma palavra: maio de 1848 e janeiro de 1849 diferenciam-se somente pela *aparência*. Antes os contrarrevolucionários *pareciam* compreender seu dever, hoje eles sincera e abertamente não o compreendem, e disso se lamenta o pacífico burguês. Mas é de fato *dever* dos contrarrevolucionários renunciar a seus interesses em seu próprio interesse bem compreendido! É seu *dever* cortar sua própria artéria vital – e no entanto eles não o fazem – assim se lamenta o homem do interesse bem compreendido!

E por que seu inimigo não faz agora o que, como os senhores dizem, é de fato seu dever?

Porque na primavera os senhores mesmos não cumpriram *seu* dever – porque então, quando eram fortes, comportaram-se como covardes e em face da revolução, temeram o que podia torná-los grandes e poderosos; porque os senhores mesmos deixaram em pé os velhos escombros e se pavonearam presunçosamente com a auréola de um meio sucesso! E agora, quando a contrarrevolução se fortaleceu da noite para o dia e lhes pôs o pé na nuca, agora, que sob seus pés o chão oscila perigosamente, agora os senhores exigem que a contrarrevolução se torne sua criada, que remova os escombros que foram fracos demais e covardes demais para remover, que ela, a poderosa, se sacrifique aos senhores, fracos?

Como são tolos e infantis! Mas esperem um pouco, e o povo se insurgirá e com *um* golpe poderoso os estirará no chão junto à contrarrevolução, contra a qual agora ladram tão impotentemente!

NGR, n. 207, 28/1/1849, segunda edição

Colônia, 27 de janeiro. Em nosso primeiro artigo não levamos em conta uma circunstância que, entretanto, aparentemente a *G[azeta] Nac[ional]* poderia considerar como desculpa: a *G[azeta] Nac[ional]* não escreve livremente, está sob *estado de sítio*. E sob estado de sítio ela deve sem dúvida cantar:

> Não me mandes falar, e sim calar,
> Pois meu segredo é meu dever;
> Queria mostrar-te todo meu ser
> Mas o destino isto me impede!!![7]

---

[7] Do poema de Mignon no romance de Goethe *Os Anos de Aprendizado de Wilhelm Meister*, Livro 5, cap. 16 (trad. de Nicolino Simone Neto. São Paulo: Ensaio, 1994).

Entretanto, mesmo sob o estado de sítio, os jornais não são publicados para dizer o contrário de sua opinião, e assim o estado de sítio não pode ser considerado a respeito da primeira metade do artigo em questão, anteriormente examinada por nós.

O estado de sítio não é culpado pelo estilo balofo e obscuro da *GN*.

O estado de sítio não é culpado de que, depois de março, a *GN* mantenha toda espécie de ilusões ingênuas.

O estado de sítio de modo algum obriga a *GN* a transformar a revolução de 1848 em rebocadora das reformas de 1807 a 1814.

Em uma palavra, o estado de sítio de modo algum obriga a *GN* a ter noções tão absurdas sobre o curso do desenvolvimento da revolução e da contrarrevolução de 1848, como lhe provamos há dois dias. O estado de sítio recai sobre o presente, não sobre o passado.

Por isso não levamos absolutamente em conta o estado de sítio na crítica da *primeira* metade do artigo em questão, e pela mesma razão o levaremos em conta hoje.

Depois de finalizar sua introdução histórica, a *GN* dirige-se do seguinte modo aos eleitores primários:

"Trata-se de assegurar o progresso iniciado, de reter as conquistas".

Qual "progresso"? Quais "conquistas"? O "progresso" de que "hoje não é mais assim" como "parecia" ser em maio? A "conquista" de que "os beneficiários da velha situação estão muito longe de ajudarem eles mesmos, *de acordo com seu dever*, a retirar o velho entulho"? Ou a "conquista" outorgada de "amparar os velhos escombros e enfeitá-los com algumas formas aparentemente ajustadas à nova época"?

O estado de sítio, meus senhores da *Gazeta Nacional*, não é desculpa para a irreflexão e a confusão.

Por enquanto, o "progresso" que foi melhor "iniciado" é o retrocesso ao velho sistema, e nessa linha de progresso avançamos cotidianamente.

A única "conquista" que nos restou – e não se trata de uma conquista especificamente prussiana, uma conquista de "março", mas sim do resultado da revolução europeia de 1848 – é a mais universal, decidida, sangrenta, violenta contrarrevolução, e ela mesma é apenas uma fase da revolução europeia, e portanto apenas a geradora de um novo, universal e vitorioso contragolpe revolucionário.

Mas talvez a *Gazeta Nacional* saiba disso tão bem como nós, e somente não possa dizê-lo por causa do estado de sítio. Ouçamos:

"Nós não queremos a *continuidade da revolução*; somos inimigos de toda *anarquia*, de toda *ação violenta* e toda *arbitrariedade*; queremos *lei, paz* e *ordem*."

O estado de sítio, meus senhores, obriga-os no máximo a *calar*, nunca a *falar*. Por isso tomamos a última passagem citada como documento: se *os senhores* a pronunciaram, tanto melhor; se o estado de sítio a pronunciou, os senhores não eram obrigados a tornar-se seu porta-voz. Ou os senhores são revolucionários, ou não o são. Se não o são, daqui por diante somos inimigos; se o são, deveriam *calar-se*. Mas os senhores falam com tal convicção, têm tão honestos antecedentes, que poderíamos admitir tranquilamente: o estado de sítio é totalmente estranho a essa asserção.

"Nós não queremos a continuidade da revolução." Isto é: queremos a continuidade da contrarrevolução. Pois é um fato histórico que de uma contrarrevolução violenta ou não se sai absolutamente ou só se sai por meio da revolução.

"Nós não queremos a continuidade da revolução" quer dizer: reconhecemos que a revolução está encerrada, que ela alcançou seu objetivo. E o objetivo que a revolução alcançou em 21 de janeiro de 1849, quando o artigo em questão foi escrito, esse objetivo era justamente a contrarrevolução.

"Somos inimigos de toda anarquia, de toda ação violenta e toda arbitrariedade."

Portanto, também inimigos da "anarquia" que se estabelece depois de toda revolução até a consolidação das novas relações, inimigos das "ações violentas" de 24 de fevereiro e de 18 de março, inimigos da "arbitrariedade" que destrói sem consideração uma situação apodrecida e seus carcomidos pilares legais!

"Queremos lei, paz e ordem"!

De fato, a ocasião é bem escolhida para se ajoelhar diante da "lei, paz e ordem", protestar contra a revolução e juntar sua voz à trivial gritaria contra a anarquia, a ação violenta e a arbitrariedade. Bem escolhida, justamente no momento em que a revolução, sob o golpe das baionetas e canhões, é oficialmente carimbada como um *crime comum*, em que "anarquia, ação violenta e arbitrariedade" são francamente postas em prática pelas ordenanças assinadas pelo rei, em que a "lei" que a camarilha nos outorgou é sempre usada *contra* nós, nunca *a nosso favor*, em que "paz e ordem" consiste em deixar em "paz" a contrarrevolução, para que possa restabelecer *sua* velho-prussiana "ordem" das coisas.

Não, meus senhores, não é o estado de sítio que fala pelos senhores, pelos senhores fala o mais autêntico *Odilon Barrot*, traduzido para o berlinês com toda sua mediocridade, toda sua impotência, todos os seus votos piedosos.

Nenhum revolucionário é tão desprovido de tato, tão infantil, tão covarde a ponto de negar a revolução no exato momento em que a contrarrevolução celebra seu mais brilhante triunfo. Se ele não pode falar, age, e se não pode agir, de preferência cala-se totalmente.

Mas os senhores da *Gazeta Nacional* não perseguem, talvez, uma política astuciosa? Apresentam-se tão mansos, talvez, para, às vésperas das eleições, ainda ganhar uma parte dos assim chamados moderados para a oposição?

Desde o primeiro dia em que a contrarrevolução irrompeu sobre nós, dissemos que de agora em diante há somente dois partidos: o "revolucionário" e o "contrarrevolucionário"; apenas duas palavras de ordem: "a república democrática" ou "a monarquia absoluta".[8] Tudo que permanece entre ambos não é mais um partido, é mera fração. A contrarrevolução fez de tudo para tornar realidade nossa máxima. As eleições são sua mais brilhante confirmação.

---

[8] Ver "A burguesia e a contrarrevolução".

E em uma época como essa, em que os partidos se opõem tão rudemente, em que a luta é conduzida com o máximo encarniçamento, em que apenas a superioridade esmagadora da soldadesca organizada impede que a luta seja decidida com armas na mão – em uma época assim cessa toda política conciliadora. É preciso ser o próprio Odilon Barrot para poder representar Odilon Barrot.

Mas nossos Barrots berlinenses têm suas ressalvas, suas condições, suas interpretações. São resmungões, mas de modo nenhum meramente resmungões; são resmungões com um "isto é", resmungões da mansa oposição:

> *Mas* queremos *novas* leis, como as exige o despertado espírito popular livre e o princípio da igualdade de direitos; queremos uma *verdadeira ordem constitucional-democrática* [isto é, um verdadeiro disparate]; queremos paz que se sustente em algo *mais* do que nas baionetas e estados de sítio; que seja uma pacificação dos ânimos política e moralmente [!] fundada, gerada pela convicção, afiançada pelos fatos e instituições, de que cada classe do povo tem seu direito etc. etc.

Podemos economizar o trabalho de reproduzir até o fim essa passagem escrita em conformidade ao estado de sítio. Basta dizer que os senhores não "querem" a revolução, mas somente uma pequena antologia dos *resultados* da revolução; um pouco de democracia, mas também um pouco de constitucionalismo, algumas leis novas, distância das instituições feudais, igualdade civil etc. etc.

Em outras palavras, os senhores da *Gazeta Nacional* e da ex-esquerda de Berlim, de quem aquela é o porta-voz, querem obter da contrarrevolução precisamente aquilo pelo que a contrarrevolução os dissolveu.

Nada aprendido e nada esquecido![9]

Estes senhores "querem" simplesmente coisas que nunca alcançarão senão por meio de uma nova revolução. E uma nova revolução eles não querem.

De fato, uma nova revolução lhes traria também coisas totalmente diferentes das contidas nas modestas reivindicações burguesas acima mencionadas. E por isso esses senhores têm toda razão em não querer a revolução.

Mas o melhor é que o desenvolvimento histórico pouco se preocupa com o que os Barrots "querem" ou não "querem". Em 24 de fevereiro, o Barrot parisiense original também só "queria" reformas muito modestas e especialmente assegurar uma pasta para si; e mal as tinha apanhado, as ondas o derrubaram e ele desapareceu, com toda a sua comitiva virtuosa e pequeno-burguesa, no dilúvio revolucionário. Também agora, quando finalmente apanhou outra vez um ministério, ele "quer" de novo muita coisa; mas nada do que quer acontece. Sempre foi este o destino dos Barrots. E será assim também com os Barrots berlinenses.

---

[9] "Eles nada aprenderam e nada esqueceram", disse Taleyrand sobre os emigrantes aristocráticos que voltaram à França depois da restauração dos Bourbon em 1815 e tentaram reaver suas propriedades territoriais e obrigar novamente os camponeses a se submeter às obrigações feudais.

Com ou sem estado de sítio, eles continuarão a enfastiar o público com seus votos piedosos, no máximo colocarão no papel alguns poucos desses votos e finalmente serão aposentados, pela Coroa ou pelo povo. Mas em todo caso serão aposentados.

Situação em Paris

NGR, n. 209, 31/1/1849

Paris, 28 de janeiro. O perigo de uma insurreição popular foi por ora eliminado pelo voto da Câmara *contra* a urgência da proibição dos clubes, isto é, contra a proibição mesma dos clubes.[1] Mas um novo perigo emerge: o *perigo do golpe de Estado*.

Lendo o *National* de hoje, percebemos que ressalta de *cada linha* o medo de um golpe de Estado.

"O voto de hoje é um golpe de morte para o gabinete, e desafiamos os senhores Odilon Barrot, Faucher e *tutti quanti*[2] a conservar ainda agora suas pastas [...]"

Até aqui o *National* ainda parece bem corajoso. Mas leiamos a observação final: "[...] sem entrar em revolta aberta contra o espírito e a letra da constituição!".

E o que importaria aos senhores Odilon Barrot, Faucher e *tutti quanti* entrar em revolta aberta contra a Constituição? Desde quando Barrot e Faucher estão apaixonados pela Constituição de 1848?

O *National* não mais *ameaça* os ministros, ele lhes demonstra que devem se demitir, e demonstra ao presidente que deve destituí-los. E isso num país em que há 30 anos a renúncia dos ministros depois de um tal voto é o óbvio!

Espera-se, diz o *National*, que o presidente da república compreenda que a maioria e o gabinete estão em plena discórdia, que, com a destituição do gabinete, será mais estreitamente atado o laço entre ele e a maioria, que existe apenas um empecilho para o bom entendimento entre ele e a maioria: o gabinete.

Sim, o *National* procura construir para o ministério uma retirada honrosa: ele deseja que a acusação contra os ministros seja abandonada. O voto é penalidade suficiente.

---

[1] Em 26 de janeiro de 1849, o ministro Faucher propôs à Assembleia Nacional Constituinte francesa uma lei sobre o direito de associação cujo primeiro parágrafo dizia: "Os clubes são proibidos", e apresentou a moção de que esse projeto fosse considerado urgente. A Assembleia Nacional rejeitou essa moção, e em 27 de janeiro Ledru-Rollin apresentou uma moção assinada por 230 deputados arguindo o ministério por violação da Constituição. Em 21 de março de 1849, o projeto de lei do governo sobre o direito de associação foi aprovado pela maioria da Assembleia Nacional, fraudando os trabalhadores (ver "Compte rendu des séances de l'Assenblée nationale", T. 7 u. 9).

[2] Todos os da mesma laia.

Aquela medida extrema poderia ser poupada até os ministros terem violado realmente a Constituição por um ato consumado.

Sim, proclama finalmente, *tudo* torna um *dever* do gabinete renunciar; suas próprias palavras obrigam a isso de tal modo que hesitamos em acreditar que ousará manter o poder. O sr. Barrot declarou hoje à tarde que, se a urgência fosse repudiada, a *própria Assembleia* assumiria a responsabilidade pelos acontecimentos. Bem, quando a responsabilidade cessa, também o poder deve cessar. Se o gabinete não quer ser responsável pelos acontecimentos, também não pode dirigi-los. O sr. Barrot ofereceu sua demissão da tribuna ao rejeitar a responsabilidade.

Em resumo: o *National* não acredita na renúncia voluntária do ministério e tampouco em sua destituição pelo presidente.

Mas se o ministério quiser desafiar o voto da Assembleia, não lhe restará nada além do *golpe de Estado*.

A dissolução da Assembleia Nacional e a preparação da restauração monárquica pela força militar – eis o que espreita por trás do medo da permanência do ministério demonstrado pelo *National*.

Por isso o *National* e os jornais vermelhos pedem ao povo para permanecer calmo, para não dar qualquer pretexto à intervenção, pois qualquer rebelião só poderia sustentar o gabinete caído, só poderia servir à contrarrevolução.

Que o golpe de Estado se aproxima cada vez mais, demonstram-no os incidentes entre Changarnier e os oficiais da Guarda Móvel. Os *bouchers de Cavaignac*[3] não têm o menor desejo de se deixarem usar para um golpe monarquista; por isso devem ser dissolvidos; eles resmungam, e Changarnier ameaça destroçá-los e meter seus oficiais na cadeia.

A situação aparentemente se complica; mas de fato é muito simples, tão simples como costuma ser às vésperas de uma revolução.

O conflito entre a Assembleia e o presidente e seus ministros chegou ao ponto de irrupção. A França não pode existir por mais tempo sob a impotência que a rege há dez meses; o *déficit*, a situação industrial e comercial sufocada, a pressão dos impostos que arruínam a agricultura tornam-se a cada dia mais insuportáveis; grandes e drásticas medidas são cada vez mais urgentes, e cada novo governo é cada vez mais impotente e passivo que o anterior; até que finalmente Odilon Barrot levou a inação ao máximo e em seis semanas não fez absolutamente nada.

Mas, desse modo, ele simplificou muito a situação. Depois dele não é mais possível nenhum ministério da honesta república. Os governos mistos (o provisório e a Comissão Executiva), o governo do *National*, o governo da velha esquerda, tudo foi experimentado, tudo foi usado e desgastado. Agora é a vez de Thiers, e Thiers é a restauração monárquica aberta.

---

[3] Os açougueiros de Cavaignac.

Restauração monárquica ou *república vermelha*, esta é agora a única alternativa na França. A crise ainda pode se arrastar por algumas semanas, mas terá de irromper. Changarnier-Monk[4] com seus 300 mil, que estão inteiramente à sua disposição 24 horas por dia, também parece não querer esperar mais.

Daí o medo do *National*. Ele reconhece sua incapacidade para controlar a situação; sabe que toda mudança violenta do governo levará ao domínio de seus mais acirrados inimigos, que está tão perdido com a monarquia quanto com a república vermelha. Daí seus suspiros por uma transação pacífica, sua deferência para com os ministros.

Veremos muito em breve se é necessário, para a vitória final da república vermelha, que a França passe por um momento pela fase monárquica. É possível, mas não provável.

Mas uma coisa é certa: a honesta república desmorona por todos os lados, e depois dela somente é possível, ainda que após um pequeno *intermezzo*, a *república vermelha*.

---

[4] Em 1660 o general inglês George Monk reergueu, com ajuda das tropas a ele subordinadas, a dinastia dos Stuarts. Quando na França, em dezembro de 1848, o general legitimista Changarnier assumiu o comando supremo unificado da Guarda Nacional do Departamento do Sena, da Guarda Móvel e das tropas de linha da primeira divisão militar, os legitimistas esperavam conseguir, com sua ajuda, uma restauração da monarquia dos Bourbon.

[A situação em Paris]

NGR, n. 209, 31/1/1849, suplemento extraordinário

Colônia, 30 de janeiro. Quando anunciamos ontem de manhã num suplemento extra a ainda iminente irrupção de uma tempestade em Paris, uivantes eleitores primários para a primeira Câmara escreveram sob nosso panfleto: *Isto é mentira! Amedrontar não vale!* e quantos mais semelhantes chavões burgueses existem.

Os infelizes viram em nosso suplemento extra uma mera manobra eleitoral, como se a primeira Câmara e a segunda Câmara e de quebra todo o movimento prussiano pudessem nos levar a falsear a história da revolução europeia!

Stupp é eleitor para a primeira Câmara! O rentista von *Wittgenstein* é eleitor para a primeira Câmara! O chanceler von *Groote* é eleitor para a primeira Câmara! E mesmo assim o colosso revolucionário em Paris atreve-se de novo a rugir! *Quelle horreur!*[1]

No nosso número de hoje[2] dizemos sobre a situação parisiense, entre outras coisas:

> O perigo de uma insurreição popular foi por ora eliminado pelo voto da Câmara *contra* a urgência da proibição dos clubes, isto é, contra a proibição mesma dos clubes. Mas um novo perigo emerge: o *perigo do golpe de Estado.* [...] Mas se o ministério quiser desafiar o voto da Assembleia, não lhe restará nada além do *golpe de Estado.* A dissolução da Assembleia Nacional e a preparação da restauração monárquica pela força militar – eis o que espreita por trás do medo da permanência do ministério demonstrado pelo *National.* [...] Que o golpe de Estado se aproxima cada vez mais, demonstram-no os incidentes entre Changarnier e os oficiais da Guarda Móvel. [...] A situação aparentemente se complica; mas de fato é muito simples, tão simples como costuma ser às vésperas de uma revolução. O conflito entre a Assembleia e o presidente e seus ministros chegou ao ponto de irrupção. [...] *Restauração monárquica* ou *república vermelha*, esta é agora a única alternativa na França. [...] a honesta república desmorona por todos os lados, e depois dela somente é possível, ainda que após um pequeno intermezzo, a *república vermelha.*

No suplemento extra, anunciamos a crise para o dia 29.

As subsequentes notícias de Paris do dia 29 demonstrarão a nossos leitores quão exatos foram nossos informes e quão concludente e correto é nosso relato de hoje sobre a situação francesa.

---

[1] Que horror!
[2] Ver "Situação em Paris".

A *Gazeta de Colônia* sobre as eleições

NGR, n. 210, 1/2/1849

K. Marx

Colônia, 30 de janeiro. A *Gazeta de Colônia* finalmente também recebeu notícias das eleições, e de fato notícias que vertem algum bálsamo em suas feridas.

"As notícias democráticas sobre as eleições", proclama o honrado Brüggemann, ébrio de alegria, "as notícias democráticas sobre as eleições (isto é, a *Nova Gazeta Renana*) *exageraram imensamente*. Agora nos chegam reclamações *de todas as partes*."

De todas as partes! A *Colônia* nos esmagará com o peso de suas "reclamações". Duas páginas apinhadas de boletins eleitorais, cada um comprovando um "imenso exagero" da *Nova Gazeta Renana*, uma vitória dos constitucionalistas, nos farão subir às faces o purpúreo rubor da vergonha?

Ao contrário.

"Agora nos chegam reclamações de todas as partes."

O honrado Brüggemann não "exagera". Chegam-lhe, de fato, *summa summarum quatro* reclamações inteiras: do oeste (Tréveris), do norte (Hamm), do sul (Siegburg) e do leste (Arnsberg)! Não são "reclamações de todas as partes" contra o "imenso exagero das notícias democráticas sobre as eleições"?

Deixemos-lhe por ora o prazer de acreditar que nestas quatro regiões decisivas os constitucionalistas venceram. Aliás, esse prazer é amargado pela dor de os constitucionalistas terem sido abatidos em muitas regiões pela "susceptibilidade das massas à sedução".

Ingênua confissão dos constitucionalistas, de que as "massas" não são *suscetíveis de sedução por eles*!

Mas resta um consolo à *Gazeta de Colônia*. E qual consolo? O consolo de que o correspondente de Coblença da *Gazeta Alemã* é seu companheiro de infortúnio, que ele, nessa infeliz circunstância, disse palavras adequadas, dignas de figurarem na primeira coluna da *Gazeta de Colônia*: "Note-se que também neste ponto, como em todos os outros, a *questão política* torna-se pequena diante da social, que *é totalmente absorvida* por esta".

Ainda há poucos dias a *Gazeta de Colônia* nada queria saber sobre a questão social. Jamais chegava a falar sobre esse assunto do aquém, ou no máximo o fazia com uma certa frivolidade (tanto quanto é possível à *Gazeta de Colônia* ser frívola). Comportava-se para com ele de modo ateu, incrédulo, livre-pensante. Então, uma vez aconteceu com ela o mesmo que com o pescador nas *Mil e Uma Noites*; como diante dele o gênio se ergueu gigantesco de um vaso aberto, pescado do fundo do mar, assim ressurgiu repentinamente das urnas eleitorais, diante da trêmula *Gazeta de Colônia*, o ameaçador espectro gigantesco da "questão social". Assustado, o honrado Brüggemann cai de joelhos; sua última esperança desaparece, o espectro engole de um só trago toda a sua "questão política", ternamente acariciada durante anos, junto ao terreno do direito e acessórios.

Esperta política da *Gazeta de Colônia*. Ela procura dourar sua derrota *política* com sua derrota *social*.

Esta descoberta, de haver sido derrotada não somente no âmbito político, mas também no social, é a maior experiência adquirida pela *Gazeta de Colônia* nas eleições primárias!

Ou a *Gazeta de Colônia* já se entusiasmara antes pela "questão social"?

De fato, Montesquieu LVI declarara na *Gazeta de Colônia* que a questão social era imensamente importante, e que o reconhecimento da Constituição outorgada era a solução da questão social.[1]

O reconhecimento da Constituição outorgada – mas é sobretudo isto o que a *Gazeta de Colônia* chama a "questão *política*".

Antes das eleições, portanto, a questão social era absorvida pela *política*; depois das eleições, a questão política é absorvida pela *social*. Eis aí a diferença, a experiência das eleições primárias: *depois* das eleições é correto exatamente o contrário do que *antes* das eleições era um evangelho.

"A questão política é absorvida pela social!"

Deixemos de lado que antes das eleições já mostramos da forma mais evidente possível que não pode se tratar de modo algum de uma tal "questão social", que cada classe tem sua *própria* questão social e que, com esta questão social de uma classe determinada, há também ao mesmo tempo uma determinada questão política para esta classe.[2] Deixemos de lado todas estas frívolas glosas marginais à séria e honesta *Gazeta de Colônia*, e penetremos no modo de pensar e no estilo dessa folha profunda e plena de caráter.

Por questão social a *Gazeta de Colônia* entende o problema: como ajudar a pequena burguesia, os camponeses e o proletariado?

E agora que, nas eleições primárias, a pequena burguesia, os camponeses e o proletariado se emanciparam da grande burguesia, da alta nobreza e da alta burocracia, agora a *Gazeta de Colônia* clama: "A questão política é absorvida pela social!"

Belo consolo para a *Gazeta de Colônia*! Portanto, os trabalhadores, os camponeses e os pequenos burgueses terem derrotado no campo de batalha, por retumbante maioria, os grandes burgueses e demais bem-conceituados candidatos constitucionalistas da *Gazeta de Colônia* não é uma derrota dos "constitucionalistas", mas apenas uma vitória

---

[1] Ver "Montesquieu LVI".
[2] Ver "Montesquieu LVI".

da "questão social"! A derrota dos constitucionalistas não demonstra que os democratas venceram, mas sim que, diante das questões materiais, a política sai de cena.

Raciocínio sólido e profundo, o do publicista vizinho! Estes pequenos burgueses que flutuam à beira da ruína por acaso se apaixonaram pela constituição outorgada? Estes camponeses, oprimidos aqui por hipotecas e agiotagem, ali por obrigações feudais, se entusiasmaram pelos barões feudais e das finanças, seus próprios opressores, exatamente para cujo proveito e benefício a Constituição outorgada foi inventada? E principalmente estes proletários, que definham ao mesmo tempo sob a fúria regulamentadora de nossos burocratas e sob a fúria de lucros de nossos burgueses, têm eles motivo para se alegrar quando a Constituição outorgada enlaça com um novo elo estas duas classes de vampiros do povo?

Essas três classes não têm interesse sobretudo na eliminação da primeira Câmara, que não as representa, e sim a seus inimigos e opressores diretos?

De fato, a *Gazeta de Colônia* tem razão: a questão social engoliu a questão política, as classes recém-entradas no movimento político votarão, no interesse da "questão social", contra seus próprios interesses políticos e a favor da Constituição outorgada!

Os pequeno-burgueses e camponeses, e especialmente o proletariado, poderiam encontrar uma forma de Estado melhor do que a república democrática para a representação de seus interesses? Não são exatamente estas classes as mais radicais, as mais democráticas de toda a sociedade? Não é exatamente o proletariado a específica classe *vermelha*? – Tanto faz, brada a *Gazeta de Colônia*, a questão social engoliu a questão política.

De acordo com a *Gazeta de Colônia*, a vitória da questão social é ao mesmo tempo a vitória da constituição outorgada.

Mas a "questão social" da *Gazeta de Colônia* tem também uma natureza muito singular. Leia-se seu relato sobre as eleições para a primeira Câmara[3] e seu "feliz resultado", o que significa que o sr. Joseph Dumont se tornou eleitor. Com isso, a verdadeira questão social da *Gazeta de Colônia* está certamente resolvida, e diante dela desaparecem todas as "questões sociais" subordinadas, que poderiam talvez emergir quando das eleições para a plebeia segunda Câmara.

Que a tempestade da solene "questão política" histórico-mundial que ameaça cair sobre Paris neste momento não destrua impiedosamente a frágil "questão social" da *Gazeta de Colônia*!

---

[3] A *Gazeta de Colônia*, n. 24, de 28 de janeiro de 1849, sob o título "As eleições para a primeira Câmara", escreveu, entre outras coisas: "Tudo depende justamente de que [...] exatamente a *primeira* Câmara possua uma *livre visão de estadista* e uma *magnânima equidade*, as únicas que serão capazes de revesti-la com o respeito diante da opinião pública, do qual ela tanto careceria para cumprir sua função e, diante de uma segunda Câmara porventura revolucionária-democrática, ser com sucesso o esteio da coroa, da ordem e da verdadeira liberdade [...] Para a *segunda* Câmara não seria ruim eleger, como representantes dos interesses democráticos, homens da classe média, homens de negócios e agricultores práticos, que tragam apenas *conhecimentos comerciais* e *bom senso*; mas então para a *primeira* Câmara deve-se providenciar com tanto mais zelo que também a *alta cultura* e o *senso de estadista* sejam representados, e de fato por verdadeiros espíritos *destacados*!".

Camphausen

NGR, n. 213, 4/2/1849

K. Marx

Colônia, 3 de fevereiro. Apuramos de fontes muito seguras que, antes da abertura da Câmara, o ministério Brandenburg se demitirá e o sr. Camphausen enfrentará a Câmara, em sua abertura, como novo primeiro-ministro.

Tínhamos certeza de que algo assim estava sendo preparado desde que, há alguns dias, os amigos locais do esperto estadista espalharam o boato de que ele estaria farto do movimento político:

> Ah, estou cansado da atividade;
> Para que toda dor e prazer?
> Doce paz,
> Venha, oh, venha para o meu peito!¹

e por isso queria se recolher novamente a seu idílio doméstico, a fim de se restringir a suas meditações acerca do âmbito menos excitante da especulação com toucinho.

Para todos os sensatos deveria estar claro: o sr. Camphausen sentia a necessidade de ser novamente convocado a salvar a Coroa e, "tocado em sua própria generosidade", pela segunda vez desempenhar o papel de "parteiro do trono constitucional" com a conhecida dignidade.

A oposição burguesa na Câmara vai se rejubilar com esta "vitória" parlamentar. Os alemães são esquecidos e perdoam facilmente. A mesma esquerda que se opôs ao sr. Camphausen no ano passado vai saudar agradecida sua posse como uma grande concessão da Coroa.

Mas para que o povo não se deixe iludir outra vez, vamos relembrar resumidamente as mais nobres façanhas do estadista pensador.

O sr. Camphausen ressuscitou a *Dieta Unificada*, sepultada em 18 de março, e acertou com ela algumas bases da futura constituição.

---

¹ Goethe, "Canção noturna do peregrino" (*Ach, ich bin des Treibens mude/Was soll all der Schmerz, die Lust?/ Süsser Friede/Komm, o komm in meine Brust!*).

O sr. Camphausen concertou por esse meio o *terreno do direito*, isto é, a negação indireta da revolução.

O sr. Camphausen nos alegrou depois com as *eleições indiretas*.

O sr. Camphausen negou novamente a revolução em um de seus resultados principais, transformando a fuga do príncipe da Prússia em uma viagem de estudos e chamando-o de volta de Londres.

O sr. Camphausen organizou de tal modo a Milícia Cívica que, daí em diante, de povo armado ela se tornou uma classe armada, e povo e Guarda Cívica se opuseram um ao outro como inimigos.

O sr. Camphausen permitiu, ao mesmo tempo, que a burocracia e o exército velho--prussianos se reconstituíssem e se tornassem a cada dia mais capazes de preparar um golpe de Estado contrarrevolucionário.

O sr. Camphausen conduziu a memorável carnificina com lanternetas[2] contra os camponeses poloneses praticamente desarmados.

O sr. Camphausen começou a guerra dinamarquesa para livrar-se do excesso de patriotas e restaurar a popularidade da guarda prussiana. Quando alcançou este objetivo, ajudou com o máximo empenho a impor o imundo armistício de Malmö em Frankfurt, necessário para a marcha de Wrangel sobre Berlim.

O sr. Camphausen limitou-se a abolir algumas leis velho-prussianas reacionárias na Renânia, mas deixou subsistir toda a legislação do Landrecht em todas as velhas províncias.

O sr. Camphausen foi o primeiro a intrigar contra a unidade da Alemanha – então ainda decididamente revolucionária –, primeiro nomeando, ao lado da Assembleia de Frankfurt, seu parlamento ententista berlinense, e mais tarde trabalhando de todos os modos contra as decisões e a influência da Assembleia de Frankfurt.

O sr. Camphausen exigiu de sua Assembleia que reduzisse seu mandato constituinte a um mero mandato "ententista".

O sr. Camphausen exigiu dela mais tarde a promulgação de uma mensagem à Coroa, em que a reconhecia – como se fosse uma Câmara constitucional prorrogável e dissolúvel à vontade.

O sr. Camphausen exigiu dela, além do mais, a negação da revolução e chegou a fazer disso uma questão de gabinete.

O sr. Camphausen apresentou a sua Assembleia um projeto de Constituição[3] que se aproximava bastante da Constituição outorgada e que então provocou uma tempestade de indignação.

O sr. Camphausen gabou-se de ter sido o ministro da mediação, mediação que não passou da mediação realizada entre a Coroa e a burguesia para a traição conjunta do povo.

---

[2] Projétil de artilharia em forma de um cilindro feito de folha metálica cheio de balins, pedaços de ferro, cacos e sucata em geral, empregado no passado para tiro de metralha.

[3] "Projeto de uma Lei Constitucional para o Estado Prussiano", de 20 de maio de 1848.

O sr. Camphausen finalmente demitiu-se quando esta traição estava plenamente concertada e amadurecida para ser posta em prática pelo Ministério de Ação e seus condestáveis.

O sr. Camphausen foi embaixador pelo assim chamado poder central e permaneceu o mesmo sob todos os ministérios. Permaneceu embaixador enquanto em Viena tropas croatas, rutênias e valáquias violavam território alemão, ateavam fogo à principal cidade alemã e se comportavam de modo tão ultrajante como não o fizera nem Tilly em Magdeburg.[4] Permaneceu embaixador e não moveu sequer um dedo.

O sr. Camphausen permaneceu embaixador sob Brandenburg, levou assim seu quinhão à contrarrevolução e emprestou seu nome ao novo Comunicado Circular[5] prussiano, que exigia franca e abertamente o restabelecimento da velha Dieta Federal.

O sr. Camphausen finalmente assumiu agora o ministério para cobrir a retirada dos contrarrevolucionários e nos assegurar por muito tempo as conquistas de novembro e dezembro.

Eis alguns dos grandes atos de Camphausen. Convertido agora em ministro, ele se apressará em aumentar a lista. Nós, por nosso lado, vamos contabilizar e registrar o mais exatamente possível.

---

[4] Tilly, comandante da Liga Católica na Guerra dos Trinta Anos, liberou os soldados para saquear a cidade de Magdeburg, depois que ela fora tomada de assalto, em 20 de maio de 1631. A cidade foi quase totalmente destruída pelos soldados e por um incêndio; cerca de 30 mil habitantes foram mortos.

[5] O Comunicado Circular do Governo Prussiano, de 23 de janeiro de 1849, dirigido a todos os diplomatas prussianos nos estados alemães, propunha um plano para o restabelecimento do órgão central da Confederação Alemã – a Dieta Federal, imposta ao povo alemão em 1815 por decisão do Congresso de Viena e, em 1848, substituída por um governo imperial provisório.

O processo da negação dos impostos

NGR, N. 218, 10/2/1849

K. Marx

Colônia, 9 de fevereiro. Assim como a decisão dos jurados em nosso processo de imprensa de anteontem era importante para a imprensa, a absolvição, ontem, de Marx, Schneider e Schapper é decisiva para todos os processos impetrados pelo tribunal renano por causa da negação dos impostos. O fato mesmo era absolutamente simples e infenso a qualquer dúvida. O documento incriminado[1] dizia:

> O Comitê Distrital Renano dos Democratas conclama todas as associações democráticas da Renânia a adotar e executar as seguintes medidas:
> 1) Depois que a própria Assembleia Nacional decidiu pela negação dos impostos, seu recolhimento violento deve ser recusado *em toda parte* e por *todas as formas de resistência*.
> 2) Deve ser organizada em toda parte uma *milícia popular para resistir ao inimigo*...
> 3) Todas as autoridades devem ser convocadas a declarar publicamente se pretendem reconhecer e cumprir as resoluções da Assembleia Nacional. Caso se recusem, devem ser nomeados *Comitês de Salvação Pública*. Os Conselhos Municipais que se oponham à Assembleia Legislativa devem ser renovados por *sufrágio universal*.

Este documento é suficientemente compreensível. Abstraindo da questão sobre a validade ou invalidade da resolução de negação dos impostos,[2] eis aqui claramente um caso de incitação à insurreição e à guerra civil. Os acusados também não dissimularam que, por "inimigo" (no parágrafo 2), dever-se-ia entender o inimigo *interno*, o poder armado do governo. Não obstante, a autoridade pública, desesperando de uma condenação sob este artigo do Código, tinha escolhido a acusação mais leve: incitação à rebelião e à resistência contra os agentes do poder público (artigo 209 ss.).

A partir daí, tratava-se apenas da questão política: os acusados foram ou não autorizados, pela resolução da Assembleia de negar os impostos, a incitar desta maneira à resistência contra o poder público, a organizar um poder armado contra o do Estado e a demitir e nomear autoridades de moto próprio?

Os jurados, depois de uma deliberação muito rápida, responderam *sim* a essa pergunta.

---

[1] Ver "[Conclamação do Comitê Distrital Renano dos Democratas à negação dos impostos]".
[2] Ver "Nenhum imposto mais!!!".

Depois dessa decisão, também *Lassalle* e *Cantador* devem ser logo libertados. Não há razão para supor que a Corte de Acusação de Colônia tenha em relação a eles opinião diferente da dos jurados em relação a Marx, Schneider e Schapper.

Aliás, amanhã voltaremos a falar especialmente sobre Lassalle. Parece que havia o propósito bem-intencionado de arrastar seu caso para além da próxima sessão do tribunal criminal (em março) e assim outorgar-lhe mais três meses de prisão preventiva. Mas espera-se que a sentença do júri de Colônia tenha frustrado tais planos filantrópicos. Sobre o tratamento recebido por Lassalle na prisão de Düsseldorf, traremos amanhã alguns detalhes agradáveis.[3]

---

[3] Ver "Lassalle".

O processo político

NGR, n. 218, 10/2/1849

Dos Weimarianos, 3 de fevereiro. Sob este título, a *Gazeta de Frankfurt*[1] escreveu:

> Aproxima-se agora finalmente o dia em que nosso primeiro tribunal do júri deve pronunciar aqui sua sentença sobre os presentes inquéritos políticos. Depois de ter sido continuamente protelado de uma semana para outra, diz-se que agora finalmente o início dos debates deve ser fixado para 15 deste mês. As sessões serão abertas com o processo contra os líderes do partido democrático presos em outubro do ano passado aqui e em Jena, o dr. Lafaurie, o candidato Rothe, o estudante Amelung, o dr. Otto e o escritor Jäde. Estes são praticamente os únicos entre os aprisionados em massa naqueles dias contra os quais o promotor público pôde encontrar algum material para uma acusação. O inquérito contra o escritor Deinhard, daqui, preso também naquela época, rendeu tão pouco que o promotor público, após Deinhard permanecer preso por dois meses no cárcere insalubre de nossa corte criminal, não pôde dirigir uma única acusação contra ele. O candidato Lange, de Jena, que então também fora aprisionado, sofreu quatro hemoptises no cárcere em Weimar e então foi mandado, já semimorto, para seus pais em Jena, onde logo em seguida faleceu, em 7 de janeiro deste ano, depois de ter sido novamente interrogado lá durante três dias seguidos pela corte criminal. Nossos jurados, entretanto, se espantarão quando, nos debates, em vez dos supostos planos de alta traição amplamente divulgados e comentados, lhes forem apresentados os simples e mesquinhos fatos sobre os quais se apoiam as acusações contra os acima citados.

(Em sua próxima vitória, tomara que o povo não seja, como em março, tão ingênuo e esquecido a ponto de deixar em seus cargos e funções todos os seus torturadores. Ao contrário, é razoável supor que se apressará em enviar todo o bando de funcionários reacionários, e à frente deles os sanguinários hipócritas da lei, também chamados "juízes", por meio ano para as prisões pensilvânias[2] para inquérito, e depois empregá-los, como tratamento posterior, na construção de ferrovias e estradas).

---

[1] Diário publicado em Frankfurt am Main desde o século XVII até 1903. Nos anos 1840, representava uma tendência liberal-burguesa.

[2] Prisões com o sistema de solitária. A primeira prisão desse tipo foi construída em 1791 em Filadélfia (EUA, Estado da Pensilvânia). No século XIX, o sistema da solitária era muito difundido na Europa; na Alemanha fazia parte desse sistema, entre outras, a prisão Moabit, construída em 1842-1849, em Berlim.

[A divisão do trabalho na *Gazeta de Colônia*]

NGR, n. 219, 11/2/1849, segunda edição

K. Marx

Colônia, 10 de fevereiro. Mesmo com a melhor boa-vontade não pudemos, na semana passada, dar atenção sequer a nossos melhores amigos, nossos vizinhos mais próximos. Outros negócios, bem conhecidos, nos mantiveram ocupados.[1] Apressemo-nos agora a reparar a omissão e voltemos nosso olhar primeiro aos publicistas vizinhos.

A divisão do trabalho é conduzida na *Gazeta de Colônia* por um raro elenco. Deixemos de lado as partes afastadas do jornal, a terceira e quarta páginas, onde o nobre Wolfers enaltece a Bélgica e faz todo o possível para que Henrique V ascenda novamente ao trono de seus antepassados e outorgue uma Constituição "de acordo com o modelo belga"; atentemos somente para o frontispício, a primeira página. Aqui o nosso amigo Schücking ocupa o quartinho do porão e ali exibe aos diletantes, em prosa e verso, os mais novos produtos de sua fantasia doutrinária e de seu fantástico doutrinarismo. Quem não conhece os interessantes "Diálogos Políticos" nos quais o talentoso autor, do pergaminho de um professor alemão, se esforça para extrair um – ele próprio o diz – um Mefistófeles, e só traz à luz do dia um Wagner?[2] Mas acima do quartinho do porão, no primeiro andar, o sr. Dumont abre seu vasto salão político, e ali os grandes homens Brüggemann e Schwanbeck (que não deve ser confundido com Weissbrodt) fazem as honras da casa. Brüggemann para a parte *pensante*, para a salvação do princípio em todos os naufrágios, para a manutenção do terreno do direito apesar de todos os terremotos, para o gênero elegíaco, para cantos de cisne e réquiens. Schwanbeck para a parte *declamatória*, para a lírica sublime, para a indignação moral, para o ditirambo e a tempestade. Bêbada de entusiasmo, sua frase eleva-se aos mais altos píncaros do Olimpo, e embora seu passo nem sempre seja seguro, permanece entretanto sempre ritmado, e de fato vão para a sua conta quase todos os hexâmetros involuntários, dos quais a *Gazeta de Colônia* é tão rica.

---

[1] Em 7 de fevereiro de 1849 ocorreu o processo contra os redatores da *Nova Gazeta Renana*. A notícia sobre os debates foi publicada sob o título "O Primeiro Processo de Imprensa contra a *Nova Gazeta Renana*", no n. 221, de 14 de fevereiro de 1849. No dia seguinte, ocorreu o processo contra o Comitê Distrital Renano dos Democratas. A notícia sobre os debates foi publicada na *Nova Gazeta Renana* n. 226, 231, 232 e 233, de 19, 25, 27 e 28 de fevereiro de 1849, sob o título "O Processo Contra o Comitê Distrital Renano dos Democratas".

[2] A série "Diálogos Políticos", de Levin Schücking, foi publicada nos n. 29, 30, 34 e 35 da *Gazeta de Colônia*, de 3, 4, 9 e 10 de fevereiro de 1849. Um dos personagens desse diálogo, Wagner, diz ao prof. Urian: "O senhor sempre fez algo de Mefisto, senhor professor...".

Enfrentamos hoje primeiro justamente este entusiástico Schwanbeck. *De dato* Colônia, 7 de fevereiro, ele nos elucida sobre as dores puerperais do absolutismo e as dores puerperais da revolução.

O grande Schwanbeck despeja toda a taça de sua ira sobre o povo prussiano, porque ou ele não elegeu nada, ou elegeu mal.

> Esta Assembleia Nacional *deve* dar a última demão na construção de um estado monárquico constitucional, e no entanto – quem duvida ainda de que nela alguns vão solapar essa construção porque não são mais monárquicos, outros porque são ainda absolutistas, mas ainda não se tornaram constitucionalistas, ambos justamente porque não são monarquistas constitucionais? Dos polos opostos soprarão então as tormentas, um passado consumado vai lutar com um futuro longínquo, talvez inalcançável, e – quem sabe se com isso o presente não será perdido?

Observe-se o forte estilo vigoroso que emerge dessas clássicas linhas. Cada frase um rude e compacto todo, cada palavra marcada com o selo da indignação moral. Figura-se da forma mais palpável possível a luta entre o "passado consumado" e o "futuro longínquo, talvez inalcançável". A quem não foi dado ver como o "futuro talvez inalcançável" foi, no entanto, alcançado pelo "passado consumado", como ambos, quais megeras, pegaram-se pelos cabelos e como, enquanto dos polos opostos as tormentas sopram, justamente graças à inalcançabilidade de um e à condição de consumado do outro, o presente perde-se cada vez mais!

Certamente isto não é pouco. Pois, se nos é permitido um julgamento sobre tão grandes homens, devemos dizer: em Brüggemann, o estilo costuma atravessar o pensamento, em Schwanbeck, ao contrário, o pensamento costuma atravessar o estilo.

E, de fato, quem não atravessaria o estilo com virtuoso agastamento, ao ver uma Assembleia a quem não somente o rei da Prússia, mas a própria *Gazeta de Colônia* conferiu a missão de dar a última demão na construção de um Estado monárquico constitucional, ao ver uma tal Assembleia constituída de pessoas que, para o mencionado objetivo bem-intencionado, sentam-se ou muito à esquerda ou muito à direita? Especialmente se dos "polos opostos sopram as tormentas" e para a *Gazeta de Colônia* "o presente se perderá"!

É suficientemente ruim para a *Gazeta de Colônia* que o povo eleja deputados que não querem *aquilo* que eles, segundo a *Gazeta de Colônia*, "*devem*" querer; mas é pior ainda para o povo que ele escarneça do vaticínio de Cassandra de um Schwanbeck e, em vez de homens-modelo monarquistas constitucionais do "grande centro da nação", eleja pessoas que ou não são mais monarquistas ou ainda não são constitucionalistas. *Tu l'as voulu, George Dandin*!,[3] gritará melancolicamente Schwanbeck, quando o conflito violento entre o passado consumado e o talvez inalcançável futuro engolir o presente!

---

[3] "Você as quis, George Dandin!" Citação modificada da comédia de Molière *George Dandin*, Ato 1, Cena 9; ali se diz: "Vous l'avez voulu, George Dandin, vous l'avez voulu".

"Em outras palavras, não faltam os sintomas da *reação* e os sintomas de uma *nova revolução*, ou melhor, uma *revolução permanente*."

Depois desta notável conquista, Cassandra-Schwanbeck lança uma olhadela à Áustria. A olhadela de Schwanbeck para a Áustria é sempre atenta. A Áustria é sua segunda pátria; ali ele se indignou anteriormente com a tirania da demagogia vienense, ali hoje devora magiares, ali finalmente se eleva no sublime criador de ditirambos um sentimento suave, um leve remorso pelo indulto marcial de pólvora e chumbo. Daí o olhar carinhoso que o profeta cheio de pressentimentos lança à Áustria em cada um de seus editoriais.

"O que de fato mudou?" (a saber, na Áustria) "A burocracia, a democracia, o poder militar irrestritos revezaram-se, e no fim tudo ficou igual!"

Triste resultado das revoluções, melancólica consequência de que o povo nunca quer ouvir os presságios da Cassandra incompreendida! "No fim tudo ficou igual!" O governo tradicional de Metternich, de fato, difere em muitos aspectos da atual dominação militar contrarrevolucionária, e sobretudo o cordial povo austríaco do tempo de Metternich é um povo totalmente diferente do atual povo revolucionário, de dentes rangendo; além disso, historicamente, a contrarrevolução tem sempre levado apenas a uma mais completa e sangrenta revolução. Mas e daí? "No fim tudo ficou mesmo igual", e despotismo continua sendo despotismo. Os ignorantes pequeno-burgueses que constituem "o grande centro da nação alemã", para nos servirmos de uma expressão de Schwanbeck, esses homens de bem que a cada contragolpe momentâneo gritam: De que adiantou a rebelião, estamos de novo exatamente onde estávamos; estes historiadores profundos, que nunca enxergam mais de dois passos adiante de si, ficarão encantados quando descobrirem que o grande Schwanbeck compartilha com eles o mesmo ponto de vista.

Depois dessa inevitável olhadela para a Áustria, Cassandra vem novamente cá para a Prússia e prepara-se para lançar os olhos ao futuro. Os elementos da reação e os elementos da revolução são convenientemente ponderados um contra o outro. A Coroa e seus servidores, Wrangel, o estado de sítio (acompanhado de votos piedosos por sua revogação), a União Prussiana são submetidos um por um a um exame minucioso. Então ele continua:

> No entanto, apesar de tudo isso, devemos de fato admitir que o número de nossos reacionários não pesa muito na balança. Muito pior é o fato de que o *grande centro do povo* estava de tal maneira acostumado ao absolutismo que ainda não acredita de modo algum no *self-government*,[4] e isto por pura *preguiça*. Vocês, vocês que se abstiveram em tão grande número nessa eleição... vocês são os verdadeiros absolutistas!... Não há no mundo todo fenômeno mais repugnante do que um povo que é *preguiçoso demais para uma vida política livre*.

"Grande centro do povo alemão", não és digno de teu Schwanbeck!

Como se revela mais tarde, este "centro do povo", que "é preguiçoso demais para uma vida política livre", não é outro senão a *burguesia*. Confissão penosa, mal adoçada

---

[4] Autogoverno.

pela simultânea complacência da indignação moral contra essa vergonhosa "indolência" do grande centro da nação!

> Mas ainda são muito piores as dores puerperais da *revolução*. Nosso povo é mais rico do que se pode imaginar em naturezas entusiásticas e visionárias, em hábeis demagogos (confissão ingênua!) e em multidões irrefletidas, desprovidas de qualquer vestígio de formação política. O ano de 1848 mostrou-nos pela primeira vez que *massa de elementos anárquicos* estava dispersa nesse povo calmo, amante da justiça, engenhoso, como se propagava uma vaga obsessão por revoluções e como o meio *cômodo* (de todo modo muito mais 'cômodo' do que escrever profundos editoriais ditirâmbicos na *Gazeta de Colônia*!) de revolucionar foi tomado... como uma panaceia.

Enquanto o "centro" é *preguiçoso* demais, a periferia, a "plebe", a "multidão irrefletida" é diligente demais. Em face da "preguiça" e "indolência" da burguesia, os "hábeis demagogos", unidos à "massa de elementos anárquicos", deviam despertar lúgubres presságios na alma de um Schwanbeck!

"Assim é de fato o andamento natural: a ação provoca uma reação."

Com mais essa grande conquista intelectual, que ainda deve servir de tema para algumas entusiasmadas variações, Cassandra passa para a conclusão e extrai o seguinte resultado:

> O único caminho correto para uma autêntica vida política livre consiste em que *o grande centro da nação, a forte e inteligente burguesia* se torne suficientemente unida e poderosa para tornar impossível os descaminhos para a esquerda e para a direita. Temos diante de nós um jornal do norte da Alemanha no qual... está escrito: '... já agora a burguesia se impôs a ambos os extremos da esquerda e da direita, e somente a este partido pertence o futuro!' Temermos que esse júbilo ainda seja precipitado; é necessário uma prova de que 'as eleições na Prússia levarão a ele'.

Eis a grande lamentação moralmente indignada da mais nova Cassandra contra o curso desse mundo malvado, que não quer marchar de acordo com a *Gazeta de Colônia*. Eis o resultado das investigações de Schwanbeck sobre o "passado consumado", o "longínquo, talvez inalcançável futuro" e o "presente" posto em questão: a luta verdadeira, decisiva, não será travada entre a monarquia feudal-burocrática e a burguesia, também não entre a burguesia e o povo, ela será travada entre a monarquia e o povo, entre os *absolutistas* e os *republicanos*; e a *burguesia*, os *constitucionalistas*, retiram-se do campo de batalha.

Não nos interessa tecer aqui qualquer outro comentário sobre se a burguesia realmente se retirou da luta, se o fez por preguiça ou por debilidade, e o que as eleições na Prússia provam. Basta que a *Gazeta de Colônia* reconheça que na luta presente a burguesia não está mais na linha de frente, que não é mais de seus interesses que se trata, que a luta será travada entre monarquia absoluta e república.

E agora confiram a *Nova Gazeta Renana* desde novembro do ano passado e digam se não desenvolvemos detalhadamente em cada número e em cada oportunidade, quando da contrarrevolução em Viena, quando da contrarrevolução em Berlim, quando da Constituição outorgada, se não desenvolvemos detalhadamente no longo artigo "A burguesia e a contrarrevolução" e em muitos artigos antes das eleições primárias,[5] como foram a debilidade e a covardia da burguesia alemã que tornaram possível a contrarrevolução, e como a contrarrevolução, por seu lado, pôs de parte a burguesia e tornou inevitável a luta direta entre os restos da sociedade feudal e o polo extremo da sociedade moderna, entre monarquia e república! O que desenvolvemos há três meses como necessidade histórica a partir do andamento da revolução alemã, a *Gazeta de Colônia* apresenta como um pressentimento débil e vago resultante de bisbilhotice divinatória de harúspice nas entranhas das urnas eleitorais de 5 de março. E esse pressentimento débil e vago vale como uma descoberta digna de ser servida ao público benevolente como uma novidade, sob a forma totalmente empolada e inchada de um editorial. Ingênua *Gazeta de Colônia*!

---

[5] Ver "Montesquieu LVI" e "A *Gazeta Nacional* berlinense aos eleitores primários".

Lassalle[1]

NGR, n. 219, 11/2/1849

K. MARX

Colônia, 10 de fevereiro. Prometemos ontem[2] voltar a *Lassalle*. Lassalle já está encarcerado há 11 semanas na prisão de Düsseldorf, e só agora foi encerrado o inquérito sobre fatos simples, de modo algum negados; só agora a Câmara do Conselho decide. Conseguiu-se arrastar a situação até o ponto em que a Câmara do Conselho e a Corte de Acusação, apenas cumprindo o prazo legal máximo, podem adiar o caso para depois da futura reunião do tribunal criminal de Düsseldorf e assim presentear os detidos com mais três meses de prisão preventiva.

E que prisão preventiva!

Sabe-se que uma delegação de diversas Associações democráticas de Colônia entregou recentemente ao procurador-geral Nicolovius uma mensagem assinada por alguns milhares de cidadãos, na qual pedia-se 1) aceleração do inquérito contra os presos políticos de Düsseldorf, 2) tratamento digno aos mesmos durante a prisão preventiva. O sr. Nicolovius prometeu atender na medida do possível a essas módicas exigências.

Mas eis alguns exemplos da importância dada ao sr. Procurador-geral, às leis e ao mais trivial respeito à cortesia na prisão de Düsseldorf:

Um carcereiro permitiu-se, em 5 de janeiro, algumas brutalidades contra Lassalle e relatou à Coroa que fora ao diretor e acusara Lassalle de o ter brutalizado.

Uma hora depois o diretor, acompanhado do juiz de instrução, entrou no quarto de Lassalle sem cumprimentá-lo e pediu-lhe satisfações pelo ocorrido. Lassalle o interrom-

---

[1] Lassalle foi preso em 22 de novembro de 1848 em Düsseldorf, por instigar à resistência armada contra o poder público. O processo foi protelado por todos os meios. Os pedidos por carta de Lassalle a Marx e Engels para denunciar essa manipulação foram respondidos com uma série de artigos na *Nova Gazeta Renana*, que denunciavam os desmandos e ilegalidades das autoridades judiciais contra ele. Marx e Engels também participaram da delegação que se dirigiu, em 3 de março de 1849, ao procurador-geral Nicolovius para protestar contra o adiamento do julgamento do caso Lassalle (uma comunicação a esse respeito apareceu na *Nova Gazeta Renana* n. 238, de 6 de março de 1849). O julgamento ocorreu em 3 e 4 de maio. Os jurados libertaram Lassalle. O relato do processo foi publicado na segunda edição da *Nova Gazeta Renana* n. 291, de 6 de maio de 1849.

[2] Ver "O processo da negação dos impostos", p. 418.

peu com a observação de que entre pessoas educadas era costume cumprimentar quando se entrava no quarto de alguém, e ele tinha o direito de exigir essa cortesia do diretor.

Isso foi demais para o sr. diretor. Furioso, ele se aproximou de Lassalle, empurrou-o para a janela e, gesticulando com todos os membros, gritou com a voz mais alta possível:

"Escute, aqui o senhor é *meu* prisioneiro e nada mais. O senhor deve obedecer o regulamento interno, e se isso não lhe agrada eu o atirarei na *solitária* e o senhor poderá sofrer *aborrecimentos ainda piores*!"

Depois disso, Lassalle também se irritou e declarou ao diretor que ele não tinha nenhum direito de o punir segundo o regulamento, pois estava sob prisão preventiva; que gritos altos não serviam para nada e nada provavam; e mesmo que a casa fosse uma prisão, *aqui* ainda era *seu* quarto, e se o diretor (apontando-o com o dedo) entrasse *aqui em seu quarto* deveria cumprimentá-lo.

Então o diretor ficou fora de si. Investiu contra Lassalle brandindo seu punho fechado e gritou: "Não me aponte o dedo ou já lhe bato no rosto com minha própria mão, que ...".

Lassalle exigiu imediatamente que o juiz de instrução fosse testemunha desse maltrato inaudito e se pôs sob sua proteção. O juiz de instrução tentou então acalmar o diretor, o que, no entanto, só conseguiu depois de muitas e repetidas ameaças de bofetadas.

Depois dessa edificante cena, Lassalle dirigiu ao procurador público von Ammon um requerimento de abertura [de um inquérito] contra o diretor, o sr. Morret. A violência do diretor constitui, de fato, não apenas um maltrato e uma grave afronta, mas também uma transgressão das atribuições oficiais.

O sr. Ammon respondeu que inquéritos por transgressão das atribuições oficiais por parte de funcionários da prisão não poderiam ser abertos sem prévia autorização das autoridades administrativas, e remeteu Lassalle ao governo. Sua resposta se apoiava numa velha ordem ministerial de 1844.[3]

O artigo 95 da assim chamada Constituição outorgada declara:

"Não é necessária autorização prévia das autoridades para autuar judicialmente funcionários públicos civis ou militares por violação da lei cometida por transgressão de suas atribuições oficiais."

O artigo 108 da mesma Carta abole expressamente todas as leis existentes que a contraditem. Mas em vão Lassalle remeteu o procurador público ao artigo 95; o sr. von Ammon insistiu em seu conflito de competência e despediu-o com a agradável observação: "O senhor parece esquecer que está sob prisão preventiva!" Não tínhamos razão ao dizer que a assim chamada Constituição foi outorgada somente contra nós, e não contra os senhores funcionários?

Portanto, ameaça de bofetadas, solitária e *castigos corporais* – pois era este o "aborrecimento" que o sr. Morret reservava – eis o "tratamento decente" para os presos políticos que foi prometido à delegação!

---

[3] "Lei referente a processos judiciais e disciplinares contra funcionários", de 29 de março de 1844.

Observemos de passagem que, segundo a lei, a prisão preventiva deve ser *totalmente separada* da prisão para condenados, e os detidos na primeira devem ser submetidos a um regime totalmente diferente daquele dos presidiários. Mas em Düsseldorf não existe prisão preventiva especial, e os presos preventivos, uma vez encarcerados ilegalmente na prisão para condenados, podem ainda, além disso, ser submetidos ao *regulamento dos presidiários*, ser atirados na solitária e levar pancadas! Para que esse louvável objetivo fosse alcançado com Lassalle, o supradito Morret reuniu uma comissão disciplinar que deverá oferecer ao sr. Lassalle sua parte das supraditas amabilidades. E os senhores juízes de instrução e procuradores aparentemente deixam passar tudo isso calmamente ou se entrincheiram atrás de um conflito de competência!

Lassalle dirigiu-se ao procurador-geral. De nossa parte, damos publicidade a todo o caso, para que a opinião pública apoie a denúncia do preso.

A propósito, ouvimos dizer que Lassale foi finalmente tirado da prisão solitária e pelo menos foi encerrado com Cantador na mesma prisão.

O primeiro processo de imprensa contra a *Nova Gazeta Renana*[1]

NGR, n. 221, 14/2/1849

DISCURSO DE DEFESA DE KARL MARX

Senhores jurados! O processo atual tem uma certa importância porque os artigos 222 e 367 do *Code Pénal*, invocados pela acusação contra a N[ova] G[azeta] R[enana], são os únicos que a legislação renana oferece às autoridades públicas, com exceção dos que tratam diretamente do apelo à insurreição.

Todos os senhores conhecem a predileção toda especial com que o Parquet persegue a N[ova] G[azeta] R[enana]. No entanto, apesar de todo o zelo, até agora não lhe foi possível nos acusar de outro crime além dos previstos nos artigos 222 e 367. Por isso, no interesse da imprensa, considero necessário um exame mais detalhado desses artigos.

Mas antes de me envolver numa análise jurídica, permitam-me uma observação pessoal. O Ministério Público considerou uma *vileza* a seguinte passagem do artigo incriminado: "Por acaso o sr. Zweiffel une o poder executivo ao legislativo? Os louros do procurador-geral devem encobrir as fraquezas do representante do povo?" Meus senhores! Alguém pode ser um procurador-geral muito bom e ao mesmo tempo um péssimo representante do povo. Talvez ele só seja um bom procurador-geral por ser um péssimo representante do povo. O Ministério Público parece estar pouco familiarizado com a história parlamentar. Em que se baseia a questão da incompatibilidade, que ocupou tão grande espaço nos debates da Câmara constitucional? Na desconfiança contra os funcionários executivos, na suspeita de que um funcionário executivo facilmente sacrifica o interesse da sociedade ao interesse do governo existente, e por isso está apto a ser qualquer outra coisa, menos representante do povo. E consideremos especialmente a posição de um promotor público. Em que país ela não teria sido considerada inconciliável com a função de um representante do povo? Eu os lembro dos ataques contra Hébert, Plougoulm, Bavay na imprensa francesa e belga, nas Câmaras francesa e belga, ataques

---

[1] Em 7 de fevereiro de 1849, compareceram diante do tribunal do júri em Colônia Karl Marx como redator--chefe, Friedrich Engels como corredator e Hermann Korff como editor responsável do jornal, sob a acusação de que o artigo "Prisões" ofendia o procurador-geral Zweiffel e caluniava os gendarmes que tinham efetuado a prisão de Gottschalk e Anneke. Apesar de o processo ter começado em 6 de julho de 1848, a primeira audiência foi marcada para 20 de dezembro e em seguida adiada. O defensor de Marx e Engels foi o advogado Schneider II, e o de Korff, o advogado Hagen. Os acusados foram inocentados.

dirigidos justamente contra o amálgama amplamente contraditório das qualidades de um procurador-geral e de um deputado em uma só pessoa. Estes ataques jamais acarretaram um inquérito judicial, nem mesmo sob Guizot, e a França de Luis Filipe e a Bélgica de Leopoldo eram consideradas Estados constitucionais modelo. Na Inglaterra, sem dúvida, é diferente a situação do *Attorney-General* e do *Solicitor-General*. Mas sua posição também é essencialmente diferente daquela de um *procureur du roi*. Eles já são mais ou menos funcionários judiciais. Nós, meus senhores, não somos constitucionalistas, mas nos colocamos no ponto de vista dos senhores que nos acusam para vencê-los em seu próprio terreno e com suas próprias armas. Por isso nos reportaremos aos costumes constitucionais.

O Ministério Público pretende aniquilar um grande período da história parlamentar – com uma platitude moral. Repudio decididamente sua acusação de vileza, declaro-a fruto de sua ignorância.

Passo agora à discussão da questão jurídica.

Meu defensor já lhes demonstrou que sem a lei prussiana de 5 de julho de 1819[2] a acusação de ofensa ao procurador-geral Zweiffel seria desde o princípio inadmissível. O artigo 222 do *Code Pénal* fala somente de *"outrages par paroles"*, de ofensas *verbais*, não escritas ou impressas. A lei prussiana de 1819, no entanto, deveria complementar o artigo 222, não suprimi-lo. A lei prussiana pode estender a penalidade do artigo 222 para ofensas escritas apenas nos casos em que o Code a impõe para injúrias verbais. As ofensas escritas devem ocorrer sob as mesmas circunstâncias e condições que o artigo 222 prevê para as ofensas verbais. É, portanto, necessário determinar exatamente o sentido do artigo 222.[3]

Nas Considerações ao artigo 222 (*Exposé par M. le conseiller d'état Berlier, séance du février 1810*),[4] lê-se:

> *Il ne sera donc ici question que des seuls outrages qui compromettent la paix publique c.a.d. de ceux dirigés contre les fonctionnaires ou agents publics dans l'exercice ou à l'occasion de l'exercice de leurs fonctions; dans ce cas ce n'est plus un particulier, c'est l'ordre public qui est blessé... La hiérarchie politique sera dans ce cas prise em considération: celui qui se permet des outrages ou violences envers un officier ministériel est coupable sans doute, mais il commet un moindre scandale que lorsqu'il outrage un magistrat.*

O que significa, traduzindo:

---

[2] Referência à lei relativa à punição de ofensas escritas nas províncias em que o código penal francês ainda vigorava, de 5 de julho de 1819.

[3] O artigo 222 diz textualmente: "Lorsqu'un ou plusieurs magistrats de l'ordre administratif ou judiciaire auront reçu dans *l'exercice de leurs fonctions ou à l'occasion de cet exercice* quelque outrage par paroles tendant à inculper leur honneur ou leur delicatesse, celui qui les aura ainsi outragés sera puni d'un emprisonnement d'un móis à deux ans." – Se um ou mais magistrados do âmbito administrativo ou judiciário, *no exercício de suas funções ou por ocasião deste exercício,* forem submetidos à injúria por palavras que ofendam sua honra ou sua delicadeza, aquele que assim os injuriar será punido com um mês a dois anos de prisão.

[4] Exposto pelo Sr. Conselheiro de Estado Berlier, sessão de fevereiro de 1810.

Tratar-se-á aqui, portanto, *somente das* ofensas que comprometam a *ordem pública*, a paz pública, isto é, das ofensas contra funcionários ou agentes públicos durante o exercício ou por ocasião do exercício de suas funções: neste caso não é mais um indivíduo privado, é a ordem pública que é ferida... Neste caso, a hierarquia política será tomada em consideração: quem se permite ofensas ou atos violentos contra um agente ministerial é sem dúvida culpado, mas provoca um escândalo menor do que se ofender um magistrado.

Destas considerações, meus senhores, pode-se deduzir a intenção do legislador com o artigo 222. O artigo 222 "*só*" é aplicável a ofensas a funcionários que comprometam, ponham em questão a ordem pública, a paz pública. Quando a ordem pública, *la paix publique*, é comprometida? Apenas quando é empreendida uma rebelião para a derrubada das leis ou quando a aplicação das leis existentes é perturbada, isto é, quando acontece uma insurreição contra os funcionários que aplicam as leis, quando o *desempenho da função* de um funcionário em seu trabalho é interrompido, prejudicado. A sublevação pode restringir-se a meras reclamações, a palavras ofensivas; pode continuar por atos violentos, por insubordinação violenta. A *outrage*, a ofensa é apenas o grau mais baixo da *violence*, da insubordinação, da insurreição violenta. Por isso dizem as Considerações "*outrages* ou *violences*", "ofensas *ou* atos violentos". Ambos são conceitualmente idênticos; a *violence*, o ato violento, é apenas uma forma agravada da *outrage*, da ofensa aos funcionários em seu trabalho.

Portanto, pressupõe-se nestas Considerações 1) que o funcionário foi ofendido enquanto exerce um ato oficial; 2) que estava *pessoalmente presente* quando foi ofendido. Em nenhum outro caso ocorre uma verdadeira perturbação da ordem pública.

Os senhores encontram estes mesmos pressupostos em toda a passagem que trata de "*outrages et violences envers les dépositaires de l'autorité et de la force publique*", isto é, de "ofensas e atos violentos contra os depositários do poder público e da força pública". Os diversos artigos desta passagem estabelecem os seguintes graus de insubordinação: expressões faciais, palavras, ameaças, atos violentos; os próprios atos violentos são, por sua vez, diferenciados de acordo com seu nível de gravidade. Finalmente, todos estes artigos prescrevem uma agravação da pena caso estas diferentes formas de insubordinação ocorram na audiência de um tribunal. Aqui é provocado o maior "*escândalo*" e a aplicação da lei, a *paix publique*, é mais flagrantemente perturbada.

Por isso, o artigo 222 só é aplicável a ofensas *escritas* contra funcionários quando as ofensas escritas são concebidas 1) na presença pessoal do funcionário, 2) durante o desempenho de suas funções. Meu defensor apresentou-lhes, meus senhores, um exemplo. Ele mesmo se enquadraria no artigo 222 se, por exemplo, agora, durante a sessão do tribunal criminal, ofendesse o presidente numa petição escrita ou algo assim. Em contrapartida, este artigo do *Code Pénal* não pode ser aplicado de modo algum, sob quaisquer circunstâncias, a um artigo de jornal que "ofende" na ausência do funcionário e muito tempo depois de realizado o ato oficial.

Esta interpretação do artigo 222 permite esclarecer-lhes uma aparente lacuna, uma aparente inconsequência do *Code Pénal*. Por que posso ofender o rei, mas não posso ofender o procurador-geral? Por que o *Code* não prevê o crime de *lesa-majestade* como o Landrecht prussiano?

Porque o rei nunca executa pessoalmente um trabalho de funcionário, mas sempre o faz executar por intermédio de outros, porque o rei nunca me enfrenta pessoalmente, mas sempre apenas por meio de representantes. O despotismo do *Code Pénal* oriundo da Revolução Francesa é imensamente diferente do patriarcal despotismo de mestre-escola do Landrecht prussiano. O despotismo napoleônico me abate assim que eu efetivamente coíba o poder estatal, ainda que seja apenas por ofensa a um funcionário que, engajado em um ato oficial, faz valer frente a mim o poder estatal. Fora do ato oficial, em contrapartida, o funcionário torna-se um membro comum da sociedade civil, sem privilégios, sem proteção excepcional. O despotismo prussiano, ao contrário, me confronta no funcionário com um ser elevado, sagrado. Sua condição de funcionário faz parte dele como a ordenação do padre católico. O funcionário prussiano permanece sempre padre para os prussianos leigos, isto é, não funcionários. A ofensa a um tal padre, mesmo a um que não esteja em exercício, a um ausente, a um que se tenha retirado para a vida privada, permanece um pecado religioso, uma profanação. Quanto mais elevado o funcionário, tanto mais grave o pecado. A mais alta ofensa ao padre estatal é, por isso, a ofensa ao rei, a lesa-majestade, o que, segundo o *Code Pénal*, pertence às impossibilidades criminais.

Mas, dir-se-á, se o artigo 222 do *Code Pénal* fala apenas de *outrages* contra funcionários "*dans l'exercice de leurs fonctions*", de ofensas contra funcionários durante o exercício de suas funções, não seria necessário provar que a *presença pessoal* do funcionário foi presumida pelo legislador e é condição necessária para submeter qualquer ofensa ao artigo 222. No entanto, o próprio artigo 222, às palavras "*dans l'exercice de leurs fonctions*", aduz "*à l'occasion de cet exercice*".

O Ministério Público traduziu assim: "com relação a sua função". Eu lhes provarei, meus senhores, que esta tradução é falsa e contradiz diretamente a intenção do legislador. Vejam o artigo 228, na mesma seção. Diz ali: Quem *bater* num funcionário "*dans l'exercice de ces fonctions ou à l'occasion de cet exercice*" será punido com dois a cinco anos de prisão. Pode-se aqui, por acaso, traduzir: "com relação a sua função"? Pode-se distribuir pancadas *relativas*? Aqui é abandonado o pressuposto da presença pessoal do funcionário? Posso surrar um ausente? Obviamente, deve-se traduzir assim: "Quem bater num funcionário por *ocasião* do exercício de suas funções". Mas no artigo 228 os senhores encontram a mesma frase do artigo 222. O "*à l'occasion de cet exercice*" tem obviamente o mesmo significado nos dois artigos. Portanto esta passagem, muito longe de excluir a condição da *presença pessoal* do funcionário, tem-na claramente como pressuposto.

A história da legislação francesa lhes oferece uma prova ainda mais contundente. Os senhores se lembram de que, nos primeiros tempos da Restauração francesa, os partidos se enfrentaram implacavelmente no parlamento, nos tribunais, e no sul da França com punhais. Os tribunais do júri, naquela época, não passavam de tribunais de fuzilamento do partido vencedor contra o partido vencido. A imprensa de oposição açoitava impiedosamente os vereditos dos jurados. O artigo 222 não era absolutamente uma arma contra essa antipática polêmica, porque o artigo 222 só seria aplicável contra ofensas aos jurados enquanto eles estavam em sessão, em sua presença pessoal. Por isso, em 1819, fabricou-se uma nova lei que pune qualquer ataque à *chose jugée*, a um veredito pronunciado. O *Code Pénal* não conhece essa inviolabilidade do veredito judicial. Ele teria sido complementado por uma nova lei, se o §222 tratasse de ofensas "*com relação*" à função oficial?

Mas, então, o que pretende o adendo: "*à l'occasion de cet exercice*"? Seu objetivo é apenas salvaguardar os funcionários de ataques imediatamente *antes* ou *depois* do exercício de suas funções. Se o artigo 222 falasse somente de "ofensas e atos de violência" contra os funcionários durante o exercício de suas funções, então eu poderia, por exemplo, jogar escada abaixo um oficial de justiça depois de executada a penhora, e alegar que só o havia ofendido depois de ele ter cessado oficialmente de me confrontar como oficial de justiça. Eu poderia atacar e surrar um juiz de paz em seu caminho enquanto ele cavalga para meu domicílio, a fim de desempenhar contra mim o papel de polícia judicial, e esquivar-me à penalidade prevista no artigo 228 com a alegação de que eu o maltratara não durante, mas sim antes do exercício de suas funções.

O adendo "*à l'occasion de cet exercice*", *por ocasião* do exercício de suas funções, visa, portanto, à salvaguarda do funcionário que está trabalhando oficialmente. Ele se refere, na verdade, a ofensas e atos de violência que não aconteçam imediatamente durante o exercício das funções, mas que ocorram pouco *antes* ou *depois* disso e, o que é o essencial, que mantenham uma conexão *viva* com as funções oficiais, portanto, sob todas as circunstâncias, pressupõe a *presença pessoal* do funcionário maltratado.

São necessárias mais explicações de que o §222 não é aplicável a nosso artigo, mesmo que com ele tenhamos ofendido o sr. Zweiffel? Quando aquele artigo foi escrito, o sr. Zweiffel estava *ausente*; na época ele não morava em Colônia, mas em Berlim. Quando aquele artigo foi escrito, o sr. Zweiffel não trabalhava como procurador-geral, mas como ententista. Portanto, ele não podia ser ofendido ou insultado como procurador-geral em exercício.

Abstraindo de toda a minha explicação até agora, revela-se também por outro caminho que o artigo 222 não é aplicável ao artigo incriminado da *Nova Gazeta Renana*.

Trata-se da diferença que o *Code Pénal* traça entre *ofensa* e *calúnia*. Os senhores encontram essa diferenciação claramente delineada no artigo 375. Depois de abordar a "calúnia", lê-se aqui:

"*Quant aux injures ou aux expressions outrageantes qui ne renfermeraient l'imputation d'aucun fait précis*" (o artigo 367 sobre calúnia diz: "*des faits, qui s'ils existaient*", fatos que, "se fossem verdadeiramente *fatos*"), "*mais celle d'un vice déterminé,... la peine sera une amende de seize à cinq cent francs*". – "Injúrias ou expressões ultrajantes que não contenham a imputação de um fato determinado, mas sim a imputação de um vício determinado, serão... punidas com uma multa de 16 a quinhentos francos." No artigo 376 lê-se ainda: "Todas as outras injúrias ou expressões ultrajantes... implicam uma simples punição policial".

Portanto, o que se entende por calúnia? Insultos que imputam ao insultado um *fato determinado*. O que se entende por ofensa? A imputação de um determinado vício e expressões ultrajantes em geral. Se eu digo: O senhor roubou uma colher de prata, então eu o calunio no sentido do *Code Pénal*. Se, ao contrário, digo: O senhor é um ladrão, o senhor tem vocação para ladrão, eu o *ofendo*.

Mas o artigo da *N[ova] G[azeta] R[enana]* não acusa de modo algum o sr. Zweiffel: o sr. Zweiffel é um traidor do povo, o sr. Zweiffel fez declarações infames. Antes ao contrário, o artigo diz literalmente: "O sr. Procurador-geral Zweiffel parece ter declarado, além disso, que no prazo de oito dias porá um fim ao 19 de Março, aos clubes e à liberdade de imprensa, e outras degenerações do malfadado ano de 1848 em Colônia sobre o Reno".

Portanto, foi imputada ao sr. Zweiffel uma declaração bem determinada. Logo, se um dos dois artigos, 222 ou 367, fosse aplicável, não poderia ser o artigo 222, o artigo relativo à ofensa, mas somente o artigo 367, o artigo concernente à calúnia.

Por que o Ministério Público aplicou a nós o artigo 222, em vez do artigo 367?

Porque o artigo 222 é muito mais indeterminado e permite granjear muito mais facilmente uma condenação, se se trata de condenar. A violação da "*délicatesse et honneur*", da delicadeza e da honra, esquiva-se a qualquer medida. O que é honra, o que é delicadeza? O que é violação delas? Depende totalmente do indivíduo de que se trate, de seu nível de formação, de seus preconceitos, de sua vaidade. Não resta qualquer outra medida além do *noli me tangere*[5] de uma imensa, incomparavelmente arrogante vaidade de funcionário.

Mas tampouco o artigo 367, relativo à calúnia, é aplicável ao texto da *Nova Gazeta Renana*.

O artigo 367 exige um "*fait précis*", um fato determinado, "*un fait, qui peut exister*", um fato que possa ser um fato *real*. Mas o sr. Zweiffel não foi repreendido por ter suprimido a liberdade de imprensa, fechado os clubes, aniquilado as conquistas de março neste ou naquele lugar. Foi-lhe imputada uma mera declaração. Mas o artigo 367 exige a incriminação por fatos determinados, "os quais, se fossem fatos reais, exporiam aquele a quem incriminassem a uma perseguição da polícia criminal ou correcional, ou ao menos ao desprezo ou ao ódio dos cidadãos".

Mas a mera *declaração* de fazer isto ou aquilo não me expõe à perseguição nem da polícia criminal, nem da correcional. Sequer se pode dizer que ela necessariamente expõe ao ódio ou ao desprezo dos cidadãos. Uma declaração pode, com efeito, ser a expressão de uma disposição muito infame, odiosa, abjeta. No entanto não posso, num momento de agitação, fazer uma declaração que ameaça com ações das quais sou incapaz? Só o ato prova a *seriedade* de minha declaração.

E a *Nova Gazeta Renana* diz: "O sr. Zweifell *parece* ter declarado". Para caluniar alguém, não posso pôr minha própria asserção em questão, como ocorreu aqui com o "*parece*", preciso me apresentar apoditicamente.

---

[5] Não me toques.

Finalmente, meus senhores jurados, os *"citoyens"*, os cidadãos a cujo ódio ou desprezo me expõe a incriminação de um fato para, de acordo com o artigo 367, ser uma *calúnia*, estes *citoyens*, estes cidadãos não existem absolutamente mais nos assuntos políticos. Existem apenas partidários. O que me expõe ao ódio e ao desprezo dos membros de um partido, me expõe ao amor e à admiração dos membros do outro partido. O órgão do atual ministério, a *Nova Gazeta Prussiana*, tachou o sr. Zweiffel de ser uma espécie de *Robespierre*.[6] A seus olhos, aos olhos de seu partido, nosso artigo não expôs o sr. Zweiffel ao ódio e ao desprezo, mas sim o libertou do ódio a ele votado, do desprezo a ele votado.

É do mais alto interesse insistir nessa observação, não para o caso em pauta, mas para todos os casos em que o Ministério Público pretenda aplicar o artigo 367 a polêmicas políticas.

Aliás, meus senhores jurados, se os senhores aplicarem à imprensa o artigo da calúnia, artigo 367, na interpretação do Ministério Público, os senhores abolirão a liberdade de imprensa por meio da legislação penal, embora a tenham reconhecido por uma Constituição e lutado por ela por uma revolução. Nesse caso, os senhores sancionariam qualquer arbitrariedade dos funcionários, autorizariam toda infâmia oficial, puniriam somente a denúncia da infâmia. Para que ainda manter, então, a hipocrisa de uma imprensa livre? Se leis existentes entram em contradição aberta com o nível recém-conquistado de desenvolvimento social, então, meus senhores jurados, cabe-lhes diretamente se interporem entre os preceitos mortos da lei e as exigências vivas da sociedade. Então cabe-lhes se adiantarem ao legislador, até que este se disponha a atender às necessidades sociais. Esta é a mais nobre atribuição de um tribunal do júri. No presente caso, meus senhores, esta tarefa lhes será facilitada pela letra da lei. Os senhores têm apenas de interpretá-la no sentido de nossa época, de nossos direitos políticos, de nossas necessidades sociais.

O artigo 367 conclui com as seguintes palavras:

"La presente disposition n'est point applicable aux faits dont la loi autorise la publicité, ni à ceux que l'auteur de l'imputation était, par la nature de ses fonctions ou de ses devoirs, obligé de révéler ou de réprimer." "A presente disposição não é aplicável aos fatos cuja publicação a lei autoriza, também não àqueles que o autor da imputação seja *obrigado, pela natureza de suas funções ou de seus deveres, a revelar ou obstruir.*"

Não há dúvida, meus senhores, que o legislador não pensava na imprensa livre quando tratou do dever de denunciar. Mas tampouco pensava que este artigo alguma vez poderia ser aplicado à imprensa livre. Sob Napoleão, como se sabe, não existia liberdade de imprensa. Se, portanto, os senhores querem mesmo aplicar a lei a um nível de desenvolvimento político e social para o qual ela não foi estipulada, então apliquem-na *integralmente*, interpretem-na no sentido de nossa época, permitam que também essa frase final do artigo 367 favoreça a imprensa.

---

[6] Ver "Confissões de uma bela alma".

Tomado no estreito sentido do Ministério Público, o artigo 367 exclui a prova da verdade e autoriza a denúncia somente se ela se apoiar em documentos públicos ou sentenças judiciais já existentes. Para que a imprensa ainda deveria denunciar *post festum*, depois do veredito pronunciado? Por seu ofício, ela é a sentinela pública, a infatigável denunciante dos detentores do poder, o olho onipresente, a boca onipresente do espírito popular que zela ciosamente por sua liberdade.

Se os senhores interpretarem o artigo 367 neste sentido, e os senhores devem interpretá-lo assim se não quiserem confiscar a liberdade de imprensa no interesse do poder governamental, o *Code* lhes oferecerá, ao mesmo tempo, meios contra os abusos da imprensa. De acordo com o artigo 372, quando de uma denúncia, o processo e a decisão sobre o crime de calúnia devem ser suspensos durante a investigação dos fatos. De acordo com o artigo 373, deve ser punida a denúncia que se tenha revelado caluniosa.

Meus senhores! Basta olhar de relance o artigo incriminado para se persuadir de que a *Nova Gazeta Renana*, muito longe de qualquer intenção de ofensa ou calúnia, apenas cumpriu seu dever de denunciar quando atacou o atual Parquet e os gendarmes. O interrogatório das testemunhas lhes provou que, quanto aos gendarmes, apenas relatamos os fatos reais.

Mas o busílis de todo o artigo é a previsão da contrarrevolução, posteriormente consumada, é um ataque ao ministério Hansemann, que iniciou com a extravagante alegação de que quanto maior a polícia, tanto mais livre o Estado. Este ministério presumia que a aristocracia vencera; restava ainda somente uma tarefa, defraudar o povo de suas conquistas revolucionárias no interesse de uma classe, a burguesia. Assim ele preparou o caminho à contrarrevolução feudal. O que nós denunciamos no artigo incriminado não foi nada mais, nada menos do que uma manifestação evidente, extraída de nosso ambiente mais próximo, da sistemática atividade contrarrevolucionária do ministério Hansemann e do governo alemão em geral.

É impossível considerar as prisões em Colônia como um fato isolado. Para convencer-se do contrário, basta lançar uma olhadela superficial à história daquele período. Um pouco antes, perseguição à imprensa em Berlim, apoiada nos parágrafos do velho Landrecht. Alguns dias depois, em 8 de julho, foi preso J. Wulff, presidente do Clube Popular de Düsseldorf, e foram empreendidas buscas nos domicílios de vários membros do comitê deste clube. Mais tarde os jurados libertaram Wulff, e de fato nenhuma perseguição política em qualquer tempo obteve a sanção dos jurados. Nesse mesmo 8 de julho foi proibida, em Munique, a participação dos oficiais, funcionários e supranumerários nas assembleias populares. Em 9 de julho, foi preso Falkenhain, presidente da Associação "Germânia", de Breslau. Em 15 de julho, na Associação Civil em Düsseldorf, o procurador-geral Schnaase pronunciou um discurso acusando oficialmente o Clube Popular, cujo presidente, por requerimento seu, fora preso no dia 8. Aqui os senhores têm um exemplo da elevada imparcialidade do Parquet, um exemplo de como o procurador-geral se comporta simultaneamente como homem de partido, e o homem de partido simultaneamente como procurador-geral. À época, sem nos abalar com a perseguição devida a nossos ataques a Zweiffel, denunciamos Schnaase.[7] Ele guardou-se bem de responder. No mesmo dia em que o procurador-geral Schnaase pronunciou essa filípica contra o Clube Popular de Düsseldorf, a Associação Distrital de Stuttgart foi proibida por decreto real. Em 19 de julho, a Associação Estudantil democrática de Heidelberg foi dissolvida, em 27 de julho, todas as associações democráticas de Baden e logo depois de Württemberg e da Baviera. E deveríamos nos calar diante desta evidente conspiração de todo o governo alemão para trair o povo? À época, o governo prussiano não ousou o que o de Baden, de Württemberg e da Baviera ousaram. Não o ousou porque a Assembleia Nacional Prussiana já começara a suspeitar da conspiração contrarrevolucionária e a opor resistência ao ministério Hansemann. Mas, meus senhores jurados, digo-o sem rodeios, com plena convicção: se a contrarrevolução prussiana não for destroçada rapidamente por uma revolução popular prussiana, a liberdade de associação e de imprensa será totalmente aniquilada também na Prússia. Elas já foram parcialmente mortas pelo estado de sítio. Ousou-se até mesmo, em Düsseldorf e em alguns distritos silesianos, reintroduzir a *censura*.[8]

Mas não somente a situação geral alemã, a situação geral prussiana nos obrigou a fiscalizar com a máxima desconfiança cada movimento do governo, a denunciar ao povo em altas vozes o mais leve sintoma do sistema. O Parquet local, de Colônia, nos deu motivo bem específico para desmascará-lo perante a opinião pública como instrumento contrarrevolucionário. Somente no mês de julho tivemos de denunciar 3 prisões ilegais. Nas duas primeiras vezes, o procurador público Hecker calou-se, na terceira vez ele tentou justificar-se, mas emudeceu ante nossa réplica, pela simples razão de que não havia nada a dizer.[9]

E sob estas circunstâncias o Ministério Público ousa alegar que não se trata aqui de uma denúncia, mas sim de uma ofensa mesquinha e maliciosa? Essa opinião baseia-se num mal-entendido característico. De minha parte, eu lhes asseguro, meus senhores, prefiro perseguir os grandes acontecimentos mundiais, prefiro analisar o andamento da história do que me debater com ídolos locais, com gendarmes e Parquets. Por maiores que esses senhores julguem ser em sua imaginação, eles não são *nada*, absolutamente *nada* nas gigantescas lutas do presente. Eu considero um verdadeiro sacrifício quando nos decidimos a quebrar uma lança com *esses* adversários. Mas, em primeiro lugar, é esse o dever da imprensa, apresentar-se em favor dos oprimidos em seu ambiente próximo. E,

---

[7] A *Nova Gazeta Renana* n. 48, de 18 de julho de 1848, publicou um artigo do correspondente de Düsseldorf, criticando a conduta do procurador-geral Schnaase contra o Clube Popular.

[8] Ver "Censura".

[9] Marx remete às revelações da *Nova Gazeta Renana* relativas à prisão de J. Wulff (n. 40, de 10 de julho de 1848), Falkenhain (n. 43, de 13 de julho de 1848) e Joseph Wolff (n. 62, de 1 de agosto de 1848). À última notícia, o procurador Hecker replicou com um "Desmentido" (n. 64, de 3 de agosto de 1848), ao qual a redação respondeu com a nota "O Sr. Hecker e a '*Nova Gazeta Renana*'" (n. 65, de 4 de agosto de 1848).

além do mais, meus senhores, a estrutura da servidão tem seu mais verdadeiro apoio nos poderes políticos e sociais subordinados, que confrontam imediatamente a vida privada da pessoa, o indivíduo vivendo. Não é suficiente combater as relações gerais e os poderes mais altos. A imprensa deve decidir-se a entrar na liça contra *este* gendarme, *este* procurador, *este* conselheiro provincial. Contra o que se despedaçou a *revolução de março*? Ela reformou somente o mais alto cimo político, deixou intocadas todas as bases desse cimo, a velha burocracia, o velho exército, o velho Parquet, os velhos juízes nascidos, educados e envelhecidos a serviço do absolutismo. O primeiro dever da imprensa é agora *solapar todos os fundamentos da situação política existente.* (Aclamações do auditório.)

A administração financeira prussiana sob Bodelschwingh e consortes

NGR, n. 224, 17/2/1849

K. Marx

Colônia, 16 de fevereiro. O ministro von Bodelschwingh, "demitido" em março, apressa-se em emergir novamente de seu atual ocultamento para a luz: von Bodelschwingh foi eleito deputado à segunda Câmara. Uma escolha digna da Associação de Agricultores de Teltow.

Embora a imprensa democrática tenha se ocupado pouco, até hoje, com os ex-ministros e outros ex, agora é tempo de elucidar a atividade anterior dessa espécie de gente. Trazemos à memória de nossos leitores e do promotor público o desempenho do sr. von Bodelschwingh como ministro das Finanças.

O sr. von Bodelschwingh tornou-se ministro das Finanças na primavera de 1842 e ocupou esse posto até 3 de maio de 1844.

Ele gostava de falar sobre seu desempenho. Era amigo das "revelações". Assim ele revelou à Dieta Unificada, em 24 de outubro de 1842, que "as finanças na Prússia estão sujeitas a uma *limitada* publicidade, a saber, aquela que" resulta "da publicação trienal do orçamento público no Boletim Legislativo". Ele esclareceu, além disso, os meios e modos de elaboração de um orçamento público prussiano. Esta se baseia "essencialmente no cálculo médio dos resultados administrativos dos três anos precedentes ao momento da elaboração do orçamento".

Em 26 de outubro o mesmo sr. von Bodelschwingh revelou também que, nos últimos sete anos, as receitas haviam aumentado em mais de 5 ½ milhões de táleres e que se poderia contar com um novo aumento (*Diário Oficial*, n. 306 e 307). Na época *éramos obrigados* a acreditar no sr. ministro das Finanças porque a "publicidade limitada" envolvia as finanças prussianas em trevas impenetráveis. Mas agora é preciso ao menos duvidar da verdade das garantias dadas então pelo sr. ministro, porque recentemente muito foi revelado sobre a gestão financeira anterior.

Os orçamentos financeiros publicados no Boletim Legislativo deveriam se apoiar nos cálculos médios dos orçamentos específicos dos diversos ramos administrativos, os quais são projetados de acordo com a receita *real* dos últimos 3 anos. Se isto for correto, cada orçamento do Boletim Legislativo deve trazer a média aproximada das receitas e despesas reais dos anos anteriores. Caso contrário o orçamento, segundo a própria declaração do sr. von Bodelschwingh, é *falso*, é um *documento público falso*.

Em 1844, foi publicado no Boletim Legislativo (p. 93) um orçamento assinado pelo sr. von Bodelschwingh. Esse orçamento totaliza, tanto na receita quanto na despesa, 57.677.194 táleres. Do mesmo nível devem ser, portanto, a receita e despesa médias dos anos anteriores. Mas de fato tanto a receita quanto a despesa dos anos anteriores foram muito mais altas. Posteriormente, o governo informou aos membros da primeira Dieta Unificada os resultados da gestão financeira de 1840-1846.[1]

De acordo com o mesmo, atingem

	Receitas	Despesas
1843	73.822.589 t.	79.102.787 t.
1842	73.876.338 t.	75.269.431 t.
1841	71.987.880 t.	74.185.443 t.
	219.686.807 t.	228.557.661 t.

A média correta das receitas era, portanto, 73.228.935 táleres, a das despesas 76.185.887 táleres. O sr. von Bodelschwingh, portanto, declarou tanto receita quanto despesa demasiado baixas, e de fato ocultou *anualmente* 15.551.741 táleres da receita e 18.508.693 táleres da despesa. Naturalmente, estas somas poderiam mudar um pouco com um cálculo preciso, se os cálculos médios trienais dos orçamentos específicos para cada ramo administrativo não fossem totalmente refeitos de novo para cada projeção orçamentária e fosse possível remontar para além de 1841, e de fato até 1838. No entanto, não resultaria daí uma redução significativa das somas ocultadas; pois em 1840 as receitas anuais atingiram de novo 71.059.475 táleres e as despesas chegaram a 77.165.022 táleres.

Sobre os anos 1839 e 1838 nos faltam informações oficiais. No entanto, como sob uma mesma legislação financeira e em tempos de paz os rendimentos do Estado só se alteram gradualmente, e não de modo repentino, pode-se supor com segurança que as receitas públicas de 1838 e 1839 atingiram pelo menos 70 milhões de táleres.

O orçamento financeiro do sr. von Bodelschwingh é, portanto, *falso*, como provavelmente os de muitos de seus predecessores e de seus dois sucessores até 1848. O sr. von Bodelschwingh devia saber que publicara algo incorreto. Não lhe eram desconhecidas as verdadeiras condições da administração. As discrepâncias em relação à verdade emergiram também tão fortemente que Bergius, conselheiro de governo em Breslau, e depois dele até mesmo Bülow-Cummerow, sem conhecer as contas, de antemão chamaram a atenção publicamente para essas incorreções. Certamente, se o sr. von Bodelschwingh houvesse apresentado a verdade, suas revelações e discursos perante as comissões da Dieta Provincial teriam experimentado uma outra acolhida. Ele pôde fanfarronear graças à "publicidade limitada" das finanças prussianas, ao passo que com uma publicidade plena só poderia esperar desonra e repreensões. Falou com satisfação do aumento das receitas

---

[1] O "Resumo dos Resultados da Administração Financeira nos anos 1840 a 1846, inclusive", apresentado pelo governo prussiano à primeira Dieta Unificada, está incluído em "A Primeira Dieta Unificada em Berlim em 1847", primeira parte. Algumas inexatidões nos números utilizados no artigo foram corrigidas de acordo com essa documentação.

em 5½ milhões de táleres, mas ocultou que, de 1840 a 1843, as *despesas* superaram as receitas em 14.976.401 táleres. Embora o país houvesse obtido, nesses quatro anos, 290.746.282 táleres, essas grandes somas não puderam cobrir as despesas exorbitantes de 305.722.683 táleres. Despesas desse porte sem guerra, sem representação satisfatória dos interesses industriais e comerciais no exterior, sem frota, sem exigências marcantes da agricultura e dos negócios no interior! Monumentos para o rei, apadrinhados entre os funcionários, presentes para os *junkers* e burocratas e o exército com suas paradas e revistas custaram ao país somas colossais. Certamente não seria o sr. von Bodelschwingh quem o confessaria. Ele confeccionou, pois, um falso orçamento para persuadir o povo de que houvera menos receita e menos despesa.

Mas a elaboração de orçamentos falsos é e sempre será um empreendimento arriscado. As leis prussianas prescrevem penas severas para semelhantes delitos cometidos durante o exercício das funções. Os orçamentos financeiros publicados no Boletim Legislativo são, afinal, documentos públicos. Disso ninguém duvidará. É verdade que o Landrecht prussiano não estabelece qualquer pena específica para a exposição de falsos documentos públicos por parte de funcionários públicos. Mas um rescrito de 3 de junho de 1831 (*Kamptz' Jahrbücher*, vol. 37, p. 407) prescreve que contra semelhantes atos seja aplicada a pena para fraude e delitos cometidos no exercício da função. Desde então as cortes prussianas também o admitiram. Acerca de delitos cometidos no exercício da função, o Landrecht prussiano, Parte II, Título 20, §333, determina especificamente:

> Quem infringir deliberadamente o regulamento de seu cargo deve ser *imediatamente cassado*, e além disso, de acordo com a natureza do delito e do prejuízo causado, deve ser condenado à pena de multa proporcional, prisão ou confinamento em fortaleza e ser declarado incapaz para todo serviço público.

Cassação, declaração de incapacidade para todo serviço público, ao lado de multa ou privação de liberdade é, portanto, o que espera, *segundo as leis*, quem elabora falsos orçamentos. Caso o sr. von Bodelschwingh não possa se excusar da fortíssima suspeita de ter publicado um falso orçamento, é *dever* do juiz impor-lhe estas penas. Exigimos que ele e o promotor público esclareçam o assunto.

A pena de multa, prisão ou confinamento em fortaleza deve ser determinada de acordo com a natureza do prejuízo causado. O prejuízo que o sr. von Bodelschwing, acompanhado de seus antecessores e sucessores no cargo, infligiu ao país é tão grande, é de tal magnitude que somente ministros e outras pessoas altamente colocadas poderiam infligir a todo um povo. Pretendemos aqui apurar seu montante e ao mesmo tempo observar que, nesta oportunidade, encontramos imediatamente um novo abuso da função por parte do ministro.

A ordem ministerial de 17 de janeiro de 1820 fixa a necessidade da *despesa* para a administração pública prussiana em 50.863.150 táleres. Em seguida diz literalmente:

> A soma mencionada que Eu aprovei como a requerida para a gestão corrente não pode ser aumentada *sob nenhuma circunstância*. Os chefes das várias administrações são

pessoalmente responsáveis perante Mim, bem como todo o ministério, tanto mais particularmente quanto a soma que Eu autorizei será no todo suficiente para as finalidades indicadas na atual peça orçamentária.

O que deve ser entendido por "requerida para a gestão corrente" resulta claro e compreensível de todo o contexto, uma vez que a "gestão corrente" é oposta à gestão da dívida pública. Despesas da gestão corrente são todos aqueles pagamentos feitos pelo Tesouro público que não são utilizados para juros ou amortização da dívida pública. Tais despesas, como vimos, de acordo com a ordem ministerial de 17 de janeiro de 1820, que até hoje não foi revogada, não devem nunca exceder a soma de 50.863.150 táleres. A ordem ministerial foi publicada no Boletim Legislativo de 1820, e nunca foi posto em dúvida que, antes da proclamação da monarquia constitucional, este tipo de ordens publicadas tinha força de lei na Prússia. Toda ultrapassagem da soma legalmente determinada é, portanto, uma ilegalidade, um abuso da função por parte do ministro.

As contas da administração pública dos anos 1840-1846 submetidas à primeira Dieta Unificada e os quadros dos resultados da administração financeira em 1847 apresentados à agora dissolvida Assembleia Nacional fornecem a prova de que todos os ministros de 1840 até 1847 violaram, a cada ano, seu dever. A cada ano eles gastaram com a gestão corrente mais, e de fato consideravelmente mais, do que legalmente lhes competia. Para contextualizar melhor, trataremos aqui não mais apenas do sr. von Bodelschwingh, mas de todos os ministros das Finanças desde 1840 até 1847. Nomeadamente, foram eles: conde Alvensleben de 1835 a 1842, von Bodelschwingh de 1842 a 1844, Flottwell de 3 de maio de 1844 até 16 de agosto de 1846 e von Duesberg desde esta data até a derrubada do ministério pela revolução de março. Todos estes ministros estão igualmente envolvidos. A simples exposição dos fatos tornará claro como a incipiente prosperidade de um país foi arruinada por uma sequência de altos funcionários prevaricadores.

A despesa corrente, isto é, a despesa anual depois de deduzida a parte utilizada para a dívida pública, não pode, como vimos, atingir mais do que 50.863.150 táleres.

Mas em 1840, foram gastos: ....77.165.022 t.
Daí subtrai-se:
a) para amortização da dívida 8.579.345
b) alegadamente transferido às reservas do Tesouro 613.457

Total   9.192.082 t.

Resta, portanto, como despesa da gestão corrente............................67.972.802 t.

De acordo com isso, gastou-se ilegalmente nesse ano.. 17.109.070 t.
Em 1841 gastou-se..74.185.443 t.
A dívida pública e a reservas do Tesouro foram utilizados ....14.419.563 t.

Portanto para a gestão corrente ....59.765.880 t.
Acima da quantia legal de ....50.863.150 t
                                                                                                                        8.902.730
Em 1842 gastou-se..75.269.431 t.

Daí nada foi recolhido às reservas do Tesouro,

e para a dívida pública foram utilizados	8.684.865 t.	
Para a despesa corrente restam, pois	66.584.566 t.	
Assim, mais do que o legal		15.721.416 t.
Em 1843 a despesa foi de	79.102.787 t.	
Para as reservas do Tesouro e a dívida pública foram utilizados	8.261.981 t.	
A despesa da gestão corrente alcança então	70.840.806 t.	
Acima da quantia legal de	50.863.150 t.	
gastos		19.977.656 t.
Em 1844 a despesa alcançou	78.243.308 t.	
Deduzidos daí para as reservas do Tesouro e para juros e amortização da dívida	9.252.605 t.	
Assim, as despesas correntes atingem	68.990.703 t.	
Isto é, mais do que os	50.863.150 t	
		18.127.553 t.
Em 1845 a despesa alcançou	77.903.361 t.	
Para as reservas do Tesouro nada foi tirado e para a dívida pública foram utilizados	7.267.082 t.	
A despesa corrente é, pois	70.636.279 t.	
Portanto mais do que os legais	50.863.150 t.	
		19.773.129 t.
Em 1846 as despesas foram	78.562.335 t.	
Para as reservas do Tesouro nada foi deduzido, e para a dívida pública foram utilizados	7.423.831 t.	
Despesas da gestão corrente atingem	71.138.504 t.	
Portanto mais do que os legais	50.863.150 t.	
		20.275.354 t.
Em 1847 as despesas atingiram	80.392.730 t.	
Daí deduzidos como despesas com remédios para necessitados	6.207.650 t.	
e para a St.-Sch.-Wesen,	7.209.192 t.	
Total	13.416.842 t.	
Restam, portanto, como despesas da gestão corrente	66.975.888 t.	
Portanto mais do que os legais	50.863.150 t.	
		16.112.738 t.
Total		135.999.646 t.

Nos últimos 8 anos, sob a gestão dos ministros Alvensleben, Bodelschwingh, Flottwell e Duesberg, foram desperdiçados *ilegalmente quase 136 milhões de táleres* do dinheiro público, isto é, do patrimônio do povo, do salário dos pobres! E esta gente circula com estrelas e ordens, e ainda exerce, como Flottwell, cargos públicos elevados! Recentemente veio à baila na imprensa diária que um comissário de justiça – era considerado um democrata – foi recolhido à prisão por ser culpado de não haver restituído devidamente 50 táleres. 50 táleres e 136 milhões!

Pode ser que a soma fixada em 1820 não corresponda mais às necessidades do Estado no período atual. Mas então o governo deveria ter vindo a público abertamente e fixado *legalmente* um novo orçamento. Mas ele não quis, não ousou. Não quis graças a seus apetites absolutistas, não ousou porque temia pôr a público a gestão financeira. Revistas com a rainha Victória, batizados, casamentos, igrejas, diocese de Jerusalém, os velhos e semiesquecidos escritos de Frederico II,[2] castelos de cavaleiros, elmos, tenentes da guarda, *junkers*, padres e burocratas etc. etc., o papel que esses flagelos do povo desempenharam e desempenham nas finanças prussianas – isso o povo não devia saber. Portanto, a economia *prussiana* continuou clandestina, e os ministros, em face mesmo das leis positivas, tornaram-se criminosos. Naturalmente eles não encontraram ainda nenhum juiz.

Ressalta do quadro a seguir como a administração financeira prussiana, sob Frederico Guilherme IV, esgotou as forças do Tesouro público.

1840.	Saldo do ano anterior		16.949.157 t.
	Receita anual		71.059.475 t.
		Total	88.008.632 t.
	Deduzida a despesa anual		77.165.022 t.
	Saldo restante		10.843.610 t.
1841.	Saldo do ano anterior		10.843.610 t.
	Receita anual		71.987.880 t.
		Total	82.831.490 t.
	Deduzida a despesa anual		74.185.443 t.
	Saldo restante		8.646.047 t.
	(O orçamento elaborado por Alvensleben no Boletim Legislativo fecha com 55.867.000 táleres na receita e na despesa!)		
1842.	Saldo do ano anterior		8.646.047 t.
	Receita anual		73.876.338 t.
		Total	82.522.385 t.
	Despesa anual		75.269.431 t.
	Saldo restante		7.252.954 t.
1843.	Saldo do ano anterior		7.252.954 t.
	Receita anual		73.822.589 t.
		Total	81.075.543 t.
	Despesa anual		79.102.787 t.
	Saldo restante		1.972.756 t.
1844.	Saldo do ano anterior		1.972.756 t.
	Receita anual		75.976.613 t.
		Total	77.949.369 t.
	Despesa anual		78.243.308 t.
	Déficit de		293.939 t.
1845.	Receita anual		77.025.034 t.

---

[2] Em 1841, Frederico Guilherme IV doou 430 mil marcos para a instituição de uma diocese protestante anglo-alemã em Jerusalém. Em 1889, o dinheiro foi transferido para uma fundação religiosa instituída por Guilherme II. Os escritos de Frederico II foram editados a partir de 1846.

	Deduzido déficit de 1844	293.939 t
	Restam	76.731.095 t.
	Despesa anual	77.903.361 t.
	Portanto déficit	1.172.266 t.
1846.	Receita anual	75.721.698 t.
	Deduzido déficit de 1845	1.172.266 t.
	Restam	74.549.432 t.
	Despesa anual	78.562.335 t.
	Portanto déficit	4.012.903 t.

(A primeira Dieta Unificada foi convocada pela patente de 3 de fevereiro. Mas não concedeu nenhum crédito.)

1847.	Receita anual	79.518.543 t.
	Deduzido déficit de 1846	4.012.903 t.
	Restam	75.505.640 t.
	Despesa anual	80.392.730 t.
	Portanto déficit	4.887.090 t.

Para custear as despesas mais necessárias, foram *tirados das reservas do Tesouro 4 milhões de táleres*, e assim a receita atingiu 83.518.543 táleres. Portanto, *a velha administração começou o ano de 1848* com um *déficit no erário público* e *com o esvaziamento das reservas do Tesouro*. O saldo de caixa diminiu, nos 6 anos entre 1840 e 1847, de 16.949.157 para um déficit de 4.887.090, portanto, em 21.836.247 táleres. Nos oito anos, alcançaram

As receitas...598.988.170 t.
As despesas ....620.824.417 t.

Déficit, portanto, igual à soma calculada de.. 21.836.247 t

Não é mais possível negar essa diminuição do saldo, embora o governo também a procure esconder transportando de um ano para outro a diferença entre receita e despesa, e de tal modo que, onde já há um déficit, apresenta-se ainda um aparente superávit nas contas. Portanto, em tempos de "paz", de "calma", de "ordem", as finanças prussianas foram arruinadas pelo governo prussiano. Quando vieram os movimentos de 1848 e o mercado monetário sofreu, o Estado não pôde apoiar os particulares, e ao contrário, para garantir sua sobrevivência, foi forçado a exigir novos sacrifícios nesse período de depressão. Os senhores burgueses devem agradecer por isso aos ex-ministros prussianos e seus cúmplices. Se estes não tivessem cometido nenhuma ilegalidade no cargo, em vez do *deficit* de 136 milhões de táleres haveria dinheiro vivo disponível, e o crédito poderia ter sido mantido. Eis o prejuízo causado de que fala o §333 do direito criminal prussiano.

Deficit no Tesouro público – e com que receitas! A cada ano encontramos uma receita de mais de 71 até em torno de 80 milhões. Mas estas são somente as receitas *líquidas*, é o saldo das diversas administrações específicas depois de *deduzidos os custos administrativos*. Dos impostos, da alfândega, do correio, das florestas etc., de todos estes ramos administrativos são deduzidos previamente os respectivos salários, materiais de escritório etc., e somente o saldo restante é considerado como receita. E de fato o país teve de prover os salários e custos de escritório para os funcionários dos impostos, das florestas, do correio etc. assim como as gratificações e presentes para presidentes e generais comandantes. Estes custos administrativos previamente deduzidos foram avaliados em 20.887.541 táleres no orçamento de 1847. Contando com essa quantia, as receitas anuais atingiram entre 90 e 100 milhões, as despesas anuais chegam a ultrapassar 100 milhões de táleres. Tais quantias foram obtidas pelo povo – e o resultado é o Tesouro público vazio!

A ordem ministerial de 17 de janeiro de 1820 continha, como vimos, um regulamento para a administração dos ministros. O sr. von Bodelschwingh, não podemos considerar de outra forma, transgrediu esse regulamento com pleno conhecimento de causa. Portanto, ele incorreu mais uma vez na penalidade do já mencionado §333, Tit. 20, Parte II do Landrecht prussiano. A lei sentencia-o a *cassação, multa ou confinamento em fortaleza* e a *declaração de incapacidade para todos* os cargos *públicos*. Como o prejuízo que ele causou ao país é do máximo grau, também deve ser-lhe aplicada a maior pena de privação de liberdade legalmente admissível.

Os ex-ministros von Alvensleben, Flottwell e von Duesberg se encontram exatamente na mesma situação.

As próprias leis civis estipulam que os senhores ex-ministros são obrigados a restituir ao país o prejuízo causado, isto é, os 136 milhões de táleres esbanjados ilegalmente. A esse respeito o direito penal, de acordo com o §341, Título 20, Parte II do Landrecht prussiano, prescreve: "Sempre que um funcionário não puder restituir o prejuízo causado ao Estado ou a terceiros por prevaricação proposital, o mesmo deve, *depois de cumprir a sentença, ser retido para trabalhar em uma instituição pública tempo suficiente* para que a compensação do prejuízo seja realizada de uma ou outra forma".

Só mais um detalhe! Como saldos administrativos, foram transferidos às reservas do Tesouro:

Da gestão de 1840	613.457 táleres
Da gestão de 1841	2.837.000 t.
Da gestão de 1843	1.000.000 t.
Da gestão de 1844	2.000.002 t.
Total	6.450.459 t.

Mas de acordo com as contas relativas às reservas do Tesouro, desde 1 de julho de 1840 só foram recolhidos à caixa 6.423.332 táleres das economias administrativas. Nas contas constam, pois, 17.127 táleres mais como *despesa em favor do tesouro público* do que *foi recolhido a ele*. Sr. von Alvensleben, sr. von Bodelschwingh, sr. Flottwell e sr. von Duesberg, onde estão os 17.127 táleres? Acaso terão sido surrupiados?

Haverá um promotor público e juízes para os senhores ex-ministros?

Enquanto isso, o sr. von Bodelschwingh é membro da segunda Câmara!

Saedt

NGR, n. 225, 18/2/1849

Colônia, 17 de fevereiro. Toda cidadezinha tem seu *esprit fort;*[1] o Parquet de Colônia também tem o seu. O *esprit fort* do Parquet de Colônia é um tal de *Saedt*. *Homo novus atque ignotus*[2] (em termos claros: um pensador profundo).

Há dois tipos de audácia: há uma audácia da superioridade e uma audácia da estreiteza de espírito, que haure sua força de sua posição oficial, da consciência de lutar com armas privilegiadas etc. Assim que os debates forem divulgados, o público decidirá qual das duas superioridades o *esprit fort* do Parquet de Colônia desenvolveu em seu requisitório de ontem à tarde contra Kinkel.[3] Ao mesmo tempo, vai ponderar que o sr. Saedt ainda é jovem.

Mas não nos era possível conciliar nossa tarefa jornalística com a ocultação por mais tempo do público europeu de *uma* expressão de nosso *esprit fort*. Sabemos que o Demóstenes do Parquet de Colônia procurou emendar a passagem mencionada mediante uma interpretação ulterior. Mas nós respeitamos demais as inspirações originais do gênio exaltado para atrofiá-lo por um comentário enfraquecedor resultante de uma reflexão posterior.

O sr. *Saedt*, substituto do procurador público, disse:

Em alemão: "O senhor pode refutar tudo o que eu digo, mas não pode criticar minha exposição".

Em francês: M. *Saedt, substitut du procureur du roi, s'adressant à l'accusé*: "*Libre à vous de réfuter tout ce que je viens de dire, mais il ne vous appartient pas de critiquer le réquisitoire d'un substitut du procureur du roi*". (*Avis à la Réforme, à la Republique et à la Révolution*).[4]

---

[1] Livre pensador.

[2] Um desconhecido arrivista.

[3] Em 16 e 17 de fevereiro foi julgado em Colônia o caso de Gottfried Kinkel, redator da democrática *Nova Gazeta de Bonn*, acusado de ofensa às tropas da guarnição prussiana por causa de um artigo na antiga *Gazeta de Bonn* sobre os desmandos dos soldados prussianos em Mogúncia. Foi condenado a um mês de prisão. Em um processo de negação de impostos que corria simultaneamente, foi considerado inocente em 23 de fevereiro de 1849.

[4] À atenção da *Réforme*, da *République* e da *Révolution*. *La Republique* – diário francês, órgão dos republicanos pequeno-burgueses; publicado de 26 de fevereiro de 1848 a 2 de dezembro de 1851 em Paris, sob a redação

Em inglês: The queen's counsel, Mr. Saedt, to the defendant: "You may refute all I say, but you have no right to criticize my speech". (*N.B. Our English contemporaries, principally the* Northern Star, *are requested to publish the above.*)[5]

Em italiano: Sig. Saedt, accusatore publico, replicò: "Dite quanto volete in rifutazione di questo che ho detto, ma vi è difeso di criticare il mio requisitório." (*Avviso all'* Alba, *al* Contemporaneo *ed alla* Concordia).[6]

Em espanhol: El fiscal, Sennor Saedt, dijo, hablando al acusado: "Sennor, Vmd puede refutar todo que ho dicho; pero el que vengo de decir por requisitorio, es defendido de tocarlo." (*Pregamos los jornales radicales de Madrid de publicar esas lineas.*)[7]

Em dinamarquês: "De Kunne gjensige alt hvad jeg siger, men De have intet Ret at critisere mit Requisitoire (Angreb)" (*De danske demokratiske Tidender ville vaere meget glaedt at meddele det danske Publikum den foregaaende Bewiis af de preussiske Magistraters Sundhed.*)[8]

O próprio sr. Saedt pode decidir em que língua sua frase soa mais clara.

---

de Eugène Barrest. *La Révolution démocratique et sociale* – diário francês, órgão dos democratas republicanos pequeno-burgueses; publicado em Paris de 7 de novembro de 1848 a 13 de junho de 1849, sob a redação de Charles Delescluze.

[5] N.B. Nossos contemporâneos ingleses, especialmente o *Northern Star*, são convidados a publicar esse texto.

[6] À atenção da *Alba*, do *Contemporaneo* e da *Concordia*. *Il Contemporaneo* – diário publicado em Roma de 1846 a 1849.

[7] Pedimos aos jornais radicais de Madri que publiquem essas linhas.

[8] Os jornais democratas dinamarqueses terão o prazer de informar ao público dinamarquês a prova acima da boa intenção do funcionário da justiça prussiano.

Três estrelas *versus* triângulo

NGR, n. 225, 18/02/1849

K. Marx

Colônia, 16 de fevereiro. Há alguns dias, oferecemos condolências ao autor do artigo de fundo da *Gazeta de Colônia* que assina Δ, qual, nas eleições para a Segunda Câmara[1] (ver o n. 33 da *Gazeta de Colônia*), via diante de si a derrota do *"grande centro"* da nação teutônica e duas câmaras, uma das quais ainda não seria constitucional, e a outra ainda não seria monárquica.[2] "Dos polos opostos – soprarão então as tormentas, um passado consumado vai lutar com um futuro longínquo, talvez inalcançável." E o que será do "centro da nação teutônica?" Assim se lamentava *Schwanbeck*.

Bruggemann, o das três estrelas, sopra sobre seu amigo a tormenta do "polo oposto" no número de hoje da mesma *Gazeta de Colônia*.

Nenhum centro, diz o homem do terreno do direito, o homem alegre, que sempre eleva o *status quo*, com solene pedantismo, a um *princípio* imortal, *nenhum centro*, eis aqui a piada. Nenhum centro significa *nenhuma covardia, nenhuma indecisão, nenhuma ambição oca*! Nenhum centro – eis aqui a doutrina! No futuro, o centro vai se dissolver em "verdadeira" esquerda e "verdadeira" direita! Eis o aqui o verdadeiro sentido.

Portanto, Bruggemann, o "verdadeiro" homem da "*verdadeira*" decisão.

Em outras palavras: Bruggemann se move *do centro* para *a direita*: a "correspondência parlamentar" o levou a parlamentar. Trememos pela direita.

Mas o melancólico Δ, agonizante de tanto pensar, pode argumentar com o alegre triestrelado. *Ça ne nous regarde pas*![3]

---

[1] Os debates da Segunda Câmara foram impressos nas "Atas estenográficas sobre as sessões das Câmaras convocadas pela patente de 5 de dezembro de 1848", suplemento do *Diário Oficial Prussiano*, Vols. 1-2, Berlim.
[2] Ver " A divisão do trabalho na *Gazeta de Colônia*".
[3] Isso não nos diz respeito!

Stein

NGR, n. 225, 18/2/1849

Colônia, 16 de fevereiro. A *"Associação para a Ordem Legal"*, de Breslau (uma associação "Com Deus, pelo rei e pela pátria"), dirigiu uma carta aberta ao dr. Julius Stein na qual é dito, entre outras coisas, que a *Nova Gazeta Renana* se deixou enganar pelo discurso conservador do sr. Stein tanto quanto os bravos pequeno-burgueses de Breslau e o "considerou perdido para a democracia".

Nós gostamos de posições definidas. Nunca coqueteamos com um partido parlamentar. O partido que *nós* defendemos, o partido do povo, só existe na Alemanha numa forma muito elementar. Mas onde há uma luta contra o *governo existente* aliamo-nos mesmo com nossos inimigos. Aceitamos como um fato a oposição oficial prussiana, tal como nasceu das miseráveis relações culturais alemãs atuais, e por isso, na campanha eleitoral, mantivemos em segundo plano inclusive *nossas* próprias opiniões. Agora, *depois* das eleições, defendemos novamente nosso velho e implacável ponto de vista não somente em face do governo, como também da oposição oficial.

A "Associação para a Ordem Legal" engana-se. Não consideramos os senhores Stein, Waldeck e consortes "perdidos para a democracia". Sempre parabenizamos a democracia por não ser representada pelos Stein, Waldeck e consortes.

Em um de nossos primeiros números declaramos que, numa Convenção, a extrema esquerda da Assembleia Ententista de Berlim, com exceção de três ou quatro pessoas, constituiria a extrema direita.[1] Nunca incluímos Stein ou Waldeck entre esses três ou quatro.

No que concerne especificamente ao sr. Stein, lembramo-nos do tempo em que ele se apresentava como constitucionalista fanático contra os republicanos e *denunciou* formalmente os representantes da classe trabalhadora na *Gazeta Silesiana* e *mandou-os denunciar* por um mestre-escola, seu irmão espiritual, atualmente membro da "Associação para a Ordem Legal".

---

[1] Esta ideia está contida no artigo de Ernst Dronke, "A Sessão da Assembleia Nacional de 7 e 8 de Agosto", na *Nova Gazeta Renana*, n. 74, de 13 de agosto de 1848.

Tão patética quanto a Assembleia Ententista foi a assim-chamada fração democrática desta Assembleia. Era previsível que agora esses senhores, para se reelegerem, reconhecessem a Constituição outorgada. É típico do ponto de vista desses senhores que neguem posteriormente, no clube democrático, o que haviam admitido *antes* das eleições nas assembleias de eleitores. Esta pequena e finória esperteza liberal nunca foi a diplomacia de caracteres revolucionários.

A proclamação da República em Roma

NGR, n. 228, 22/2/1849

A constituinte italiana não é nenhuma Assembleia Nacional de Frankfurt. Os italianos sabem que a unidade de um país fragmentado em principados feudais só pode ser estabelecida com a extinção dos principados. Os italianos abriram a campanha em 1848, e a abrem em 1849. Mas que progresso! Nenhum *Pius nonus*[1] mais na Itália, assim como nenhum Lamartine na França. O período fantástico da revolução europeia, o período do visionarismo, da boa vontade e das flores de retórica foi adequadamente encerrado com bombas incendiárias, chacinas em grande escala e deportações. Comunicados austríacos, comunicados prussianos, comunicados russos foram as respostas mais pertinentes às proclamações de Lamartine.

Da trípode de pitonisa de sua profundidade e persistência, os alemães estão acostumados a olhar altivamente e com solene desdém a superficialidade italiana. A comparação entre o 1848 italiano e o 1848 alemão ofereceria a resposta mais categórica. Nesta comparação é preciso levar em conta sobretudo que a Itália revolucionária foi posta em xeque pela Alemanha e pela França, ao passo que nada refreou os movimentos da Alemanha revolucionária.

A *República em Roma*! Eis a primeira palavra do drama revolucionário de 1849.

---

[1] Pio IX.

Outra contribuição sobre a administração financeira velho-prussiana

NGR, n. 229, 23/2/1849

K. Marx

Colônia, 21 de fevereiro. Nosso artigo do número 224 sobre von Bodelschwingh e consortes e a gestão financeira prussiana[1] precisa ser completado. No final daquele mostramos que foram lançados nas reservas do Tesouro 27.127 táleres (17.127 foi um erro de impressão) a menos do que, de acordo com as contas do Tesouro público geral, foram recolhidos. Posteriormente encontramos nas contas lançadas pelo governo uma nota que nos esclareceu o enigma do paradeiro dessa quantia.

A saber: as assim chamadas economias administrativas do ano de 1844, no montante de 200.002 táleres, não foram depositadas em dinheiro na caixa das reservas do Tesouro, mas com esta soma foram comprados títulos da dívida pública. Pela cotação da época, deve ter-se gerado, então, um prejuízo de 27.127 táleres para o comprador. Os ministros prussianos são ou eram brilhantes financistas! Isto torna este caso novamente notório. Pois não temos mais que perguntar aos senhores ex-ministros onde estão os 27.127 táleres, mas podemos dizer-lhes que, graças a sua esperteza nesse negócio, não apenas 27 mil, e sim mais de 400 mil táleres foram perdidos. Esta acusação é dirigida primeiramente ao sr. Flottwell, pois era ele então o ministro das Finanças. Pode ser que seja um homem honesto. Mas não faz diferença para o país se seu ministro o prejudicou por incapacidade ou má-fé. Uma investigação a esse respeito poderia interessar, no máximo, à família dele.

Em seu memorial sobre o Tesouro público de 6 de abril de 1847, o então ministro da Fazenda von Thile declarou sem reservas que, em relação ao Tesouro público, vigoram os dois seguintes princípios:

1) que o saldo deve estar sempre disponível em dinheiro *vivo, sonante*.
2) que o Tesouro público não pode efetuar pagamentos de qualquer natureza, exceto para armamentos de guerra.

No que se refere ao primeiro princípio, é certo que, se de todo modo deve existir um Tesouro público, este só tem sentido racional se for depositado em *dinheiro vivo ou metais preciosos*. Um governo que não pode se apoiar na força do povo, pode certamente carecer de uma reserva para os assim chamados tempos difíceis. Quando padece de falta

---

[1] Ver "A administração financeira prussiana sob Bodelschwingh e consortes".

de crédito também na Bolsa, deve ainda ter meios em reserva para se socorrer nesse embaraço, mas isso só pode ser feito com dinheiro vivo ou metais preciosos. Ouro e prata abrem o coração dos burgueses em qualquer tempo. Mas um papel depreciado, ruim, é o caminho mais seguro para perder também o "respeito" da Bolsa. Quando o crédito público reduziu-se ao ponto de tornar necessária a ajuda do Tesouro público, não há nada mais humilhante na Bolsa do que precisar oferecer à venda títulos da dívida pública e procurar compradores. Quem já observou alguma vez uma grande Bolsa conhece o desprezo que se estampa nas fisionomias e gestos dos especuladores monetários logo que, em tais épocas, lhes são oferecidos papéis públicos. De resto, o especulador pode ser um conselheiro comercial privado e muito "bem intencionado".

A compra de títulos da dívida pública era, portanto, a mais desastrosa operação que o governo prussiano poderia se propor.

O sr. von Thile declara, no memorial citado, que *foi obrigado* a aceitar os 1.972.875 táleres em títulos da dívida pública em vez dos 2.000.002 em *dinheiro vivo*. Não damos qualquer valor a essa desculpa de "ser obrigado". Mas se as contas estão certas, a compra dos papéis públicos foi realizada já pelo Erário. Caso contrário, o montante total do dinheiro vivo deveria ter sido entregue às reservas do Tesouro. Portanto, o sr. Flottwell parece estar vinculado muito de perto a essa bem-sucedida operação financeira.

Os números seguintes mostrarão que a parcimônia pequeno-burguesa, que economizaria com prazer alguns pontos percentuais nos juros e não está à altura dos grandes empreendimentos financeiros de um Estado, acaba por fim vergonhosamente com um duplo prejuízo:

> Ao prejuízo contra o valor nominal pela compra de 27.127 t. acresce o prejuízo ainda maior pela venda. De março ao início de julho de 1848 a cotação dos títulos da dívida pública oscilou entre 66% para compra (4 de abril) e 8 3½% para venda (21 de março). Como, entretanto, a cotação cai igualmente quando uma grande quantia de papéis é posta à venda, pode-se supor que o governo não se desembaraça de seus títulos da dívida pública por mais de 70%. Portanto, na venda, provavelmente foram perdidos ao menos 30% do valor nominal de 1.972.875 t., portanto 591.840 t.
>
> | | |
> |---|---|
> | Total | 618.967 t. |
> | dos quais tira-se os lucros ganhos por três anos a 69.048 t. | 207.144 t. |
> | Portanto restam | 411.823 t. |
>
> provavelmente como puro prejuízo. Quase um quarto da soma total foi perdido, e por consequência o crédito público debilitou-se ainda mais graças à cotação rebaixada dos títulos da dívida pública.

Esta pequena comprovaçãozinha da sabedoria dos ministros prussianos das Finanças e Fazenda *à la* Flottwell-Thile só foi aduzida porque a complementação a nosso artigo acima indicado a tornou necessária. Caso contrário não nos ocuparíamos com miudezas, quando as grandes questões nos oferecem tão rico material.

Uma denúncia

NGR, n. 229, 23/2/1849

Colônia, 22 de fevereiro. Na *Gazeta da Agência Geral dos Correios*, cujo antigo redator era um agente pago de Guizot (ver a *Revue rétrospective*,[1] de Taschereau) e um agente não pago de Metternich, como sabidamente também o é todo o Serviço Postal *Thurn und Taxis* – este retrógrado Instituto Nacional de Cocheiros, um fardo para a indústria alemã, em luta com as ferrovias, cuja existência após março mal se compreende e cuja aniquilação imediata deve ser um dos primeiros atos da próxima Constituinte alemã a ser instituída (a Assembleia na Igreja de São Paulo notoriamente nunca foi constituinte), e que desde Joseph II nunca foi outra coisa do que um albergue de espiões austríacos – neste jornal imperial delator pertencente a esse ex-príncipe do *Thurn und Taxis*, o redator responsável H. Malten (já identificado pela velha *Gazeta Renana*) publica o que se segue, alegando reproduzir essa correspondência parisiense de um jornal que não lemos:[2]

> Para vergonha da reputação alemã, somos obrigados a confessar que são alemães os que entre nós se engajam na agitação na mais grandiosa, para não dizer na mais insolente medida. Existe aqui um birô especial dos vermelhos do qual todos os artigos incendiários que de algum modo incitam contra a ordem da sociedade humana são enviados imediatamente para a província. Não basta que alemães tomem parte nessas operações inglórias na França: devemos também a eles que uma propaganda deplorável estenda sem cessar sua teia sobre a Alemanha. A partir do caldeirão dessa mesma cozinha revolucionária, o vale alemão do Reno é alagado em toda sua extensão com papéis revolucionários, sobre o que a *Nova Gazeta Renana* teria muito a dizer se não achasse melhor observar, neste ponto, um silêncio cuidadoso. No planalto badense as camadas populares baixas já são influenciadas há meses por Paris. As ligações entre os democratas daqui e os refugiados na Suíça são igualmente fatos.

---

[1] *Revue rétrospective ou Archives secrètes du dernier Gouvernement* 1830-1848 (Panorama retrospectivo ou Arquivos secretos do último governo) – Coletânea de J. Taschereau, publicada em Paris mensalmente de 1833 a 1838 e irregularmente em 1848. O n. 3 de 1848 continha uma apresentação dos fundos secretos do ministério do Exterior da monarquia de julho para os anos 1840-1842 e 1844-1847, e mencionava a pensão anual do agente secreto do governo Guizot, o redator da *Gazeta da Agência Geral dos Correios*, Karl Peter Berly.

[2] No n. 44 da *Gazeta da Agência Geral dos Correios de Frankfurt*, de 20 de janeiro de 1849, foi impressa uma correspondência parisiense publicada no jornal *A Reforma Alemã*.

Observamos sobre esta miserável denúncia: 1) que nós *jamais escondemos nossas* ligações com os democratas franceses, ingleses, italianos, suíços, belgas, poloneses, americanos e outros, e 2) que tratamos de fabricar também aqui mesmo em Colônia os "papéis revolucionários" com os quais *nós* certamente "inundamos o vale alemão do Reno" (e não somente ele!). Para isso não precisamos de nenhuma ajuda de Paris; estamos acostumados há vários anos que nossos amigos de Paris recebam mais de nós do que nós deles.

O processo contra o Comitê Distrital Renano dos Democratas[1]

NGR, n. 231, 25/2/1849

Discurso de Defesa de Karl Marx

Senhores jurados! Se o processo corrente tivesse sido impetrado *antes* de 5 de dezembro, eu entenderia a acusação do Ministério Público. Agora, *depois* de 5 de dezembro, não entendo como o Ministério Público ainda ousa invocar contra nós leis que a própria Coroa calcou aos pés.

Em que o Ministério Público fundamentou sua crítica à Assembleia Nacional, sua crítica à resolução de negação dos impostos?[2] Nas leis de 6 e 8 de abril de 1848. E o que fez o governo quando, em 5 de dezembro, arbitrariamente outorgou uma Constituição e impôs ao país uma nova lei eleitoral? Rasgou as leis de 6 e 8 de abril de 1848. Se estas leis não existem mais para os partidários do governo, devem existir ainda para seus inimigos? Em 5 de dezembro o governo colocou-se no terreno *revolucionário*, especificamente no *contrarrevolucionário*. Em face dele há somente revolucionários ou cúmplices. Ele próprio transformou em insurretos até mesmo a massa dos cidadãos que se movia no terreno das leis existentes, que diante da violação das leis defendia a lei existente. *Antes* de 5 de dezembro podia haver diversas opiniões sobre a transferência e a dissolução da Assembleia Nacional, sobre o estado de sítio em Berlim. *Depois* de 5 de dezembro, é um autêntico fato que essas medidas levariam à contrarrevolução, que por isso todos os meios eram permitidos contra uma fração que não mais reconhecia as próprias condições sob as quais era *governo*, e que portanto também não podia mais ser reconhecida como governo pelo país. Meus senhores! A Coroa podia pelo menos salvar a aparência da legalidade, mas ela desprezou essa possibilidade. Ela podia dissolver a Assembleia Nacional e então mandar o ministério se apresentar ao país e dizer:

> Nós ousamos um golpe de Estado, as circunstâncias nos obrigaram a isso. Desprezamos formalmente as leis, mas há momentos de crise em que a própria existência do Estado está em jogo. Em tais momentos só há *uma* lei inviolável, a existência do Estado. Quando

---

[1] Em 8 de fevereiro de 1849, compareceram diante do tribunal do júri em Colônia Karl Marx, Karl Schapper e o advogado Schneider II; foram acusados de incitação à insurreição em função do apelo do Comitê de 18 de novembro de 1848 sobre a negação dos impostos. O júri os declarou inocentes.

[2] Ver "Nenhum imposto mais!!!".

dissolvemos a Assembleia, não existia Constituição. Por consequência, não podíamos violar a Constituição. Existiam, entretanto, duas leis orgânicas, as leis de 6 e 8 de abril de 1848. Bem, existia, na verdade, apenas *uma única* lei orgânica, a *lei eleitoral*. Convidamos o país a realizar novas eleições de acordo com *esta* lei. Nós, o *ministério responsável*, nos apresentaremos diante da Assembleia que nascerá destas eleições primárias. Esta Assembleia, esperamos, reconhecerá o golpe de Estado como um *ato salvador*, imposto pela necessidade das circunstâncias. Ela sancionará *a posteriori* este golpe de Estado. Declarará que violamos uma forma legal para salvar a pátria. Ela nos julgará.

Se o ministério tivesse agido assim, poderia nos apresentar diante de seu tribunal com alguma *aparência* de direito. A Coroa teria salvado a aparência da legalidade. Ela não pôde, não *quis* fazê-lo.

Aos olhos da Coroa, a Revolução de Março foi um fato brutal. Um fato brutal só pode ser extirpado por outro. Cassando as novas eleições sobre a base da lei de abril de 1848, o ministério *negou* sua *responsabilidade, cassou o próprio foro perante o qual era responsável*. O apelo da Assembleia Nacional ao povo transformou-se, assim, daí em diante, em pura aparência, em ficção, em logro. Inventando uma primeira Câmara censitária como parte integrante da Assembleia legislativa, o ministério rasgou as leis orgânicas, perdeu o terreno do direito, falsificou as eleições populares, privou o povo de qualquer julgamento sobre o "ato salvador" da Coroa.

Portanto, meus senhores, os fatos não se deixam negar, nenhum historiador futuro os negará: a Coroa fez uma revolução, calcou aos pés a situação legal; não pode apelar às leis que ela mesma tão vergonhosamente derrubou. Quando uma revolução é bem-sucedida, seus adversários podem ser enforcados, mas não julgados. Podem ser varridos do caminho como inimigos vencidos, não podem ser julgados como criminosos. Depois de consumada uma revolução ou contrarrevolução, as leis derrubadas não podem ser usadas contra os *defensores* dessas mesmas leis. Isto é uma covarde hipocrisia da legalidade, que vocês, meus senhores, não sancionarão com seu veredito.

Eu lhes disse, meus senhores, que o governo falsificou o julgamento do povo sobre o "ato salvador da Coroa". E não obstante o povo já se decidiu, *contra* a Coroa, *a favor* da Assembleia Nacional. As eleições para a segunda Câmara são as únicas legítimas, porque são as únicas realizadas de acordo com a lei de 8 de abril de 1848. E quase todos os que negaram os impostos foram reeleitos para a segunda Câmara, muitos duas, três vezes. Meu coacusado mesmo, Schneider II, é deputado por Colônia. A questão sobre o direito da Assembleia Nacional de decidir pela negação dos impostos já foi, portanto, de fato resolvida pelo povo.

Abstraindo desta alta sentença, todos os senhores convirão comigo que não há aqui qualquer crime no sentido comum, que não há aqui absolutamente qualquer conflito com a lei que pertença a seu foro. Em situações ordinárias, o poder público é o executor das leis existentes; criminoso é aquele que quebra essas leis ou que se opõe violentamente ao poder público no exercício delas. Em nosso caso, um dos poderes públicos quebrou a lei, o outro poder público, não importa qual, defendeu-a. A luta entre dois poderes políticos não diz respeito nem à esfera do direito privado nem à esfera do direito criminal. A questão sobre quem está com a razão, a Coroa ou a Assembleia Nacional, é uma questão histórica. Todos os júris, todos os tribunais da Prússia, tomados em conjunto, não poderiam decidi-la. Só há um poder que a resolverá, a história. Por isso não compreendo como pudemos ser postos no banco dos réus sobre a base do *Code Pénal*.

Que se tratava aqui de uma luta entre dois poderes, e entre dois poderes só o poder pode decidir, isto, meus senhores, foi declarado tanto pela imprensa revolucionária quanto pela contrarrevolucionária. Até um órgão do governo o proclamou pouco antes da decisão da luta. A *Nova Gazeta Prussiana*, o órgão do ministério atual, reconheceu-o claramente. Alguns dias antes da crise ela disse, aproximadamente: Agora não se trata mais do direito, e sim do poder, e veremos que a velha monarquia pela graça de Deus ainda tem o poder. A *Nova Gazeta Prussiana* compreendeu corretamente o estado das coisas. Poder contra poder. A vitória devia ser decidida entre ambos. A contrarrevolução venceu, mas somente o primeiro ato do drama terminou. Na Inglaterra, a luta durou mais de 20 anos. Carlos I foi seguidamente vencedor, e por fim subiu ao cadafalso. E quem lhes afiança, meus senhores, que o atual ministério, que esses funcionários que agiram e agem como seus instrumentos, não serão condenados por alta traição pela Câmara atual ou seus sucessores?

Meus senhores! O Ministério Público procurou fundamentar sua acusação nas leis de 6 e 8 de abril. Fui obrigado a lhes demonstrar que essas mesmas leis nos absolvem. Mas não lhes ocultarei que eu nunca reconheci essas leis, que nunca as reconhecerei. Elas nunca tiveram validade para os deputados eleitos pelo povo, e menos ainda poderiam prescrever o percurso da revolução de março.

Qual a origem das leis de 6 e 8 de abril? A entente do governo com a *Dieta Unificada*. Pretendia-se, por esse caminho, estabelecer um vínculo com a velha situação legal e suprimir a revolução, que havia derrotado justamente essa situação. Homens como Camphausen e outros consideraram importante salvar a aparência de progresso legal. E como salvaram essa aparência? Por uma série de contradições evidentes e grosseiras. Ponham-se, meus senhores, por um momento, no velho ponto de vista legal! A mera existência do ministro Camphausen, um *ministro responsável*, um ministro sem carreira funcional, não era uma ilegalidade? A posição de Camphausen, do *primeiro-ministro responsável*, era uma ilegalidade. Esse funcionário *legalmente* inexistente convocou a Dieta Unificada para que ela promulgasse leis para cuja promulgação essa mesma Dieta não era *legalmente* competente. E este jogo formal descarado e autorrevogável foi chamado de progresso legal, defesa do terreno do direito!

Mas abstraiamos das formalidades, meus senhores! O que era a Dieta Unificada? O representante das velhas e corrompidas relações sociais. A revolução, ela ocorreu justamente contra estas relações. E aos representantes da sociedade vencida são submetidas as leis orgânicas que devem reconhecer, regular, organizar a revolução contra essa velha sociedade? Que contradição grosseira! A Dieta foi derrubada com a velha monarquia.

Naquela ocasião, meus senhores, deparamo-nos face a face com o assim chamado *terreno do direito*. Sou tanto mais obrigado a abordar este ponto quanto nós somos vistos, com razão, como inimigos do terreno do direito, e as leis de 6 e 8 de abril devem sua existência exclusivamente ao reconhecimento formal do terreno do direito.

A Dieta defendia, sobretudo, a grande propriedade fundiária. A grande propriedade fundiária foi, de fato, o fundamento da *sociedade feudal*, medieval. A *moderna sociedade burguesa, nossa* sociedade, baseia-se, ao contrário, na indústria e no comércio. A propriedade fundiária mesma perdeu todas as suas antigas condições de existência, tornou-se dependente do comércio e da indústria. Por conseguinte, hoje em dia a agricultura é explorada industrialmente, e os velhos senhores feudais decaíram a fabricantes de gado, lã, cereais, beterrabas, aguardente etc., a pessoas que comercializam com produtos industriais como qualquer outro comerciante! Por mais que se apeguem a seus velhos preconceitos, na prática se tornaram burgueses que produzem o máximo possível com o menor custo possível, que compram pelo menor preço e vendem pelo maior preço que possam. O modo de vida, de produção, de ocupação desses senhores já mostra, portanto, a mentira de suas tradicionais e pomposas ilusões. A propriedade fundiária como elemento social dominante pressupõe o *modo de produção e de troca medieval*. A Dieta Unificada representava esse modo de produção e de troca medieval, que há muito cessara de existir, e cujos representantes, por mais que se apeguem aos velhos privilégios, igualmente desfrutam e exploram as vantagens da nova sociedade. A sociedade nova, burguesa, apoiada em fundamentos totalmente diferentes, em um modo de produção transformado, precisava apoderar-se também do poder; precisava arrebatá-lo das mãos que representavam os interesses da sociedade declinante, um poder político cuja organização inteira resultara de relações sociais materiais muito diferentes. *Daí a revolução*. A revolução foi, por isso, dirigida igualmente contra a *monarquia absoluta*, a expressão política mais alta da velha sociedade, e contra a *representação estamental*, que representava uma ordem social há muito negada pela indústria moderna, ou no máximo as ruínas ainda arrogantes de *estamentos* a cada dia mais superados pela sociedade burguesa, empurrados para o segundo plano, dissolvidos. Como, então, se concebeu a ideia de permitir que a Dieta Unificada, a representante da velha sociedade, ditasse leis à nova sociedade, que alcançara seu direito pela revolução?

Em tese, para defender o *terreno do direito*. Mas, meus senhores, o que se entende por defesa do terreno do direito? A defesa de leis pertencentes a uma época social passada, elaboradas por representantes de interesses sociais decadentes ou declinantes, portanto apenas a elevação a lei destes interesses que estão em contradição com as necessidades gerais. Mas a sociedade não se baseia na lei. Isso é uma ilusão jurídica. Ao contrário, a lei deve basear-se na sociedade, deve ser expressão de seus interesses e necessidades comuns, resultantes do modo de produção material atual, contra o arbítrio do indivíduo isolado. O *Code Napoléon*, que eu tenho aqui em mãos, não gerou a moderna sociedade burguesa. Ao contrário, a sociedade burguesa, nascida no século XVIII e desenvolvida no século XIX, apenas encontra no *Code* sua expressão legal. Assim que deixar de corresponder às relações sociais, ele não passará de um pedaço de papel. Os senhores não podem fazer das velhas leis o fundamento do novo desenvolvimento social, assim como tampouco estas velhas leis geraram as velhas condições sociais.

Elas nasceram destas velhas condições e devem desaparecer com elas. Elas mudam necessariamente com a transformação das relações vitais. A defesa das velhas leis contra as novas necessidades e exigências do desenvolvimento social não passa, no fundo, da defesa hipócrita de interesses particulares anacrônicos contra o interesse geral contemporâneo. *Esta defesa do terreno do direito* pretende que tais interesses particulares vigorem como *dominantes* quando eles *não mais dominam*; pretende impor à sociedade leis que foram condenadas pelas próprias relações vitais desta sociedade, por sua forma de trabalho, seu intercâmbio, sua produção material, pretende manter legisladores que se ocupam apenas de interesses particulares, pretende abusar do poder político para sobrepor violentamente os interesses da minoria aos da maioria. Ela entra, pois, a todo momento em contradição com as necessidades existentes, inibe a circulação, a indústria, ela prepara *crises sociais* que explodem em *revoluções políticas*.

Eis o verdadeiro sentido da fidelidade ao terreno do direito e da defesa do terreno do direito. E sobre esta frase do terreno do direito, decorrente do logro consciente ou do autoengano inconsciente, apoiou-se a convocação da Dieta Unificada, permitiu-se que esta Dieta fabricasse leis orgânicas para a Assembleia Nacional tornada necessária pela revolução e gerada por ela. E pretende-se julgar a Assembleia Nacional de acordo com essas leis!

A Assembleia Nacional representava a moderna sociedade burguesa diante da sociedade feudal, representada na Dieta Unificada. Ela fora eleita pelo povo para estabelecer autonomamente uma constituição que correspondesse às condições de vida que haviam entrado em conflito com a organização política até então vigente e com as leis até então vigentes. Era, pois, desde o início soberana, constituinte. Se, não obstante, condescendeu com o ponto de vista ententista, tratou-se de deferência puramente formal para com a Coroa, mero protocolo. Não preciso aqui investigar se, diante do povo, a Assembleia tinha o direito de assumir o ponto de vista ententista. Na opinião dela, a colisão com a Coroa seria evitada pela boa vontade de ambas as partes.

Mas uma coisa é certa: as leis de 6 e 8 de abril concertadas com a Dieta Unificada eram formalmente inválidas. Seu único significado material era expressar e estabelecer as condições sob as quais a Assembleia Nacional poderia ser a verdadeira expressão da soberania do povo. A legislação da Dieta Unificada foi somente uma forma que economizou à Coroa a humilhação de proclamar: *Eu fui vencida!*

NGR, n. 232, 27/2/1849

Passo agora, meus senhores jurados, à análise mais detalhada da exposição do Ministério Público.

O Ministério Público disse:

> A Coroa renunciou a uma parte do poder, que estava integralmente em suas mãos. Mesmo na vida comum meu certificado de renúncia não ultrapassa as claras palavras por meio das quais renunciei. Mas a lei de 8 de abril de 1848 nem admite um direito de negação de impostos, nem determina Berlim como sede necessária da Assembleia Nacional.

Meus senhores! O poder estava *despedaçado* nas mãos da Coroa; ela renunciou ao poder para salvar seus fragmentos. Lembrem-se, meus senhores, que o rei, logo depois de sua ascensão ao trono, em Königsberg e Berlim, empenhou sua palavra de honra contra a concessão de um Estado constitucional. Lembrem-se que o rei, em 1847, quando da abertura da Dieta Unificada, jurou em alto e bom som que não toleraria nenhum pedaço de papel entre ele e *seu* povo. Depois de março de 1848, e inclusive na constituição outorgada, o rei proclamou a si mesmo como rei *constitucional*. Empurrou esta ninharia abstrata e exótica, o pedaço de papel, entre ele e seu povo. O Ministério Público ousará alegar que o rei voluntariamente desmentiu de modo tão evidente suas solenes garantias, tornou-se voluntariamente culpado, diante de toda a Europa, da inconsequência intolerável de conceder a entente ou a Constituição? O rei fez as concessões a que a revolução o *obrigou*. Nem mais, nem menos!

A popular analogia do Ministério Público infelizmente não prova nada. É verdade que, quando renuncio, não renuncio a nada mais do que àquilo a que renuncio *expressamente*. Se lhes ofereço um presente, seria realmente uma impertinência de vossa parte querer, graças a meu certificado de presente, obter de mim à força outros benefícios. Mas, depois de março, foi justamente o povo quem presenteou; a Coroa foi quem recebeu o presente. Obviamente o presente deve ser interpretado no espírito de quem o deu, e não de quem o recebeu, no espírito do povo e não da Coroa.

O poder absoluto da Coroa fora quebrado. O povo vencera. Ambos concluíram um armistício, e o povo foi enganado. Que o povo foi enganado, meus senhores, o próprio Ministério Público deu-se ao trabalho de lhes provar detalhadamente. Para contestar à Assembleia Nacional o direito da negação dos impostos, o Ministério Público explicou-lhes minuciosamente que, se algo do tipo estava contido na lei de 6 de abril de 1848, não se encontrava mais de modo algum na lei de 8 de abril de 1848. Portanto, esse intervalo foi utilizado para, dois dias mais tarde, privar os representantes do povo dos direitos que dois dias antes lhes haviam sido concedidos. Podia o Ministério Público comprometer mais claramente a *honestidade* da Coroa, poderia demonstrar mais irrefutavelmente a *intenção de enganar* o povo?

O Ministério Público diz adiante: "O direito de *transferência* e *adiamento* da Assembleia Nacional é uma prerrogativa do poder executivo e é reconhecido em todos os países constitucionais."

Quanto ao direito do *poder executivo* de *transferir* a Câmara legislativa, desafio o Ministério Público a apresentar ao menos uma única lei ou exemplo dessa alegação. Na

Inglaterra, por exemplo, o rei podia, de acordo com um antigo direito histórico, convocar o parlamento para qualquer lugar, a seu arbítrio. Não existia nenhuma lei determinando Londres como a sede legal do parlamento. Vocês sabem, meus senhores, que na Inglaterra em geral as maiores liberdades políticas são sancionadas pelo direito consuetudinário, não por direito escrito, como, por exemplo, a liberdade de imprensa. Mas a ideia de um ministério inglês transferir o parlamento de Londres para Windsor ou Richmond – basta dizê-lo para reconhecer sua impossibilidade.

Certamente, nos países constitucionais a Coroa tem o direito de *adiar* as câmaras. Mas não se esqueçam de que, em contrapartida, todas as constituições especificam *por quanto tempo* as câmaras podem ser adiadas e em qual prazo devem ser novamente convocadas. Na Prússia não existia qualquer Constituição, era preciso primeiro elaborá-la; não existia nenhum prazo legal para a convocação da Câmara adiada, portanto também não existia qualquer direito de adiamento para a Coroa. Caso contrário, a Coroa poderia adiar a câmara por dez dias, dez anos, eternamente. Onde estava a garantia de que a câmara seria algum dia convocada ou permaneceria reunida? A existência da Câmara ao lado da Coroa seria deixada ao arbítrio da Coroa, o poder legislativo se tornaria ficção, se é que se pode falar aqui de poder legislativo.

Meus senhores! Esse exemplo mostra-lhes a que leva a tentativa de comparar o conflito entre a Coroa prussiana e a Assembleia Nacional Prussiana com as condições dos países constitucionais. Leva à *defesa da monarquia absoluta*. De um lado, reivindica-se para a Coroa os direitos de um poder executivo constitucional, de outro não há qualquer lei, qualquer costume, qualquer instituição orgânica que imponha a ela as limitações do poder executivo constitucional. Exige-se da representação popular que, diante de um rei *absoluto*, desempenhe o papel de uma câmara *constitucional*!

É preciso ainda explicar que no caso em questão não há um *poder executivo* confrontado a um *poder legislativo*, que a divisão constitucional dos poderes não se aplica à *Assembleia Nacional Prussiana* e à Coroa prussiana? Abstraiam da revolução, apeguem-se somente à *teoria ententista* oficial. Mesmo de acordo com essa teoria, confrontam-se dois poderes soberanos. Sobre isso não resta dúvida! Destes dois poderes, um deve destroçar o outro. Dois poderes soberanos não podem funcionar ao mesmo tempo, um ao lado do outro, em *um Estado*. Isto é um contrassenso, como a quadratura do círculo. O poder material devia decidir entre ambas as soberanias. Mas nós, nós não temos que investigar aqui a possibilidade ou impossibilidade da entente. Basta dizer que dois poderes entraram em relação um com o outro para fechar um acordo. O próprio Camphausen presumia a possibilidade de o acordo não se realizar. Da tribuna ele mostrou aos ententistas o perigo que sobreviria ao país se o compromisso não se realizasse. O perigo residia nas relações originárias da Assembleia Nacional ententista para com a Coroa, e posteriormente pretendeu-se tornar a Assembleia Nacional responsável por esse perigo, negando-se aquela relação originária e transformando-a em uma *Câmara constitucional*! Pretendia-se resolver a dificuldade abstraindo dela!

Acredito ter-lhes provado, meus senhores, que a Coroa não tinha o direito nem de transferir a Assembleia Ententista nem de a adiar.

Mas o Ministério Público não se limitou a examinar se a Coroa tinha um *direito* de transferir a Assembleia Nacional; ele procurou comprovar a *adequação* dessa transferência. "Não teria sido adequado", exclama ele, "se a Assembleia Nacional tivesse obedecido a Coroa e se tivesse mudado para Brandenburg?" O Ministério Público encontra o fundamento dessa adequação na situação da própria Câmara. Em Berlim ela não era livre etc.

No entanto, não é clara como o dia a intenção da Coroa com essa transferência? Ela mesma não despiu de qualquer aparência de verdade todos os motivos oficialmente apresentados para essa transferência? Não se tratava da liberdade de deliberação, tratava-se ou de mandar a Assembleia para casa e outorgar uma Constituição ou, convocando representantes submissos, engendrar uma representação fictícia. Quando, contra as expectativas, reuniu-se em Brandenburg um número de deputados suficiente para votar, renunciou-se à hipocrisia e a Assembleia Nacional foi dissolvida.

De resto, como é óbvio, a Coroa não tinha o direito de declarar a Assembleia Nacional livre ou não livre. Ninguém mais do que a própria Assembleia podia decidir se gozava ou não gozava da necessária liberdade de deliberação. Nada mais cômodo para a Coroa do que, a cada decisão que não lhe agrade, declarar a Assembleia Nacional não livre, irresponsável, e interditá-la!

O Ministério Público falou também sobre o dever do governo de resguardar a honra da Assembleia Nacional contra o terrorismo da população berlinense.

Esse argumento soa como uma sátira ao governo. Da conduta contra as pessoas não vou falar, e todavia essas pessoas eram os representantes eleitos do povo. Procurou-se humilhá-los de todas as formas, foram perseguidos da maneira mais infame, empreendeu-se uma caçada selvagem contra eles. Deixemos as pessoas. Como se resguardou a dignidade do *trabalho* da Assembleia Nacional? Seus arquivos foram entregues à soldadesca, que transformou os documentos das sessões, as mensagens reais, os projetos de lei, os trabalhos preparatórios em mechas, acendeu a lareira com eles, espezinhou-os.

Não se observou em nenhum momento as formas de uma execução legal; os arquivos foram apreendidos sem a confecção de um inventário.

Estava nos planos negar estes trabalhos tão dispendiosos ao povo para poder caluniar melhor a Assembleia Nacional, para criar do nada planos de reforma hostis ao governo e aos aristocratas. E depois de tudo isso não é francamente risível afirmar que o governo transferiu a Assembleia Nacional de Berlim para Brandenburg por delicado zelo por sua honra?

Passo agora à explicação do Ministério Público sobre a *validade formal* da resolução de negação dos impostos.

Para elevar a resolução de negação dos impostos a uma decisão formalmente válida, diz o Ministério, a Assembleia devia submeter sua decisão à *sanção da Coroa*.

Mas, meus senhores, a Coroa não confrontava a Assembleia em própria pessoa, ela a confrontava na pessoa do ministério Brandenburg. Portanto, a Assembleia deveria conciliar com o ministério Brandenburg – o promotor público exige esse disparate – para proclamar este ministério culpado de alta traição, para negar-lhe os impostos! O que significa esta exigência descabida senão que a Assembleia Nacional deveria se decidir pela subserviência incondicional a qualquer exigência do ministério Brandenburg?

A resolução de negação dos impostos também era formalmente inválida, segundo o Ministério Público, pois somente na *segunda leitura* uma proposta pode tornar-se lei.

Por um lado, desprezam-se as formas *essenciais* às quais se está sujeito em face da Assembleia Nacional; por outro, exige-se da Assembleia Nacional a observação das *formalidades* mais inessenciais. Nada mais fácil! Uma proposta desagradável à Coroa é aprovada em primeira leitura, a segunda é impedida pela força das armas, e a lei é e permanece inválida porque carece da segunda leitura. O Ministério Público desconsidera a situação excepcional que vigorava quando os representantes do povo, ameaçados por baionetas em sua sala de sessões, tomaram aquela decisão. O governo comete violência sobre violência. Viola descaradamente as leis mais importantes, o *Habeas Corpus*, a Lei da Guarda Cívica.[3] Implanta arbitrariamente o despotismo militar ilimitado sob a rubrica do estado de sítio. Manda os próprios representantes do povo ao diabo. E enquanto, por um lado, viola-se descaradamente *todas as leis*, por outro lado exige-se a mais minuciosa observação até mesmo de um *regulamento*?

Eu não sei, meus senhores, se é por falsificação deliberada – longe de mim pressupor tal coisa por parte do Ministério Público – ou se é por ignorância que ele diz: "A Assembleia Nacional não quis qualquer *mediação*", ela "não tentou qualquer mediação".

Se o povo fez alguma acusação à Assembleia Nacional de Berlim, foi por sua ânsia de mediação. Se os próprios membros dessa Assembleia sentem arrependimento, é o arrependimento por seu ententismo. O ententismo foi o que gradualmente afastou dela o povo, o que a fez perder todas as posições, o que a expôs por fim aos ataques da Coroa, sem que houvesse uma nação atrás dela. Quando finalmente quis afirmar uma vontade, ela ficou isolada, impotente, exatamente porque não soube, no momento certo, ter e afirmar qualquer vontade. Ela manifestou pela primeira vez esse ententismo quando negou a revolução e sancionou a *teoria ententista*, quando se rebaixou de uma Assembleia Nacional revolucionária a uma ambígua sociedade de ententistas. Levou a fraqueza da mediação ao extremo ao aceitar como válido um reconhecimento aparente por parte de von Pfuel da ordenança ao exército de Stein. A proclamação mesma dessa ordenança ao exército se tornou uma farsa quando não pôde ser mais do que um eco cômico da ordenança ao exército de Wrangel. E no entanto, em vez de ir além dela, a Assembleia agarrou com as duas mãos aquela versão enfraquecida, reduzida a uma total futilidade pelo ministério Pfuel. Para evitar qualquer conflito sério com a Coroa, aceitou a sombra aparente de uma demonstração contra o velho e reacionário exército como uma demonstração real. Ela

---

[3] Essa lei, de 17 de outubro de 1848, aprovada pela Assembleia Nacional prussiana em 13 de outubro de 1848, punha a Guarda Cívica sob total dependência do governo. Em 11 de novembro de 1848, depois da entrada das tropas de Wrangel em Berlim, a Guarda Cívica foi dissolvida.

fingia seriamente tomar como solução real do conflito o que não passava de uma resolução aparente do conflito. E essa Assembleia tão carente de ardor bélico, tão mediadora, foi apresentada pelo Ministério Público como provocadora e beligerante.

É preciso ainda aduzir outro sintoma da natureza mediadora dessa Câmara? Lembrem-se, meus senhores, da entente da Assembleia Nacional com Pfuel sobre a lei suspensiva das remissões. Se a Assembleia não soube aniquilar o inimigo no exército, seria importante sobretudo conquistar o amigo no campesinato. Também a isso ela renunciou. Acima de tudo, acima dos interesses de sua própria autoconservação, ela preferiu conciliar, preferiu evitar o conflito com a Coroa, evitar sob quaisquer circunstâncias. E essa Assembleia é censurada por não querer nenhuma mediação, não ter tentado nenhuma mediação?

Ela ainda tentou a conciliação quando o conflito já havia eclodido. Vocês conhecem, meus senhores, a brochura de *Unruh*,[4] um homem de centro. Por ela os senhores viram como tudo foi tentado para evitar a ruptura, como foram enviadas à Coroa delegações que nunca foram atendidas, como deputados isolados procuraram persuadir os ministros, que os rejeitaram polida e orgulhosamente, como se quis fazer concessões que foram escarnecidas. A Assembleia ainda quis concluir a paz mesmo no momento em que só podia se tratar de se preparar para a guerra. E é a essa Assembleia que o Ministério Público acusa de que não querer qualquer mediação, de não ter tentado qualquer mediação!

A Assembleia Nacional de Berlim entregou-se notoriamente à maior ilusão, não entendeu sua própria posição, suas próprias condições de existência, considerando possível, *antes* do conflito e ainda *durante* o conflito, um acordo amistoso com a Coroa e procurando implementá-lo.

A Coroa não queria qualquer conciliação, não podia querer qualquer conciliação. Não nos enganemos, meus senhores jurados, sobre a natureza da luta que eclodiu em março e que mais tarde foi travada entre a Assembleia Nacional e a Coroa. Não se trata aqui de um conflito comum entre um ministério e uma oposição parlamentar, não se trata do conflito entre pessoas que são ministros e pessoas que gostariam de ser ministros, não se trata de uma luta de partidos entre duas frações políticas numa câmara legislativa. É possível que membros da Assembleia Nacional, sejam da minoria ou da maioria, tenham imaginado tudo isso. Mas o decisivo não é a opinião dos ententistas, e sim a real posição histórica da Assembleia Nacional, tal como resultou da revolução europeia e da Revolução de Março, condicionada por aquela. O que houve aqui não foi um conflito político entre duas frações sobre o terreno de *uma* sociedade, foi o *conflito entre duas sociedades mesmas*, um conflito *social* que assumiu uma figura política, *foi a luta da velha sociedade feudal-burocrática com a moderna sociedade burguesa*, a luta entre a sociedade da *livre concorrência* e a *sociedade corporativa*, entre a sociedade dos proprietários fundiários e a sociedade da indústria, entre a sociedade da fé e a sociedade do saber. A expressão *política* correspondente à velha sociedade era a Coroa pela graça de Deus, a burocracia tuteladora, o exército independente. O

---

[4] Unruh, *Esboço da História Recente da Prússia*, Magdeburg, 1849.

fundamento *social* correspondente a este velho poder político era o proprietário fundiário nobre e privilegiado com seus camponeses servis ou semisservis, a pequena indústria patriarcal ou corporativamente organizada, os estamentos isolados uns dos outros, o brutal antagonismo entre campo e cidade, e sobretudo o domínio do campo sobre a cidade. O velho poder político – Coroa pela graça de Deus, burocracia tuteladora, exército autônomo – viu seus verdadeiros fundamentos materiais desaparecerem sob seus pés assim que foram feridos os fundamentos da velha sociedade, o proprietário fundiário nobre e privilegiado, a própria nobreza, o domínio do campo sobre a cidade, a dependência da população rural e a legislação correspondente a todas essas relações vitais, como a organização comunal, a legislação criminal etc. A Assembleia Nacional cometeu esse atentado. Em contrapartida, essa velha sociedade via o poder político arrebatado de suas mãos à medida que a Coroa, a burocracia e o exército perdiam seus privilégios feudais. E a Assembleia Nacional queria cassar esses privilégios. Não admira, portanto, que exército, burocracia e nobreza aliados tenham impelido a Coroa a um golpe de força, não admira que a Coroa, conhecendo o nexo íntimo de seus próprios interesses com o da velha sociedade feudal-burocrática, se deixasse impelir para um golpe de Estado. A *Coroa* era justamente a *representante* da sociedade feudal-aristocrática, como a *Assembleia Nacional* era a *representante* da moderna sociedade burguesa. As condições de existência desta última requerem que a burocracia e o exército, de dominadores do comércio e da indústria, sejam rebaixados a seus instrumentos, sejam *convertidos* em meros órgãos do intercâmbio burguês. Ela não pode tolerar que a agricultura seja limitada por privilégios feudais, e a indústria pela tutela burocrática. Isso se opõe a seu princípio vital, a livre concorrência. Não pode tolerar que as relações comerciais externas sejam reguladas, não pelos interesses da produção nacional, mas sim pelas considerações de uma política de corte internacional. Precisa subordinar a gestão financeira às necessidades da produção, enquanto o velho Estado deve subordinar a produção às necessidades da Coroa pela graça de Deus e dos remendos da muralha do rei, da sustentação social desta Coroa. Assim como a indústria moderna de fato nivela, a sociedade moderna precisa demolir toda barreira social e política entre cidade e campo. Nela ainda há *classes*, mas não mais *estamentos*. Seu desenvolvimento consiste na luta entre essas classes, mas elas estão unidas em contraposição aos estamentos e sua monarquia pela graça de Deus.

Por isso a monarquia pela graça de Deus, a mais alta expressão política, o mais alto representante político da velha sociedade feudal-burocrática não pode fazer à moderna sociedade burguesa nenhuma concessão *honesta*. O próprio instinto de conservação, a sociedade que está por trás dela, sobre a qual ela se apoia, sempre tentarão de novo retomar as concessões feitas, defender o caráter feudal, arriscar a contrarrevolução! Depois de uma revolução, a contrarrevolução é a sempre renovada condição de existência da Coroa.

Em contrapartida, a sociedade moderna também não pode descansar até que tenha destruído e liquidado o poder oficial tradicional, o poder político com o qual a velha sociedade ainda se defende violentamente. O domínio da coroa pela graça de Deus é justamente o domínio dos elementos sociais arcaicos.

Portanto, não há paz entre essas duas sociedades. Seus interesses e necessidades materiais implicam uma luta de vida ou morte, uma deve vencer, a outra sucumbir. Esta é a única mediação possível entre ambas. Portanto, também não há paz entre os mais altos representantes políticos dessas duas sociedades, entre a Coroa e a representação popular. Assim, a Assembleia Nacional só tem uma alternativa, ceder à velha sociedade ou apresentar-se diante da Coroa como poder autônomo.

Meus senhores! O Ministério Público descreveu a *negação dos impostos* como uma medida "que abala os *alicerces da sociedade*". A negação dos impostos nada tem a ver com os alicerces da sociedade.

Afinal, qual a razão, meus senhores, de os impostos, a concessão ou a negação dos impostos, desempenharem um papel tão significativo na história do constitucionalismo? A explicação é muito simples. Tal como os servos compraram com dinheiro vivo seus privilégios dos barões feudais, assim todo o povo comprou com dinheiro vivo seus privilégios dos reis feudais. Os reis necessitavam de dinheiro nas guerras contra os povos estrangeiros e especialmente em suas lutas contra os senhores feudais. Quanto mais o comércio e a indústria se desenvolviam, tanto mais necessitavam de dinheiro. Mas na mesma medida se desenvolveu o terceiro estado, o estado burguês, e na mesma medida ele dispunha de crescentes quantias de dinheiro. Na mesma medida ele comprou ao rei, por meio dos impostos, mais liberdades. Para assegurar-se essas liberdades, reservou-se o direito de renovar os benefícios em dinheiro em determinados prazos – o direito de conceder ou negar impostos. Os senhores podem acompanhar esse desenvolvimento em detalhes especialmente na história inglesa.

Na sociedade medieval, assim, os impostos eram o único elo entre a emergente sociedade burguesa e o Estado feudal dominante, o elo por meio do qual este foi obrigado a fazer algumas concessões, ceder ao desenvolvimento daquela e adaptar-se a suas necessidades. Nos estados modernos, o direito de concessão ou negação de impostos transformou-se num controle da sociedade burguesa sobre o comitê administrativo de seus interesses gerais, o governo.

Por isso os senhores encontram a *negação parcial dos impostos* como parte integrante de todo mecanismo constitucional. Esta forma de negação de impostos tem lugar sempre que o *orçamento* é rejeitado. O orçamento corrente é concedido apenas por um determinado período; além disso, as Câmaras, uma vez adiadas, devem ser convocadas novamente depois de intervalos muito curtos. Uma independência da Coroa é, por isso, impossível. Os impostos são definitivamente *negados* pela rejeição de um orçamento sempre que a nova Câmara não ofereça maioria ao ministério ou a Coroa não nomeie um ministério de acordo com a nova Câmara. A rejeição do orçamento é, portanto, uma *negação dos impostos sob forma parlamentar.* No conflito em questão, esta forma não era aplicável, pois a constituição ainda não existia, mas ainda tinha de ser elaborada.

Mas a negação dos impostos tal como ocorreu aqui, uma negação dos impostos que não apenas rejeita o novo orçamento, mas proíbe mesmo o pagamento dos impostos correntes, também não é algo inaudito. Ela ocorreu com muita frequência na Idade Média. Mesmo a velha Dieta Federal alemã e os velhos estamentos feudais brandenburguenses adotaram resoluções de negação dos impostos. E nos modernos países constitucionais não faltam exemplos. Em 1832, na Inglaterra, a negação dos impostos provocou a queda do ministério Wellington.[5] E vejam bem, meus senhores! Na Inglaterra não foi o Parlamento que decidiu a negação dos impostos, o povo a proclamou e executou de moto próprio. Mas a Inglaterra é a terra histórica do constitucionalismo.

Longe de mim negar que a Revolução Inglesa, que levou Carlos I ao cadafalso, começou com a negação dos impostos. A revolução norte-americana, que terminou com a declaração de independência da América do Norte em relação à Inglaterra, começou com a negação dos impostos. Também na Prússia a negação dos impostos pode ser a precursora de eventos muito desagradáveis. Mas não foi John Hampden que levou Carlos I ao cadafalso, e sim sua obstinação, sua dependência dos estamentos feudais, sua pretensão arrogante de subjugar violentamente as exigências imperiosas da sociedade recém-surgida. A negação dos impostos é somente um sintoma do dilema entre a Coroa e o povo, apenas um sinal de que o conflito entre governo e povo já alcançou um nível de tensão ameaçador. Ela não produz o dilema, o conflito. Apenas exprime a existência desse fato. No pior caso segue-se a ela a queda do governo subsistente, da forma de Estado existente. Os alicerces da sociedade não serão afetados por isso. E ademais, no caso presente, a negação dos impostos era justamente uma legítima defesa da sociedade contra o governo, que a ameaçara em seus alicerces.

O Ministério Público nos acusa, finalmente, de termos ido mais longe do que a própria Assembleia Nacional na convocação incriminada: "A Assembleia Nacional nem sequer publicara sua resolução". Devo responder seriamente, meus senhores, a que a resolução de negação dos impostos nem ao menos fora publicada pelo *Boletim Legislativo*?

Pois bem, a Assembleia Nacional não conclamou, como nós, à *violência*, não pisou de modo algum, como nós, no terreno revolucionário, mas quis permanecer no terreno do direito.

Há pouco o Ministério Público apresentava a Assembleia Nacional como ilegal, agora a apresenta como legal, em ambas as ocasiões para nos apresentar como criminosos. Mas se o recolhimento dos impostos é declarado ilegal, não devo repudiar violentamente o exercício violento da ilegalidade? Mesmo deste ponto de vista teríamos, pois, o direito de repelir a violência com violência. De resto, é inteiramente correto que a Assembleia

---

[5] O ministério *whig* Grey, convocado em 1830 após a queda do ministério *tory* Wellington, apresentou em 1831 um projeto de lei de reforma parlamentar que foi aprovado pela Câmara Baixa, mas fracassou contra a resistência dos lordes na Câmara Alta. Em 1832, o governo exigiu do rei que possibilitasse a aprovação da lei na Câmara Alta, nomeando um correspondente número de pares. O rei negou, e o ministério Grey renunciou. Em todo o país ergueu-se uma tempestade de protestos. Petições à Câmara Baixa exigiam negar a aprovação de créditos até que a reforma se tornasse lei. Diante disso, fracassou a tentativa de Wellington de formar um novo governo. O ministério Grey assumiu novamente, e a reforma parlamentar foi aprovada em 7 de junho de 1832, pelo parlamento e pelo rei.

Nacional pretendia se conservar no puro terreno do direito, no terreno da resistência passiva. Abriam-se diante dela dois caminhos: o revolucionário – ela não o adotou, aqueles senhores não queriam arriscar suas cabeças – ou a negação dos impostos, que se limitava à resistência passiva. Ela tomou esse caminho. Mas o povo precisava se pôr no terreno revolucionário para efetivar a negação dos impostos. A conduta da Assembleia Nacional não era de modo algum adequada para o povo. A Assembleia Nacional não tinha nenhum direito por si, o povo apenas lhe confiara a defesa de seus próprios direitos. Se não executa seu mandato, ele expira. O próprio povo, então, entrou em pessoa no palco e agiu de moto próprio. Se, por exemplo, uma Assembleia Nacional se vendesse a um governo traidor, o povo deveria expulsar a ambos, governo e Assembleia Nacional. Se a Coroa faz uma contrarrevolução, o povo responde, com razão, com uma revolução. Para isso não precisa da aprovação de nenhuma Assembleia Nacional. E a própria Assembleia Nacional declarou que o governo prussiano tentou um golpe de alta traição.

Resumindo em poucas palavras, meus senhores jurados. As leis de 6 e 8 de abril de 1848 não podem ser invocadas contra nós pelo Ministério Público depois que a própria Coroa as rasgou. Essas leis em si e por si mesmas nada decidem, porque foram arbitrariamente urdidas pela Dieta Unificada. A resolução de negação dos impostos da Assembleia Nacional era válida formal e materialmente. Em nosso apelo, fomos mais longe do que a Assembleia Nacional. Esse era nosso direito e nosso dever.

Finalmente, repito que só o primeiro ato do drama terminou. A luta entre as duas sociedades, a medieval e a burguesa, será de novo travada sob forma política. Os mesmos conflitos recomeçarão novamente assim que a Assembleia se reunir. O órgão do ministério, a *Nova Gazeta Prussiana*, já profetizou: as mesmas pessoas foram reeleitas, será necessário dissolver a Assembleia pela segunda vez.

Mas qualquer que seja o novo caminho que a também nova Assembleia Nacional queira tomar, o resultado necessário só poderá ser *vitória plena da contrarrevolução* ou *nova revolução vitoriosa*. Talvez a vitória da revolução só seja possível depois de consumada a contrarrevolução.

A fala do trono

NGR, n. 234, 1/3/1849

Colônia, 28 de fevereiro. Comprovou-se ser *autêntica* a fala do trono que, para espanto e desgosto da *Gazeta de Colônia*, foi ontem à tarde *apressadamente* divulgada aos leitores da *Nova Gazeta Renana*. Só uma única passagem foi modificada durante a noite, relacionada ao *estado de sítio* em Berlim. Com isso o ministério Brandenburg quebrou o sal, a agudeza de sua fala.

A passagem que divulgamos ontem à tarde em sua redação original diz:

> Para restabelecer o domínio das leis, foi preciso impor o estado de sítio sobre a capital e seus arredores próximos. Este só poderá ser novamente suspenso quando a segurança pública ainda ameaçada, e para a qual essa medida era imprescindível, estiver permanentemente resguardada por leis fortes. Os projetos de tais leis lhes serão apresentados sem demora.[1]

Esta passagem, apesar de ter sido suavizada, trai todo o segredo da fala do trono. Em termos claros, ela significa: o estado de sítio *extraordinário* será suspenso assim que o estado de sítio *ordinário* for outorgado a todo o reino mediante leis e introduzido em nossos costumes constitucionais. A ciranda destas leis "fortes" será aberta com as Leis de Setembro sobre as associações e a imprensa.[2]

NGR, n. 235, 2/3/1849

Colônia, 1 de março. Constatemos antes de qualquer outra coisa: a fala do trono merece o aplauso incondicional da *Gazeta de Colônia*. Sobre as ações do governo mencionadas na fala do trono ela tem algo a objetar, sobre a fala do trono mesma absolutamente nada.

---

[1] O texto original da Fala do Trono de Frederico Guilherme IV na abertura das Câmaras prussianas, citado no artigo, foi publicado num suplemento extra ao n. 233 da *Nova Gazeta Renana*, de 28 de fevereiro de 1849. Na versão alterada que a *Nova Gazeta Renana* apresentou ao final da primeira parte deste artigo, diz a passagem mencionada: "Para meu pesar, foi necessário impor o estado de sítio na capital e seus arredores próximos, para restabelecer o domínio da lei e a segurança pública. Sem demora chegarão a vocês, meus senhores, os projetos de lei respectivos".

[2] Na *NGR* segue-se aqui a íntegra da fala do trono.

"A fala do trono do rei é justamente uma *fala do trono constitucional*" – assim começa a prudente folha sua reimpressão da fala do trono sob a forma de editorial parafraseador.

"Uma fala do trono *constitucional*"! Certamente, a quem tinha esperado uma "fala emanada do coração do rei", uma efusão sentimental impertinente e moralizante como antes na Dieta Unificada, ou uma brandenburgo-wrangelsiana rodomontade com esporas tilintando e bigodes frisados, para esses este documento deve parecer extremamente "constitucional".

Uma coisa é certa: Manteuffel desembaraçou-se de sua tarefa muito melhor do que Camphausen, deixando inteiramente de lado a "declamação talentosa" de 1847. O ministro burguês produziu, em linguagem e conteúdo, um documento burguesmente chato, áspero, enfadonho.[3] O ministro nobre se submete com a maior bonomia à enfadonha forma constitucional, para, nesta forma, em linguagem fluente e leve, troçar da Câmara e de todo o constitucionalismo.

Quanto ao conteúdo sério da fala do trono, foi reduzido a praticamente nada pela suavização da passagem sobre a manutenção do estado de sítio, já ontem mencionada. Esta era a única passagem em que o ministério enfrentava a Câmara aberta e francamente.

Para levar a sério o resto da fala do trono é preciso ser a *Gazeta de Colônia* ou ao menos a *Gazeta Nacional* de Berlim.[4] Quem só ousa examinar tais supremas ações constitucionais e políticas, como as conduzidas anteontem em Berlim, com reverente timidez e solene respeito certamente nunca poderá compreender, em sua inocência, como se possa abusar de algo tão sagrado com um frívolo jogo de epigramas. Mas quem se importa tão pouco com toda a comédia constitucional quanto o sr. Manteuffel não terá o mau gosto de tomar *aux sérieux*[5] o documento que o ministro anteontem expôs, por lábios abençoados por Deus, ao devoto público do Salão Branco.[6]

Acreditamos fazer um favor ao sr. Manteuffel facilitando ao público alemão, infelizmente muito pouco habituado ao exercício espirituoso dos epigramas, a compreensão correta de sua fala do trono.

Vocês esperavam que Manteuffel fosse fanfarronear com sua contrarrevolução bem--sucedida, que fosse ameaçar a Câmara com fuzis carregados, espadas afiadíssimas etc., à moda de uma desajeitada atitude policialesca *à la* Wrangel. Nada disso. Com algumas frases esboçadas com ligeireza, ele passou pelo assunto como algo totalmente óbvio:

> Acontecimentos que vocês, meus senhores deputados da primeira e da segunda Câmaras, têm frescos na memória obrigaram-me, em dezembro do ano passado, a dissolver a assembleia convocada para acordar a Constituição. Ao mesmo tempo – convencido da

---

[3] Marx se refere à fala do trono de Frederico Guilherme IV preparada pelo ministério Camphausen, na abertura da segunda Dieta Unificada, em 2 de abril de 1848.
[4] Jornal liberal-burguês, publicado desde 1 de abril de 1848 em Berlim.
[5] A sério.
[6] Sala do palácio real em Berlim; ali ocorreu, em 26 de fevereiro de 1849, a primeira sessão conjunta da primeira e da segunda Câmaras prussianas.

necessidade imperiosa de finalmente restabelecer um sólido Estado de Direito – concedi ao país uma Constituição, por meio de cujo conteúdo minhas promessas feitas em março do ano passado são fielmente cumpridas.

O sr. Manteuffel fala como se se tratasse de bagatelas insignificantes, da substituição de um casaco velho por outro novo, da contratação de um extranumerário ou da prisão de um agitador. Transferência, adiamento e dissolução violentas de uma Assembleia soberana, estado de sítio, domínio do sabre, em resumo, todo o golpe de Estado é reduzido a "acontecimentos que vocês têm frescos na memória". Exatamente como o cavalheiresco ban Jellachich relatava, com o mais elegante desembaraço, como seus mantos vermelhos tinham queimado vivos os habitantes desta ou daquela vila.

E ainda o *"cumprimento fiel* de minhas promessas feitas em março do ano passado" pela assim chamada constituição outorgada! E vocês consideraram o esperto Manteuffel tão limitado a ponto de dizer isso realmente a sério? *Allons donc!*[7]

Que começo impressionante. Mas é preciso saber aproveitar esse primeiro espanto, a fim de passar para coisas ainda mais surpreendentes. O sr. Manteuffel o sabe:

> Desde então a agitação em que uma grande parte do país ainda se encontrava há quatro meses cedeu lugar a um ambiente calmo. A confiança antes tão profundamente abalada gradativamente retorna. Comércio e negócios começam a se recuperar da paralisia à qual estavam ameaçados de sucumbir.

Como os bravos deputados devem ter se sentido, ao ouvir essa passagem! Comércio e negócios se recuperam! E por que não? Por que o mesmo Manteuffel que pôde outorgar uma constituição não poderia outorgar também o impulso ao "comércio e negócios"? O topete com que Manteuffel faz essa colossal alegação é verdadeiramente admirável. *Mais nous marchons de surprise em surprise:*[8] "Vocês sabem, meus senhores, que eu lhes reservei uma revisão da Constituição. Cabe aos senhores agora se entenderem a esse respeito entre si e com meu governo".

Sim, meus senhores, "entendam-se"! O engraçado é justamente que duas câmaras como essas que Manteuffel outorgou a "Meu Povo" *não poderão jamais* "entender-se entre si"! Com que outra finalidade a primeira Câmara foi inventada? E se vocês, meus senhores, puderem se entender *entre si*, o que não é absolutamente de se esperar, caberá então ainda aos senhores entenderem-se com "Meu Governo" – e Manteuffel se encarregará de que nesse âmbito os senhores não cheguem a nada!

Portanto, meus senhores deputados da primeira e da segunda Câmaras, vocês já estão suficientemente ocupados com a revisão da Constituição. Depois que "Eu" aprendi por experiência própria que uma *entente* entre *duas* partes contratantes não se realiza, "Eu" considerei conveniente tentar desta vez a entente entre *três facções inconciliáveis*. Se até o

---

[7] Ora essa!
[8] Mas nós vamos de surpresa em surpresa.

dia do juízo final os senhores não se entenderem, nem avançarem sequer um passo, então Manteuffel compromete-se a se tornar colaborador da *Gazeta Nacional*.

Portanto, "entendam-se", meus senhores!

Mas se não obstante, contra toda probabilidade humana, os senhores conseguirem solucionar o que, por delicadeza, só se pode denominar sua tarefa, os senhores ainda não terão avançado sequer um passo. Para este caso "Meu Governo" promulgou uma dúzia de leis para "implementar a Constituição", as quais despem esta Constituição até mesmo de sua última aparência liberal. Entre elas há, por exemplo, duas normas corporativas dignas de 1500 e que, numa representação tão vantajosamente combinada como são os senhores, poderiam causar dor de cabeça durante dez anos.

"Todos estes decretos lhes serão apresentados sem demora para aprovação." Portanto "aprovem", meus senhores!

Mas então "Meu Governo" lhes enviará sem demora projetos de lei relativos ao estado de sítio – leis de setembro, *Gagging Laws*,[9] leis de supressão dos clubes etc. Até que os senhores as "aprovem" – ao que tomara nunca se chegue – naturalmente o estado de sítio perdurará.

Com isso pensam os senhores que se terão desincumbido de seu trabalho? – Ao contrário; só então vem o principal:

> Além disso, os senhores deverão se ocupar com a deliberação de diversas leis – em parte necessárias para a implementação da Constituição – cujos projetos lhes serão enviados gradativamente. Recomendo à sua mais cuidadosa ponderação especialmente os projetos da nova lei municipal, das novas leis distritais, de comarca e provinciais, da lei de ensino, da lei sobre o padroado eclesiástico, da lei do imposto de renda, da lei do imposto fundiário, assim como das leis sobre a remissão das corveias e abolição sem indenização de algumas delas e sobre o estabelecimento de bancos de crédito agrário.

Com estes diferentes trabalhos, meus senhores, que juntos somam em torno de três dúzias de leis orgânicas com vários milhares de parágrafos, os senhores terão, queira Deus, tanto a fazer que seja a revisão da Constituição seja a aprovação das leis provisórias e os debates dos projetos apresentados serão efetuados no máximo até a metade. Se os senhores chegarem a tanto, terão realizado um esforço sobre-humano. Enquanto isso, o estado de sítio perdurará por toda parte e será igualmente adotado onde ainda não existe (quem nos impede de submeter toda a Prússia ao estado de sítio "distrito por distrito"?); enquanto isso, perdura a assim chamada Constituição outorgada com as leis complementares outorgadas, permanece a atual lei municipal mal-ajambrada, a representação distrital, de comarca e provincial, a atual iliberdade de ensino, a isenção de imposto fundiário para a alta nobreza e a servidão dos camponeses.

---

[9] *Gagging Laws* (Leis da mordaça) foram chamadas as seis leis extraordinárias promulgadas na Inglaterra em 1819, que limitavam a liberdade de expressão, reunião e de imprensa.

Mas para que os senhores não possam se queixar, lhes serão apresentados, além de todos estes trabalhos irrealizáveis, ainda *dois orçamentos* – o de 1849 e o de 1850. Irritados com tal excesso de trabalho, os senhores abandonarão suas sessões? Tanto melhor, meus senhores deputados da primeira e da segunda Câmaras. "Meu Governo" continuará, nesse caso, a cobrar os atuais impostos por toda a eternidade, apoiado na assim chamada Constituição outorgada. Além disso, ainda há algum dinheiro disponível dos 25 milhões que a Dieta Unificada concedeu, e se "Meu Governo" vier a precisar de mais, vocês já sabem o que têm a fazer.

Mas se quiserem seguir o exemplo da Assembleia Nacional dissolvida, eu lhes recordo, meus senhores, de que a "organização, eficiência militar e abnegação" do exército prussiano "foram demonstradas em provas graves" – particularmente na grande caçada aos ententistas em novembro do ano passado.

E então, meus senhores deputados da primeira e da segunda Câmaras! Uma vez tomadas medidas para que, graças à composição das duas Câmaras, não lhes seja possível se entenderem *entre si* nem, graças à composição de "Meu Governo", *com ele*; depois de lhes ter sido apresentada uma tal barafunda de materiais que, mesmo abstraindo de tudo o mais, vocês não conseguiriam completar nem o mínimo; depois de garantir, desta maneira, a conservação do despotismo burocrático-feudal-militar – atentem para o que a pátria espera de vocês:

> Meus senhores deputados da primeira e da segunda Câmara! Da atuação conjunta de seus representantes com Meu Governo a pátria espera agora confiantemente a consolidação da ordem legal restabelecida, para que ela possa usufruir a liberdade constitucional e seu desenvolvimento pacífico. A defesa de sua liberdade e da ordem legal – estas duas condições fundamentais do bem-estar público – será sempre o objeto de minha consciencionsa assistência. Conto com seu auxílio para essa tarefa. Possa sua atividade, com a ajuda de Deus, servir para elevar a honra e a glória da Prússia, cujo povo, em íntima união com seus príncipes, já superou muitos períodos difíceis, e para preparar um futuro pacífico e próspero para a pátria restrita, assim como para a ampla!

Esta é a fala do trono do cidadão Manteuffel. E há gente que abdica tão completamente de todo gosto que considera essa inspirada comédia uma "*fala do trono constitucional*"!

Sinceramente, se algo pudesse mover o sr. Manteuffel à renúncia de sua pasta, seria um tal desconhecimento de suas melhores intenções!

Lassalle

NGR, n. 237, 4/3/1849

K. Marx

Colônia, 3 de março. Ainda é lembrado um famoso processo: Uma moça infeliz foi levada ao *tribunal criminal* pela *morte de uma criança*. O júri a declara inocente. Mais tarde foi levada ao tribunal da polícia correcional por *ocultação de gravidez*. Sob as gargalhadas gerais do público a decisão de processar da Câmara do Conselho foi anulada.

A Câmara do Conselho de Düsseldorf segue o exemplo de sua célebre antecessora.

Por decisão da Câmara do Conselho de Düsseldorf de 22 de fevereiro, *Lassalle*, *Cantator* e *Weyers* foram levados *ao tribunal criminal por incitação à insurreição*. Nada temos contra isso. Mas por decisão da mesma Câmara do Conselho *Lassalle* foi ainda remetido *pela segunda vez* ao *tribunal da polícia correcional* porque, em um *discurso em Neuss*,[1] ele teria incitado à *"resistência violenta aos funcionários"* (crime contra os artigos 209, 217).[2]

Constatemos, antes de tudo, os fatos.

Entre as circunstâncias que motivaram a condução de Lassalle ao tribunal criminal, encontra-se *este mesmo discurso em Neuss*. A Câmara do Conselho alegou que neste discurso ele teria *"incitado ao armamento contra o poder soberano"* (crime contra os artigos 87, 91, 102).[3]

Em *razão desse mesmo discurso*, pois, Lassalle foi conduzido primeiro ao tribunal criminal, e depois ao tribunal da polícia correcional. Se o júri o declarar inocente, o tribunal da polícia correcional o condena. Se o tribunal da polícia correcional não o condenar, ele continua ainda assim em prisão provisória até o tribunal da polícia correcional declará-lo inocente. Seja qual for a sentença dos jurados, ele continua privado de sua liberdade, e o Estado prussiano está salvo.

Foi, repetimos, em razão de *um e mesmo discurso* que Lassalle foi conduzido, pela Câmara do Conselho de Düsseldorf, primeiro ao tribunal criminal, depois ao tribunal da polícia correcional. É o *mesmo* fato.

---

[1] Numa assembleia popular em Neuss (próximo de Düsseldorf), em 21 de novembro de 1848, Lassalle pronunciou um discurso no qual conclamava a prestar ajuda armada à Assembleia Nacional Prussiana, caso fosse necessário. No dia seguinte, foi preso.
[2] Trata-se de artigos do *Code Pénal*.
[3] *Idem*.

Abstraiamos disso.

Se, em um discurso, "incito ao armamento contra o poder soberano", não é evidente que incito à "resistência violenta contra funcionários"? A *existência* do poder soberano é justamente seus *funcionários*, exército, administração, juízes. Abstraído deste seu corpo ele é uma sombra, uma ilusão, um nome. É impossível derrubar o governo sem oposição violenta a seus funcionários. Se, em um discurso, incito à *revolução*, é supérfluo acrescentar: "*Resistam violentamente aos funcionários*". Segundo o precedente da Câmara do Conselho de Düsseldorf, portanto, *todos*, sem exceção, que foram conduzidos ao tribunal criminal, com base nos artigos 87 e 102, por incitação à derrubada do governo poderiam ser conduzidos depois, com base nos artigos 209 e 217, ao tribunal da polícia correcional.

E não existe em algum lugar do *Code d'instruction criminelle*[4] um artigo que diz o seguinte: "*Toute personne acquittée légalement ne pourra plus être reprise ni accusée à raison du même délit*"? Traduzindo: "Quem for legalmente declarado inocente não pode ser novamente investigado nem acusado pelo mesmo crime".

A situação em nada se altera se, *após* ter sido libertado pelo júri, sou citado *depois* por causa do mesmo crime perante o tribunal de polícia correcional ou se a sentença do júri é *previamente* cassada por já ter sido conduzido 1) ao tribunal criminal e 2) ao tribunal de polícia correcional pelo mesmo crime.

Perguntamos à Câmara do Conselho de Düsseldorf se seu zelo patriótico não burlou sua perspicácia jurídica. Perguntamos ao juiz de instrução *Ebermeier* se ele está totalmente livre de *inimizade pessoal* contra Lassalle. Perguntamos, finalmente, a um funcionário do Parquet de Düsseldorf se ele não disse: "Não nos importamos muito com a libertação de Cantador e Weyer, mas Lassalle precisamos reter".

Duvidamos que Lassalle tenha a mesma inclinação para ser incluído por tempo incomensurável no inventário dos "*súditos do Estado*" *par excellence*.[5]

O caso em questão é importante para nós não apenas porque se trata da liberdade e do direito de um concidadão, de um amigo de nosso partido. É importante sobretudo porque se trata de saber se a competência exclusiva do *tribunal do júri para crimes políticos* deve compartilhar ou não o destino de todas as assim chamadas *conquistas de março*, se continua ao arbítrio dos juízes togados pagos degradar o tribunal do juri não pago a um mero tribunal aparente submetendo simultaneamente os mesmos fatos, caso não sejam reconhecidos como crimes ou delitos políticos pelo júri, ao julgamento do tribunal da polícia correcional como delitos comuns. Por que, aliás, crimes e delitos foram retirados dos tribunais ordinários e remetidos ao tribunal do júri? Evidentemente, pressupôs-se que, apesar da honra e da delicadeza dos juízes pagos, em processos políticos eles representam tudo, menos os interesses dos acusados.

Voltaremos a esse tema.

---

[4] Sistema processual penal francês, que vigorava na Renânia. Marx cita o artigo 360.
[5] Por excelência

Os processos contra Lassale

NGR, n. 238, 6/3/1849

K. Marx

Colônia, 3 de março. Nossos leitores se lembram da delegação que se apresentou no início deste ano ao procurador-geral sr. Nikolovius, para intervir a favor de *Lassale, Cantador* e *Weyers*, detidos em novembro em Dusseldorf.[1] À época, o procurador-geral prometeu que os presos teriam todas as facilidades compatíveis com os objetivos da detenção; ele prometeu conduzir o inquérito o mais rápido possível e assegurou solenemente que nem de longe se pensava em estender tão longamente a instrução, como havia sido o caso no processo contra Gottschalk e camaradas.[2]

Desde então se passaram dois meses. Nesse meio tempo nossos leitores tiveram oportunidade de se convencer das "facilidades" das quais Lassale, em particular, pôde desfrutar durante esse período;[3] sabem com que cortesia o diretor da prisão, sr. Morret, se comportou, como os presos inquiridos foram ameaçados com a aplicação da disciplina penitenciária, como foi instituído para ele um tribunal extraordinário, cuja sentença, provavelmente de confinamento em "*cachot*",[4] ainda se faz esperar.

A segunda promessa, sobre a máxima aceleração possível do inquérito, se cumpriria tão brilhantemente quanto a promessa sobre as facilidades.

O inquérito já se estende agora aproximadamente por três meses e meio; como se sabe, Lassale foi preso em 22 de novembro. Esse longo período não bastou para levar os acusados diante do tribunal do júri trimestral que se iniciou no dia 5 deste mês em Düsseldorf. Sem um tribunal extraordinário, serão necessários ainda três meses para levar aos jurados um processo cujo inquérito os juízes de instrução já declararam encerrado há mais de três semanas.

---

[1] A *Nova Gazeta Renana* n. 186, de 4 de janeiro de 1849, trouxe informações sobre a delegação de 16 cidadãos de Düsseldorf junto ao procurador-geral Nikolovius, entre os quais havia membros da Associação de Trabalhadores de Colônia e da Sociedade Democrática. A delegação entregou uma petição assinada por 2.800 cidadãos de Düsseldorf, cujo texto o jornal publicou como apêndice da reportagem.

[2] Ver "O processo contra Gottschalk e camaradas".

[3] Ver "Lassalle".

[4] Calabouço.

Depois da evidente, inegável protelação de que o Parquet renano se tornou culpado no processo contra Gottschalk, depois da desaprovação geral que aquele processo suscitou no público, depois da advertência expressa de não cair novamente no mesmo erro, hoje o procurador-geral declarou a uma delegação composta pelos senhores K. Schapper, K. Marx, F. Engels, M. Rittinghausen, P. Hatzfeldt e H. Bürgers que os trabalhos necessários para a preparação do processo não podiam ser concluídos a tempo de levar a causa ao próximo tribunal do júri trimestral!

É verdade que o sr. Nikolovius afirmou que isso só poderia ser atribuído ao próprio curso do inquérito, que, contra toda expectativa, havia assumido vastas proporções, e ele não poderia admitir que o agora necessário adiamento do processo tivesse sido causado pela *condução* do inquérito.

Não pretendemos censurar o sr. Procurador-geral por intervir em favor de seus funcionários, pois isso corresponde inteiramente à ordem burocrática; mas não somos obrigados a tais considerações.

Observamos acima que os juízes de instrução já declararam o inquérito encerrado há mais de três semanas. Dois dias depois de os acusados terem passado pelo interrogatório final, repentinamente Lassale foi chamado mais uma vez diante do juiz de instrução. Foi-lhe apresentada uma carta segundo a qual ele, nas jornadas de novembro, requisitara reforços armados para Düsseldorf. Ele negou ter escrito essa carta, e a partir dessa declaração o inquérito foi novamente retomado. Seria graças a esse inquérito complementar que o processo dos inculpados não seria levado à audiência no próximo tribunal. Eis, pois, o esclarecimento do sr. Nicolovius, transmitido hoje à delegação.

É evidente. Se a fatídica carta, que implicou novos interrogatórios de testemunhas, em consequência dos quais a sentença do Senado de Acusação chegou tarde demais para ainda fazer todos os preparativos necessários para a audiência pública nas próximas três semanas, se esse documento simplesmente tivesse chegado ao ministério público que atuava no inquérito na época em que este já estava próximo de seu encerramento, se o procurador público von Ammon I o tivesse imediatamente remetido ao juiz de instrução para ser utilizado no inquérito – ninguém poderia fazer uma censura, e os acusados só teriam que lamentar seu cruel destino de que só tão tarde um novo material tenha sido juntado à instrução, já tão volumosa mesmo sem isso. Mas não foi esse o caso.

Aquela carta, que causaria todo esse retardamento, *já se encontrava há quase três semanas nas mãos do sr. von Ammon* sem que esse se desse o trabalho de a remeter ao juiz de instrução. Portanto, justamente o prazo que teria sido plenamente suficiente para preparar os processos para o próximo tribunal, justamente esse prazo o procurador público deixou expirar, para então, depois de encerrado o inquérito, provocar mais uma nova instrução. O sr. procurador público não põe em questão a veracidade dessa circunstância; ele mesmo já admitiu que a carta já estava descansando em sua escrivaninha muito antes.

Perguntamos, portanto: não é evidente ter sido o propósito do sr. von Ammon prolongar desse modo o processo? Ele não se tornou culpado de um retardamento evidentemente intencional? Nós ao menos não soubemos identificar qualquer motivo que pudesse autorizar os representantes do Ministério Público a privar o inquérito por semanas de um documento ao qual eles mesmos atribuíam o maior valor. Ouvimos, de fato, que o sr. procurador público teria utilizado as três semanas para buscar informações provisórias. Mas nos parece irresponsável pretender obter primeiro informações, quando cabe apenas ao processo em curso providenciar os esclarecimentos requeridos sobre os fatos.

O verdadeiro motivo desse procedimento não nos parece ser outro senão o medo da condução pública de um processo que, pelos recentes julgamentos em Colônia, já foi decidido em favor dos acusados – e esperança secreta de que seja concedida em breve uma anistia, que certamente seria preferível a uma absolvição pelo júri.

A situação do comércio

NGR, n. 239, 7/3/1849

Colônia, 6 de março. *Um inglês nunca é tão infeliz como quando não sabe o que fazer com seu dinheiro.* Eis o segredo de todas as especulações grandiosas, de todos os empreendimentos lucrativos, mas também o segredo de todas as bancarrotas, todas as crises monetárias e toda miséria comercial.

Nos anos 1840, 1841 etc. foram especialmente os novos mercados asiáticos que, além do intercâmbio costumeiro com o continente europeu, demandaram o comércio exportador inglês. Os fabricantes e exportadores tiveram todos os motivos para saudar sir Henry Fottinger, na Bolsa de Manchester, com ruidosos hurras. Mas os bons tempos passaram depressa. Cantão, Bombain e Calcutá logo foram abarrotados de mercadorias invendáveis, e o capital, não encontrando mais nenhuma saída por esse lado, procurou novamente, como alternativa, emprego no interior, lançando-se à construção de ferrovias e abrindo assim um campo à especulação no qual esta logo atingiu patamares inauditos.

Segundo uma estimativa moderada, pode-se avaliar a soma total dos empreendimentos em 600 milhões, e talvez se chegasse ainda mais longe se o fracasso da colheita de batatas na Inglaterra, na Irlanda e em vários locais do continente, além do alto preço do algodão e, graças a ambos, a reduzida venda de artigos manufaturados, assim como, por fim, a própria especulação excessiva com ferrovias não tivessem levado o Banco da Inglaterra, em 16 de outubro de 1845, a aumentar a taxa de desconto em 0,5%.

Com o temor supersticioso do britânico diante da onipotência de seu banco, esse insignificante aumento da taxa de desconto ou, em outras palavras, essa desconfiança por parte dos diretores do banco imediatamente afetou a atividade existente de tal modo que sobreveio um abatimento geral, e a aparente prosperidade foi logo seguida pela restrição do crédito e inúmeras bancarrotas. Em consequência, ter-se-ia desencadeado sem demora uma crise comercial tão grave quanto as de 1825 e 1836 se a abolição das Leis dos Cereais, efetivada logo depois, não houvesse subitamente sustentado a confiança declinante e reavivado o espírito empreendedor.

O mundo comercial iludiu-se demasiado sobre as consequências momentâneas dessa grande medida para que não lhe fosse fácil esquecer a miséria que quase lhe sobreviera.

A solução do conflito do Oregon,¹ prometendo uma continuação dos negócios americanos até então altamente florescentes, e a vitória britânica no Punjab,² assegurando a paz no Indostão, fizeram naturalmente sua parte para reerguer a coragem; e embora às más colheitas de 1845 se seguissem outras igualmente ruins em 1846, embora ainda se trabalhasse em todos os lugares com os estoques do período anterior e o dinheiro para o giro dos negócios devesse ser pago com 12 a 15% – apesar de tudo isso, todas as fiações de Lancashire e Yorkshire precipitaram-se num movimento tão irresistível como se más colheitas, especulações com ferrovias e mercados abarrotados fossem meras ninharias, que se pudesse simplesmente ignorar.

Entretanto, todo esse esplendor não poderia continuar por muito tempo, pois enquanto, em setembro de 1847, o dr. Bowring, no Congresso do Livre Comércio de Bruxelas, ainda explicava as maravilhosas consequências da abolição da Lei dos Cereais com aquele pedantismo tão cômico, já se observava em Londres que mesmo a "todo-poderosa medida de sir Robert Peel" não seria mais capaz de salvar o país da catástrofe há muito temida. Era preciso submeter-se, e as casas londrinas que, a exemplo de Re[a]d Irving et Comp., tinham propriedades territoriais no valor de quase um milhão de libras esterlinas em Maurício, inauguraram a ciranda das falências nas condições arruinadas daquela parte das colônias inglesas e desabaram, arrastando consigo pelo caminho muitas casas pequenas das Índias orientais e ocidentais.

Os figurões dos distritos fabris reconheceram, ao mesmo tempo, que haviam errado quanto às consequências da abolição da Lei dos Cereais. Os negócios paralisaram em todas as partes do mundo e o terror se propagou simultaneamente na City de Londres assim como pelas Bolsas de Liverpool, Manchester, Leeds etc.

A crise de outubro de 1845, contida por toda sorte de acontecimentos, eclodiu finalmente em setembro de 1847. A confiança fora perdida. A coragem desaparecera. O Banco da Inglaterra abandonou os bancos do interior do país; estes suspenderam o crédito a comerciantes e fabricantes. Banqueiros e exportadores restringiram seus negócios com o continente, e o comerciante do continente pressionou por sua vez os fabricantes dependentes dele; o fabricante, naturalmente, ressarciu-se junto ao atacadista, e o atacadista caiu sobre o *boutiquier*.³ Um golpeou o outro e a miséria da crise comercial sacudiu cada vez mais o mundo, dos gigantes da City londrina até o último dos merceeiros alemães.

Isto foi *antes* do 24 de fevereiro de 1848! A Inglaterra viveu seus piores dias nos últimos quatro meses de 1847. Os especuladores em ferrovias foram arrasados; no

---

¹ A luta pela conquista da região do Oregon, na costa norte-americana do oceano Pacífico, terminou em 1846 com a partilha dessa região entre os EUA e a Inglaterra. Desse modo, o território dos EUA foi expandido até a costa do oceano Pacífico.

² A Inglaterra conduziu, de 1845 a 1849, guerras de conquista na Índia contra o Estado Sikh, submetido na batalha de Gudschrat em 21 de fevereiro de 1849; todo o Punjab foi anexado à Companhia das Índias Orientais e incorporado à Índia britânica.

³ Pequeno comerciante.

comércio de produtos coloniais, entre 10 de agosto e 15 de outubro, faliram 20 das maiores casas londrinas, com um montante de 5 milhões e cerca de 50% de dividendos, e nos distritos fabris a miséria atingiu seu auge quando em Manchester, em 15 de novembro, apenas 78 das 175 fiações estavam trabalhando em tempo integral, e 11 mil trabalhadores estavam na rua.

Assim terminou o ano de 1847. Ao continente estava reservado sentir as sequelas dessa crise inglesa no decorrer de 1848 – sequelas que, desta vez, naturalmente, eram tão mais sensíveis quanto as transformações políticas não contribuíram para reparar as consequências da extravagância inglesa.

Chegamos agora ao ponto mais interessante na moderna história do comércio, a saber, a influência que as revoluções têm sobre o comércio.

A pauta de exportações do comércio inglês nos oferece a melhor ilustração desse ponto, pois, dada a posição dominante ocupada pela Inglaterra no comércio mundial, o conteúdo desta pauta nada mais é do que a situação político-comercial das diferentes nações expressa em números, ou melhor: sua capacidade de pagamento expressa em números.

Assim, vendo a exportação cair de 1.467.117 libras esterlinas, em abril de 1848, para 1.122.009 libras esterlinas em maio, e a soma total das exportações em 1847 atingir 51.005.798 libras esterlinas e em 1848 somente 46.407.939 libras esterlinas, poderíamos certamente deduzir que a revolução causara esse prejuízo; seria tão mais fácil chegar a essa conclusão quanto a exportação em janeiro e fevereiro de 1848, portanto imediatamente antes de irromper a revolução, de fato alcançou 294.763 libras esterlinas a mais do que em 1847.

Não obstante, este ponto de vista seria completamente equivocado; pois, primeiro, o aumento das exportações em janeiro e fevereiro, exatamente os dois meses intermediários entre o ponto alto da crise e a revolução, explica-se facilmente pelo fato de que os americanos, em contrapartida a sua enorme remessa de grãos à Inglaterra, compraram à época mais produtos manufaturados britânicos do que nunca antes e dessa maneira barraram ao menos momentaneamente o colapso que se avizinhava. Mas, além disso, encontramos na história do comércio inglês a prova mais convincente de que a exportação não diminui imediatamente após a crise, mas sim somente quando a crise teve tempo de se propagar no continente.

Portanto, o aumento da exportação nos dois primeiros meses de 1848 não nos deve de modo algum enganar, e podemos considerar tranquilamente a queda total do ano.

Como já observamos, esta atingiu, em comparação com 1847, 4.597.859 libras esterlinas – uma diminuição certamente significativa, que, em mãos dos reacionários, que se comportam em política como cães ladradores e no comércio como mulheres velhas, se transformou em argumento contra a revolução, brandido com bastante eficiência em face dos leigos.

Contudo, nada é mais fácil do que destruir as proposições ilusórias desse partido, pois basta consultar a pauta de exportações dos últimos 30 anos para demonstrar que a diminuição das exportações em 1848, ocasionada pelas influências concomitantes de uma crise comercial e uma revolução, não tem relação alguma com a queda das exportações nos anos anteriores.

Depois da crise comercial de 1825, quando a soma das vendas externas atingiu 38.870.851 libras esterlinas, a exportação caiu, em 1826, para 31.536.724 libras esterlinas. Diminuiu, portanto, em 7.334.127 libras esterlinas. Depois da crise de 1836, quando foram exportadas 53.368.572 libras esterlinas, as vendas externas baixaram, em 1837, para 42.070.744 libras esterlinas. A queda foi, portanto, de 11.297.828 libras esterlinas. Nada pode ser mais concludente!

Depois de duas crises comerciais, decorrentes, sem dúvida, exclusivamente da superprodução de mercadorias manufaturadas, mas que, quanto a sua proporção, não são de modo algum comparáveis à última, a redução da exportação alcançou, pois, o dobro da queda de 1848, um ano precedido pelo abarrotamento dos mercados asiáticos, por duas más colheitas, por uma especulação como o mundo jamais vira, e que, com suas revoluções, abalou até o último rincão da velha Europa!

Na verdade, 1848 ainda foi um ano muito benevolente para o comércio! A revolução contribuiu para sustar aqui e ali o intercâmbio, para tornar a venda difícil e perigosa e para que muitos desmoronassem sob o peso de suas dívidas – mas no decorrer do ano precedente, sob Luís Filipe, encontraríamos as mesmas dificuldades que sob a república para descontar em Paris míseros 20 mil ou 30 mil francos; no sul da Alemanha, no Reno, em Hamburg e em Berlim teríamos tido igualmente nossas falências com ou sem revoluções; e os negócios italianos teriam sido reduzidos do mesmo modo sob Pio como sob os heróis de Milão, Roma e Palermo.

É igualmente risível que se atribua o revigoramento do comércio à momentânea vitória da contrarrevolução. No leilão londrino, os franceses não pagam a lã 25% mais cara porque alguns ministros de Luís Filipe estão de volta outra vez – não, eles são obrigados a pagar mais porque precisam da lã, e precisam mais dela, sua demanda sobe, justamente porque caíra muito nos últimos anos sob Luís Filipe. Este movimento da demanda evidencia-se em toda a história do comércio. E os ingleses não voltaram a trabalhar o dia inteiro em todas as minas, em todas as forjas, em todas as fiações, em todos os seus portos porque um príncipe Windischgrätz fuzilou os vienenses – não, eles trabalham porque os mercados de Cantão, de Nova York e de Petrogrado querem se abastecer de manufaturas, porque na Califórnia abriu-se um novo mercado para a especulação, aparentemente inesgotável, porque às más colheitas de 1845 e 1846 seguiram-se duas boas colheitas em 1847 e 1848, porque a especulação com ferrovias foi abandonada, porque o dinheiro voltou novamente a seus canais regulares, e eles trabalharão até uma nova crise comercial.

Acima de tudo, não devemos esquecer que não foram de modo algum os países monárquicos que constituíram a principal fonte de ocupação da indústria inglesa nos últimos anos. O país que quase ininterruptamente fez encomendas colossais de produtos ingleses e que também neste momento esvazia com suas compras os mercados de Manchester, de

Leeds, de Halifax, de Nottingham, de Rochdale e todos os outros grandes depósitos da indústria moderna e sabe movimentar os mares com seus navios – é um país republicano, são os Estados Unidos da América. E este Estado floresce justamente no momento em que todos os estados monárquicos do mundo quebram.

Mas se alguns ramos industriais *alemães* cresceram de algum modo nos últimos tempos, foi somente graças ao *prosperity period*[4] inglês. Toda a história do comércio ensina aos alemães que eles não têm qualquer história comercial própria, que são obrigados a sofrer as consequências das crises inglesas, enquanto nos períodos de superprodução ingleses cabem-lhes alguns míseros pontos percentuais. Mas a seu governo germano-cristão nada devem além da bancarrota acelerada.

---

[4] Período de prosperidade.

O juramento dos soldados ingleses

NGR, n. 241, 9/3/1849

Colônia, 7 de março. A *Nova Gazeta Prussiana* noticia triunfalmente o juramento dos militares ingleses e alegra-se desmedidamente com a descoberta de que o soldado inglês jura fidelidade somente à rainha, mas não à Constituição. E nós, na Prússia, no mais jovem Estado constitucional, deveríamos, *em contraposição* ao exemplo do mais antigo Estado constitucional, fazer os soldados jurarem a Constituição?

Mas a *N[ova] G[azeta] Pr[ussiana]* esqueceu de informar a seus leitores a posição do soldado inglês em face das leis civis.

É evidente que o soldado britânico, por *todos* os crimes que não sejam *meros crimes disciplinares*, enfrenta os tribunais comuns, os tribunais de paz, *Petty Sessions*, *Quarter Sessions*[1] ou tribunais criminais, que, em todos os conflitos com os demais cidadãos, é tratado como *simples cidadão*.

Mas isto ainda não é tudo. Na Inglaterra, todo cidadão, seja ele funcionário, soldado ou o que for, é responsável perante a lei por todos os seus atos, e não pode alegar que o referido ato lhe tenha sido ordenado por seus superiores. Por exemplo, ocorre uma rebelião. As tropas comparecem. Intimações legais para dispersar são ou não expedidas. O povo não dispersa. O funcionário civil (sempre um juiz de paz ou um funcionário municipal *eleito*) autoriza a intervenção ou não a autoriza. Os militares abrem fogo, há mortos. Os cadáveres são apresentados a um júri, diante de quem os fatos são apurados. Se o júri considerar que, diante das circunstâncias, a intervenção não se justificava, emite um veredito de *homicídio premeditado* contra todos os envolvidos, portanto igualmente contra o *funcionário civil* que autorizou a intervenção, contra o *oficial* que ordenou os disparos e contra *todos os soldados que de fato atiraram*.

Se o funcionário civil não houver autorizado a intervenção, a única consequência é que ele não figurará no veredito. Para oficiais e soldados a situação permanece exatamente a mesma.

---

[1] *Petty sessions* – reuniões dos tribunais de paz na Inglaterra; debatiam pequenas causas em processos simplificados. *Quarter sessions* – dias de audiência dos juízes de paz, que ocorriam quatro vezes por ano.

O veredito de homicídio premeditado constitui um ato formal de acusação, sobre cuja base é aberto um processo criminal perante o tribunal ordinário.

Portanto, o soldado inglês não é de modo algum visto pela lei como uma máquina desprovida de vontade, que deve obedecer sem pensar às ordens que lhe são dadas, mas sim como um "*free agent*", um homem com livre arbítrio, que deve saber a cada momento o que faz e que é responsável por todos os seus atos. Os juízes ingleses diriam poucas e boas a um soldado acusado que, em sua defesa, alegasse que recebera ordem para atirar e que devia "cumprir ordens"!

Na Prússia tudo é muito diferente. Na Prússia, o soldado declara que recebeu ordens de seu superior imediato para abrir fogo, e fica livre de qualquer punição. Na Prússia e também na França é em geral assegurada ao funcionário completa impunidade por qualquer violação da lei se ele demonstrar que recebeu ordens de seu superior regulamentar pela via hierárquica regulamentar.

A *N[ova] G[azeta] Pr[ussiana]* acreditará em nossa palavra se dissermos não compartilhar a opinião de que uma curta fórmula juramental possa transformar um homem em outro, um alvinegro tenente da Guarda em um entusiasta da "liberdade constitucional".

Nos últimos 12 meses, os senhores com Deus pelo rei e pela Pátria tiveram eles mesmos, em sua própria louvável malta, a agradável experiência do que significa um juramento. Também não temos absolutamente nada contra que a *N[ova] G[azeta] Pr[ussiana]* defenda o juramento militar ao rei, ao Dalai-Lama ou ao homem da Lua, desde que, conforme o acima exposto, "Meu magnífico exército" *ocupe diante das leis exatamente a mesma posição que o militar na Inglaterra.*

Ruge

NGR, n. 242, 10/3/1849

Colônia. 5 de março. A *Gazeta Geral Alemã* contém a seguinte declaração de seu velho colaborador Arnold Ruge, o caráter pomerano e pensador saxônio:

> *Berlim*, 5 de março. Os atuais membros do Comitê Central dos Democratas da Alemanha, d'Ester, Reichenbach e Hexamer, anunciaram um novo jornal, intitulado *Gazeta Democrática Geral*, o qual, *'na realidade'*, seria um órgão do partido em Berlim. Esse comunicado poderia levantar a suspeita de que os jornais *A Reforma*[1] e *A Gazeta Mercantil não* seriam *realmente* órgãos do partido e no início do comunicado ambos são inclusive bem claramente dados por *suprimidos*. A passagem na qual o Comitê Central proclama e aceita a *suspensão* por Wrangel como *supressão definitiva* diz literalmente: 'As severas provas que o partido democrático teve de vencer durante os últimos meses, em todas as partes da Alemanha, demonstrou-lhe, ao lado da carência de uma firme organização, também *a necessidade de uma representação na imprensa por meio de um órgão definido, pertencente ao partido*. Graças ao domínio do sabre os déspotas conseguiram *suprimir* os órgãos democráticos *em muitos lugares*' (mas o 'domínio do sabre' só existe em Berlim!) *'porque os indivíduos não foram capazes de fazer sacrifícios suficientemente grandes para inviabilizar essa medida arbitrária'*. Por causa do domínio do sabre todos pensam somente em *Berlim* quando leem em 'muitos lugares'. Mesmo *toda* a democracia só poderia 'inviabilizar' essas medidas liquidando o sabre, pois Wrangel bloqueou Berlim e o correio berlinense, os órgãos democráticos. O Comitê Central deveria mencionar os 'meios', isto é, os 'sacrifícios', pelos quais *ele*, em nossa situação, teria sido capaz de inviabilizar essa violência. Mas a *Reforma* e a *Gazeta Mercantil não* foram *suprimidas*, mesmo segundo o ponto de vista de Wrangel. Não obstante, constatei que os democratas que receberam aquela circular do Comitê Central entenderam-na como se a *Reforma* e a *Gazeta Mercantil* tivessem deixado de ser publicadas e a *Gazeta Democrática Geral* as houvesse substituído. Vejo-me obrigado a esclarecer esse mal-entendido. *A Reforma não foi definitivamente suprimida e, assim que o sítio for levantado em Berlim, voltará a ser publicada* e de fato como um *efetivo* órgão do partido democrático, que, graças a decisões expressas da esquerda da dissolvida Assembleia Nacional e do antigo Comitê

---

[1] *A Reforma. Jornal Político:* editado por Arnold Ruge e H. B. Oppenheim de abril a junho de 1848 em Leipzig e de julho a novembro de 1848 em Berlim.

Central dos democratas alemães, '*pertence*' ao partido tanto quanto a nova folha, outorgada de cima por dois membros do atual Comitê Central (d'Ester e Hexamer).

A Redação da *Reforma*:
Arnold Ruge

> P.S. do autor: *Eu* solicito a todas as redações honestas dos jornais alemães que acolham em suas colunas este *nosso* esclarecimento.

Para nossa grande satisfação, ficamos sabendo por esse memorável esclarecimento que o *ci-devant*[2] "redator da razão dos acontecimentos" frankfurtiano e atual impressor – sem dúvida "como tal" – declara-se totalmente insatisfeito com a *outorga* de um novo jornal democrático "em Berlim", um jornal que deve ser "na realidade" um órgão do "partido em Berlim".

O sr. Arnold Ruge, "redator da razão dos acontecimentos" em Frankfurt e da *Reforma* em Berlim alega "como tal" ter sido esta *também* órgão do "partido em Berlim"; por decisão do "antigo" Comitê Central dos democratas, a *Reforma tinha sido* (*elle avait été*, como dizem os franceses) "pertencente ao partido". O "antigo" Comitê Central, entretanto, "na realidade" não existe mais – mas por isso a ressuscitada *Reforma* pode bem ser ainda um órgão "efetivo" do falecido Comitê Central e da removida esquerda da "dissolvida" Assembleia Nacional.

O sr. Arnold Ruge talvez queira combater, na recém-outorgada *Gazeta Geral Democrática* de Berlim, a concorrência de um impressor; fora de Berlim se encontrarão, indiscutivelmente, poucos concorrentes ao título de um órgão do "partido em Berlim". Nós ao menos nunca desconhecemos a *Reforma* como órgão "efetivo" do "partido em Berlim"; também sabemos apreciar plenamente a abnegação do patriota Ruge quanto ao "sacrifício" mencionado. Em todo caso, resta uma contradição muito estranha. O bravo proprietário de tipografia Ruge põe-se no *terreno do direito* para defender seu jornal, a *Reforma*, como um "efetivo" órgão do partido (registrado *sans garantie du gouvernement*).[3] Por outro lado, o filósofo Ruge põe-se no terreno da rebelião contra o "efetivo" Comitê Central democrático, para "efetivamente" poder fazer novos "sacrifícios" em seu sentido da palavra (o de livreiro).

Uma forma de resolver essa contradição poderia ser a seguinte:

O Comitê Central democrático declararia a Ruge estar disposto a nomear a *Reforma* seu *Moniteur*, sob a condição de que o mesmo Ruge se abstivesse de argumentar e de escrever.

---

[2] Acima

[3] Sem garantia do governo.

A Associação de Março

NGR, n. 243, 11/3/1849

K. Marx

Colônia, 10 de março. A assim chamada "Associação de Março"¹ frankfurtiana da assim chamada "Assembleia do Império" frankfurtiana teve o atrevimento de *nos* enviar a seguinte carta litografada:

> A Associação de Março decidiu elaborar uma lista de todos os jornais que nos franquearam suas colunas e divulgá-la a todas as associações com as quais temos contato, a fim de que as citadas associações atuem no sentido de contemplar preferencialmente os jornais indicados com alguns *anúncios* pertinentes.
>
> Divulgando aos senhores a lista preparada, não consideramos necessário chamar-vos a atenção para a importância dos *'Annonces* pagos de um jornal como fonte de sustentação para todo o empreendimento.
>
> Além disso, a Associação Central de Março decidiu recomendar ao auxílio prestativo das associações a *Folha Popular Teutônica*,² um periódico democrata-constitucional redigido pelo sr. dr. Eisenmann, publicada em *Würzburg*, ameaçada de sucumbir à concorrência dos jornais antidemocráticos, pois o sr. redator se declara incapaz de acrescentar novos sacrifícios àqueles já feitos.
>
> Frankfurt, fins de fevereiro de 1849.
A Direção da Associação Central de Março

Na lista anexa dos jornais que "franquearam suas colunas à Associação de Março" e que deveriam ser contemplados pelos partidários da "Associação de Março" com "anúncios pertinentes" encontra-se também, e além disso guarnecida de uma honrosa estrela, a *Nova Gazeta Renana*.

Esclarecemos aqui aos membros de esquerda e extrema-esquerda³ dessa assim chamada "Associação de Março" da *ci-devant* "Assembleia do Império" que a *Nova Gazeta*

---

¹ A Associação Central de Março, com filiais em diversas cidades alemãs, foi fundada em fins de novembro de 1848 pelos deputados da ala esquerda da Assembleia Nacional de Frankfurt, como Fröbel, Simon, Wesendonck, Raveaux, Eisenmann e Vogt. Marx e Engels criticavam a indecisão e insuficiência de suas propostas, mostrando que essa política favorecia a contrarrevolução.

² Jornal alemão dos democratas moderados publicado em Würzburg nos anos 1840.

³ Alusão às duas frações da esquerda na Assembleia Nacional de Frankfurt. Ver "Programa do Partido Democrata Radical e da Esquerda em Frankfurt".

Renana nunca se prestou a ser órgão de um partido parlamentar, muito menos de um partido do cômico Clube do Império frankfurtiano, que jamais franqueamos as colunas de nosso jornal à assim chamada "Associação de Março" desse Clube, bem como que a *Nova Gazeta Renana* não conhece absolutamente nenhuma "Associação de Março". Se a "Associação de Março", em seu comunicado litografado, indica, aos jornais que realmente lhe franqueiam suas colunas, nosso periódico como um de seus órgãos, isto é pura calúnia contra a *Nova Gazeta Renana* e comprovada basófia da "Associação de Março". Os honestos patriotas da "Associação de Março" saberão, sem dúvida, conciliar isso com sua "consciência". A referência da "Associação de Março" a nosso jornal se torna, entretanto, ainda mais grosseira pela "decisão" da associação de recomendar o periódico "democrata-constitucional" (periódico teutônico: *Folha Popular Teutônica*) do "dr. Eisenmann". Quem não se comoveria com o triste destino do grande mártir "teutônico" Eisenmann? Que homem de bem não se sente abalado pelo fato de o "dr." Eisenmann, que vendeu suas memórias da prisão ao rei "democrata-constitucional" da Baviera por 12 mil florins, não poder mais fazer nenhum "novo sacrifício" e estar ameaçado de sucumbir à "concorrência" editorial dos jornais comuns, não outorgados e anti-Associação de Março? Deixamos ao interesse dos patriotas averiguar a que profundo desleixo a *Folha Popular Teutônica* deve ter chegado para o mártir-dos-12-mil-florins e representante-dos-cinco--táleres Eisenmann precisar apelar ao "auxílio" público. Em todo caso, a situação deve ter ficado ruim, muito ruim para os homens de ferro[4] "democrata-constitucionalistas", a ponto de eles terem simulado uma carta suplicante da *Nova Gazeta Renana*, o único jornal na Alemanha que perseguiu os "mendigos miseráveis e impudicos" do patriotismo e da Assembleia Mendicante do Império.

Ao comentário imundo dos patriotas açulados pela concorrência e loucos por lucros sobre a "importância dos anúncios *pagos* de um jornal como *fonte de sustentação de todo o empreendimento*" não daremos, evidentemente, nenhuma resposta. A *Nova Gazeta Renana* sempre se diferenciou dos patriotas não só em geral como especificamente por nunca haver considerado os movimentos políticos como um ramo industrial ou uma fonte de sustentação.

---

[4] Trocadilho com o nome de Eisenmann (literalmente, homem de ferro).

Viena e Frankfurt

NGR, n. 244, 13/3/1849

Colônia, 12 de março. No dia 15 deste mês, o parlamento em Krems pretendia começar a deliberar sobre o projeto de Constituição concluído pela comissão. Chegara, assim, para as feras imperiais da lei marcial o momento de jogar contra o parlamento a Constituição "pela graça de Deus" há muito preparada e de pôr um fim a toda a comédia da representação popular em Krems, até agora tolerada.[1]

Toda a artimanha da outorga já fora concertada no verão do ano passado entre os contrarrevolucionários ungidos e não ungidos em Schönbrunn-Viena, Potsdam-Berlim, Londres (onde Metternich, como aranha da Sagrada Aliança, senta-se no centro da teia lentamente urdida em torno dos povos sublevados pela liberdade), Paris. Que o rei de Potsdam a tenha realizado primeiro deveu-se exclusivamente às circunstâncias da Prússia, que permitiram tal passo mais cedo do que na Áustria.

Em novembro, a Áustria oficial arrojou a cabeça ensanguentada de Robert Blum aos pés dos deputados da igreja de São Paulo. Alguns dias antes, o belo par de gêmeos comissários do Império, Welcker-Mosle, voltara da antecâmara de Windischgrätz e da comezaina em Olmütz coberto com tanta ignomínia que quaisquer outros, menos os honrados Welcker-Mosle, teriam preferido estourar os miolos do que ousar encarar de frente qualquer homem da face da Terra. Em vez disso, esse diplomático par de irmãos ainda se vangloriou de suas andanças a torto e a direito.[2]

A maioria da Assembleia Nacional estava "*satisfait*", estava satisfeita, assim como a câmara francesa sob Luís Filipe se declarou *satisfait*, satisfeita, diante das maiores infâmias, das provas mais concludentes da corrupção.

---

[1] A Dieta Federal austríaca foi aberta em 22 de julho de 1848, em Viena. Sob a pressão das ações revolucionárias de 15 de maio de 1848, o governo foi obrigado a declará-la Constituinte. Nela predominavam a burguesia liberal e os grandes proprietários de terras, que se dedicaram a sufocar a revolução. Durante a insurreição popular de outubro em Viena, a Dieta transferiu seu local de reunião para Krems. Em 4 de março de 1849, o Comitê Constitucional (eleito em 1 de agosto de 1848), apresentou um "Projeto de Carta Constitucional" que, no entanto, não foi a debate, pois no mesmo dia o imperador e a camarilha austríacos deram um golpe de Estado e outorgaram ao país uma nova e antidemocrática "Constituição Nacional para o Império Austríaco", com um sistema bicameral. Em 7 de março de 1849, a Dieta foi fechada e a Constituição Nacional de 4 de março entrou em vigor.

[2] Ver "Relatório do comitê de Frankfurt sobre os assuntos austríacos".

Seja como for, o sangue de Robert Blum assassinado devia respingar no rosto dos deputados da igreja de São Paulo. E de fato ele corou suas faces, mas não de vergonha ou raiva e profunda irrupção de fúria, mas sim com as cores do bem-estar e da satisfação. Sem dúvida, foram enviados outros comissários imperiais à Áustria. Mas o único resultado alcançado por eles foi a duplicação do escárnio com que já haviam sido anteriormente cumulados os membros da assim chamada Assembleia Nacional e a Alemanha traída por eles.

"Mocht nix,'s is olles Aans!"[3] era e continuou sendo o lema desses senhores.

Todos se lembram de que, pouco antes do golpe de Estado do governo prussiano, Bassermann, Simson e naturalmente o "nobre" sr. Gagern etc. foram comissários imperiais em Berlim.

E novamente temos comissários do Império na Áustria, em Olmütz, enquanto aqui, como em Berlim, o Parlamento é dissolvido e é outorgada ao povo uma constituição "pela graça de Deus" por meio de croatas, sereschaners, hukulers[4] etc.

Em todos os lugares em que a liberdade do povo estava para ser esmagada apareceram comissários do assim chamado poder central, qual abutres farejadores. Seu faro sempre se mostrou acertado.

Agora finalmente o ranário frankfurtiano conseguiu perceber que logo chegará sua vez. Seus pecados recairão sobre ele mesmo. Na lápide erguida no lugar de sua deplorável atuação o viandante lerá: "Arruinado por sua própria culpa, por covardia, idiotices professorais e mesquinhez crônica, em parte sob os risos sarcásticos de fria vingança, em parte sob a completa indiferença do povo".

Uma parte destes miseráveis homúnculos, entretanto, ousa ainda hoje envaidecer-se com os "direitos fundamentais" produzidos na fábrica de Frankfurt e gabar-se disso como de uma façanha. Qual lavadeiras loquazes, tagarelaram sobre os "*direitos* fundamentais" como os escolásticos da Idade Média, enquanto o "*poder fundamental*" da Santa Aliança e seus cúmplices ampliava cada vez mais sua organização e escarnecia cada vez mais abertamente do aranzel filistino e professoral sobre direitos fundamentais. Aqueles firmaram seus "*direitos* fundamentais" sobre um pedaço de papel; estes, os senhores da contrarrevolução, escreveram seu "*poder* fundamental" com espadas afiadíssimas, canhões e mantos vermelhos eslavos.

Sempre que o povo alemão, em qualquer parte da pátria germânica, lançou mão ou pareceu pretender lançar mão de seu direito fundamental originário, o direito de rebelião contra a tirania feudal ou constitucional-filistina, Frankfurt enviou urgentemente "tropas do Império" para castigar e humilhar o povo por meio de aquartelamento, saques, massacres e excessos militares de todo tipo, e para conservar em boas condições a ferramenta

---

[3] Não tem importância, é tudo a mesma coisa!
[4] Grupo étnico ucraniano dos Huzulen nos Cárpatos; no século XIX, faziam parte da Áustria-Hungria. Depois da Primeira Guerra Mundial, viveram dispersos pela Polônia, Rumênia e Tchecoslováquia. Após o fim da Segunda Guerra Mundial, passaram a viver na Ucrânia.

da contrarrevolução, isto é, cevá-la convenientemente e fortalecê-la com novas façanhas às custas do povo e seus "direitos fundamentais".

Nesses casos, os senhores de Frankfurt dispunham sempre do necessário poder, pois o recebiam emprestado das fileiras do supracitado "poder fundamental" de nosso benevolente soberano.

Por conseguinte, não admira que, diante dos consagrados senhores, o ranário de Frankfurt deva calar-se impotente, observar impotente sempre que eles proclamam *seus* "direitos fundamentais", mesmo quando os direitos fundamentais dos senhores "pela graça de Deus" voltam-se diretamente contra ele.

Por isso observou e continuará a observar calmamente também agora que o Tamerlão austríaco,[5] pela graça de Deus e de Sofia, outorgou 13 direitos fundamentais a seus amados "súditos", entre os quais um considerável número de alemães, e ao mesmo tempo com este golpe outorgou mais uma vez aos heróis de Frankfurt uma rude bofetada. E tudo de acordo com o direito!

---

[5] Imperador Francisco José I.

[Três novos projetos de lei]

NGR, n. 244, 13/3/1849, suplemento extraordinário

K. Marx

Colônia, 12 de março. A monarquia prussiana alcançou finalmente o momento de desenvolver toda sua glória. A "vigorosa" Coroa[1] pela graça de Deus outorgou-nos hoje três novos projetos de lei sobre os *clubes* e *assembleias*, sobre *cartazes* e sobre a *imprensa*, nos quais as câmaras são convidadas a nos impor uma compacta falange das amáveis Leis de Setembro.

Amanhã publicaremos, assim que os recebermos, o texto dos projetos e a Exposição de Motivos. Voltaremos – mais de uma vez – a esses pomposos produtos prussianos.[2] Por hoje apenas um breve resumo!

I. Lei dos clubes. "Todas as assembleias devem ser comunicadas com 24 horas de antecedência." Assembleias convocadas com urgência em função de acontecimentos importantes ocorridos subitamente são assim proibidas – e estas assembleias são justamente as mais imprescindíveis. O acesso deve ser franqueado a todos, portanto é proibido cobrar um ingresso para cobrir os custos da assembleia. Nas assembleias das associações a quarta parte do recinto deve ser reservada para não membros, de sorte que as associações sejam obrigadas a dispor de lugares maiores e mais caros, e agentes policiais pagos possam perturbar qualquer reunião, impossibilitar qualquer assembleia com desordem, gritos e tumultos. E como se tudo isso ainda não bastasse, os "representantes da autoridade policial" têm o direito de "dissolver imediatamente" qualquer assembleia sob o primeiro bom pretexto, tal como o mais alto comandante da "autoridade policial", S. Majestade nosso Clementíssimo rei, "dissolveu imediatamente" a Assembleia Ententista. E assim que a polícia declarar a assembleia dissolvida todos devem se afastar, se não quiserem que lhes suceda o mesmo que aos cavaleiros ententistas de Berlim, isto é, se não quiserem ser expulsos do salão pelas baionetas. – Os clubes não necessitam, é verdade, de nenhuma

---

[1] Em sua fala do trono na abertura da primeira Dieta Unificada, em 11 de abril de 1847, Frederico Guilherme IV declarou: "Como herdeiro de uma *coroa vigorosa*, que eu devo e quero conservar vigorosa para Meus sucessores, eu Me considero... completamente livre de toda obrigação a respeito do não realizado, sobretudo a respeito daquilo que a consciência verdadeiramente patriótica de Meu grandioso predecessor se resguardou de realizar" (ver "A primeira Dieta Unificada em Berlim", primeira parte).

[2] Ver "O plano de reforma geral de Hohenzollern" e "O projeto de lei de imprensa de Hohenzollern".

"autorização prévia", mas a quantidade de notificações prévias e formalidades que têm de cumprir junto à autoridade local já os impossibilita parcialmente. Em contrapartida, assembleias públicas ao ar livre, passeatas etc. etc., *precisam* da autorização prévia da polícia. Finalmente, para pôr termo às faixas, distintivos e bonés vermelhos, é ainda outorgada uma renovação do velho decreto de caça aos símbolos rubro-negro-dourados.

Eis o "direito de associação e reunião" que o Hohenzollern amante da verdade e cumpridor da palavra nos garantiu há um ano com lábios trêmulos!

II. Lei dos cartazes.[3] São *proibidos* todos os cartazes de conteúdo político, exceto os convites para assembleias legais, *autorizadas* (todas as assembleias são, pois, outra vez apenas benevolamente "*autorizadas*"!). Portanto, os comitês dos clubes não podem mais, em períodos de agitação, *exortar* o povo *à calma* por cartazes, a fim de que a heroica soldadesca não perca nem uma única vítima! E mais: a *venda* ou *distribuição* de impressos nas vias públicas são igualmente proibidas, a menos que se obtenha uma *concessão, revogável a qualquer momento*! Em outras palavras: a monarquia prussiana pretende nos presentear com uma *edição melhorada* da lei dos *crieurs publics*,[4] que na França, na pior época do despotismo burguês de Luís Filipe, foi extorquida ao medo da Câmara.

E as justificativas para esta lei? Porque os cartazes e divulgadores obstruem a passagem nas ruas e muitos edifícios públicos são desfigurados pelos cartazes!

III. Lei de imprensa. Mas tudo isto ainda não é absolutamente nada diante da encantadora proposta com a qual se pretende amordaçar a imprensa. Sabe-se que desde 1830 o benefício dos Hohenzollern ao povo consistiu em geral apenas em enobrecer o patriarcalismo paternal prussiano com a refinada servidão moderna de Luís Filipe, por meio do afolhamento. Conserva-se o porrete e acrescenta-se o banho;[5] permanece a censura e simultaneamente somos presenteados com a flor das Leis de Setembro; em uma palavra, veem em nosso proveito, ao mesmo tempo, as vantagens da servidão feudal, do governo policial burocrático e da moderna brutalidade *jurídica* burguesa. A isto se chamou "o notório espírito liberal de Frederico Guilherme IV".

O novo projeto de lei de imprensa hohenzolleriano, graças a uma série de disposições formais agravantes, nos presenteia com uma insuperável fusão 1) do *Code Napoléon*, 2) das Leis de Setembro francesas, 3) e principalmente do louvável *Landrecht prussiano*.

O §9 representa o *Code*: Nas províncias onde subsiste o Landrecht, até agora a tentativa, a incitação a um crime eram menos severamente punidas, ainda quando bem-sucedidas, do que o próprio crime. Nessas regiões foi introduzida a determinação do *Code* que equipara ao crime a incitação bem-sucedida ao crime.

---

[3] Por cartaz designavam-se, na primeira metade do século XIX, manifestos, declarações e comunicados afixados nas ruas. Desempenhava um papel significativo nas lutas políticas.

[4] A assim chamada Lei sobre os *crieurs publics* (pregoeiros públicos), decretada em 1834, no governo de Luís Filipe, dificultou a difusão de impressos oposicionistas.

[5] Prisão de condenados a trabalhos forçados.

O §10 representa as Leis de Setembro francesas: Quem atacar a *propriedade* ou a *família*, os fundamentos sobre os quais descansa a sociedade burguesa, ou provocar os cidadãos ao *ódio ou ao desprezo uns contra os outros* incorrerá em até dois anos de prisão. Compare-se com a *Loi du 9. Sept. 1835*,[6] artigo 8: *Toute attaque contre la propriété... toute provocation à la haine entre les diverses classes de la société, sera punie etc.*[7] Apenas a tradução prussiana – provocar os *cidadãos* em geral ao ódio uns contra os outros etc. – é dez vezes mais impagável.

Todos os parágrafos seguintes do projeto são elaborados exclusivamente para presentear outra vez a Renânia com os mesmos esplendores do Landrecht de que fomos privados logo após o 18 de março, depois de os termos desfrutado plenamente durante 33 anos. Pretende-se, entre outras coisas, outorgar-nos os seguintes novos crimes, completamente desconhecidos por nossa própria legislação renana:

1) Suscitar o *ódio ou desprezo às instituições do Estado ou seu governo* mediante efetivas mentiras ou fatos juridicamente indemonstráveis.
2) "Declaração" sobre uma sociedade religiosa *legalmente existente* (segundo a constituição outorgada, mesmo os turcos e os pagãos são sociedades religiosas legalmente existentes!) de maneira que seja apta [!] a propagar ódio e desprezo contra ela.

Estes dois novos crimes introduzem entre nós a) a velho-prussiana "*provocação ao descontentamento*" e b) o conceito velho-prussiano da *ofensa religiosa*, e são punidos com até dois anos de *prisão*.

3. O crime de *lesa-majestade*, e entendido como *lesão do respeito [!!]* devido
   a) ao rei [!]
   b) à rainha [!!]
   c) ao príncipe herdeiro [!!!]
   d) a um outro membro da casa real [!!!!]
   e) ao chefe supremo de um estado alemão [!!!!!], é punido com um mês até *cinco anos* de prisão!
4. A edificante disposição de que mesmo a alegação de fatos comprovadamente verdadeiros é punida como ofensa, se houver a *intenção de ofender*!
5. Ofensa
   a) *a uma das Câmaras,*
   b) a um de seus membros,
   c) a uma *repartição* (o *Code* não reconhece qualquer ofensa a corporações como tais),
   d) a um funcionário ou membro das forças armadas. Tudo "*em relação* a seu ofício". Prisão de até 9 meses.

---

[6] "Collection complète des lois, décrets..." por J. B. Duvergier; à Paris 1836; tome trente-cinquième, année 1835.
[7] Lei de 9 de Set. 1835, artigo 8: "Todo ataque à propriedade [...] toda provocação ao ódio entre as diversas classes da sociedade será punida" etc.

6. *Ofensa ou calúnia em locais privados.* O *Code Napoléon* reconhece somente ofensas ou calúnias *publicamente proferidas* ou disseminadas. O novo projeto de lei pretende, ao contrário, *submeter ao controle da polícia e do ministério público e declarar passíveis de punição todas as declarações feitas em conversas privadas, na própria casa, no seio da família, em cartas privadas, isto é, organizar a mais infame e generalizada espionagem.* O despotismo militar do onipotente império francês respeitava ao menos a liberdade da conversação privada; ao menos na lei, não ultrapassava a soleira da residência. A vigilância e punição paternal-constitucionais prussianas invadem o interior do domicílio, o mais sigiloso asilo da vida familiar, considerado inviolável mesmo pelos bárbaros. E a mesma lei, três artigos antes, pune com dois anos de prisão qualquer ataque à família!

Eis as novas "conquistas" que pretendem nos garantir. Complementação das três legislações mais brutais uma pela outra, para atingir um extremo de brutalidade e perfídia até agora inaudito – eis o preço pelo qual a vigorosa Coroa quer barganhar com as Câmaras a suspensão do estado de sítio em Berlim!

A intenção é óbvia. O projeto de lei de imprensa ao menos não outorga tantas novidades assim às velhas províncias. O Landrecht já era suficientemente ruim. A fúria principal da graça de Deus corporificada dirige-se contra *nós, renanos. Pretende-se impor outra vez a nós o mesmo infame Landrecht* de que mal nos livramos e desde cuja supressão pudemos enfim voltar a respirar um pouco mais livremente, enquanto estamos acorrentados à Prússia.

A Coroa pela graça de Deus explicita claramente sua intenção na Exposição de Motivos à encantadora peça, pela boca de seu servo Manteuffel: ela deseja o *"estabelecimento de uma situação jurídica a mais homogênea possível"* – isto é, a supressão da odiosa lei francesa e a introdução geral do ignominioso Landrecht. Quer, além disso, "preencher as lacunas" que, "na maior parte da *Renânia*" (prestem atenção!), resultaram da supressão "do Código Penal do crime de lesa-majestade graças ao decreto de *15 de abril de 1848*"!

Isto é, o novo Código Penal quer arrebatar a nós, renanos, a única coisa que ainda nos resta dos resultados da assim chamada revolução de 1848: *a vigência irrestrita de nosso próprio direito.*

Devemos a todo custo nos tornar *prussianos,* prussianos segundo o coração do Clementíssimo, com Landrecht, arrogância aristocrática, tirania burocrática, domínio do sabre, bordoadas, censura e ordem unida. Estas propostas de lei são apenas o começo. O projeto da contrarrevolução está diante de nós, e nossos leitores se admirarão com os planos que se preparam. Não duvidamos de que os senhores em Berlim vão mais uma vez se frustrar memoravelmente com os renanos.

Voltaremos ainda uma e outra vez a este ultrajante projeto de lei, motivo suficiente para enviar *os ministros ao banco dos réus*. Mas uma coisa deve ser dita ainda hoje: se for aprovada na Câmara algo que se assemelhe mesmo que longinquamente a esta proposta, *será dever dos deputados renanos abandonar imediatamente a Câmara que, por meio de tais decisões, pretende empurrar seus eleitores de volta à barbárie patriarcal da velha legislação prussiana.*

Provocações governamentais

NGR, n. 245, 14/3/1849

Colônia, 12 de março. Os altos senhores ungidos e não ungidos querem se vingar de seu sofrimento em março de 1848 por meio de redobrada alegria em março de 1849. Com essa finalidade, moveram céus e terras para que no maior número possível de lugares da Alemanha, nos diferentes aniversários de março da pátria germânica, ocorressem tumultos e houvesse novas oportunidades de atos violentos para os senhores contrarrevolucionários. Por isso há semanas os jornais constitucionalistas e aristocratas tagarelam diariamente sobre as pavorosas rebeliões preparadas para março, sobre novas invasões das fronteiras francesa e suíça por corpos de voluntários republicanos – na Suíça vivem cerca de 15 ½ republicanos alemães – e, sempre de acordo com "fontes seguras", "indícios inconfundíveis", "informações autênticas", sopram no pulmão dos bons pequeno-burgueses o ar quente do alarme. Mas os galhofeiros pela graça de Deus sentam-se calmamente atrás da cortina, divertem-se com os efeitos de seus relatos-papões sistematicamente enviados a toda a imprensa escrava e sorriem aristocraticamente quando os estúpidos filisteus tomam *au sérieux*[1] os calculados gritos de angústia.

Baden, isto é, Bekk, deu início a essa ciranda. Em seguida o jornalismo mercenário trombeteou fielmente toda a litania da invasão, golpe e demais bobagens. Então Württemberg e Baviera acudiram desabaladamente a prestar serviço semelhante. A velhaca, venal e vendida, esnobe como um cidadão imperial e inútil Frankfurt não podia e não queria ficar para trás com sua "imprensa diária". Também os de Hesse, os cegos e os videntes, e mais os hannoverianos partidários de Stüve,[2] os salsicheiros brunsvickianos e como quer que se chamem as demais hostes de mártires da paixão do império alemão – todos tocaram a mesma música. Melhor fizeram os honrados Wrangel-Manteuffel. Foram emitidos quatrocentos passaportes falsos para refugiados alemães em Besançon e além disso foram enviadas instruções e emissários a todas as regiões do território alvinegro

---

[1] A sério.
[2] Johann Karl Bertram Stüve, estadista liberal, foi, de março de 1848 a outubro de 1850, ministro do Interior do reino de Hannover.

para fazer, pela imprensa e por propaganda oral, a mais estrondosa gritaria a respeito dos republicanos insurretos de março que se aproximavam.

Mas muitos destes órgãos germano-cristãos, sem fazer caso de instruções tão ladinas, tinham feito desde o início um barulho demasiado alto. Corrigiu-se esse erro rufando ainda mais violentamente os tambores, com mentiras ainda mais descaradas.

A esta malta arruaceira também aderiu rápida e prontamente, é claro, o sr. *Hansemann* com seu novo órgão.[3] Na primeira Câmara aparentemente um homem da oposição, em seu jornal essa figura deslumbrante se transformou outra vez no fiel escudeiro de Manteuffel-Brandenburg por meio das mais absurdas notícias e correspondências sobre a ameaçadora insurreição de março. Apenas um exemplo. Publicou, como se se tratasse das notícias mais recentes, o seguinte artefato de Colônia:

> Vivemos há alguns dias – por assim dizer – em plena anarquia. Basta apenas andar pelas ruas para verificar que mesmo *à luz do dia* circulam *multidões de trabalhadores*, em parte mendigando, em parte saqueando; especialmente as tabernas e tabacarias estão expostas a ataques de todos os lados. Já se chegou ao ponto em que nossa prefeitura está há vários dias protegida por numerosos militares. À noite *ninguém* está *seguro nas ruas*. O pior é que o ânimo da classe trabalhadora foi artificialmente irritado, para que em 18 de março ocorra uma insurreição completa.

Aqui em Colônia basta publicar este artigo para pôr a nu toda sua perfídia e seu ridículo.

O que se pode ver aqui à luz do dia, e em maior escala à noite, são incessantes *pancadarias entre tropas das diversas armas*. Parece que se quer encobrir com calúnias contra os *trabalhadores* interpelações a "Meu magnífico exército"...

Os governos preparam-se abertamente para golpes de Estado que devem consumar a contrarrevolução. O povo estaria, pois, em seu pleno direito ao se preparar para a insurreição. Mas ele percebe muito bem que as complicações na França e especialmente na Hungria e na Itália infalivelmente lhe oferecerão a curto prazo oportunidade para o levante. Por isso não se deixa atrair para a grosseira armadilha preparada.

---

[3] A *Gazeta Constitucional*, liberal-burguesa, fundada por Hansemann, foi publicada de 1849 a 1852 em Berlim.

O plano de reforma geral dos Hohenzollern

NGR, n. 246, 15/3/1849

K. Marx

Colônia, 14 de março. "O estado de sítio *extraordinário* será revogado assim que o estado de sítio *ordinário* for outorgado a todo o reino e introduzido em nossos costumes constitucionais. A ciranda destas leis 'fortes' será aberta com as *Leis de Setembro sobre as associações e a imprensa*."

Com estas palavras acompanhamos a publicação da fala do trono (n. 234 da *N[ova] G[azeta] R[enana]*). E em que consiste a primeira ação parlamentar do ministério? Ele se apresenta à Câmara e diz: "Suspenderemos o estado de sítio, e em troca os senhores hão de impor uma lei marcial permanente sobre assembleias, associações, imprensa."

Não podemos ocultar nem por um momento que, por seu comportamento resignado, a esquerda parlamentar facilitou ao ministério lançar-se daí em diante à ofensiva.

Vamos comparar detalhadamente os três admiráveis projetos de lei com as Leis de Setembro, com o projeto de lei criminal anterior a março e com o Landrecht prussiano. Mas primeiro daremos a conhecer a nossos leitores o *plano geral dos reformadores velho--prussianos* para o qual nossa edição extra de anteontem já chamou a atenção.

No mesmo dia em que os jornais não oficiais de Berlim publicaram os três admiráveis projetos de lei, a *Nova Gazeta Prussiana*, esse *Moniteur* da previdência brandenburguesa, publicou um "*Parecer sobre as tarefas essenciais da assim chamada representação popular agora reunida*". A casa Hohenzollern e seu ministério Brandenburg são de linhagem "*nobre*" demais para dissimular no momento em que o sol do "poder" brilha sobre a vigorosa Coroa. Em tais momentos o coração do rei não se contém e humilha a massa plebeia só com a rude declaração sem cerimônia de seus mais íntimos desejos e intenções. O destino, não podemos ocultá-lo, o destino desalmado mais de uma vez se comprouve em frustrar por meio de extravagantes acontecimentos o "nosso bom rei", o "espirituoso" *Frederico Guilherme IV* – que recebeu a coroa exatamente com as mesmas palavras com as quais Napoleão recebeu a coroa de ferro dos Lombardo;[1] o destino sem coração mais

---

[1] Depois de ter sido proclamado "Imperador da França" em 1804, Napoleão assumiu o título de rei do Estado italiano vassalo formado pela República Cisalpina (norte da Itália), subordinada à França. Após ser coroado na Catedral de Milão em 26 de maio de 1805 com a tradicional coroa de ferro do rei lombardo que conquistou

de uma vez se comprouve em frustrar as profecias, ameaças, vontades manifestadas por Frederico Guilherme IV no momento da plenitude do poder triunfante, da "embriaguez divina", como diz *Goethe*. Mas sabidamente o férreo fado domina até mesmo os deuses. E em todo caso resta para um coração de rei, assim como para um coração feminino, como para todo coração, a delícia inebriante de deixar transbordar desenfreadamente, sem entraves, os pensamentos mais íntimos e ajustar o mundo ao próprio coração, ainda que seja somente com um discurso, um documento.

A efusão do coração mais ou menos real na *Nova Gazeta Prussiana* já é, portanto, de grande interesse psicológico; em contrapartida, ela diz ao povo o que se espera dele, o que, se for necessário, pretende-se extorquir dele, naturalmente em seu próprio interesse bem compreendido.

A *Nova Gazeta Prussiana* (n. 59, suplemento), a fim de facilitar a visualização, apresentou o *Plano de Reforma Geral dos Hohenzollern em itens*, o que é mesmo uma condescendência louvável para com o público. Não era ela livre para divulgar os decretos reais sob forma apocalíptica, à maneira das revelações de João? Atenhamo-nos aos itens!

As "tarefas essenciais da assim chamada representação popular ora reunida" subdividem-se da seguinte maneira:

1) *Purificar as Câmaras de criminosos políticos. A Jove principium*.[2] A primeira lei para uma Câmara que deve proceder conforme o coração do rei é remodelar-se conforme o coração do rei. Por enquanto sua composição é ainda a obra malfeita do irreverente sufrágio universal, embora indireto.

E o que exige o coração real?

Na atual representação popular, revela a *Nova Gazeta Prussiana*, há "*uma mácula*" que a torna indigna e incapaz, "em sua totalidade, de ser a portadora da honra *prussiana*, da fidelidade e do patriotismo *prussianos*". Há em seu seio um embaraço, que ela deve arrancar de si para ser "justa" aos olhos do Altíssimo. "Essa mácula, esse embaraço, consiste na presença entre seus membros daqueles homens que aderiram aos delitos criminosos da fração de *Unruh*, especialmente à sua *resolução de negação dos impostos*."

"O governo", diz em seguida,

> por sua própria *debilidade* lamentável ou por *desconfiança* da *justiça*, certamente *contaminada em alto grau pela convicção revolucionária*, não levou tais homens *ao tribunal*. É *tarefa das Câmaras* reparar esse *descuido*, esse *erro*; insistir nisso é *dever* especialmente *de todos os juízes e juristas* que delas participam, ainda que apenas para *salvaguardar a honra desvanecida de sua corporação*. É *preciso* propor ao *governo* – e que este seja um dos *primeiros* processos após a constituição da Câmara – que o ministro da Justiça conduza de imediato o inquérito judicial e punição desses delinquentes. *Um tal expurgo é a primeira e mais urgente necessidade para o prosseguimento exitoso das sessões*.

---

o norte da Itália no século VI, ele pronunciou a seguinte frase: "Deus ma deu, ai de quem a tocar" (*Dio mi la diede, guai a chi la tocca*).

[2] Um princípio divino – da *Bucólica*, de Virgílio.

O rei nutre o desejo íntimo de ver castigados até a terceira geração os negadores de impostos criminosos e profanadores. O governo real era *débil* demais para realizar esse desejo. O povo prussiano real foi suficientemente *impudico*, suficientemente petulante para reeleger esses malfeitores e pecadores como seus representantes, em revolta aberta contra o coração soberano. Cabe, pois, às Câmaras *obrigar* o governo real a levar a termo as verdadeiras intenções de S. Majestade. Deve implorar de joelhos ao ministério permissão para expulsar de si todos os elementos sarnentos e *inadmissíveis à corte* no mais alto sentido. E sobretudo os escribas e fariseus, os "juízes e juristas" têm de salvar sua "corporação", cuja "honra" se desvanece no momento em que desponta em Manteuffel a suspeita, naturalmente infundada, de que a Temis prussiana possa permanecer cega diante dos claros sinais da Coroa. Como poderia salvar sua honra diante do povo uma corporação de juízes para a qual toda ideia da graça de Deus encarnada não fosse lei, que não obedecesse incondicionalmente as ordens do próprio rei?

Sabe-se que em toda religião a contrição, o sacrifício, se possível o autossacrifício, constitui o verdadeiro núcleo da celebração divina, do culto. A assim chamada representação popular, para demonstrar que é uma representação do coração real – e o coração real é o verdadeiro coração do povo, vivo, individualizado, tornado homem –, a "assim chamada" representação popular deve, pois, acima de tudo imolar *a si mesma, a si como emanação da soberania do povo*, nos degraus do trono.

Deve expulsar todos os seus membros antipáticos a S. Majestade e entregá-los à prisão e ao carrasco para desagravo da religião da monarquia absoluta. Assim ela expia, primeiro, o crime de sua gênese no *pecado original* da soberania popular. Penitencia-se ao mesmo tempo de um passado prenhe de crimes difamadores da majestade, portanto blasfemo. Purifica-se tornando-se uma verdadeira emanação do poder real. Transforma-se de uma *"assim chamada"* representação popular em uma *verdadeira* representação popular – no sentido elevado, monárquico-prussiano. O rei é o *verdadeiro* povo prussiano. Assim, o verdadeiro povo prussiano – não confundir de modo algum, segundo o péssimo costume estrangeiro, com o superficial número de cabeças dos habitantes do Estado – só elege representantes para que os desejos reais ressoem no rei como desejos do povo e deste modo as mais secretas exigências de seu próprio Altíssimo coração se tornem, sob a forma de projetos de lei públicos e decisões da Câmara, uma realidade tão prosaica quanto geralmente aceita.

Esperamos, pois, das Câmaras de Berlim que iniciem seu culto ao rei com o *autossacrifício*, com o expurgo dos pecadores *negadores de impostos*.

A *Nova Gaz[eta] Pr[ussiana]* não o esconde: mesmo assim a Câmara ainda não será justa perante o Altíssimo. Mas a outra parte do sacrifício não pode ser consumada por ela como corporação, ficando a critério da efetiva consciência do pecado e da autocrucificação de cada um dos respectivos membros.

"Entretanto, por meio de uma tal purificação", suspira a *Nova G[azeta] Pr[ussiana]*, não seriam eliminados todos *aqueles* membros que, por seus antecedentes políticos e também governamentais, deveriam ser expulsos por quanto tempo fosse necessário para que *reconheçam* e se *arrependam* de sua *parte* na miséria da pátria e *prometam e atestem publicamente* impedir com todas as forças os crimes sobrevindos em parte por sua própria culpa pessoal. Certamente compreende-se que, por razões *legais*, nem se discute expulsar em conjunto da Câmara aqueles homens que serviram a revolução, que especialmente entre *18 de março e 8 de novembro foram usados* como altos funcionários *neste serviço* (autêntica gramática prussiana!). Apenas seria desejável que a *própria consciência* os mantivesse afastados, caso não lograssem a *conversão* acima *almejada*. Também é justamente válido, quanto a este (Altíssimo) desejo, distinguir, por exemplo, *entre comerciantes renanos* que da noite para o dia querem se tornar pilares do Estado e homens de *antiga* linhagem *prussiana* (feudal), cujos honrados nomes estiveram desde sempre muito estreitamente ligados à história de nossa casa real e ao *núcleo territorial originário*

(a *Silésia* é também um núcleo territorial originário?).

Há muito o dissemos aos *"comerciantes renanos"*. Apenas com *dégoût*[3] a feudal casa Hohenzollern escolheu esta canalha burguesa como vil ferramenta e espreitava o momento de a despedir com pontapés e radicalmente. *Hansemann*! *Camphausen*! *Kühlwetter*! De joelhos! Em camisa de penitente diante do palácio real, diante do povo, com cinzas nas cabeças sobrecarregadas de culpa, prometei, atestai publicamente com quão profunda contrição vos arrependeis de vos ter atrevido por um momento a preparar com intrigas burguesas-constitucionais a contrarrevolução, cuja realização cabia somente a "Meu magnífico exército" e – seus sovinas, servos velhacos, negociantes de óleo pedantes, manhosos especuladores com ferrovias – não apenas ter salvo o trono, como também ter enaltecido a vós mesmos por essa salvação com frases pretensiosas e frívolas. De joelhos! Em camisa de penitente! Ou vão para um convento!

E quanto aos *"homens de antiga linhagem prussiana"*, estes filhos *nobres, predestinados* do povo *escolhido*, deles, dos *Arnim, Auerswald, Bonin, Pfuel*, esperamos ler em breve os necrológios no *Diário Oficial*. Só poderemos acreditar em seu arrependimento se eles falecerem voluntariamente. De um *comerciante renano*, como *Hansemann*, não se espera tal grandeza de alma. Hansemann é um voltairiano da espécie mais reprovável, banal, e sobretudo desalmado em questões de dinheiro.

Portanto, desaparecei da Câmara, do palco, seus monumentos vivos e andantes do 18 de março, das tribulações, humilhações, inconsequências e fraquezas monárquicas! Retirai-vos da Câmara ou condenai a vós mesmos como bodes expiatórios do 18 de março!

Mas as próprias Câmaras oferecerão os negadores de impostos ao trono real como hecatombe de sua purificação e expiação e assim se tornarão dignas do cumprimento das próximas "tarefas" outorgadas pelo rei à "assim chamada representação popular".

(Continua).[4]

---

[3] A contragosto.
[4] Ver "O projeto de lei de imprensa de Hohenzollern".

Censura

NGR, n. 246, 15/3/1849

Colônia, 14 de março. A imprensa diária alemã é a mais irresoluta, sonolenta e covarde instituição existente sob o sol! As maiores infâmias podem ocorrer debaixo de seu nariz, contra ela mesma, e ela cala, oculta tudo; se não descobríssemos *por acaso*, pela *imprensa* certamente nunca ficaríamos sabendo que magníficas violetas de março a graça divina trouxe à luz em alguns lugares.

Em Düsseldorf, no outono passado, o cidadão e comunista Drigalski tentou reintroduzir a censura sob o pretexto do estado de sítio.[1] Ela vigorou por dois dias, mas a tempestade da opinião pública logo obrigou os senhores arrastadores de sabre a abandonar novamente sua ânsia de censura.

E qual é a situação nas velhas províncias?

Há três meses a censura vigora em plena glória em dois diferentes distritos, e toda a imprensa velho-prussiana deixa passar calmamente esse escandaloso ataque a seus direitos!

Vejamos:

Rosenberg, na Silésia, 7 de março. O *Rosenberg-Kreuzburguer Telegraph* traz no alto da página do n. 19 o seguinte esclarecimento:

> Solicitamos aos prezados leitores de nosso jornal que não nos responsabilizem pela edição atrasada deste número e sua incompletude, mas levem em consideração que ainda nos encontramos sob estado de sítio e o *Telegraph* – que nos últimos tempos *era censurado* pelo real conselheiro provincial local, sr. Sack, indicado para deputado das duas Câmaras – depois da viagem deste a Berlim *está agora sob censura militar direta*.
>
> A Redação

E mais:

Em *Erfurt, desde 25 de novembro a censura vigora* igualmente sem obstáculos. A imprensa local foi censurada em primeiro lugar pelo sr. *F. W. Huthsteiner*, atual inspetor de polícia, ex-redator da *Gazeta de Barmer* – órgão outrora liberal sob a censura –, supostamente liberal ou democrata, posteriormente subordinado a Duncker e sempre

---

[1] Ver "Drigalski, o legislador, cidadão e comunista".

policial prussiano. Apesar de este homem honrado cortar até mesmo artigos vindos da infeliz *Gazeta Nacional* de Berlim [!], ainda assim sua atuação profissional não foi considerada suficientemente prussiana, e foi substituído por um *oficial*. Portanto, em Erfurt também há *censura militar*.

Como se não bastasse, foi imposta a censura também sobre os jornais e outras publicações impressas no estrangeiro, isto é, fora do âmbito do estado de sítio. O *Mensageiro de Erfurt* de 7 de fevereiro trazia a seguinte notificação:

> Por determinação do digníssimo Real Comando Militar, fica o público local advertido, sob pena de *'punição policial adequada'* e *'prisão imediata'*, contra a *divulgação* ou afixação de materiais impressos no exterior *que suspeitem das medidas do governo ou as ataquem em oposição hostil* e desse modo atuem no sentido de *alienar* os ânimos da população do *governo* constitucional existente, ou ainda que sejam capazes de provocar animosidade contra determinadas classes da população e, por consequência, *agitação e discórdia nesta cidade*.
>
> Erfurt, 5 de fevereiro de 1849
O Conselho Municipal, Departamento de Polícia

A reintrodução da censura e o aperfeiçoamento da censura comum pela militar certamente são temas que interessam de perto à imprensa. E a imprensa das cidades próximas, a imprensa de Breslau, de Berlim, de Leipzig trata-os como se tudo isso fosse óbvio! Na verdade, a imprensa alemã continua sendo a velha "*boa imprensa*".

Mas perguntamos a nossos sonolentos deputados em Berlim se eles continuarão se recusando a exigir que os ministros sejam enviados ao banco dos réus.

Os bilhões

NGR, n. 247, 16/3/1849

Colônia, 15 de março. Pouco tempo depois da Revolução de Fevereiro já havia escassez de dinheiro em Paris. O *respect de la propriété*[1] fora proclamado por toda parte, e os pobres pequeno-burgueses tomaram-no para si. O governo provisório[2] estava tanto mais disposto a seu *respect de la propriété* quanto o Banco imediatamente lhe adiantara 50 milhões sem juros. O governo provisório compunha-se, em sua maior parte, de pequeno-burgueses do *National* e se deixou iludir pela *generosidade* do Banco. Os 50 milhões se esgotaram rapidamente. Nesse meio-tempo, os acionistas e proprietários de cédulas tiveram tempo de utilizar o *respect de la propriété* da melhor maneira e retirar seu metal do Banco. Os pequeno-burgueses, que por seu lado também queriam se aproveitar do *respect de la propriété*, dirigiram-se ao Banco para descontar suas letras de câmbio, sacadas sobre sua *propriété*, isto é, sobre sua indústria, sua *boutique*[3] ou sua fábrica: os banqueiros pretextaram a escassez de dinheiro e se recusaram a descontar. Dirigiram-se a outros banqueiros, para que endossassem suas letras de câmbio e a descontassem no Banco: os banqueiros negaram seu endosso. *Respect de la propriété*! Foram, portanto, justamente os banqueiros os primeiros a violar o *respect de la propriété*, enquanto eles próprios souberam explorar muito bem esse respeito. Então se iniciou a lamentação geral de que o crédito, a *confiance*[4] haviam desaparecido. Os pequeno-burgueses, por seu lado,

---

[1] Respeito à propriedade.

[2] Depois da Revolução de Fevereiro de 1848, foi formado na França um *governo provisório*, substituído em 10 de maio pela Comissão Executiva. "Esse *governo provisório*, que se ergueu sobre as barricadas de fevereiro, refletia, necessariamente, na sua composição, os diferentes partidos que dividiam entre si a vitória. Não podia deixar de ser uma *transação entre as diversas classes* que haviam derrubado conjuntamente a monarquia de julho, mas cujos interesses se contrapunham de modo hostil. Sua *grande maioria* era formada de representantes da burguesia. A pequena burguesia republicana, representada por Ledru-Rollin e Flocon; a burguesia republicana, pelos homens do *National*; a oposição dinástica por Crémieux, Dupont de l'Eure etc. A classe operária não tinha senão dois representantes: Louis Blanc e Albert. Finalmente, Lamartine não representava, propriamente, no Governo Provisório, nenhum interesse real, nenhuma classe determinada: era a própria Revolução de Fevereiro, o levante comum com suas ilusões, sua poesia, seu conteúdo imaginário e suas frases" (Karl Marx, *As Lutas de Classes na França*, São Paulo, Edições Sociais, s/d, p. 116).

[3] Comércio.

[4] Confiança.

ainda não renunciaram a seu *respect de la propriété*; pensavam que, quando "a paz e a ordem" se restabelecessem, também a *confiance* retornaria, e então se descontariam suas letras de câmbio sacadas contra sua *propriété*. Sabe-se que, depois das batalhas de junho, quando a paz e a ordem foram restabelecidas, toda a *propriété* migrou para a bolsa dos banqueiros graças às concordatas judiciais,[5] e os pequeno-burgueses finalmente entenderam o significado do "*respect*" quando a "*propriété*" lhes foi tirada. Evidentemente, foram os trabalhadores os que então mais sofreram graças à crise monetária provocada pela grande burguesia. No mesmo momento em que o governo provisório inventava o famoso imposto de 45 cêntimos[6] para remediar sua própria carência, apareceu nos muros um cartaz assinado por trabalhadores que começava com as palavras: *Avez-vous besoin d'argent?* (Vocês precisam de dinheiro?) Neste cartaz propunha-se diretamente exigir de volta os bilhões que, em 1825, foram concedidos aos emigrantes como indenização. Quem eram esses emigrantes? Precisamente aqueles que, no estrangeiro, inspiraram e sustentaram a guerra contra a França, e que então voltaram novamente em comitiva do estrangeiro para a França. Quem se encontrava entre os emigrantes, em cujo proveito veio a indenização? O duque de Orleans, isto é, o rei recém-expulso, e os legitimistas, isto é, os amigos do rei expulso há tempos. Os constituintes e a Convenção decretaram o confisco dos bens dos emigrantes traidores; os reis e emigrantes regressados após as duas restaurações[7] outorgaram a si mesmos e a seus amigos a indenização. Os reis foram novamente expulsos, as decisões da Assembleia Constituinte e da Convenção recuperaram sua plena validade, e naturalmente a indenização devia retornar outra vez em proveito do povo. O cartaz, no qual a nova reivindicação dos bilhões era analisada desse modo, foi lido pelos trabalhadores com júbilo geral; paravam aos milhares diante dele e discutiam o assunto à sua maneira. Isso se prolongou por um dia inteiro; no dia seguinte o cartaz tinha desaparecido dos muros. Os legitimistas e orleanistas,[8] que reconheceram o grande perigo que os ameaçava, tinham contratado por grandes somas pessoas especificamente encarregadas de destruir durante a noite esses cartazes sem deixar vestígios. Era o período do turbilhão dos novos planos de organização. O mundo todo só pensava em inventar

---

[5] O decreto sobre as *concordats à l'amiable* devia conceder aos pequenos burgueses prorrogação de suas letras de câmbio, créditos, aluguéis etc. vencidos junto a seus credores. A bancarrota da pequena burguesia, que vinha se "arrastando como uma enfermidade crônica, desde fevereiro, declarou-se abertamente, depois de junho" (Marx, *As lutas de classes na França, op. cit.*, p. 135), com a derrota dos proletários parisienses, seus fregueses. No entanto, em 22 de agosto de 1848, a Assembleia Nacional rejeitou a proposta, arruinando milhares de pequenos burgueses.

[6] O imposto adicional de 45 cêntimos por franco sobre os quatro impostos diretos, introduzido pelo governo provisório francês em 16 de março de 1848, "pesava principalmente na *classe camponesa*, isto é, sobre a grande maioria do povo francês" (Marx, *As lutas de classes na França, op. cit.*, p. 123).

[7] Depois da derrota e abdicação de Napoleão, em abril de 1814, Luís XVIII, Bourbon, foi entronado. Entretanto, Napoleão conseguiu, pelo curto período dos assim chamados Cem dias, de março a junho de 1815, restabelecer seu poder. Derrotado em Waterloo, Napoleão foi novamente obrigado a abdicar. Apoiado por baionetas estrangeiras, no início de julho de 1815 Luís XVIII voltou a Paris (segunda restauração).

[8] Partidários da dinastia de Orléans, que dominou na França durante a monarquia de julho (1830-1848); representavam os interesses da aristocracia financeira e da grande burguesia industrial.

um novo sistema, para introduzi-lo de imediato no "Estado", apesar de todas as relações existentes. O governo provisório teve a infeliz ideia de inventar o imposto de 45 cêntimos sobre os camponeses. Os trabalhadores acreditaram que os 45 cêntimos produziriam o mesmo resultado que os bilhões: uma taxação da propriedade territorial – e deixaram os bilhões de lado. O *Journal des Débats* assim como o estúpido *National* os encorajaram nessa opinião e argumentaram em seus editoriais que o verdadeiro capital era a "terra", a propriedade originária da terra, e que o governo provisório tinha pleno direito de cobrar esse imposto em proveito dos trabalhadores. Quando se passou à cobrança efetiva, elevou-se da parte dos camponeses uma gritaria mortal contra os trabalhadores urbanos. "O quê?", disseram os camponeses, "estamos em pior condição do que os trabalhadores; precisamos levantar capitais a pesados juros para podermos cultivar nossa terra e alimentar nossa família e, além dos impostos e dos juros para os capitalistas, teremos ainda de pagar um subsídio para os trabalhadores?".

Os camponeses renegaram a revolução porque ela, em vez de promover seus interesses, antes os prejudicou. Os trabalhadores reconheceram a perfídia do imposto sugerido pelos partidos reacionários, e só então o *respect de la propriété* ficou claro também para eles: revelou-se a diferença entre a propriedade formal e a real; evidenciou-se que o capital burguês tinha, por assim dizer, tirado o chão à terra, que o proprietário formal da terra tornara-se um vassalo do capitalista e que o imposto só atingia os vassalos endividados. E justamente quando, pela supressão do crédito, pela penhora etc., o verdadeiro proprietário de terras fazia sentir mais ainda sua influência ao pobre camponês, nesse exato momento a revolução lhe foi odiosa. Os legitimistas, que, graças a suas grandes propriedades rurais, tinham muita influência no campo, exploraram essa situação, e despontaram então as conspirações dos monarquistas em favor de Henrique V. Nessa circunstância aflitiva para a revolução aproximava-se o 15 de maio.[9] Os bilhões de Barbès, apesar de apresentados sob outra forma, caíram mais uma vez como um raio sobre o povo e o inflamaram. Mesmo a batalha de junho não conseguiu abafar essa ideia dos bilhões e agora, quando o processo de Barbès em Bourges[10] teve início, ela ganhou carne e sangue entre os camponeses. Exigir aos legitimistas, seus senhores e vampiros, o retorno desses bilhões que eles, os camponeses, tinham arrecadado, é uma outra isca, como Napoleão. O movimento para a restituição deles já se disseminou por toda a França, e se coubesse decisão por

---

[9] Em 15 de maio de 1848 eclodiu uma insurreição revolucionária dos trabalhadores parisienses liderada por Blanqui, Barbès e outros contra a política hostil aos trabalhadores da Assembleia Nacional Constituinte. Entre as reivindicações, Barbès apresentou a de introduzir um imposto especial sobre os ricos de um bilhão de francos. Manifestantes armados invadiram a Assembleia, declararam-na dissolvida e tentaram instituir um novo governo provisório, mas foram rapidamente derrotados; seus líderes foram presos e muitos clubes foram fechados.

[10] De 7 de março a 3 de abril de 1849 teve lugar em Bourges o processo contra os dirigentes do movimento revolucionário de 15 de maio de 1848, acusados de complô contra o governo. O tribunal condenou Barbès e Albert ao exílio, Blanqui a 10 anos de prisão solitária, De Flotte, Sobrier, Raspail e outros a longas penas de prisão ou exílio.

sufrágio universal ela receberia ainda mais votos do que Napoleão. Recuperar os bilhões é a primeira medida revolucionária que arrasta os camponeses à revolução. As petições que chegam de todas as partes e o tom em que essas petições são formuladas demonstram que a reivindicação já ganhou raízes. Em Cluny são exigidos de volta não apenas os bilhões, mas também seu rendimento desde 1825, a juros de 3%. Desde o processo em Bourges as petições acumulam-se de tal modo que começam a inquietar os juízes em Bourges assim como todo o partido reacionário. Agey, Ancey, Malain, St. Wibaldt, Vittaux e muitos outros municípios enviaram hoje novamente petições à Câmara por meio de seus representantes parlamentares. Sob o título *"Rappel du Milliard"*[11] os jornais trazem cotidianamente os nomes de novos municípios que aderem a essa esplêndida medida. Logo se lerá em todos os muros, em todos os municípios: *"Rappel du Milliard"*. E se a próxima eleição ocorrer sob esta palavra de ordem, veremos o que os capitalistas, chamem-se eles legitimistas ou orleanistas ou burgueses, têm a objetar a esses bilhões para repelir os candidatos democratas, que querem entrar na nova Câmara com o dote desses bilhões para os utilizar como apanágio em benefício dos camponeses e trabalhadores. Mas isso ainda não é tudo: Luís Napoleão prometeu em toda parte aos camponeses não somente o reembolso do imposto de 45 cêntimos, como também uma redução dos impostos em geral. As petições geralmente reivindicam que os bilhões sejam utilizados em sua maior parte para essa finalidade. E quanto à fundamentação jurídica do reembolso mesmo, já foi estabelecida imediatamente após a Revolução de Julho de 1830. À época, suspendeu-se repentinamente o pagamento da parte restante dos bilhões. Se na ocasião não se restituiu a quantia que já fora paga, foi pelo único motivo de que o próprio Luís Filipe e sua família haviam recebido uma parcela muito grande desse dinheiro.

Na impossibilidade de contestar a legalidade dessa medida, os partidos contrarrevolucionários contentam-se provisoriamente em chamar a atenção para a dificuldade da execução. A dificuldade consistiria especificamente em averiguar quem recebeu uma soma maior ou menor da indenização concedida. Nada mais fácil do que isso. Comecemos pelas grandes somas. À cabeça da lista está o duque de Orleans (futuro Luís Filipe) e sua irmã, Madame Adelaide, com 50 milhões, e basta tomar esses milhões dos ilimitados bens que a Assembleia Nacional restituiu ainda recentemente à família real.

O príncipe de Condé recebeu 30 milhões, e quem herdou esses 30 milhões? O conde de Aumale e Md. de Feuchères. Aqui já teríamos, pois, um bom ponto de partida. A família real tem imensas florestas e propriedades na França, e os camponeses já começaram a calcular quanto perderam por não lhes terem sido devolvidos esses milhões já em 1830.

---

[11] Restituição dos bilhões.

A Associação de Março de Frankfurt e a *Nova Gazeta Renana*

NGR, n. 248, 17/3/1849

K. Marx

Colônia, 15 de março. Voltamos mais uma vez à infeliz Associação de Março, essa condigna secundina da "Revolução de Março". Censuram-nos por "ferir a causa da liberdade" minando a Associação de Março. Em dezembro de 1848, para horror da *Gazeta de Colônia*, já não havíamos denunciado a Associação de Março como um *instrumento inconsciente da contrarrevolução*?[1] Não havíamos, portanto, há muito confiado à "Associação de Março" nossa opinião sobre a "Associação de Março"? Se a Associação de Março fosse uma organização do partido da revolução, se fosse ao menos um fruto puro e consequente da *insurreição de março*, toleraríamos uma semelhante falta de tato como o foi incontestavelmente sua *especulação com anúncios*.[2] Em primeiro lugar, a Associação de Março não atua, a não ser, talvez, se se considerar a elaboração de petições como uma ação; ela é, além disso, uma esperançosa ponte entre constitucionalistas (que consideramos mais reacionários do que o clube do cavaleiro von Radowitz)[3] e alguns democratas realmente honestos, cuja visão é anuviada pela névoa imperial da reconciliação. A indecisão sempre foi peculiaridade originária da maioria na associação central do comércio;[4] talvez ela instigue o povo ao descontentamento, mas no momento decisivo o trairá e depois lamentará seu erro. Então viva a Associação do Comércio "e nós também nos juntamos a esse viva"! Sua sensibilidade usual não nos comove, e esses liberais parecem ainda entender a liberdade de imprensa apenas como sua conquista privada. O sr. Eisenmann, por exemplo, declarou-se abertamente constitucionalista para todo o sempre e inimigo do republicanismo na mesma sessão da Associação de Março em que a *Nova Gazeta Renana* foi considerada o modelo da "autêntica desunião alemã". Portanto pretendia-se exigir de nós, como farsa de unidade, apoiar o jornal de um homem que, por mais que queira

---

[1] Trata-se do artigo "Um Documento da Associação de Março", publicado na *Nova Gazeta Renana*, n. 181, de 29 de dezembro de 1848, que revelava a verdadeira face dos líderes da esquerda de Frankfurt, cuja política vacilante favorecia a contrarrevolução; a *Nova Gazeta Renana* os chamava de "girondinos da nossa revolução".
[2] Ver "A Associação de Março".
[3] Alusão à reacionária Associação Católica, da extrema-direita da Assembleia Nacional de Frankfurt, liderada por von Radowitz, que Marx caracterizava como "a alma da contrarrevolução prussiana".
[4] Jogo de palavras que indica as forças sustentadoras da Associação Central de Março.

ser o diabo – e ele quer –, não passa de um palhaço nacional alemão. Por delicadeza, poderíamos "arrastar conosco" os senhores tão longe quanto quisessem, se sua tarefa frankfurtiana não fosse justamente ser "inamovível". Há pensadores amigos da história entre esses senhores. Dificilmente lhes poderia escapar que não somente na Alemanha, mas em toda parte e em todos os tempos os Feuillants,[5] apesar de todas as Associações de Março, sempre precisam ser eliminados antes da eclosão da verdadeira revolução. De que serve aos partidários da república social que o mesmo Vogt, que esbravejou contra Bonaparte "em primeiro lugar" como um estudantezinho, se torne o fracassado Barrot imperial do Bonaparte do Império alemão?[6]

---

[5] O Clube dos Feuillants, instituído em 1791, durante a Revolução Francesa, reunia os partidários da monarquia constitucional. Manteve-se fechado ao povo, pois era necessária uma contribuição de 4 luíses de ouro para pertencer a ele. Em 1792, foi suprimido pelos jacobinos.

[6] Alusão à posição adotada por Karl Vogt e outros líderes da Associação de Março de 1848/1849, que, nos momentos finais da discussão sobre a Constituição na Assembleia de Frankfurt, se aproximou dos que defendiam a unidade alemã sob forma de império, com Frederico Guilherme IV à cabeça. Vogt tornou-se agente pago de Luís Bonaparte, mais tarde Napoleão III (ver o texto de Marx *O sr. Vogt*, de 1860).

[O 18 de março]

NGR, n. 249, 18/3/1849, segunda edição

K. Marx

Colônia, 18 de março. Confessamos a nossos leitores que hoje não soubemos o que escrever no editorial. A revolução de março berlinense, esse débil eco da revolução de Viena, nunca nos entusiasmou. Em 19 de março de 1848, Berlim cantou: *"Em Jesus reside minha esperança!"* Sugerimos aos bravos berlinenses exclamar desta vez em 18 de março: *"Em Wrangel reside minha esperança!"*

A *Nova Gazeta Renana* só celebrará seu aniversário em *25 de junho*.[1]

E o que fará a *Gazeta de Colônia*, isto é, a *burguesia de Colônia*?

Em 22 de março de 1848, a acusação principal da *Gazeta de Colônia* ao sr. von "Arnim" era de que ele *proibira* a *Gazeta Renana*. À época, Camphausen ainda não era ministro. Só para esclarecimento.

Lembramo-nos ainda dos bons tempos em que *Camphausen* era nosso colaborador em Colônia.[2] A antiga relação de Camphausen para conosco e nossa atual relação para com ele – eis o *segredo da revolução de março de 1848*.

---

[1] Aniversário da insurreição dos trabalhadores parisienses.
[2] Camphausen foi um dos acionistas da *Gazeta Renana*, publicada em Colônia de 1842 a 1843.

[A *Nova Gazeta Prussiana* sobre o 18 de março]

NGR, n. 249, 18/3/1849, segunda edição

K. Marx

Colônia, 18 de março. O órgão de *Frederico Guilherme IV*, a *N[ova] G[azeta] P[russiana]*, escreve por ocasião do 18 de março de 1849:
"*Mas duas vezes ai do povo, que celebra festivamente sua revolução; pecar é humano, mas procurar sua honra no pecado e comemorar seu crime é diabólico.*"

O mesmo jornal, no folhetim do mesmo número, designa a luta de 18 e 19 de março uma "*farsa sangrenta!*" Eis a digna recompensa "a Meu povo" por ter feito uma revolução *pela metade*.

Além disso, esse jornal informa que Wrangel foi há alguns dias "*inspecionar*" Friedrichshain.[1]

Veremos o que o sr. Wrangel vai "*inspecionar*" em 18 de março de 1850.

---

[1] Parque berlinense no qual foram sepultados os insurretos de 18 de março de 1848 mortos nas barricadas.

O projeto de lei de imprensa de Hohenzollern

NGR, N. 252, 22/3/1849

K. MARX

Colônia, 21 de março. Conforme havíamos prometido, voltamos aos projetos hohenzollernianos de reforma da liberdade de imprensa e direito de associação,[1] inspirados no estado de sítio. Basta-nos por hoje mostrar, pela comparação com os antigos projetos de Código Penal *rejeitados* pela Dieta Renana[2] ainda sob a égide oposicionista de Camphausen, as gloriosas "conquistas" que os *renanos* devem agradecer à insurreição de março berlinense, os novos estupros pelo Landrecht com que a legislação *renana* foi contemplada pela "vigorosa" coroa do duque de Berlim.

Na Dieta Unificada, de patenteada memória,[3] há dois anos o *junker* Thadden-Triglaff, da Mancha[4] pomerana, entrou na liça em defesa da liberdade de imprensa. O associado do "bravo" jovem cavaleiro westfaliano Vincke brandiu sua lança: "Sim, processo público, mas realmente público para os senhores literatos: *Liberdade de imprensa, e ao lado a forca!*"[5]

Os projetos que o ministério de novembro[6] tenta outorgar são a retomada desses velhos esboços de patentes pré-março. A "forte Coroa prussiana" brada às odiadas determinações do *Code Pénal*, às sentenças dos jurados renanos absolvendo os negadores de impostos e insurretos: "Sim, processo público, mas realmente público: Liberdade de imprensa, e ao lado a forca, a forca do Landrecht prussiano!"

---

[1] Ver "O plano de reforma geral dos Hohenzollern".

[2] Em 1843, sob o pretexto de introduzir uma legislação unificada para a Prússia, o rei apresentou à Dieta Renana o esboço de um novo código penal, que deveria substituir, na Renânia, o Código Penal francês, mais liberal. A sétima Dieta Renana (1843) rejeitou esse projeto de lei, declarando que a legislação vigente correspondia plenamente às tradições, costumes e práticas jurídicas dessa província.

[3] Alusão à patente de Frederico Guilherme IV, de 3 de fevereiro de 1847, convocando a Dieta Unificada.

[4] Região espanhola de população escassa e retrógrada, conhecida como terra natal do cavaleiro dom Quixote, do romance de mesmo nome de Cervantes.

[5] Na sessão de 21 de junho de 1847 da primeira Dieta Unificada, Thadden-Triglaff disse o seguinte: "Minha moção reza: liberdade de imprensa – processo *realmente* público para os senhores literatos e bem rente a isso a *forca*! E eu peço aos senhores estenógrafos para sublinhar bem acentuadamente as palavras 'realmente' e 'forca'" ("A Primeira Dieta Unificada em Berlim, 1847", quarta parte).

[6] Trata-se do ministério Brandenburg, nomeado em 8 de novembro de 1848 por Frederico Guilherme IV, em lugar do ministério Pfuel, hesitante demais para a reação. Mas a cabeça dirigente foi desde o início Manteuffel.

As determinações do *Code Pénal* nada sabem da ofendida susceptibilidade do sentimento de majestade hohenzolleniano. Apesar do censo e da filtragem policial, não se encontram jurados renanos dispostos a castigar o inominável crime de ofensa à majestade a não ser como ofensa a um "indivíduo privado", com 5 fr. de multa. O despotismo imperial considerava-se elevado demais para declarar que poderia ser "ofendido" em sua majestade; mas a consciência soberana germano-cristã, que compreensivelmente não pode ser comparada ao altivo orgulho de Napoleão, sente a "profunda necessidade" de restabelecer a proteção a sua dignidade velho-prussiana em seu grão-ducado renano. A "forte" Coroa não *ousa* revogar a legislação renana, mas enxerta o promissor rebento dos conceitos jurídicos do Landrecht nesta legislação e brada:

"Processo público, realmente público, e ao lado a forca do Landrecht prussiano!"

Sobre o "processo público" que provisoriamente deve ser outorgado ao *Code* renano, o §22 do projeto de lei diz o seguinte:

"As autoridades policiais estão autorizadas a apreender todo impresso destinado à divulgação, *mesmo se já tiver sido iniciada sua distribuição, onde o encontrar*, desde que... seu conteúdo constitua base para um crime ou delito que *possa* ser processado *de ofício*".

A polícia está autorizada a confiscar no correio e nos escritórios jornais de que não goste, mesmo se a "*distribuição já estiver iniciada*", isto é, quando as "medidas preventivas" da polícia devem cessar justamente "como tais" e a questão já for "de direito" da competência do tribunal; ela tem esse direito de confiscação em todos os casos em que o "conteúdo" dos impressos, jornais etc. "constitua base para um crime ou delito" que possa ser *"processado"* "de ofício", isto é, pela polícia, isto é, sempre que a polícia queira satisfazer desejos uckermarkianos[7] de desempenhar o papel do Ministério Público e considere necessário explicar esta vocação com o original pretexto de um "crime ou delito" qualquer ou outros fatos "passíveis de *processo*"; ela pode, finalmente, confiscar todo impresso desse tipo, *c'est-à-dire,*[8] tudo o que convenha ao senhor e sua Sagrada Hermandad, *onde os encontrar*, isto é, pode invadir as casas, o recesso da vida familiar e, onde não há nenhum motivo para estado de sítio ou defesa croata da propriedade, sob o domínio da ordem constitucional, promover uma pilhagem policialesca da propriedade privada de pacíficos cidadãos. Além do mais, o projeto de lei fala de todos os impressos "destinados" à divulgação, *"mesmo se"* já tiver sido iniciada a distribuição; ele pressupõe, portanto, "evidentemente" o direito de confiscação daqueles cuja divulgação *ainda não* houver começado, que ainda não *poderiam* absolutamente *constituir base para* nenhum "crime ou delito", e expande, assim, o roubo policial também para a propriedade privada de objetos que juridicamente não são de modo algum "passíveis de processo". As Leis de Setembro francesas, a censura do sabre da ditadura de Cavaignac e mesmo o projeto de Código Penal proposto pelas velhas Dietas Provinciais e comitês, "para desgosto do

---

[7] Uckermark – região norte da província prussiana de Brandenburg, cidadela dos reacionários *junkers*.
[8] Isto é.

Altíssimo", respeitavam ao menos a propriedade privada que "ainda não constituiu base para qualquer crime ou delito"; o projeto de lei de imprensa apoiado nas conquistas de março berlinenses, ao contrário, organiza uma caçada policial aberta contra os bens e a propriedade privada dos cidadãos e, em nome da moral policialesca germano-cristã, expõe violentamente ao público assuntos pessoais que nada têm a ver com o direito penal.

"*Processo público, realmente público, e ao lado a forca do Landrecht prussiano!*"

O aperfeiçoamento desse processo público anda de mãos dadas com o aperfeiçoamento das determinações do Landrecht prussiano.

Os ansiados atos de lesa-majestade são "constituídos" da seguinte maneira no §12:

"Quem *violar o respeito ao rei* por palavra, escrito, impresso ou sinais, por ilustração ou outra representação, será punido com prisão de dois meses a *cinco anos*."

Se os súditos renanos não sabem que grau de "respeito" lhes é exigido por seu grão--duque hohenzollerniano, outorgado pelos traficantes vienenses do povo, deveriam consultar a Exposição de Motivos do Código Penal berlinense.

O Landrecht prussiano punia até agora o crime de lesa-majestade com a pena máxima de *dois anos*, a *violação ao respeito* com a pena máxima de *um ano* de prisão ou confinamento em fortaleza (Allgemeines Landrecht II. 20. §§199, 200).

Estas determinações, entretanto, parecem não representar salvaguarda suficiente para o sentimento de majestade da "forte Coroa prussiana". No "Projeto de Código Penal para o Estado Prussiano" apresentado aos Comitês Unificados de 1847,[9] "manifestações orais ou escritas, ou pictóricas etc., que *deliberadamente* ofendam a *honra* do rei (§101)" já eram ameaçadas "com trabalhos forçados de *seis meses até cinco anos*", mas, em contrapartida, "manifestações e ações que, embora *não* podendo ser vistas em si *como ofensas ao rei*, entretanto violem o *respeito devido ao mesmo*", eram ameaçadas "com prisão de seis semanas *até um ano*". Na Exposição de Motivos oficial a este projeto consta que a Dieta Saxônia (em projeto semelhante de 1843) de fato propusera determinar mais precisamente a "violação do respeito" acrescentando o termo "deliberadamente", para evitar que manifestações e ações "que não tivessem nem remotamente a *intenção* de violar o respeito ao rei" fossem enquadradas nessa lei; mas que um tal adendo deveria ser rejeitado pelo governo, pois "*obliteraria* a diferença entre o crime de lesa-majestade e a violação do respeito" e violações "*deliberadas*" do "respeito" deviam ser vistas como "lesa-majestade".

Destes motivos, que continuam apropriados para os conceitos presentes na lei de imprensa a ser brevemente outorgada, decorre, portanto, que a "violação do respeito", atualmente punida com prisão de dois meses a *cinco anos*, assim como o crime de lesa--majestade, consiste justamente em ofensa "*não deliberada*".

---

[9] Os assim chamados Comitês Provinciais Unificados de representantes das Dietas Provinciais reuniram-se em 17 de janeiro de 1848 para debater o "Projeto de Código Penal para o Estado Prussiano". A atividade dos Comitês foi interrompida em março pelo movimento revolucionário.

Ao mesmo tempo a "Exposição de Motivos" informa que à época a pena máxima para a "violação do respeito" fora determinada em um ano exclusivamente por proposta da Dieta Renana.

A vantagem das "conquistas de março" para os renanos é óbvia. As primeiras prussianizações do *Code Pénal*[10] outorgaram aos renanos os novos crimes de lesa-majestade, punido com dois anos de prisão, e o de "violação do respeito", com um ano; nas propostas de lei de 1843 e 1847 o valor da majestade ofendida subiu para cinco anos, enquanto o respeito violado, por proposta da *Dieta Renana*, conservou sua sentença de um ano; entre as conquistas do estado de sítio da insurreição de março a (não deliberada) "violação do respeito" também foi alçada a cinco anos de prisão e, pela inclusão de outros novos crimes, a legislação renana aproximou-se mais da civilização velho-prussiana do Landrecht.

"*Liberdade de imprensa, processo público sob estado de sítio e a forca ao lado!*"

NGR, n. 253, 23/3/1849

Colônia, 22 de março. "As prescrições sobre o crime de lesa-majestade", declara a Exposição de Motivos de Manteuffel ao §12 do projeto, "são tanto mais necessárias quanto na maior parte da *Renânia* a lei penal relativa ao crime de lesa-majestade foi *invalidada* graças ao decreto de 15 de abril de 1848, e desde então essa *lacuna* não foi preenchida."

A Exposição de Motivos de Manteuffel esclarece que essa parte da lei de imprensa hohenzollerniana, que supera mesmo o Landrecht velho-prussiano e a Altíssima Manifestação da Majestade nos projetos de código penal de 1843 e 1847, é necessária especialmente em relação à *Renânia*. Os decretos de 15 de abril de 1848,[11] isto é, as promessas que a "Coroa caída no pó" (ver a *N[ova] G[azeta] Pr[ussiana]* de 20 daquele mês), sob a pressão da insurreição de março, resignou-se a fazer "invalidaram", na Renânia, as tão penosamente outorgadas adaptações ao Landrecht e restabeleceram o *Code Pénal* em sua lacunar pureza original; mas para preencher adequadamente essa "*lacuna*" conquistada por março e simultaneamene legalizar a progressiva capacidade de expansão do valor majestático dos Hohenzollern, o "forte" ministério de novembro propôs aos renanos, não porventura as velhas determinações do Landrecht anteriores a março, não, mas uma nova declaração de respeito, que ultrapassa em dobro todos os antigos projetos de código penal. *Le roi est mort, vive le roi!*[12] Antes de março de 1848, a ainda "vigorosa" dignidade do soberano era avaliada pelo Landrecht em um ano de prisão; em março de 1849 a violação

---

[10] Uma ordem ministerial de 6 de março de 1821 estendia aos crimes políticos a legislação penal prussiana em vigor.

[11] "Decreto sobre o estabelecimento do código civil prussiano em relação ao divórcio..." e "Decreto relativo ao processo por crimes políticos e de imprensa na província do Reno e o restabelecimento do direito penal e processo penal prussianos para crimes políticos e policiais".

[12] O rei morreu, viva o rei!

da Coroa "caída no pó" subiu para o valor de cinco anos de prisão. Antes de março de 1848 a lei renana foi arrematada apenas com os complementos patriarcais do Landrecht; em março de 1849 são-lhe outorgadas as conquistas de novembro de Manteuffel:
"Liberdade de imprensa, censura militar e a forca ao lado!"

A "lacuna" do código renano tem, no entanto, ainda outras funduras. O §12 da reforma de imprensa berlinense continua a preenchê-la:

> *A mesma penalidade* [encarceramento de dois meses a *cinco anos*] recai sobre aquele que, da maneira supramencionada [por palavra, escrito, *sinais*, por ilustração ou *outras* manifestações] *ofender a rainha*. Quem da mesma maneira... ofender... o *sucessor do trono* [?] ou *outro membro da casa real* será punido com um mês a *três anos* de prisão.

O Landrecht velho-prussiano impõe, como vimos, apenas dois anos por ofensa ao "próprio chefe de Estado". É evidente o progresso do projeto de lei de imprensa, que estabelece pena maior por ofensa a pessoas subalternas, à rainha cinco anos, ao sucessor do trono [?] e "outros" membros da "casa real", três anos de encarceramento.

A lei renana ignora tanto mais uma ofensa à "rainha" etc., quanto desconhece uma ofensa ao "próprio chefe de Estado". Até agora, os jornais renanos podiam impunemente fantasiar sobre "as esperanças da corte em um acontecimento inesperado", o que às vezes, por motivos médicos, pode ser igualmente uma violação da honra.

Finalmente, o ex-patenteado projeto de código penal dos Comitês Unificados subordinava a ofensa à "rainha" à ofensa ao "chefe de Estado", ameaçando aquela (§103) com três anos de encarceramento, e não com cinco. E sobre a equalização da pena por ofensa à "rainha" à de outros membros da família real, a Exposição de Motivos de 1847 esclarece que as Dietas renana, silesiana, saxã e pomerana já pretendiam estabelecer uma distinção entre essas pessoas, mas o governo não pôde efetivar essa triste "casuística".

O forte ministério Manteuffel não considerou a "casuística" das velhas Dietas renana, silesiana, saxã inadequada a sua dignidade. O fiador de seda von der Heydt também não fazia parte dos casuístas patenteados daquele tempo? O projeto de lei de imprensa de Manteuffel-von der Heydt "constitui" a diferenciação casuística entre a rainha e outros membros da casa real; e a constitui à medida do desenvolvimento progressivo do sentimento de dignidade majestática em geral posterior a março. As velhas Dietas renana, silesiana, pomerana exigiam uma diferenciação entre a rainha e outros parentes para que a idêntica sentença de três anos de encarceramento por ofensa aos últimos fosse atenuada; o forte ministério Manteuffel-von der Heydt aceita a diferenciação para, ao contrário, alçar a punição por ofensa à rainha ao patamar recém-elevado da ofensa ao "supremo chefe de Estado".

A similar capacidade de desenvolvimento do conceito de majestade é testemunhada pela disposição acrescentada ao mesmo parágrafo, segundo a qual a ofensa a qualquer *"chefe de Estado alemão"* será punida com três anos de prisão, tal como a ofensa ao "sucessor do trono".

Pela lei renana, ofensas contra outros "chefes de Estado" são punidas como injúrias contra pessoas privadas (multa de 5 fr.) e apenas por *requerimento do ofendido*, não porque seu caráter público interesse ao código penal. De acordo com o projeto de código penal rejeitado já em 1843 pela Dieta Renana, para "Altíssimo Desagrado", e proposto novamente em 1847, por ofensa a regentes estrangeiros e "suas esposas" deviam ser infligidos de dois meses de prisão a dois anos de trabalhos forçados; a Dieta Prussiana requereu a total supressão dessa determinação e a oposição *junker* provinciana da Westfália declarou a sentença originária severa demais. O ministério Manteuffel-von der Heydt preencheu afinal a alarmante lacuna pós-março da legislação renana aumentando de dois para três anos a penalidade impugnada pelos renano-westfalianos eleitos em pleito censitário e entrando na liça em defesa do dom Quixote pomerano da Dieta Unificada:

"*Liberdade de imprensa, processo realmente público e a forca ao lado!*"

Nos esboços de reforma da imprensa inspirados no Altíssimo, o §19 tem, ademais, um memorável e divertido significado:

> Quem ofender 1) uma das duas Câmaras ("como tais"), 2) um membro de qualquer das Câmaras durante o *curso* de suas sessões, 3) uma *outra corporação* política, uma autoridade pública, um funcionário público... por palavra, escrito, impresso, sinais, por manifestações pictóricas ou outras será punido com prisão de até 9 meses.

Enquanto Manteuffel-von der Heydt dispersam com baionetas as "corporações políticas", assembleias ententistas e câmaras, os renanos, para "proteção dessas assembleias", têm seu *Code Pénal* "lacunar" remendado com novos crimes. O ministério Manteuffel-von der Heydt outorgou à região uma constituição patriótica, extraída do manancial da graça divino-real, a fim de outorgar ao código renano, com a "ofensa às Câmaras", *um crime novo, até então desconhecido*:

"*Liberdade de imprensa, processo público e a forca ao lado!*"

Os renanos deveriam se acautelar a tempo. A história das anteriores aproximações do código renano ao Landrecht e a *efetivação* hohenzolleriana das promessas de março lhes dirão o que têm a esperar das conquistas ultrarrenanas.

Os atentados realizados até agora pela lei marcial contra o *Code* pretendiam nada menos do que a plena anexação do Reno às províncias velho-prussianas, uma anexação que não se consumaria enquanto a província do Reno ainda não estivesse inteiramente subordinada ao cacete do Landrecht prussiano. Mas por meio do novo projeto de lei, sob o pretexto de compensar a Renânia pelas "lacunas" de sua própria legislação com as vantagens do Landrecht, também o Landrecht para as velhas províncias será complementado em sua indulgência "lacunar".

Por mais patética que seja a Câmara atual, ainda assim não esperamos dela a aprovação desse projeto de lei. Mas neste caso esperamos que a forca hohenzolleriana para a imprensa nos será *outorgada*, e é exatamente isso que queremos.

A política externa francesa

NGR, n. 263, 4/4/1849

Colônia, 3 de abril. A sessão de 31 de março da Assembleia Nacional francesa[1] distinguiu-se pelo discurso do "homenzinho habilidoso", o sr. *Thiers*, que, com cínica franqueza e clareza isenta de ambiguidades fez a apologia dos Tratados de Viena de 1815 e os defendeu como fundamento da atual situação política na Europa. Não estava o homenzinho em seu pleno direito ao ridicularizar a contradição entre a conservação de fato desses tratados e sua negação nas frases jurídicas? E foi esta a prudente conduta tanto do governo provisório quanto de Cavaignac. A política externa de Barrot foi a consequência necessária da política de Cavaignac, assim como a política externa de Cavaignac foi a consequência necessária da política de Lamartine. Lamartine, assim como o governo provisório em geral, cujo braço externo ele era, traiu a Itália e a Polônia sob o pretexto de não refrear o desenvolvimento interno da república francesa. O estrépito das armas teria sido uma dissonância em sua propaganda oratória. O governo provisório fingiu ser possível eliminar, com a frase sobre a "fraternidade", tanto o antagonismo entre a classe burguesa e a classe trabalhadora, excluindo fantasticamente a luta de classes, quanto o antagonismo entre as nações e a guerra externa. Sob a égide do governo provisório reconstituiram-se simultaneamente os opressores dos poloneses, italianos e húngaros e a burguesia francesa, que, em fins de junho, pôs em prática a fraternidade de Lamartine. Cavaignac assegurava a paz no exterior a fim de conduzir calmamente a guerra civil no interior, e não pôr em risco o extermínio da vencida república vermelha, a república dos trabalhadores, pela honesta república moderada, a república burguesa. Sob Cavaignac, a velha Santa Aliança foi restabelecida na Europa, bem como na França a nova santa aliança entre legitimistas, orleanistas, bonapartistas e republicanos "honestos". O ministério dessa dupla santa aliança é Odilon Barrot. Sua política externa é a política desta santa aliança. Ele precisa da vitória da contrarrevolução no exterior para consumar a contrarrevolução na própria França.

---

[1] Os debates na sessão da Assembleia Nacional constituinte francesa de 31 de março de 1849 estão publicados em "Compte rendu des séances de l'Assemblée nationale", t. 9.

Na sessão da Assembleia Nacional de 31 de março, o governo provisório renega Cavaignac; Cavaignac assevera, com razão, ser filho legítimo do governo provisório, e, por sua vez, renega Odilon Barrot, que se regala tranquilamente com a consciência de que o sentido da Revolução de Fevereiro eram os Tratados de Viena de 1815. Flocon explicita, sem ser desmentido por Barrot, que há dois dias o ministério declarara formalmente uma interdição à Itália e *negara passaportes* a todos os franceses, poloneses e italianos que pretendiam ir para lá. Barrot não merecia ser o primeiro-ministro de Henrique V?

De resto, Ledru-Rollin reconheceu em sua réplica a Thiers:

> Sim, devo admitir que agi incorretamente; o governo provisório deveria ter enviado seus soldados às fronteiras não para conquistar, mas para proteger os irmãos oprimidos, e nesse momento não haveria mais nenhum déspota na Europa. Se então hesitamos em iniciar a guerra, a culpa recai sobre a monarquia, que exauriu nossas finanças e esvaziou nossos arsenais.

Trabalho assalariado e capital[1]

NGR, n. 264, 5/4/1849

K. Marx

Colônia, 4 de abril. De diversas partes censuraram-nos por não termos apresentado as *relações econômicas* que constituem os fundamentos materiais das lutas de classe e lutas nacionais de nossos dias. Abordamos sistematicamente essas relações apenas quando irrompiam imediatamente nas colisões políticas.

Tratava-se sobretudo de acompanhar a luta de classes na história cotidiana e comprovar empiricamente, com os materiais históricos disponíveis e os novos diariamente produzidos, que, com a subjugação da classe trabalhadora, responsável por fevereiro e março, foram vencidos ao mesmo tempo seus inimigos – os republicanos burgueses na França, a burguesia e o campesinato que combatiam o absolutismo feudal em todo o continente europeu; que a vitória da "honesta república" na França foi ao mesmo tempo a queda das nações que haviam respondido à Revolução de Fevereiro com heroicas guerras de independência; que, finalmente, com a derrota dos trabalhadores revolucionários, a Europa recaía em sua dupla escravidão, a escravidão *anglo-russa*. A batalha de junho em Paris, a queda de Viena, a tragicomédia do novembro berlinense,[2] os desesperados esforços de poloneses, italianos e húngaros, o esgotamento da Irlanda pela fome – foram estes os momentos principais nos quais se sintetizou a luta de classes europeia entre a burguesia e a classe trabalhadora, e a partir dos quais demonstramos que toda insurreição revolucionária, por mais distante da luta de classes que seu objetivo pareça estar, necessariamente fracassa até que a classe trabalhadora revolucionária vença, que toda reforma social permanece uma utopia até que a revolução proletária e a contrarrevolução feudal meçam armas numa *guerra mundial*. Em nossa exposição, como na realidade, *Bélgica* e *Suíça* eram quadros tragicômicos e caricaturais no grande afresco histórico, uma o modelo da monarquia burguesa, outra o modelo

---

[1] Para a história da gênese da obra *Trabalho assalariado e capital*, ver a Introdução de Engels à edição de 1891. Aqui a obra é apresentada de acordo com a *Nova Gazeta Renana*, onde pela primeira vez foi publicada na forma de editoriais, comparada com a edição de 1891 preparada por Engels. Todas as alterações e complementos essenciais propostos por ele são aqui registrados em notas de rodapé. As conversões de *francos* e *cêntimos* em *marcos* e *pfennig* adotadas por Engels na edição de 1891 não foram consideradas.

[2] *Em 1891* incluído: de 1848.

da república burguesa, ambas Estados que imaginavam ser tão independentes da luta de classes quanto da revolução europeia.

Agora, depois que nossos leitores viram a luta de classes se desenvolver, em 1848, em formas políticas colossais, é tempo de examinar mais minuciosamente as próprias relações econômicas nas quais se baseiam a burguesia e[3] sua dominação de classe, assim como a escravidão dos trabalhadores.

Faremos a exposição em três grandes seções: 1) a relação do *trabalho assalariado com o capital*, a escravidão dos trabalhadores, o domínio dos capitalistas, 2) *a inevitável ruína das classes médias burguesas e do campesinato*[4] *sob o sistema atual*, 3) *a subjugação comercial e exploração das classes burguesas das diversas nações europeias* pelo déspota do mercado mundial – a *Inglaterra*.

Procuraremos apresentar o assunto do modo mais simples e popular possível, sem dar como sabidos nem os mais elementares conceitos da Economia Política. Queremos ser compreensíveis para os trabalhadores. Ademais, domina na Alemanha a mais peculiar ignorância e confusão conceitual a respeito das mais simples relações econômicas, desde entre os defensores explícitos da situação existente até entre os *taumaturgos socialistas* e os *gênios políticos incompreendidos*, dos quais a fragmentada Alemanha é ainda mais rica do que de soberanos.

Passemos, pois, à primeira questão: *o que é salário? Como é determinado?*

Se perguntássemos a trabalhadores: de quanto é seu salário?, um responderia: "Recebo um franco por dia de trabalho de meu burguês"; outro: "Recebo dois francos" etc. Conforme os diversos ramos de trabalho aos quais pertençam, informarão diversas quantias de dinheiro que recebem de seus respectivos burgueses por um determinado tempo de trabalho ou[5] pela produção de um trabalho determinado, por exemplo, por tecer uma vara de pano ou pela composição de uma página tipográfica. Apesar da diversidade de suas declarações, todos concordarão num ponto:[6] o salário é a quantia de dinheiro que o burguês paga por um determinado tempo de trabalho ou pelo fornecimento de um determinado trabalho.

O burguês[7] *compra*, portanto, seu trabalho com dinheiro. Por dinheiro, vocês *vendem--lhe seu trabalho.*[8] Com a mesma quantia de dinheiro[9] pela qual o burguês[10] comprou seu trabalho,[11] por exemplo, com 2 francos, poderia ter comprado 2 libras de açúcar ou uma

---

[3] *Em 1891* incluído: igualmente.
[4] *Em 1891:* assim chamado campesinato.
[5] *Em 1891* omitiu-se: por um determinado tempo de trabalho ou.
[6] *Em 1891* omitiu-se: um.
[7] *Em 1891*: capitalista, e incluiu-se: assim parece.
[8] *Em 1891* incluiu-se: Mas isto é apenas a aparência. Na realidade, o que vocês vendem ao capitalista por dinheiro é sua *força* de trabalho. O capitalista compra essa força de trabalho por um dia, uma semana, um mês etc. E depois de comprá-la, ele a utiliza, fazendo o trabalhador trabalhar pelo tempo estipulado.
[9] *Em 1891:* soma.
[10] *Em 1891*: capitalista.
[11] *Em 1891*: força de trabalho.

determinada quantia de qualquer outra mercadoria. Os 2 francos com os quais ele comprou 2 libras de açúcar são o *preço* das 2 libras de açúcar. Os 2 francos com os quais ele comprou 12 horas de trabalho[12] são o preço das 12 horas de trabalho. O trabalho[13] é, portanto, uma mercadoria, nem mais nem menos do que o açúcar. A primeira mede-se com o relógio e[14] a outra, com a balança.

Os trabalhadores trocam sua mercadoria, o trabalho,[15] pela mercadoria do capitalista, por dinheiro, e ademais esta troca se realiza segundo uma proporção determinada. Tanto de dinheiro por tanto de trabalho.[16] Por 12 horas de tecelagem, 2 francos. E os 2 francos não representam todas as outras mercadorias que posso comprar por 2 francos? Na verdade, portanto, o trabalhador trocou sua mercadoria, o trabalho,[17] por outras[18] mercadorias de todo tipo, e ademais segundo uma proporção determinada. Dando-lhe o capitalista 2 francos, deu-lhe tanto de carne, tanto de roupas, tanto de lenha, tanto de luz etc., em troca de seu dia de trabalho. Os 2 francos, pois, exprimem a proporção segundo a qual o trabalho[19] é trocado por outras mercadorias,[20] o *valor de troca* de seu trabalho.[21] O valor de troca de uma mercadoria, avaliado em *dinheiro*, chama-se precisamente seu *preço*. O *salário* é, pois, apenas um nome específico para o *preço do trabalho*,[22] para o preço dessa mercadoria peculiar, que não existe senão na carne e sangue humanos.

Tomemos um trabalhador qualquer, por exemplo, um tecelão. O burguês[23] lhe fornece o tear e o fio. O tecelão senta-se para trabalhar e o fio torna-se tecido. O burguês[24] se apodera do tecido e o vende, por 20 francos por exemplo. Então o salário do tecelão é uma *parte* do tecido, dos 20 francos, do produto de seu trabalho? De forma alguma. O tecelão recebeu seu salário muito antes de o tecido ter sido vendido, talvez muito antes de ter acabado de tecê-lo. O capitalista não paga, portanto, este salário com o dinheiro que vai obter com o tecido, mas sim com dinheiro reservado. Como o tear e o fio não são produtos do tecelão a quem o burguês os tinha fornecido,[25] assim também não o são as mercadorias que recebe em troca de sua mercadoria, o trabalho.[26] Pode ser que o burguês não encontre nenhum comprador para seu tecido. Pode ser que não obtenha nem o salário com sua

---

[12] *Em 1891*: uso da força de trabalho.
[13] *Em 1891*: força de trabalho.
[14] *Em 1891*: omitiu-se e.
[15] *Em 1891*: força de trabalho.
[16] *Em 1891*: por tanto tempo de uso da força de trabalho.
[17] *Em 1891*: força de trabalho.
[18] *Em 1891*: omitiu-se outras.
[19] *Em 1891*: força de trabalho.
[20] *Em 1891*: mercadorias.
[21] *Em 1891*: força de trabalho.
[22] *Em 1891*: força de trabalho, e acrescentou-se: o qual comumente é chamado de *preço do trabalho*.
[23] *Em 1891*: capitalista.
[24] *Em 1891*: capitalista.
[25] *Em 1891*: forneceu.
[26] *Em 1891*: força de trabalho.

venda. Pode ser que o venda muito vantajosamente em relação ao salário do tecelão. Nada disso interessa ao tecelão. O capitalista compra o trabalho[27] do tecelão com uma parte de sua riqueza disponível, de seu capital, exatamente como, com outra parte dessa riqueza, comprou a matéria-prima – o fio – e o instrumento de trabalho – o tear. Após ter feito essas compras, e entre essas compras está o trabalho[28] necessário à produção do tecido, ele produz exclusivamente *com matérias-primas e instrumentos de trabalho que lhe pertencem*. Dos últimos faz parte também, pois, nosso bom tecelão, que, como o tear, tampouco tem uma parte no produto ou no preço do produto.

O salário, portanto, não é uma parte do trabalhador nas mercadorias produzidas por ele. O salário é a parte das mercadorias já existentes com a qual o capitalista compra para si uma quantidade determinada de trabalho[29] *produtivo*.

O trabalho[30] é, pois, uma mercadoria que seu proprietário, o trabalhador assalariado, vende ao capital. Por que a vende? Para viver.

Mas o trabalho [31] é a atividade vital peculiar do trabalhador, sua peculiar exteriorização de vida. E ele vende esta *atividade vital* a um terceiro para assegurar-se os necessários *meios de vida*. Sua atividade vital é, pois, para ele somente um *meio* para poder existir. Trabalha para viver. O próprio trabalho não faz parte de sua vida, é antes um sacrifício de sua vida. É uma mercadoria que adjudicou a um terceiro. Por consequência, o produto de sua atividade também não é o objetivo de sua atividade. O que ele produz para si mesmo não é a seda que tece, nem o ouro que extrai das minas, nem o palácio que constrói. O que produz para si mesmo é o salário, e seda, ouro, palácio se reduzem para ele a um determinado *quantum* de meios de subsistência, talvez um casaco de algodão, moedas de cobre e uma moradia no porão. E para o trabalhador, que por 12 horas tece, fia, perfura, torneia, constrói, escava, brita pedras, transporta etc. – para ele as 12 horas de tecelagem, fiação, perfuração, torneamento, construção, escavação, britagem etc. significam exteriorização de sua vida, significam vida? Ao contrário. Para ele, a vida começa quando essa atividade cessa, à mesa, na taberna, na cama. Em contrapartida, para ele, as 12 horas de trabalho não têm sentido como tecelagem, fiação, perfuração etc., mas sim como *ganho* que lhe assegura mesa, taberna, cama. Se o bicho da seda fiasse para prolongar sua existência como lagarta, seria um trabalhador assalariado consumado.

O trabalho[32] nem sempre foi uma *mercadoria*. O trabalho nem sempre foi trabalho assalariado, isto é, trabalho *livre*. O *escravo* não vendia seu trabalho[33] ao proprietário de escravos, assim como o boi tampouco vende seu labor ao camponês. O escravo, junto com

---

[27] *Em 1891*: força de trabalho.
[28] *Em 1891*: força de trabalho.
[29] *Em 1891*: força de trabalho.
[30] *Em 1891*: força de trabalho.
[31] *Em 1891*, acrescentou-se: A atividade da força de trabalho, o.
[32] *Em 1891*: força de trabalho.
[33] *Em 1891*: força de trabalho.

seu trabalho,³⁴ foi vendido de uma vez por todas a seu proprietário. É uma mercadoria que pode passar das mãos de um proprietário às de outro. *Ele mesmo* é uma mercadoria, mas o trabalho³⁵ não é *sua* mercadoria. O *servo* vende somente uma parte de seu trabalho.³⁶ Não é ele que recebe um salário do proprietário da terra: é antes o proprietário da terra que recebe dele um tributo. O servo pertence à terra e entrega os frutos da terra ao proprietário. O *trabalhador livre*, ao contrário, vende a si mesmo, e de fato por partes. Ele leiloa 8, 10, 12, 15 horas de sua vida, dia após dia, a quem oferece mais, ao proprietário das matérias-primas, dos instrumentos de trabalho e dos meios de subsistência, isto é, aos capitalistas. O trabalhador não pertence nem a um proprietário, nem à terra, mas 8, 10, 12, 15 horas de sua vida diária pertencem àquele que as compra. O trabalhador abandona o capitalista a quem se aluga quando quiser, e o capitalista o despede quando lhe apraz, assim que não possa extrair dele nenhum proveito ou o proveito pretendido. Mas o trabalhador, cuja única fonte de rendimento é a venda do trabalho,³⁷ não pode abandonar *toda a classe dos compradores*, isto é, a *classe capitalista*, sem renunciar a sua existência. *Ele não pertence a este ou àquele burguês*,³⁸ *mas à burguesia*,³⁹ *à classe burguesa*,⁴⁰ e é problema dele conseguir quem o queira, isto é, encontrar um comprador nessa classe burguesa.⁴¹

Antes de abordarmos com mais detalhe a relação entre capital e trabalho assalariado, vamos agora expor resumidamente as relações mais gerais que devem ser consideradas na determinação do salário.

O *salário* é, como vimos, o *preço* de uma mercadoria determinada, o trabalho.⁴² Portanto, o salário é determinado pelas mesmas leis que determinam o preço de qualquer outra mercadoria.

A questão, portanto, é: *como é determinado o preço de uma mercadoria?*

NGR, n. 265, 6/4/1849

Colônia, 5 de abril. O que determina o *preço* de uma mercadoria?

A concorrência entre compradores e vendedores, a relação entre oferta e procura, entre o disponível e o desejado.⁴³ A concorrência, que determina o preço de uma mercadoria, é *tríplice*.

---

³⁴ *Em 1891*: força de trabalho.
³⁵ *Em 1891*: força de trabalho.
³⁶ *Em 1891*: força de trabalho.
³⁷ *Em 1891*: força de trabalho.
³⁸ *Em 1891*: força de trabalho.
³⁹ *Em 1891*: classe capitalista.
⁴⁰ *Em 1891*: classe capitalista.
⁴¹ *Em 1891*: omitiu-se: nessa classe burguesa.
⁴² *Em 1891*: força de trabalho.
⁴³ *Em 1891*: entre o desejado e o disponível.

A mesma mercadoria é oferecida por diversos vendedores. Quem vende mais barato mercadorias do mesmo gênero tem certeza de derrotar os demais vendedores no campo de batalha e assegurar-se as maiores vendas. Os vendedores, portanto, lutam entre si pela venda, pelo mercado. Cada um deles quer vender, vender o máximo possível, e se possível vender sozinho, com exclusão dos demais vendedores. Por isso, cada um vende mais barato que o outro. Há, pois, uma *concorrência entre os vendedores*, que *reduz* o preço das mercadorias oferecidas por eles.

Mas há também uma *concorrência entre os compradores* que, por seu lado, *eleva* o preço das mercadorias oferecidas.

Finalmente, há uma *concorrência entre compradores e vendedores*; uns querem comprar o mais barato possível, os outros querem vender o mais caro possível. O resultado dessa concorrência entre compradores e vendedores dependerá de como se comportam os dois lados da concorrência antes mencionados, isto é, se a concorrência é mais forte no exército dos compradores ou no exército dos vendedores. A indústria põe em campo dois corpos de exército que combatem entre si ao mesmo tempo em que cada um trava uma batalha em suas próprias fileiras, entre suas próprias tropas. O exército entre cujas tropas houver menos disputas obtém a vitória sobre o oponente.

Admitamos que existam 100 fardos de algodão no mercado e, ao mesmo tempo, compradores para mil fardos de algodão. Neste caso, a procura é dez vezes maior do que a oferta. Portanto, a concorrência entre os compradores será muito forte; cada um deles quer apoderar-se de um, se possível de todos os 100 fardos. Este exemplo não é uma suposição arbitrária. Na história do comércio, houve períodos de escassez de algodão em que alguns capitalistas coligados tentaram comprar não 100 fardos, mas todo o estoque de algodão da Terra. No caso dado, portanto, cada comprador tentará derrotar o outro no campo de batalha oferecendo um preço relativamente mais alto pelos fardos de algodão. Os vendedores de algodão, que observam as tropas do exército inimigo na mais violenta luta uns com os outros e têm a venda da totalidade de seus 100 fardos assegurada, nem pensarão em se engalfinhar para reduzir os preços num momento em que seus adversários rivalizam entre si para fazê-los subir. Eis, portanto, a paz subitamente estabelecida no exército dos vendedores. Confrontam os compradores como *um só* homem, cruzam filosoficamente os braços, e suas exigências não encontrariam qualquer limite se não encontrassem limites bem determinados as ofertas mesmo dos mais interessados em comprar.

Portanto, se a oferta de uma mercadoria é inferior à procura por esta mercadoria, ocorre apenas uma concorrência mínima, ou mesmo nenhuma, entre os vendedores. Na mesma proporção em que esta concorrência diminui, aumenta a concorrência entre os compradores. Resultado: aumento mais ou menos significativo do preço da mercadoria.

É sabido que a situação oposta, com resultados opostos, é mais frequente: excesso significativo da oferta em relação à procura; concorrência desesperada entre os vendedores; falta de compradores; venda das mercadorias a preços ínfimos.

Mas o que significa aumento e queda dos preços, o que significa preço alto ou preço baixo? Um grão de areia é grande, observado ao microscópio, e uma torre é pequena, comparada com uma montanha. E se o preço é determinado pela relação entre oferta e procura, o que determina a relação entre oferta e procura?

Dirijamo-nos ao primeiro bom burguês. Ele não hesitará um só momento, e, qual um outro Alexandre, o Grande, cortará esse nó górdio metafísico de um só golpe. Se a produção da mercadoria que eu vendo me custou 100 francos, ele nos dirá, e obtenho 110 francos com a venda dessa mercadoria – no prazo de um ano, entenda-se – este é um lucro civilizado, honesto, legítimo. Mas se recebo na troca 120, 130 francos, este é um lucro alto; e se chego a obter 200 francos, seria um lucro extraordinário, imenso. O que serve, pois, ao burguês como medida do lucro? Os *custos de produção* de sua mercadoria. Se ele recebe em troca de sua mercadoria uma soma de outras mercadorias cuja produção custou mais, obteve lucro. Se recebe em troca de sua mercadoria uma soma de outras mercadorias cuja produção custou menos, teve prejuízo. E a queda ou aumento do lucro é calculada de acordo com o patamar em que o valor de troca de sua mercadoria estiver acima ou abaixo de zero – dos *custos de produção*.

Vimos como a relação variável entre oferta e procura gera ora aumento, ora queda dos preços, ora altos, ora baixos preços.

Se o preço de uma mercadoria sobe, em decorrência da baixa oferta ou do aumento desproporcional da procura, necessariamente o preço de qualquer outra mercadoria cai na mesma proporção; pois o preço de uma mercadoria apenas exprime em dinheiro a relação em que uma terceira mercadoria se troca por ela. Se, por exemplo, o preço de uma vara de seda subir de 5 para 6 francos, o preço da prata em relação à seda cairá, e, do mesmo modo, o preço de todas as outras mercadorias que conservaram seu antigo preço cairá em relação à seda. Será preciso dar em troca uma quantidade maior delas para obter a mesma quantidade de seda.

Qual será a consequência do aumento do preço de uma mercadoria? Uma massa de capitais se lançará no ramo industrial florescente, e essa migração dos capitais para o âmbito da indústria privilegiada continuará até que ela gere os lucros habituais, ou melhor, até que o preço de seus produtos, graças à superprodução, caia abaixo dos custos de produção.

E vice-versa. Se o preço de uma mercadoria cai abaixo de seus custos de produção, os capitais se retirarão da produção dessa mercadoria. Excetuando o caso em que um ramo industrial tenha se tornado obsoleto, e portanto esteja fadado a desaparecer, a produção de uma tal mercadoria, isto é, sua oferta, diminuirá, graças a esse fluxo de capitais, até que corresponda à procura e portanto seu preço se eleve novamente à altura de seus custos de produção, ou melhor, até que a oferta caia abaixo da procura, isto é, até que seu preço suba novamente acima de seus custos de produção, pois o *preço courante*[44] *de uma mercadoria está sempre acima ou abaixo de seus custos de produção.*

---

[44] Preço de mercado.

Vemos que os capitais continuamente vão e vêm de um ramo industrial a outro. O preço alto gera uma imigração acentuada demais, e o preço baixo uma emigração acentuada demais.

Poderíamos demonstrar, de um outro ponto de vista, que não somente a oferta, mas também a procura é determinada pelos custos de produção. Mas isso nos afastaria demais de nosso objeto.

Vimos há pouco como a oscilação da oferta e da procura sempre traz novamente o preço de uma mercadoria aos seus custos de produção. *Com efeito, o preço real de uma mercadoria está sempre acima ou abaixo dos custos de produção; mas o aumento e a queda compensam-se mutuamente*, de modo que, num determinado período de tempo, fluxo e refluxo da indústria computados, as mercadorias serão trocadas umas pelas outras por seus custos de produção, portanto seu preço será determinado por seus custos de produção.

Essa determinação do preço pelos custos de produção não deve ser entendida no sentido dos economistas. Os economistas dizem que o *preço médio* das mercadorias é igual aos custos de produção; esta seria a *lei*. O movimento anárquico pelo qual a subida é compensada pela queda e a queda pela subida é considerado por eles como casualidade. Com igual razão, como também aconteceu com outros economistas, poderíamos considerar a oscilação como a[45] lei e a determinação pelos preços de produção como casualidade. Mas são precisamente essas oscilações, que vistas mais de perto trazem consigo a mais tremenda devastação e que, qual terremoto, abalam a sociedade burguesa em seus alicerces, são precisamente essas oscilações que determinam, em seu curso, o preço pelos custos de produção. O movimento geral dessa desordem é sua ordem. No curso dessa anarquia industrial, nesse movimento circular, a concorrência compensa, por assim dizer, uma extravagância com outra.

Vemos, portanto: o preço de uma mercadoria é determinado por seus custos de produção de tal modo que os períodos em que o preço dessa mercadoria sobe acima dos custos de produção é compensado pelos períodos em que ele cai abaixo dos custos de produção, e vice-versa. Isso, naturalmente, não vale para um dado produto industrial isolado, mas apenas para todo o ramo industrial. Portanto, também não vale para industriais isolados, mas apenas para toda a classe dos industriais.

A determinação do preço pelos custos de produção é igual à determinação do preço pelo tempo de trabalho necessário para a produção de uma mercadoria, pois os custos de produção consistem em 1) matérias-primas e[46] instrumentos, isto é, produtos industriais cuja produção custou uma certa quantidade de dias de trabalho, que, portanto, representa uma determinada[47] quantidade de tempo de trabalho; e 2) trabalho imediato, cuja medida é igualmente o tempo.

---

[45] *Em 1891*: omitiu-se a.
[46] *Em 1891*: incluído desgaste dos.
[47] *Em 1891*: certa.

Ora, as mesmas leis gerais que regulam o preço das mercadorias em geral, regulam naturalmente *também o salário, o preço do trabalho.*

A remuneração do trabalho ora subirá, ora cairá, conforme se configure a relação entre a oferta e a procura, conforme se configure a concorrência entre os compradores de trabalho,[48] os capitalistas, e os vendedores de trabalho,[49] os trabalhadores. As oscilações dos preços das mercadorias correspondem, em geral, às oscilações do salário. *Mas no interior dessas oscilações, o preço do trabalho será determinado pelos custos de produção, pelo tempo de trabalho necessário para produzir essa mercadoria, o trabalho.*[50]

Quais são, então, os custos de produção do próprio[51] trabalho[52]?

São os custos requeridos para manter o trabalhador como trabalhador e formá-lo como trabalhador.

Em decorrência, quanto menor for o tempo de formação exigido por um trabalho, tanto menores serão os custos de produção do trabalhador, e tanto mais baixo será o preço de seu trabalho, seu salário. Nos ramos industriais em que não se requer quase nenhum tempo de aprendizado e basta a mera existência física do trabalhador, os custos de sua produção restringem-se quase que exclusivamente às mercadorias necessárias para mantê-lo vivo.[53] *O preço de seu trabalho* será, pois, determinado pelo *preço dos meios de subsistência necessários.*

Entretanto, há ainda uma outra consideração.

O fabricante que calcula seus custos de produção e, a partir deles, o preço dos produtos, avalia o desgaste dos instrumentos de trabalho. Se uma máquina lhe custa 1.000 francos, por exemplo, e esta máquina se desgasta em dez anos, ele inclui 100 francos por ano no preço das mercadorias, a fim de poder substituir, após dez anos, a máquina desgastada por uma nova. Do mesmo modo, nos custos de produção do trabalho[54] simples devem ser incluídos os custos da reprodução, graças à qual a raça dos trabalhadores é capaz de se multiplicar e substituir um trabalhador desgastado por outro novo. O desgaste do trabalhador é, portanto, levado em conta do mesmo modo que o desgaste da máquina.

Os custos de produção do trabalho[55] simples regulam-se, portanto, pelos *custos de existência e reprodução do trabalhador.* O preço desses custos de existência e reprodução constitui o salário. O salário assim determinado denomina-se o *mínimo de salário.* Esse mínimo de salário vale, como a determinação do preço das mercadorias em geral pelos custos de produção, não para o *indivíduo isolado*, mas sim para o *gênero.* Trabalhadores

---

[48] *Em 1891*: força de trabalho.
[49] *Em 1891*: força de trabalho.
[50] *Em 1891*: força de trabalho.
[51] *Em 1891*: omitiu-se próprio.
[52] *Em 1891*: força de trabalho.
[53] *Em 1891*: acrescentou-se e capaz de trabalhar.
[54] *Em 1891*: força de trabalho.
[55] *Em 1891*: força de trabalho.

isolados, milhões de trabalhadores não recebem o suficiente para poder existir e se reproduzir; mas o *salário de toda a classe trabalhadora* se nivela, no interior de suas oscilações, a este mínimo.

Agora, depois de termos compreendido as leis gerais que regulam o salário assim como o preço de qualquer outra mercadoria, podemos abordar especificamente nosso objeto.

NGR, n. 266, 7/4/1849

Colônia, 6 de abril. O capital consiste em matérias-primas, instrumentos de trabalho e meios de subsistência de todo tipo, que são utilizados para fabricar novas matérias-primas, novos instrumentos de trabalho e novos meios de subsistência. Todas estas suas partes constitutivas são criações do trabalho, produtos do trabalho, *trabalho acumulado*. Trabalho acumulado que serve como meio para uma nova produção, é capital.

Assim dizem os economistas.

O que é um escravo negro? Um homem da raça negra. Uma explicação vale a outra.

Um negro é um negro. Só se torna um *escravo* em determinadas condições. Uma máquina de fiar algodão é uma máquina de fiar algodão. Só em determinadas condições se torna *capital*. Excluída dessas condições, ela é tão pouco capital como o *ouro* é em si e por si dinheiro ou o açúcar é o *preço* do açúcar.

Na produção os homens não se relacionam[56] apenas com a natureza.[57] Eles só produzem cooperando de uma maneira determinada e trocando reciprocamente suas atividades. Para produzir, estabelecem conexões e relações determinadas entre si, e somente no interior dessas conexões e relações sociais ocorre sua relação com[58] a natureza, sua produção.

Estas relações sociais que os produtores estabelecem entre si, as condições sob as quais trocam suas atividades e participam da atividade geral da produção, serão naturalmente diferentes conforme o caráter dos meios de produção. Com a invenção de um novo instrumento de guerra, a arma de fogo, toda a organização interna do exército foi necessariamente alterada, transformaram-se as relações no interior das quais indivíduos constituem um exército e podem atuar como exército, modificou-se também a relação dos diferentes exércitos entre si.

Portanto, as relações sociais nas quais os indivíduos produzem, *as relações sociais de produção mudam, transformam-se com a transformação e desenvolvimento dos meios materiais de produção, das forças produtivas. As relações de produção em sua totalidade constituem o que chamamos de relações sociais, de sociedade*, e na verdade uma sociedade em um *determinado nível de desenvolvimento histórico*, uma sociedade com caráter pe-

---

[56] *Em 1891*: em vez de se relacionam, atuam.
[57] *Em 1891*: acrescentado mas também uns com os outros.
[58] *Em 1891*: em vez de relação com, atuação sobre.

culiar, distintivo. A sociedade antiga, a sociedade feudal, a sociedade burguesa são tais totalidades de relações de produção, cada uma das quais designa igualmente um nível específico de desenvolvimento na história da humanidade.

Também o *capital* é uma relação social de produção. É uma *relação de produção burguesa*, uma relação de produção da sociedade burguesa. Os meios de subsistência, os instrumentos de trabalho, as matérias-primas de que se compõe o capital não foram produzidos e acumulados sob condições sociais dadas, em relações sociais determinadas? Não serão utilizados para nova produção sob condições sociais dadas, em relações sociais determinadas? E não é justamente esse caráter social determinado que transforma em *capital* os produtos que servem a nova produção?

O capital não consiste apenas em meios de subsistência, instrumentos de trabalho e matérias-primas, apenas em produtos materiais; consiste igualmente em *valores de troca*. Todos os produtos que o constituem são *mercadorias*. O capital não é, portanto, somente uma soma de produtos materiais, é uma soma de mercadorias, de valores de troca, de *grandezas sociais*.

O capital permanece o mesmo se substituirmos lã por algodão, trigo por arroz, ferrovias por navios a vapor, pressupondo-se apenas que o algodão, o arroz, o navio a vapor – o corpo do capital – tenham o mesmo valor de troca, o mesmo preço da lã, do trigo, das ferrovias nos quais ele anteriormente se incorporava. O corpo do capital pode transformar-se constantemente sem que o capital sofra a menor transformação.

Mas se todo capital é uma soma de mercadorias, isto é, de valores de troca, nem toda soma de mercadorias, de valores de troca, é capital.

Toda soma de valores de troca é um valor de troca. Todo valor de troca isolado é uma soma de valores de troca. Por exemplo, uma casa que vale 1.000 francos é um valor de troca de 1.000 francos. Um pedaço de papel que vale 1 cêntimo é uma soma de valores de troca de 100/100 cêntimos. Produtos trocáveis por outros são *mercadorias*. A proporção determinada pela qual são trocáveis constitui seu *valor de troca*, ou, expresso em dinheiro, seu *preço*. A quantidade desses produtos em nada altera a determinação de serem *mercadorias* ou representarem um *valor de troca* ou terem um determinado *preço*. Uma árvore continua a ser árvore, seja grande ou pequena. Se trocarmos o ferro por outros produtos em onças ou em quintais, modificaremos seu caráter de mercadoria, de valor de troca? Conforme a quantidade ele é uma mercadoria de maior ou menor valor, de preço mais alto ou mais baixo.

Como então uma soma de mercadorias, de valores de troca, torna-se capital?

Conservando-se e multiplicando-se como poder social autônomo, isto é, como o poder de *uma parte da sociedade*, pela *troca com o trabalho*[59] *imediato, vivo*. A existência de uma classe que nada possui além da capacidade de trabalho é um pressuposto necessário do capital.

---

[59] *Em 1891*: força de trabalho.

É exclusivamente o domínio do trabalho acumulado, passado, objetivado sobre o trabalho imediato, vivo, que converte trabalho acumulado em capital.

O capital não consiste em que o trabalho acumulado sirva ao trabalho vivo como meio para nova produção. Consiste em que o trabalho vivo sirva ao trabalho acumulado como meio para conservar e multiplicar seu valor de troca.

O que acontece na troca entre capital e trabalho assalariado?[60]

O trabalhador recebe meios de subsistência em troca de seu trabalho,[61] mas o capitalista, em troca de seus meios de subsistência, recebe trabalho, a atividade produtiva do trabalhador, a força criadora pela qual o trabalhador não apenas repõe o que consome, mas confere ao trabalho acumulado um valor superior ao que ele possuía anteriormente. O trabalhador recebe do capitalista uma parte dos meios de subsistência disponíveis. Para que lhe servem esses meios de subsistência? Para o consumo imediato. Mas, assim que eu consumo meios de subsistência, eles estão irremediavelmente perdidos para mim, a menos que utilize o tempo durante o qual esses meios me mantêm vivo para produzir novos meios de subsistência, para criar por meu trabalho, durante o consumo, novos valores no lugar daqueles valores destruídos pelo consumo. Mas o trabalhador transferiu ao capital justamente essa preciosa força reprodutiva em troca dos meios de subsistência recebidos. Portanto, perdeu-a para si mesmo.

Tomemos um exemplo: um arrendatário paga a seu jornaleiro 5 vinténs de prata por dia. Por 5 vinténs de prata, ele trabalha no campo do arrendatário durante todo o dia e lhe assegura, assim, uma receita de 10 vinténs de prata. O arrendatário não recupera somente o valor transferido ao jornaleiro; ele o duplica. Portanto, ele utilizou, consumiu os 5 vinténs de prata pagos ao jornaleiro de uma maneira frutífera, produtiva. Comprou pelos 5 vinténs de prata justamente o trabalho e a força do jornaleiro, o qual gerou produtos da terra com o dobro do valor e converteu 5 vinténs de prata em 10. O jornaleiro, ao contrário, recebe no lugar de sua força produtiva, cujo resultado ele justamente transferiu ao arrendatário, 5 vinténs de prata, que troca por meios de subsistência, meios de subsistência que consome mais rápida ou mais lentamente. Os 5 vinténs de prata foram, portanto, consumidos de uma dupla forma, *reprodutiva* para o capital, pois foram trocados por uma força de trabalho que gerou 10 vinténs de prata, *improdutiva* para o trabalhador, pois foram trocados por meios de subsistência que desapareceram para sempre e cujo valor só poderá reaver repetindo a mesma troca com o arrendatário. *Portanto, o capital pressupõe o trabalho assalariado, o trabalho assalariado pressupõe o capital. Eles se condicionam reciprocamente, geram-se reciprocamente.*

Um trabalhador em uma fábrica de algodão produz somente tecido de algodão? Não, produz capital. Produz valores que, por seu turno, servem para comandar seu trabalho, para[62] criar por meio dele novos valores.

---

[60] *Em 1891*: capitalistas e trabalhadores assalariados.
[61] *Em 1891*: força de trabalho.
[62] *Em 1891*: e.

O capital só pode se multiplicar trocando-se por trabalho,[63] criando trabalho assalariado. O trabalho assalariado[64] só pode trocar-se por capital ampliando o capital, reforçando o poder de que é escravo. *Ampliação do capital é, por isso, ampliação do proletariado, isto é, das classes trabalhadoras.*[65]

O interesse do capitalista e do trabalhador é, portanto, *o mesmo*, asseveram o burguês e seus economistas. Certamente! O trabalhador é destruído se o capital não o emprega. O capital é destruído se não explora o trabalho,[66] e para o explorar precisa comprá-lo. Quanto mais velozmente o capital destinado à produção, o capital produtivo, se multiplica, quanto mais florescente é, por conseguinte, a indústria, quanto mais a burguesia se enriquece, quanto melhores são os negócios, tanto mais trabalhadores necessita o capitalista, tanto mais caro vende-se o trabalhador.

A condição imprescindível para uma situação tolerável para o trabalhador é, portanto, o *crescimento mais rápido possível do capital produtivo*.

Mas o que é crescimento do capital produtivo? Crescimento do poder do trabalho acumulado sobre o trabalho vivo. Crescimento do domínio da burguesia sobre a classe trabalhadora. Quando o trabalho assalariado produz a riqueza estranha que o domina, o poder que lhe é hostil, o capital, refluem-lhe dele seus meios de emprego, isto é, meios de subsistência, sob a condição de que se torne outra vez uma parte do capital, uma alavanca que lhe imprima novamente um movimento acelerado de crescimento.

Dizer que os interesses do capital e os interesses do trabalho[67] *são os mesmos significa apenas: capital e trabalho assalariado são dois lados de uma única e mesma relação. Um condiciona o outro, como o agiota e o perdulário condicionam-se mutuamente.*

Enquanto o trabalhador assalariado for trabalhador assalariado, seu destino dependerá do capital. Eis a tão louvada comunidade de interesses entre trabalhador e capitalista.

NGR, n. 267, 8/4/1849

Colônia, 7 de abril. Crescendo o capital, cresce a massa do trabalho assalariado e cresce o número de trabalhadores assalariados, em uma palavra: o domínio do capital estende-se sobre uma massa maior de indivíduos. Vamos presumir a hipótese mais favorável: se o capital produtivo cresce, cresce a procura por trabalho. Portanto, aumenta o preço do trabalho, o salário.

Uma casa pode ser grande ou pequena, enquanto as casas circundantes forem igualmente pequenas, ela satisfará todos os requisitos sociais de uma moradia. Mas se se

---

[63] *Em 1891*: força de trabalho.
[64] *Em 1891:* a força de trabalho do trabalhador assalariado.
[65] *Em 1891*: classe trabalhadora.
[66] *Em 1891*: força de trabalho.
[67] *Em 1891*: trabalhador.

ergue ao lado da casa pequena um palácio, a casa pequena se reduz a um casebre. A casa pequena comprova então apenas que seu proprietário só pode fazer as mais modestas exigências, ou nenhuma; e no curso da civilização ela pode crescer o quanto queira, se o palácio vizinho crescer em medida igual ou até maior, o morador da casa relativamente pequena se sentirá cada vez mais desconfortável, mais insatisfeito, mais apertado entre suas quatro paredes.

Um aumento sensível do salário pressupõe um rápido crescimento do capital produtivo. O rápido crescimento do capital produtivo acarreta um igualmente rápido crescimento da riqueza, do luxo, das necessidades sociais e das fruições sociais. Portanto, se bem que as fruições do trabalhador aumentem, a satisfação social que elas oferecem diminui em comparação com as fruições ampliadas dos capitalistas, inacessíveis ao trabalhador, em comparação com o nível de desenvolvimento da sociedade em geral. Nossas necessidades e fruições provêm da sociedade; por isso medimo-las pela sociedade; não as medimos pelos objetos que as satisfazem. Sendo de natureza social, são de natureza relativa.

O salário não é, de modo algum, determinado somente pela massa de mercadorias que posso trocar por ele. Outras relações devem ser consideradas.

O que o trabalhador recebe imediatamente por seu trabalho[68] é uma determinada quantia em dinheiro. O salário é determinado somente por esse preço em dinheiro?

No século XVI, o ouro e a prata circulantes na Europa multiplicaram-se graças à descoberta da[69] América. Em consequência, o valor do ouro e da prata caiu em relação ao das demais mercadorias. Os trabalhadores continuaram a receber a mesma quantidade de prata amoedada por seu trabalho.[70] O preço em dinheiro de seu trabalho permaneceu o mesmo, e no entanto seu salário caiu, pois em troca da mesma quantia de prata passaram a receber uma quantidade menor de outras mercadorias. Essa foi uma das circunstâncias que promoveram o crescimento do capital, o advento da burguesia no século XVI.[71]

Tomemos um outro caso. No inverno de 1847, graças a uma má colheita, os preços dos meios de subsistência indispensáveis, trigo, carne, manteiga, queijo etc., aumentaram significativamente. Suponhamos que os trabalhadores tenham continuado a receber a mesma quantia de dinheiro por seu trabalho.[72] Seu salário não caiu? Certamente. Pelo mesmo dinheiro obtiveram em troca menos pão, carne etc. Seu salário caiu, não porque o valor da prata houvesse diminuído, mas porque o valor dos meios de subsistência havia aumentado.

Suponhamos, finalmente, que o preço em dinheiro do trabalho permaneça o mesmo, enquanto o preço de todos os produtos agrícolas e manufaturados, graças à utilização de novas máquinas, estação mais favorável etc., tenham caído. Com o mesmo dinheiro, os

---

[68] *Em 1891*: força de trabalho.
[69] *Em 1891*: acrescentado das minas mais ricas e mais fáceis de explorar da.
[70] *Em 1891*: força de trabalho.
[71] *Em 1891*: erro de impressão: XVIII.
[72] *Em 1891*: força de trabalho.

trabalhadores poderiam comprar, então, mais mercadorias de todo gênero. Portanto, seu salário aumentou, exatamente porque seu valor em dinheiro não se modificou.

O preço em dinheiro do trabalho, o salário nominal não coincide, pois, com o salário real, isto é, com a quantidade de mercadorias que é realmente dada em troca do salário. Portanto, ao falarmos de aumento ou queda do salário não devemos ter em vista somente o preço em dinheiro do trabalho, o salário nominal. Mas nem o salário nominal, isto é, a quantia em dinheiro pela qual o trabalhador se vende ao capitalista, nem o salário real, isto é, a quantidade de mercadorias que pode comprar com esse dinheiro, esgotam as relações contidas no salário. O salário é, sobretudo, determinado ainda pela sua relação com o rendimento, o lucro do capitalista – salário relativo, proporcional.

O salário real expressa o preço do trabalho em relação ao preço das demais mercadorias, o salário relativo, em contrapartida, o preço do trabalho imediato em relação ao preço do trabalho acumulado, o valor relativo do salário e do capital, o valor recíproco de capitalistas e trabalhadores.[73]

O salário real pode permanecer o mesmo, pode inclusive aumentar, e o salário relativo, não obstante, cair. Suponhamos, por exemplo, que os preços de todos os meios de subsistência baixaram em ⅔, enquanto o salário diário baixou somente em um terço, portanto, por exemplo, de 3 francos para 2. Embora o trabalhador disponha, com estes 2 francos, de maior quantidade de mercadorias do que antes com 3 francos, ainda assim seu salário diminuiu em relação ao lucro do capitalista. O lucro do capitalista (por exemplo, do fabricante) aumentou em 1 franco, isto é, por uma quantia menor de valores de troca que ele paga ao trabalhador, o trabalhador deve produzir uma quantidade maior de valores de troca do que antes. O valor[74] do capital em relação ao valor[75] do trabalho subiu. A divisão da riqueza social entre capital e trabalho tornou-se ainda mais desigual.

---

[73] *Em 1891*, este parágrafo foi fortemente modificado e complementado por outro. Na versão redigida por Engels, a passagem diz o seguinte:
– O salário real expressa o preço do trabalho em relação ao preço das demais mercadorias, o salário relativo, ao contrário, a parte do trabalho imediato no novo valor criado por ele em relação à parte que cabe ao trabalho acumulado, ao capital.
– Dissemos acima, à página 14 [ver p. 437]: "O salário, portanto, não é uma parte do trabalhador na mercadoria produzida por ele. O salário é parte das mercadorias já existentes com a qual o capitalista compra para si uma quantidade determinada de força de trabalho produtiva". Mas o capitalista deve recuperar novamente esse salário do preço pelo qual ele vende o produto criado pelo trabalhador; deve recuperá-lo de modo que, em regra, reste junto ainda um excedente, um lucro, sobre seus custos de produção adiantados. O preço de venda da mercadoria criada pelo trabalhador divide-se para o capitalista em três partes: *primeira*, a reposição do preço da matéria-prima adiantada por ele, junto da reposição do desgaste das ferramentas, máquinas e outros meios de trabalho igualmente adiantados por ele, *segunda*, a reposição do salário adiantado por ele, e *terceira*, o excedente sobre isso, o lucro do capitalista. Enquanto a primeira parte só repõe *valores anteriormente existentes*, é claro que tanto a reposição do salário como o excedente-lucro do capitalista, tomados em geral, são procedentes do *valor novo criado pelo trabalho do trabalhador* e adicionado à matéria-prima. E *nesse sentido* podemos entender tanto o salário como o lucro, para os comparar entre si, como partes do produto do trabalhador.

[74] *Em 1891*: A parte.

[75] *Id.*

O capitalista comanda, com o mesmo capital, uma quantidade maior de trabalho. O poder da classe capitalista sobre a classe trabalhadora aumentou, a posição social do trabalhador se deteriorou, desceu mais um degrau em relação à do capitalista.

Qual é, então, *a lei geral que determina a queda e o aumento do salário e do lucro em sua relação recíproca?*

Estão em relação inversa. O valor de troca[76] do capital, do lucro, aumenta na mesma proporção em que o valor de troca[77] do trabalho, do salário, cai, e vice-versa. O lucro sobe na medida em que o salário cai, e cai na medida em que o salário sobe.

Pode-se, talvez, objetar que o capitalista pode lucrar graças à troca vantajosa de seus produtos com outros capitalistas, pelo aumento da procura por suas mercadorias, seja em decorrência da conquista de novos mercados, seja em decorrência de necessidades momentaneamente ampliadas nos velhos mercados etc., portanto que o lucro do capitalista pode aumentar graças ao prejuízo de outro capitalista, independentemente do aumento ou queda do salário, do valor de troca do trabalho;[78] ou o lucro do capitalista poderia também aumentar graças ao aperfeiçoamento dos instrumentos de trabalho, novo emprego das forças naturais etc.

Em primeiro lugar, é preciso reconhecer que o resultado permanece o mesmo, embora cheguemos a ele por caminhos opostos. De fato, o lucro não aumentou porque o salário diminuiu, mas o salário diminuiu porque o lucro aumentou. O capitalista adquiriu, com a mesma quantidade de trabalho,[79] uma quantia maior de valores de troca, sem por isso ter pago mais pelo trabalho, ou seja, o trabalho é, pois, pior remunerado em relação ao produto líquido que o capitalista obtém.

Ademais, lembramos que, apesar das oscilações dos preços das mercadorias, o preço médio de qualquer mercadoria, a relação em que ela se troca por outra mercadoria, é determinado por seus *custos de produção*. Assim, os prejuízos no interior da classe capitalista compensam-se necessariamente. O aperfeiçoamento da maquinaria, o novo emprego das forças naturais a serviço da produção capacitam a criar, em um dado tempo de trabalho, com a mesma quantidade de trabalho e capital, uma massa maior de produtos, mas de modo algum uma massa maior de valores de troca. Se, empregando a máquina de fiar, posso fornecer em uma hora mais fio do que antes de sua invenção, por exemplo 100 libras em vez de 50, não recebo em troca dessas 100 libras[80] mais mercadorias do que antes por 50, porque os custos de produção caíram pela metade, ou porque, com o mesmo custo, posso fornecer o dobro de produtos.

Finalmente, qualquer que seja a proporção em que a classe capitalista, a burguesia, seja de um país, seja de todo o mercado mundial, divida entre seus membros o produto

---

[76] *Id.*

[77] *Id.*

[78] *Em 1891*: força de trabalho.

[79] *Em 1891*: acrescentado estranhado.

[80] *Em 1891*: acrescentado a longo prazo.

líquido da produção, a soma total desse produto líquido é sempre apenas a soma da qual o trabalho acumulado em geral foi ampliado pelo trabalho vivo.[81] Esta soma total, portanto, cresce na proporção em que o trabalho amplia o capital, isto é, na proporção em que o lucro aumenta contra o salário.

Vemos, portanto, que mesmo permanecendo *no interior da relação entre capital e trabalho assalariado, os interesses do capital e os interesses do trabalho assalariado se contrapõem diretamente.*

Um rápido aumento do capital é igualmente um rápido aumento do lucro. O lucro só pode aumentar rapidamente se o valor de troca[82] do trabalho, se o salário relativo também decair rapidamente. O salário relativo pode cair apesar de o salário real, simultaneamente ao salário nominal, ao valor em dinheiro do trabalho, aumentar, bastando não subir na mesma proporção que o lucro. Se, por exemplo, em período bom para os negócios, o salário subir 5% e o lucro, em contrapartida, 30%, o salário proporcional, relativo *não aumentou*, mas sim *diminuiu*.

Se, pois, a receita do trabalhador aumenta com o rápido crescimento do capital, aumenta ao mesmo tempo o abismo social que separa o trabalhador do capitalista, aumenta ao mesmo tempo o poder do capital sobre o trabalho, a dependência do trabalho em relação ao capital.

Dizer que o trabalhador tem interesse no rápido crescimento do capital significa apenas: quanto mais rapidamente o trabalho amplie a riqueza estranha, tanto mais ricas migalhas sobram para ele, tanto mais trabalhadores podem manter-se ocupados e se reproduzir, tanto mais pode se multiplicar a massa de escravos dependentes do capital.

Vimos, portanto:

Mesmo a *situação mais favorável* para a classe trabalhadora, *crescimento o mais rápido possível do capital*, por mais que possa melhorar a vida material dos trabalhadores, não abole o antagonismo entre seus interesses e os interesses burgueses, os interesses dos capitalistas. *Lucro e salário* permanecem, agora como antes, em *relação inversa*.

Crescendo rapidamente o capital, o salário pode aumentar; mas o lucro do capital aumenta desproporcionalmente mais rápido. A situação material do trabalhador melhorou, mas à custa de sua situação social. O abismo social que o separa do capitalista se alargou.

Finalmente:

Dizer que a condição mais favorável para o trabalho assalariado é o crescimento mais rápido possível do capital significa apenas: quanto mais rapidamente a classe trabalhadora multiplica e aumenta o poder que lhe é hostil, a riqueza estranha que a comanda, tanto mais favoráveis serão as condições sob as quais lhe será concedido trabalhar novamente para a multiplicação da riqueza burguesa, para o aumento do poder do capital, satisfeita em forjar ela mesma os grilhões dourados com os quais a burguesia a arrasta atrás de si.

---

[81] *Em 1891*: imediato.
[82] *Em 1891*: preço.

Colônia, 10 de abril. *Crescimento do capital produtivo e aumento do salário* estão de fato tão inseparavelmente ligados como asseveram os economistas burgueses? Não devemos acreditar cegamente neles. Não devemos acreditar quando dizem que quanto mais gordo o capital, tanto melhor cevado será seu escravo. A burguesia é esclarecida demais, calcula bem demais para compartilhar os preconceitos dos feudais, que ostentam o brilho de sua criadagem. As condições de existência da burguesia a obrigam a calcular.

Devemos, portanto, examinar mais detalhadamente:

Como atua o crescimento do capital produtivo sobre o salário?

Crescendo o capital produtivo da sociedade burguesa em geral, ocorre uma acumulação *multifacética* de trabalho. Os capitais aumentam em número e volume. A *multiplicação* dos capitais multiplica a *concorrência entre os capitalistas*. O *volume crescente* dos capitais fornece os meios *para conduzir ao campo de batalha industrial formidáveis exércitos de trabalhadores com gigantescas ferramentas de guerra.*

Cada capitalista só pode derrotar o outro no campo de batalha e conquistar seu capital vendendo mais barato. Para poder vender mais barato sem se arruinar, precisa produzir mais barato, isto é, aumentar o máximo possível a força produtiva do trabalho. Mas a força produtiva do trabalho aumenta sobretudo graças a *uma maior divisão do trabalho*, à introdução universal e constante aperfeiçoamento da *maquinaria*. Quanto maior é o exército de trabalhadores entre os quais o trabalho é dividido, quanto mais gigantesca é a escala em que a maquinaria é introduzida, tanto mais se reduzem relativamente os custos de produção, tanto mais fecundo é o trabalho. Decorre daí uma competição universal entre os capitalistas para ampliar a divisão do trabalho e a maquinaria e explorá-los na maior escala possível.

Se, então, um capitalista, graças a maior divisão do trabalho, utilização e aperfeiçoamento de novas máquinas, exploração mais vantajosa e maciça das forças naturais, encontrou o meio de, com a mesma quantidade de trabalho ou de trabalho acumulado, produzir uma maior quantidade de produtos, de mercadorias, se ele puder, por exemplo, no mesmo tempo de trabalho em que seus concorrentes tecem meia vara de pano, produzir uma vara inteira, como esse capitalista vai atuar?

Ele poderia continuar a vender meia vara de tecido pelo preço de mercado até então vigente, mas esse não seria um meio de derrubar seus oponentes e aumentar sua própria venda. Mas na mesma medida em que sua produção se ampliou, ampliou-se para ele a necessidade da venda. Os meios de produção mais poderosos e dispendiosos que criou o *capacitam*, é verdade, a vender suas mercadorias mais barato, mas ao mesmo tempo o *obrigam* a *vender mais mercadorias*, a conquistar um mercado desproporcionalmente *maior* para suas mercadorias; nosso capitalista venderá, pois, a meia vara de tecido mais barato do que seus concorrentes.

Mas o capitalista não venderá a vara inteira tão barato quanto seus concorrentes vendem meia vara, apesar de a produção da vara inteira não lhe custar mais do que meia vara aos outros. Caso contrário ele não ganharia nada,[83] mas receberia em câmbio[84] somente os custos de produção. Sua possível receita maior seria proveniente de haver posto em movimento um capital maior, mas não de ter feito seu capital render mais que os outros. Além disso, ele alcança o objetivo que pretende alcançar estabelecendo o preço de sua mercadoria apenas poucos pontos percentuais abaixo do de seus concorrentes. Ele os derruba, tira-lhes ao menos uma parte de suas vendas, *vendendo a preço mais baixo*. E finalmente lembremo-nos de que o preço corrente está sempre *acima* ou *abaixo dos custos de produção*, conforme a venda de uma mercadoria ocorra em um período favorável ou desfavorável à indústria. Conforme o preço de mercado da vara de tecido esteja abaixo ou acima dos custos de produção até então usuais, variará a porcentagem em que o capitalista que utilizou os novos meios de produção mais fecundos vende acima de seus reais custos de produção.

Só que o *privilégio* de nosso capitalista não dura muito; outros capitalistas rivais introduzem as mesmas máquinas, a mesma divisão do trabalho, introduzem-nas em escala igual ou maior, e esses aperfeiçoamentos se universalizam até que o preço do tecido caia não apenas *abaixo de seus antigos*, mas *abaixo de seus novos custos de produção*.

Os capitalistas se encontram, portanto, reciprocamente na mesma situação em que se encontravam *antes* da introdução dos novos meios de produção, e se, com esses meios, podem fornecer pelo mesmo preço o dobro de produtos, *agora* são obrigados a fornecer o dobro de produtos por um preço *abaixo* do antigo. Partindo do nível desses novos meios de produção, recomeça o mesmo jogo. Mais divisão do trabalho, mais maquinaria, maior escala em que a divisão do trabalho e a maquinaria são explorados. E a concorrência gera novamente a mesma reação contra esse resultado.

Vemos que o modo de produção, os meios de produção são constantemente transformados, revolucionados, que *a divisão do trabalho* acarreta necessariamente *maior divisão do trabalho, a utilização de maquinaria, maior utilização de maquinaria, o trabalho em grande escala, trabalho em escala ainda maior*.

Eis a lei que tira constantemente a produção burguesa de seus velhos trilhos e obriga o capital a intensificar a força produtiva do trabalho *porque* ele as intensificou, a lei que jamais lhe dá sossego e constantemente lhe murmura: *Marche! Marche!*[85]

Esta lei não é outra senão aquela que, no âmbito das periódicas oscilações do comércio, iguala necessariamente o preço de uma mercadoria a seus *custos de produção*.

Por mais poderosos que sejam os meios de produção com que um capitalista entre em campo, a concorrência generalizará esses meios de produção, e uma vez generalizados, o único resultado da maior fecundidade de seu capital é que ele deve fornecer agora, pelo *mesmo preço*, 10, 20, 100 vezes mais do que antes. Mas como precise, talvez, comercia-

---

[83] *Em 1891*: extra.
[84] *Em 1891*: troca [*Umtausch*].
[85] Em frente! Em frente!

lizar mil vezes mais para compensar com maior volume de produtos vendidos o menor preço de venda, como uma venda muito mais maciça é agora necessária não apenas para lucrar,[86] mas para repor os custos de produção – como vimos, os próprios instrumentos de produção se tornam cada vez mais caros –, e como essa venda maciça, no entanto, não se tornou uma questão vital somente para ele, mas também para seus rivais, a velha luta começa *tanto mais violenta quanto mais fecundos* são *os meios de produção já inventados. A divisão do trabalho e a utilização da maquinaria acontecerão de novo, portanto, em escala desproporcionalmente maior.*

Seja qual for o poder dos meios de produção utilizados, a concorrência procura roubar ao capital os frutos dourados deste poder reduzindo os preços das mercadorias aos custos de produção, tornando, pois, uma lei imperiosa o barateamento da produção, o fornecimento cada vez maior pelo velho preço,[87] na mesma medida em que permite produzir mais barato, isto é, produzir mais com a mesma quantidade de trabalho. Assim o capitalista, por seus próprios esforços, não teria ganho nada além da obrigação de fornecer mais no mesmo tempo de trabalho, em uma palavra, *condições mais difíceis de valorização de seu capital*. Por essa razão, enquanto a concorrência o persegue constantemente com sua lei dos custos de produção, e cada arma que forja contra seus rivais se torna uma arma contra si próprio, o capitalista procura constantemente burlar a concorrência, introduzindo sem descanso novas máquinas – na verdade mais caras, mas capazes de produzir mais barato – e divisões do trabalho no lugar das antigas, e sem esperar que a concorrência converta as novas em obsoletas.

Imaginemos agora esta agitação febril em *todo o mercado mundial simultaneamente*, e compreenderemos como o crescimento, a acumulação e concentração do capital têm por consequência a implementação ininterrupta, precipitada e em escala cada vez mais gigantesca da divisão do trabalho, da utilização de novas máquinas e aperfeiçoamento das antigas.

Mas como estas circunstâncias, inseparáveis do crescimento do capital produtivo, influenciam a determinação do salário?

A maior *divisão do trabalho* capacita *um* trabalhador a fazer o trabalho de 5, 10, 20; ela multiplica, pois, a concorrência entre os trabalhadores em 5, 10, 20 vezes. Os trabalhadores concorrem entre si não apenas vendendo-se um mais barato que o outro; eles concorrem entre si quando *um* executa o trabalho de 5, 10, 20, e a *divisão do trabalho* introduzida e sempre ampliada pelo capital obriga os trabalhadores a concorrer deste modo entre si.

Além disso: na mesma medida em que a *divisão do trabalho* aumenta, *simplifica-se* o trabalho. A *habilidade específica* do trabalhador se desvaloriza. Ele é transformado em uma força produtiva simples, monótona, que não precisa pôr em jogo energias intensas,

---

[86] *Em 1891*: acrescentado mais.
[87] *Em 1891*: oferta de quantidades cada vez maiores de produto pelo mesmo preço total (em vez de fornecimento cada vez maior pelo velho preço).

sejam físicas ou espirituais. Seu trabalho torna-se um trabalho acessível a todos. Em decorrência, é pressionado por concorrentes por todos os lados, e ademais lembramos que quanto mais simples, quanto mais fácil de aprender é o trabalho, quanto menor o custo de produção requerido pelo aprendizado, tanto mais baixo cai o salário, pois, como o preço de qualquer outra mercadoria, ele é determinado pelos custos de produção.

Na mesma medida, portanto, em que o trabalho se torna mais insatisfatório, mais repugnante, na mesma medida aumenta a concorrência e diminui o salário. O trabalhador busca conservar a massa de seu salário trabalhando mais, seja trabalhando por mais tempo, seja fornecendo mais no mesmo tempo. Premido pela miséria, ainda multiplica, pois, os catastróficos efeitos da divisão do trabalho. O resultado é: *quanto mais trabalha, tanto menor o salário que recebe,* e isto pela simples razão de que, na mesma medida em que concorre com seus colegas, transforma, em consequência, muitos de seus colegas em concorrentes, os quais se oferecem em condições tão ruins quanto ele, e portanto, em última instância, *concorre consigo mesmo, consigo mesmo enquanto membro da classe trabalhadora.*

A *maquinaria* produz os mesmos efeitos em escala muito maior, substituindo o trabalhador especializado pelo não especializado, o homem pela mulher, o adulto pela criança, atirando artesãos à rua em massa onde a maquinaria é recentemente introduzida, e demitindo trabalhadores em pequenos grupos onde é desenvolvida, aperfeiçoada, substituída por máquinas mais produtivas. Descrevemos acima, em rápidos traços, a guerra industrial entre os capitalistas. *Esta guerra tem a peculiaridade de que suas batalhas são ganhas menos pelo recrutamento do que pela demissão do exército de trabalhadores. Os generais, os capitalistas, competem entre si sobre quem consegue despedir mais soldados da indústria.*

Os economistas nos dizem, entretanto, que os trabalhadores tornados supérfluos pelas máquinas encontram *novos* ramos de atividade.

Não ousam asseverar diretamente que os mesmos trabalhadores que foram despedidos encontram empregos em novos ramos de trabalho. Os fatos gritam alto demais contra essa mentira. Na verdade, afirmam apenas que para *outras parcelas da classe trabalhadora,* por exemplo, para a parcela da jovem geração de trabalhadores que já estava preparada para entrar no ramo industrial que desapareceu, abrir-se-ão novos meios de atividade. Isso é naturalmente um grande consolo para os trabalhadores demitidos. Não faltarão aos senhores capitalistas carne e sangue frescos para explorar, e os mortos enterrarão seus mortos. Esse é um consolo que os burgueses dão muito mais a si mesmos do que aos trabalhadores. Se toda a classe dos trabalhadores assalariados fosse aniquilada pela maquinaria, quão terrível seria para o capital, que, sem trabalho assalariado, deixa de ser capital!

Mas suponhamos que os expulsos diretamente do trabalho pela maquinaria e toda a parte da nova geração que já espreitava esse emprego *encontrem uma nova ocupação.* É possível acreditar que esta será tão bem remunerada como a que foi perdida? *Todas as leis da economia o contradizem.*

Vimos que a indústria moderna tende sempre a substituir uma ocupação complexa, superior, por outra mais simples, inferior.

Como poderia, portanto, uma massa de trabalhadores expulsa de um ramo industrial pela maquinaria encontrar abrigo em outro, a não ser *recebendo pagamento mais baixo, pior*?

Mencionam-se como exceção os trabalhadores que trabalham na fabricação das próprias máquinas. Se a indústria exige e consome mais máquinas, deve necessariamente aumentar o número de máquinas, portanto a fabricação de máquinas, portanto a ocupação do trabalhador na fabricação de máquinas, e os trabalhadores empregados neste ramo industrial devem ser trabalhadores especializados, e mesmo cultos.

Desde 1840 essa afirmação, que já antes era apenas uma meia-verdade, perdeu toda aparência de verdade, uma vez que máquinas cada vez mais variadas são utilizadas para a fabricação de máquinas, nem mais nem menos do que para a fabricação de fio de algodão, e os trabalhadores ocupados nas fábricas de máquinas só podem desempenhar o papel de máquinas extremamente simples, em face das extremamente engenhosas.

Mas em lugar do homem despedido pela máquina, a fábrica emprega talvez *três* crianças e *uma* mulher! E o soldo[88] do homem não devia ser suficiente para três crianças e uma mulher? O mínimo de salário não devia ser suficiente para conservar a raça e a multiplicar? O que demonstram, pois, essas belas frases burguesas? Nada além de que agora são consumidas *quatro vezes* mais vidas de trabalhadores do que antes para ganhar o soldo[89] de *uma* família de trabalhadores. Resumindo: *quanto mais o capital produtivo cresce, tanto mais se amplia a divisão do trabalho e a utilização da maquinaria. Quanto mais se amplia a divisão do trabalho e a utilização da maquinaria, tanto mais se amplia a concorrência entre os trabalhadores, tanto mais se contrai seu soldo.*[90]

E além disso, a classe trabalhadora é recrutada também nos estratos mais elevados da sociedade; decai para ela uma massa de pequenos industriais e pequenos rentistas que não têm nada mais urgente a fazer do que erguer seus braços ao lado dos braços dos trabalhadores. Assim, a floresta de braços erguidos e exigindo trabalho torna-se cada vez mais densa, e os próprios braços tornam-se cada vez mais magros.

Nem é preciso dizer que o pequeno industrial não consegue resistir a uma guerra da qual uma das primeiras condições é produzir em escala cada vez maior, isto é, precisamente ser um grande, e não um pequeno industrial.

Que os juros do capital diminuem na mesma medida em que aumentam a massa e o número dos capitais, em que o capital cresce, que por isso o pequeno rentista não consegue mais viver de sua renda, portanto se lança[91] à indústria, portanto contribui para

---

[88] *Em 1891*: salário.
[89] *Em 1891*: sustento.
[90] *Em 1891*: salário.
[91] *Em 1891:* deve se lançar.

multiplicar as fileiras dos pequenos industriais e, assim, os candidatos ao proletariado, tudo isso dispensa maiores explicações.

Finalmente, na medida em que os capitalistas são obrigados, pelo movimento acima descrito, a explorar os gigantescos meios de produção já existentes em escala cada vez maior e, com esse objetivo, pôr em movimento todas as molas do crédito, na mesma medida multiplicam-se os terremotos[92] aos quais o mundo industrial só sobrevive sacrificando uma parte da riqueza, dos produtos e mesmo das forças produtivas aos deuses do mundo subterrâneo – em uma palavra, aumentam as *crises*. Elas se tornam mais frequentes e violentas já porque, na mesma medida em que cresce a massa de produtos, portanto a demanda por mercados ampliados, o mercado mundial se restringe cada vez mais, restam cada vez menos mercados[93] a explorar, pois cada crise anterior submeteu ao comércio mundial um mercado até então não conquistado ou apenas superficialmente explorado pelo comércio. Mas o capital não apenas *vive* do trabalho. Senhor simultaneamente aristocrático e bárbaro, arrasta consigo para a sepultura os cadáveres de seus escravos, numa completa hecatombe de trabalhadores que submergem nas crises. Vemos portanto: *crescendo velozmente o capital, cresce desproporcionalmente mais rápido a concorrência entre os trabalhadores, isto é, tanto mais minguam, relativamente, os meios de ocupação, os meios de subsistência para a classe trabalhadora, e não obstante o crescimento rápido do capital é a condição mais favorável para o trabalho assalariado.*

(Continua).[94]

---

[92] *Em 1891*: acrescentou-se industriais.
[93] *Em 1891*: acrescentou-se novos.
[94] A promessa de "continuar" não pôde ser realizada por Marx. Ver a esse respeito a Introdução de Engels à edição de 1891 de *Trabalho assalariado e capital*. O manuscrito da continuação não foi encontrado, mas sim um escrito sobre o salário, que sem dúvida apresentava as bases das conferências de 1847, e que quanto ao conteúdo em parte coincidia com *Trabalho assalariado e capital*, e em parte o prosseguia (ver Anexo).

[Decisões parlamentares são desconsideradas – Os espiões de Manteuffel]

NGR, n. 273, 15/4/1849, segunda Edição

K. Marx

Berlim, 13 de abril. A moção da Segunda Câmara sobre a postagem gratuita para objetos de até 5 libras naturalmente não foi sequer considerada. A decisão foi tomada, e apesar de ser costume em Estados constitucionais que a casa decida autonomamente sobre tais assuntos, o sr. von der Heydt pensa diferente sobre estas questões. Até agora não se deu ao trabalho sequer uma vez de exprimir sua opinião sobre a matéria em questão.

O sr. *von Meusebach* é sabidamente o mais imprescindível de todos os conselheiros governamentais. Ninguém entende, como ele, de que modo fazer o melhor e mais precioso uso de seus ouvidos e olhos, e dar a seu amigo Manteuffel com mais prontidão as melhores notícias sobre o estado de espírito, intenções etc. dos berlinenses. É natural que o autor das "revelações" possua uma grande habilidade naqueles assuntos que o vulgo costuma chamar de espionagem. Para tais objetivos tão nobres, ele se serve de vários trapaceiros literários. Seus amigos mais confiáveis e mais habilidosos instrumentos são o conhecido folhetinista da *Gazeta da Cruz, Gödsche*, e o literata Röhrdanz.[1]

De Mecklenburg chegou também uma Nota que se pronuncia contra a aceitação incondicional da coroa de imperador pelo rei da Prússia.[2]

---

[1] O sr. Röhrdanz foi suspeito de semelhantes atividades já em 1844, em Paris, e foi convocado a responder a essas acusações (*A redação da "Nova Gazeta Renana"*).

[2] Referência à resposta dos círculos dominantes de um dos pequenos estados alemães, o grão-ducado de Mecklenburg, à proposta da Assembleia Nacional de Frankfurt de oferecer a coroa de "imperador dos alemães" ao rei da Prússia, Frederico Guilherme IV.

Declaração

NGR, n. 273, 15/4/1849, segunda edição

Colônia, 14 de abril. Os cidadãos *K. Marx, K. Schapper, Fr. Anneke, H. Becker* e *W. Wolff* (como delegado), reuniram-se hoje como Comitê Distrital da Associação Democrática Renana.

Os cidadãos Marx, Schapper, Anneke e Wolff declararam em comum acordo:

> Julgamos que a atual organização da Associação Democrática encerra em si elementos heterogêneos demais para possibilitar uma atividade útil ao objetivo da causa.
>
> Somos antes da opinião de que é preferível uma ligação mais estreita com a Associação dos Trabalhadores, dada sua constituição homogênea, e assim pela presente desligamo-nos de hoje em diante do Comitê Distrital Renano da Associação Democrática.
>
> Fr. Anneke – K. Schapper – K. Marx – H. Becker
W. Wolff, delegado

As façanhas da casa Hohenzollern

NGR, n. 294, 10/5/1849

K. Marx

Colônia, 9 de maio. Nos últimos dias de sua existência e da existência do Estado prussiano, o governo do sr. von Hohenzollern parece querer confirmar mais uma vez plenamente a antiga reputação dos nomes da Prússia e de Hohenzollern.

Quem não reconhece o personagem do poema de Heine:

> Uma criança com cabeça de abóbora,
> Com longo bigode, velha trança,
> Com bracinhos de aranha longos, mas fortes,
> Com estômago enorme, mas intestininhos curtos,
> Um monstro... [1]

Quem não conhece as traições, perfídias, apropriações de heranças pelas quais essa família de cabos de esquadra que traz o nome Hohenzollern tornou-se grande?

Sabe-se como o assim chamado "grande eleitor" (como se um "eleitor" jamais pudesse ser "grande"!) cometeu a primeira traição à Polônia, passando subitamente, de aliado da Polônia contra a Suécia, para o lado dos suecos, a fim de saquear melhor a Polônia na paz de Oliva.[2]

É conhecida a figura insípida de Frederico I, a grosseria brutal de Frederico Guilherme I.

Sabe-se como Frederico II, o inventor do despotismo patriarcal, o amigo do Iluminismo por meio do porrete, leiloou seu país pelo melhor preço aos *entrepreneurs*[3] franceses; sabemos como se aliou à Rússia e à Áustria para perpetrar um saque da Polônia[4] que ainda hoje, depois da revolução de 1848, permanece uma mácula indelével na história alemã.

---

[1] Heine, *O Monstro* (*Ein Kind mit grossen Kürbiskopf,/Mit langem Schnurrbart, greisem Zopf,/Mit spinnig langen, doch starken Ärmchen,/Mit Riesenmagen, doch kurzen Gedärmchen,/Ein Wechselbalg...*).

[2] A paz de Oliva foi concluída em 3 de maio de 1660 entre, de um lado, a Suécia, e de outro, Polônia, Áustria e Brandenburgo. O tratado de paz de Oliva endossava o tratado polonês-brandenburguês de Wehlau (19 de setembro de 1657), pelo qual a Polônia devia renunciar à suserania sobre a Prússia Oriental, pertencente ao príncipe eleitor de Brandenburg.

[3] Empresários.

[4] No ano de 1772 houve a primeira divisão da Polônia entre a Prússia, a Áustria e a Rússia.

Sabe-se como Frederico Guilherme II ajudou a consumar o saque da Polônia, como esbanjou com seus cortesãos os bens nacionais e da igreja roubados aos poloneses.

Sabe-se como, em 1792, ele ajustou uma coalizão com a Áustria e a Inglaterra para reprimir a gloriosa Revolução Francesa e invadir a França; sabe-se igualmente como seu "magnífico exército" foi expulso da França coberto de insultos e vergonha.

Sabe-se como ele então abandonou seus aliados e apressou-se a concluir a paz com a república francesa.[5]

Sabe-se como ele, que fingia entusiasmo pelo rei legítimo de França e Navarra, comprou barato da república francesa a coroa de diamantes do mesmo rei e, assim, lucrou com a infelicidade de seu "Dileto Irmão".

Sabe-se como ele, cuja vida inteira foi uma mistura autenticamente hohenzolleriana de voluptuosidade e misticismo, de lascívia senil e superstição infantil, calcou aos pés a liberdade de expressão no edito de Bischoffwerder.[6]

Sabe-se como seu sucessor, *Frederico Guilherme III*, o "Justo", traiu seus velhos aliados para Napoleão por Hannover, atirada a ele como isca.

Sabe-se como ele, logo depois, traiu Napoleão justamente para os mesmos antigos aliados, atacando, a soldo da Inglaterra e da Rússia, a Revolução Francesa encarnada na pessoa de Napoleão.

Sabe-se qual foi a consequência desse ataque: a inaudita derrota do "magnífico exército" em Jena,[7] a súbita irrupção da pitiríase moral em todo o corpo estatal prussiano, uma série de traições, infâmias e baixezas de funcionários prussianos, das quais Napoleão e seus generais se desviaram com repugnância.

Sabe-se como, em 1813, Frederico Guilherme III, com belas palavras e magníficos juramentos, levou o povo prussiano ao ponto de acreditar numa "guerra de libertação" contra os franceses, apesar de se tratar exclusivamente de aniquilar a Revolução Francesa e restabelecer a velha administração pela graça de Deus.

Sabe-se como as belas promessas foram esquecidas assim que a Santa Aliança conseguiu entrar em Paris, em 30 de março de 1814.

Sabe-se como, quando Napoleão retornou de Elba, o entusiasmo do povo já se havia novamente esfriado tanto, que o Hohenzollern precisou reacender o extinto ardor com a

---

[5] Em 1792, a França iniciou sua primeira guerra revolucionária contra a Áustria; logo a seguir a Prússia, e em 1793 também a Inglaterra, a Holanda e a Espanha entraram na guerra do lado da Áustria. Em 1795, a Prússia concluiu com a França, em Basel, uma paz em separado, saindo da coalizão e entregando à França, sob ressalva de futuros acordos, suas posses na margem esquerda do Reno.

[6] O "Edito referente à condição religiosa no Estado prussiano", de 9 de julho de 1788, e o "Edito de Censura", de 19 de dezembro de 1788, foram decretados por Frederico Guilherme II, instigado por seu conselheiro Bischoffwerder. Estes editos restringiam a liberdade de imprensa e de culto.

[7] Em 1792, 40 mil soldados prussianos e 15 mil austríacos, sob o comando do duque de Braunschweig, foram engajados em uma batalha contra a França revolucionária. Invadiram a Champagne, mas, depois do canhoneio inútil de Valmy, foram logo obrigados a uma retirada vergonhosa e com muitas perdas. A derrota aniquiladora do exército prussiano em Jena em 14 de outubro de 1806 expôs a corrupção da monarquia feudal dos Hohenzollern e levou à capitulação da Prússia à França napoleônica.

promessa de uma Constituição (Edito de 22 de maio de 1815 – 4 semanas antes da batalha de Waterloo).

Lembramo-nos das promessas da Lei Federal alemã e da Ata de Encerramento vienense:[8] liberdade de imprensa, Constituição etc.

Sabe-se como o "justo" Hohenzollern manteve sua palavra: Santa Aliança e Congressos para a repressão dos povos, resoluções de Karlsbad,[9] censura, despotismo policial, domínio da nobreza, arbítrio da burocracia, justiça de gabinete, perseguições aos demagogos, esbanjamento financeiro e nenhuma constituição.

Sabe-se que em 1820 garantiu-se ao povo que não haveria aumento dos impostos e da dívida pública,[10] e como o Hohenzollern manteve sua palavra: expansão da Seehandlung a um instituto secreto de crédito para o Estado.

Sabe-se como o Hohenzollern respondeu ao apelo do povo francês na Revolução de Julho: tropas em massa nas fronteiras, opressão de seu próprio povo, repressão do movimento nos pequenos estados alemães, por fim subjugação desses estados sob o chicote da Santa Aliança.

Sabe-se como o mesmo Hohenzollern violou a neutralidade na guerra russo-polonesa, autorizando os russos a passarem por seu território e assim chegarem à Polônia pela retaguarda, pondo à disposição deles os arsenais e depósitos prussianos, oferecendo um refúgio seguro na Prússia a todo corpo de exército russo derrotado.

Sabe-se que todo o esforço do sub-knyaz hohenzollerniano, em conformidade com os objetivos da Santa Aliança, foi dirigido à consolidação do domínio da nobreza, da burocracia e dos militares, ao esmagamento, com violência brutal, de toda liberdade de expressão, de toda influência da "limitada razão de súditos" sobre o governo, e ademais não somente na Prússia como também em todo o restante da Alemanha.

Sabe-se que raramente houve um período governamental em que tão louváveis intenções foram impostas com violência tão brutal como no tempo de Frederico Guilherme III, especialmente de 1815 a 1840. Nunca e em lugar nenhum houve tantas prisões e condenações, nunca as fortalezas estiveram tão cheias de presos políticos como sob este "justo" soberano. E no fim, pensando bem, que tolos inocentes eram esses demagogos!

---

[8] No Congresso de Viena, em 8 de junho de 1815, foi assinada a Lei Federal aprovada pela Confederação Alemã, cujo artigo 13 rezava: "Em todos os estados federados haverá uma constituição estamental nacional". As declarações da Lei Federal foram novamente aprovadas pela *Ata de Encerramento* do Congresso de Viena, de 9 de junho de 1815 (Ver "Ata de Encerramento do Congresso de Viena, de 9 de junho de 1815, e Ata Federal ou Tratado Fundamental da Confederação Alemã, de 8 de junho de 1815", editados por Johann Ludwig Klüber, 1818).

[9] Resoluções reacionárias, elaboradas na Conferência Ministerial dos estados confederados alemães em Karlsbad, em agosto de 1819, estabelecendo uma estrita censura prévia, rigorosa vigilância das universidades, proibição de organizações estudantis e a criação de uma Comissão Central de Inquérito para perseguição dos suspeitos de oposição (os assim chamados "demagogos"). O patrono dessas medidas policialescas foi o ministro do Exterior e mais tarde chanceler austríaco Metternich.

[10] O "Decreto sobre o tratamento futuro da dívida pública", de 17 de janeiro de 1820, determinava que o governo prussiano só tomaria empréstimos após consulta e garantia conjunta da futura assembleia estamental do Império e deveria anualmente prestar contas a ela da administração da dívida.

É preciso ainda falar também do Hohenzollern que, segundo o monge de Lehnin,[11] "será o último de sua linhagem"? É preciso falar do renascimento do esplendor germano--cristão e do ressurgimento da pálida miséria financeira, da Ordem de Schwan[12] e do Tribunal Superior de Censura, da Dieta Unificada e do Sínodo Geral, do "pedaço de papel" e da vã tentativa de emprestar dinheiro e de todas as demais conquistas da gloriosa época de 1840-1848? É preciso demonstrar com Hegel por que deve ser justamente um cômico aquele que encerra a série dos Hohenzollern?

Não será necessário. Os dados mencionados bastam para caracterizar plenamente o nome hohenzollerniano-prussiano. É verdade que o brilho desse nome foi por um momento atenuado; mas desde que a plêiade Manteuffel e consortes[13] cercou a Coroa, o velho esplendor se restabeleceu. Novamente a Prússia é um vice-reino sob a soberania russa; novamente o Hohenzollern é um sub-knyaz do autocrata de todas as Rússias e superknyaz sobre todos os pequenos boiardos da Saxônia, Baviera, Hessen-Homburg, Waldeck etc.; novamente a limitada razão de súditos foi restaurada em seu velho direito de cumprir ordens. "Meu magnífico exército", enquanto o próprio tsar ortodoxo não precisar dele, pode restabelecer na Saxônia, em Baden, em Hessen e no Palatinado a ordem dominante há 18 anos em Varsóvia, e, em sua própria terra e na Áustria, pode colar com o sangue dos súditos as Coroas rachadas. A palavra dada anteriormente em momento de medo e angústia da alma importa-nos tão pouco quanto nossos antepassados que jazem com Deus; e, assim que tivermos terminado em casa, marcharemos com fanfarras e bandeiras esvoaçantes contra a França e conquistaremos a terra onde a champanhe cresce, e destruiremos a grande Babel, a mãe de todos os pecados!

Eis os planos de nossos altos governantes; este é o porto seguro para o qual nosso nobre Hohenzollern navega. Por isso as outorgas e atos de violência acumulados, daí os repetidos pontapés na covarde Assembleia de Frankfurt; por isso os estados de sítio, as prisões e perseguições; por isso a invasão de Dresden e do sul da Alemanha pela soldadesca prussiana.

Mas há ainda um poder ao qual certamente os senhores em Sanssouci dão bem pouca atenção, mas que não obstante falará com voz atroadora. O *povo* – o povo que, em Paris como no Reno, na Silésia como na Áustria, espera rangendo de cólera o momento da insurreição e que, quem sabe quão rapidamente, dará a todos os Hohenzollern e a todos os sub e superknyazen o que merecem.

---

[11] Foi atribuído a um monge Hermann, que deve ter vivido por volta de 1300, no mosteiro Lehnin, em Potsdam, o assim chamado *Vaticínio Lehninense* ("Vaticinium Lehninense"). O poema lastima o advento do Hohenzollern e vaticina seu ocaso com a décima-primeira geração. Na época do declínio da Prússia, o escrito foi muito difundido.

[12] "Ordem de nossa amada senhora de Schwan": ordem de cavalaria religiosa medieval fundada em 1443 pelo príncipe eleitor Frederico II de Brandenburg; decaiu com a Reforma. Frederico Guilherme IV, que batalhava pelo renascimento do romantismo reacionário, tentou em vão renová-la em 1843.

[13] Participavam dessa constelação, além do ministro do Interior prussiano barão Otto Theodor von Manteuffel, o conde Friedrich Wilhelm von Brandenburg (primeiro ministro), Ludwig Simons (ministro da Justiça), Arnold von Rabe (ministro das Finanças), brigadeiro Karl Adolf von Strotha (ministro da Guerra), barão August von der Heydt (ministro do Comércio) e Adalbert von Ladenberg (ministros dos Assuntos Espirituais, Educacionais e de Saúde).

A nova Constituição prussiana

NGR, n. 297, 13/5/1849

Colônia, 12 de maio. Em novembro do ano passado, depois da dispersão dos representantes do povo, o membro de Potsdam da trindade abençoada por Deus e pelo estado de sítio[1] outorgou uma Constituição que deveria ser revista pelas Câmaras reunidas logo em seguida. Como é sabido, os novos representantes do povo foram surpreendidos por um destino semelhante ao dos antigos; uns foram expulsos pelas baionetas de Wrangel, os outros foram mandados para casa por um simples bilhetinho de dissolução de Manteuffel.[2] Por conseguinte, a revisão foi igualmente encerrada.

Assim o soberano germano-cristão e seus cúmplices, toda a tropa dos sitiadores, parasitas e vampiros do povo com antepassados e sem antepassados, estrelados e não estrelados, tinham conquistado terreno livre para plantar qualquer fruto que quisessem.

Em novembro do ano passado, a monarquia, a burocracia e os *junkers* ainda eram coagidos a várias declarações hipócritas e parágrafos constitucionais aparentemente muito liberais. Foi preciso elaborar a Constituição de novembro de tal modo que a numerosa parte *estúpida* do assim chamado "povo prussiano" se deixasse seduzir por ela.

Agora essas sutis considerações diplomáticas se tornaram supérfluas. O cunhado Nicolau já não tem 20 mil homens em solo alemão? Dresden não foi aniquilada? Não existe a mais íntima aliança com os covardes fugitivos de Königstein, com o Max imperial em Munique,[3] com o buldogue Ernst August de Hannover, com todo o bando da contrarrevolução dentro e fora da Alemanha?

---

[1] Os monarcas reacionários da Prússia, Rússia e Áustria.
[2] A maioria da Assembleia Nacional Prussiana, que, contrariamente à ordem de transferência para Brandenburg, reuniu-se novamente em Berlim, foi dispersada em 15 de novembro de 1848 pelas tropas do general Wrangel. A segunda Câmara foi dissolvida em 27 de abril de 1849, com base em um decreto do governo Brandenburg-Manteuffel sancionado pelo rei.
[3] Na fortaleza Königstein se escondeu o rei saxão Frederico Augusto II, que fugiu de Dresden durante a insurreição de maio de 1848. *Max imperial em Munique* – o rei bávaro Maximiliano II, que alguns deputados da Assembleia Nacional de Frankfurt tinham proposto como candidato a imperador alemão.

Ora bem, este momento foi utilizado pelo Hohenzollern da melhor maneira. Ele elaborou para seus "amados" súditos uma nova constituição e a sancionou e outorgou em 10 de maio em Charlottenburg.

A mais nova constituição real-prussiana, *a única honestamente pensada*, que, em face da constituição de novembro, tem também a vantagem de consistir em meros 17 parágrafos, diz o seguinte:[4]

---

[4] Na *Nova Gazeta Renana* segue-se, sob o título "Novíssima Constituição Prussiana", a íntegra do "Decreto sobre o Estado de Sítio", de 10 de maio de 1849.

A lei sanguinária em Düsseldorf

NGR, n. 297, 13/5/1849

Colônia, 12 de maio. A "nova Constituição",[1] a revogação das leis ordinárias e das cortes de justiça, e a concessão do privilégio de assassinato pelo soberano a "Meu magnífico exército" já entrou em vigor ontem em *Düsseldorf*.

Depois da derrota e do massacre do povo, o comandante pediu imediatamente instruções a Berlim. De Brandenburg-Manteuffel, cúmplices do senhor von Hohenzollern, chegou por telégrafo a ordem de proclamar a *lei sanguinária* e nomear tribunais de assassinato militares.

Segundo os artigos 2 e 6 do decreto militar, foi suspenso o direito de associação e revogados os artigos 5, 6, 7, 24, 25, 26, 27 e 28 da Carta-cachaça outorgada.

No ano passado, sob o cidadão e comunista Drigalski,[2] quando o estado de sítio foi promulgado, a imprensa de Düsseldorf foi posta sob *censura*, uma medida que provocou celeuma e indignação mesmo entre a maioria da frouxa sociedade ententista; hoje, depois das novas conquistas hohenzollernianas, quando o sub-knyaz de Potsdam tem a seu lado não uma Câmara, mas os narizes-arrebitados parentes dos cossacos, hoje não se fica mais satisfeito com a *censura*, procede-se simplesmente à *supressão* da imprensa.

Segundo o artigo 7, foram *proibidos* os jornais de Düsseldorf, assim como a *Nova Gazeta Renana* na área de Düsseldorf; segundo o artigo 8, nada mais pode ser publicado além dos "comunicados" oficiais.

Sob o domínio do sabre do cidadão e comunista Drigalski, as vítimas de prisões arbitrárias ao menos não foram privadas das leis ordinárias e seus juízes regulares. Hoje lei e tribunais estão suspensos e foram instituídos tribunais militares extraordinários homicidas:

Artigo 9. Quem por palavra, escrito, impresso ou representação pictórica incitar à resistência às determinações legais [!] das autoridades será enviado a uma corte marcial.

Artigo 10. Quem for apanhado em resistência aberta ou armada contra as *medidas* das autoridades legais, ou por um ato traidor causar perigo ou prejuízo às tropas *será sumariamente fuzilado, de acordo com a lei marcial*.

Os louros do cão assassino Windischgrätz não deixam o revigorado Hohenzollern dormir

---

[1] Ver "A nova constituição prussiana" e "A nova Carta-Lei Marcial".
[2] Ver "Drigalski, o legislador, cidadão e comunista".

O levante em Berg

NGR, n. 297, 13/5/1849

Colônia, 12 de maio. A atenção de toda a Renânia volta-se neste momento a Elberfeld, ao lugar que agora ergue mais alto "a bandeira da insurreição" do que qualquer outra cidade renana. A dissolução da Câmara deu o sinal para o movimento da usualmente tão pacífica Wuppertal. Os plebeíssimos "resmungões", os lastimáveis "hipócritas" confessaram que a reação ultrapassou todos os limites, e arrastados pelo entusiasmo daqueles bravos trabalhadores, de cuja energia nunca duvidamos, pegaram em armas e entraram para as fileiras daqueles heróis das barricadas decididos a lutar até a morte contra a monarquia.

Pelas notícias confusas que nos chegam do próprio campo de batalha, é impossível separar o verdadeiro do falso. Mas parece seguro que toda a população está em armas, que ruas e casas estão barricadas, que das localidades vizinhas – de Solingen, Remscheid, Gräfrath, das vilas da estrada Enneper, em resumo de todo o grão-ducado de Berg – chegam rapidamente reforços armados; que as pessoas já não mais se limitam à ocupação das cidades de Elberfeld e Barmen, mas estendem as medidas de defesa até os pontos mais importantes dos arredores.

Assegura-se que faz parte do plano dos combatentes apressar-se a levar ajuda a Düsseldorf para limpar essa cidade das tropas prussianas. A Landwehr, que agora, pela primeira vez, combate decididamente ao lado do povo, desempenha o papel principal nesse empreendimento. Não faltam munições e dinheiro aos combatentes, pois muitos dos mais ricos comerciantes abriram prontamente seus cofres. Assim, dizem que uma única casa comercial doou ao Comitê de Salvação Pública de Elberfeld 500 friedrichsdor.[1]

Sob estas circunstâncias naturalmente não é de se admirar que os mercenários da monarquia se preparem para atacar, para se possível esmagar o povo também em Berg e perpetrar as mesmas atrocidades cometidas em Breslau, Dresden, Erfurt etc. Esperamos que desta vez as coisas sejam diferentes.

A artilharia estacionada em Wesel será deslocada para Elberfeld. Dizem que o ataque foi marcado para a próxima segunda-feira.

Não podemos confirmar essas notícias. Mas quaisquer que sejam os planos da contrarrevolução, Elberfeld terá de travar uma batalha em que poderá realmente servir à pátria.

---

[1] Moeda de ouro prussiana; circulou entre 1741 e 1885.

Vileza venal da *Gazeta de Colônia*

NGR, n. 297, 13/5/1849, segunda edição

Colônia, 13 de maio. Chamamos a atenção de nossos leitores para os últimos números da *Gazeta de Colônia*, especialmente para o jornal de hoje, domingo, 13 de maio.

Provavelmente nunca andaram tão irmanadas a *"mais vulgar simplicidade"* e a *vileza venal* como nos últimos editoriais e correspondências de nossa excelente contemporânea.

Ainda há poucos dias vimos o *proprietário da Gazeta de Colônia, o sr. Joseph Dumont*, no Congresso dos Conselhos Municipais Renanos, levantar-se rapidamente a favor das decisões tomadas. Hoje vemos o mesmo homem, por intermédio de seu servo Brüggemann, manifestar em cada linha a mais brutal satisfação com o fracasso das insurreições que resultaram justamente daquelas decisões dos Conselhos Municipais renanos.

Mas, em contrapartida, a *Gazeta de Colônia* tem também a boa sorte de ser o único periódico *outorgado* às cidades renanas junto ao estado de sítio.

Realmente, a estas cidades foram outorgados simultaneamente *sangue e* imundície.

A *Gazeta da Cruz*

NGR, n. 299, 16/5/1849

Colônia, 15 de maio. O jornaleco patibular prussiano nos proporcionou o especial prazer de compilar uma antologia de expressões impatrióticas publicadas na *N[ova] G[azeta] R[enana]* sobre o "sub-knyaz russo-imperial de Olmütz" e a "cavalaria de percevejos prussiana". A seleção limita-se a uma correspondência de Breslau e é acompanhada ao final da seguinte explosão de indignação do secreto e frívolo cruzado:

"Diante desta *insolência de Chimborasso*, quão frouxo é o anúncio do casamento do rei da Prússia no *Moniteur* francês de 1793: '*Le jeune tyran de Prusse vient d'épouser une demoiselle de Mecklenbourg*'!"[1]

Para completar, na medida do possível, a história da "insolência de Chimborasso" da *N[ova] G[azeta] R[enana]*, pedimos ao jornaleco patibular o obséquio de publicar também o *Premier-Cologne*[2] do número 294 de nosso jornal, "As façanhas da casa Hohenzollern". Ouvimos dizer que a sra. von Hohenzollern é uma assídua leitora do jornaleco patibular, e não somos tão completamente "exclusivistas" a ponto de nos recusarmos a proporcionar à digna dama, para sua distração, alguns estudos históricos sobre a família de seu esposo.

---

[1] O jovem tirano da Prússia acaba de se casar com uma senhorita [Luise] von Mecklenburg!
[2] Editorial de Colônia.

A nova Carta-Lei Marcial

NGR, n. 299, 16/5/1849

Colônia, 15 de maio. Já tivemos oportunidade de noticiar os mais recentes desígnios paternais do sub-knyaz de Potsdam para seus súditos "hereditários", adquiridos por roubo e tráfico de pessoas. Referimo-nos à nova *Carta-Lei Marcial outorgada*,[1] esta única promessa verdadeira entre todas as de Hohenzollern, na qual o esplendor prussiano finalmente se revelou mesmo aos mais néscios crédulos, em sua mais manifesta nudez, despido de seu último ouropel hipócrita de comediante.

A dissolução da inofensiva Câmara de Berlim, que devia *"revisar"* a Constituição outorgada de 5 de dezembro, foi, como se sabe, apenas a preparação necessária para a invasão do território alemão pelos russos. Mas a entente dos *baschkires* de Potsdam com os parentes cossacos narizes-de-cachorro do tsar ortodoxo tinha ainda um outro objetivo além da célebre expedição da trindade contra a Hungria, na qual a Prússia, de acordo com sua natureza pérfida e covarde, ficou à porta como um beleguim com ordem de captura, enquanto dentro os carrascos austríacos e russos perpetravam a chacina. O verdadeiro objetivo desse pacto hohenzollerniano era insuflar nos heróis de Potsdam, por meio da invasão dos russos, a necessária **coragem** para *se vingar* da revolução pela *confissão de covardia* que ela lhe extorquiu **em março do ano passado**.

Para demonstrar a *covardia* intrínseca e natural aos Hohenzollern de todos os tempos não é necessário fazer nenhum excurso histórico, e talvez nem remontar aos antepassados deste nobre clã, que espreitavam os viajantes desarmados por trás de arbustos e moitas e assim, na condição de salteadores, assentaram a pedra fundamental do "esplendor da dinastia". Nem é preciso recordar a afamada campanha de Frederico Guilherme II contra a república francesa, na qual o grande Hohenzollern primeiro fugiu e traiu as "tropas imperiais" alemãs para pôr em prática, com a Rússia, o novo saque da Polônia; é ainda menos necessário falar do lastimável papel desempenhado por seu sucessor, Frederico Guilherme III, nas guerras imperiais, antes de jogar "Seu povo" na batalha por meio de promessas mentirosas. A história das "conquistas de março" foi apenas a continuação das velhas covardia e perfídia "hereditárias". A primeira concessão da *covardia* à revolução foi a

---

[1] Ver "A nova constituição prussiana".

Assembleia Ententista, que substituiu a célebre fanfarronice sobre o "pedaço de papel"; ela foi dissolvida quando a queda de Viena deu ao revigorado Hohenzollern coragem bastante para isso. A constituição outorgada com a Câmara "revisora" foi a segunda hipocrisia covarde, pois naquela época a "vigorosa coroa" ainda considerava necessárias algumas concessões liberais. A Câmara foi dispensada quando a conspiração com o imperador e senhor russo chegara à ansiada conclusão. Mas somente a *efetiva* invasão do território alemão pelos russos, a *segura* proximidade dos cossacos protetores deu ao Hohenzollern a coragem para realizar o último plano: supressão das últimas "garantias constitucionais" hipócritas pela mais ilimitada, mais arbitrária ditadura do sabre, suspensão das velhas leis e tribunais, inclusive as anteriores a março, vingança da revolução com "pólvora e sangue" pela covardia hohenzolleriana proclamada nas concessões de março.

Eis a origem histórica da nova constituição-lei marcial outorgada. Vejamos agora seu conteúdo.

Segundo os artigos 1 e 2, "para o caso de uma insurreição" não somente todo comandante de fortaleza pode declarar sua fortaleza em estado de sítio, como também todo "general comandante" pode fazê-lo para *todo o distrito do corpo de exército*.

"Para o caso de uma insurreição", *c'est à dire*,[2] quando o comandante ou general considerar adequado prever o "caso de uma insurreição". Ou os ministros hohenzollernianos, em cujos exercícios de estilo, à falta de conhecimentos gramaticais, predomina a mais estranha prolixidade, quiseram dizer: "No caso de uma insurreição"? A interpretação ficará a critério do experimentado juízo de generais e comandantes.

"Para o caso de uma insurreição", pois o comandante pode declarar sua fortaleza, e o general comandante toda uma província, em estado de sítio. As fronteiras desse "caso" não são determinadas. Se o "caso de insurreição" deve se verificar precisamente no interior de uma fortaleza ou província ou basta que ameace de maior ou menor distância a fortaleza ou província – essa decisão caberá também ao "tato" dos generais e comandantes. E o "tato" é, segundo a grave expressão do tenente-general Tietzen, o primeiro requisito de um oficial prussiano.

No entanto, o poder do general "para o caso de uma insurreição" foi, por outro lado, restringido de modo muito peculiar no interesse de todo entusiasta do terreno do direito. Apenas "para o caso de uma guerra" os generais e comandantes podem declarar *autonomamente* as províncias e fortalezas em estado de sítio. Mas, "para o caso de uma insurreição", declara o artigo 2 da nova Carta, a promulgação do estado de sítio emana do ministério; "para este caso", o comandante e o general terão permissão de declarar sua fortaleza ou província em estado de sítio apenas *provisoriamente*, ressalvada a aprovação ou [!] recusa pelo ministério. Bela segurança para os súditos ameaçados de insurreição! Não temos ministros "responsáveis"? O "terreno do direito" não está salvo pelo caráter meramente "provisório" da ditadura dos comandantes e generais, pela existência de uma

---

[2] Isto é.

última instância na pessoa dos ministros "responsáveis"? Esse poder "provisório" concede, ademais, ao comandante ou general, segundo os artigos 7 e 13, o direito de suspender *provisoriamente os tribunais* ordinários, instituir *provisoriamente* cortes marciais, as quais, então, podem condenar *provisoriamente* à morte (artigo 8), e executar *provisoriamente* a sentença de morte no prazo de 24 horas (artigo 13, §7) – mas o "terreno do direito" continua salvo pela aprovação final dos ministros "responsáveis", e viva o terreno do direito! Nosso único desejo íntimo é que as primeiras execuções *provisórias* em nome de Deus e de S. Majestade o sub-knyaz germano-cristão sejam testadas nos defensores do terreno do direito.

NGR, n. 300, 17/5/1849

Colônia, 16 de maio. Cervantes conta em algum lugar a história de um bravo aguazil e seu escrivão, que, em defesa da moral pública, sustentavam duas mulheres de reputação mais que duvidosa.[3] Essas simpáticas ninfas desfilavam nas grandes quermesses ou outras ocasiões festivas em trajes que já de longe permitiam reconhecer o pássaro por sua plumagem. Se agarravam algum forasteiro, sabiam como avisar imediatamente seus namorados para qual taberna iriam; então o aguazil e seu escrivão irrompiam ali, para grande susto das mulheres, bancavam os ciumentos e só deixavam escapar os estranhos depois de muitas súplicas e mediante pagamento de uma adequada compensação em dinheiro. Desta maneira, uniam suas próprias vantagens aos interesses da moral pública, pois os depenados cuidavam-se de tão brevemente seguirem de novo suas desonestas inclinações.

Como estes sentinelas da moral, os heróis prussianos da ordem têm um método simplificado de assegurar a tranquilidade normal sob a lei marcial. O envio estimulante de alguns pilares da justiça cheirando a cachaça, de alguns espadachins provocadores para o seio do povo e os desejos de insurreição que serão provocados por esse meio em qualquer vila ou cidade afastada facultarão a oportunidade de promulgar o estado de sítio e assim preservar *toda a província* de futuros movimentos ilícitos e despojá-la dos últimos resíduos de seus poderes constitucionais.

Segundo o artigo 5 da nova Carta-lei marcial, ao declarar o estado de sítio o "comandante militar" pode revogar *em nível distrital* os artigos 5-7 e 24-28 da última "conquista" outorgada em dezembro.

Vejamos o que resta se subtraimos das promessas de março os artigos excluídos pela nova Carta-lei marcial. "Para o caso de uma insurreição", segundo a vontade de um "comandante militar", são anulados, portanto:

Artigo 5 da constituição de dezembro: "É garantida a *liberdade pessoal*".

Artigo 6: "O domicílio é inviolável".

---

[3] Cervantes, *Novelas Exemplares*, "Diálogo dos Cães".

Artigo 7: "Ninguém pode ser privado de seu juiz *legal*".

Artigo 24: "Todo prussiano tem o direito etc., de expressar livremente seus *pensamentos*".

Artigo 25: "Crimes cometidos por palavra, escrito etc. devem ser punidos segundo o código penal *ordinário*".

Artigo 26: "Se o autor de um impresso é conhecido e estiver ao alcance do poder judiciário, *não* serão *punidos* impressores, editores e distribuidores".

Artigo 27: "Todos os prussianos estão autorizados a se reunir pacificamente e desarmados em *ambientes fechados*".

Artigo 28: "Todos os prussianos têm o direito de se reunir em *sociedades* para objetivos que não contrariem o código penal".

Assim que o comandante militar proclame o estado de sítio "para o caso de uma insurreição", a "liberdade pessoal" *não* está mais garantida, o domicílio *não* é mais inviolável, cessam de existir os tribunais "*legais*", a liberdade de imprensa, a defesa do impressor e o direito de associação, e mesmo as "*sociedades*" dos filisteus – cassinos e bailes –, cujo "objetivo não contraria o código penal", só podem existir *par grace de M. le commandant*,[4] mas de modo algum "por direito".

Ao mesmo tempo, decreta o artigo 4 da nova Carta-lei marcial que "com a declaração do estado de sítio" (*pur et simple*)[5] "o poder executivo é transferido ao comandante *militar* e as autoridades da administração civil e comunal devem *obedecer* as determinações e *instruções* do comandante militar".

Este parágrafo, portanto, felizmente revoga todas as formalidades administrativas e comunais habituais, e os asnos da obtusa e arrogante burocracia são atrelados como "lacaios cumpridores de *instruções*" à canga da ditadura militar soberana.

Os artigos 8 e 9 contêm as punições com as quais o vigoroso Hohenzollern pretende defender sua segurança e ordem, mesmo sob a proteção de baionetas e canhões. Em relação a todas as aborrecidas teorias ententistas do direito, este novo código penal tem ao menos o mérito da concisão.

"Artigo 8. Quem se tornar culpado, em uma localidade ou distrito sob estado de sítio, de incêndios criminosos premeditados, de provocar premeditadamente uma *inundação* (quanta precaução!) ou de atacar ou *resistir* violentamente e com armas perigosas *às forças armadas ou representantes das autoridades civis e militares* **será punido com a morte**."

"Resistência às forças armadas ou representantes das autoridades"! Conhecemos as façanhas de "Meu magnífico exército", sabemos como os bravos pomeranos, prussianos e polacos d'água que, no interesse da unidade, são tão zelosamente enxertados nas províncias ocidentais, seguindo o Altíssimo exemplo só hauriram sua coragem das circunstâncias, e depois do desarmamento dos cidadãos, como em Düsseldorf, Breslau, Posnânia, Berlim,

---

[4] Por obséquio do sr. comandante.
[5] Puro e simples.

Dresdem coroaram o estado de sítio com o assassinato de homens indefesos, mulheres e crianças. Os súditos "hereditários" do knyaz-baschkir de Potsdam têm, pois, sob o estado de sítio a muito apreciável liberdade de serem ou "legalmente" assassinados pelos corajosos executores da benevolência soberana ou fuzilados pela lei marcial por "resistência".

É preciso ainda falar das determinações do artigo 9, segundo o qual a divulgação de notícias que "confundam" as autoridades, a *violação* de uma "*proibição* decretada no interesse da segurança pública" etc. devem ser punidas com até um ano de prisão, e mesmo as mais comuns funções policiais e da guarda são daí em diante aperfeiçoadas conforme a lei marcial?

É preciso detalhar a covarde perfídia com a qual o soberano Hohenzollern e seus cúmplices Simons-von der Heydt-Manteuffel ordenaram a composição das cortes marciais militares por *três* "altos oficiais" e dois juízes civis a serem *nomeados* pelo comandante militar, a fim de preservar para o estúpido burguês a aparência de um procedimento "jurídico" e entretanto assegurar ao mesmo tempo a condenação pela superioridade numérica dos servos assassinos militares?

É preciso relatar as diversas determinações do artigo 13 sobre o "processo da corte marcial", que não refere em parte alguma a prova testemunhal, mas permite abertamente julgar, no sentido do cão assassino Windischgrätz, "*segundo a coincidência das circunstâncias*"?

E as determinações de que contra as sentenças da corte marcial não há qualquer recurso, de que as penas de morte serão confirmadas exclusivamente pelo "comandante militar" e executadas no prazo de 24 horas, de que finalmente, *mesmo depois da revogação do estado de sítio*, nos casos em que sentenças da corte marcial ainda não houverem sido executadas, os "tribunais ordinários" só poderão transformar as penas da lei marcial em penas legais, mas terão que "*considerar provado* o fato" e não poderão decidir sobre a validade ou invalidade da acusação?

É preciso, por fim, comentar o último e melhor artigo dessa nova Constituição fortalecida pelos cossacos, segundo o qual "*mesmo fora do estado de sítio*", portanto "**não** para o caso de uma insurreição", os artigos 5, 6, 24-28 da conquista de dezembro, a "liberdade pessoal", a "inviolabilidade do domicílio", a "liberdade de imprensa" e o "direito de associação" podem ser *revogados em nível distrital*?

Depois de todas essas maravilhas, é preciso felicitar de coração a todos os prussianos bem intencionados pelas novas promessas, as *únicas verdadeiras*, pela finalmente verdadeira eclosão da benevolência soberana graças à proximidade dos cossacos. Alegramo-nos sinceramente por esse sangrento castigo aplicado à alma burguesa louca por ordem e aos miseráveis patetas do terreno do direito.

Mas essa nova conquista logo fará transbordar a medida da vingança do povo contra uma raça mentirosa e covarde que flagela o país, e especialmente a Renânia não deixará passar a tão ansiada hora em que clamaremos: *Ça ira!*[6]

---

[6] Alusão à *Carmagnole*, canção revolucionária do período da Revolução Francesa.

A magra cavalaria
Vai partir agora
E o trago de despedida lhe será oferecido
De uma longa garrafa de ferro![7]

---

[7] Heine, *Alemanha. Um Conto de Inverno*, cap. VIII, versos 25-28 (*Die magere Ritterschaft/Wird nun von dannen reisen, /Und der Abschiedstrunk wird ihnen kredenzt/Aus langen Flaschen von Eisen!*).

[Novo pontapé prussiano na Assembleia de Frankfurt]

NGR, n. 299, 16/5/1849, suplemento extraordinário

Colônia, 15 de maio. Mal a Santa Aliança-Chicote nos havia outorgado uma novíssima constituição-estado de sítio para a Prússia, e já nos regala hoje com um segundo documento, não menos interessante. Aqueles poltrões da Assembleia Nacional de Frankfurt que, em seu radical filisteísmo, covardia e patetice ajudaram tão lealmente, durante um ano inteiro, os traidores pagos do povo alemão a trabalhar pela contrarrevolução colhem agora o que plantaram. Se fosse possível instilar alguma luz no juízo dos membros de nossa Assembleia Nacional, se seu peito pudesse se inflamar, não com a mera indignação cervejeira de março, mas ao menos com uma pequena porção de *indignação e energia revolucionárias*, tal seria o efeito do seguinte "Decreto Real" do sub-knyaz de Charlottenburg.

>Decreto Real
>
>Nós, Frederico Guilherme, pela graça de Deus rei da Prússia etc. etc. decretamos neste, por proposta de nosso Ministério, o que segue:
>
>§1. *O mandato dos deputados eleitos no Estado prussiano para a Assembleia Nacional, com base nas decisões da Confederação Germânica de 30 de março e 7 de abril de 1848 e Nosso decreto de 11 do mês passado, está extinto.*
>
>§2. *Os deputados tomarão ciência de Nosso decreto por meio de Nosso plenipotenciário em Frankfurt a. M. e com a instrução de se abster de toda participação nos próximos debates da Assembleia.*
>
>Em Charlottenburg, 14 de maio de 1849.
>Frederico Guilherme
>conde de Brandenburg – von Ladenberg – von Manteuffel – von Strotha – von der Heydt – von Rabe Simons

Aos trabalhadores de Colônia

NGR, n. 301, 19/5/1849

Nós os alertamos, finalmente, contra qualquer golpe em Colônia. Dada a situação militar de Colônia, vocês estariam irremediavelmente perdidos. Vocês viram como em Elberfeld a burguesia enviou os trabalhadores ao fogo e depois os traiu do modo mais vil. O estado de sítio em Colônia desmoralizaria toda a Renânia, e o estado de sítio seria a consequência necessária de qualquer insurreição de sua parte neste momento. Os prussianos ficarão frustrados com sua calma.

Na despedida, os redatores da *Nova Gazeta Renana* lhes agradecem pela simpatia que lhes foi demonstrada. Sua última palavra será sempre e em todos os lugares: *Emancipação da classe trabalhadora!*

A redação da *Nova Gazeta Renana*

[A supressão da *Nova Gazeta Renana* pela lei marcial]

NGR, n. 301, 19/5/1849

K. Marx

Colônia, 18 de maio. Há algum tempo foi feita por Berlim a uma autoridade local a exigência de impor novamente o estado de sítio em Colônia. Visava-se à supressão da *Nova Gazeta Renana* pela lei marcial, mas esbarrou-se com uma inesperada resistência. Mais tarde, o governo de Colônia dirigiu-se ao Parquet local visando alcançar o mesmo objetivo por meio de prisões arbitrárias. Fracassou diante do escrúpulo jurídico do Parquet, como já havia fracassado por duas vezes diante do saudável bom-senso dos jurados renanos. Nada mais restou senão recorrer a um *ardil policial*, e por agora seu objetivo foi alcançado. *A Nova Gazeta Renana cessa temporariamente de ser publicada*. Em 16 de maio foi comunicado a seu redator-chefe, Karl Marx, o seguinte papelucho oficial:

> Nas últimas edições [!] da *N[ova] G[azeta] R[enana]*, tornou-se cada vez mais pronunciado o incitamento ao desprezo do governo existente, à revolução violenta e à implantação da república social. Por essa razão, é cassado de seu redator-chefe, o Dr. *Karl Marx*, o *direito de hospitalidade* [!] que ele tão vergonhosamente ofendeu, e como ele não obteve autorização para prolongar sua permanência neste Estado, determina-se que o abandone num prazo de 24 horas. Caso não satisfaça voluntariamente essa exigência, será levado à força para além da fronteira.
>
> Colônia, 11 de maio de 1849.
Governo Real
Moeller
Ao Real Intendente Geral da Polícia, Sr. *Geiger*, nesta.

Para que essas frases afetadas, essas mentiras oficiais?

As últimas edições da *N[ova] G[azeta] R[enana]* não se diferenciam nem por uma vírgula, em tendência e linguagem, de suas primeiras "amostras". Nestas "primeiras edições" diz-se, entre outras coisas: "O projeto do sr. Hüser é somente uma parte do grande plano da reação berlinense, que aspira a... entregar-nos indefesos... às mãos do exército".[1]

Eh bien, messieurs, qu'en dites vous maintenant?[2]

---

[1] Ver "Hüser".
[2] E então, meus senhores, o que dizem agora?

Quanto à nossa tendência, o governo a desconhecia? Não declaramos perante os jurados que agora seria *"tarefa da imprensa minar todos os fundamentos do existente"*?[3] Especificamente sobre o sub-knyaz hohenzollerniano, lê-se no número de 19 de outubro de 1848:

> O rei é consequente. Teria sido sempre consequente se as jornadas de março não tivessem, por infelicidade, empurrado um funesto pedaço de papel entre Sua Majestade e o povo. Nesse momento Sua Majestade parece acreditar novamente, como antes das jornadas de março, nos '*pés de ferro*' do eslavismo. O povo de Viena talvez seja o feiticeiro que transformará o ferro em barro.[4]

Est-ce clair, messieurs?[5]

E a *"república social"*, acaso só a proclamamos nas "últimas edições" da *Nova Gazeta Renana*?

Para os obtusos que não viram, em toda a nossa avaliação e apresentação do movimento europeu, o fio *"vermelho"* entretecido – não lhes falamos com palavras francas, inconfundíveis?

> Assim como (dizia-se no número da *N[ova] G[azeta] R[enana]* de 7 de novembro) assim como a contrarrevolução viveu em toda a Europa pelas *armas*, ela morreria em toda a Europa pelo *dinheiro*. O fado que cassaria a vitória seria a *bancarrota* europeia, a *bancarrota do Estado*. As pontas das baionetas quebram-se como pavios macios nos escolhos 'econômicos'. Mas o desenvolvimento não espera o dia do vencimento da letra de câmbio que os Estados europeus sacaram contra a nova sociedade europeia.
>
> Em *Paris* o contragolpe que aniquilou a Revolução de Junho será vencido. Com a vitória da república '*vermelha*' em Paris os *exércitos* serão lançados do *interior* dos países para as fronteiras, e o *poder efetivo* dos partidos em luta se revelará claramente. Então nos lembraremos de junho, de outubro, e também nós bradaremos:
>
> Vae victis!
>
> A inútil carnificina desde as Jornadas de Junho e outubro, o enfadonho ritual de sacrifício desde fevereiro e março, o canibalismo da própria contrarrevolução convencerão o povo de que só há um meio de *abreviar*, simplificar, concentrar as terríveis dores da agonia da velha sociedade e as sangrentas dores do parto da nova sociedade, apenas *um meio – o terrorismo revolucionário*.[6]

Est-ce clair, messieurs?

Desde o início consideramos supérfluo ocultar nossa posição. Em uma polêmica com o Parket local, afirmamos: *"A verdadeira oposição da N[ova] G[azeta] R[enana] só começa na república tricolor"*.[7]

---

[3] Ver "O primeiro processo de imprensa contra a *Nova Gazeta Renana*".
[4] Ver "Resposta do rei da Prússia à delegação da Assembleia Nacional".
[5] Está claro, meus senhores?
[6] Ver "Vitória da contrarrevolução em Viena".
[7] Ver "O procurador público 'Hecker' e a *Nova Gazeta Renana*".

E falávamos então com o Parquet. Resumimos o velho ano de 1848 (cf. edição de 31 de dez. de 1848) com as seguintes palavras:

> A história da burguesia prussiana, como em geral da burguesia alemã de março a dezembro, demonstra que na Alemanha uma *revolução* puramente *burguesa* e a fundação da *sociedade burguesa* sob a forma da *monarquia constitucional* é impossível, que só é possível a contrarrevolução absolutista-feudal ou a *revolução social-republicana*.[8]

Então, apenas nas "últimas edições" da *N[ova] G[azeta] R[enana]* nossa tendência social-republicana avançou inconfundivelmente? Não lestes nosso artigo sobre a *Revolução de Junho*, e *a alma da Revolução de Junho não era a alma de nosso jornal?*

Para que, pois, vossas frases hipócritas, em busca de um pretexto impossível de encontrar?

Nós somos desrespeitosos, não exigimos de vós nenhum respeito. Quando chegar nossa vez, não disfarçaremos o terrorismo. Mas os *terroristas monárquicos*, os terroristas pela graça de Deus e do direito, na prática são brutais, abjetos, vulgares, na teoria covardes, dissimulados, hipócritas, nos dois casos *infames*.

O papelucho do governo prussiano é tolo a ponto de falar em um "*direito de hospitalidade vergonhosamente ofendido*" pelo redator-chefe da *N[ova] G[azeta] R[enana]*, Karl Marx.

O direito de hospitalidade que os arrogantes invasores, os russos da linha de frente (borussos) outorgaram *a nós, renanos*, em nossa própria terra foi com certeza "vergonhosamente" ofendido pela *N[ova] G[azeta] R[enana]*. Acreditamos merecer por isso o agradecimento da Renânia. Salvamos a honra revolucionária de nossa terra natal. Futuramente só a *Nova Gazeta Prussiana* desfrutará do pleno direito de cidadania na Renânia.

Como despedida, recordamos a nossos leitores as palavras de nosso primeiro número de janeiro:

"*Insurreição revolucionária da classe trabalhadora francesa, guerra mundial – eis o sentido do ano de 1849*".[9]

E no oriente um exército revolucionário composto de combatentes de todas as nacionalidades já enfrenta a velha Europa representada e coalizionada no exército russo, de Paris já ameaça a "república vermelha"!

---

[8] Ver "A burguesia e a contrarrevolução".
[9] Ver "O movimento revolucionário".

["Ao meu povo"]

NGR, n. 301, 19/5/1849

Colônia, 18 de maio. "Ao meu povo!".[1] Não ao "Meu magnífico exército!". Por acaso os russos foram vencidos? O vento mudou e o "vigoroso" criado da Rússia jogou mais uma vez o boné militar, como em março do ano passado? Os sitiados "súditos fiéis" estão novamente em plena rebelião?

Quando, em 1813, o velho "rei de saudosa memória" hauriu do *avanço dos cossacos* a necessária coragem para deixar para trás seu lastimável papel de covarde e os castigos sangrentos do império revolucionário, foram então em primeiro lugar as promessas mentirosas de um *"Apelo a meu povo"* que, apesar de cossacos, *baschkires* e do "magnífico exército" famoso pelas batalhas de Jena, de Magdeburgo, da rendição de Küstrin a 150 franceses, conseguiram pôr em movimento a cruzada da Santa Aliança contra os partidários da Revolução Francesa. E agora? O revigorado Hohenzollern não hauriu da invasão do território alemão pelos cossacos a necessária coragem para renunciar a seu papel de covarde do pós-março, para suprimir o "pedaço de papel imiscuído entre ele e seu povo" pela revolução? "Meu magnífico exército" não se vingou da revolução em Dresden, Breslau, Posnânia, Berlim e no Reno com a valente carnificina de inválidos, mulheres e crianças com granadas e a pedra infernal?

As últimas concessões da covardia a março – extinção da censura, direito de associação, armamento do povo – não foram novamente abolidas *"mesmo fora do estado de sítio"* pela recém-outorgada Carta-lei marcial?[2]

Não, o filho do herói de Jena e Magdeburgo continua não se sentindo seguro o bastante, apesar das alianças cossacas, apesar dos privilégios de assassinato e lei marcial concedidos à "magnífica" matilha desenfreada de soldados. *A vigorosa Coroa tem medo*, apela "Ao meu povo", "sente-se forçada" a dirigir ainda um pedido de socorro e apoio contra "inimigos internos e externos" ao *"povo"* espezinhado, sitiado, fuzilado em massa.

---

[1] Apelo de Frederico Guilherme IV de 15 de maio de 1849, publicado no "Diário Oficial Prussiano", n. 133, de 16 de maio de 1849.

[2] Ver "A nova constituição prussiana" e "A nova Carta-Lei Marcial".

A Prússia foi convocada, numa época tão difícil, a proteger a Alemanha contra inimigos internos e externos. Por isso conclamo já agora Meu Povo às armas. Trata-se de restabelecer a ordem e a lei em nosso estado e nos demais estados alemães que demandarem nossa ajuda; trata-se de fundar a unidade alemã, resguardar sua liberdade do domínio do terror de um partido que quer sacrificar civilização, honra e lealdade a suas paixões, um partido que conseguiu lançar uma teia de ilusão e delírio sobre uma parte do povo.

"Eis o núcleo da alocução real", brada o imundo agente policial Dumont,[3] e a venal claque policial de Dumont encontrou de fato o "núcleo" correto.

Os "inimigos externos"! É o "partido do terror", o partido que aterroriza o bravo Hohenzollern, que exige nossa intervenção nos "*demais estados **alemães***". O povo da Renânia, Silésia, Saxônia é conclamado, "em nome da *unidade* alemã", a liquidar os movimentos revolucionários no exterior *alemão*, Baden, Baviera, Saxônia! E com este objetivo foram repetidas as iscas com que o Hohenzollern alegrou o povo em 1813, foi empenhada novamente a comprovada "palavra real", prometendo ao "povo" um reconhecimento emasculado da Assembleia de Frankfurt e prometendo a "proteção do direito e da liberdade" contra o "ateísmo". "Eu e Minha Casa queremos servir ao Senhor".[4] O empenho comprovado de uma "palavra real hohenzolleriana" não vale uma cruzada contra o "partido que aterroriza a Coroa que tanto promete"?

Só por isso o poderoso sub-knyaz russo-imperial chamou de volta os deputados prussianos de Frankfurt, para agora, segundo suas promessas de março, se postarem "à frente da Alemanha". A Assembleia Ententista e a Câmara outorgada foram dissolvidas por uma única razão, o "pedaço de papel" foi substituído pela constituição-lei marcial e pelas cortes homicidas militares por uma única razão: garantir ao povo a "proteção do direito e da liberdade"!

E a liberdade de imprensa é suprimida, em Erfurt a imprensa é submetida à censura, os jornais são expressamente proibidos em toda a Posnânia, em Breslau, nas cidades provinciais silesianas, e em Berlim até mesmo a *Gazeta Nacional*; em Düsseldorf a censura é reintroduzida *de jure*, *de facto* a imprensa é totalmente suprimida (jornais de Düsseldorf, *Nova Gazeta Renana* etc.), e finalmente são outorgadas aos "livres" súditos apenas a imunda cloaca policial da *Gazeta de Colônia* e o jornaleco patibular de Berlim, tudo para que não reste a menor dúvida sobre o valor da "palavra real"!

E de fato é válida a palavra do Hohenzollern de que o povo veste o uniforme para fortalecer a coragem real e para, de acordo com a lei da Landwehr, arranjar mensalmente para suas viúvas um táler da esmola real, "para proteção contra a mendicância".

---

[3] *Gazeta de Colônia* n. 118, de 18 de maio de 1849.
[4] Da fala do trono de Frederico Guilherme IV, na abertura da primeira Dieta Unificada em 11 de abril de 1847 (ver "A Primeira Dieta Unificada em Berlim, 1847", primeira parte).

ANEXOS

Reivindicações do Partido Comunista na Alemanha

"Proletários de todos os países, uni-vos!"

1. Toda a Alemanha será declarada uma república una e indivisível.
2. Todo alemão de 21 anos de idade será eleitor e elegível, desde que não tenha sofrido nenhuma condenação criminal.
3. Os representantes do povo serão remunerados, a fim de que também o trabalhador possa tomar assento no parlamento do povo alemão.
4. Armamento geral do povo. No futuro os exércitos serão, ao mesmo tempo, exércitos de trabalhadores, assim o exército não apenas consumirá como antes, mas sim produzirá mais ainda do que o montante dos seus custos de manutenção. Isso é, além de tudo, um meio para a organização do trabalho.
5. A administração da justiça será gratuita.
6. Todos os encargos feudais, todos os tributos, corveias, dízimos etc., que até agora têm pesado sobre a população rural, serão abolidos sem qualquer indenização.
7. As terras dos príncipes e as outras propriedades feudais da terra, todas as minas, jazidas etc. serão transformadas em propriedade do Estado. Nessas propriedades rurais será praticada a agricultura em larga escala e com os meios auxiliares mais modernos da ciência em proveito da coletividade.
8. As hipotecas sobre terras camponesas serão declaradas propriedades do Estado. Os juros dessas hipotecas serão pagos pelos camponeses ao Estado.
9. Nas regiões onde o sistema de arrendamento é desenvolvido, a renda da terra ou o arrendamento será pago ao Estado na forma de imposto. Todas as medidas indicadas nos itens 6, 7, 8 e 9 serão adotadas para reduzir os encargos públicos ou de outra espécie dos camponeses e pequenos arrendatários, sem restringir os meios necessários para suprir os custos estatais e sem pôr em perigo a própria produção. O verdadeiro e específico proprietário de terras, que não é nem camponês nem arrendatário, não toma parte de modo algum na produção. Seu consumo é, por isso, um mero abuso.
10. Todos os bancos privados serão substituídos por um banco estatal, cujo papel-moeda terá curso legal. Essa medida permitirá regular o crédito no interesse de

todo o povo, minando com isso o domínio dos grandes magnatas das finanças. A substituição gradual do ouro e da prata pelo papel moeda barateará o instrumento imprescindível do tráfico burguês, o meio geral de troca, e permitirá que o ouro e a prata sejam empregados no comércio exterior. Por fim, essa medida é necessária para vincular à revolução os interesses dos burgueses conservadores.

11. O Estado tomará em suas mãos todos os meios de transporte: ferrovias, canais, navios a vapor, estradas, correios etc. Serão transformados em propriedade do Estado e postos gratuitamente à disposição da classe privada de meios.
12. Na remuneração de todos os funcionários estatais não haverá nenhuma outra diferença do que esta: os funcionários *com* família, portanto com maiores necessidades, receberão também um salário maior que os restantes.
13. Completa separação entre Estado e igreja. Os sacerdotes de todas as confissões serão pagos exclusivamente pela sua comunidade voluntária.
14. Restrição do direito de herança.
15. Introdução de altos impostos progressivos e abolição dos impostos de consumo.
16. Construção de oficinas nacionais. O Estado garante a existência de todos os trabalhadores e provê os inaptos para o trabalho.
17. Educação geral e gratuita do povo.

É do interesse do proletariado alemão, da pequena burguesia e dos pequenos camponeses trabalhar com toda energia na positivação dessas medidas. Somente através de sua efetivação os milhões, que até agora são explorados na Alemanha por poucos, que procurarão continuar a mantê-los em opressão, podem atingir seus direitos e o poder que lhes pertence como produtores de todas as riquezas.

O Comitê:
Karl Marx, Karl Schapper, H. Bauer, F. Engels, J. Moll, W. Wolff

Salário

[A]
Já explicado:
1. Salário = preço da mercadoria.

Portanto, a determinação do salário em geral não difere da determinação geral dos preços.

Atividade humana = mercadoria.

A exteriorização da vida – a atividade vital aparece como mero meio; a existência dissociada dessa atividade, como finalidade.

2. Como mercadoria, o salário depende da concorrência, da oferta e da procura.
3. A própria oferta depende dos custos de produção, isto é, do tempo de trabalho necessário para produzir uma mercadoria.
4. Relação inversa entre lucro e salário. Antagonismo entre as classes cuja existência econômica são o lucro e o salário.
5. Luta por aumento ou diminuição do salário. Associações operárias.
6. Preço médio ou normal do trabalho; o mínimo, vale *só* para a classe dos trabalhadores, não para os indivíduos. Coalizão dos trabalhadores para manutenção do salário.
7. Influência sobre o salário da supressão dos impostos, direitos alfandegários, diminuição do exército etc. Em média, o mínimo é determinado = preço dos meios de subsistência necessários.

[B]
Aditamentos
   I. Atkinson
   1. *Handloomweavers*.[1] (Trabalham 15 horas por dia.) (Em torno de meio milhão.)

Sua *distress*,[2] condição inevitável do tipo de trabalho facilmente aprendido e constantemente exposto a ser suplantado por meios de produção mais baratos. Curta cessação da

---

[1] Tecelões manuais.
[2] Carência.

procura ante uma oferta tão grande gera a crise. A inutilização de um ramo de trabalho e o surgimento de outro gera *sofrimentos temporários*. Por exemplo, os tecelões manuais de algodão do distrito de Dacca na Índia; passam fome ou retornam ao trabalho agrário graças à concorrência da maquinaria inglesa. (Excerto do discurso do dr. Bowring na Câmara dos Comuns, julho de 1835.)[3]

(Utilizar esse exemplo sobre a passagem de um comércio a outro para o debate sobre o livre câmbio.)[4]
2. Dizer algo sobre a *teoria da população*.
3. Influência da divisão do trabalho alterada e ampliada sobre a determinação do salário.

II. Carlyle
1. Considerar não apenas a quantidade dos *wages*.[5] Oscila sua qualidade, determinada pelas flutuações.
2. Vantagem do salário, que doravante a necessidade, o interesse, o tráfico ata o trabalhador ao empregador. Nada mais de patriarcal, como na Idade Média.

Leis dos pobres, extermínio de ratos, *chargeable labourer*.[6]
3. A maior parte do trabalho não é *skilled labour*.[7]
4. Toda a teoria malthusiana e economista reduz-se a afirmar que depende do trabalhador diminuir a demanda, não tendo filhos.

III. MacCulloch

O salário que o trabalhador recebe equivale à taxa ordinária de lucro para o proprietário da máquina chamada *homem*, mais uma quantia para *to replace a wear und tear of the machines*[8] ou, o que é o mesmo, para pôr no lugar dos trabalhadores velhos e usados *new ones*.[9]

---

[3] O extrato do discurso de Bowring de 28 de julho de 1835, pronunciado na Câmara dos Comuns, foi publicado no livro de William Atkinson, *Principles of Political Economy...*, p. 36-38. O texto completo foi incluído na coleção *Hansard's Parliamentary Debates*, Terceira Série, v. XXIX.

[4] O extrato da intervenção de Bowring na Câmara dos Comuns foi utilizado por Marx em seu *Discurso sobre o problema do livre câmbio*, pronunciado em 9 de janeiro de 1848 em um comício público da Associação Democrática de Bruxelas.

[5] Salários.

[6] Marx alude à declaração de Carlyle a respeito das leis inglesas de assistência aos pobres: "Se os pobres se tornarem miseráveis, eles inevitavelmente perecerão aos milhares. Eis o segredo conhecido por todos os exterminadores de ratos: vedar as fendas dos celeiros, atormentar com contínuos miados, alarmes, disparar armadilhas – e seus 'trabalhadores que pesam sobre a sociedade' desaparecerão, serão eliminados. Um método ainda mais rápido é o arsênico; talvez seja mais humano..." (Th. Carlyle, *Chartism*, Londres, 1840, p. 17).

[7] Trabalho especializado.

[8] Repor o desgaste das máquinas.

[9] Novos. John Ramsay MacCulloch, *The Principles of Politica Economy*, p. 319.

IV. John Wade
1. "Se o objetivo é fazer do trabalhador uma máquina da qual possa ser extraída a máxima quantidade de trabalho em uma ocupação dada, não há via mais eficaz do que a divisão do trabalho".[10]
2. Uma redução do salário estimula o trabalhador ou a reduzir suas despesas, ou a aumentar sua produtividade, por exemplo em fábricas de máquinas (e em geral), trabalhando um número maior de horas, ou, no caso de trabalhadores artesanais, tecelões manuais etc., trabalhando mais no mesmo período. Mas como o salário se reduziu exatamente porque a demanda diminuiu, eles aumentam, portanto, a oferta em um momento desfavorável. Segue-se daí que seu salário cai ainda mais baixo, e então vêm os burgueses e dizem: "Se ao menos as pessoas quisessem trabalhar".
3. Lei absolutamente geral, a de que não pode haver *dois preços de mercado*, e de fato domina o preço de mercado *mais baixo* (para igual qualidade).

Sejam mil trabalhadores de igual qualificação; 50 sem pão; então o preço será determinado não pelos 950 empregados, mas pelos 50 desempregados.

Mas esta lei do *preço de mercado* pesa mais sobre a mercadoria trabalho do que sobre outras mercadorias, porque o trabalhador não pode deixar sua mercadoria no depósito, mas precisa vender sua atividade vital ou, à falta de meios de subsistência, morre.

A mercadoria vendável trabalho diferencia-se de outras mercadorias especificamente por sua *natureza efêmera*, pela impossibilidade de a *acumular* e porque a *oferta* não pode aumentar ou diminuir com a mesma facilidade de outros produtos.

A humanidade dos capitalistas consiste em comprar o máximo possível de trabalho pelo menor preço. Trabalhadores agrícolas recebem mais no verão do que no inverno, apesar de necessitarem de mais alimentos, combustível e roupas mais quentes no inverno.

4. Por exemplo, a abolição do *domingo* seria um puro prejuízo para o trabalhador. Os patrões procuram reduzir o salário mantendo seu valor nominal, mas, por exemplo, obrigando a trabalhar um quarto de hora a mais, diminuindo o período das refeições etc.
5. Salário determinado pelas modas, mudança das estações do ano e flutuações comerciais.[11]
6. Quando o trabalhador expulso pela máquina passa para outro ramo de trabalho, este é em geral *pior*. Ele jamais retorna a sua condição anterior.

A máquina e a divisão do trabalho põem trabalho mais barato no lugar do mais caro. Foram propostos aos trabalhadores:

---

[10] John Wade, *History of the Middle and Working Classes*, p. 125.
[11] John Wade escreve: "A quantidade de trabalho empregado varia em cada ramo industrial. Influenciam-na as mudanças das estações do ano, da moda ou as variações do comércio" (John Wade, *History of the Middle and Working Classes*, p. 252).

a) Caixas econômicas;
   b) Aprender todos os tipos de trabalho possíveis (de sorte que, havendo excesso de oferta de trabalhadores em um ramo, haveria imediatamente em todos);
8. Em períodos de estagnação:
   a) cessação de trabalho;
   b) redução de salário;
   c) mesmo salário; menos dias ocupados por semana.
9. Sobre as *combinations of trade*[12] é preciso assinalar:
a) As despesas do trabalhador (os custos). Invenção de máquinas em decorrência das coalizões. Nova divisão do trabalho. Rebaixamento dos salários. Transferência das fábricas para outros locais;
b) Se apesar de tudo fosse possível manter o salário tão elevado que o lucro caísse significativamente abaixo do lucro médio de outros países ou que o capital crescesse mais lentamente, a indústria de um país seria arruinada e os trabalhadores junto a seus senhores, e mais ainda.

Apesar de a redução de um imposto não favorecer os trabalhadores, seu aumento, ao contrário, os prejudica. A vantagem do aumento dos impostos em países burgueses desenvolvidos é que a classe dos pequenos camponeses e pequenos proprietários se arruína e é lançada à classe trabalhadora.

Influência sobre o salário dos irlandeses na Inglaterra e dos alemães na Alsácia.

V. Babbage
Trucksystem.[13]

VI. Andrew Ure[14]
Princípio geral da indústria moderna: substituir adultos por crianças, trabalhadores especializados por não especializados, homens por mulheres.
Nivelação dos salários. Característica principal da indústria moderna.

VII. Rossi[15]
O sr. *Rossi* considera:

---

[12] Associações de trabalhadores.

[13] Denomina-se *trucksystem* ao sistema de pagamento de salários em mercadorias. Babbage escreve acerca disso: "Onde os trabalhadores recebem seu salário em produtos ou são obrigados a comprar na loja do fabricante, são cometidas muitas injustiças contra eles, e a consequência é uma grande miséria". "Para o fabricante é demasiado grande a tentação de rebaixar o salário real mediante a repressão (elevando os preços das mercadorias em sua loja), sem rebaixar o salário nominal para contrarrestar isso" (Charles Babbage, *On the Economy of Machinery and Manufactures*, p. 304).

[14] Andrew Ure, *Philosophie des manufactures ou economie industrielle*, t. I, p. 33-35.

[15] Pellegrino Rossi, *Cours d'économie politique*, t. I, 369 ss.

O fabricante apenas adianta ao trabalhador sua parte no produto, porque este não pode esperar pela venda. Trata-se de uma especulação que não afeta diretamente o processo de produção. Se o próprio trabalhador pudesse se sustentar até a venda do produto, poderia reclamar mais tarde sua parte, como *associé*.[16]

Portanto, o salário não é um elemento constitutivo do produto, como o capital e a terra. É apenas um acidente, uma forma de nossa situação social. O salário não faz parte do capital.

O salário não é um fator imprescindível da produção. Em uma outra organização do trabalho, pode desaparecer.

VIII. Cherbuliez

> 1. O aumento do capital produtivo não acarreta necessariamente aumento do aprovisionamento para os trabalhadores. Matéria-prima e máquinas podem aumentar, e o aprovisionamento diminuir.
>
> O preço do trabalho depende: a) da quantidade absoluta do capital produtivo, b) da relação entre os diferentes elementos do capital, dois fatos sociais sobre os quais a vontade do trabalhador não pode exercer qualquer influência.
>
> 2. É menos o consumo absoluto do trabalhador do que seu consumo *relativo* que torna sua situação feliz ou infeliz. Além do consumo necessário, o *valor* de nossa fruição é *essencialmente relativo*.[17]

Quando falamos de queda ou aumento do salário, não podemos jamais perder de vista o conjunto do mercado mundial e a situação do trabalhador nas diversas regiões.

Tentativas igualitárias ou outras de determinação justa do salário.

O próprio mínimo de salário muda e diminui cada vez mais. Exemplo da aguardente.

IX. Bray

Caixas Econômicas.[18]

Tríplice máquina nas mãos do despotismo e do capital.
1. O dinheiro flui para o Banco Nacional, que lucra emprestando-o novamente aos capitalistas.
2. Grilhões dourados com os quais o governo submete grande parte da classe trabalhadora.
3. Por esse meio, novas armas são postas nas mãos dos capitalistas enquanto tais.

Quando o salário cai, nunca mais se eleva a seu antigo patamar; salário absoluto e salário relativo.

---

[16] Associado.
[17] Antoine-Elysée Cherbuliez, *Riche ou Pauvre*, p. 103-105, 109.
[18] John Francis Bray, *Labour's Wrong and Labour's Remedy*, p. 152 s.

[C]
   I. Qual o efeito do crescimento das forças produtivas sobre o salário? (cf. VI. 3)[19]
   Maquinaria: divisão do trabalho.
   O trabalho torna-se mais simples. Seus custos de produção, menores.
   Torna-se mais barato. A concorrência entre os trabalhadores aumenta.
   Passagem de um ramo de trabalho para outro. Ver a respeito o próprio dr. Bowring, no parlamento em 1835, em relação aos tecelões manuais de algodão no distrito de Dacca na Índia.
   O novo trabalho no qual o trabalhador é lançado – pior do que o anterior; mais subalterno. Substituição do trabalho de adultos pelo de crianças, de homens pelo de mulheres, de trabalhadores mais qualificados pelo de menos qualificados.
   Ou a jornada de trabalho aumenta ou o salário diminui.
   Concorrência entre os trabalhadores não só porque um se vende mais barato do que outro, mas porque um faz o trabalho de dois.
   A ampliação das forças produtivas em geral tem como consequências:
   a) A situação do trabalhador relativamente à do capitalista piora, e o valor das fruições é relativo. As próprias fruições são exclusivamente fruições sociais, relações, conexões.
   b) O trabalhador torna-se uma força produtiva cada vez mais unilateral, que no menor tempo possível produz o máximo possível. O trabalho especializado transforma-se cada vez mais em trabalho simples.
   c) O salário torna-se cada vez mais dependente do mercado mundial, a situação do trabalhador mais sujeita a flutuações.
   d) No capital produtivo, a parcela destinada às máquinas e matérias-primas cresce mais rapidamente do que a parte destinada ao aprovisionamento. O crescimento do capital produtivo não é, pois, acompanhado de crescimento similar da procura por trabalho.

   O salário depende:
   a) da massa do capital produtivo geral;
   b) da proporção entre suas partes constitutivas.

   Sobre ambas, o trabalhador não exerce qualquer influência.
   (Se não fosse pelas flutuações do salário, o trabalhador não tomaria parte absolutamente no desenvolvimento da civilização; permaneceria estacionário.)
   Na concorrência entre o trabalhador e a máquina, é preciso observar que os trabalhadores manuais (por exemplo, os tecelões manuais de algodão) sofrem ainda mais do que os que trabalham com máquinas, diretamente empregados na fábrica.

---

[19] Referência ao ponto 3, item VI.

Cada desenvolvimento de uma nova força produtiva é ao mesmo tempo uma arma contra o trabalhador. Por exemplo, todas as melhorias nos meios de comunicação fomentam a concorrência dos trabalhadores em diversos locais e convertem uma concorrência local em nacional etc.

O barateamento de todas as mercadorias, embora não seja o caso para os meios de subsistência mais imediatos, reveste o trabalhador de um conjunto de trapos, e sua miséria das cores da civilização.

I. Concorrência entre trabalhadores e empregadores
   a) Para determinar o salário relativo, é preciso notar que um táler para um trabalhador e *um* táler para *um* empregador não têm o mesmo valor. O trabalhador é obrigado a comprar tudo de pior qualidade e mais caro. Seu táler não comanda nem tantas nem tão boas mercadorias quanto o do empregador. O trabalhador é obrigado a ser um *esbanjador* e a comprar e vender contra todos os princípios econômicos. Precisamos acima de tudo notar que aqui temos em vista somente um lado, o *salário* mesmo. Mas a exploração do trabalhador recomeça assim que ele troca o preço de seu trabalho por outras mercadorias – merceeiro, penhorista, locador, *tout le monde l'exploite encore une fois*.[20]
   b) O empregador, comandando os meios de ocupação, comanda os meios de subsistência do trabalhador, isto é, sua vida depende daquele; assim como o próprio trabalhador reduz sua atividade vital a mero meio de existência.
   c) A mercadoria trabalho tem grandes desvantagens em relação a outras mercadorias. Na concorrência com os trabalhadores, para os capitalistas, trata-se apenas do lucro, para os trabalhadores trata-se da existência.

O trabalho é de natureza mais *evanescente* do que outras mercadorias. Não pode ser acumulado. A *oferta* não pode aumentar ou diminuir com a mesma facilidade que a de outras mercadorias.

   d) Sistema fabril. Legislação sobre a habitação. *Trucksystem*, pelo qual o empregador engana o trabalhador, aumentando o preço das mercadorias sem alterar o salário nominal.

II. Concorrência dos trabalhadores entre si
   a) Segundo uma lei econômica geral, não pode haver dois *preços de mercado*. De mil trabalhadores de igual qualificação, determinam o salário não os 950 empregados, e sim os 50 desempregados. Influência dos *irlandeses* na situação dos *trabalhadores ingleses* e dos alemães na situação dos trabalhadores alsacianos.
   b) Os trabalhadores concorrem entre si não apenas se oferecendo um mais barato do que o outro, mas realizando um o trabalho de dois.

---

[20] Todo mundo o explora mais uma vez.

Vantagem do trabalhador solteiro sobre o casado etc. Concorrência entre os trabalhadores do campo e das cidades.

III. Oscilações do salário
São ocasionadas:
1. Por mudanças nas modas.
2. Mudança das estações do ano.
3. Oscilações do comércio.

No caso de uma crise:

a) o trabalhador reduzirá suas despesas ou, (para) aumentar sua produtividade, ou trabalhará maior número de horas ou fabricará mais no mesmo período. Mas como seu salário diminuiu porque a procura por seu produto caiu, pioram ainda mais as relações desfavoráveis entre oferta e procura, e aí diz o burguês: Se ao menos as pessoas quisessem trabalhar! Em decorrência de seu excesso de trabalho, seu salário decai ainda mais baixo.

b) Em períodos de crise:

Desemprego pleno. Queda do salário. Manutenção do salário e redução dos dias de trabalho.[21]

c) Em todas as crises, o seguinte movimento cíclico em relação aos trabalhadores:

O empregador não pode empregar os trabalhadores porque não consegue vender seu produto. Não consegue vender seu produto porque não há nenhum comprador. Não há nenhum comprador porque os trabalhadores nada têm para trocar além de seu trabalho, e justamente por isso não podem trocar seu trabalho.

d) Quando se trata do aumento do salário, deve-se considerar que é preciso ter sempre em vista o mercado mundial e que o aumento do salário não é efetivo se trabalhadores em outros países ficaram sem pão.

I. Mínimo de salário

1. O salário diário que o trabalhador recebe é o lucro que sua máquina, seu corpo, rende ao proprietário. Inclui-se aí a quantia necessária para substituir o *wear und tear*[22] da máquina ou, o que é o mesmo, para substituir por novos os trabalhadores velhos, usados.

2. É inerente ao mínimo de salário que a abolição do domingo, por exemplo, seria uma pura perda para o trabalhador. Ele seria obrigado a ganhar seu salário em condições mais difíceis. Eis o espírito dos bravos filantropos que clamam contra o descanso dominical.

---

[21] Refere-se ao salário por peças (ver J. Wade, *op. cit.*, p. 267).
[22] O desgaste.

3. Apesar de o mínimo de salário ser determinado em média pelo preço dos meios de subsistência mais indispensáveis, é preciso no entanto observar:

Primeiro: que o mínimo é diferente nos diversos países, por exemplo as batatas na Irlanda.[23]

Segundo: não só isso. O próprio mínimo tem um movimento histórico e cai cada vez mais para seu nível absoluto mais baixo. Por exemplo, a aguardente. Primeiro destilada de borra de uva, depois de cereal, depois de álcool.

Contribuem para levar o salário ao nível realmente mais baixo do mínimo não apenas
1. o desenvolvimento geral da maquinaria de produção, divisão do trabalho, a concorrência crescente e livre de cadeias locais dos trabalhadores entre si, mas também
2. o crescimento dos impostos e o alto custo do orçamento estatal, pois, como vimos, apesar de a supressão de um imposto não favorecer o trabalhador, a imposição de um novo o prejudica, enquanto o mínimo de salário ainda não houver descido à sua última expressão possível, e o mesmo vale para todas as perturbações e dificuldades do tráfico burguês. Diga-se de passagem que o aumento dos impostos arruína os pequenos camponeses, pequenos burgueses e artesãos.

Exemplo – o pós-guerra de libertação. O progresso da indústria, que trouxe consigo produtos mais baratos e similares.

3. Esse mínimo tende a nivelar-se nos diferentes países.
4. Quando o salário diminui e mais tarde aumenta, jamais aumenta até seu patamar anterior.

Portanto, no curso de desenvolvimento o salário cai duplamente:

Primeiro: relativamente, em proporção ao desenvolvimento da riqueza geral.

Segundo: absolutamente, reduzindo-se cada vez mais a quantidade de mercadorias que o trabalhador recebe em troca.

5. No curso da grande indústria, o tempo converte-se cada vez mais em medida do valor das mercadorias, portanto também em medida do salário. Ao mesmo tempo, a produção da mercadoria trabalho torna-se cada vez mais barata e custa cada vez menos tempo de trabalho no curso da civilização.

O camponês ainda tem tempo livre e pode ganhar algo à parte. Mas a grande indústria (não a indústria manufatureira) abole essa [situação] patriarcal. Cada momento da vida, da existência do trabalhador é cada vez mais absorvido pelo tráfico.

(Agora ainda as seguintes partes:
4. Propostas para melhorar a situação dos trabalhadores. Malthus. Rossi etc. Proudhon. Weitling.

---

[23] Em seus extratos do livro de Carlyle, *Chartism*, há a seguinte passagem de Marx: "Na Irlanda, existe uma população trabalhadora de aproximadamente 7 milhões, cuja terça parte, como demonstram as estatísticas, se alimenta durante trinta semanas por ano insuficientemente de batatas, ainda que estas sejam de terceira categoria" (Thomas Carlyle, *Chartism*, p. 25).

5. Associações de trabalhadores.
6. Significado positivo do trabalho assalariado.)

I. Propostas para remediar
1. Uma das propostas prediletas é o sistema de *caixas econômicas.*

Não é preciso falar sobre a impossibilidade de economizar em que se encontra a maior parte da classe trabalhadora.

O objetivo – ao menos o sentido estritamente econômico das caixas econômicas – pretende ser: que os trabalhadores compensem, por sua própria prudência e clarividência, os períodos ruins para o trabalho com os bons, isto é, dividam seu salário pelo ciclo que o movimento industrial percorre, de tal modo que de fato jamais gastem mais do que o mínimo do salário indispensável para viver.

Mas vimos que não somente as oscilações do salário revolucionam justamente o trabalhador, mas também que, sem o aumento momentâneo do salário acima do mínimo, ele permanece excluído de todos os progressos da produção, da riqueza pública, da civilização, portanto de toda possibilidade de emancipação. Ele deve, assim, transformar a si mesmo numa máquina de calcular burguesa, fazer da sovinice um sistema e dar à miséria um caráter estacionário, conservador.

Abstraindo disso, o sistema das caixas econômicas é uma tríplice máquina do despotismo:

a) A caixa econômica é a cadeia dourada com a qual o governo ata uma grande parte da classe trabalhadora. Esta não apenas passa a ter interesse na manutenção das condições existentes. Não só se introduz uma cisão entre a parte da classe trabalhadora que participa da caixa econômica e a parte que não participa. Os trabalhadores entregam assim nas mãos de seus próprios inimigos armas para a conservação da organização existente da sociedade, que os subjuga.

b) O dinheiro flui para o Banco Nacional, este o empresta novamente aos capitalistas, e ambos dividem entre si o lucro e aumentam assim, com o dinheiro emprestado a eles pelo povo a juros ínfimos – que só se torna uma poderosa alavanca industrial justamente graças a essa centralização – seu capital, sua dominação direta sobre o povo.

2. Uma das outras propostas prediletas dos burgueses é a *educação*, especialmente a *educação industrial* multilateral.

A) Não vamos tratar da absurda contradição inerente ao fato de que a moderna indústria substitui cada vez mais o trabalho complexo pelo simples, que não exige nenhuma educação; não vamos chamar a atenção para o fato de que ela coloca cada vez mais crianças de sete anos manejando as máquinas e as transforma em fontes de renda não somente para a classe burguesa, mas também para seus próprios pais proletários; o sistema fabril frustra as leis escolares – exemplo, Prússia; também não vamos assinalar que a formação espiritual, se o trabalhador a tivesse, não tem nenhuma influência direta sobre seu salário, que a educação depende, em geral, das condições de vida e que o burguês [entende] por educação moral a inculcação dos princípios burgueses e finalmente que a classe burguesa nem dispõe dos meios, nem pretenderia empregá-los, caso os tivesse, para oferecer ao povo uma verdadeira educação.

Vamos nos limitar a salientar um ponto de vista puramente econômico.

B) O verdadeiro sentido da educação para os economistas filantropos é: cada trabalhador aprender o máximo possível de tipos de trabalho, de sorte que, quando for expulso de um ramo pela utilização de novas máquinas ou por uma divisão do trabalho modificada, possa mais facilmente encontrar colocação em outro.

Supondo que isso fosse possível:

As consequências seriam que, quando houvesse excesso de braços em um ramo de trabalho, esse excesso rapidamente se manifestaria em todos os outros ramos de trabalho, e mais ainda do que hoje a queda de salário em um âmbito imediatamente acarretaria uma queda geral do salário.

Além de a moderna indústria simplificar por toda parte o trabalho e torná-lo mais fácil de aprender, o aumento de salário em um ramo industrial rapidamente provocaria o afluxo dos trabalhadores para esse ramo industrial e a redução de salários assumiria mais ou menos imediatamente um caráter geral.

Naturalmente não vamos nos deter aqui nos numerosos pequenos paliativos preconizados pela burguesia. (Pauperismo).[24]

3. Mas trataremos de uma terceira proposta, que acarretou e acarreta cotidianamente consequências bastante importantes na prática – a *teoria malthusiana*.

Toda esta teoria, na medida em que temos de examiná-la aqui, se reduz ao seguinte:

a) O nível do salário depende da relação entre os braços que se oferecem e os braços que são demandados.

O salário pode aumentar de duas maneiras:

Ou quando o capital, que põe o trabalho em movimento, cresce tão rápido que a demanda por trabalhadores cresce mais rápido – em uma progressão mais acelerada – do que sua oferta.

Ou, segunda, se a população crescer tão lentamente que a concorrência entre os trabalhadores permanece débil, embora o capital produtivo não aumente rapidamente.

Sobre um dos lados da relação, sobre o crescimento do capital produtivo, vocês, trabalhadores, não podem exercer nenhuma influência.

Mas, ao contrário, podem influir sobre o outro lado.

Vocês podem reduzir a oferta entre os trabalhadores, isto é, a concorrência entre os trabalhadores, tendo o menor número possível de filhos.

---

[24] Inserido posteriormente por Marx.

Para revelar toda a tolice, abjeção e hipocrisia dessa doutrina, basta o seguinte:
b) (Acrescentar isto *ad* I: Qual o efeito do crescimento das forças produtivas sobre o salário?)

O salário aumenta quando aumenta a procura por trabalho. Essa procura aumenta quando aumenta o capital que põe o trabalho em movimento, isto é, quando o capital produtivo cresce.

A esse respeito é preciso fazer duas observações importantes:

Primeira: uma condição primordial para o aumento do salário é o crescimento do capital produtivo e um crescimento o mais rápido possível dele. A condição fundamental para os trabalhadores gozarem de uma situação suportável é, portanto, rebaixar cada vez mais sua situação em face da classe burguesa, ampliar tanto quanto possível o poder de seu inimigo – o capital. Isto é, eles só podem gozar de uma situação suportável sob a condição de engendrarem e fortalecerem o poder que lhes é hostil, sua própria antítese. Sob esta condição de criar este poder que lhes é hostil, afluem dele meios de ocupação, que os convertem novamente em uma parte do capital produtivo e na alavanca que o amplia e lhe imprime um movimento de crescimento acelerado.

Observe-se de passagem que, quando se compreende essa relação entre capital e trabalho, aparecem em todo seu ridículo todas as tentativas de mediação de Fourier e semelhantes.

Segunda: Depois de assim termos esclarecido em geral essa relação insana, acrescenta-se um segundo e ainda mais importante elemento.

A saber, o que significa: crescimento do capital produtivo e sob quais condições ele se verifica?

Crescimento do capital = acumulação e concentração do capital. Na mesma medida em que o capital se acumula e concentra, ele conduz:
– ao trabalho em uma escala ainda maior e em decorrência a uma nova divisão do trabalho, que simplifica ainda mais o trabalho;
– e à introdução da maquinaria em uma escala ainda maior e à introdução de novas máquinas.

O que significa, portanto, que na mesma medida em que o capital produtivo cresce: cresce a concorrência entre os trabalhadores, porque a divisão do trabalho se simplifica e cada ramo de trabalho é mais acessível a todos.

Além disso, a concorrência aumenta entre eles porque na mesma medida têm de concorrer com as máquinas e são privados de pão por elas. Ampliando cada vez mais a escala em que se produz; além disso, diminuindo cada vez mais os juros graças à concorrência entre os capitais oferecidos, a concentração e acumulação do capital produtivo acarretam em consequência, portanto:

os pequenos empresários industriais naufragam e não conseguem sustentar a concorrência com os grandes. Toda uma parte constitutiva da classe burguesa decai para a classe trabalhadora. A concorrência entre os trabalhadores é, pois, ampliada graças à ruína dos pequenos industriais, que está fatalmente atada ao crescimento do capital produtivo.

E ao mesmo tempo, como os juros caem, os pequenos capitalistas que antes não participavam diretamente da indústria são obrigados a se tornar industriais, isto é, a imolar outras novas vítimas à grande indústria. Portanto, também por esse lado a classe trabalhadora se amplia e a concorrência entre os trabalhadores aumenta.

O crescimento das forças produtivas engendra o trabalho em escala ainda maior, e assim a superprodução momentânea torna-se cada vez mais necessária, o mercado mundial alarga-se cada vez mais, em uma concorrência cada vez mais universal. Portanto, crises cada vez mais violentas. Então, subitamente, os trabalhadores são estimulados a casar-se e multiplicar-se, são aglomerados e concentrados em grandes massas e seu salário oscila cada vez mais. Cada nova crise ocasiona, assim, diretamente uma concorrência muito maior entre os trabalhadores.

Em geral: o incremento das forças produtivas, com seus meios de comunicação mais rápidos, circulação mais acelerada, rotação febril do capital consiste em que é possível produzir mais no mesmo tempo, portanto, de acordo com a lei da concorrência, será produzido mais. Isto é, a produção se efetiva sob condições cada vez mais difíceis, e para que a concorrência possa ser suportada sob essas condições será preciso trabalhar em escala cada vez maior e concentrar o capital em número cada vez mais reduzido de mãos. E para que essa produção em escala cada vez maior seja frutífera, a divisão do trabalho e a maquinaria precisam ser expandidas constante e desproporcionalmente.

Essa produção sob condições cada vez mais difíceis também se estende ao trabalhador como parte do capital. Ele precisa produzir mais sob condições cada vez mais difíceis, isto é, por um salário cada vez menor e trabalhando mais, produzindo mais por custos de produção cada vez mais baratos. Desse modo, cada vez mais o próprio mínimo é reduzido a um enorme dispêndio de força com um mínimo de fruição vital.

A desproporção aumenta geométrica, não aritmeticamente.[25]

O aumento das forças produtivas traz consigo, assim, o domínio ampliado do grande capital, o embrutecimento e a simplificação ampliadas da máquina chamada trabalhador, a concorrência direta ampliada entre os trabalhadores graças à maior divisão do trabalho e emprego de máquinas, graças ao prêmio concedido formalmente à produção humana, graças à concorrência das frações da burguesia arruinadas etc.

Podemos formular a questão de modo ainda mais simples: O capital produtivo constitui-se de três partes:

1. a matéria-prima que será trabalhada;
2. as máquinas e os materiais, como carvão etc., necessários para acionar as máquinas, edifícios e outros;
3. a parte do capital destinada à manutenção dos trabalhadores.

Dado o crescimento do capital produtivo, como se relacionam entre si, então, essas três partes?

---

[25] Essa frase foi escrita por Marx à margem do manuscrito.

Com o crescimento do capital produtivo está vinculada sua concentração, e com esta o fato de que ele só pode ser explorado lucrativamente em escala cada vez maior.

Portanto, uma grande parte do capital será convertida diretamente em instrumentos de trabalho e atuará como tal, e quanto mais as forças produtivas aumentem, tanto maior será essa parte do capital convertida imediatamente em maquinaria.

Em decorrência da ampliação da maquinaria, bem como da divisão do trabalho, é possível produzir muito mais em tempo menor. Portanto, a provisão de matérias-primas deve aumentar na mesma proporção. No curso do crescimento do capital produtivo aumenta necessariamente a parte do capital transformada em matéria-prima.

Resta agora a terceira parte do capital produtivo, destinado à manutenção dos trabalhadores, isto é, que se transmuta em salário.

Como se comporta, então, o aumento dessa parte do capital produtivo em relação às outras duas?

Decorre da maior divisão do trabalho que um trabalhador produz tanto quanto antes produziam três, quatro, cinco. A maquinaria tem por consequência a mesma relação em escala muito maior.

Compreende-se facilmente pois, antes de mais nada, que o aumento da parte do capital produtivo transformada em maquinaria e matérias-primas não é acompanhado de um aumento análogo da parte do capital destinada ao salário. Caso contrário, o objetivo da utilização da maquinaria e da ampliação da divisão do trabalho não seria atingido. Resulta, pois, evidente, que a parte do capital produtivo destinada ao salário não aumenta na mesma medida que a parte destinada à maquinaria e à matéria-prima. Mais ainda. Na mesma medida em que aumenta o capital produtivo, isto é, o poder do capital como tal, na mesma medida se amplia a desproporção entre o capital investido em matérias-primas e máquinas e o capital despendido com salários. Isso significa, portanto, que a parte do capital produtivo destinada ao salário torna-se cada vez menor proporcionalmente à parte do capital atuante como máquina e matéria-prima.

Depois de haver investido um grande capital em máquinas, o capitalista é compelido a despender um grande capital com a compra de matérias-primas e materiais necessários ao acionamento das máquinas. Mas se antes ele empregava 100 trabalhadores, agora talvez precise empregar somente 50. De outro modo, talvez ele precisasse mais uma vez dobrar as outras partes do capital, isto é, tornar a desproporção ainda maior. Ele demitirá, pois, 50, ou os 100 serão obrigados a trabalhar pelo mesmo preço pago antes a 50. Há, pois, excesso de trabalhadores no mercado.

Sob uma divisão do trabalho aperfeiçoada, só o capital destinado à matéria-prima precisará aumentar. O lugar de três trabalhadores será talvez ocupado por um.

Mas suponhamos o caso mais favorável. O capitalista expande seu empreendimento de tal modo que pode não apenas manter o atual número de seus trabalhadores – e naturalmente não o preocupa nem um pouco esperar até que possa fazê-lo –, mas pode mesmo aumentá-lo; então, para manter o mesmo número de trabalhadores ou mesmo ampliá-lo, a produção deverá aumentar gigantescamente, e a proporção entre o número de trabalhadores e as forças produtivas se tornará, em termos relativos, infinitamente mais desproporcional. Em decorrência a superprodução se acelerará, e na próxima crise haverá mais trabalhadores desempregados do que nunca.

É, portanto, uma lei geral, emanada necessariamente da natureza das relações entre capital e trabalho, que no curso da ampliação das forças produtivas a parte do capital produtivo que se converte em maquinaria e matérias-primas, isto é, o capital como tal, aumenta desproporcionalmente em relação à parte destinada aos salários; isto é, em outras palavras: os trabalhadores têm para dividir entre si uma parte proporcionalmente cada vez menor da massa total do capital produtivo. Sua concorrência torna-se, portanto, cada vez mais violenta. Em outras palavras: quanto mais aumenta o capital produtivo, tanto mais diminuem proporcionalmente os meios de ocupação ou subsistência para os trabalhadores, em outras palavras, tanto mais rapidamente cresce a população trabalhadora em relação a seus meios de ocupação. E de fato ela aumenta na mesma medida em que o capital produtivo em geral cresce.

Para compensar a desproporção acima mencionada, o capital produtivo precisa expandir-se em proporção geométrica, e para reajustá-lo depois nos períodos de crise se expandirá ainda mais.

Essa lei, que emana exclusivamente da relação entre o trabalhador e o capital e, portanto, torna desfavorável ao trabalhador mesmo a situação mais favorável para ele, o rápido crescimento do capital produtivo, os burgueses a converteram, de uma lei social, em uma lei natural, dizendo que, segundo uma lei natural, a população aumenta mais rapidamente do que os meios de ocupação ou subsistência.

Não entenderam que a ampliação dessa contradição é inerente à ampliação do capital produtivo.

Voltaremos a isso mais tarde.

Força produtiva, especialmente a força social dos próprios trabalhadores, não lhes é paga, e inclusive volta-se contra eles.

a) Primeira absurdidade:

Vimos que, quando o capital produtivo aumenta – caso mais favorável, pressuposto pelos economistas –, quando portanto a demanda por trabalho aumenta proporcionalmente, é inerente ao caráter da indústria moderna e à natureza do capital que os meios de ocupação para o trabalhador não aumentem na mesma medida, que as mesmas circunstâncias que fazem aumentar o capital produtivo fazem aumentar ainda mais rapidamente a desproporção entre oferta e procura de trabalho, em uma palavra, que a ampliação das forças produtivas faz aumentar ao mesmo tempo a desproporção entre os trabalhadores e seus meios de ocupação. Isso não depende nem do aumento dos meios de subsistência nem do aumento da população considerado em si mesmo. Decorre necessariamente da natureza da grande indústria e da relação entre trabalho e capital.

Mas se o crescimento do capital produtivo só progride lentamente, se permanece estacionário ou mesmo declina, o número de trabalhadores é sempre grande demais em relação à demanda de trabalho.

Em ambos os caos, o mais favorável e o mais desfavorável, decorre da relação entre trabalho e capital, da natureza do próprio capital, que a oferta de trabalhadores é sempre grande demais em face da demanda de trabalho.

    b) Abstraindo do disparate que é pretender que toda a classe trabalhadora tome a decisão de não ter nenhum filho, sua situação torna, ao contrário, o desejo sexual seu prazer principal e o desenvolve unilateralmente.

A burguesia, depois de ter reduzido a existência do trabalhador a um mínimo, quer limitar também a um mínimo seus atos reprodutivos.

    c) Aliás, quão pouco a burguesia leva ou pode levar a sério essas frases e conselhos resulta do seguinte:

Primeiro: a indústria moderna, substituindo adultos por crianças, concede um verdadeiro prêmio à procriação.

Segundo: a grande indústria necessita constantemente de um exército de reserva de trabalhadores desempregados para os períodos de superprodução. A finalidade principal do burguês em face do trabalhador é, em geral, obter a mercadoria trabalho o mais barato possível, e só pode alcançá-la se a oferta dessa mercadoria for a maior possível em relação à procura por ela, isto é, se houver a maior superpopulação possível.

A superpopulação interessa à burguesia, e ela oferece ao trabalhador um bom conselho sabendo que lhe será impossível segui-lo.

    d) Como o capital só aumenta se empregar trabalhadores, o aumento do capital acarreta um aumento do proletariado e, como vimos, de acordo com a natureza da relação entre capital e trabalho, o aumento do proletariado deve se verificar ainda mais rapidamente.

    e) Entretanto, a supracitada teoria, que gosta de se apresentar como lei natural, segundo a qual a população cresce mais rapidamente que os meios de subsistência, é tanto mais grata ao burguês por tranquilizar sua consciência, por tornar a dureza de coração um dever moral, por transformar as consequências da sociedade em consequências da natureza, e finalmente por lhe dar a oportunidade de observar sem se comover, tão calmamente como qualquer outro fenômeno natural, a morte do proletariado pela fome e, por outro lado, considerar e punir a miséria do proletariado como culpa dele próprio. O proletariado pode, não é mesmo?, refrear seu instinto natural com a razão e, pela vigilância moral, deter o curso de desenvolvimento prejudicial de uma lei natural.

    f) A legislação assistencial pode ser considerada uma aplicação dessa teoria. Extermínio de ratos. Arsênico. *Workhouses*. Pauperismo em geral. De novo moinhos a pedal no interior da civilização. A barbárie reaparece, mas engendrada do seio da própria civilização e integrante dela. As *workhouses*, as bastilhas dos trabalhadores. Separação entre marido e mulher.

Falaremos agora resumidamente sobre os que pretendem melhorar a situação do trabalhador por meio de outra determinação do salário.

Proudhon.

5. Por fim, entre as observações feitas pelos economistas filantropos sobre o salário, resta mencionar ainda uma opinião.

a) Entre outros economistas, *Rossi*, em particular, explicou o seguinte:
O fabricante apenas adianta ao trabalhador sua parte no produto, porque ele não pode esperar a venda deste. Se o próprio trabalhador pudesse se sustentar até a venda do produto, faria valer mais tarde sua parte neste como *associé*, como entre o capitalista propriamente dito e o capitalista industrial. Portanto, que a parte do trabalhador assuma justamente a forma de salário é um acaso, é o resultado de uma especulação, de um ato especial que se justapõe ao processo de produção e não é necessariamente um elemento constitutivo dele. O salário é apenas uma forma acidental de nosso estado social. Não faz parte necessariamente do capital. Não é um fato indispensável para a produção. Em outra organização social, pode desaparecer.

b) Toda essa pilhéria se reduz ao seguinte: se os trabalhadores possuíssem suficiente trabalho acumulado, isto é, suficiente capital para não precisarem viver diretamente da venda de seu trabalho, a forma do salário seria suprimida. Isto é, se todos os trabalhadores fossem igualmente capitalistas; o que significa, portanto, pressupor e reter o capital sem a antítese do trabalho assalariado, sem o qual ele não pode existir.

c) Entretanto, essa confissão deve ser retida. O salário não é uma forma acidental da produção burguesa, mas toda a produção burguesa é forma histórica e transitória da produção. Todas as suas relações, tanto o capital como o salário, a renda da terra etc., são transitórias e suprimíveis em um determinado ponto do desenvolvimento.

I. As associações de trabalhadores

Um aspecto da teoria da população era que ela pretendia diminuir a concorrência entre os trabalhadores. As associações, ao contrário, têm o objetivo de a *suprimir* e em seu lugar instituir a *união* entre os trabalhadores.

Os reparos dos economistas contra as associações são corretos:

1. Os custos que elas ocasionam aos trabalhadores são em geral maiores do que o aumento do ganho que elas pretendem alcançar. A longo prazo, não podem resistir às leis da concorrência. Essas coalizões levam à produção de novas máquinas, a nova divisão do trabalho, à transferência de um local de produção para outro. Em decorrência de tudo isso, redução do salário.

2. Se as coalizões conseguissem manter, em um país, o preço do trabalho tão alto que o lucro caísse significativamente em relação ao lucro médio em outros países ou que o capital fosse obstado em seu crescimento, a consequência seria a estagnação e o retrocesso da indústria, e os trabalhadores seriam arruinados com os seus patrões. Pois esta é, como vimos, a situação do trabalhador. Sua situação piora aos saltos quando o capital produtivo cresce, e se arruína de antemão quando o capital diminui ou permanece estacionário.
3. Todas essas objeções dos economistas são, como dissemos, corretas, mas corretas somente de seu ponto de vista. Se nessas associações se tratasse realmente apenas daquilo de que aparentemente se trata, a saber, da determinação do salário, se a relação entre trabalho e capital fosse eterna, essas coalizões fracassariam sem sucesso diante da necessidade das coisas. Mas elas são o meio de união da classe trabalhadora, de preparar a derrubada de toda a velha sociedade com seu antagonismo de classes. E desse ponto de vista os trabalhadores riem com razão dos pedantes mestres-escolas burgueses, que lhes calculam o custo dessa guerra civil em mortos, feridos e sacrifícios monetários. Quem quer derrotar o inimigo não vai discutir com ele os custos da guerra. E quão pouco mesquinhos são os trabalhadores demonstra ao próprio economista o fato de que a maior parte das coalizões são obra dos trabalhadores fabris melhor pagos e que os trabalhadores destinam tudo o que podem sacrificar de seu salário à criação de associações políticas e industriais e a financiar [os custos] esse movimento. E se os senhores burgueses e seus economistas, em momentos filantrópicos, são magnânimos o suficiente para incluir no mínimo de salário, isto é, de vida, um pouco de chá, ou rum, ou açúcar e carne, deve lhes parecer, ao contrário, tão escandaloso quanto inconcebível que os trabalhadores incluam nesse mínimo um pouco dos custos da guerra contra a burguesia e que até mesmo tenham em sua atividade revolucionária o máximo de fruição de sua vida.

II. Lado positivo do assalariamento
Antes de concluirmos, é preciso ainda tratar do lado positivo do assalariamento.
a) Quando se diz lado positivo do assalariamento, diz-se lado positivo do capital, da grande indústria, da livre concorrência, do mercado mundial, e não preciso explicar-lhes que sem essas relações de produção nem seriam engendrados os meios de produção, os meios materiais para a libertação do proletariado e fundação de uma nova sociedade, nem o proletariado mesmo teria alcançado a união e o desenvolvimento que o tornam efetivamente capaz de revolucionar a velha sociedade e a si mesmo. *Nivelação* do salário.
b) Tomemos o salário no que ele tem de mais condenável, que é converter minha atividade em mercadoria, tornar-me inteiramente venal.

Primeiro: em decorrência, tudo o que há de patriarcal é suprimido, restando apenas o tráfico, a compra e a venda como único elo, e a relação monetária como única relação entre empregador e trabalhadores.

Segundo: é inteiramente suprimida a aparência sagrada de todas as relações da velha sociedade, uma vez que se dissolveram na pura relação monetária.

Do mesmo modo, todos os assim chamados trabalhos superiores, espirituais, artísticos etc., se converteram em artigos de comércio e perderam assim seu antigo prestígio. É um grande progresso que todo o regimento de padres, médicos, juristas etc., portanto a religião, a jurisprudência etc., sejam determinados exclusivamente por seu valor comercial (luta de classes nacional, relações de propriedade).[26]

(*Terceiro:* convertido o trabalho em mercadoria, e como tal submetido à livre concorrência, tenta-se produzi-lo o mais barato possível, isto é, pelo mais baixo custo de produção possível. Em decorrência, todo trabalho físico tornou-se infinitamente simples e fácil para uma futura organização da sociedade. – Generalizar.)

Terceiro: tendo constatado, graças à vendabilidade geral, que tudo é separável, destacável deles, os trabalhadores tornaram-se pela primeira vez livres da subordinação a uma relação determinada. É uma vantagem que o trabalhador possa fazer o que quiser com seu dinheiro, tanto em contraposição ao pagamento em espécie como em contraposição ao modo de vida puramente prescrito pelo estamento (feudal).

Escrito em fins de dezembro de 1847.

---

[26] Acrescentado mais tarde por Marx.

NOMES

Abramowicz, Ignatz (1793-1867): oficial prussiano; em 1844, chefe de política de Varsóvia.

Afrodite: deusa grega do amor e da beleza.

Ammon: funcionário prussiano; em 1848-1849, procurador em Düsseldorf.

Anneke, Friedrich (Fritz): (c. 1817-c. 1872): ex-oficial de artilharia prussiano, membro da Comuna de Colônia da Liga dos Comunistas; em 1848, um dos fundadores e secretário da Associação de Trabalhadores de Colônia, adepto de Gottschalk; editor da *Nova Gazeta de Colônia*, membro do Comitê Renano dos Democratas, preso de julho a dezembro de 1848; em 1849, membro da Comissão Militar na insurreição de Baden; mais tarde, participou da Guerra de Secessão estadunidense, ao lado dos estados do norte.

Anneke, Mathilde Franziska (1817-1884): esposa do anterior, escritora; em 1848, durante a prisão de seu marido, redigiu a *Nova Gazeta de Colônia*; em 1849, participou da insurreição de Baden como ordenança.

Anquises: segundo a mitologia grega, rei de Dardanos, pai de Enéas.

Ariadne: segundo a mitologia grega, filha do rei Minos, de Creta, ofereceu a Teseu o fio que lhe permitiu sair do labirinto do Minotauro.

Aristóteles (384-322 a.C.): "a cabeça mais universal" entre os "antigos filósofos gregos", que "já pesquisou as formas essenciais do pensamento dialético" (Engels).

Arndt, Ernst Moritz (1769-1860): escritor, historiador e filólogo, participou ativamente na guerra de libertação do povo alemão contra o domínio de Napoleão; em 1848, membro da Assembleia Nacional de Frankfurt (centro-direita), defensor da monarquia constitucional.

Arnim-Boitzenburg, Adolf Heinrich, conde de (1803-1868): político prussiano, representante dos junkers; ministro prussiano do Interior (1842-1845) e primeiro-ministro (19 a 29 de março de 1848).

Arnim-Suckow, Heinrich Alexander, barão de (1798-1861): político prussiano, liberal moderado; ministro do Exterior (março a junho de 1848).

Arquimedes (c. 287-212 a.C.): matemático e físico grego.

Aschoff, Friedrich von (1789-1854): general; comandou em abril/maio de 1848 a Guarda Cívica.

Auersperg, Karl, conde de (1783-1859): general austríaco; em 1848, comandante da guarnição de Viena, participou ativamente na derrota da revolução de outubro.

Auerswald, Rudolf von (1795-1866): político prussiano, representante da nobreza liberal aburguesada; primeiro-ministro e ministro do Exterior (junho a setembro de 1848).

Barrot, Camille-Hyacinthe-Odilon (1791-1873): político burguês francês; durante a monarquia de julho, líder da oposição dinástica liberal; de dezembro de 1848 a outubro de 1849, encabeçou um ministério apoiado no bloco monarquista contra-revolucionário.

Bassermann, Friedrich Daniel (1811-1855): livreiro em Mannheim, político liberal moderado; em 1848-1849, representante do governo de Badem no Parlamento, membro do Pré-Parlamento e da Assembleia Nacional de Frankfurt (centro-direita).

Bastide, Jules (1800-1879): político e publicista francês, republicano burguês, diretor do jornal Le National (1836-1846); em 1848, deputado da Assembleia Nacional constituinte e ministro do Exterior.

Bauer, Heinrich: sapateiro, um dos líderes da Liga dos Justos e da Associação comunista dos Trabalhadores de Londres; membro do Comitê Central da Liga dos Comunistas, emissário da Liga na Alemanha de abril a maio de 1850; em 1851, foi para a Austrália.

Baumstark, Eduard (1807-1889): professor de ciência política em Grefswald, liberal moderado; em 1848, deputado da Assembleia Naconal Prussiana (direita).

Bavay, Charles-Viktor (1801-1875): funcionário belga do judiciário, procurador-geral na Corte de Apelação em Bruxelas.

Bayard, Pierre du Terrail, senhor de (c.1475-1524): cavaleiro francês, chamado "o cavaleiro sem medo e sem defeito", graças a sua coragem e magnanimidade.

Beaumarchais, Pierre-Augustin Caron de (1732-1799): dramaturgo francês.

Becker, Felix: poeta e revolucionário francês, participou da revolução belga de 1839 e da insurreição polonesa de 1830/1831; em fevereiro/março de 1848, participou da criação da Legião Belga em Paris.

Becker, Hermann Heinrich (1820-1885): advogado e publicista em Colônia; em 1848, membro da Sociedade Democrática de Colônia e membro do Conselho da União de Trabalhadores e Empregadores, foi eleito para o Comitê Distrital Renano dos Democratas e para o Comitê de Segurança de Colônia; redator da Gazeta Alemã Ocidental (maio de 1849 a julho de 1850); desde 1850, membro da Liga dos Comunistas; condenado em 1852 no Processo dos Comunistas de Colônia; mais tarde, nacionalista liberal, prefeito de Dortmund e Colônia.

Beckerath, Hermann von (1801-1870): banqueiro em Krefeld, um dos líderes da burguesia liberal renana; em 1848, membro da Assembleia Nacional de Frankfurt (centro-direita), ministro das Finanças no ministério do Império (agosto/setembro de 1848).

Berends, Julius (1817-1891): impressor em Berlim, democrata pequeno-burguês; em 1848, líder da Associação dos Operários de Berlim e deputado da Assembleia Nacional Prussiana (esquerda); emigrou para os EUA em 1853.

Berly, Karl Peter (1781-1847): redator da *Gazeta da Agência Geral dos Correios de Frankfurt* (1829-1847); agente secreto do governo francês durante a monarquia de julho.

Betist, Friedrich von (1817-1899): ex-oficial prussiano; em 1848, membro do comitê da Associação dos Trabalhadores de Colônia, redator da Nova *Gazeta de Colônia* (setembro de 1848 a fevereiro de 1849); relator da Comissão para a Solução da Questão Social no segundo Congresso dos Democratas em outubro de 1848, em Berlim; em 1849, membro da Comissão Militar na insurreição de Baden; posteriormente, emigrou para a Suíça.

Birk, Johann: conselheiro governamental prussiano, desde setembro de 1848 substituto do presidente do distrito de Colônia.

Blanc, Jean-Joseph-Louis (1811-1882): socialista pequeno-burguês francês, jornalista e historiador; em 1848, membro do governo provisório e presidente da Comissão do Luxemburgo, defendeu a conciliação e o pacto com a burguesia.

Blanqui, Louis-Auguste (1805-1881): revolucionário francês, fundador de várias sociedades secretas; em 1848, um dos líderes do proletariado francês, defendeu a tomada violenta do poder mediante uma organização conspirativa e a necessidade de uma ditadura revolucionária; passou 36 anos na prisão.

Blesson, Johann Ludwig Urbain (1790-1861): oficial prussiano e escritor militar, contrário às aspirações constitucionais; em junho de 1848, comandante da Guarda Cívica berlinense.

Blum, Robert (1807-1848): jornalista e livreiro em Leipzig, democrata pequeno-burguês; em 1848, vice-presidente do Pré-Parlamento e líder da esquerda na Assembleia Nacional de Frankfurt; em outubro de 1848, participou da insurreição de Viena; depois da vitória da reação, foi fuzilado pela lei marcial.

Bodelschwingh, Ernst, barão de (1794-1854): político prussiano, representante dos junkers; ministro das Finanças (1842-1845) e do Interior (1845 a março de 1848).

Borchardt, Friedrich: advogado em Colônia, democrata pequeno-burguês; em 1848, membro do conselho da Sociedade Democrática de Colônia e deputado da Assembleia Nacional Prussiana (esquerda).

Bornemann, Friedrich Wilhelm Ludwig (1798-1864): funcionário prussiano do judiciário, político liberal; em 1848, deputado da Assembleia Nacional Prussiana (centro-direita); ministro da Justiça (março a junho de 1848).

Bornstedt, Adalbert von (1808-1851): ex-oficial prussiano, publicista, democrata pequeno-burguês; em 1847/48, editor e redator da *Gazeta da Alemanha e de Bruxelas*, membro da Liga dos Comunistas; um dos líderes da Sociedade Democrática Alemã em Paris; organizou um grupo de voluntários para invadir a Alemanha; em março de 1848, foi expulso da Liga.

Bourbon: dinastia francesa; governou na França (1559-1792 e 1815-1830), Espanha (1701-1931) Nápoles-Sicília (1735-1860) e Parma (1748-1859).

Boyen, Leopold Hermann Ludwig von (1771-1848): general-marechal de campo prussiano, de ascendência tcheca; oranizou a Landwher durante a guerra contra Napoleão; ministro da Guerra (1814-1819 e 1841-1847).

Brisbane, Albert (na *Nova Gazeta Renana*, Henry) (1809-1890): jornalista americano, redator do *New York Daily Tribune*, adepto de Fourier.

Brüggemann, Karl Heinrich (1810-c.1887): economista político e publicista liberal, redator-chefe da *Gazeta de Colônia* (1846-1855).

Bückler, Johann (*Schinderhannes*) (1777-1803): líder de salteadores na Renânia-Palatinado.

Buquoy, Georg Franz August de Longueval, barão de Vaux, conde de (1781-1851): nobre boêmio de origem francesa; em 1848, membro do Comitê St.-Wenzel, preso depois da insurreição de junho em Praga.

Bürger, Gottfried August (1747-1794): poeta e tradutor alemão (traduziu Homero e Shakespeare).

Bürgers, Heinrich (1820-1878) publicista radical em Colônia; em 1842/43, colaborador da *Gazeta Renan*; membro da Comuna de Colônia na Liga dos Comunistas; em 1848-1849, membro da redação da *Nova Gazeta Renana*, membro da Associação dos Trabalhadores de Colônia e do Comitê de Segurança; em 1850, membro do Comitê Central da Liga dos Comunistas; em 1852, foi condenado a seis anos de prisão como um dos principais acusados no Processo dos Comunistas de Colônia; mais tarde, nacionalista liberal.

Bußman: proprietário de terras no grão-ducado da Posnânia; em 1848, deputado da Assembleia Nacional Prussiana (direita).

Cabet, Etienne (1788-1856): jurista e publicista francês, comunista utópico; autor do romance utópico *Viagem a Icária* (1842).

Calderón de la Barca, Pedro (1600-1681): dramaturgo espanhol.

Camphausen, Ludolf (1803-1890): banqueiro em Colônia, um dos líderes da burguesia liberal renana; em 1847, membro da Dieta Unificada; primeiro-ministro prussiano (março a junho de 1848), enviado prussiano no poder central provisório (julho de 1848 a abril de 1849).

Carlos Alberto (1798-1849): rei da Sardenha e Piemonte (1831-1849).

Carlos I (1600-1649): rei da Inglaterra, Irlanda e Escócia (1625-1649).

Carlos II, Carlos Luís de Bourbon (1799-1883): duque de Lucca (1824-1847), duque de Parma (1847-1849).

Carlos V (1500-1558): imperador romano-germânico (1519-1556); rei da Espanha (1516-1556) e arquiduque da Áustria (1519-1521) como Carlos I.

Carlos X (1757-1836): rei da França (1824-1830).

Carlos, Don (1788-1855): pretendente ao trono espanhol; sua tentativa de conquistar o trono e restabelecer o poder ilimitado das forças clericais feudais levou a uma guerra civil que se estendeu de 1833 a 1840.

Carnot, Lazare-Hippolyte (1801-1888): publicista e político francês, republicano burguês moderado; em 1848, ministro da Educação no governo provisório, e deputado da Assembleia Nacional constituinte.

Castor: segundo a mitologia grega, filho de Zeus e Leda, herói da Grécia antiga.

Catão, o Jovem (*Marco Pórcio Catão Uticense*) (95-46 a.C.): bisneto do anterior, filósofo e estadista romano, republicano, estoico; depois da vitória de César, na batalha de Tapso, suicidou-se.

Catão, o Velho (*Marco Pórcio Catão*) (234-149 a.C.): estadista romano e historiador, defendia os privilégios aristocráticos.

Caussidière, Marc (1808-1861): socialista pequeno-burguês francês; em 1834, participou da insurreição de Lyon; em 1848, prefeito de polícia de Paris (de fevereiro a maio) e deputado na Assembleia Nacional constituinte; depois da derrota da Revolução de Junho, emigrou para a Inglaterra.

Cavaignac, Louis-Eugene (1802-1857): general e político francês, republicano burguês moderado; em 1848, governador da Argélia, e desde maio ministro da Guerra; investido de plenos poderes ditatoriais pela Assembleia Nacional constituinte, reprimiu cruelmente da Revolução de Junho do proletariado parisiense; primeiro-ministro (junho a dezembro de 1848).

Cervantes Saavedra, Miguel de (1547-1616): escritor realista espanhol, autor do romance *Dom Quixote*.

Chambord, Henri-Charles d'Artois, duque de Bordeaux, conde de (1820-1883): neto de Carlos X, pretendente dos legitimistas ao trono francês sob o nome de Henrique V.

Chazal, Pierre-Emanuel-Félix, barão (1808-1892): general belga, anteriormente comerciante de tecidos, participou da Revolução de 1830; ministro da Guerra (1847-1850 e 1859-1866).(Referido como Cha-a-zal)

Chézy, Helmina von (1783-1856): escritora romântica alemã.

Christian Karl Friedrich August (1798-1869): duque do Schleswig-Holstein.

Circe: feiticeira grega; segundo Homero, transformou os companheiros de Odisseu em porcos.

Clouth, Wilhelm: proprietário de uma gráfica em Colônia, na qual a *Nova Gazeta Renana* foi impressa de 1 de junho a 27 de agosto de 1848.

Cluß, Adolph: engenheiro, membro da Liga dos Comunistas; em 1848, secretário da Associação Cultural dos Trabalhadores em Mogúncia; em 1848, emigrou para os EUA, mas manteve uma correspondência regular com Marx e Engels; colaborador de vários jornais democráticos nos EUA, Inglaterra e Alemanha.

Coburger: família ducal alemã, cujos membros vincularam-se por casamento a diversas casas principescas europeias.

Colomb, Friedrich August von (1775-1854): general prussiano, comandou, de 1843 a 1848, o corpo de exército prussiano na Posnânia.

Congreve, Sir William (1772-1828): general de artilharia e técnico inglês, inventor dos foguetes incendiários.

Cooper, James Fenimore (1789-1851): escritor realista norte-americano.

Cripps: rico avarento londrino.

Cromwell, Oliver (1599-1658): estadista inglês; líder da burguesia e da nobreza aburguesada durante a revolução burguesa do século XVII; de 1653 a 1638, Lord-Protetor da Inglaterra, Escócia e Irlanda.

Davenant, Charles (1656-1714): economista inglês; mercatilista, *tory*.

Del Carretto, Francesco Saverio, Marquês (1788-1862): político reacionário italiano, ministro da polícia do reino de Nápoles (1831 a janeiro de 1848).

Delescluze, Louis-Charles (1809-1871): jornalista francês, revolucionário pequeno-burguês; em 1848, comissário do governo no Departamento do Norte; em 1871, membro da Comuna de Paris, morreu nas barricadas.

Delolme, Jean-Louis (1740-1806): constitucionalista e jurista suíço; defendeu a doutrina da separação dos poderes.

Denjoy, Jean-François (1809-1860): advogado e político burguês francês, monarquista; em 1848, deputado na Assembleia Nacional constituinte e, em 1848, na legislativa.

d'Ester, Karl Ludwig Johann (1811-1859): médico em Colônia, membro da comuna de Colônia da Liga dos Comunistas; em 1848, membro do Pré-Parlamento e um dos líderes da esquerda na Assembleia Nacional Prussiana; participou do segundo Congresso dos Democratas em outubro de 1848 em Berlim, quando foi eleito para o Comitê Central dos Democratas da Alemanha; em 1848, desempenhou um papel importante na insurreição de Baden-Palatinado; posteriormente, emigrou para a Suíça.

Dido: conforme a mitologia grega, filha do rei de Tiro.

Doblhoff-Dier, Anton, barão de (1800-1872): estadista austríaco, liberal moderado; em 1848, ministro do Comércio (maio) e do Interior (julho a outubro).

Dom Quixote: personagem do romance de mesmo nome, de Cervantes.

Dombasle, Christophe-Joseph-Alexandre Mathieu de (1777-1843): agrônomo francês.

Domes, Auguste (1799-1848): publicista e político burguês francês, republicano moderado, um dos redatores do jornal *Le National*; em 1848, deputado da Assembleia Nacional constituinte.

Dronke, Ernst (1822-1891): publicista e escritor, inicialmente "socialista verdadeiro", depois membro da Liga dos Comunistas; em 1848-1849, um dos redatores da *Nova Gazeta Renana*; depois da derrota da revolução, emigrou para a Suíça, e mais tarde para a Inglaterra, e se retirou da vida política.

Duchâtel, Charles-Marie-Tanneguy, conde (1803-1867): estadista francês, orleanista; ministro do Comércio (1834-1836) e do Interior (1839 e 1840-1848); maltusiano.

Ducoux, François-Joseph (1808-1873): médico e político francês, republicano burguês; em 1848, deputado da Assembleia Nacional constituinte; depois da Revolução de Junho, prefeito de polícia de Paris.

Duesberg, Franz von (1793-1872): estadista prussiano; ministro das Finanças (1846 a março de 1848).

Dufaure, Jules-Armand-Stanislas (1798-1881): advogado e político francês, orleanista; em 1848-1849, ministro do Interior, deputado na Assembleia Nacional constituinte e legislativa; em 1871, ministro da Justiça.

Dumont (DuMont), Joseph (1811-1861): jornalista alemão, liberal moderado; desde 1831, proprietário da *Gazeta de Colônia*.

Duncker: conselheiro de Estado em Berlim; em 1848, um dos líderes da centro-esquerda na Assembleia Nacional Prussiana.

duque de Braunschweig: ver *Karl Wilhelm Ferdinand*.

duque do Schleswig-Holstein: ver *Christian Karl Friedrich August*.

Duvernoy, Heinrich Gustav (1802-1890): político de Württemberg, liberal; em 1848-1849, ministro do Interior de Württenberg.

Eisenmann, Gottfried (1795-1867): médico e publicista; em 1848, membro do Pré-Parlamento e da Assembleia Nacional de Frankfurt (inicialmente de centro, depois de esquerda).

Enéas: conforme o mito grego, filho de Anquises e de Afrodite; depois da destruição de Tróia, conseguiu chegar à Itália por Cartago; legendário ancestral do povo romano.

Éolo: segundo Homero, guardião das ilhas eólicas e dos ventos.

Epicuro (c. 341-c. 270 a.C.): filósofo materialista grego, ateu.

Esselen, Christian (1823-1859): publicista radical, democrata pequeno-burguês; em 1848, líder da Associação dos Trabalhadores de Frankfurt e um dos editores da *Gazeta Geral dos Trabalhadores* de Frankfurt; emigrou em 1849 para a Suíça, e depois para os EUA.

Esser I, Johann Heinrich Theodor: advogado e conselheiro judicial em Colônia, clérigo; em 1848, vice-presidente da Assembleia Nacional Prussiana (centro).

Esser, Christian Joseph: toneleiro em Colônia; em 1848, presidente de uma as associações filiadas à Associação dos Trabalhadores de Colônia; em 1849, redator do jornal *Liberdade, Fraternidade, Trabalho*.

Falstaff, Sir John: tipo cômico do trapaceiro grandiloquente, personagem das peças de Shakespeare *Henrique IV* e *As Alegre Comadres de Windsor*.

Fausto: personagem de uma tragédia de mesmo título de Goethe.

Fay, Gerhard (1809-1889): advogado em Colônia, liberal.

Ferdinando II, Ferdinando de Bourbon (1810-1859): rei da Sicília e de Nápoles (1830-1859).

Fernbach: estudante, democrata; preso em Berlim em 1 de julho de 1848 por ter escrito um catecismo republicano.

Fígaro: personagem da comédia *O dia louco, ou o casamento de Fígaro*, de Beaumarchais.

Flottwell, Eduard Heinrich von (1786-1865): representante da burocracia reacionária prussiana; prefeito regional da Posnânia (1830-1840) e da Westfália (1846-1848); ministro das Finanças (1844-1846); em 1848, membro da Assembleia Nacional de Frankfurt (direita).

Forstmann: comerciante na Renânia; em 1848, deputado na Assembleia Nacional Prussiana (direita).

Fox, Charles James (1749-1806): político inglês, líder dos *whigs*; foi várias vezes ministro.

Frederico Augusto II (1797-1854): rei da Saxônia (1836-1854).

Frederico Guilherme (1620-1688): eleitor de Brandenburg (1640-1688).

Frederico Guilherme II (1744-1797): rei da Prússia (1786-1797).

Frederico Guilherme III (1770-1840): rei da Prússia (1797-1840).

Frederico Guilherme IV (1795-1861): rei da Prússia (1840-1861).

Frederico I (Barbarossa) (c. 1123-1190): rei alemão (desde 1152) e imperador (1155-1190); empreendeu diversas campanhas militares contra a Itália.

Frederico II, o Grande (1712-1786): rei da Prússia (1740-1786).

Frederico VI (1808-1863): rei da Dinamarca (1848-1863).

Freiligrath, Ferdinand (1810-1876): poeta revolucionário alemão; em 1848-1849, um dos redatores da *Nova Gazeta Renana*; membro da Liga dos Comunistas; nos anos 1850, retirou-se da luta revolucionária.

Fröbel, Julius (1805-1893): publicista e editor de literatura progressista, democrata pequeno-burguês; em 1848, membro da Assembleia Nacional de Frankfurt (esquerda) e do Comitê Central dos Democratas da Alemannha; em 1849, emigrou para os EUA; mais tarde, tornou-se liberal.

Fuad Effendi, Mehemed (1814-1869): estadista turco; em 1848, comissário do governo no principado do Danúbio para a repressão do movimento de libertação nacional; mais tarde, ministro do Exterior e grão-vizir.

Funk: suboficial no exército prussiano, democrata; em 1848, membro da Sociedade Democrática de Colônia; preso por "alta traição".

Gabriel: arcanjo, personagem bíblica.

Gagern, Heinrich Wilhelm August, barão de (1799-1880): político de Hess, liberal moderado; em 1848, membro do Pré-Parlamento e presidente da Assembleia Nacional de Frankfurt (centro-direita); primeiro-ministro do Império (dezembro de 1848 a março de 1849).

Gagern, Maximilian Ludwig, barão de (1810-1889): irmão do anterior, em 1848, membro da Assembleia Nacional de Frankfurt (centro-direita). (Também referido como Max Gagern.)

Geiger, Wilhelm Arnold: policial prussiano; em 1848, juiz de instrução, depois chefe de polícia em Colônia.

Gervinus, Georg Gottfried (1805-1871): historiador da literatura, professor em Heidelberg, liberal; redator da *Gazeta Alemã* (1847-1848); em 1848, membro do Pré-Parlamento e da Assembleia Nacional de Frankfurt (centro-direita).

Gierke: conselheiro jurídico municipal em Stettin, liberal; em 1848, deputado da Assembleia Nacional Prussiana (centro-esquerda), ministro prussiano da Fazenda (março a setembro de 1848).

Girardin, Émile de (1806-1881): publicista e político francês, de 1837 a 1857, com interrupções, redator do jornal *La Presse*; destacou-se na política por sua extrema ausência de princípios.

Göschen: liberal moderado; em 1848, dirigente da União Alemã em Leipzig.

Gottschalk, Andreas (1815-1849): médico, membro da comuna de Colônia da Liga dos Comunistas; de abril a junho de 1848, presidente da Associação dos Trabalhadores de Colônia, defendeu um ponto de vista pequeno-burguês sectário e se contrapôs à estratégia e à tática defendidas por Marx e Engels na revolução alemã.

Gräff, Joseph: membro do tribunal municipal em Tréveris; em 1848, deputado da Assembleia Nacional Prussiana (esquerda).

Grande eleitor: ver Frederico Guilherme

Grimm, Jakob (1785-1863): fundador da filologia alemã, professor na Universidade de Berlim, escritor, liberal moderado; em 1848, membro da Assembleia Nacional de Frankfurt (centro).

Grimm, Wilhelm (1786-1859): irmão do anterior, filólogo, escritor, professor na Universidade de Berlim, liberal moderado; em 1848, membro da Assembleia Nacional de Frankfurt (centro).

Guilherme I (1797-1888): rei da Prússia (1861-1868) e imperador alemão (1871-1888); em 1848, como príncipe da Prússia, chefe da camarilha contra-revolucionária da corte; em 1849, comandante supremo das tropas prussianas empregadas na repressão da insurreição de Baden-Palatinado.

Guizot, François-Pierre-Guillaume (1787-1874): historiador e estadista francês, orleanista, dirigiu a política interna e externa francesa de 1840 a 1848; defendeu os interesses da grande burguesia financeira.

Hansemann, David Justus (1790-1864): capitalista, um dos líderes da burguesia liberal alemã; em 1847, membro da Dieta Unificada; em 1848, deputado na Assembleia Nacional Prussiana e, de maio a setembro, ministro das Finanças.

Harney, George Julian (1817-1897): membro influente do movimento dos trabalhadores inglês, um dos líderes da esquerda dos cartistas; redator do jornal *The Northern Star*; estreitamente ligado a Marx e Engels até o início dos anos 1850.

Hébert, Michel-Pierre-Alexis (1799-1887): jurista e estadista francês, orleanista; em 1834-1848, membro da Câmara dos Deputados; em 1841, procurador geral, de 1847 a fevereiro de 1848, ministro da Justiça.

Hecker, Friedrich Franz Karl (1811-1881): advogado em Mannheim, democrata pequeno-burguês, republicano radical; em 1848, membro do Pré-Parlamento, um dos dirigentes da insurreição de Baden em abril de 1848; emigrou depois para a Suíça, e mais tarde para os EUA, e tomou parte, como coronel, na guerra civil, ao lado dos nortistas.

Hecker: funcionário judiciário prussiano; em 1848, procurador público em Colônia.

Heckscher, Johann Gustav Wilhelm Moritz (1797-1865): advogado em Hamburgo, liberal; em 1848, membro do Pré-Parlamento e da Assembleia Nacional de Frankfurt (centro-direita); ministro da Justiça (julho a agosto de 1848) e do Exterior (agosto a setembro de 1848) no ministério do Império. Enviado imperial em Turim e Nápoles.

Heimsoeth, Heinrich: funcionário judicial prussiano, advogado geral na Corte de Apelação Renana em Colônia.

Heine, Heinrich (1797-1856): Poeta alemão, amigo próximo de Marx e de Engels, cujas imagens e versos povoam a obra de Marx. Na *Nova Gazeta Renana*, há várias referências diretas e indiretas a *Alemanha, um Conto de Inverno*. Engels traduziu para o inglês *Os tecelões da Silésia*, que se tornou o hino da Liga dos Comunistas em Londres.

Heinrich LXXII (1797-1853): príncipe do micro-estado de Reuß-Lobenstein-Ebersdorf (1822-1853).

Henrique V: ver *Chambord, Henri-Charles d'Artois, duque de Bordeaux, conde de*.

Hergenhahn, August (1804-1874): procurador da Corte Superior de Apelação em Wiesbaden, político liberal; em 1848-1849, primeiro-ministro de Nassau, membro do Pré-Parlamento e da Assembleia Nacional de Frankfurt (centro-direita).

Herwegh, Georg Friedrich (1817-1875) poeta revolucionário alemão; em 1848, um dos líderes da Sociedade Democrática Alemã em Paris, que organizou o grupo de voluntários para lutar na Alemanha.

Hirschfeld, Alexander Adolf von (1787-1858): general prussiano; em 1848, tomou parte na cruel repressão da insurreição na Posnânia.

Hohenzollern: dinastia de eleitores brandenburguesa (1415-1701), reis prussianos (1701-1918) e imperador alemão (1871-1918).

Homero: lendário poeta épico da antiguidade grega, que teria escrito a *Ilíada* e a *Odisséia*.

Hüser, Hans Gustav Heinrich von (1782-1857): general prussiano, representante da camarilha militar reacionária; comandante de Mogúncia (1844-1849).

Imandt, Peter: professor em Krefeld, democrata, dirigente da Associação dos Trabalhadores de Krefeld; participou ativamente da revolução de 1848-1849 em Colônia e em Tréveris; mais tarde, como emigrante, membro da Liga dos Comunistas, manteve vínculo com Marx e Engels.

Jansen, Johann Joseph (1825-1849): aspirante a geômetra, membro da comuna de Colônia da Liga dos Comunistas; em 1848, presidente substituto da Associação dos Trabalhadores de Colônia, adepto de Gotschalk, membro do Comitê Distrital Renano dos Democratas; em 1849, foi condenado à morte e fuzilado por sua participação na insurreição de Baden-Palatinado.

Jellachich, Josip, conde de Buzim (1801-1859): general austríaco, em 1848 foi *ban* da Croácia, Eslavônia e Dalmácia; participou ativamente na repressão da revolução de 1848-1849 na Áustria e na Hungria.

Johann (1782-1859): arquiduque da Áustria, foi eleito pela Assembleia Nacional de Frankfurt regente imperial (junho de 1848 a dezembro de 1849); pôs-se ao lado da reação imperial.

Jones, Ernest Charles (1819-1869): poeta e publicista proletário inglês; líder dos cartistas (ala esquerda); editor dos jornais cartistas *Labourer, Notes to the People* e *People's Paper*; até os anos 1850, estreitamente ligado a Marx e Engels.

Kalker, Johann Wilhelm: pintor de porcelanas em Colônia; em 1848, secretário da Associação dos Trabalhadores de Colônia.

Kamptz, Karl Albert von (1769-1849): estadista prussiano; membro da Comissão Central Imediata de Mogúncia; ministro da Justiça (1832-1842).

Kanitz, August Wilhelm Karl, conde de (1783-1852): tenente-general e ministro da Guerra prussiano (maio a junho de 1848).

Karl Wilhelm Ferdinand (1735-1806): duque de Braunschweig (1770-1806): líder militar na guerra de coalizão contra a França revolucionária.

Kohlparzer, Franz Xaver: funcionário superior de um condado na Áustria; em 1848, membro da Assembleia Nacional de Frankfurt (centro-direita).

Korff, Hermann: ex-oficial prussiano, democrata; em 1848-1849, editor-responsável (gerente) da *Nova Gazeta Renana*; emigrou mais tarde para os EUA.

Kühlwetter, Friedrich Christian Hubert von (1809-1882): estadista prussiano; ministro do Interior (junho a setembro de 1848).

Kyll, Ulrich Franz: conselheiro de justiça, democrata pequeno-burguês; em 1848, deputado na Assembleia Nacional Prussiana (esquerda).

Ladenberg, Adalbert von (1798-1855): representante da burocracia prussiana reacionária; ministro do Culto 91848-1850).

Lamartine, Alphonse-Marie-Louis de (1790-1869): poeta, historiador e político francês; nos anos 1840, um dos líderes dos republicanos moderados; em 1848, ministro do Exterior e chefe de fato do governo provisório; membro da Assembleia Nacional constituinte e da Comissão Executiva.

Larocheja(c)quelein (La Rochejaquelein), Henri'Auguste-Georges, marquês de (1805-1867): político francês, um dos líderes dos legitimistas; em 1848, deputado da Assembleia Nacional constituinte e, em 1849, da legislativa; senador sob Napoleão III.

Latour, Theodor, conde Baillet von (1780-1848): general austríaco, adepto da monarquia absoluta; em 1848, ministro da Guerra, morto durante a Revolução de Outubro em Viena.

Leda: soberana espartana; segundo a mitologia grega, amada de Zeus, cujos filhos nasceram de um ovo.

Ledru-Rollin, Alexandre-Auguste (1807-1874): publicista e político francês, um dos líderes dos democratas pequeno-burgueses; redator do jornal *La Réforme*; em 1848, ministro do Interior do governo provisório e membro da Comissão Executiva; deputado da Assembleia Nacional constituinte e da legislativa (Montanha).

Lelewel, Joachim (1786-1861): historiador e revolucionário polonês; em 1830-1831, participou na insurreição polonesa e foi membro do governo provisório; um dos líderes da ala democrática da emigração polonesa; em 1847-1848, membro do conselho da Associação Democrática de Bruxelas.

Leo, Heinrich (1799-1878): publicista e historiador, apologeta de concepções políticas e religiosas reacionárias, um dos ideólogos dos junkers prussianos.

Leônidas: rei de Esparta; morreu em 480 a.C. defendendo as Termópilas contra os Persas.

Leopoldo I (1790-1865): rei da Bélgica (1831-1865).

Leopoldo II (1797-1870): grão-duque da Toscana (1824-1959).

Leven: democrata de Rheindorf.

Lichnowski, Felix Maria, príncipe de (1814-1848): latifundiário silesiano, oficial prussiano reacionário; em 1848, membro da Assembleia Nacional de Frankfurt (direita); morto durante a insurreição de setembro em Frankfurt.

Licurgo: lendário legislador espartano, segundo a tradição viveu no século IX a.C.

Löwenstein, Lipmann Hirsch (morto em 1848): professor, orientalista; em 1848, presidente da Associação dos Trabalhadores em Frankfurt.

Luís Filipe (1773-1850): duque de Orleans, rei da França (1830-1848).

Luís XI (1423-1483): rei da França (1461-1483).

Luís XIV (1638-1715): rei da França (1643-1715).

Luís XV (1710-1774): rei da França (1715-1774).

Luís XVI (1754-1793): rei da França (1774-1792).

Luís XVIII (1755-1824): rei da França (1814-1824), à exceção do período do governo dos cem dias, em 1815.

Malou, Jules-Edouard (1810-1886): estadista burguês belga, adepto do partido católico; ministro das Finaças (1844-1847).

Malthus, Thomas Robert (1766-1834): religioso e economista inglês, autor da teoria reacionária da super-população, que justificaria a miséria dos trabalhadores.

Mamiani della Rovere, Terenzio, conde (1799-1885): poeta, publicista, filósofo e político liberal italiano; ministro do Interior do Estado Papal (maio a agosto de 1848).

Maquiavel, Nicolau (1469-1527): político, historiador e escritor italiano; ideólogo da burguesia italiana no período do nascimento das relações capitalistas; defendeu o estado absolutista.

Marie de Saint-Georges, Alexandre-Thomas (1795-1870): advogado e político francês, republicano burguês; em 1848, ministro do Trabalho no governo provisório; membro da Comissão Executiva, presidente da Assembleia Nacional constituinte, ministro da Justiça no governo Cavaignac.

Märker (Märcker), Friedrich August (1804-1889): diretor do Tribunal Criminal em Berlim, liberal; em 1848, deputado na Assembleia Nacional Prussiana (centro), ministro da Justiça (junho a setembro de 1848).

Marrast, Armand (1801-1852): publicista e político francês, um dos líderes da burguesia republicana moderada; redator-chefe do jornal *Le National*; em 1848, membro do governo provisório e prefeito de Paris; presidente da Assembleia Nacional constituinte.

Mathy, Karl (1807-1868): publicista e político de Baden, liberal moderado; um dos líderes da oposição na Dieta de Baden; em 1848, membro do Pré-Parlamento e da Assembleia Nacional de Frankfurt (centro-direita); mais tarde, adepto da política de Bismarck.

Maximiliano II (1811-1864): rei da Baviera (1848-1864).

Mellinet, François (1768-1852): general belga de ascendência francesa, um dos líderes da revolução burguesa de 1830 e do movimento democrático na Bélgica; presidente de honra da Associação democrática de Bruxelas; em 1848, foi condenado à morte no processo Risquons-Tout, pena depois comutada para 30 anos de prisão; foi solto em setembro de 1849.

Metternich, Clemens Wenzel Lothar, príncipe de (1773-1859): estadista e diplomata austríaco; ministro do Exterior (1809-1821); um dos fundadores da Santa Aliança.

Meusebach, von: assessor governamental prussiano, conservador; em 1848, deputado da Assembleia Nacional Prussiana (direita).

Mevissen, Gustav von (1815-1899): banqueiro em Colônia, um dos líderes da burguesia liberal renana; em 1848, membro da Assembleia Nacional de Frankfurt (centro-direita).

Meyendorf, Peter Kasimirowitsch, barão de (1796-1863): enviado russo em Berlim (1839-1850).

Mieroslawski, Ludwig (1814-1878): revolucionário, historiador e técnico militar polonês, participou dos levantes poloneses de 1830-1831 e de 1846; em 1848, dirigente militar da insurreição na Posnânia, mais tarde dirigente da insurreição na Sicília; em 1849, comandante do exército revolucionário de Baden-Palatinado.

Miguel, Dom Maria Evaristo (1802-1866): pretendente ao trono português; regente de Portugal (1828-1834), fracassou no restabelecimento do absolutismo.

Milde, Karl August (1805-1861): fabricante de chita em Breslau, liberal; em 1848, deputado e presidente da Assembleia Nacional Prussiana (direita), e ministro do Comércio (junho a setembro de 1848).

Minutoli, Julius, barão de (1805-1860): funcionário e diplomata prussiano; em 1839, chefe de política e conselheiro distrital na Posnânia; de 1847 a junho de 1848, chefe de política de Berlim; mais tarde, passou ao serviço diplomático.

Mirabeau, Gabriel-Victor-Honore Riqueti, conde de (1749-1791): político da Revolução Francesa, defensor dos interesses da grande burguesia e da nobreza aburguesada.

Mohl, Robert von (1799-1875): professor de direito em Heidelberg, liberal moderado; em 1848, membro do Pré-Parlamento e da Assembleia Nacional de Frankfurt (centro-esquerda); ministro da Justiça no ministério do Império (agosto de 1848 a maio de 1849).

Moll, Joseph (1812-1849): relojoeiro em Colônia, um dos líderes da Liga dos Justos e da Associação Cultural comunista de Londres, membro do Comitê Central da Liga dos Comunistas; de julho a setembro de 1848, presidente da Associação dos Trabalhadores de Colônia, membro do Comitê Distrital Renano dos Democratas e do Comitê de Segurança de Colônia; em 1849, participou da insurreição de Baden-Palatinado; caiu em combate em Murg.

Moltke, Karl, conde de (1798-1866): estadista dinamarquês, presidente da chancelaria do Schleswig-Holstein; em 1848, chefe do partido contra-revolucionário dinamarquês e presidente Comissão Administrativa Mista do Schleswig-Holstein durante o armistício de Malmö.

Monecke, Edmund: estudante de teologia em Berlim, democrata radical; em 1848, membro do Clube Democrático, permaneceu próximo do movimento dos trabalhadores.

Montesquieu, Charles de Secondat, barão de La Brede e de (1689-1755): sociólogo, economista e escritor francês, representante do iluminismo burguês do século XVIII, teórico da monarquia constitucional e da divisão de poderes.

Müller, Friedrich: diretor de polícia em Colônia, liberal; em 1848, sub-secretário no ministério da Justiça prussiano, deputado na Assembleia Nacional Prussiana (centro-direita).

Müller: em 1848, membro da Associação dos Trabalhadores em Worringen, em Colônia.

Müller: pastor no distrito de Wohlau; em 1848, deputado na Assembleia Nacional Prussiana (centro).

Müller-Tellering, Eduard von: correspondente vienense da *Nova Gazeta Renana*; depois da revolução, emigrou para Londres; depois de sua ruptura com Marx (1850), publicou um livro contra ele.

Musard, Philippe (1793-1859): músico e compositor francês.

Napoleão I, Bonaparte (1769-1821): imperador francês (1804-1814 e 1815).

Napoleão III, Luís Bonaparte (1808-1873): sobrinho de Napoleão I, presidente da Segunda República (1848-1852), imperador da França (1852-1870).

Natzmer, von: comandante prussiano; em 1848, com comandante de uma divisão de exército para a vigilância do Arsenal, recusou-se a atirar nos que invadiram o Arsenal em junho; condenado a 10 anos de prisão, foi depois anistiado.

Naunyn: em 1848, prefeito de Berlim.

Necker, Jacques (1732-1804): banqueiro e político francês; nos anos 1770 até 1789 foi várias vezes ministro das Finanças, e tentou, às vésperas da revolução burguesa, conduzir algumas reformas.

Nesselrode, Karl Wassilewitsch, conde de (1780-1862): estadista e diplomata russo, ministro do Exterior (1816-1856).

Nicolau I (1796-1855): tzar da Rússia (1825-1855).

O'Connell, Daniel (1775-1847): advogado e político irlandês, dirigente da ala direita liberal do movimento de libertação nacional do povo irlandês (Repeal Association).

O'Connor, Feargus Edward (1794-1855): um dos líderes da ala esquerda do movimento cartista, fundador e redator do jornal *The Northern Star*; depois de 1848, tornou-se reformista.

Olberg: oficial prussiano; tomou parte na repressão do movimento de libertação nacional da Posnânia.

Orange: casa dinástica; de 1572 a 1795, com interrupções, governadores, e desde 1815 dinastia monárquica dos Países Baixos.

Palmerston, Henry John Temple, Lord (1784-1865): estadista inglês, inicialmente *tory*, e desde 1830 um dos líderes dos *whigs*; ministro do Exterior (1830-1841), do Interior (1852-1855) e primeiro-ministro (1855-1865).

Patow, Erasmus Robert, barão de (1804-1890): estadista prussiano, liberal moderado; em 1848, deputado na Assembleia Nacional Prussiana (direita); ministro do Comércio (abril a junho de 1848) e das Finanças (1858-1862).

Peel, Sir Robert (1788-1850): estadista e economista inglês, *tory* moderado; em 1832, fundou o Partido Neo-conservador; primeiro-ministro (1841-1846), com a queda dos liberais anulou, em 1846, a Lei dos Cereais.

Pellmann (Pelmann), Anton: juiz na Corte de Apelação em Colônia, clericalista; em junho de 1848, eleito como representante para a Assembleia Nacional de Frankfurt.

Pelz, Eduard (1800-1876): publicista radical, democrata pequeno-burguês; em 1848, um dos líderes da Associação dos Trabalhadores em Frankfurt e editor da *Gazeta Geral dos Trabalhadores*; mais tarde, emigrou para os EUA.

Pfuel, Ernst Heinrich Adolf von (1779-1866): general prussiano, defensor da camarilha militar reacionária; governador de Neuchâtel 91832-1848); em março de 1848, comandante em Berlim, em abril e maio, dirigiu a força que derrotou a insurreição na Posnânia; primeiro-ministro prussiano e ministro da Guerra (setembro a novembro de 1848).

Pillersdorf, Franz, barão de (1786-1862): estadista austríaco; em 1848, ministro do Interior (março a maio) e primeiro-ministro (maio a julho).

Pinder: funcionário prussiano, liberal moderado; em 1848, prefeito regional da Silésia, deputado na Assembleia Nacional Prussiana (direita); em 1849, membro da Assembleia Nacional de Frankfurt.

Pinto, Isaac (1715-1787): grande comerciante e especulador da Bolsa holandês; escreveu sobre economia.

Pio IX (1792-1878): papa romano (1846-1878).

Plougoulm, Pierre-Ambroise (1796-1863): funcionário judicial e político francês; deputado e procurador público durante a monarquia de julho.

Príamo: conforme a mitologia grega, o último rei de Tróia.

Proudhon, Pierre-Joseph (1809-1865): publicista, sociólogo e economista francês, ideólogo da pequena burguesia; um dos teóricos fundadores do anarquismo; em 1848, deputado na Assembleia Nacional constituinte.

Puttkamer, Eugen von (1800-1874): funcionário público prussiano, chefe de polícia de Berlim (1839-1847).

Radetzky, Joseph, conde (1766-1858): marechal de campo austríaco, comandante-chefe das tropas austríacas na Itália.

Radowitz, Joseph Maria von (1797-1853): general e político prussiano, representante da camarilha da corte; em 1848, um dos líderes da direita na Assembleia Nacional de Frankfurt.

Raimund, Ferdinand (1790-1836): ator, poeta popular e dramaturgo austríaco.

Raspail, François-Vincent (1784-1878): cientista e publicista francês, republicano socialista, próximo do proletariado revolucionário; participou das revoluções de 1830 e 1848; editor do jornal *L'Ami du Peuple*; em 1848, deputado na Assembleia Nacional constituinte; condenado a 5 anos de prisão em 1849; depois da comutação da pena para exílio, viveu na Bélgica.

Raumer, Friedrich von (1781-1873): professor de história em Berlim, liberal; em 1848, membro da Assembleia Nacional de Frankfurt (centro-direita), enviado do império em Paris.

Raveaux, Franz (1810-1851): comerciante de tabaco em Colônia, democrata pequeno-burguês; em 1848, membro do Pré-Parlamento e um dos líderes da centro-esquerda na Assembleia Nacional de Frankfurt; enviado do império na Suíça; em 1849, membro da regência imperial provisória e do governo provisório de Baden; emigrou depois da derrota da insurreição de Baden-Palatinado.

Reichenbach, Eduard, conde de (1812-1869): democrata silesiano; em 1848, deputado na Assembleia Nacional Prussiana (esquerda); desde outubro de 1848, membro do Comitê Central dos Democratas da Alemanha; mais tarde, progressista.

Reichensperger I, August (1808-1895): funcionário judicial, político católico; em 1848, membro da Assembleia Nacional Prussian e, desde junho, da de Frankfurt (direita); mais tarde, líder do Partido do Centro.

Reichensperger II, Peter Franz (1818-1895): irmão do anterior, funcionário judicial, político católico; em 1848, membro do Pré-Parlamento e deputado da Assembleia Nacional Prussiana (direita); mais tarde, líder do Partido do Centro.

Reichhelm: democrata de Colônia; em 1848, membro do Comitê de Segurança de Colônia.

Ricci, Alberto (1795-1876): enviado do reino da Sardenha na França.

Rimpler: major de artilharia prussiano, de junho a novembro de 1848 comandou a Guarda Cívica berlinense.

Rittinghausen, Moritz (1814-1890): publicista e político democrata; em 1848, membro da Sociedade Democrática e do Comitê de Segurança em Colônia; colaborador da *Nova Gazeta Renana*; em 1849, um dos editores da *Gazeta Alemã Ocidental*; mais tarde, membro da I Internacional e do Partido Social-Democrata.

Robespierre, Maximilien-Marie-Isidor de (1758-1794): político da Revolução Francesa, líder dos jacobinos; em 1793-1794, chefe do governo revolucionário.

Rochow, Gustav Adolf Rochus von (1792-1847) estadista prussiano, representante dos junkers; ministro do Interior (1834-1842).

Rodbertus-Jagetzow, Johann Karl (1805-1875): latifundiário prussiano, economista, ideólogo dos junkers aburguesados; em 1848, líder da centro-esquerda na Assembleia Nacional Prussiana, ministro da Cultura no gabinete Auerswald; posteriormente, teórico do "socialismo estatal".

Rodomont: herói pretensioso do poema *Orlando Furioso*, de Ariosto. (Aparece como adjetivo, *rodomontade*)

Rogier, Charles-Latour (1800-1885): estadista belga, liberal moderado; primeiro-ministro e ministro do Interior (1847-1852).

Rolin, Hippolyte (1804-1888): advogado e político belga, líder dos liberais; ministro do Trabalho público (1848-1850)

Romanoff: dinastia tsarista russa (1613-1917).

Röser, Peter Gerhard (1814-1865): produtor de charutos em Colônia; em 1848-1849, vice-presidente da Associação de Trabalhadores de Colônia, editor do jornal *Liberdade, Fraternidade, Trabalho*; em 1850, foi membro da Liga dos Comunistas; em 1852, foi um dos principais acusados no Processo dos Comunistas de Colônia; mais tarde, lassalleano.

Rothschild, James, barão de (1792-1868): proprietário do banco de mesmo nome em Paris; exerceu grande influência política durante a monarquia de julho.

Rotteck, Karl Wenzeslaus Rodecker von (1775-1840): historiador, um dos líderes dos liberais de Baden.

Ruge, Arnold (1802-1880): publicista radical, jovem-hegeliano, democrata pequeno-burguês; em 1844, editor, com Marx, dos *Anais Franco-Alemães*; em 1848, membro da Assembleia Nacional de Frankfurt (esquerda); desde 1866, nacionalista liberal.

Sand, George (Amandine-Lucie-Aurore Dupin, baronesa Dudevant) (1804-1876): escritora francesa, autora de vários romances sobre temas sociais, representante da corrente humanista do romantismo.

Savigny, Friedrich Karl von (1779-1861): erudito de direita, chefe da reacionária Escola Histórica do Direito; ministro prussiano para Assuntos Legislativos (1842 a março de 1848).

Schapper, Karl (1813-1870): um dos líderes da Liga dos Justos e da Associação Cultural comunista de Londres, membro do Comitê Central da Liga dos Comunistas; em 1848-1849, revisor da *Nova Gazeta Renana*, membro do Comitê Distrital Renano dos Democratas; de fevereiro a maio de 1849, presidente da Associação dos Trabalhadores de Colônia; em 1850, quando da cisão da Liga dos Comunistas, liderou, com Willich, a fração contrária a Marx; logo reconheceu seu erro e se vinculou a Marx novamente; em 1865, foi membro do Conselho Geral da I Internacional.

Schätze: comissário de justiça em Lissa (Posnânia); em 1848, deputado na Assembleia Nacional Prussiana (direita).

Schleinitz, Alexander, barão de (1807-1885): estadista prussiano, representante do junkers; ministro do Exterior (junho de 1848, 1849/50, 1858-1861).

Schlöffel, Friedrich Wilhelm (1800-1870): fabricante na Silésia, democrata; em 1848, membro da Assembleia Nacional de Frankfurt (esquerda); em 1849, participou da insurreição de Baden-Palatinado; emigrou para a Suíça e depois para os EUA.

Schmerling, Anton, cavaleiro de (1805-1893): estadista austríaco, liberal; em 1848, membro da Assembleia Nacional de Frankfurt (centro-direita), ministro do Interior (julho a setembro), primeiro-ministro e ministro do Exterior (setembro a dezembro) no ministério do Império; ministro da Justiça austríaco (1849-1851).

Schmitz: trabalhador de Colônia.

Schneider II, Karl: advogado em Colônia, democrata pequeno-burguês; em 1848, dirigente da Sociedade Democrática de Colônia, membro do Comitê Distrital Renano dos Democratas e do Comitê de Segurança de Colônia; em 1849, advogado de defesa de Marx e Engels no processo contra a *Nova Gazeta Renana*; em 1852, advogado de defesa no Processo dos Comunistas em Colônia.

Schneider: prefeito de Schönebeck, liberal; em 1848, deputado na Assembleia Nacional Prussiana (direita, depois centro-esquerda).

Schreckenstein, Ludwig barão Roth von (1789-1858): general prussiano, representante da aristocracia feudal; ministro da Guerra (junho a setembro de 1848).

Schücking, Levin (1814-1883): escritor, colaborador e redator do folhetim da *Gazeta de Colônia*.

Schuhes: democrata de Hitdorf, em Colônia.

Schulze (de Delitzsch), Franz Hermarm (1808-1883): economista e político pequeno-burguês; em 1848, deputado da Assembleia Nacional Prussiana (centro esquerda); fundador do sistema de cooperativas alemão, difundiu a criação de cooperativas de produção como caixas de poupança dos trabalhadores; nos anos 1860, foi um dos líderes do Partido Progressista.

Schützendorf: mestre-sapateiro em Colônia, democrata pequeno-burguês; em 1848, membro da Associação de Trabalhadores e Empregadores de Colônia e um de seus delegados no Comitê Distrital Renano dos Democratas.

Schwanbeck, Eugen Alexis (1821-1850): jornalista, colaboradora da *Gazeta de Colônia* (1847-1849).

Schwarzer, Ernst (1808-1860): jornalista e político liberal austríaco; em 1848, membro do Parlamento austríaco e ministro do Trabalho Público (julho a setembro).

Schweins, Franz (1811-1889): publicista e político liberal austríaco; em 1848, membro do Pré--Parlamento e da Assembleia Nacional de Frankfurt (esquerda); desde agosto de 1848, membro do Parlamento austríaco.

Schwerin, Maximilian Heinrich Karl, conde de (1804-1872): estadista prussiano, representante da nobreza liberal; em 1848, membro da Assembleia Nacional de Frankfurt (direita); ministro do Culto no gabinete Camphausen (março a junho de 1848); mais tarde, nacionalista liberal.

Sebaldt: conselheiro governamental; em 1848, conselheiro municipal e prefeito em Tréveris.

Sébastiani, Horace-François-Bastien, conde (1772-1851): estadista e diplomata francês, marechal de França; ministro do Exterior (1830-32) e embaixador em Londres (1835-40).

Senff, Emil: comissário de justiça em Inowroclaw (Posnânia); em 1848, membro da Assembleia Nacional de Frankfurt (centro); mais tarde, progressista.

Simons, Ludwig (1803-1870): conselheiro de justiça prussiano; em 1848, deputado na Assembleia Nacional Prussiana (direita); ministro da Justiça (1849-1860).

Smith, Adam (1723-1790): economista inglês, representante da economia política clássica.

Sobrier, Marie-Joseph (c. 1825-1854): jornalista francês, republicano democrata, membro de sociedades secretas revolucionárias durante a monarquia de julho; de março a maio de 1848, editor do jornal *La Commune de Paris*; um dos líderes da manifestação de trabalhadores de 15 de maio de 1848, foi condenado a 7 anos de prisão.

Solms-Lich e Hohensolms, Ludwig, príncipe de (1805-1880): latifundiário em Hesse e na Renânia; marechal da Dieta Provincial renana e da primeira Dieta Unificada, de 1847.

Stein, Heinrich Friedrich Karl, barão de (1757-1831): estadista prussiano, conduziu em 1807-1808, como ministro, uma série de reformas burguesas moderadas na Prússia; desempenhou um papel importante no movimento de libertação nacional contra o domínio napoleônico.

Stein, Julius (1813-1883): catedrático em Breslau, publicista democrata; em 1848, deputado da Assembleia Nacional Prussiana (esquerda); dirigente do Clube Democrático em Berlim; mais tarde, redator-chef da *Gazeta de Breslau*.

Steinäcker, Christian Karl Anton Friedrich, barão de (1781-1851): general prussiano; em 1846 e 1848, comandante de fortaleza na Posnânia.

Stifft, Andreas, barão de (1819-1877): escritor austríaco, democrata; em 1848, membro da Associação Democrática e do Conselho Municipal em Viena.

Stollwerk: proprietário do Café Alemão, em Colônia, em cujo salão ocorriam as assembleias da Sociedade Democrática de Colônia.

Stradal: jurista alemão em Teplitz.

Struve, Gustav von (1805-1870): advogado e publicista, democrata pequeno-burguês e republicano federativo; em 1848, membro do Pré-Parlamento, um dos líderes da insurreição de Baden em abril e setembro de 1848 e da insurreição de Baden-Palatinado em 1849; emigrou para a Inglaterra e depois para os EUA; participou, ao lado dos nortistas, da guerra civil americana.

Stupp, Heinrich Joseph (1793-1870): conselheiro de justiça em Colônia, clericalista; em 1848, deputado na Assembleia Nacional Prussiana (direita); mais tarde, prefeito de Colônia.

Tannhäuser (c. 1205-1270): trovador da Bavária.

Temme, Jodocus Donatus Hubertus (1798-1881): diretor do Tribunal de Apelação em Münster, democrata; em 1848, deputado da Assembleia Nacional Prussiana (esquerda); procurador em Berlim; em 1849, membro da Assembleia Nacional de Frankfurt, foi preso por alta traição, e considerado inocente em 1850; mais tarde, tornou-se progressista.

Teseu: na mitologia grega, filho do rei Egeu, de Atenas; com ajuda de Ariadne, matou o monstro Minotauro.

Theux de Meylandt, Barthélémy-Theodore, conde de (1794-1874): estadista belga, líder do Partido Católico; primeiro-ministro (1846-47).

Thiers, Louis-Adolphe (1797-1877): historiador e estadista francês, orleanista; primeiro-ministro (1836-1840); em 1848, deputado na Assembleia Nacional constituinte; presidente da república (1871-1873), carrasco da Comuna de Paris.

Thurn und Taxis, Karl Alexander von (1770-1827): príncipe alemão, era proprietário, por privilégio de herança, da Agência Geral dos Correios em diversos estados alemães.

Tilly, Johann Tserclaes, conde de (1559-1632): general da Liga Católica na Guerra dos 30 Anos; em 1631, suas tropas invadiram e saquearam Magdeburg.

Trélat, Ulysse (1795-1879): médico e político francês, republicano burguês; um dos redatores do jornal *Le National*; em 1848, vice-presidente da Assembleia Nacional constituinte e ministro do Trabalho Público (maio a junho).

Turck, Leopold (1797-1887): médico, publicista e político francês, republicano burguês; em 1848, deputado da Assembleia Nacional constituinte.

Unruh, Hans Victor von (1806-1886): engenheiro e político prussiano, liberal moderado; em 1848, um dos líderes da centro-esquerda na Assembleia Nacional Prussiana, desde outubro presidente dela; mais tarde, co-fundador do Partido Progressista, depois nacionalista liberal.

Valdenaire, Victor (1791-1859): proprietário de terras em Tréveris, democrata pequeno-burguês; em 1848, deputado da Assembleia Nacional Prussiana (esquerda).

Venedey, Jakob (1805-1871): publicista e político radical, democrata pequeno-burguês; em 1848, membro do Pré-Parlamento e da Assembleia Nacional de Frankfurt (esquerda); mais tarde, liberal.

Verhaegen, Pierre-Theodore (1800-1862): político liberal belga.

Villäny, Drahotin, barão de: nobre tcheco; em 1848, membro do Comitê St.-Wenzel e do Comitê Preparatório para o Congresso Eslavo; preso depois da insurreição de junho em Praga.

Vincke, Georg, barão de (1811-1875): político liberal prussiano; em 1848, um dos líderes da direita na Assembleia Nacional de Frankfurt.

Virgílio, Públio Maro (70-19 a.C.): poeta romano, criador do poema épico *Eneida*.

Vogt, Karl (1817-1895): professor em Gießen, cientista, materialista vulgar, democrata pequeno-burguês; em 1848, membro do Pré-Parlamento e da Assembleia Nacional de Frankfurt (esquerda); em 1849, membro da regência provisória do império; emigrou para a Suíça e foi professor em Genf; inimigo acerbo do movimento proletário e comunista; tornou-se agente pago de Napoleão III.

Wachter, Karl: referendário em Colônia, democrata pequeno-burguês; em 1848, comandante da Guarda Cívica e membro do Comitê de Segurança de Colônia.

Wagner: personagem do *Fausto*, de Goethe.

Waldeck, Benedikt Franz Leo (1802-1870): conselheiro do Supremo Tribunal em Berlim, democrata; em 1848, um dos líderes da esquerda e vice-presidente da Assembleia Nacional Prussiana; mais tarde, progressista.

Wallau, Karl (1823-1877): tipógrafo da *Gazeta da Alemanha e de Bruxelas*, membro da Liga dos Comunistas; em 1848, dirigente da Associação Cultural dos Trabalhadores de Mogúncia; mais tarde, prefeito de Mogúncia.

Wallraf: democrata de Frechen, em Colônia.

Weber, Carl Maria von (1786-1826): compositor alemão.

Weerth, Georg (1822-1856): poeta e publicista proletário; dirigente da Associação Democrática de Bruxelas, membro da Liga dos Comunistas, amigo de Marx e Engels; em 1848-1849, redator da *Nova Gazeta Renana*; depois da revolução, trabalhou como caixeiro-viajante.

Welcher, Karl Theodor (1790-1869): jurista e publicista de Baden, um dos líderes do liberalismo austro--alemão; em 1848, membro do Pré-Parlamento e da Assembleia Nacional de Frankfurt (centro-direita).

Wencelius: médico em Tréveris, democrata; em 1848, deputado da Assembleia Nacional Prussiana (esquerda).

Weyll, Bartholomäus Joseph: jurista em Colônia; em 1848, membro da Sociedade Democrática e do Comitê de Segurança em Colônia; participou do segundo Congresso dos Democratas em Berlim.

Wildenbruch, Ludwig von (1803-1874): diplomata prussiano; em 1848, enviado em Copenhagen.

Windischgrätz, Alfred, príncipe (1787-1862): marechal de campo austríaco, em 1848-1849 um dos líderes da contra-revolução na Áustria; dirigiu em 1848 a repressão da insurreição de junho em Praga e da insurreição de outubro em Viena; na sequência, esteve à frente do exército austríaco empregado na repressão da revolução húngara.

Windischgrätz, Maria Eleonora (1795-1848): esposa do anterior.

Wittgenstein, Heinrich von (1800-1868): conselheiro municipal em Colônia, liberal; em 1848, chefe de distrito e comandante da Guarda Cívica em Colônia; desde novembro deputado da Assembleia Nacional Prussiana (direita).

Wolf(f), Ferdinand (1812-1895): jornalista, membro da Liga dos Comunistas; em 1848-1849, um dos redatores da *Nova Gazeta Renana*; depois, emigrou para Paris e Londres; em 1850, quando da cisão da Liga dos Comunistas, ficou ao lado de Marx; mais tarde, retirou-se da vida política.

Wolfers, Franz Anton Von: jornalista burguês de ascendência belga; colaborador e membro da redação da *Gazeta de Colônia* (1847-1849).

Wolff, Wilhelm (Lupus) (1809-1864): professor e jornalista, filho de um camponês servo da Silésia, participou no movimento da Liga Estudantil, membro do Comitê Central da Liga dos Comunistas; em 1848-1849, um dos redatores da *Nova Gazeta Renana*, membro do Comitê Distrital Renano dos Democratas e do Comitê de Segurança de Colônia; depois emigrou para a Suíça, e desde 1851 para a Inglaterra; amigo íntimo de Marx e Engels.

Wolff: assessor do Tribunal de Apelação; em 1848, deputado na Assembleia Nacional Prussiana (centro-esquerda).

Wrangel, Friedrich Heinrich Ernst, conde de (1784-1877): general prussiano, um dos líderes da camarilha militar reacionária; em 1848, general-comandante do terceiro corpo de exército em Berlim; participou do golpe de estado contra-revolucionário de novembro de 1848 em Berlim.

Zitz, Franz Heinrich (1803-1877): advogado em Mogúncia, político democrata; em 1848, membro do Pré-Parlamento e da Assembleia Nacional de Frankfurt (esquerda); em 1849, participou da insurreição de Baden-Palatinado; depois emigrou para os EUA.

Zweiffel: procurador-geral em Colônia, clericalista; em 1848, deputado na Assembleia Nacional Prussiana (direita).